大学生通识精品系列教材

中国文化经典

主　编　李淮芝

副主编　党天正　王茂福

西安交通大学出版社
XI'AN JIAOTONG UNIVERSITY PRESS

图书在版编目(CIP)数据

中国文化经典/李淮芝主编.—西安：
西安交通大学出版社,2016.12(2023.8重印)
大学通识精品系列教材
ISBN 978-7-5605-9353-1

Ⅰ.①中…　Ⅱ.①李…　Ⅲ.①中华文化-高等学校-
教材　Ⅳ.①K203

中国版本图书馆 CIP 数据核字(2017)第 006950 号

书　　名	中国文化经典
主　　编	李淮芝
责任编辑	雒海宁

出版发行	西安交通大学出版社
	(西安市兴庆南路 1 号　邮政编码 710048)
网　　址	http://www.xjtupress.com
电　　话	(029)82668357　82667874(市场营销中心)
	(029)82668315(总编办)
传　　真	(029)82668280
印　　刷	西安日报社印务中心

开　　本	720 mm×1000 mm　1/16　印张 24　字数 458 千字
版次印次	2017 年 2 月第 1 版　2023 年 8 月第 5 次印刷
书　　号	ISBN 978-7-5605-9353-1
定　　价	49.90 元

如发现印装质量问题,请与本社市场营销中心联系。
订购热线:(029)82665248　(029)82667874
投稿热线:(029)82668525
读者信箱:xjtu_rw@163.com

作者简介

李淮芝，女，高级编辑、教授、硕士研究生导师。先后任职（教）于北京师范大学、中国教育电视台等，现为北京师范大学珠海分校教授。近年来出版专著3部，发表学术论文多篇，编导制作多个大型电视栏目或电视节目，其中《走向明天》《你好宝贝》等，先后获教育部优秀教材奖、中国教育电视一等奖等多种国家级奖项。

党天正，男，教授、硕士研究生导师，中国古代文学省级教学团队带头人、教育部首届曾宪梓教育基金奖获得者，现为北京师范大学珠海分校教授。先后出版专著3部，发表学术论文60余篇。主持和参与国家、省部级社科研究项目10余项。

王茂福，男，北京师范大学珠海分校教授，曾获省级教学成果一等奖、曾宪梓高等师范院校优秀教师奖等。先后出版过《汉魏六朝名赋诗译》、《皮陆诗传》等专著，发表学术论文30余篇。

目 录

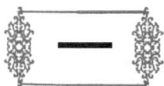

先秦两汉概述

中华民族历史悠久，文化璀璨多元。

公元前 221 年，秦王嬴政吞并了战国时期最后一个诸侯国齐国，建立起一个空前强大的封建帝国，并就此划分了一个时代。"先秦"这一概念，即指秦始皇统一中国之前的这段历史时期，大致包括我国原始社会（旧石器时代至禹建立夏朝以前）、奴隶社会（夏、商、西周及春秋时期）和封建社会初期（即战国时期）三个历史阶段。

先秦是中国文化萌发生成、开拓跋涉的初创时期。夏商文化不仅表现在国家制度方面，最主要的还是贯穿于这些制度背后的意识形态，都是以原始宗教为主的，而以巫文化最有代表性，夏商文学也与此时的原始宗教紧密相关。商代是我国奴隶社会逐步上升，青铜文化渐次发展到高峰的时代。盘庚迁殷以后，文字开始大量产生和孳乳，出现了早期的定型文字甲骨文，同时也产生了用文字记载的历史文献。文字的发明创造，是具有划时代意义的事件，中国历史从此进入了一个信史的时代。作为中华文化之源的《周易》曾发出了一个响彻寰宇的宏音："天行健，君子以自强不息。"天人相应相合，天道运行不辍，永无停息，人类应该照此来安排自己的一切，把握天地变化之道，使生命生生不息。

周之文化以礼乐为渊海，集前古之大成，开后世之政教。礼乐文化是周代主流的思想文化，也就是说，从西周开始我国进入了以礼乐为标志的理性文明阶段。"礼乐"文化的精神实质是对社会秩序自觉地认同。周代的社会关系以人身的依附关系和严格的等级关系为基本特征，这种关系是通过封邦建国的方式加以确立的，天子封诸侯，诸侯封大夫，由土地分封进而形成了尊卑上下不同的等级名分，这构成了当时最基本的社会关系，其核心是上级领主（天子、诸侯）和下级领主（诸侯、大夫）以及领主同农奴之间的等级差别。在采用分封制的同时，周朝还实行宗法制，周王自谓天下之大宗，即所有姬姓宗族的最高族长，王位由嫡长子继承，世袭罔替。其他庶子则为小宗，受封为诸侯，君位亦由嫡长子继承，在封国内为大宗，其他庶子则为小宗，受封为卿大夫，分有采邑，于此便形成了天子、诸侯、卿大夫、士的宝塔式等级结构。宗法制和等级制结合而产生的，即是一套严格完整的礼仪制度。礼的作用就在于维护现存的这种人身依附关系和等级关系，突出表现在它要求社会生活中的尊卑差别显现出来，使人们的认识更加清楚鲜明，不断强化，进而变为日常的行为规范乃至心理积淀。这样，就会使卑贱者恭顺老实地侍奉尊贵者，而不至于非礼僭越，更不会犯上作乱，礼的本质即在于此。理性精神使周代文学更加关注社会历史和现实人生,政治色彩更为浓郁。

春秋战国时期,社会生产力水平比之前有了大幅的提升,开始出现了剩余产品。物质条件的富有,使得更多的人能够从事脑力劳动,创造精神产品。随着经济的发展,交通的便利,在全国各地出现了许多大城市,各种文化都能得到快捷广泛的传播和交流。这个时期,周室渐衰,礼崩乐坏,诸侯争霸,游士纵横,新兴势力崛起,旧的奴隶主贵族逐渐退出了政治历史舞台。随着社会生产关系重大而又深刻的变革,士人成为文化甚至政治的中心,体现社会不同阶层利益的各种思想学说应运而生。各个学派的代表人物,出于对国家统一和社会人生的深情关切,纷纷著书立说,抨击时弊,阐述政治见解,并且相互论辩,形成了思想解放、百家争鸣的局面,其所表现出来的对社会现实的深刻认识与尖锐批判,可以说是前所未有的,这为先秦散文的勃兴奠定了坚实的基础。

秦朝是中国历史上第一个统一的中央集权的封建制国家,但同时也是一个最为短命的封建王朝。为了加强统治,巩固统一,秦朝采取了一系列的进步措施,对历史的发展具有一定的积极意义。但其在政治上推行的暴政和思想文化方面的专制主义,又大大地限制和阻碍了学术文化的发展。

从公元前206年汉高祖刘邦建立帝国到公元8年王莽篡汉,历史上称这一时期为西汉。公元25年,光武帝刘秀夺取政权,重建了汉帝国,至公元220年曹丕代汉称帝,史称东汉。两汉前后历时四百余年,是整个封建社会立国最长的强大帝国。它和后来的唐王朝同为封建盛世,彼此辉映,以至于中国人被统称为汉人或唐人,加之清朝前期的康乾盛世,就此奠定了我泱泱中华多民族融合发展的历史格局。汉朝幅员广大,疆域辽阔,国力强盛,学术文化高度繁荣,文学创作亦颇多建树,成就斐然,对后世文化与文学的发展兴盛影响弥深,昭示至远。

汉代延续并发展了传统的礼乐文化。形成了以儒家思想为核心的大一统的封建文化。西汉立国之初,在政治上对地方割据势力和来自北方匈奴的入侵,一般都采取了相当的克制和容忍。经过灭秦之战和楚汉相争,整个社会遭到了巨大的摧残,农业生产蒙受了毁灭性的破坏,海内人口锐减,土地荒芜,经济凋敝,汉代统治者采取"无为而治"的政策,以期休养生息,恢复生产,发展经济,这与当时的社会现状和思想政治路线是密不可分的。随着政治环境的宽松,先秦各家各派的思想学说又一度回潮活跃起来,而且出现了相互吸收、相互融合的局面,其盛况堪比战国时期的百家争鸣。出于安定社会,积蓄实力,巩固统治的需要,汉文帝、汉景帝以及相国曹参俱好黄老之学,主张清心寡欲,清静无为,于是黄老思想便成为汉初占主导地位的统治思想。经过"文景之治",到汉武帝即位之初,社会生产得到了充分的恢复发展,经济上出现了空前繁荣的景象,社会财富有了巨大的积累,汉武帝进一步施展雄才大略,内外经营。于内削弱诸侯王势力,强化中央集权;于外抗匈奴,通西域,控制东南,经略西南,拓疆开土,打通延伸至中亚和欧洲的丝绸之路,促进了东西方经济文化交流,使强大的汉帝国威名远扬,达到了全盛时期。在思想文化方面,流行一时的黄老哲学显然已不合时宜,经学大师董仲舒提出"春秋大一统"和"罢黜百家,独尊儒术",强调以儒家思想为治国之本,汉武帝采纳了他的主张,以一种"内法外儒"、"杂霸而治"为特点的思想来御治天下,并相继设立了经学博士,以讲授弘扬"五经",因而儒学大兴,思想定于一尊,由此开有汉一代宗经的社会风气,更开后世历代封建统治者尊儒的煌煌局面,但汉初以来宽松自由的学术氛围以及百家争论的活跃景象亦就此告结,这无疑又一次在一定程度上抑制和束缚了学术文化的发展。汉初以至武帝时期,曾广开献书之路和著述之风,民间所藏的大量典籍得以搜罗收集,各种学术文化著作层出不穷,琳琅满目。

西汉后期,儒家思想逐步上升到统治地位。作为主流的思想文化,儒家学说的主要手段就是礼乐教化,即通过社会教育,使根源于血缘宗法关系的、以等级制为其实质的礼,在潜移默化中成为全社会约定俗成的道德规范和行为准则。在元、成之时,谶纬之书又大量涌现,尤其是东汉光武帝对谶书的尊崇,以及汉代天人一体的阴阳五行思想,方士、数术之学的兴盛,又构成了汉代学术思想多元化的倾向。汉末之世,土地兼并日盛,农民相继破产,四处流亡,成帝、哀帝昏庸无能,皇室贵族骄奢淫逸,外戚王莽代汉而立,托古改制,力图挽救社会危机,却已无济于事,其后即爆发了绿林、赤眉农民起义,结束了西汉二百多年的统治。光武帝刘秀借助农民起义的力量,并依靠豪强势力,推翻了王莽的新朝,建立了东汉王朝。为了缓和国内矛盾,振兴经济,东汉统治者采取了诸如解放奴婢,减轻赋税,精兵简政,开垦土地,兴修水利等一系列措施,使经济得到了迅速的恢复与发展。同时又大力经营和开发边境地区,招抚西域,使之归服;进击匈奴,致其分裂,或者归降汉朝,或者远徙欧洲。强大的汉帝国终于重振声威,四夷宾服,海内清一。这个时期的文人士大夫,大都思想积极,歌颂皇权,富有爱国心,颇具时代自豪感。他们注重个人气节,讲究行为操守,崇尚儒家所倡导的那套伦理道德观念,作品中绝少西汉作家笔下的那种强烈的民主性和批判性。倒是王充对当时社会上所笼罩的那种虚伪荒唐的儒学与神学的迷雾痛恨有加,因欲疾虚妄,求实诚,揭穿和痛斥这些骗人的东西,一部《论衡》,在当时可谓振聋发聩。

东汉中期以后,豪强地主势力日渐膨胀,农民纷纷破产流亡。朝廷中皇帝往往是幼年登基,且常常又年少夭折,不能亲自掌握权力,国家政权一般为皇太后及其娘家人所把持,小皇帝只有依靠身边的太监来向外戚夺权,造成了外戚和宦官相互杀伐争权,轮番执政的局面,政治日益腐败。桓帝、灵帝之世,一些开明官吏和部分太学生以及渐成气候的知识分子阶层反对宦官专权,要求改良朝政,挽救政治危机,引起权宦的恐慌和仇视,终于酿成了两次"党锢之祸",大批文人士大夫或被杀戮,或被放逐,或被禁锢不得为官,这对东汉后期文人的思想变化产生了非常重要的影响。加之阶级矛盾和民族矛盾的日趋尖锐,接踵而来的便是汉末黄巾农民大起义,统治集团迫于情势危重,不得不解除了党禁,转而镇压黄巾起义,进而又演变为军阀割据,豪强集团相互混战和社会的大动乱,最终导致了东汉王朝的倾覆,形成了群雄逐鹿,三国鼎立的分裂局面。东汉后期思想文化的主要特点,是儒家思想统治地位的动摇和崩溃,其他各种思想学说尤其是道家思想又盛行一时,追求自由超脱,希望摆脱束缚,过一种饮酒作乐,逍遥散荡的生活成为当时的社会风尚,隐逸求仙被视为一种时髦的行为举止。这是一个新思想、新风气逐渐兴起,旧传统、老教条逐渐被打破、被摒弃的时代,它标志着一个政治动乱而思想活跃,文化创作也更为自觉的时代即将到来。

如果将三千年中国文学发展的历史比作一条长河,其源头是一片浑茫的云天,不可详辨。循流而下,这条长河的轮廓便逐渐清晰起来,它汇纳百川,拓疆开路,最终形成了滚滚滔滔,波澜壮阔的文学发展的洪流大江。先秦之风骚,汉魏之诗文,晋唐之诗歌,宋元之词曲,明清之小说戏剧等,皆为这条文学历史长河中激荡的宏波巨浪。

先秦两汉是中国文化始发并不断开拓创造的时代,而先秦两汉文学正是在中国文化发展演进的漫漫长路上逐步成熟、定型,成为中国文学的源头与基石,《诗经》《楚辞》《史记》《汉书》以及汉代的诗赋等,都为后世的文学创作提供了诸多的母题。这个时期的文学,往往和当时的政治活动息息相关,与哲学、宗教、历史等紧密相连,但它却是文学产生和发展的最富生命力的时代。当时的许多看来属于非文学的东西,却对后来文学的发展与繁荣,发挥了不可估量的作用。

所谓先秦文学,是指从秦代上溯至中华民族文化初生这一漫长历史时期的文学艺术现象,它起始于上古,断代于公元前 221 年秦朝的建立,这是中国文学发生和发展的最初阶段。在先秦诗歌中,《诗经》与《楚辞》双峰并峙,二水分流,引领和昭示着三千年诗歌发展的绚丽途程,其对后世的影响至远至深。《诗经》是我国最早的一部诗歌总集,被称为"诗之母"。集中的作品均可入乐歌唱,所以它也是我国最早的乐歌总集。《诗经》产生于北方文化系统,代表了周代文学的主要成就。《楚辞》产生于南方文化系统,代表了战国时期楚国文学的主要成就。屈原是中国文学史上第一位伟大的诗人,他以自己光并日月的煌煌诗篇,开创了诗歌创作的崭新时代。楚辞是指以具有楚国地方特色的乐调、语言、名物而创作的诗赋,其名称形成于西汉时期,在漫长的传播过程中,最终累加成为一个兼具诗体、作品、书名等多重蕴涵的概念。如果说中原文化是以典重质实为基本精神,那么,楚文化则以绚丽浪漫为其主要特征。南北文化,一文一质,相映生辉。

史家之文是记述历史事实的史书,以叙事文为主。早在商周时期,我国就有设置史官的制度。班固《汉书·艺文志》称:"古之王者,世有史官。君举必书……左史记言,右史记事。事为《春秋》,言为《尚书》。"据此,先秦的史家之文可以分为两个系统,以《尚书》为一个系统,包括一些属于书的著作;以《春秋》为一个系统,包括一些属于史的著述。就编撰的体例观之,则有编年体的《春秋》《左传》,国别体的《国语》《战国策》,个人传记体的《晏子春秋》等。从初期的《尚书》《春秋》,到较为成熟的《国语》《左传》,再到处在巅峰期的《战国策》,史家之文发展演进的轨迹昭然若见。

诸子之文大都为政治、哲学论著,以论说文为多,文中富含哲理,且具一定的文学性。早期的诸子之文,有以语录体为文体特征的《论语》和韵散结合的《老子》以及初具说理文规模的《墨子》。至中期则有《孟子》和《庄子》的鸿篇巨制,前者为对话式的论辩文,后者则向专题论文迈进。这个时期的诸子之文,开始突破了语录体、对话体的散文初级模式,而向更高的层次发展。文章辞藻富赡,形象鲜明,文学色彩浓郁,表现出强烈的个性和激情。晚期的《荀子》和《韩非子》,都是结构谨严,逻辑缜密,修辞精巧,文采斐然的文章,代表了先秦论说文的最高水平。无论是史家之文,还是诸子之文,它们既具有深广的文化积淀,又颇富时代氛围所赋予的创造精神,并以其不同的精神气质和美学风范构成可资传承彰显,殷殷顾盼的标杆与范式。

汉代散文同样丰富多彩,成就辉煌,是我国古代散文继先秦之后的又一座丰碑,也是汉代成就最高的文学样式。汉王朝处在历史的上升期,文人们普遍具有昂扬奋发的进取精神,激越奔放的豪迈情怀,文学作品中始终贯穿着一种自强不息、积极向上的精神,激荡着高昂爽朗的格调。司马迁是汉代最伟大的史学家,他在先秦史家之文的基础上,总揽天人,贯通古今,创造出了集大成的纪传体通史,开创了史传文学这一独特的文学样式,堪称历史散文的一个跨越式发展。纪传体以人物为中心,确立了人在历史发展中的主体地位,每篇集中记述一个或几个相关的传主,使人物的生平事迹、精神品格和个性风貌获得完整、多维的呈现,这是一个史无前例的创举。《史记》中的人物形象生动鲜明,故事情节曲折丰富,具有很强的文学性,给后代的小说、戏剧以极大的影响。其浅显流畅、富含情蕴的语言,又为唐宋以及明清的散文树立了楷模。

赋是汉代最繁盛、也最具代表性、最能彰显其时代精神的一种文学样式。赋的本意是铺陈直叙,是《诗经》的表现手法之一,和比、兴并列。到战国后期,它发展成为一种独立的文体,内容侧重于状物叙事、歌功颂德而稍有讽谕,形式介于诗歌与散文之间,是一种非诗非文,而又半诗半文的诗文混合体,笔法铺张,辞藻华美,风靡一时。司马相如的《子虚赋》和《上林赋》,呈现了盛世帝国的恢宏形象和昂扬奋发、蓬勃向上的时代精神,代表了汉大赋的最高成就,加上其后的扬雄、班固、张衡,是为"汉赋四大家"。可以说,汉赋与诗、文一起,共同成就了汉代文学的灿烂与辉煌。

《周易·象传》(节选)

天行健,君子以自强不息。

地势坤,君子以厚德载物。

(《唐宋注疏十三经》中华书局,1998)

作品简介

《周易》是《易经》的存世部分,被誉为"大道之源"。《易经》据说由伏羲氏所创,包括夏朝的《连山易》、商朝的《归藏易》、周朝的《周易》,前两部已失传。

哲学最根本的命题是生命,是人与自然的关系。"易"的本义为变,《易经》就是专门研究宇宙万物的变化之道的。远古先民体察天地宇宙以及自己的心灵,沟通天人,融天地人为一体,从中省视人类的命运,感悟自身的生存之道,即所谓天人相应,天人合一。在天人相和的世界里,万物并不是一成不变的,而是处在一个不断变化的状态中,人只有应万物之变而动,在顺应自然的同时高扬人的生命精神,才能立于不败之地,这是人的本质所在。

导读指要

《周易》中最宏亮的声音莫过于"天行健,君子以自强不息"、"地势坤,君子以厚德载物。"这两句出自《周易》的《象传》。天人相应相合,日月星辰有条不紊地往复运转,大自然年复一年地轮回循环,天道的运行刚毅劲健,永不停息,作为万物之灵长的人类,自应把握天地变化之道,从大自然的律动中感悟生命,发奋图强,坚卓无畏,生生不息。同时,还要如大地一般的宽厚仁爱,包容天下,接纳万物,胸怀坦荡,气度不凡,中华民族的精神品格即在于此。

传统文化强调天人合一,天地之道即人生之道,闪烁着理性精神的光华。自强不息,厚德载物,就是要人们效法天地,在学、行等各个方面不断努力,进德修业,积极进取,勤勉自励,不屈不挠,在挫折和苦难中超拔自振,深刻体认并自觉践行天地的精神,如此才可堪大任。自强以成栋梁,厚德方能担当,为中华之崛起而奋斗,这是无数仁人志士矢志不渝、崇高永生的理想追求。

1914年,梁启超在清华大学作题为"君子"的演讲,以"乾"卦中的"自强不息"、"坤"卦中的"厚德载物"为中心,强调"君子自励犹天之运行不息,不得有一曝十寒之弊,且学者立志,尤须坚韧强毅,虽遇颠沛流离,不屈不挠";"坤象言君子接物,度量宽厚犹大地之博,无所不载"。后来,清华大学即以"自强不息,厚德载物"为校训。

字句疏解

1. 天行健,君子以自强不息:意谓天(即自然)的运行刚强劲健,君子也应像天一样,刚毅奋发,追求不息。健,刚毅,劲健。

2. 地势坤,君子以厚德载物:意谓大地的气势博大厚实,君子应像大地一样,德行敦厚,容载万物。坤,宽厚,和顺。

思考讨论题

从这两句意蕴丰厚,富含哲理的格言警句中,我们可以得到哪些启迪?

扩展阅读

1. 古者庖牺氏(即伏羲氏)之王天下也,仰则观象于天,俯则观法于地,观鸟兽之文与地之宜,近取诸身,远取诸物,于是始作八卦,以通神明之德,以类万物之情。

——《周易·系辞》

2. 人法地,地法天,天法道,道法自然。

——老子《道德经》

3. 我知言,我善养吾浩然之气。

——《孟子·公孙丑上》

4. 天即人,人即天。人之始生,得于天也;既生此人,则天又在人矣。

——[宋代]朱 熹《朱子语类》

《诗经·关雎》

关关雎鸠,在河之洲。窈窕淑女,君子好逑。
参差荇菜,左右流之。窈窕淑女,寤寐求之。
求之不得,寤寐思服。悠哉悠哉,辗转反侧。
参差荇菜,左右采之。窈窕淑女,琴瑟友之。
参差荇菜,左右芼之。窈窕淑女,钟鼓乐之。

(《唐宋注疏十三经》中华书局,1998)

作品简介

《诗经》是我国第一部诗歌总集,收集了自西周初年至春秋中叶五百多年的诗歌305篇,西汉以后被尊为儒家经典。《诗经》分为风、雅、颂三部分,"风"又称《国风》,共160篇,大多是地方民歌,反映了民生疾苦和地方风俗;"雅"分"大雅""小雅",共105篇,主要是朝廷乐歌;"颂"分为《周颂》《鲁颂》《商颂》,共40篇,主要是宗庙乐歌。《诗经》以"赋、比、兴"为主要表现手法。

导读指要

　　此诗选自《诗经·周南》。南即南音,南风。周南当为周王朝所统治的江汉一带南方地域的乐曲。《关雎》是"国风"之始,也是《诗经》的首篇。诗写一位男子对所爱女子的思慕和追求,堪称一首感情炽热的恋歌。全诗分为三章。前四句为第一章,以情意专一、定偶不乱的雎鸠鸟的相向和鸣发端,兴起君子对娴静文雅、品貌美好的女子的爱慕思恋。首句写鸟的鸣叫,为耳中所闻;次句言鸟之所在(河中沙洲),是目中所见;三句由鸟及人(美丽动人的少女),同为所见;四句从鸟唤伴侣的鸣声,连及眼前的"窈窕淑女",进而联想到个人爱情的幸福,乃心中所想。四句诗中,耳闻目见、所思所感次第而出。方寸之间,多种感官的密集运用,大大加强了诗作传达感情的力度。中间八句即写男子对理想爱情的热切追求以及求之不得的无尽痛苦。那位在水中采摘荇菜的勤劳美丽的少女,就是男子选定的意中人,思慕爱恋,实难自已。醒来睡去,无时不想,辗转反侧,难以安卧,痴情的男子正在经受着一场爱的磨折与煎熬。篇末八句为第三章,写男子因相思而产生幻觉,在遐想中和他所热恋的女子终结良缘,得配佳偶,表现出求之既得的喜悦之情。诗作运用比兴手法,即景言情,借助气氛的烘托,思恋、追求过程的展现以及幻想境界的描述,坦率大胆地表达了男子对所爱的相思恋情,体现了民歌朴实清新、真切热烈的风格特色。诗中双声、叠韵和叠字的妙用,无疑也增强了作品的音韵美和写人状物的声情美。

　　《关雎》是那个时代抒情诗的典范,千百年来,这首诗曾拨动了多少青年男女感情的琴弦,一直为人们传唱不已。

字句疏解

　　1.关关雎鸠,在河之洲:关关,象声词,雌雄水鸟相互应和的叫声;雎鸠(jū jiū),水鸟名;洲,水中的陆地。

　　2.窈窕淑女,君子好逑:窈窕(yǎo tiǎo),美好的样子;窈,深邃,喻女子心灵美;窕,幽美,喻女子仪表美;淑,好,善良;好逑(hǎo qiú),佳配;逑,"仇"的假借字,匹配。

　　3.参差荇菜,左右流之:荇(xìng)菜,水草类植物,圆叶细茎,根生水底,叶浮在水面,可供食用;左右流之,时而向左、时而向右地择取荇菜;这里是以勉力求取荇菜,隐喻"君子"努力追求"淑女";流:摘取;之,指荇菜。

　　4.窈窕淑女,寤寐求之:寤寐(wù mèi),寤:睡醒;寐,睡着。

　　5.求之不得,寤寐思服:思服,思念;服,想。

　　6.悠哉悠哉,辗转反侧:辗转反侧,翻来覆去。

　　7.窈窕淑女,琴瑟友之:琴瑟友之,弹琴鼓瑟来亲近她;琴、瑟,皆弦乐器,琴五或七弦,瑟二十五或五十弦;友,用作动词,此处有亲近之意。

8.参差荇菜,左右芼之:芼(mào),择取。

9.窈窕淑女,钟鼓乐之:钟鼓乐之,用钟奏乐来使她快乐;乐,使……快乐。

思考讨论题

1.《论语·八佾》有言:"子曰:'《关雎》乐而不淫,哀而不伤。'"这两句经典评论表现了孔子的什么思想?请结合作品体察礼对情的节制。

2.据前人统计,"兴"是《诗经》中运用最多的艺术表现手法。按照朱熹《诗集传》中的解释,"兴者,先言它物以引起所咏之辞也。""兴"的手法在此诗的传情达意方面有何作用,试述之。

扩展阅读

1.《小序》以为"后妃之德",《集传》又谓"宫人之咏大姒、文王",皆无确证。诗中亦无一语及宫闱,况文王、大姒耶?窃谓风者,皆采自民间者也,若君妃,则以颂体为宜。此诗盖周邑之咏初昏者,故以为房中乐,用之乡人,用之邦国,而无不宜焉。然非文王、大姒之德之盛,有以化民成俗,使之咸归于正,则民间歌谣亦何从得此中正和平之音也耶?圣人取之,以冠三百篇首,非独以其为夫妇之始,可以风天下而厚人伦也,盖将见周家发祥之兆,未尝不自宫闱始耳。故读是诗者,以为咏文王、大姒也可,即以为文王、大姒之德化民,而因以成此翔洽之风也,亦无不可,又何必定考其为谁氏作欤?

——[清代]方玉润《诗经原始》卷一

2.静女其姝,俟我于城隅。爱而不见,搔首踟蹰。静女其娈,贻我彤管。彤管有炜,说怿女美。自牧归荑,洵美且异。匪女之为美,美人之贻。

——《诗经·邶风·静女》

3.彼采葛兮,一日不见,如三月兮! 彼采萧兮,一日不见,如三秋兮! 彼采艾兮,一日不见,如三岁兮!

——《诗经·王风·采葛》

4.彼狡童兮,不与我言兮。维子之故,使我不能餐兮。彼狡童兮,不与我食兮。维子之故,使我不能息兮。

——《诗经·郑风·狡童》

5.月出皎兮,佼人僚兮。舒窈纠兮,劳心悄兮! 月出皓兮,佼人懰兮。舒忧受兮,劳心慅兮! 月出照兮,佼人燎兮。舒夭绍兮,劳心惨兮!

——《诗经·陈风·月出》

6.彼泽之陂,有蒲与荷。有美一人,伤如之何? 寤寐无为,涕泗滂沱。彼泽之陂,有蒲与蕳。有美一人,硕大且卷。寤寐无为,中心悁悁。彼泽之陂,有蒲菡萏。

有美一人，硕大且俨。寤寐无为，辗转伏枕。

——《诗经·陈风·泽陂》

《诗经·蒹葭》

蒹葭苍苍，白露为霜。所谓伊人，在水一方。

溯洄从之，道阻且长。溯游从之，宛在水中央。

蒹葭萋萋，白露未晞。所谓伊人，在水之湄。

溯洄从之，道阻且跻。溯游从之，宛在水中坻。

蒹葭采采，白露未已。所谓伊人，在水之涘。

溯洄从之，道阻且右。溯游从之，宛在水中沚。

（《唐宋注疏十三经》中华书局，1998）

作品简介

《蒹葭》出自《诗经·国风》中的《秦风》。《国风》采自民歌，可以真切地感受到古代人民惊人的艺术创造力。这些诗章，绝少矫揉造作，无病呻吟，而是出自生活和情感的实际感受，是生命的强力呼喊，是内在感情的自然倾诉，真淳、自然，是其最本质、最鲜明的品格和特色。它如比兴手法的妙用，回环复沓的章法等等，都无不带有浓厚的民歌特质和草根本色。近代"诗界革命"的旗帜黄遵宪把"国风"中的民歌比为"天籁"，他说："十五国风，妙绝古今，正以妇人女子矢口而成，使学士大夫操笔为之，反不能尔，以人籁易为，天籁难学也。"（吴超：《中国民歌》，浙江教育出版社，1995.）所谓"天籁"，就是指"国风"作品的情真意切，淳朴自然。

导读指要

这首诗表现了对美好爱情的执著追求和追求不得的惆怅。后人常把《蒹葭》的诗意理解为一种象征，把"在水一方"看作是社会人生中一切可望而不可及的对象的一个艺术范型。这里的"伊人"可以是情人，也可以是功业、理想等等；这里的"水"也可以是现实中可能遇到的任何障碍。所以，凡世间一切因受阻而难以达到的种种追求，都可以在这里找到共鸣。

诗凡三章，章各八句，结构相同，字数均等，回环三叠，往复歌吟。每章皆用上景下情的笔法，前二句写景，后六句言情。景为所见，意在起兴。深秋清晨，水边茂盛的芦荻挂满了晶莹洁白的霜花，在朝日的映照下闪闪发亮。蒹葭丛生茂密，苍苍茫茫，烟波万状，这就为诗中的怀人言情营造出一种凄迷清寂的氛围。情因景生，迷离恍惚。朝思暮想的意中人，就在河水的另一边，逆流而上去访求追寻，路途崎岖艰险，遥远漫长。沿着河岸往下游寻觅，她又仿佛身处水流的中间，同样无法抵近对方。伊人宛在，觅之无踪，似有若无，可望难即，欢晤不得，让人多么焦灼哀伤，惆怅不已,深情绵邈,味之无极。后两章的章法结构、句型模式与首章相同,只是在相应的位置上变换了一些词语,或语意平列,往复吟咏;或移步换形,在重复中递展诗意,深化感情。诗之意境幽邃缥缈,隐约迷离,给人以凄迷朦胧之美。而重章叠句、一唱三叹的结构方式,不仅强化了传达感情的力度,而且也给诗作平添了一种回环往复的音韵美。

字句疏解

1.蒹葭苍苍,白露为霜:蒹葭(jiān jiā):芦荻,芦苇。蒹,没有长穗的芦苇。葭,初生的芦苇。苍苍:茂盛的样子。下文"萋萋""采采"义同。

2.所谓伊人,在水一方:伊人,那人;在水一方,在河的另一边,指对岸。

3.溯洄从之,道阻且长:溯洄(sù huí)从之,意思是沿着河道向上游去寻找她;溯洄,逆流而上;从,追,追求。

4.溯游从之,宛在水中央:溯游,逆流而下;溯,逆流;游,通"流"。

5.蒹葭萋萋,白露未晞:晞(xī),干。

6.所谓伊人,在水之湄:湄(méi),水和草交接之处,指岸边。

7.溯洄从之,道阻且跻:跻(jī),升高,形容道路又陡又高。

8.溯游从之,宛在水中坻:坻(chí),水中的小洲或高地。

9.蒹葭采采,白露未已:已,止:这里的意思是"干",变干。

10.所谓伊人,在水之涘:涘(sì),水边。

11.溯洄从之,道阻且右:右,弯曲。

12.溯游从之,宛在水中沚:沚(zhǐ),水中的小块陆地。

思考讨论题

情景交融是古代诗歌所追求的一种至高艺术境界。在具体作品中,情与景的表现形式往往是多种多样的,试以此诗为例略加评说。

扩展阅读

1.此诗在《秦风》中,气味绝不相类。以好战乐斗之邦,忽遇高超远举之作,可谓鹤立鸡群,翛然自异者矣。……曰"伊人",曰"从之",曰"宛在",玩其词,虽若可望不可即;味其意,实求之而不远,思之而即至者。特无心以求之,则其人倜乎远矣!又:三章只一意,特换韵耳。其实首章已成绝唱。古人作诗多一意化为三叠,所谓一唱三叹,佳者多有余音,此则兴尽首章,不可不知也。

——[清代]方玉润《诗经原始》卷七

2.南有乔木,不可休思。汉有游女,不可求思。汉之广矣,不可泳思。江之永矣,不可方思。 翘翘错薪,言刈其楚。之子于归,言秣其马。汉之广矣,不可泳思。江之永矣，不可方思。　翘翘错薪，言刈其蒌。之子于归，言秣其驹。汉之广矣，不可泳思。江之永矣，不可方思。

——《诗经·周南·汉广》

3.东门之墠，茹藘在阪。其室则迩，其人甚远。　东门之栗，有践家室。岂不尔思？子不我即。

——《诗经·郑风·东门之墠》

4.我所思兮在太山，欲往从之梁父艰。侧身东望涕沾翰。　美人赠我金错刀，何以报之英琼瑶？路远莫致倚逍遥，何为怀忧心烦劳！……

——[汉代]张 衡《四愁诗》

《道德经·道篇》(节选)

一

道可道，非常道；名可名，非常名。

无名天地之始；有名万物之母。

故常无欲以观其妙；常有欲以观其徼。

此两者同出而异名，同谓之玄，玄之又玄，众妙之门。

二

天下皆知美之为美，斯恶已；皆知善之为善，斯不善已。

故有无相生，难易相成，长短相形，高下相倾，音声相和，前后相随。

是以圣人处无为之事，行不言之教。

万物作焉而不辞，生而不有，为而不恃，功成而弗居。夫唯弗居，是以不去。

(《唐宋注疏十三经》中华书局，1998)

作品简介

《道德经》，又称《老子》，是老子所作的语录体著作，为春秋诸子所共仰，汉景帝时被尊为《道德经》。老子，姓李名耳，字聃，春秋时楚国人。我国道家学派创始人，世界百位历史名人之一。其思想精华是朴素的辩证法，主张无为而治，对中国哲学发展具有深刻影响，与后世的庄子并称老庄。在中国传统文化中，道家文化足可与儒家文化平分秋色。而老子则是道家文化的创始人，庄子继承并发展了老子的思想学说，二人同为道家学派的代表人物。司马迁的《史记》列老子、庄子等为一传，后来就称之为老、庄，称其学说为老庄之学。

导读指要

《道德经》计81章，基本上是用诗的形式写成的长篇韵文，且多格言警句，充满生命智慧，富含人生哲理，因有哲理诗之誉。据《史记》所载，老子看到周道衰微，遂著书上下篇,言道德之意,凡五千余言,故全书内容的核心便是对"道"与"德"的阐发和持守,道为宇宙万物之源,德是万物各自得道的表现。老子从深奥浩渺的宇宙入手建构自己的理论体系,他的"道",既指宇宙本源,又指万物生成的规律、法则。在老子看来,"道"先天地而生,为天地之母,独立不改,周行不殆,它真实存在而又高深莫测,玄妙无比,不可把捉,难以言说。"道"是无法赋予名称的,天地万物皆因"道"而生。"无"和"有"是老子提出的关于世界本原的范畴,"无"指天地混沌未分之际,无可名者;"有"指万物生成而有名。老子认为,"天下之物生于有,有生于无。""道生一,一生二,二生三,三生万物"。"无名"与"有名"则是老子称说的"道"的两种相对的形态,"无名"本是天地的肇始,"有名"则为万物之本原,故而要常从无形中去认知"道"的奥妙,在有形中去体察"道"的端倪。从这个充满东方神秘主义色彩的哲学概念中,我们完全可以体味到老子对"道"的虔诚膜拜和无尽敬畏,这种对天地万物生成的原动力的倾心尊崇,对自然和自然规律的深切关注,这种于宇宙人生的独到悟解和深刻体察,完全有别于远古时代视"天"与"上帝"为绝对权威的思想观念。老子的"道",从对自然史的认知上来找寻否定"天命观"和"天道观"的理论依据,带有鲜明的革命性和权威性。

老子哲学中,最可贵、最富价值的是其朴素的辩证法思想。老子深刻而系统地揭示了事物对立统一的规律,认为事物都有一个相互矛盾着的对立面,有丑,才能见出美;有恶,方能显出善。进而又提出了有无、难易、长短、高下、音声、前后等正反两个方面都是相互依赖,相互联结,相反相成,不可分割,各以对方为自身存在的前提条件的命题。事物的矛盾对立,不仅有相互依存的关系,也有相生相成的一面。而事物的发展变化,也都是在矛盾对立的状态中实现的,这种相对观念是合乎辩证法的,既属难能,又实可贵。老子看到了事物矛盾的相互转化,"祸兮福之所倚,福兮祸之所伏",但他认为这种转化是事物自然的属性,是无条件的,不可控制的。老子的辩证法是基于对自然和社会综合的概括,其目的在于寻觅一种合理的社会生活和政治制度的模式。事物的矛盾对立和相互转化都是自然为之的,而非人为。故而圣人处事,自当顺应自然规律,无为而治,不以人力勉强行事,不用以言语说教的方式施行教化,听任万物的生长变化,而不强力主宰,亦勿据为己有,功成而不自居,清静无为,一切顺其自然。

老子的朴素辩证法思想,对中国文化的影响是极其深远的。传统文学艺术中很多体现辩证思维的范畴,都与老子哲学有着深刻的渊源关系。纵观人类的文明史,也正是在真理与谬误、进步与落后、美与丑等矛盾斗争中蹒跚前行的。

字句疏解

1.道可道,非常道;名可名,非常名:"道"如果可以用言语来表述,那它就不是恒久的"道";"名"如果可以用文辞去表述,那它就不是恒久的"名"。

2.无名天地之始;有名万物之母:"无"可以用来表述宇宙的初始状态;而"有",则是宇宙万物产生之本原。

3.故常无欲以观其妙;常有欲以观其徼:因此,要常从"无"中去观察领悟"道"的奥妙;要常从"有"中去观察体会"道"的端倪。徼(jiào)。

4.此两者同出而异名,同谓之玄,玄之又玄,众妙之门:无与有这两者,来源相同而名称相异,都可以称之为玄妙、深远。它不是一般的玄妙、深奥,而是玄妙又玄妙、深远又深远,是宇宙天地万物之奥妙的总门。

5.天下皆知美之为美,斯恶已;皆知善之为善,斯不善已:天下人都知道美之所以为美,那是由于有丑陋的存在。都知道善之所以为善,那是因为有恶的存在。

6.故有无相生,难易相成,长短相形,高下相倾,音声相和,前后相随:所以有和无互相转化,难和易互相形成,长和短互相显现,高和下互相充实,音与声互相谐和,前和后互相接随。

7.是以圣人处无为之事,行不言之教:因此圣人用无为的观点对待世事,用不言的方式施行教化。

8.万物作焉而不辞,生而不有,为而不恃,功成而弗居。夫唯弗居,是以不去:听任万物自然兴起而不为其创始,有所施为,但不坚持自己的倾向,功成业就而不自居;正由于不居功,就无所谓失去。

思考讨论题

1.何为"道""德"? 二者的关系是什么?

2.老子的朴素辩证法与我们今天所说的唯物辩证法有何不同?

扩展阅读

1.老子修道德,其学以自隐无名为务。居周久之,见周之衰,乃遂去。至关,关令尹喜曰:"子将隐矣,强为我著书。"于是老子乃著书上、下篇,言道德之意五千余言而去,莫知其所终。

——[汉代]司马迁《史记·孔子世家》

2.老子之书,上之可以明道,中之可以治身,推之可以治人。

——[清代]魏 源《老子本义》

3.孔德之容,惟道是从。道之为物,惟恍惟惚。惚兮恍兮,其中有象;恍兮惚兮,其中有物;窈兮冥兮,其中有精。其精甚真,其中有信。自今及古,其名不去,以阅众甫。

——老子《道德经》二十一章

4.有物混成,先天地生。寂兮寥兮,独立而不改,周行而不殆,可以为天下母。吾不知其名,强字之曰道,强为之名曰大。大曰逝,逝曰远,远曰反。故道大,天大,地大,人亦大。域中有四大,而人居其一焉。人法地,地法天,天法道,道法自然。

——老子《道德经》二十五章

5.故贵以贱为本,高以下为基。是以侯王自谓"孤(家)"、"寡(人)"、"不毂",是其以贱为本也。

——老子《道德经》三十九章

6.圣人之言曰:我无为而民自化,我好静而民自正,我无事而民自富,我无欲而民自朴。

——老子《道德经》五十七章

7.夫道有情有信,无为无形;可传而不可授,可得而不可见;自本自根,未有天地,自古以固存;神鬼神帝,生天生地。……先天地生而不为久,长于上古而不为老。

——庄子《南华经·大宗师》

8.何谓道? 有天道,有人道。无为而尊者,天道也;有为而累者,人道也。

——庄子《南华经·在宥》

《论语二则》

子在川上曰:"逝者如斯夫,不舍昼夜。

子曰:"岁寒,然后知松柏之后彫也。

(《唐宋注疏十三经》中华书局,1998)

作品简介

孔子(前551—前479),名丘,字仲尼,中国古代著名的思想家和教育家,儒家学派的创始人,其思想对中国和世界都有深远的影响。

《论语》是春秋时期一部语录体散文集,儒家经典之一,主要记载孔子及其弟子的言行,由孔子弟子及再传弟子编纂而成。《论语》较为集中地反映了孔子的思想,提倡"仁""义""礼""智""信"。南宋时,朱熹将它与《孟子》《大学》《中庸》合称为"四书"。在中国两千多年的历史中,《论语》一直是人们修身明德、体道悟道的必读之书。全书凡二十篇,或者记载孔子的只言片语,或者著录孔子与弟子及时人的对话,篇幅一般短小简约,但含蓄隽永、饶富哲理。

导读指要

"子在川上曰:'逝者如斯夫,不舍昼夜',"句出《论语·子罕篇》,意谓孔子在河边感叹道:时光的逝去就如同这眼前的流水一般,日夜不息,一去不返。简洁的语言中,传达出孔圣的哲人气度和对人生的无尽感慨,对生命的理性思索,词约意丰,言近旨远,颇耐品味。时空是中国文学永恒的主题。所谓时空,即古人所说的"宇宙"，按照《淮南子·齐俗训》的解释，古往今来奔流不息、无始无终的时间称作宙，东西南北上下六方无限延伸的空间称为宇。而时间和空间又是相互关联、浑然一体的，空间的存在自然离不开时间，而时间又总是处在一定的空间之中，岁月之流只能在空间的河床上运行，浩渺无际的空间也无时无刻不受到时间之流的洗礼。孔子处在特定的空间之中来咏叹时间，或者说他看到空间的延伸变动，而感到时间的消逝流转，从而生发出对生命的深切忧思和无穷感叹。时空意识是古代先哲们对个体和宇宙、短暂与永恒之矛盾对立的痛彻体验和心灵感悟，是一种强烈的生命意识的呈现。对以时空为伴、与自然相依的人类而言，其所面临的终极问题便是时空世界与人的关系问题。古代神话中的《夸父逐日》，讲的是巨人夸父与太阳竞走、和时间赛跑的悲壮故事，表现了远古人类渴望战胜时间、征服自然的强烈愿望。然而时间并没有因为人类的钟爱而放慢脚步，在永恒的时空世界中，人生不过是短暂的一瞬。孔子观水是一个为后人不断言说的情事，其中的微言大义仁智互见。

"子曰：'岁寒，然后知松柏之后彫也'，"语亦出自《论语·子罕篇》，是说孔子有言：岁时寒天，方知松柏最后萎顿。意谓群芳摇落、草木凋零之时，唯有松柏凌寒挺出，贞姿劲质，傲然屹立。儒家标举一种刚毅行健的君子人格，此句以形象简约的语言揭示出深刻的哲理，不仅颂扬了松柏坚贞不拔的品格，同时也概括了丰富的社会现象和可贵的生活经验，它用经受了严冬考验的松柏来比喻人的坚强性格，身处酷烈艰危之境，依然不屈不挠，持节守志，初心不改，奋然前行，从而总结出一种极富启示意义的人生信条。观察精细，颇耐回味，既是生活的结晶，更闪烁着智慧的光芒。先秦的美学思想中有"比德"之说，即从作为审美客体的自然物象身上可以意会到审美主体的某些品德美。古代可以用来比励道德人格的自然物象不胜枚举，而花卉草木尤以其特有的风致博得人们的欣赏和青睐，古人每每将个性人格和价值观念附会于"岁寒三友"（松、竹、梅）、"花中四君子"（梅、兰、竹、菊）等花木身上。松居岁寒"三友"之首，它庄重沉稳，铁骨铮铮，在严冬寒时骨更健、叶更绿、枝更挺，具有开启胸襟、催人奋进的坚强品格。柏树傲雪斗寒，坚毅挺拔，被誉为"百木之长"，素为正气、高尚和不朽的象征。

字句疏解

1.逝者如斯夫，不舍昼夜：逝者，指流逝的时光；斯，这里指"川"，即河，河流；不舍，不停。

2.岁寒，然后知松柏之后彫也：彫，同"凋"，凋零。

思考讨论题

1.试述古人时空意识的现实意义。

2.岁寒后凋之松柏对我们有何启示？

扩展阅读

1.《论语》者,孔子应答弟子、时人及弟子相与言而接闻于夫子之语也。当时弟子各有所记,夫子既卒,门人相与辑而论纂,故谓之《论语》。

——[汉代]班 固《汉书·艺文志》

2.从此天下事来,吾以半部《论语》治之足矣,又何疑哉! 又何难哉!

——[近代]严 复《救亡决论》

3.孔子观于东流之水。子贡问于孔子曰:"君子之所以见大水必观焉者,是何?"孔子曰:"夫水,大遍与诸生而无为也,似德;其流也埤下,裾拘必循其理,似义;其洸洸乎不淈尽 ,似道;若有决行之,其应佚若声响,其赴百仞之谷不惧,似勇;主量必平,似法;盈不求概,似正;淖约微达,似察;以出以入,以就鲜洁,似善化;其万折也必东,似志。是故君子见大水必观焉。"

——《荀子·宥坐》

4.郁郁高岩表,森森幽涧陲。鹤栖君子树,风拂大夫枝。百尺条阴合,千年盖影披。岁寒终不改,劲节幸君知。

——[唐代]李峤《松》

《庄子·逍遥游》(节选)

北冥有鱼,其名为鲲。鲲之大,不知其几千里也;化而为鸟,其名为鹏。鹏之背,不知其几千里也;怒而飞,其翼若垂天之云。是鸟也,海运则将徙于南冥。南冥者,天池也。

《齐谐》者,志怪者也。《谐》之言曰:"鹏之徙于南冥也,水击三千里,抟扶摇而上者九万里,去以六月息者也。"野马也,尘埃也,生物之以息相吹也。天之苍苍,其正色邪? 其远而无所至极邪? 其视下也,亦若是则已矣。

且夫水之积也不厚,则其负大舟也无力。覆杯水于坳堂之上,则芥为之舟;置杯焉则胶,水浅而舟大也。风之积也不厚,则其负大翼也无力。故九万里,则风斯在下矣,而后乃今培风;背负青天,而莫之夭阏者,而后乃今将图南。

蜩与学鸠笑之曰:"我决起而飞,枪榆枋而止,时则不至,而控于地而已矣,奚以之九万里而南为?"适莽苍者,三餐而反,腹犹果然;适百里者,宿春粮;适千里者,三月聚粮。之二虫又何知!

小知不及大知,小年不及大年。奚以知其然也? 朝菌不知晦朔,蟪蛄不知春秋,此小年也。楚之南有冥灵者,以五百岁为春,五百岁为秋;上古有大椿者,以八千岁为春,八千岁为秋。此大年也。而彭祖乃今以久特闻,众人匹之,不亦悲乎?

汤之问棘也是已。穷发之北,有冥海者,天池也。有鱼焉,其广数千里,未有知其修者,其名为鲲。有鸟焉,其名为鹏,背若泰山,翼若垂天之云;抟扶摇羊角而上者九万里,绝云气,负青天,然后图南,且适南冥也。斥鴳笑之日:"彼且奚适也? 我腾跃而上,不过数仞而下,翱翔蓬蒿之间,此亦飞之至也。而彼且奚适也?"此小大之辩也。

(《唐宋注疏十三经》中华书局,1998)

作品简介

庄子(约前369—前286),名周,与孟子同时或稍晚,道家学派的代表人物。庄子思想最核心的部分,是主张顺应自然,清静无为。他热爱自然,向往自由自在的生活,逍遥而游,悠然而乐,物我两忘。老子以无为治国,庄子以无为立身,他把道更多地用在养生处世方面,注重个体的生命存在和精神自由。认为一切事物都是相对的,变化无常的,力求通过"心斋"、"坐忘"等修养方式,进入齐万物、外生死、无是非、无所待、"独与天地精神往来"(《庄子·天下》)的"逍遥"境界。在关注自身的生命状态的同时,庄子进一步思考整个人类所面临的生存困境,提倡一种率真任性的自然人生,奉行全性保真的贵生主义,追求超脱与自由。人类只有从充斥着心机和角杀的理性社会中挣脱出来,砸碎名利与世俗观念的缰锁,才能真正使生命畅达起来,在达生中畅游生命之乐,品味人生之趣,体验人与天地万物和谐共处的无尽快慰。

《庄子》(又称《南华经》)一书瑰丽奇特,充满哲理和诗情。其主要价值在于对社会文明的深刻反省与批判,对人类命运的深情关注和求索。庄子既是一个卓尔不群的心灵孤独者,更是一位执着睿智的精神探索者和思想解放者。可以说,古代众多的先贤圣哲,还没有谁能像庄子那样,在追求和探索精神自由方面,具有如此超凡的勇气。也没有谁能像庄子那样,以宏肆奔放的想象力,贴切形象的比喻,透彻精当的说理和饱蘸着诗意的笔墨,把自由的精神境界描绘得如此高远神奇,震撼人心。

导读指要

《逍遥游》是《庄子》的首篇,在思想和艺术上都可作为《庄子》一书的代表。文章先是通过大鹏与蜩、学鸠等小动物的对比,阐述了"小"与"大"的区别;作者在此基础上指出,无论是不善飞翔的蜩与学鸠,还是能借风力飞到九万里高空的大鹏,甚至是可以御风而行的列子,它们都是"有所待"而不自由的,从而引出并阐述了"至人无己,神人无功,圣人无名"的道理。全文想象丰富,构思新颖,比喻精妙,雄奇怪诞,汪洋恣肆。

《逍遥游》所描述的追求精神绝对自由的境界,曾时时拨动着无数深受传统礼教和封建道德的约束禁锢、渴望自由精神的人们的心弦。庄子所提出的追求自由的哲学命题,是最为贴近现实人生的根本诉求,是苦闷和奋争中的醒觉,闪烁着智慧的火花。本文的主旨在于说明追求绝对精神自由的必要性和所具条件,而"逍遥游"就是这一主题最形象、最直观的展示和概括。从字面上说,它是指精神的漫游和徜徉,是自由自在的精神对尘世羁绊的抗争与唾弃。万物中大如高飞远举、翱翔于万里海天的鲲鹏,小至游气、尘埃、蜩、学鸠、鹦雀,甚或宋荣子、列子等等,都必须依靠外力,有所凭借,才能飞动游息,自然算不上逍遥游。庄子把"无待""无己"视为达到这种至高精神境界的必要条件,尤其强调要用"无待"来消泯自己与外部环境的矛盾对立,将外物与内我、自由精神和煌煌大道融为一体,从而实现精神的绝对自由,不受任何牵累,无所依凭地自由驰骋,是为"逍遥游"。这种思想有其积极的一面,即能够认识到事物都是相对存在的,表现出一定的辩证思想。但比之大智、大年,浅薄无知,朝生暮亡的小智、小年又何足道哉!庄子对精神自由的追求,对功名利禄的鄙弃,则反映了他对现实政治和文化环境的强烈不满与深刻批判的态度,在更深的层面上,也曲折地表达了对宽松自由的社会政治和思想文化环境的热切呼唤。在现实社会中,这种超越一切客观条件的绝对自由,实际上是不存在的,也是做不到的。庄子认识到这一客观事实,故而主张到精神世界的广阔天地中去漫游逍遥。生命的时空极为有限,现实中又无法找寻适于自由之树的生命绿洲,庄子把浑灏充沛的大道作为超越时空的唯一本原,融有限的时空于大道的旋律,这就给自由注入了鲜活的动力。

字句疏解

1. 北冥有鱼,其名为鲲:北冥,北海;冥,通"溟",指广阔幽深的大海,下文的"南冥"和"冥海"都用此意;鲲(kūn),本义鱼卵,在此借用为大鱼名,含有大小相对之意,也体现了庄子的《齐物论》本旨。

2. 鲲之大,不知其几千里也;化而为鸟,其名为鹏:鹏,古"凤"字,这里用作大鸟名。

3. 鹏之背,不知其几千里也;怒而飞,其翼若垂天之云:怒,通"努",奋力飞举;垂天,天边;垂,通"陲",边际。

4. 是鸟也,海运则将徙于南冥:海运,指海波动荡,海动风起之时。

5. 南冥者,天池也:天池,天然形成的池子,指大海。

6. 《齐谐》者,志怪者也:《齐谐》,志怪小说集;志怪,记述怪异的故事;志,记述。

7. 《谐》之言曰:"鹏之徙于南冥也,水击三千里,抟扶摇而上者九万里,去以六月息者也。":水击,"击水"一词的倒装,形容大鹏起飞时翅膀拍击水面的壮观景象;抟(tuán):盘旋上升;扶摇,旋风;息,气息,指风。

8. 野马也,尘埃也,生物之以息相吹也:野马,云雾之气变化腾涌成野马的样子;以息相吹也,以气息相互吹浮而游动。

9. 天之苍苍,其正色邪:苍苍,深蓝色;其,或许;正色,真正的颜色;邪(yé),通

"耶",疑问词。

10.且夫水之积也不厚,则其负大舟也无力:且夫,助词,起提示下文的作用。

11.覆杯水于坳堂之上,则芥为之舟;置杯焉则胶,水浅而舟大也:覆,倒;坳(ào)堂,堂上的洼坑;芥,小草;焉,兼词,于此,在这里;胶,粘在地面动不了。

12.故九万里,则风斯在下矣,而后乃今培风;背负青天,而莫之夭阏者,而后乃今将图南:而后乃今,然后才……;乃,才;培风,乘风,培,凭;夭(yāo),挫折;阏(è),阻碍;图南,欲飞往南方。

13.蜩与学鸠笑之曰:"我决起而飞,枪榆枋而止,时则不至,而控于地而已矣,奚以之九万里而南为?":蜩(tiáo),蝉;学鸠(jiū),斑鸠一类的小鸟;决起,迅速腾起;枪,撞到,碰到;榆枋(yú fāng),泛指树木;榆,榆树;枋,檀木;时则不至:有时或者达不到;控,投,落下;奚(xī)以,何必,哪里用得着;为,疑问助词,相当于"呢"。

14.适莽苍者,三餐而反,腹犹果然;适百里者,宿舂粮;适千里者,三月聚粮:适,去往;三餐,指一天;反,通"返",返回;果然,饱足的样子;宿,隔夜,头一夜;舂(chōng)粮,把谷物的壳捣掉,指准备粮食;三月聚粮,准备三个月的粮食。

15.之二虫又何知:二虫,指蜩和学鸠;虫,古代对动物的统称,如大虫指老虎,长虫指蛇。

16.小知不及大知,小年不及大年:小知,小聪明;知,通"智";小年,指寿命短的。

17.朝菌不知晦朔,蟪蛄不知春秋,此小年也:朝菌,一种朝生暮死的菌类植物;晦朔(huì shuò),月亮的盈缺;晦,每月的最后一天;朔,每月的第一天;蟪蛄(huì gū),寒蝉,春生夏死或夏生秋死。

18.楚之南有冥灵者,以五百岁为春,五百岁为秋;上古有大椿者,以八千岁为春,八千岁为秋:冥灵,大树名,一说大龟名;大椿(chūn),树名。

19.而彭祖乃今以久特闻,众人匹之,不亦悲乎:彭祖,传说中寿达八百岁的人物;乃今,而今,现在;匹之,和他相比;匹,比;

20.汤之问棘也是已:汤,商朝的建立者;棘,人名,相传是商汤时的大夫;是已,就是这样,表示肯定。

21.穷发之北,有冥海者,天池也。有鱼焉,其广数千里,未有知其修者,其名为鲲:穷发,草木不生的地方;发,草木。

22.有鸟焉,其名为鹏,背若泰山,翼若垂天之云;抟扶摇羊角而上者九万里,绝云气,负青天,然后图南,且适南冥也:羊角,像羚羊角的旋风;绝云气,穿越云气;绝,超越。

23.斥鴳笑之曰:"彼且奚适也?我腾跃而上,不过数仞而下,翱翔蓬蒿之间,此亦飞之至也。而彼且奚适也?":斥鴳(yàn),小池泽中的一种小雀。仞,古代丈量单位,周代以八尺为一仞,汉代以七尺为一仞;翱翔蓬蒿(péng hāo)之间,翱翔在蓬木蒿草之间；至，极致。

24.此小大之辩也：辩，通"辨"，区别。

思考讨论题

自由是一种价值观，谈谈你对自由的理解和体悟。

扩展阅读

1.文之神妙，莫过于能飞。庄子之言鹏曰："怒而飞"，今观其文，无端而来，无端而去，殆得"飞"之机者。

——[清代]刘熙载《艺概·文概》

2.天地与我并生，而万物与我为一。乘云气，骑日月，而游乎四海之外。

——庄子《南华经·齐物论》

3.乘夫莽眇之鸟，以出六极之外，而游无何有之乡，以处圹埌之野。

——庄子《南华经·应帝王》

4.人生天地之间，若白驹之过隙，忽然而已。

——庄子《南华经·知北游》

《左传·郑伯克段于鄢》

初，郑武公娶于申，曰武姜，生庄公及共叔段。庄公寤生，惊姜氏，故名曰寤生，遂恶之。爱共叔段，欲立之。亟请于武公，公弗许。

及庄公即位，为之请制。公曰："制，岩邑也，虢叔死焉。佗邑唯命。"请京，使居之，谓之京城大叔。祭仲曰："都城过百雉，国之害也。先王之制：大都，不过参国之一；中，五之一；小，九之一。今京不度，非制也，君将不堪。"公曰："姜氏欲之，焉辟害？"对曰："姜氏何厌之有！不如早为之所，无使滋蔓，蔓，难图也。蔓草犹不可除，况君之宠弟乎！"公曰："多行不义必自毙，子姑待之。"

既而大叔命西鄙、北鄙贰于己。公子吕曰："国不堪贰，君将若之何？欲与大叔，臣请事之；若弗与，则请除之。无生民心。"公曰："无庸，将自及。"大叔又收贰以为己邑，至于廪延。子封曰："可矣，厚将得众。"公曰："不义不昵，厚将崩。"

大叔完聚，缮甲兵，具卒乘，将袭郑。夫人将启之。公闻其期，曰："可矣！"命子封帅车二百乘以伐京。京叛大叔段，段入于鄢，公伐诸鄢。五月辛丑，大叔出奔共。

书曰："郑伯克段于鄢。"段不弟，故不言弟；如二君，故曰克；称郑伯，讥失教也；谓之郑志，不言出奔，难之也。

遂寘姜氏于城颍，而誓之曰："不及黄泉，无相见也。"既而悔之。颍考叔为颍谷封人，闻之，有献于公，公赐之食，食舍肉。公问之，对曰："小人有母，皆尝小人之食矣，未尝君之羹，请以遗之。"公曰："尔有母遗，繄我独无！"颍考叔曰："敢问何谓也?"公语之故,且告之悔。对曰:"君何患焉?若阙地及泉,隧而相见,其谁曰不然?"公从之。公入而赋:"大隧之中,其乐也融融!"姜出而赋:"大隧之外,其乐也泄泄。"遂为母子如初。

君子曰:"颍考叔,纯孝也,爱其母,施及庄公。《诗》曰:'孝子不匮,永锡尔类。'其是之谓乎!"

作品简介

《左传》原名《左氏春秋》,西汉以后称《春秋左氏传》,简称《左传》,为儒家经典之一,也是我国第一部叙事翔实完整的历史巨著。相传《左传》为传述《春秋》而作,是《春秋三传》之一,作者为春秋时期的瞽史左丘明,后人对此颇多疑义。今人一般认为此书大约成书于战国早期,最后编定者应是一位熟悉春秋史料的史学家和文学家。《左传》全面而又详尽地记述了春秋时代各国的政治、军事、经济、外交、文化、法令等方面的状况以及某些代表人物的言论与活动,生动地反映了当时错综复杂的社会矛盾和尖锐激烈的政治军事斗争,呈现出那个时代的历史风貌。

导读指要

《郑伯克段于鄢》是《左传》中的名篇,主要记述鲁隐公元年郑庄公同其胞弟共叔段为了争夺国君权位而进行的一场你死我活的斗争。郑庄公设计并故意纵容其弟共叔段与其母武姜,骄纵无忌的共叔段不断扩充势力,欲夺国君之位,庄公便名正言顺地予以讨伐剿灭,共叔段败逃共国。庄公怨母亲姜氏偏心,将其迁于颍地。后又听从颍考叔的规劝,母子重归于好。古代中国王室内部为了争权夺利,父子相残,兄弟相杀,演绎了一幕幕人间悲剧。这篇传文记述了春秋时期郑庄公兄弟、母子之间错综复杂的矛盾和勾心斗角、尔虞我诈、惊心动魄的殊死斗争,深刻地揭示了统治阶级自私伪善、贪婪奸诈的本质,无情地撕开了罩在儒家所标举的家庭伦理关系上的一层温情脉脉的面纱,使所谓"父慈、子孝、兄友、弟恭"的虚伪说教暴露无遗。《春秋》是"礼义之大宗",孔子于史事的简略记述中表现出了维护周礼,反对僭越违礼行为、贬斥邪说暴行的思想倾向。同时,还常常以一字暗寓褒贬,在谨严的措词中表现出作者的爱憎感情,微言而有大义。如杀无罪为"杀(错杀)",杀有罪为"诛(该杀)",下杀上曰"弑(犯上作乱)"等等,这种写作方式被称为"春秋笔法"。此文之"书曰:'郑伯克段于鄢。'段不弟,故不言弟;如二君,故曰克;称郑伯,讥失教也;谓之郑志,不言出奔,难之也"一节,对何以言"段"、曰"克"、称"郑伯"等所做出的解读,即是"春秋笔法"的具体表现。《左传》之文长于叙事,它把《春秋》的简短记事,铺展成为完整生动的叙事散文,同时也发展了"春秋笔法",不再以史事的简略记述排比或个别字词的褒贬来体现作者的思想倾向,而主要通过对整个事件过程的详尽叙述,对人物言行举止的生动描写来呈现其道德评价和态度看法。作为一种新的范式，《左传》还每每于叙事中或叙述末直接插进和引入议论，以"君子曰"、"君子是以知"、"孔子曰"等形式来对所述事件或人物进行道德伦理方面的评判。本文结处即以"君子曰"煞住，评说颍考叔是位真正的孝子，他不仅孝敬自己的母亲，而且还把这种孝心延及扩展到郑伯身上。这种假托君子以发表评论的形式，更为鲜明地表现了作者的立场和主张，增强了叙事的感情色彩，其对后世散文的影响当不言自明。

字句疏解

1.初，郑武公娶于申，曰武姜，生庄公及共叔段：初，当初，这是回述往事时的说法；郑武公，名掘突，郑桓公的儿子，郑国第二代君主；娶于申，从申国娶妻，申，春秋时国名，姜姓，河南省南阳市北；曰武姜，叫武姜；'武姜，郑武公之妻，"姜"是她娘家的姓，"武"是她丈夫武公的谥号；共（gōng）叔段，郑庄公的弟弟，名段，他在兄弟之中年岁小，因此称"叔段"。

2.庄公寤生，惊姜氏，故名曰寤生，遂恶之：寤（wù）生，难产的一种，胎儿的脚先生出来，寤，通"牾"，逆，倒着；惊，使动用法，使姜氏惊；遂恶（wù）之，因此厌恶他；遂，连词，因而；恶，厌恶。

3.爱共叔段，欲立之。亟请于武公，公弗许：爱，喜欢，喜爱；亟（qì）请于武公，屡次向武公请求，亟，屡次；于，介词，向；公弗许，武公不答应她；弗，不；

4.及庄公即位，为之请制：及庄公即位，到了庄公做国君的时候；及，介词，到；即位，君主登上君位；

5.公曰：制，岩邑也，虢叔死焉。佗邑唯命：制，地名，即虎牢，河南省荥（xíng）阳县西北；岩邑，险要的城镇；岩，险要；邑，人所聚居的地方；虢（guó）叔死焉，东虢国的国君死在那里；虢，指东虢，古国名，为郑国所灭；焉，介词兼指示代词相当于"于是""于此"；佗邑唯命，别的地方，听从您的吩咐；佗，同"他"，指示代词，别的，另外的；唯命，只听从您的命令；京，地名，河南省荥阳县东南；

6.请京，使居之，谓之京城大叔：谓之京城大（tài）叔，京地百姓称共叔段为京城太叔；大，同"太"；王力、朱骏声作古今字，《说文》段注："太从大声，后世凡言大，而以为形容未尽则作太，如大宰，俗作太宰，大子，俗作太子，周大王俗作太王是也。

7.祭仲曰："都城过百雉，国之害也"：祭（zhài）仲，郑国的大夫；祭，特殊读音；都城过百雉（zhì），都邑的城墙超过了300丈。都：《左传·庄公二十八年》"凡邑有宗庙先君之主曰都。"指次于国都而高于一般邑等级的城市；雉，古代城墙长一丈，宽一丈，高一丈为一堵，三堵为一雉，即长三丈；国之害也，国家的祸害。

8.先王之制：大都不过参国之一，中五之一，小九之一：先王，前代君王；郭锡良《古代汉语讲授纲要》注为周开国君主文、武王；大都不过参（sān）国之一，大城市的城墙不超过国都城墙的三分之一，参，同"三"；中五之一，中等城市城墙不超过国都

城墙的五分之一,"五分国之一"的省略;小九之一,小城市的城墙不超过国都城墙的九分之一,"九分国之一"的省略;

9.今京不度,非制也,君将不堪:不度,不合法度;非制也,不是先王定下的制度;不堪,受不了,控制不住的意思;

10.姜氏欲之,焉辟害:焉辟害,哪里能逃避祸害;辟,"避"的古字。

11.姜氏何厌之有!不如早为之所,无使滋蔓,蔓难图也。蔓草犹不可除,况君之宠弟乎:何厌(厌)之有,有何厌,何,疑问代词作宾语定语,之,代词,复指前置宾语;为之所,给他安排个地方,双宾语,即重新安排;无使滋蔓(zī màn),不要让他滋长蔓延,"无"通"毋"(wú);图,除掉;犹,尚且;况,何况;

12.多行不义,必自毙,子姑待之:多行不义必自毙,多做不义的事,必定自己垮台,毙,本义倒下去、垮台,汉以后才有"死"义;姑,姑且、暂且;

13.既而大叔命西鄙北鄙贰于己:既而,固定词组,不久;命西鄙北鄙(bǐ)贰于己,命令原属庄公的西部和北部的边境城邑同时也臣属于自己,鄙,边邑也,从邑,啬声,边境上的城邑;贰,两属。

14.国不堪贰,君将若之何:公子吕,郑国大夫;堪,承受;若之何,固定结构,对它怎么办? 之,指"大叔命西鄙北鄙贰于己"这件事;

15.欲与大叔,臣请事之;若弗与,则请除之。无生民心:欲与大(tài)叔,如果想把国家交给共叔段,与,给予;臣请事之,那么我请求去事奉他,事,动词,事奉;生民心,使动,使民生二心。

16.无庸,将自及:无庸,不用,"庸"、"用"通用,一般出现于否定式;将自及,将自己赶上灾难,杜预注:"及之难也;及,本义追赶上。

17.大叔又收贰以为己邑,至于廪延:收贰以为己,把两属的地方收为自己的领邑;贰,指原来贰属的西鄙北鄙;以为,"以之为"的省略;廪(lǐn)延,地名,河南省延津县北。

18.可矣,厚将得众:厚将得众,势力雄厚,就能得到更多的百姓;众,指百姓。

19.不义,不暱,厚将崩:共叔段对君不义,百姓就对他不亲,势力再雄厚,将要崩溃;暱,同昵(异体),亲近。

20.大叔完聚,缮甲兵,具卒乘,将袭郑:完聚,修治(城郭),聚集(百姓);完,修葺(qì);

21.缮甲兵,修整作战用的甲衣和兵器;缮,修理;甲,铠甲;兵,兵器;具卒乘(shèng),准备步兵和兵车;具,准备,卒,步兵;乘,四匹马拉的战车;袭,偷袭;行军不用钟鼓,杜预注:"轻行掩其不备曰袭";本是贬义,后逐渐转为中性词。

22.夫人将启之:武姜将要为共叔段作内应;夫人,指武姜;启之,给段开城门,即作内应;启,为动用法。

23.公闻其期,曰:"可矣!":公闻其期,庄公听说了偷袭的日期。

24.命子封帅车二百乘以伐京:帅车二百乘,率领二百辆战车;帅,率领,古代每辆战车配备甲士三人,步卒七十二人;二百乘,共甲士六百人,步卒一万四千四百人。

25.京叛大叔段,段入于鄢,公伐诸鄢:叛,背叛;入,逃入;公伐诸鄢,庄公攻打共叔段在鄢邑;诸,之于,合音词。

26.五月辛丑,大叔出奔共:辛丑,干支纪日,天干,甲乙丙丁戊己庚辛壬癸;地支,子丑寅卯辰巳(sì)午未申酉戌(xū)亥;二者相配,用以纪日,汉以后亦用以纪年。

27.段不弟,故不言弟;如二君,故曰克;称郑伯,讥失教也;谓之郑志:不弟,不守为弟之道;与"父不父,子不子用法相同。"《春秋》记载道,"郑伯克段于鄢。"意思是说共叔段不遵守做弟弟的本分;如二君,故曰克,兄弟俩如同两个国君一样争斗,所以用"克"字;克,战胜;称庄伯,讽失教也,称庄公为"郑伯",是讥讽他对弟弟失教;讥,讽刺;失教,庄公本有教弟之责而未教;谓之郑志,赶走共叔段是出于郑庄公的本意;志,意愿;

28.不言出奔,难之也:不写共叔段自动出奔,是史官下笔有为难之处。

29.遂寘姜氏于城颍,而誓之曰:"不及黄泉,无相见也。":寘,"置"的通用字,意为放置,放逐;誓之,为动,对她发誓;黄泉,地下的泉水,喻墓穴,指死后;悔之,为动,对这事后悔。

30.既而悔之。颍考叔为颍谷封人,闻之,有献于公,公赐之食,食舍肉:颍考叔,郑国大夫,执掌颍谷(今河南登封西);封人,管理边界的地方长官,封,聚土培植树木,古代国境以树(沟)为界,故为边界标志;有献,有进献的东西;献作宾语,名词;赐之食,赏给他吃的;食舍肉,吃的时候把肉放置一边不吃;舍,舍的古字。

31.公问之,对曰:"小人有母,皆尝小人之食矣,未尝君之羹,请以遗之。":尝,吃过;

32.羹,带汁的肉;遗(wèi)之,赠送给她。

33.公曰:"尔有母遗,繄我独无!":我却单单没有啊;繄(yī),句首语气助词,不译。

34.颍考叔曰:"敢问何谓也?":敢问何谓也,冒昧地问问你说的是什么意思呢?敢,表敬副词,冒昧。

35.公语之故,且告之悔:故,原故,原因和对姜氏的誓言;悔,后悔的心情。

36.对曰:"君何患焉?若阙地及泉,隧而相见,其谁曰不然?":何患焉,您在这件事上忧虑什么呢;焉,于是;阙,通"掘",挖;隧而相见,挖个地道,在那里见面;隧,隧道,这里用作动词,指挖隧道;其谁曰不然,那谁能说不是这样(不是跟誓词相合)呢;其,语气助词,加强反问的语气;然,代词,代庄公对姜氏发的誓言。

37.公入而赋:"大隧之中,其乐也融融!":赋,赋诗;大隧之中,其乐也融融,走进隧道里,欢乐真无比。

38.姜出而赋:"大隧之外,其乐也洩洩。":大隧之外,其乐也洩洩(yì),走出隧道外,心情多欢快;

39.遂为母子如初:从此作为母亲和儿子像当初一样。

40.君子曰:"颍考叔,纯孝也,爱其母,施及庄公。《诗》曰:'孝子不匮,永锡尔类。'其是之谓乎!"君子,道德高尚的人;施及庄公,施,延及,延及庄公;匮,尽;锡,通赐,给与;其是之谓乎,其,表推测语气,之,结构助词,助词宾语前置。

思考讨论题

1.以此文为例,谈谈什么是"春秋笔法"。

2.文中的几个主要人物均个性鲜明,形象生动,但作者所着力刻画的还是郑庄公,试就这个人物形象做些具体分析。

扩展阅读

1.意尽而言止者,天下之至言也。然而言止而意不尽,尤为极致,如《礼记》《左传》可见。

——[宋代]苏轼《苏文忠公全集》

2.《左氏》之叙事也,述行师则簿领盈视,哤聒沸腾;论备火则区分在目,修饰峻整;言胜捷则收获都尽,记奔败则披靡横前,申盟誓则慷慨有余,称谲诈则欺诬可见,谈恩惠则煦如春日,纪严切则凛若秋霜,叙兴邦则滋味无量,陈亡国则凄凉可悯。或腴辞润简牍,或美句入咏歌。跌宕而不群,纵横而自得,若斯才者,殆将工侔造化,思涉鬼神,著述罕闻,古今卓绝。

——[唐代]刘知几《史通·杂说》

3.既醉以酒,既饱以德。君子万年,介尔景福。既醉以酒,尔肴既将。君子万年,介尔昭明。昭明有融,高朗令终。令终有俶。公尸嘉告。其告维何?笾豆静嘉。朋友攸摄,摄以威仪。你威仪孔时,君子有孝子。孝子不匮,永锡尔类。其类维何?室家之壶。君子万年,永锡祚胤。其胤维何?天被尔禄。君子万年,景命有仆。其仆维何?釐尔女士。釐尔女士,从以孙子。

——《诗经·大雅·既醉》

4.郑共叔之乱,公孙滑出奔卫。卫人为之伐郑,取廪延。郑人以王师、虢师伐卫南鄙。请师于邾,邾子使私于公子豫。豫请往,公弗许,遂行,及邾人、郑人盟于翼。

——《左传·卫人伐郑》

5.郑、息有违言,息侯伐郑,郑伯与战于竟,息师大败而还。君子是以知息之将亡也:不度德,不量力,不亲亲,不徵词,不察有罪。犯五不韪,而以伐人,其丧师也,不亦宜乎？

——《左传·息侯伐郑》

《战国策·陈轸说昭阳毋攻齐》

昭阳为楚伐魏，覆军杀将，得八城，移兵而攻齐。

陈轸为齐王使，见昭阳，再拜贺战胜，起而问："楚之法，覆军杀将，其官爵何也？"昭阳曰："官为上柱国，爵为上执珪。"陈轸曰："异贵于此者何也？"曰："唯令尹耳。"陈轸曰："令尹贵矣，王非置两令尹也。臣窃为公譬可乎？楚有祠者，赐其舍人卮酒。舍人相谓曰：'数人饮之不足，一人饮之有余。请画地为蛇，先成者饮酒。'一人蛇先成，引酒且饮之，乃左手持卮，右手画蛇，曰：'吾能为之足。'未成，一人之蛇成，夺其卮，曰：'蛇固无足，子安能为之足？'遂饮其酒。为蛇足者，终亡其酒。今君相楚而攻魏，破军杀将，得八城，不弱兵，欲攻齐。齐畏公甚，公以是为名，亦足矣。官之上，非可重也。战无不胜，而不知止者，身且死，爵且后归，犹为蛇足也。"

昭阳以为然，解军而去。

（《战国策》汇校汇注本，上海古籍出版社，1985）

作品简介

《战国策》是一部以记言为主、按国别辑录的战国史料汇编，也是一部杰出的文学著作。西汉末年，刘向加以编校整理，依东周、西周和秦、齐、楚、赵等诸侯国的序次，除去重复，编订为三十三篇，定名为《战国策》。记事年限上起战国初年，下至秦并六国，亦即春秋之后到楚汉相争大约二百四十五年间的史实。内容上主要记载了谋臣策士游说诸侯或进行谋议论辩时的政治主张和斗争策略，带有鲜明的纵横家思想。《战国策》的人物刻画鲜明生动，尤其是一系列"士"的形象，更是写得栩栩如生，光彩照人。为以人物为中心的纪传体的形成开创了先例，显示了由《左传》编年体向《史记》纪传体的过渡。其文风既不同于《国语》的平实质朴，亦有别于《左传》的严谨简约，而是辩丽横肆，铺张扬厉，气势纵横。

《陈轸说昭阳毋攻齐》见于《战国策·齐策》，文章记述了齐国舌辩之士陈轸以动听的言辞、形象的比喻、无可辩驳的逻辑力量说服楚将昭阳，劝止其攻打齐国的事迹，是战国策士纵横游说的成功范例。

导读指要

战国时代的"士"，有长于著书立说的学士，通晓阴阳历算的方士，专好出谋划策的策士，甘于为知己者死的勇士，还有寄食于人的食客等。其中的策士大都是政治活动家，他们奔走于列国之界，往还于君臣之间，能言善辩，运亡为存，化危为安，纵横捭阖，活跃于政治舞台，有举足轻重之势，所谓"所在国重，所去国轻"（刘向《战国策书录》),一言可以兴国,一语能够亡邦。应该说,士在当时各国的内政和外交方面确实起过重要作用,但这些作用在《战国策》中被大大地夸大了,此书就是代表士的思想和利益,为士这个阶层服务的,故而要把他们加以包装,以便向各国统治者宣传要重士、养士、用士。"士贵耳,王者不贵"(《齐策·颜斶说齐王贵士》)的声音,在书中不绝于响,这无疑反映了战国时代"士"阶层的崛起和士人精神的张扬以及其社会地位的大大抬升,此等情况,实乃空前绝后。士活动的主要方式是游说,他们往往相当机智勇敢,为了达到目的,甚至不惜冒死进言,且又极为讲求游说的方法技巧,善于运用权谋,抓住对方的心理特点,根据形势分析利害,因势利导,危言耸听,以动人的辞令打动对方,使之按自己的主张行事,从而左右局势,实现预想的目标。在这方面,《齐策》的《陈轸说昭阳毋攻齐》即颇具典范性。《齐策》所载的这篇文章,便是《战国策》中描写陈轸形象最为成功、也最著名的篇章之一。在后世作家所描写的一些智慧型人物如《史记》中的张良、《三国演义》之诸葛亮、《水浒传》之吴用等人的身上,亦颇有陈轸的神韵。楚国名将昭阳率兵伐魏,攻城掠地,势如破竹,继而又挟百战神威,移得胜之师,转而攻齐。在楚军气盛锋锐、大兵压境的情况下,陈轸受齐王的差遣,前来拜见昭阳,意在劝止其攻齐之举。战国时期,齐、楚同为雄踞天下的大国强邦,按《战国策·齐策》所记,纵横家苏秦在游说齐宣王时有言,齐国东西南北,山川形胜,幅员辽阔,兵多将广,武器精良,粮草丰茂,国力强盛。如此则何惧楚兵哉!但陈轸并未以齐的大国威势来震慑对方,而是非常谦敬地恭贺昭阳攻魏大获全胜,功成名就,从而营造出一种宽松融洽的氛围,为进言创造了良好条件。旋即便明知故问,引出谏说的话题,如此赫赫战绩,依楚之规制,当官升何职,爵迁何位?这就抓住了昭阳追求功名利禄的心理,并以此作为达成目标的突破口。待昭阳回答后,陈轸又进一步发问,诱导其说出比上柱国、上执珪更高、更尊贵的官爵"唯令尹耳",这里的潜台词是,昭阳攻齐如果再胜,就该封令尹了,但这可能吗?下面分析利害,陈说事理。在陈轸看来,令尹固然十分尊贵,可楚王不会设置两个令尹的,为了加强说服力,把道理讲得透彻形象,陈轸遂以"画蛇添足"的寓言为譬,说明已得杯酒者,却又骄傲矜持,节外生枝,想当然地给蛇画脚,结果"终亡其酒"不说,还受到夺而饮之者的一番奚落挖苦。接着便揭示用譬的意义,阐明昭阳攻魏得胜,无异于蛇成当饮,凡事均应适可而止,见好就收,过犹不及,不能随心所欲,任意妄为,否则将徒劳无功,反受其害。攻打齐国,昭阳无论再立多少战功,其官职爵位决然不会再得升迁,何况"齐畏公甚,公以是为名,亦足矣。"不战而威名远播,该知足了。退一步说,战争总是有危险的,尽管昭阳战无不胜,攻无不克,然若不及时收手,万一在战场上遭遇不测,结局只能是"身且死,爵且后归",失掉既得的一切,其后果远比为蛇足者的卒亡其酒要严重得多。陈轸的这番说辞,取譬生动,言辞恳切,进退有据,入情入理,毋容置疑,真是设身处地、反客为主地替昭阳着想谋划了,不由其不信服。《战国策》在刻画人物的时候,常常先交代他们出场的背景,造成一种非其莫属的态势,然后再写他们解决问题的本领、识见、口才、胆略等等,最后以矛盾的释然、危机的化解表明他们的成功。此篇结局之"昭阳以为然,解军而去",为全文、也为所述事件画上了一个圆满的句号。

"寓言"这个概念,最早见于《庄子》的《寓言》篇。"寓"乃寄寓、寓托之意,即所谓"寓真于诞,寓实于玄"(刘熙载《艺概·文概》),它往往把所要表达的思想、阐述的道理寄托在一个小故事中呈现出来,这个小故事就叫寓言故事,简称为寓言。正因为寓言于故事的具体情节之中,隐含着另外一层更为深刻的思想,故而常常语带双关,托喻巧妙,生动形象地揭示和阐明社会生活中某些带有普遍意义的东西,给人启示与教益,这样,寓言就具有了比喻和象征的性质,是比喻的一种发展与高级的表现形式。初始阶段的寓言,大都虚妄浮夸,幻诞离奇,有时简直近于神话。春秋战国时期,作为据谈雄辩、陈辞说理的重要手段,寓言被史家之文和诸子之文广泛运用,庄子、韩非更被誉为寓言大师,先秦寓言文学的繁盛,完全可以和同时期出现于古希腊的《伊索寓言》遥相媲美。《战国策》中约有七十则寓言故事,当时,各国诸侯大都忙于战事,文化素养不是很高,讲一些通俗浅近、形象生动的寓言故事,他们自然容易领会,也便于谏说者进言。除本文的"画蛇添足"之外,"狐假虎威""鹬蚌相争,渔人得利""惊弓之鸟""南辕北辙"等亦皆为《战国策》中脍炙人口、广为称道的寓言故事。这些寓言大都短小精巧,随物赋形,即事编撰,独出心裁,比附现实,形完神备,寓意深刻,用具体的形象概括、阐述抽象的道理,表现出极强的文学力量和恒久的艺术生命力,卓然屹立于先秦寓言文学之林。

应该看到,先秦寓言虽然繁荣一时,但无论史家之文,抑或诸子之文,其寓言作品大都借助于某些文章而存在,是文章的一个有机的组成部分,处在依附和从属的地位,是作者为了增强文辞的说服力而即时作譬用的,不能独立成篇。直至中唐的柳宗元,寓言才真正摆脱了附属品的地位,成为和其他文体并驾齐驱,平分秋色的独立的文学样式,共同创造着中国文学的绚丽与辉煌。

字句疏解

1. 陈轸:楚人,战国时期的策士,初在秦国,为张仪所逐,一度至楚,后又由楚至齐。说:游说,劝说。昭阳:楚国将领,怀王六年(公元前 323 年)奉命率兵攻魏,得胜后又移师攻齐,卒为陈轸说服,退兵而去。

2. 覆军杀将:歼灭敌军,斩杀敌将。覆:倾覆,摧毁,消灭。

3. 移:转,调动。

4. 齐王:指齐湣王,与秦昭王同时,曾并称东西帝。使:作动词,出使。

5. 再拜:拜了又拜,以示恭敬。

6. 官爵:官职爵位。爵:封爵,可以世袭。

7. 上柱国:亦称柱国,楚国所设最高武官,职位仅次于宰相。上执珪:是楚国地位很高的爵位。珪：同"圭"，是君主封赏诸侯时赐予的一种瑞玉，其大小可以根据爵位的高低而有所不同。

8.异：特，更。句谓比这官爵更为尊贵的还有什么？

9.令尹：楚国的最高官职，相当于其他诸侯国的国相。

10.非置：不能设置。

11.窃：副词，表示自谦，意为私自，私下里。譬：打比方，比喻。

12.祠者：祭祀的人。

13.舍人：门下客。卮：古代的一种酒杯。卮酒：一杯酒。

14.引：取。且：将，将要。句谓拿过酒来即将要喝。

15.为之足：给它画上脚。之：指所画的蛇。

16.固：副词，本来，原本。

17.子：尊称对方之词。安能：何能，怎么能够。

18.亡：失，失掉。

19.相：助，辅佐。意为辅助楚国攻打魏国。

20.不弱兵：不削弱兵力，或兵力未受损失。弱：削弱，此处有休止的意思。

21.以是为名：因为这个成就了声名。

22.重：重复，重迭，增加。

23.后归：归于后人，意即失掉官爵。

24.然：是这样的，对。

25.解军：指撤军。解：解除。

思考讨论题

结合本文试述先秦寓言的主要特点。

扩展阅读

1.战国者，纵横之世也。纵横之学，本于古者行人之官。观《春秋》之辞命，列国大夫，聘问诸侯，出使专对，盖欲文其言以达旨而已。至战国而抵掌揣摩，腾说以取富贵，其辞敷张而扬厉，变其本而加恢奇焉，不可谓非行人辞命之极也。孔子曰：颂《诗》三百，授之以政，不达；使于四方，不能专对，虽多奚为。是则比兴之旨，讽谕之义，固行人之所肄也。纵横者流，推而衍之，是以能委折而入情，微婉而善讽也。

——[清代]章学诚《文史通义·诗教》

2.晋侯、秦伯围郑，以其无礼于晋，且贰于楚也。晋军函陵，秦军氾南。佚之狐言于郑伯曰："国危矣，若使烛之武见秦君，师必退。"公从之。辞曰："臣之壮也，犹不如人，今老矣，无能为也已。"公曰："吾不能早用子，今急而求子，是寡人之过也。然郑亡，子亦有不利焉！"许之。夜缒而出。见秦伯，曰："秦、晋围郑，郑既知亡矣。

若亡郑而有益于君，敢以烦执事。越国以鄙远，君知其难也。焉用亡郑以陪邻？邻之厚，君之薄也。若舍郑以为东道主，行李之往来，共其乏困，君亦无所害。且君尝为晋君赐矣，许君焦、瑕，朝济而夕设版焉，君之所知也。夫晋何厌之有？既东封郑，又欲肆其西封，若不阙秦，将焉取之？阙秦以利晋，唯君图之。"秦伯说，与郑人盟。使杞子、逢孙、杨孙戍之，乃还。子犯请击之。公曰："不可。微夫人之力不及此。因人之力而敝之，不仁；失其所与，不知；以乱易整，不武。吾其还也。"亦去之。

——《左传·烛之武退秦师》

3.陈轸去楚之秦。张仪谓秦王曰："陈轸为王臣，常以国情输楚。仪不能与从事，愿王逐之。即复之楚，愿王杀之。"王曰："轸安敢之楚也。"王召陈轸告之曰："吾能听子言，子欲何之？请为子约车。"对曰："臣愿之楚。"王曰："仪以子为之楚，吾又自知子之楚。子非楚，且安之也！"轸曰："臣出，必故之楚，以顺王与仪之策，而明臣之楚与不也。楚人有两妻者，人其长者，长者詈之；其少者，少者许之。居无几何，有两妻者死。客谓詈者曰：'汝取长者乎？少者乎？'曰：'取长者。'客曰：'长者詈汝，少者和汝，汝何为取长者？'曰：'居彼人之所，则欲其许我也；今为我妻，则欲其为我詈人也。'今楚王明主也，而昭阳贤相也。轸为人臣，而常以国情输楚王，王必不留臣，昭阳将不与臣从事矣。以此明臣之楚与不。"轸出，张仪入，问王曰："陈轸果安之？"王曰："夫轸天下之辩士也，孰视寡人曰：'轸必之楚。'寡人遂无奈何也。寡人因问曰：'子必之楚也，则仪之言果信矣！'轸曰：'非独仪之言也，行道之人皆知之。昔者子胥忠其君，天下皆欲以为臣；孝己爱其亲，天下皆欲以为子。故卖仆妾不出里巷而取者，良仆妾也；出妇嫁于乡里者，善妇也。臣不忠于王，楚何以轸为臣乎？忠尚见弃，轸不之楚，而何之乎？'王以为然，遂善待之。"

——《战国策·秦策·陈轸去楚之秦》

4.邹忌修八尺有余，而形貌昳丽。朝服衣冠，窥镜，谓其妻曰："我孰与城北徐公美？"其妻曰："君美甚，徐公何能及公也！"城北徐公，齐国之美丽者也。忌不自信，而复问其妾曰："吾孰与徐公美？"妾曰："徐公何能及君也！"旦日，客从外来，与坐谈，问之客曰："吾与徐公孰美？"客曰："徐公不若君之美也！"明日，徐公来，孰视之，自以为不如；窥镜而自视，又弗如远甚。暮寝而思之，曰："吾妻之美我者，私我也；妾之美我者，畏我也；客之美我者，欲有求于我也。"于是入朝见威王，曰："臣诚知不如徐公美。臣之妻私臣，臣之妾畏臣，臣之客欲有求于臣，皆以美于徐公。今齐地方千里，百二十城，宫妇左右莫不私王，朝廷之臣莫不畏王，四境之内莫不有求于王：由此观之，王之蔽甚矣！"王曰："善。"乃下令："群臣吏民，能面刺寡人之过者，受上赏；上书谏寡人者，受中赏；能谤讥于市朝，闻寡人之耳者，受下赏。"令初下，群臣进谏，门庭若市；数月之后，时时而间进；期年之后，虽欲言，无可进者。燕、赵、韩、魏闻之，皆朝于齐。此所谓战胜于朝廷。

——《战国策·齐策·邹忌讽齐王纳谏》

5.荆宣王问群臣曰:"吾闻北方之畏昭奚恤也,果诚何如?"群臣莫对。江乙对曰:"虎求百兽而食之,得狐。狐曰:'子无敢食我也。天帝使我长百兽,今子食我,是逆天帝命也。子以我为不信,吾为子先行,子随我后,观百兽之见我而敢不走乎?'虎以为然,故遂与之行。兽见之皆走。虎不知兽畏己而走也,以为畏狐也。今王之地方五千里,带甲百万,而专属之于昭奚恤;故北方之畏昭奚恤也,其实畏王之甲兵也,犹百兽之畏虎也。"(狐假虎威)

——《战国策·楚策》

6.魏王欲攻邯郸,季梁闻之,中道而反,衣焦不申,头尘不去,往见王,曰:"今者臣来,见人于大行,方北面而持其驾,告臣曰:'我欲之楚。'臣曰:'君之楚,将奚为北面?'曰:'吾马良。'臣曰:'马虽良,此非楚之路也。'曰:'吾用多!'臣曰:'用虽多,此非楚之路也。'曰:'吾御者善!'此数者愈善,而离楚愈远耳。今王动欲成霸业,欲举信于天下,恃王国之大,兵之精锐,而攻邯郸,以广地尊名,王之动愈数,而离王愈远耳,犹至楚而北行也。"(南辕北辙)

——《战国策·魏策》

7.天下合从。赵使魏加见楚春申君曰:"君有将乎?"曰:"有矣,仆欲将临武君。"魏加曰:"臣少之时好射,臣愿以射譬之,可乎?"春申君曰:"可。"加曰:"异日者,更赢与魏王处京台之下,仰见飞鸟。更赢谓魏王曰:'臣为王引弓虚发而下鸟。'魏王曰:'然则射可至此乎?'更赢曰:'可。'有间,雁从东方来,更赢以虚发而下之。魏王曰:'然则射可至此乎?'更赢曰:'此孽也。'王曰:'先生何以知之?'对曰:'其飞徐而鸣悲。飞徐者,故疮痛也;鸣悲者,久失群也,故疮未息,而惊心未至也。闻弦音,引而高飞,故疮陨也。'今临武君,尝为秦孽,不可为拒秦之将也。"(惊弓之鸟)

——《战国策·楚策》

《离骚》(节选)

帝高阳之苗裔兮,朕皇考曰伯庸。
摄提贞于孟陬兮,惟庚寅吾以降。
皇览揆余初度兮,肇锡余以嘉名;
名余曰正则兮,字余曰灵均。

纷吾既有此内美兮,又重之以修能。
扈江离与辟芷兮,纫秋兰以为佩。
汩余若将不及兮,恐年岁之不吾与。
朝搴阰之木兰兮,夕揽洲之宿莽。
日月忽其不淹兮,春与秋其代序。
惟草木之零落兮,恐美人之迟暮。

不抚壮而弃秽兮，何不改乎此度？
乘骐骥以驰骋兮，来吾道夫先路！

昔三后之纯粹兮，固众芳之所在。
杂申椒与菌桂兮，岂惟纫夫蕙茝！
彼尧舜之耿介兮，既遵道而得路。
何桀纣之猖披兮，夫惟捷径以窘步。
惟夫党人之偷乐兮，路幽昧以险隘。
岂余身之殚殃兮，恐皇舆之败绩！
忽奔走以先后兮，及前王之踵武。
荃不查余之中情兮，反信谗而齑怒。
余固知謇謇之为患兮，忍而不能舍也。
指九天以为正兮，夫惟灵修之故也
曰黄昏以为期兮，羌中道而改路！
初既与余成言兮，后悔遁而有他。
余既不难夫离别兮，伤灵修之数化。

余既滋兰之九畹兮，又树蕙之百亩。
畦留夷与揭车兮，杂杜衡与芳芷。
冀枝叶之峻茂兮，愿俟时乎吾将刈。
虽萎绝其亦何伤兮，哀众芳之芜秽。

众皆竞进以贪婪兮，凭不厌乎求索。
羌内恕己以量人兮，各兴心而嫉妒。
忽驰骛以追逐兮，非余心之所急。
老冉冉其将至兮，恐修名之不立。
朝饮木兰之坠露兮，夕餐秋菊之落英。
苟余情其信姱以练要兮，长顑颔亦何伤。
擥木根以结茝兮，贯薜荔之落蕊。
矫菌桂以纫蕙兮，索胡绳之纚纚。
謇吾法夫前修兮，非世俗之所服。
虽不周于今之人兮，愿依彭咸之遗则。

长太息以掩涕兮，哀民生之多艰。
余虽好修姱以鞿羁兮，謇朝谇而夕替。

既替余以蕙纕兮,又申之以揽茝。
亦余心之所善兮,虽九死其犹未悔。
怨灵修之浩荡兮,终不察夫民心。
众女嫉余之蛾眉兮,谣诼谓余以善淫。
固时俗之工巧兮,偭规矩而改错。
背绳墨以追曲兮,竞周容以为度。
忳郁邑余侘傺兮,吾独穷困乎此时也。
宁溘死以流亡兮,余不忍为此态也。
鸷鸟之不群兮,自前世而固然。
何方圜之能周兮,夫孰异道而相安?
屈心而抑志兮,忍尤而攘诟。
伏清白以死直兮,固前圣之所厚。

悔相道之不察兮,延伫乎吾将反。
回朕车以复路兮,及行迷之未远。
步余马于兰皋兮,驰椒丘且焉止息。
进不入以离尤兮,退将复修吾初服。
制芰荷以为衣兮,集芙蓉以为裳。
不吾知其亦已兮,苟余情其信芳。
高余冠之岌岌兮,长余佩之陆离。
芳与泽其杂糅兮,惟昭质其犹未亏。
忽反顾以游目兮,将往观乎四荒。
佩缤纷其繁饰兮,芳菲菲其弥章。
民生各有所乐兮,余独好修以为常。
虽体解吾犹未变兮,岂余心之可惩。

女嬃之婵媛兮,申申其詈予,曰:
鲧婞直以亡身兮,终然殀乎羽之野。
汝何博謇而好修兮,纷独有此姱节?
薋菉葹以盈室兮,判独离而不服。
众不可户说兮,孰云察余之中情?
世并举而好朋兮,夫何茕独而不予听?

依前圣以节中兮,喟凭心而历兹。
济沅、湘以南征兮,就重华而陈词:
启《九辩》与《九歌》兮,夏康娱以自纵。

不顾难以图后兮，五子用失乎家衖。
羿淫游以佚畋兮，又好射夫封狐。
固乱流其鲜终兮，浞又贪夫厥家。
浇身被服强圉兮，纵欲而不忍。
日康娱而自忘兮，厥首用夫颠陨。
夏桀之常违兮，乃遂焉而逢殃。
后辛之菹醢兮，殷宗用而不长。
汤、禹俨而祗敬兮，周论道而莫差。
举贤才而授能兮，循绳墨而不颇。
皇天无私阿兮，览民德焉错辅。
夫维圣哲以茂行兮，苟得用此下土。
瞻前而顾后兮，相观民之计极。
夫孰非义而可用兮？孰非善而可服？
阽余身而危死兮，览余初其犹未悔。
不量凿而正枘兮，固前修以菹醢。
曾歔欷余郁邑兮，哀朕时之不当。
揽茹蕙以掩涕兮，沾余襟之浪浪。

跪敷衽以陈辞兮，耿吾既得此中正。
驷玉虬以桀鹥兮，溘埃风余上征。
朝发轫于苍梧兮，夕余至乎县圃。
欲少留此灵琐兮，日忽忽其将暮。
吾令羲和弭节兮，望崦嵫而勿迫。
路漫漫其修远兮，吾将上下而求索。
饮余马于咸池兮，总余辔乎扶桑。
折若木以拂日兮，聊逍遥以相羊。
前望舒使先驱兮，后飞廉使奔属。
鸾皇为余先戒兮，雷师告余以未具。
吾令凤鸟飞腾兮，继之以日夜。
飘风屯其相离兮，帅云霓而来御。
纷总总其离合兮，斑陆离其上下。
吾令帝阍开关兮，倚阊阖而望予。
时暧暧其将罢兮，结幽兰而延伫。
世溷浊而不分兮，好蔽美而妒忌。

作品简介

屈原(约前 342—前 278),战国时期楚国贵族,曾任三闾大夫等,兼管内政外交,主张对内举贤授能,修明法度,对外联齐抗秦。初得怀王信任,后遭贵族排挤,被流放沅湘流域,楚亡后在汨罗江怀石自杀,端午节据说就是纪念他的节日。

离骚,东汉王逸释为:"离,别也;骚,愁也;"司马迁、班固认为"离"通"罹",乃遭受、遭遇之意。"骚"作"忧"解,"离骚"即"遭遇忧愁"或"遭逢忧患"之意。一般都采用后说。《离骚》大约是屈原被顷襄王再放江南时(或说为楚怀王末年流放汉北时)的抒愤之作,内容丰厚,思想精深,诗人通过自叙身世、陈述情操、诉说理想、描写遭遇等几个节点,展现了自己大半生的奋斗历史,抒发了遭谗被害、报国无门的苦闷和悲愤,表现了对美好理想的热烈追求,对峻洁人格的培养持守,对祖国真切深厚的挚爱感情,对昏君佞臣的深刻批判,以及对邪恶势力决不妥协的斗争意志和以身许国的牺牲精神。长诗的基本内容就是表达诗人对这一崇高理想的执着追求和不懈奋斗,以及其间所遭遇的挫折与愤懑。

《离骚》凡 375 句,2490 字,是屈原作品中篇幅最长的诗章,更是中国文学史上最长的一首政治抒情诗,其体制的宏大和构思的奇特,罕有其匹,汉代人曾尊称其为"经"。司马迁在《史记·屈原贾生列传》中引用淮南王刘安之语来评说屈原及其《离骚》:"推此志也,虽与日月争光可也。"

导读指要

诗作开卷 24 句是屈原的自叙传,自述世系祖考、生辰名字及取名的由来。自己生于良辰吉日,早岁即怀有远大的抱负,具有出众的才能,积极进取,勤勉不懈,努力加强自我的修养锻炼,以便为国家效力,可见诗人积极的人生态度和对自我的期许。出身帝胄,与楚王同宗,理应参与国政,为王室尽责;天赋美好的品质,才识非凡,自当在政治上有所作为,成就一番事业;培养品德,锻炼才能,孜孜不倦,力求于国有用,希望得到楚王的理解和信任。诗人感叹岁月匆匆,时不我待,渴盼及早发挥才干,辅佐君王刷新政治,革除弊政,振兴楚国。为了国家的富强兴盛,自己愿为先导,在前面替楚王开路。其情殷殷,其意切切,赤胆忠肠,跃然纸面,这就为全诗内容的展开奠定了基础。

继之 26 句便进入了楚国政治现状的领域,从中见诗人忠心为国为君却反而遭谗被疏的不幸遭遇和无尽悲慨。首先回溯往圣盛世,赞美古代明君,他们的品德纯洁完美,公正无私,重用能臣,贤才毕集。接着以行路作比,称颂尧舜光明正大,遵道得路,找到了治国的正确途径;贬斥桀纣任意妄为,政乱国危,以至寸步难行,无路可走。两相对举,总结和反思历史上治乱成败的正反两方面的经验与教训,阐明君道的正邪和国家兴亡的关系,告诫楚王行尧舜之道,开往圣之世,切莫走上歧途。下面便揭露楚国的黑暗现实,指斥党人苟且偷安,贪图享乐,把国家引入了危亡之途。诗人申明自己忠贞无私,正道直行,为国事奔走操劳,反而招谗被忌,不容于君。他指天誓日,表明虽遭排挤,依然忠于君王,一心为国,不改初衷的坚定意志。后文抱怨、责备楚王听信谗言,反复无常,行为不一,以致奸佞当道,贤能见弃。伤叹之情溢于言表,痛惜之意见于字外。诗人将自身的遭际和国家的命运扭结一处,他对党人偷乐,君王昏庸,忠良遭黜的愤慨,便不在一己之穷通荣辱,而在国家之安危兴亡,字里行间,跳动着一颗火热赤诚的忠君爱国之心,读来感人至深。这一节揭示和展开了矛盾冲突,点明了全诗的主题。

下面56句重在叙写诗人在政治斗争中坎坷多难的处境和遭遇。前8句以大量地栽植培育芳花香草,期盼它们枝繁叶茂,茁壮成长,到成熟的时节便可有所收获为喻,表明诗人为了实现自己的政治理想,苦心孤诣,竭诚举荐和培植了大批人才,希望他们能为国效力,这是其举贤授能主张的一种具体实践。可悲的是,他辛勤栽培的这些香花美草却相继枯萎凋零,荒芜污秽。也就是说,在政治斗争的漩涡中,诗人精心培养的人才纷纷失节变质,蜕化堕落,辜负了他的厚望,着实让人痛心不已。中间20句运用正反对比的手法,一方面揭露党人贪婪成性,竞相钻营,争权夺利,嫉贤妒能的丑恶面目。另一方面陈述诗人自我的志趣追求,是为国家建功立业,坚持节操,修身为国,以立美名。饮露餐英,缀花集蕊,披戴香草,说明其不断地加强自己的品德修养,洁身自好,锻炼美好情操与坚贞精神。诗人坚定地表示,自己的服饰穿戴、行为举止即便不合时俗,却愿以前代的贤臣为榜样,遵循古贤彭咸之遗则,坚持政治主张,永葆高尚品德,绝不向邪恶势力屈服,也断然不与世俗奸人同流合污。后面28句感叹人生多艰,道路坎坷,诗人禁不住涕泪交流,伤心悲切,胸怀美好的理想,勤于培养美德,并以之来约束规范自己的行为,却仍然时时受到攻讦毁谤,遭斥见逐。尽管如此,依然不放弃对美好事物的追求,始终坚持美和善的理想,誓与黑暗势力斗争到底,既使历尽艰险,九死一生,也绝无可悔。诗人怨恨君王昏聩糊涂,圣聪不明,轻信谗言,全然不能体察自己的一片衷情。继而指斥群小奸佞肆意造谣中伤,胡作非为,投机取巧,背弃法度,苟合取容的丑恶行径,自己虽遭困厄,处境艰难,忧心烦闷,痛苦异常,但宁可即刻死去,也绝不忍为小人之态。猛禽不与凡鸟合群,方和圆也不能相合,志趣不同,主张各异的人怎么能安然共处呢?诗人忍辱负重,备受压抑,始终保持着清白之志,誓死也不改变节操,时刻准备为理想献身。这一节折射着楚国君昏臣奸、群小肆虐、是非颠倒、政治浑浊的黑暗现实,从中足可体察到屈原旷世的孤独和所承受的巨大压力,不能不对他坚毅不屈的精神和正直崇高的品质产生由衷的敬佩与仰慕。

接着24句承上启下,进行自我的总结反省。诗人痛悔当初对命途察看不细,省视未清,对统治集团的昏庸腐朽,对政治斗争的复杂严酷估计不足,因而行道艰难,处处碰壁,前途黯淡,于是便愤然决定退出斗争,迷途知返,归隐山林。诗人原本是怀着对君国的一片忠心赤诚踏上仕途的,既然方圆不合,异道难安,想为国效力却不被接纳,反而获罪被弃,那就转车返回,重新修洁过往的服饰,继续养持美好的品德,绝不改变初衷素志和崇高操守。诗人所在意的,是内心的真正芬芳,品操的委实高尚。让他聊以自慰的,是身处芳泽杂糅、善恶不分、忠奸相混的污浊之世,自己依然持守着美好纯洁的品质,没有蒙受丝毫的污染和亏损。到远方去游览观光,找寻志同道合之人,希望还能有所作为,即使体解肢断,粉身碎骨,也决然不会改变一贯的理想追求,放弃自己的好修之志。这斩钉截铁的宣言,力透纸背,掷地有声,具有格外感人的力量。这一节展现了诗人在进退问题上的两难抉择,彷徨苦闷,去意徘徊,内心矛盾斗争激烈,感情波澜迭起。

诗作至此,矛盾冲突已充分展开,楚国黑暗腐朽的政治现状,屈原艰难困苦的斗争历程皆尽显无遗,在饱含感情的笔墨中,呈现出诗人博大崇高的精神境界:理想追求高远,渴望楚国富强兴盛,充满爱国激情;思想感情高尚,一心为君为国为民,而非营谋一己之私利;道德品质峻洁,趋善如归,嫉恶如仇,憎爱分明,处污浊而不染;操守志节坚定,虽九死而不悔,纵体解犹未变。抒情主人公的高大形象,直出于昏暗恶浊的政局和卑琐凡庸的世俗之上,卓尔不群,傲然挺立,令人肃然起敬。

下述52句通过幻想的情节,进一步表现激烈的思想斗争和苦闷沉痛的内在心情。最为知音者的女婆,出于殷殷的牵挂和关切,屡屡责骂、反复劝戒诗人莫要过于耿直,不可抗世嫉俗,独自一人持守着美好的节操,应该改变处世的态度,放弃所持的主张,与世浮沉,明哲保身,和现实妥协,以免自取祸咎,因为时下没有是非曲直可言。看来这世间唯一的至亲也未能完全理解自己,在矛盾苦闷、孤立无援的情况下,诗人只好向古代的圣君帝舜陈词,倾吐衷肠,表白心迹,诉说自己信而见疑,忠而被谤的无限愤懑和理想信念的不可动摇。诗中复又例举历史上正反两方面的经验教训,说明荒淫暴虐之君必然亡国灭身,只有选用贤能才能治理好国家。夏启一味地纵情行乐,毫无顾忌,不计后果,终于引发了内乱;后羿只知恣意游玩,迷恋射猎,荒于政事,结果被其国相寒浞所杀;寒浞之子浇自恃强壮,终日寻欢作乐,毫无节制,忘乎所以,卒遭杀身之祸;夏桀违背正道,残暴无忌,任意妄为,受到了应得的惩处;殷纣昏乱暴虐,残杀贤良,不行君道,断送了商朝的国脉。凡此种种,均当引以为戒,警醒自免,不可重蹈覆辙。夏禹商汤,周之文武,同为开国君王,英明贤圣,就就业业,勤于朝政,讲究治国之道,荐拔任用贤才,依照法度行事,使王朝走向富强,国运常驻不衰,堪为古代明君的典范,足可学之效之。诗人评点历史,是非古人,其憎爱之感情,褒贬之态度,肯否之倾向,鲜明之至,直露无遗。举贤授能,修明法度,既是先王圣主至为重要的治国措施,也是屈原美政理想的主要内容。历史上兴衰治乱的史实表明,上天是公正无私的,谁的品德纯正高尚,就去佐助和帮扶谁,只有具备盛德美行的圣君明主才能享有天下,管理国家。历览前朝后代的事迹,考求人世兴亡的变化，没有非义非善之人能够保有下土，得到民众的拥戴，这是一条历史的铁律。对诗人而言，即便身处险境，濒临死亡，依然抱守着当初的理想，全无追悔之意，宁死也要坚持下去，绝不向黑暗现实屈服妥协。不看国君的贤愚就直言进谏，先贤忠良固此遭灾致祸，招来厄运，诗人不也正是这样的吗！生不逢时，怀才不遇，思之念之，悲愤难已，哀伤痛哭，泪如泉涌，既为自己而哭，更为楚国而痛。以此为发端，诗人为实现理想又开始了新的探求与追寻，这也为全诗内容的深层演进开拓了一个崭新的领域。

后面32句即是对理想的追求探索和对现实的抨击批判。重华陈辞，诗人想象自己的观点得到了帝舜的赞同，更加坚定决心，振奋精神，怀着实现理想的热切愿望，在幻想的境界中不懈探寻，四方求索，朝发夕至，夜以继日，时不我待，希望尽快到达天国。路途是如此的遥远漫长，我将上天下地，苦苦追寻，反复探索。诗人张开想象的双翼，以铺排的笔法，委婉尽致地描述了这一求索的历程。途中暂且逍遥徘徊，休息片刻便又启程上路，想让月神的御者望舒在前面开道，风神飞廉跟在后面奔跑，欲使凤凰于前担任警戒，但雷神却说一切都还未曾准备停当。行程中的场面盛大异常，热烈非凡，一路之上，旋风阵阵吹来，率领着五光十色的云霓前来迎接，彩虹上下翻腾，忽离忽合，聚散不定，变化多端。诗人乘龙御风、昼夜兼程来到天宫，却被守门者拒之门外，欲见天帝而不得，这种小人挡道、天路难通的情况，正是当时楚国政治现状的真实写照。人世被弃，天国碰壁，希望落空，求索无成，看来这天地间原是一样的昏暗污浊，贤恶不分，人人心怀嫉妒，总爱掩盖和抹杀别人的善行美德，诗人怨愤难平，悲叹不已。

诗作最后又述追寻神女而无所遇，继而访求下界的美女，先求宓妃，再求有娀之佚女，三求有虞之二姚，终因无良媒可通而宣告失败。追求未能如愿，理想无法实现，是去是留，诗人一时难以做出决断，于是又请灵氛占卜，让巫咸降神，以助自己来选择道路，他们都劝勉诗人去国远游，到更为广阔的天地里去访求志同道合之人，莫要徘徊犹豫，迟疑不决。诗人既不见容于世，遂决意离国出走，但马怀人悲，顾盼殷殷，最终还是不忍离开，其对故土的无限眷恋，对祖国的深情挚爱于此尽见。看来，诗人只有效法前贤，以死来殉故国，殉自己平生所坚持的理想了。

可以说，在先秦两汉文学中，楚辞与原始宗教的关系最为密切。楚文化的基本特征，即如班固《汉书·艺文志》所说：楚人"信巫鬼，重淫祀"。《汉书·郊祀志》又说屈原时代的楚怀王"隆祭祀，事鬼神，欲以获神助，却秦师"。可见原始宗教在楚国有着重要的地位，这也构成了楚辞最为重要的文化背景。傅璇琮、蒋寅任总主编的《中国古代文学通论》认为，《离骚》中那些较难解读的内容以及它的奇特的修辞手法，略显迷乱杂沓的结构，往往都与原始宗教有关。如诗作在自叙生平，抒发现实情感之后，便"济沅湘以南征兮，就重华而陈词"，诗人向帝舜陈词诉冤，并就此开始了后人最难理解的神游和求女的行动：第一次是朝发苍梧，夕至悬圃，欲见天神而未果;第二次是朝济白水,上天无门,转而求女;第三次是经灵氛占卜、巫咸降神,去意已决之后,朝发天津,夕至西极,终于勒马而还。总之是天上地下,漫漫长路,浩浩求索,这里似乎闪现着《九歌》祭歌的身影。"路曼曼其修远兮,吾将上下而求索"。句中的"修",实是楚辞中多次提到的"灵修",也就是神。"求索"即寻求着祭祀之意。屈原的第二次神游,对象为下界女神,所采取的手段是求婚,这和《九歌》中的人神相恋在本质上是相同的,符合原始思维的特点。此外,诗中的香草、装扮、灵氛,甚至飞升的场面,包括一些习用性的语句,都与《九歌》相似。所以,《离骚》受楚地原始祭歌的影响,已不言自明。全诗篇幅宏大,体制宏伟,感情奔放,想象新奇,笔法铺排,意象纷繁,文采绚烂,叙述与抒情结合,幻想和现实交织,广泛运用比兴手法以及楚地的方言名物,堪称一首光耀千古的浪漫主义杰作。

字句疏解

1.帝高阳之苗裔兮,朕皇考曰伯庸:高阳,是传说中"五帝"第二帝颛顼的称号;苗裔,后裔,远代子孙,相传楚国是颛顼的后代,而屈氏始祖屈瑕是楚武王子,所以屈原自称是高阳氏的苗裔;兮,古音当读如"阿",语气词,是楚辞的重要特征;朕,我,古时此字人人通用,到秦始皇始规定皇帝专用;皇,大;考,已故的父亲;皇考,是对已故父亲的尊称;伯庸,屈原父亲的名字。

2.摄提贞于孟陬兮,惟庚寅吾以降:摄提,是"摄提格"的简称,是寅年的别名;古人把天官划分为十二等分,称为"十二宫",以岁星在天空运转的方位计年,岁星指向寅宫的那一年称作"摄提格";贞,正;陬 zōu,即陬月,依夏历,陬月是寅月;庚寅,屈原生日那一天的干支;这两句是说,屈原出生在寅年、寅月、寅日。

3.皇览揆余初度兮,肇锡余以嘉名:皇,皇考的简称;览,观察;揆 kuí,揣度;初度,初生的状况;肇,始;锡,赐给;嘉名,美好的名字;这两句的意思是父亲考虑到我出生在寅年寅月寅日这个不平凡的日子,就给我起了这个美好的名字。

4.名余曰正则兮,字余曰灵均:正则,公正的法则,隐含"平"字之义;灵,美;均,均平;灵均,极好的平地,隐含"原"之义;这两句是说,于是给我起名曰"正则",字曰"灵均"。

5.纷吾既有此内美兮,又重之以修能:我生来就有纯正的血统和高尚的品质(承接上文四句帝高阳之苗裔兮,朕皇考曰伯庸),又在后天不断地努力完备自己的才能以担当大任;重,再加上。

6.扈江离与辟芷兮,纫秋兰以为佩:扈(hù),楚方言,披挂;江离、芷,均为香草名;纫(rèn),草有茎叶可做绳索,此处用做动词,贯穿、联结的意思;秋兰,香草名,即泽兰,秋季开花。

7.汩余若将不及兮,恐年岁之不吾与:汩(yù),水疾流的样子,此处用以形容时光飞逝;不吾与,宾语前置,即"不与吾",不等待我。

8.朝搴阰之木兰兮,夕揽洲之宿莽:搴(qiān),拔取;揽(lǎn),采摘;宿莽,草名,经冬不死。

9.日月忽其不淹兮,春与秋其代序:代序,指不断更迭。

10.惟草木之零落兮,恐美人之迟暮:惟,思虑;迟暮,衰老。

11.不抚壮而弃秽兮,何不改乎此度:抚,趁;此度,指现行的态度。

12.乘骐骥以驰骋兮,来吾道夫先路:骐骥(qí jì),骏马,道,通"导",引导。

13.昔三后之纯粹兮,固众芳之所在:三后,指夏禹、商汤、周文王。

14.杂申椒与菌桂兮,岂惟纫夫蕙茞:申椒、菌桂,均为香木名;蕙(huì)、茞(chǎi),均为香草名。

15.彼尧舜之耿介兮,既遵道而得路:遵道,遵循正道。

16.何桀纣之猖披兮,夫惟捷径以窘步:猖披,钱杲之《离骚集传》云:"猖披,行不正貌";捷径,邪道。

17.惟夫党人之偷乐兮,路幽昧以险隘:偷乐,苟且享乐;幽昧(mèi),黑暗。

18.岂余身之惮殃兮,恐皇舆之败绩:惮,害怕,畏惧;殃(yāng),灾祸;败绩,兵车翻覆,战争失败,喻指君国的倾危。

19.忽奔走以先后兮,及前王之踵武:踵武,足迹,即脚印。

20.荃不查余之中情兮,反信谗而齌怒:荃(quán),香草名,喻楚怀王;齌(jì)怒,暴怒。

21.余固知謇謇之为患兮,忍而不能舍也:謇謇(jiǎn jiǎn),形容忠贞直言的样子。

22.指九天以为正兮,夫惟灵修之故也:九天,古人认为天有九重,故言;正,通"证"。

23.曰黄昏以为期兮,羌中道而改路:羌,楚语,语助词。

24.初既与余成言兮,后悔遁而有他:成言,诚信之言。

25.余既不难夫离别兮,伤灵修之数化:既,本来;数化,多次变化。

26.余既滋兰之九畹兮,又树蕙之百亩:滋,栽种;树,种植;畹,十二亩,一说二十亩,一说三十亩。亩(mǔ),二百四十步为一亩。

27.畦留夷与揭车兮,杂杜衡与芳芷:畦(qí),五十亩为一畦,此处用如动词,一畦一畦地种;留夷、揭车,均为香草名。

28.冀枝叶之峻茂兮,愿俟时乎吾将刈:峻,长;刈(yì),收获。

29.虽萎绝其亦何伤兮,哀众芳之芜秽:绝,落尽;秽(huì),污秽。

30.众皆竞进以贪婪兮,凭不厌乎求索:竞,并,争相。

31.羌内恕己以量人兮,各兴心而嫉妒:羌(qiāng),楚人方言,语气词;兴,生。

32.忽驰骛以追逐兮,非余心之所急:忽,急;驰骛(wù),乱驰。

33.老冉冉其将至兮,恐修名之不立:冉冉(rǎn rǎn),渐渐。

34.朝饮木兰之坠露兮,夕餐秋菊之落英:英,花。

35.苟余情其信姱以练要兮,长顑颔亦何伤:苟,如果;信姱(kuā),确实美好;练要,犹"精粹"。

36.擥木根以结茝兮,贯薜荔之落蕊:擥(lǎn),同"揽",握持;贯,串连。

37.矫菌桂以纫蕙兮,索胡绳之纚纚:矫,举起;索,草有茎叶可做绳索,此作动词,意为搓绳;纚纚(xǐ xǐ),绳索美好的样子。

38.虽不周于今之人兮,愿依彭咸之遗则:周,合;彭咸,殷贤大夫,谏其君,不听,投江而死;

39.余虽好修姱以羁羁兮,謇朝谇而夕替:修姱(kuā),洁净而美好;谇(suì),进谏;替,废。

40.既替余以蕙纕兮,又申之以揽茝:纕(xiāng),佩带;申,重,再加上。

41.怨灵修之浩荡兮,终不察夫民心:灵修,指楚怀王。

42.众女嫉余之蛾眉兮,谣诼谓余以善淫:众女,喻群臣;谣,诋毁;诼(zhuó),诽谤。

43.固时俗之工巧兮,偭规矩而改错:偭(miǎn),违背;错,通"措",措施。

44.背绳墨以追曲兮,竟周容以为度:绳墨,木匠用以正曲直的工具,亦喻法度;周容,苟合取容,指以求容媚为常法。

45.忳郁邑余侘傺兮,吾独穷困乎此时也:侘傺(chà chì),失志貌。

46.宁溘死以流亡兮,余不忍为此态也:流亡,随水漂流而去;此态,苟合取容之态。

47.鸷鸟之不群兮,自前世而固然:不群,指不与众鸟同群。

48.何方圜之能周兮,夫孰异道而相安:异道,不同的道路,指政治理想、主张不同。

49.屈心而抑志兮,忍尤而攘诟:尤,过错;攘诟(gòu),承受耻辱。

50.伏清白以死直兮,固前圣之所厚:伏,通"服",保持,坚守。

51.悔相道之不察兮,延伫乎吾将反:相,视,看,引申为选择。

52.回朕车以复路兮,及行迷之未远:回,调转;行迷,指迷途。

53.步余马于兰皋兮,驰椒丘且焉止息:皋(gāo),水边高地。

54.进不入以离尤兮,退将复修吾初服:离,读作"罹",遭遇;尤,罪过;修吾初服,指修身洁行。

55.不吾知其亦已兮,苟余情其信芳:不吾知,宾语前置,即"不知吾",不了解我。

56.高余冠之岌岌兮,长余佩之陆离:高,使动用法;岌岌,高貌。陆离,长貌,修长而美好的样子。

57.芳与泽其杂糅兮,惟昭质其犹未亏:芳,指芬芳之物。

58.忽反顾以游目兮,将往观乎四荒:游目,纵目瞭望。

59.佩缤纷其繁饰兮,芳菲菲其弥章:缤纷,极言多;章,明显。

60.民生各有所乐兮,余独好修以为常:常,恒常之法。

61.虽体解吾犹未变兮,岂余心之可惩:惩,止。意思是即使受到摧折,我好修之心志也不改变。

62.女媭之婵媛兮,申申其詈予,曰鲧婞直以亡身兮,终然夭乎羽之野:女媭(xū),相传是屈原的姐姐,一说媭是妾,此处当时屈原假设的人物;婵媛(chán yuán),朱熹《楚辞集注》云:"婵媛,眷恋牵持之意。"即缠绵多情的意思。;申申,反反复复;詈(lì),责骂;予,我;婞(xìng)直,刚正;羽之野,羽山的郊野。

63.汝何博謇而好修兮,纷独有此姱节:博謇,过于刚直。姱(kuā)节,美好的节操。

64.薋菉葹以盈室兮,判独离而不服:薋(zhī),堆积;菉、葹,草名,指朝中群小;盈室,满屋。

65.世并举而好朋兮,夫何茕独而不予听:朋,朋党;茕(qióng),孤独。

66.济沅、湘以南征兮,就重华而陈词:启《九辩》与《九歌》兮,夏康娱以自纵:济,渡过;启,禹之子,夏朝的开国君主;《九辩》《九歌》,相传是启从天上偷带到人间的乐曲;夏康,夏启的儿子太康;娱,寻欢作乐。

67.不顾难以图后兮,五子用失乎家衖:五子,指夏康的五的儿子;用,因此;家衖(hòng),犹内讧。

68.羿淫游以佚畋兮,又好射夫封狐:羿,指后羿,夏朝初年有穷国的国君;淫游:过度游乐;佚畋(tián),放纵地田猎;封狐,大狐。

69.固乱流其鲜终兮,浞又贪夫厥家:鲜,少;浞(zhuó),殷朝寒国的国君,原是后羿的相。羿为国君后,放纵佚乐,不理国事。寒浞使其家臣逄

70.(páng)蒙射杀羿,强占了羿的妻子。厥,义同"其";家,指妻室。

71.浇身被服强圉兮,纵欲而不忍:浇(ào),寒浞之子;强圉(yǔ),强壮多力;不忍,不能加以克制。

72.日康娱而自忘兮,厥首用夫颠陨:日,天天;用夫,因此;颠陨,坠落,这里指杀头;厥首颠陨,指浇被夏后相子少康杀掉。

73.夏桀之常违兮,乃遂焉而逢殃:夏桀(jié),夏之亡国之君;遂焉,犹终于。

74.后辛之菹醢兮,殷宗用而不长:辛,殷纣王之名;菹醢(zū hǎi),肉酱,名词动用,指剁成肉酱;用而,因而。

75.汤、禹俨而祇敬兮,周论道而莫差:俨(yǎn),庄严;祇(zhī)敬,恭敬;莫差,没有丝毫差错。

76.举贤才而授能兮,循绳墨而不颇:颇,偏斜。

77.皇天无私阿兮,览民德焉错辅:错,同"措",置。

78.夫维圣哲以茂行兮，苟得用此下土：茂行，美好的德行；下土，天下。

79.瞻前而顾后兮，相观民之计极：瞻前而顾后，观察古往今来的成败；相观，观察；计极，衡量事物的标准，计，谋，考虑；极，标准。

80.夫孰非义而可用兮？孰非善而可服：非善，不行善事。

81.阽余身而危死兮，览余初其犹未悔：阽(diàn)，临危，遇到危险；览，反观。

82.不量凿而正枘兮，固前修以菹醢：前修，前贤。

83.曾歔欷余郁邑兮，哀朕时之不当：当，遇。

84.揽茹蕙以掩涕兮，沾余襟之浪浪：茹(rú)，柔软；浪浪，泪流不止的样子。

85.跪敷衽以陈辞兮，耿吾既得此中正：敷(fū)，铺开；中正，治国之道。

86.驷玉虬以桀鹥兮，溘埃风余上征：这两句是说驾驶的龙凤，乘着大风向天上飞去。驷，古时一车驾四马为驷，此处用如动词，驾车的意思；虬(qiú)，龙的一种；鹥(yī)，凤凰异类的鸟；溘，迅速貌；埃，趁着；上征，上天远行。

87.朝发轫于苍梧兮，夕余至乎县圃：发轫(rèn)，出发；苍梧，舜所葬之地；县圃(pǔ)，神山，在昆仑山之上。

88.欲少留此灵琐兮，日忽忽其将暮：灵琐，神之所在处。

89.吾令羲和弭节兮，望崦嵫而勿迫：羲和，神话中给太阳驾车的神；崦嵫(yān zī)：神话中日所入之山。

90.饮余马于咸池兮，总余辔乎扶桑：咸池，日浴处；扶桑，日所拂之木。

91.折若木以拂日兮，聊逍遥以相羊：若木，太阳入之处的树木；拂，逆也，阻止；相羊，徘徊。这句是说折一枝若木，挡住太阳，让它慢一点落下。

92.前望舒使先驱兮，后飞廉使奔属：望舒，神话中给月亮驾车的神；飞廉，风神；属 zhú，连；奔属，在后面追随。

93.鸾皇为余先戒兮，雷师告余以未具：鸾皇，凤凰；先戒，在前面警戒；雷师，雷神；未具，准备不齐；

94.吾令凤鸟飞腾兮，继之以日夜：继之以日夜，犹夜以继日。

95.飘风屯其相离兮，帅云霓而来御：飘风，旋风；屯，聚合；屯其相离，忽聚忽离；帅，率领；御，迎。

96.纷总总其离合兮，斑陆离其上下：纷，盛貌，是"总总"的状语；聚集貌；离合，乍离乍合；斑，散乱貌，是"陆离"的状语；陆离，参差错杂貌；上下，忽上忽下。这两句是极写上征时仪从之盛。

97.吾令帝阍开关兮，倚阊阖而望予：帝阍，天帝的守门神，阍，守门的人；开关，即开门，关，门闩；阊阖(chāng hé)，天门。

98.时暧暧其将罢兮，结幽兰而延伫：暧暧(ài ài)，昏暗貌；罢，完结、终了；延伫，彷徨、徘徊。

99.世溷浊而不分兮，好蔽美而妒忌：溷(hùn)浊，犹浑浊；蔽，掩盖。

思考讨论题

1.屈原的峻洁品格、崇高理想和热爱祖国,忠而被谤的思想感情,坚持操守,九死不悔的斗争精神对你有何启发?

2.试述《离骚》中香草、美人意象的内涵。

扩展阅读

1.屈平疾王听之不聪也,谗谄之蔽明也,邪曲之害公也,方正之不容也,故忧愁幽思而作《离骚》。离骚者,犹离忧也。……屈平正道直行,竭忠尽智以事其君,谗人间之,可谓穷矣。信而见疑,忠而被谤,能无怨乎! 屈平之作《离骚》,盖自怨生也。《国风》好色而不淫,《小雅》怨诽而不乱,若《离骚》者,可谓兼之矣。……其文约,其辞微,其志洁,其行廉,其称文小而其指极大,举类迩而见义远。其志洁,故其称物芳。其行廉,故死而不容自疏。濯淖污泥之中,蝉蜕于浊秽,以浮游尘埃之外,不获世之滋垢,皭然泥而不滓者也。推此志也,虽与日月争光可也!

——[汉代]司马迁《史记·屈原贾生列传》

2.昔在孝武,博览古文,淮南王安叙《离骚传》,以《国风》好色而不淫,《小雅》怨悱而不乱,若《离骚》者,可谓兼之。蝉蜕浊秽之中,浮游尘埃之外,□皭然泥而不滓。推此志,虽与日月争光可也。

——[汉代]班 固《离骚序》

3.《离骚》之文,依诗取兴,引类譬喻。故善鸟香草以配忠贞;恶禽臭物以比谗佞;灵修美人以媲于君;宓妃佚女以譬贤臣;虬龙鸾凤以托君子;飘风云霓以为小人。其辞温而雅,其义皎而朗,凡百君子,莫不慕其清高,嘉其文彩,哀其不遇,而愍其志焉。

——[汉代]王 逸《离骚经序》

4.屈原作《离骚经》,盖《风》、《雅》之再变者,虽与日月争光可也,可以其似赋而谓之雕虫乎?

——[宋代]苏 轼《答谢民师书》

5.朝吾将济于白水兮,登阆风而缫马。忽反顾以流涕兮,哀高丘之无女。溘吾游此春宫兮,折琼枝以继佩。及荣华之未落兮,相下女之可诒。吾令丰隆乘云兮,求宓妃之所在。解佩纕以结言兮,吾令謇修以为理。纷总总其离合兮,忽纬繣其难迁。夕归次于穷石兮,朝濯发乎洧盘。保厥美以骄傲兮,日康娱以淫游。虽信美而无礼兮,来违弃而改求。览相观于四极兮,周流乎天余乃下。望瑶台之偃蹇兮,见有娀之佚女。吾令鸩为媒兮,鸩告余以不好。雄鸩之鸣逝兮,余犹恶其佻巧。心犹豫而狐疑兮,欲自适而不可。凤皇既受诒兮,恐高辛之先我。欲远集而无所止兮,聊浮游以逍遥。及少康之未家兮,留有虞之二姚。理弱而媒拙兮,恐导言之不固。

世溷浊而嫉贤兮，好蔽美而称恶。闺中既已邃远兮，哲王又不寤。怀朕情而不发兮，余焉能忍与此终古！索琼茅以筵篿兮，命灵氛为余占之。曰："两美其必合兮，孰信修而慕之？思九州之博大兮，岂惟是其有女？"曰："勉远逝而无狐疑兮，孰求美而释女？何所独无芳草兮，尔何怀乎故宇？世幽昧以眩曜兮，孰云察余之善恶？民好恶其不同兮，惟此党人其独异！户服艾以盈要兮，谓幽兰其不可佩。览察草木其犹未得兮，岂珵美之能当？苏粪壤以充帏兮，谓申椒其不芳。"欲从灵氛之吉占兮，心犹豫而狐疑。巫咸将夕降兮，怀椒糈而要之。百神翳其备降兮，九疑缤其并迎。皇剡剡其扬灵兮，告余以吉故。曰："勉升降以上下兮，求矩矱之所同。汤、禹严而求合兮，挚、咎繇而能调。苟中情其好修兮，又何必用夫行媒。说操筑于傅岩兮，武丁用而不疑。吕望之鼓刀兮，遭周文而得举。宁戚之讴歌兮，齐桓闻以该辅。及年岁之未晏兮，时亦犹其未央。恐鹈鴂之先鸣兮，使夫百草为之不芳。"何琼佩之偃蹇兮，众薆然而蔽之。惟此党人之不谅兮，恐嫉妒而折之。时缤纷其变易兮，又何可以淹留！兰芷变而不芳兮，荃蕙化而为茅。何昔日之芳草兮，今直为此萧艾也？岂其有他故兮，莫好修之害也。余以兰为可恃兮，羌无实而容长。委厥美以从俗兮，苟得列乎众芳。椒专佞以慢慆兮，樧又欲充夫佩帏。既干进而务入兮，又何芳之能祗？固时俗之流从兮，又孰能无变化？览椒兰其若兹兮，又况揭车与江离。惟兹佩之可贵兮，委厥美而历兹。芳菲菲而难亏兮，芬至今犹未沫。和调度以自娱兮，聊浮游而求女。及余饰之方壮兮，周流观乎上下。灵氛既告余以吉占兮，历吉日乎吾将行。折琼枝以为羞兮，精琼爢以为粻。为余驾飞龙兮，杂瑶象以为车。何离心之可同兮，吾将远逝以自疏。邅吾道夫昆仑兮，路修远以周流。扬云霓之晻蔼兮，鸣玉鸾之啾啾。朝发轫于天津兮，夕余至乎西极。凤皇翼其承旂兮，高翱翔之翼翼。忽吾行此流沙兮，遵赤水而容与。麾蛟龙使梁津兮，诏西皇使涉予。路修远以多艰兮，腾众车使径待。路不周以左转兮，指西海以为期。屯余车其千乘兮，齐玉轪而并驰。驾八龙之婉婉兮，载云旗之委蛇。抑志而弭节兮，神高驰之邈邈。奏《九歌》而舞《韶》兮，聊假日以媮乐。陟升皇之赫戏兮，忽临睨夫旧乡。仆夫悲余马怀兮，蜷局顾而不行。乱曰："已矣哉！国无人莫我知兮，又何怀乎故都！既莫足与为美政兮，吾将从彭咸之所居。"

——［战国］屈 原《离骚》余文

6.余幼好此奇服兮，年既老而不衰。带长铗之陆离兮，冠切云之崔嵬。被明月兮佩宝璐。世混浊而莫余知兮，吾方高驰而不顾。驾青虬兮骖白螭，吾与重华游兮瑶之圃。登昆仑兮食玉英，与天地兮同寿，与日月兮齐光。哀南夷之莫吾知兮，旦余济乎江湘。……朝发枉渚兮，夕宿辰阳。苟余心其端直兮，虽僻远之何伤。……哀吾生之无乐兮，幽独处乎山中。吾不能变心而从俗兮，固将愁苦而终穷。接舆髡首兮，桑扈臝行。忠不必用兮，贤不必以。伍子逢殃兮，比干菹醢。与前世而皆然兮，吾又何怨乎今之人！余将董道而不豫兮，固将重昏而终身！

——[战国]屈 原《九章·涉江》

7.屈平词赋悬日月,楚王台榭空山丘。

——[唐代]李白《江上吟》

《孟子·告子下》(节选)

舜发于畎亩之中,傅说举于版筑之间,胶鬲举于鱼盐之中,管夷吾举于士,孙叔敖举于海,百里奚举于市。

故天将降大任于是人也,必先苦其心志,劳其筋骨,饿其体肤,空乏其身,行拂乱其所为,所以动心忍性,曾益其所不能。

人恒过,然后能改;困于心,衡于虑,而后作;征于色,发于声,而后喻。入则无法家拂士,出则无敌国外患者,国恒亡。

然后知生于忧患,而死于安乐也。

(《唐宋注疏十三经》中华书局,1998)

作品简介

《孟子》是儒家经典之一。孟子(约前372—前289),名轲,儒家重要代表人物。他继承了孔子的"仁"并将其发展成为"仁政"思想,被称为"亚圣"。他以性善论的哲学理念为基石来建构自己的学说体系,是一位兼具保守性和人民性的思想家。书中记载有孟子及其弟子的活动及其政治、教育、哲学、伦理等学说和思想,由孟子及其弟子编撰而成。本文选自《孟子·告子下》,是一篇论证严密、雄辩有力的说理散文。

导读指要

《孟子》全书凡七篇,每篇又以上、下为列,《告子》为第六篇,是孟子与告子(其人不详,或谓孟子的弟子,或言墨子的学生,而年长于孟子)及时人关于人性、道德、治国等问题的论战记录。作者先列举六位经过贫困、挫折的磨炼而终于担当大任的人的事例,证明忧患可以激励人奋发有为,磨难可以促使人有新成就。接着,作者从一个人的发展和一个国家的兴亡两个不同的角度进一步论证忧患则生、安乐则亡的道理。最后得出"生于忧患,而死于安乐"的结论。

在治国用人方面,孟子主张"尊贤使能",唯才是举。舜躬耕于垄亩,傅说乃筑墙的奴隶,胶鬲从事鱼盐业生产,管夷吾囚于士官,孙叔敖隐处僻海,百里奚沦落市井,此六人皆贤能之士,虽然出身下层,贫寒低贱,终得举拔重用,成就了大业。由是观之,贤才的见用,有两个必备条件,一是君臣遇合的机缘,二为圣君明主发现和起用人才的非凡识见,知人善任,不拘一格,唯才是用。孟子认为,上天将把重大使命赋予这些才士,必当先要使其意志得到磨炼,筋骨受到劳累,肌体忍饥挨饿,生活备受穷困之苦,行事总是错乱不顺,以此来震颤他们的心志,坚韧性情,进益才干。在孟子看来,堪当大任之人,经受苦难磨折,承负痛苦不幸,不仅是必要的,而且是必须的。因为人总要常犯错误,然后才能加以改正。心有困苦,思虑郁结,然后才能奋发振起,有所作为。面色上显露出来,言语中予以传达,然后才能被人知会了解。就一个国家而言,于内尚无持法明纪的大臣和辅佐君王的贤士,于外没有强敌压境、武力胁迫的祸患,如此则国危势殆,败亡将至。可见,对一人一国来说,忧患劳苦能使之生存发展,而安逸享乐却足以导致其身死国亡。

应该说,苦难是一笔极为珍贵的财富。有为之士,能够担当天降大任之人,大都经过艰难困苦的磨炼,这是历史经验和生活实践的总结。黑格尔有云:"环境的相互冲突愈众多,愈艰巨,矛盾的破坏力愈大,而心灵仍能坚持自己的性格,也就愈显示出主体性格的深厚和坚强。"人注定要在痛苦和磨难中煎熬历练,在挫折与逆境中奋然振起,这是对生命苦难的认同,对生命精神的持守和高扬。生于忧患而死于安乐,这种深深浸透在中国传统文化中的忧患意识,至今仍有其深刻的现实意义和强烈的警示作用。

字句疏解

1.舜发于畎亩之中:舜,姚姓,名重华;唐尧时耕于历山(在今山东济南东南,一说在今山西永济东南);发,起,指任用;畎(quǎn)亩,田亩,此处意为耕田,畎,田间水渠。

2.傅说举于版筑之间:傅说(fù yuè),《史记·殷本纪》:商王武丁欲兴殷,梦得圣人,名曰说,视群臣皆非,使人求于野,得傅说。见武丁,武丁曰:"是也。"与之语,果圣人,举以为相,殷国大治。遂以傅险为姓,名为傅说;举,选拔;版筑,筑墙的时候在两块夹板中间放土,用杵捣土,使它坚实;筑,捣土用的杵。

3.胶鬲举于鱼盐之中:胶鬲(gé),商纣王大臣,与微子、箕子、王子比干同称贤人;鱼盐,此处意为在海边捕鱼晒盐。

4.管夷吾举于士:管夷吾,管仲,颍上(今河南许昌)人,家贫困。辅佐齐国公子纠,公子纠未能即位,公子小白即位,是为齐桓公。齐桓公知其贤,释其囚,用以为相,尊称之为仲父。《史记·管晏列传》:"管仲既用,任政于齐,齐桓公以霸。九合诸侯,一匡天下,管仲之谋也。"士,狱官。

5.孙叔敖举于海:孙叔敖(áo),蒍姓,名敖,字孙叔,一字艾猎,春秋时为楚国令尹(宰相),本为"期思之鄙人",期思在今河南固始,偏僻之地称为鄙;海,海滨。

6.百里奚举于市:百里奚(xī),又作百里傒,春秋虞国人,辅佐秦穆公成就霸业。本为虞国大夫,晋国灭虞国,百里奚与虞国国君一起被俘至晋国,晋国嫁女于秦,百里奚被当作媵臣陪嫁到秦国,百里奚逃往楚国,行至宛(今河南南阳),为楚国边界之鄙人所执,秦穆公闻其贤,欲重赎之,恐楚人不与,乃使人谓楚曰:"吾媵臣百里奚在焉,请以五羖羊皮赎之。"楚人于是与之,时百里奚年已七十余,至秦,秦穆公亲释其囚,与语国事三日,大悦,授以国政,号称"五羖大夫",史称秦穆公用百里奚、蹇叔、由余为政,"开地千里,遂霸西戎",成为"春秋五霸"之一。事迹见于《史记·秦本纪》;市,市井。

7.故天将降大任于是人也,必先苦其心志,劳其筋骨,饿其体肤,空乏其身,行拂乱其所为,所以动心忍性,曾益其所不能:故,所以;任,责任、担子;是,这,这些;也,助词,用在前半句的末尾,表示停顿、提示;必,一定;苦,动词的使动用法,使……苦恼;心志,意志;劳,动词的使动用法,使……劳累;饿,动词的使动用法,使……饥饿;体肤,肌肤;空乏,形容词的使动用法,使……穷困;拂乱,形容词的使动用法,使……颠倒错乱;拂,违背,不顺;乱,错乱;所为,所行;所以,用以(通过那样的途径来……);动,动词的使动用法,使……惊动;忍,使动用法,使……坚韧;曾益,增加;曾,通"增";能,才干。

8.人恒过,然后能改:恒,常常、总是;过,过错、过失。

9.困于心,衡于虑,而后作:困于心,心中有困苦;衡于虑,思虑堵塞,衡,通"横",梗塞,指不顺;作,奋起,指有所作为。

10.征于色,发于声,而后喻:征于色,面色上有征验,意为面容憔悴;征,征验,征兆;色,面色;发于声,通过言语表达抒发,意为言语愤激,赵岐《孟子注》:"若宁戚商歌,桓公异之。"宁戚,春秋时卫国人。家贫,为人挽车。至齐,喂牛于车下,齐桓公夜出迎客,宁戚见之,疾击其牛角而商歌,歌曰:"南山矸,白石烂,生不逢尧与舜禅。短布单衣适至骭,从昏饭牛薄夜半,长夜漫漫何时旦。"齐桓公召与语,悦之,以为大夫;而后喻,然后人们才了解他;喻,知晓、明白。

11.入则无法家拂士,出则无敌国外患者,国恒亡:入,名词活用作状语,在国内;法家,有法度的世臣;拂(bì)士,辅佐君主的贤士,拂,通"弼",辅佐;出,名词活用作状语,在国外;敌国,实力相当、足以抗衡的国家;外患,来自国外的祸患;恒,常常;亡,灭亡。

12.然后知生于忧患,而死于安乐也:忧患使人生存发展,享受安乐使人萎靡死亡。

思考讨论题

谈谈阅读本文后的收获与启迪。

扩展阅读

1.辙生好为文,思之至深。以为文者,气之所形。然文不可以学而能,气可以养而致。孟子曰:"我善养吾浩然之气。"今观其文章,宽厚宏博,充乎天地之间,称其气之大小。

——[宋代]苏 辙《上枢密韩太尉书》

2.古者富贵而名摩灭,不可胜记,唯倜傥非常之人称焉。盖文王拘而演《周易》,仲尼厄而作《春秋》;屈原放逐,乃赋《离骚》;左丘失明,厥有《国语》;孙子膑脚,《兵法》修列;不韦迁蜀,世传《吕览》;韩非囚秦,《说难》、《孤愤》;《诗》三百篇,大抵圣贤发愤之所为作也。此人皆意有所郁结,不得通其道,故述往事,思来者。乃如左丘无目,孙子断足,终不可用,退论书策,以舒其愤,思垂空文以自见。

——[汉代]司马迁《报任安书》

3.咬定青山不放松,立根原在乱崖中。千磨万击还坚劲,任尔东西南北风。

——[清代]郑板桥《竹 石》

《礼记·礼运》(节选)

大道之行也,天下为公,选贤与能,讲信修睦。故人不独亲其亲,不独子其子,使老有所终,壮有所用,幼有所长,鳏、寡、孤、独、废疾者皆有所养,男有分,女有归。货恶其弃于地也,不必藏于己;力恶其不出于身也,不必为己。是故谋闭而不兴,盗窃乱贼而不作,故外户而不闭,是谓大同。

(《唐宋注疏十三经》中华书局,1998)

作品简介

《礼记》是儒家经典之一,西汉戴圣对秦汉以前各种礼仪论著加以辑录、编纂而成,共49篇。《礼运》是《礼记》中的篇名,大约是战国末年或秦汉之际儒家学者托名孔子答问的著作。先秦时期有三部关于"礼"的著述,即记载周代的礼仪制度、国家机构和官职级别等内容的《周礼》,记述周时的各种仪式礼节的《仪礼》,以及记录战国和秦汉间儒家有关"礼"的论述的《礼记》。作为儒家"五经"中的一经,《礼记》的文章众体兼备,其中尤以议论和记叙的的文字最有特色。议论文中的《大学》、《中庸》,主论道德修养,《学记》重在阐述儒家的教育思想,而《礼运》篇则假托孔子与言偃(即子游,孔门弟子)的对话,展示了古代社会政治风习的演变,社会历史的进化,礼的起源、内容以及与社会生活的关系等方面的内容,体现了儒家的社会历史观和关于"礼"的思想学说。本文是《礼记·礼运》的开篇部分。

导读指要

本篇节选的这段文字,表达了儒家的社会政治理想。孔子有感于鲁国的社会现状,深叹自己虽未赶上昔时的太平盛世和往圣当政的时代,却一直对之耿耿于怀,心向往之。在他看来,"大道"是实现政治理想的最高准则,以之治理国家,就能达到国泰民安的理想状态。如此,天下便不是私家的,而是公共的,为天下人所共有。选拔贤才,任用能臣,人人讲求诚信,彼此和睦友善。不仅以自己的亲人为亲人,以自己的儿女为儿女,而且要奉养别人的父母,抚育他家的子女,使老年人能老有所养,安享天年,壮年人能发挥所长,效力社会,年幼者得到养育,健康成长,老来无妻或无夫之人,幼岁丧父和老年无子之辈,以及身有残疾者都能得以供养,有所依靠,男子各有职分,女子如时婚配。从道德层面看,人们憎恨各种社会恶习和不良行为,甘愿为公众之事竭尽全力,而不是为了一己之私利。这样,那些奸邪之谋和其它祸害人的坏事就会销声匿迹,天下太平,家不闭户,此即所谓的大同世界,也就是人人为公,各安其分,高度和平的理想社会。行文娓娓,抑扬有致,感情充沛,诸多排比句的运用,更增添了一种高屋建瓴的气势。

文中所说的大同,实际上是指原始共产社会的那种状态,这是最为理想的社会模式,其次是小康社会,往后便世风日下,而当代是最不好的,这可说是战国后期的知识分子因对现实不满而产生的复古思想。这里的大同社会带有明显的幻想色彩,但它和现实社会构成了鲜明的对比,表现了对人的生存状态的密切关注和对美好生活的热切期盼。

字句疏解

1.大道之行也,天下为公,选贤与能,讲信修睦:大道,古代指政治上的最高理想;选贤与(jǔ)能,把品德高尚的人、能干的人选拔出来;与,通"举",推举,选举;讲信修睦(mù),讲求诚信,培养和睦(气氛);修,培养。

2.故人不独亲其亲,不独子其子,使老有所终,壮有所用,幼有所长:亲,意动用法,用如动词,以……为亲,抚养,下文"子其子"中的第一个"子"也是动词;子,以……为子;终:终老,终其天年。

3.鳏、寡、孤、独、废疾者皆有所养:鳏,老而无妻的人;寡,老而无夫的人;孤,幼而无父的人;独,老而无子的人;废疾,残疾人。

4.男有分,女有归:分(fèn),职分,指职业、职守;女有归,女子有归宿;归,指女子出嫁。

5.货恶其弃于地也,不必藏于己:货恶,宾语前置,这句意思是对于财货,人们憎恨把它扔在地上的行为,却不一定要自己私藏;恶(wù),憎恶;藏,私藏。

6.力恶其不出于身也,不必为己:这句意思是人们憎恨在公共劳动中不出力的行为,却不一定为自己谋私利;力恶,宾语前置。

7.是故谋闭而不兴,盗窃乱贼而不作,故外户而不闭,是谓大同:因此,奸邪之谋不会发生,盗窃、造反和害人的事情不发生;闭,杜绝;兴,发生;贼,指害人;作,兴起;外户,泛指大门;闭,用门闩插门;大同,指理想社会。

思考讨论题

1.文中描绘了一幅怎样的理想社会的图景?

2.如何理解此文关于"大同"社会的思想?

扩展阅读

1.不违农时,谷不可胜食也;数罟不入洿池,鱼鳖不可胜食也;斧斤以时入山林,材木不可胜用也。谷与鱼鳖不可胜食,林木不可胜用,是使民养生丧死无憾也。养生丧死无憾,王道之始也。五亩之宅,树之以桑,五十者可以衣帛矣。鸡豚狗彘之畜,无失其时,七十者可以食肉矣。百亩之田,勿夺其时,数口之家可以无饥矣。谨庠序之教,申之以孝悌之义,颁白者不负戴于道路矣。七十者衣帛食肉,黎民不饥不寒,然而不王者,未之有也。……老吾老以及人之老,幼吾幼以及人之幼,天下可运于掌。

——孟子《梁惠王·上》

2.今大道既隐,天下为家。各亲其亲,各子其子,货、力为己。大人世及以为礼,城郭沟池以为固,礼义以为纪,以正君臣,以笃父子,以睦兄弟,以和夫妇,以设制度,以立田里,以贤勇知,以功为己。故谋用是作,而兵由此起。禹、汤、文、武、成王、周公,由此其选也。此六君子者,未有不谨于礼者也。以著其义,以考其信,著有过,刑仁讲让,示民有常。如有不由此者,在执者去,众以为殃。是谓小康。

——[西汉]戴圣《礼记·礼运》

3.上(唐太宗)与群臣论止盗,或请重法以禁之,上哂之,曰:"民之所以为盗者,由赋繁役重,官吏贪求,饥寒切身,故不暇顾廉耻耳。朕当去奢省费,轻徭薄赋,选用廉吏,使民衣食有余,则自不为盗,安用重法邪!"自是数年之后,海内升平,路不拾遗,夜不闭户,商旅野宿焉。

——[宋代]司马光《资治通鉴》

《上邪》

上邪!我欲与君相知,长命无绝衰。山无陵,江水为竭,冬雷震震,
夏雨雪,天地合,乃敢与君绝!

(郭茂倩:《乐府诗集》,中华书局,1979)

作品简介

本篇为汉乐府民歌。"乐府"是汉武帝时设立的官署,主要掌管音乐。其收集和制作的曲辞,当时称作"歌诗",六朝时又被称为"乐府诗"。后来歌辞与音乐逐渐分离,乐府作为一种独立的诗歌样式而存在。汉代的乐府诗内容丰富,思想深刻,它继承了《诗经》的写实精神,真实而又广泛地反映了汉代的社会生活,表现了广大人民的生存状态与思想感情。语言质朴,感情充沛,形象鲜明,具有强烈的艺术感染力量。体式上多为杂言,且以五言为主体,是继《诗经》《楚辞》之后的又一种新诗

体。本诗收于《乐府诗集》的鼓吹曲辞,系汉铙歌十八曲之一。

导读指要

汉代乐府诗中,有相当一部分作品是来自民间的,作者往往有感而发,而触发其创作激情和灵感的则是现实生活中的具体事件,所谓"感于哀乐,缘事而发",它传达着人民大众的心声,道出了那个时代的爱恨情仇,苦乐哀怨。

爱情是人类永恒的主题,表现男女爱情、家庭婚姻题材的作品,在两汉乐府诗中数量颇众,所占的比重甚大。本篇是一位女子爱情的誓词,也是一首感人至深的情歌。为了袒露心声,诉说衷肠,表明对爱情的坚贞不渝,女子直呼上苍,指天为誓,决意要和自己的如意情郎百年好合,相亲相知,终身为伴,使爱情地久天长,永不衰绝。誓天既示心志,亦有祈求朗朗上苍体察明鉴,希冀得其呵护佑助之意。继而以假设之笔,侧写旁点,意环情绕。除非高山变为平川,江河流水干涸枯竭,严冬寒天雷霆震响,炎炎夏日大雪纷扬,高天厚地合为一体,如此才敢和意中人断绝关系。这里一连列举了五种千载不遇、万世难逢的极其反常的自然现象,以表达矢志不移、永世相守的爱情,五种自然现象,亦即诗中所设定的五个变心的前提条件,但在正常情况下,其中的任何一种自然现象都难头发生,要想五种同时出现则更无可能,因而,钟情的女子是决然不会"与君绝"的。这种以退为进的笔法大大增强了作品抒情的力度和强度,诗中的感情如火山爆发,似江流奔泄,不可遏止。一个人能有如此忠贞专一之情,应该说,这也是感情上的一种境界,更是一种价值观念和生命态度。《上邪》作为一篇爱情的告白和宣示,其感情之炽热纯真,态度之坚定果决,表达之新颖奇妙,语言之明快质朴,在古今情歌中都是绝无仅有的。

字句疏解

1.上邪(yé):上天啊;上,指天;邪,感叹词。

2.我欲与君相知,长命无绝衰:相知,结为知己;命,古与"令"字通,使;衰(cuī,也可读作 shuāi),衰减、断绝;这两句是说,我愿与你相爱,让我们的爱情永不衰绝。

3.山无陵,江水为竭,冬雷震震,夏雨雪,天地合,乃敢与君绝:陵(líng),山峰、山头;震震,形容雷声;雨(yù)雪,降雪;雨,名词活用作动词;天地合,天与地合二为一。

思考讨论题

1.或曰:世间唯有情难抒。此诗表达了怎样的爱情观?

2.此篇和敦煌曲子词《菩萨蛮》"枕前发尽千般愿"有异曲同工之妙,试比较之。

扩展阅读

1. 自孝武立乐府而采歌谣,于是有代赵之讴,秦楚之风,皆感于哀乐,缘事而发,亦可以观风俗,知薄厚云。

——[汉代]班固《汉书·艺文志》

2. 皑如山上雪,皎若云间月。闻君有两意,故来相决绝。今日斗酒会,明旦沟水头。躞蹀御沟上,沟水东西流。凄凄复凄凄,嫁娶不须啼。愿得一心人,白头不相离。竹竿何嫋嫋,鱼尾何簁簁。男儿重意气,何用钱刀为!

——《乐府诗集·相和歌辞·白头吟》

3. 枕前发尽千般愿,要休且待青山烂。水面上秤锤浮,直待黄河彻底枯。白日参辰现,北斗回南面。休即未能休,且待三更见日头。

——《敦煌曲子词·菩萨蛮》

《十五从军征》

十五从军征,八十始得归。道逢乡里人:"家中有阿谁?""遥望是君家,松柏冢累累。"兔从狗窦入,雉从梁上飞。中庭生旅谷,井上生旅葵。舂谷持作饭,采葵持作羹。羹饭一时熟,不知贻阿谁。出门东向看,泪落沾我衣。

(郭茂倩:《乐府诗集》,中华书局,1979)

作品简介

《十五从军征》原属汉乐府"横吹曲"。诗作通过一位终生征战暮年还乡却已无家可归的老兵的不幸遭遇,深刻揭露和反映了汉代统治者穷兵黩武的不义战争和极不合理的兵役制度给整个社会造成的惨痛破坏,给广大人民带来的深重灾难。形象鲜明生动,感情痛切激愤,含不尽之意见于言外。

导读指要

在人类历史的进程中,伴随着激烈的政治角力,战争往往是部族之间、国家之间相互争夺生存权与发展权的产物,它意味着杀戮、毁灭和死亡。但战争又是催生剂,在经受了血与火的洗礼和阵痛之后,又孕育和分娩了新的生命,建构起了新的社会格局,这也许是历史所给与的一种补偿。这首乐府诗便是战争苦难和罪恶的真实写照与艺术呈现。一位退役老兵十五岁时就辞家别亲,从军出征,至八十岁始得返归故园,少年离乡,久战无归,征战一生,老大方回,自是悲喜咸集,百感交怀。回到阔别太久的故乡,老兵便急切地向乡邻打问家人的消息,历经半个多世纪的悠悠岁月,在兵祸频仍的战乱中,亲人已经悉数殒命,家园早已变成了一片松柏森森、墓冢累累的坟地,悲伤满怀的老兵形单影只,痛彻肺腑,出门东望,禁不住老泪纵横。这位终身服役的老兵是不幸的,但和家人相比,他又是唯一的幸存者。诗作通过这一人一家的际遇,概括了更为广阔的社会生活,入木三分地揭示了封建社会的罪恶本质。

汉乐府大都为叙事诗,且情节较为完整。此诗即长于叙事,精于剪裁,略而不至于无,详而不至于繁。诗中主人公数十年的军旅生活,只用一个"征"字加以概括,继而又以"始得归"三字表现其过往的思家心理和目下的悲喜情怀,方寸之间竟浓缩了大半个世纪的春秋岁月。征人返乡的情景乃诗作描述的重心,作者精心撷取了途中与乡邻的对话、回家后舂米采葵、饭菜烧熟时难以独食,悲痛欲绝三个场面,前后相连,血脉贯通,叙述间显现取舍,笔墨中时见曲折。对老兵之家的人亡室空,诗作并未直笔正描,而是通过景物描写从旁映衬,兔走鸟飞,其家中无人已明;谷生葵长,乃家园荒败自见;饭熟无贻,则孤独孑然尽出。正可谓说完悲伤,话尽凄凉,加之成功的人物心理的刻画,读来凄楚满纸,痛切感人。

字句疏解

1. 始:方,才。

2. 乡里:汉制,五十家为一里,十里为一乡。此处是指乡邻,或家乡人。

3. 阿谁:即"谁"。句为老兵问询乡邻之语。

4. 冢:高坟。累累(léi):繁多貌,意谓坟丘毗连重叠,一个挨着一个。

5. 狗窦:狗出入的墙洞。窦:孔穴。

6. 雉:野鸡。

7. 中庭:即庭中,院子里。旅谷:野生谷物。植物未经播种而自生曰旅生。

8. 井上:井台周围。葵:葵菜,亦称冬葵,嫩叶可食。野葵:野生的葵菜。

9. 羹:菜汤。

10. 贻(yí)赠送,赠予。

思考讨论题

1. "乐府"是一个历史的范畴,在不同的时代,其内涵也往往有异,试简要梳理之。

2. 当代社会的主题是和平与发展,试就此谈谈自己的看法。

扩展阅读

1. 横吹曲,其始亦谓之鼓吹,马上奏之,盖军中之乐也。北狄诸国,皆马上作乐,故自汉已来,北狄乐总归鼓吹署。

——[宋代]郭茂倩《乐府诗集·横吹曲辞》

2. 我徂东山,慆慆不归。我来自东,零雨其濛。我东曰归,我心西悲。制彼裳衣,勿士行枚。蜎蜎者蠋,烝在桑野。敦彼独宿,亦在车下。我徂东山,慆慆不归。我来自东。零雨其濛。果羸之实,亦施于宇。伊威在室,蟏蛸在户。町畽鹿场,熠耀宵行。不可畏也,伊可怀也。……

——《诗经·豳风·东山》

3. 苍苍丁零塞,今古缅荒途。亭堠何摧兀,暴骨无全躯。黄沙漠南起,白日隐西隅。汉甲三十万,曾以事匈奴。但见沙场死,谁怜塞上孤?

——[唐代]陈子昂《感遇》其三

4. 车辚辚,马萧萧,行人弓箭各在腰。耶娘妻子走相送,尘埃不见咸阳桥。牵衣顿足拦道哭,哭声直上干云霄。道旁过者问行人,行人但云点行频。或从十五北防河,便至四十西营田。去时里正与裹头,归来头白还戍边。边庭流血成海水,武皇开边意未已。君不闻,汉家山东二百州,千村万落生荆杞。纵有健妇把锄犁,禾生陇亩无东西。……

——[唐代]杜 甫《兵车行》

5. 寂寞天宝后,园庐但蒿藜。我里百余家,世乱各东西。存者无消息,死者为尘泥。贱子因阵败,归来寻旧蹊。久行见空巷,日瘦气惨凄。但对狐与狸,竖毛怒我啼。四邻何所有?一二老寡妻。……家乡既荡尽,远近理亦齐。永痛长病母,五年委沟溪。生我不得力,终身两酸嘶。人生无家别,何以为蒸黎!

——[唐代]杜 甫《无家别》

6. ……浊酒一杯家万里,燕然未勒归无计。羌管悠悠霜满地,人不寐,将军白发征夫泪。

——[宋代]范仲淹《渔家傲》

7. ……戍楼刁斗催落月,三十从军今白发。笛里谁知壮士心,沙头空照征人骨。

——[宋代]陆 游《关山月》

《史记·李将军列传》

李将军广者,陇西成纪人也。其先曰李信,秦时为将,逐得燕太子丹者也。故槐里,徙成纪。广家世世受射。孝文帝十四年,匈奴大入萧关,广以良家子从军击胡,用善骑射,杀首虏多,为汉中郎。广从弟李蔡亦为郎,皆为武骑常侍,秩八百石。尝从行,有所冲陷折关及格猛兽,而文帝曰:"惜乎,子不遇时!如令子当高帝时,万户侯岂足道哉!"

及孝景初立,广为陇西都尉,徙为骑郎将。吴楚军时,广为骁骑都尉,从太尉亚夫击吴楚军,取旗,显功名昌邑下。以梁王授广将军印,还,赏不行。徙为上谷太守,匈奴日以合战。典属国公孙昆邪为上泣曰:"李广才气,天下无双,自负其能,数与虏敌战,恐亡之。"于是乃徙为上郡太守。后广转为边郡太守,徙上郡。尝为陇西、北地、雁门、代郡、云中太守,皆以力战为名。

匈奴大入上郡,天子使中贵人从广勒习兵击匈奴。中贵人将骑数十纵,见匈奴三人,与战。三人还射,伤中贵人,杀其骑且尽。中贵人走广。广曰:"是必射雕者也。"广乃遂从百骑往驰三人。三人亡马步行,行数十里。广令其骑张左右翼,而广身自射彼三人者,杀其二人,生得一人,果匈奴射雕者也。已缚之上马,望匈奴有数千骑,见广,以为诱骑,皆惊,上山陈。广之百骑皆大恐,欲驰还走。广曰:"吾去大军数十里,今如此以百骑走,匈奴追射我立尽。今我留,匈奴必以我为大军诱之,必不敢击我。"广令诸骑曰:"前!"前未到匈奴陈二里所,止,令曰:"皆下马解鞍!"其骑曰:"虏多且近,即有急,奈何?"广曰:"彼虏以我为走,今皆解鞍以示不走,用坚其意。"于是胡骑遂不敢击。有白马将出护其兵,李广上马与十余骑奔射杀胡白马将,而复还至其骑中,解鞍,令士皆纵马卧。是时会暮,胡兵终怪之,不敢击。夜半时,胡兵亦以为汉有伏军于旁欲夜取之,胡皆引兵而去。平旦,李广乃归其大军。大军不知广所之,故弗从。

居久之,孝景崩,武帝立,左右以为广名将也,于是广以上郡太守为未央卫尉,而程不识亦为长乐卫尉,程不识故与李广俱以边太守将军屯。及出击胡,而广行无部伍行陈,就善水草屯,舍止,人人自便,不击刁斗以自卫,莫府省约文书籍事,然亦远斥候,未尝遇害。程不识正部曲行伍营陈,击刁斗,士吏治军簿至明,军不得休息,然亦未尝遇害。不识曰:"李广军极简易,然虏卒犯之,无以禁也;而其士卒亦佚乐,咸乐为之死。我军虽烦扰,然虏亦不得犯我。"是时汉边郡李广、程不识皆为名将,然匈奴畏李广之略,士卒亦多乐从李广而苦程不识。程不识孝景时以数直谏为太中大夫。为人廉,谨于文法。

后,汉以马邑城诱单于,使大军伏马邑旁谷,而广为骁骑将军,领属护军将军。是时,单于觉之,去,汉军皆无功。其后四岁,广以卫尉为将军,出雁门击匈奴。匈奴兵多,破败广军,生得广。单于素闻广贤,令曰:"得李广必生致之。"胡骑得广,广时伤病,置广两马间,络而盛卧广。行十余里,广详死,睨其旁有一胡儿骑善马,广暂腾而上胡儿马,因推堕儿,取其弓,鞭马南驰数十里,复得其余军,因引而入塞。匈奴捕者骑数百追之,广行取胡儿弓,射杀追骑,以故得脱。于是至汉,汉下广吏。吏当广所失亡多,为虏所生得,当斩,赎为庶人。

顷之,家居数岁。广家与故颍阴侯孙屏野居蓝田南山中射猎。尝夜从一骑出,从人田间饮。还至霸陵亭,霸陵尉醉,呵止广。广骑曰:"故李将军。"尉曰:"今将军尚不得夜行,何乃故也!"止广宿亭下。居无何,匈奴入杀辽西太守,败韩将军,后韩将军徙右北平。于是天子乃召拜广为右北平太守。广即请霸陵尉与俱,至军而斩之。广居右北平,匈奴闻之,号曰"汉之飞将军",避之数岁,不敢入右北平。

广出猎,见草中石,以为虎而射之,中石没镞,视之石也。因复更射之,终不能复入石矣。广所居郡闻有虎,尝自射之。及居右北平射虎,虎腾伤广,广亦竟射杀之。广廉，得赏赐辄分其麾下，饮食与士共之。终广之身，为二千石四十余年，家无余财，终不言家产事。广为人长，猿臂，其善射亦天性也，虽其子孙他人学者，莫能及广。广讷口少言，与人居则画地为军陈，射阔狭以饮。专以射为戏，竟死。广之将兵，乏绝之处，见水，士卒不尽饮，广不近水，士卒不尽食，广不尝食。宽缓不苛，士以此爱乐为用。其射，见敌急，非在数十步之内，度不中不发，发即应弦而倒。用此，其将兵数困辱，其射猛兽亦为所伤云。

居顷之，石建卒，于是上召广代建为郎中令。元朔六年，广复为后将军，从大将军军出定襄，击匈奴。诸将多中首虏率，以功为侯者，而广军无功。后二岁，广以郎中令将四千骑出右北平，博望侯张骞将万骑与广俱，异道。行可数百里，匈奴左贤王将四万骑围广，广军士皆恐，广乃使其子敢往驰之。敢独与数十骑驰，直贯胡骑，出其左右而还，告广曰："胡虏易与耳。"军士乃安。广为圜陈外向，胡急击之，矢下如雨。汉兵死者过半，汉矢且尽。广乃令士持满毋发，而广身自以大黄射其裨将，杀数人，胡虏益解。会日暮，吏士皆无人色，而广意气自如，益治军。军中自是服其勇也。明日，复力战，而博望侯军亦至，匈奴军乃解去。汉军罢，弗能追。是时广军几没，罢归。汉法，博望侯留迟后期，当死，赎为庶人。广军功自如，无赏。

初，广之从弟李蔡与广俱事孝文帝。景帝时，蔡积功劳至二千石。孝武帝时，至代相。以元朔五年为轻车将军，从大将军击右贤王，有功中率，封为乐安侯。元狩二年中，代公孙弘为丞相。蔡为人在下中，名声出广下甚远，然广不得爵邑，官不过九卿，而蔡为列侯，位至三公。诸广之军吏及士卒或取封侯。广尝与望气王朔燕语，曰："自汉击匈奴而广未尝不在其中，而诸部校尉以下，才能不及中人，然以击胡军功取侯者数十人，而广不为后人，然无尺寸之功以得封邑者，何也？岂吾相不当侯邪？且固命也？"朔曰："将军自念，岂尝有所恨乎？"广曰："吾尝为陇西守，羌尝反，吾诱而降，降者八百余人，吾诈而同日杀之。至今大恨独此耳。"朔曰："祸莫大于杀已降，此乃将军所以不得侯者也。"

后二岁，大将军、骠骑将军大出击匈奴，广数自请行，天子以为老，弗许；良久乃许之，以为前将军。是岁，元狩四年也。

广既从大将军青击匈奴，既出塞，青捕虏知单于所居，乃自以精兵走之，而令广并于右将军军，出东道。东道少回远，而大军行水草少，其势不屯行。广自请曰："臣部为前将军，今大将军乃徙令臣出东道，且臣结发而与匈奴战，今乃一得当单于，臣愿居前，先死单于。"大将军青亦阴受上诫，以为李广老，数奇，毋令当单于，恐不得所欲。而是时公孙敖新失侯，为中将军从大将军，大将军亦欲使敖与俱当单于，故徙前将军广。广时知之，固自辞于大将军。大将军不听，令长史封书与广之莫府，曰："急诣部，如书。"广不谢大将军而起行，意甚愠怒而就部，引兵与右将军食其合军出东道）。军亡导，或失道，后大将军。大将军与单于接战，单于遁走，弗能得而还。南绝幕，遇前将军、右将军。广已见大将军，还入军。大将军使长史持糒醳遗广，因问广、食其失道状，青欲上书报天子军曲折。广未对，大将军使长史急责广之幕府对簿。广曰："诸校尉无罪，乃我自失道。吾今自上簿。"

至莫府，广谓其麾下曰："广结发与匈奴大小七十余战，今幸从大将军出接单于兵，而大将军又徙广部行回远，而又迷失道，岂非天哉！且广年六十余矣，终不能复对刀笔之吏。"遂引刀自刭。广军士大夫一军皆哭。百姓闻之，知与不知，无老壮皆为垂涕。而右将军独下吏，当死，赎为庶人。

广子三人，曰当户、椒、敢，为郎。天子与韩嫣戏，嫣少不逊，当户击嫣，嫣走。于是天子以为勇。当户早死，拜椒为代郡太守，皆先广死。当户有遗腹子名陵。广死军时，敢从骠骑将军。广死明年（即前118年），李蔡以丞相坐侵孝景园壖地，当下吏治，蔡亦自杀，不对狱，国除。李敢以校尉从骠骑将军击胡左贤王，力战，夺左贤王鼓旗，斩首多，赐爵关内侯，食邑二百户，代广为郎中令。顷之，怨大将军青之恨其父，乃击伤大将军，大将军匿讳之。居无何，敢从上雍，至甘泉宫猎。骠骑将军去病与青有亲，射杀敢。去病时方贵幸，上讳云鹿触杀之。居岁余，去病死。而敢有女为太子中人，爱幸，敢男禹有宠于太子，然好利，李氏陵迟衰微矣。

太史公曰：《传》曰"其身正，不令而行；其身不正，虽令不从"。其李将军之谓也？余睹李将军悛悛如鄙人，口不能道辞。及死之日，天下知与不知，皆为尽哀。彼其忠实心诚信于士大夫也！谚曰"桃李不言，下自成蹊"。此言虽小，可以谕大也。

作品简介

司马迁（前145—前90），字子长，西汉伟大的史学家、文学家、思想家。任太史令，因替李陵败降辩解而受宫刑，后发奋完成所著史籍，被后世尊称为太史公。他以其"究天人之际，通古今之变，成一家之言"的史识，创作了中国第一部纪传体通史《史记》。

《史记》是中国史书之典范。该书记载了从上古传说中的黄帝时期，到汉武帝元狩元年，长达3000多年的历史，为"二十六史"之首，被鲁迅誉为"史家之绝唱，无韵之离骚"。《李将军列传》是《史记》中的名篇。李广（？—前119），西汉名将，一生与匈奴战斗70余次，常常以少胜多，险中取胜，以致匈奴人闻风丧胆，称之为"飞将军"。这位战功卓著、倍受士卒爱戴的名将，却一生坎坷，终身未得封爵，最后被迫含愤自刎。

导读指要

封建盛世是一个呼唤历史巨人的时代，司马迁就是在空前强盛的西汉时期应运而生的文化巨人。他在先秦史传文的基础上，开创了我国纪传体史学的新体例，也开创了古代传记文学的新范式。《史记》以前的史家之文，其行文的重心大都在于记事,人物为事件而设,"以事取人"的倾向十分明显。与之相反,《史记》的人物传记却是"以人取事",事为人设,人物处在全幅的中心地位。司马迁透过历史的表象,看到了历史是靠人来推动的,注意通过历史人物的活动来反映历史的演进变化,从而突出了人在历史发展中的主导作用,确立了人的主体地位。

《李将军列传》是汉之飞将军李广的传记,文中多维度、多层面地描摹和展现了李广的非凡才能与美好品德,着力刻划出一代名将的动人风采。其一生最值得关注的事迹是"善射"和"不遇"。前者体现了李广过人的武艺才干,清人牛运震《史记评注》认为,此传一篇之精神在射法一事,因为李广所长在射,开端言广家世世受射,便挈一传之纲领,后面诸多笔墨,皆叙广善射之事实,如射杀匈奴射雕者、射白马将、射追骑、射猎南山、射石、射虎、射阔狭以饮、射猛兽、射裨将等等,从中亦见其善射之神骨。而李广"人长猿臂"的身形长相,也足以表明善射乃其天性使然,他喜爱骑射,不仅战功官位倚射得之,而且平日的一些生活习惯,兴趣嗜好,统统都与弓射密切相关,射箭似已成为他生命中不可或缺的重要组成部分。善射而又"不遇",功高却又位卑,后者则是对命运的一种无声的抗议,对功德帝幸的一种强烈的反照。诚如明代陈仁锡所言:"子长作一传,必有一主宰。如《李广传》以'不遇时'三字为主。"(《陈评史记》)传文开篇即点明李广为将门之后,当匈奴叩边入侵之时,他挺身而出,奔赴国难,因其精于骑射,斩获甚多,官拜中郎,由此掀开了他弓马纵横,颇具传奇色彩的悲剧人生。如果说文、景之世,限于国力,在匈奴的步步进逼面前,汉朝尚取守势,那么,汉武帝即位以后,随着汉帝国全盛时期的到来,对匈奴展开大规模的军事反击的时机已经成熟,这就给李广提供了驰骋疆场、施展武略、大显身手的广阔舞台。武帝时期抗击匈奴的战争难以尽数,李广无战不在,无役不与,文章只重点叙其夺马逃归、力战御敌、行军迷路等几件事情,有力地突现了李广的才气风度和性格特征。文章结处以《史记》人物传记常用的"太史公曰"的形式,盛赞李广品行端正,忠实诚信,堪为世范,倾慕之情溢于言表。

大一统的盛世中,也自有文人的悲哀。春秋战国时期的文人能奋其志,展其才,用其世,受到社会的普遍尊崇。而封建专制下的文人,只能沦为皇权政治的驯服工具,他们的历史责任被剥夺了,社会的自豪感丢失了,个性备受压抑,才能横遭埋没。鲁迅的《汉文学史纲要》有言:"武帝时文人,赋莫若司马相如,文莫若司马迁,而一则寥寂,一则被刑。盖雄于文者,常桀骜不欲迎雄主之意,故遇合常不及凡文人。"这个时期的散文中,响彻了盛世不遇的时代主题。司马迁因替李陵辩护而被处以官刑,他的人生遭遇是不幸的,命运也是悲剧性的,一部《史记》,就是一轴饱和着血泪的悲愤诗,也是一部伟大的悲剧。司马迁为众多的悲情人物立传,成功地塑造了一系列个性鲜明的悲剧人物形象,笔墨中亦时时流注着个人不幸遭际的隐痛,本文即是其中的典范之作。李氏一门三代的命运沉浮,尤其是李广身为名将而终未封侯的凄凉际遇,格外牵动着司马迁自我的人生屈辱和生命创痛。文中一方面极力表现李广智勇双全,力战强敌的壮彩,飞身夺马,射石没镞的奇情。另一方面,则是行文中不绝如缕的厄运和哀叹,先是汉文帝对李广生不逢时的感慨,继之是平乱有功,却未得封赏,接着又兵败被擒,身陷敌手,冒死逃回后却"赎为庶人",此间又在蓝田夜猎遭遇卒呵止,虎落平阳,俊杰失势,后来纵使力战退敌,也只能功过相抵而已,及至与望气方士王朔之间的燕语,每每都在惋叹李广命途多舛,时运不济。加之皇亲国戚的恶意排挤打压,忠良含悲,英雄末路,李广卒因不忍再受刀笔之吏的侮辱而引颈自刎,一代将星的陨落,士卒百姓无不为之痛惜垂泪,千载之下,读之亦令人扼腕悲咽。

字句疏解

1. 先:祖先。逐得燕太子丹者:追逐、捕捉到燕太子丹的人。战国时燕太子丹曾派荆轲刺杀秦王,不中。秦王派兵攻伐燕国,秦将李信追捕太子丹,燕王斩太子丹的头献给李信。

2. 受:学习。

3. 良家子:家世清白人家的子弟。汉朝军队的来源有两种,一种即所谓"良家子",另一种是罪犯和贫民等。

4. 用:由于,因为。

5. 杀首:斩杀敌人首级。虏:俘虏。

6. 从弟:堂弟。

7. 秩:俸禄的等级。

8. 冲陷:冲锋陷阵。折关:抵御、拦阻。指抵挡敌人。

9. 万户侯:有万户封邑的侯爵。

10. 徙:调任。

11. 吴楚军时:指景帝三年吴楚等七国起兵叛乱。其事详见卷一百六《吴王濞列传》。

12. 亚夫:即周亚夫。

13. "以梁王"至"赏不行":李广作战立功之地在梁国境内,所以梁王封他为将军并授给将军印。这种做法违反汉朝廷的法令,因而李广还朝后,朝廷认为他功不抵过,不予封赏。

14. 这里的"徙上郡"与上文"徙为上郡太守"重复,文字可能有误。对此,各家说法不同,不再详述。

15. 中贵人:官中受宠的人,指宦官。勒:受约束。

16. 将:率领。骑:骑兵。纵:放马驰骋。

17. 射雕者:射雕的能手。雕,猛禽,飞翔力极强而且迅猛,能射雕的人必有很高的射箭本领。

18．亡：通"无"。

19．诱骑：诱敌的骑兵。

20．陈：同"阵"，摆开阵势。

21．所：表示大约的数目。"二里所"即二里左右。

22．护：监护。

23．纵马卧：把马放开，随意躺下。

24．平旦：清晨，天刚亮。

25．未央：即未央宫，西汉宫殿名，当时为皇帝所居。

26．长乐：即长乐宫，西汉宫殿名，当时为太后所居。

27．将军屯：掌管军队的驻防。部伍：指军队的编制。行阵：行列、阵势。

28．刀斗：即刁斗。铜制的军用锅，白天用它做饭，夜里敲它巡更。

29．莫府：即"幕府"，莫，通"幕"。古代军队出征驻屯时，将帅的办公机构设在大帐幕中，称为"幕府"。省约：简化。籍：考勤或记载功过之类的簿册。

30．斥侯：侦察瞭望的士兵。"远斥侯"，远远地布置侦察哨。另一种解释，到远离侦察瞭望所及的地方。

31．部曲：古代军队编制，将军率领的军队，下有部，部下有曲，曲下有屯。行伍：古代军的基层编制，五人为伍，二十五人为行。营陈：即"营阵"，营地和军队的阵势。

32．治：办理，处理。至明：直到天明。也可解为非常明白，毫不含糊。

33．卒：通"猝"，突然。

34．佚：通"逸"，安逸，安闲。

35．数：屡次。

36．文法：朝廷制定的条文法令。

37．领属：受统领节制。护军将军：即韩安国。

38．韩安国率军埋伏在马邑附近，设计诱骗单于，但被单于发觉，匈奴兵退去，所以汉军无功。其事详见卷一百八《韩长孺列传》。

39．致：送。

40．络：用绳子编结的网兜。盛：放，装。

41．详：通"佯"，假装。

42．睨：斜视。

43．暂：骤然。

44．下：交付。吏：指执法的官吏。

45．当：判断，判决。

46．赎：古代罪犯交纳财物可减免型罚，称为"赎罪"或"赎刑"。庶人：平民。

47．颍阴侯孙：指颍阴侯灌婴之孙灌强。屏野：退隐田野。屏：隐居。

48.呵:大声喝斥。

49.居无何:过了不久。

50.韩将军(安国)兵败事,详见卷一百八《韩长孺列传》。

51.有的版本此句下有"死"字。

52.镞:箭头。

53.广廉,得赏赐辄分其麾下,饮食与士共之:辄,总是,就;麾下,部下。

54.终广之身,为二千石四十余年,家无余财,终不言家产事:为二千石,做年俸二千石这一级的官,汉代的郡守、郎中令等都属于这个等级。

55.广为人长,猿臂,其善射亦天性也,虽其子孙他人学者,莫能及广:猿臂,这里是形容李广的两臂像猿那样长而且灵活。

56.广讷口少言,与人居则画地为军陈,射阔狭以饮:讷口,说话迟钝,口拙;阔狭,指上句所说在地上画的军阵图中,有的行列宽,有的行列窄;或谓射箭的远近准否。这句的意思是,比赛射军阵图,射中窄的行列为胜,射中宽的行列及不中都为负,负者罚酒。

57.其射,见敌急,非在数十步之内,度不中不发,发即应弦而倒:急,逼近。度,估计。

58.石建:汉武帝时为郎中令,以孝谨著称。郎中令为九卿之一,掌管宫殿门户,后更名为光禄勋。

59.元朔:汉武帝第三个年号。元朔六年,即公元前123年。

60.广复为后将军,从大将军军出定襄:后将军,当时有前、后、左、右四将军,职位次于上卿;大将军,指汉武帝卫皇后的同母弟卫青。汉代大将军位比三公;定襄,汉郡名,治所在今内蒙古自治区和林格尔县。

61.诸将多中首虏率:中首虏率,斩获首级和捕捉俘虏的数量符合国家规定的数额标准。

62.博望侯张骞将万骑与广俱,异道,行可数百里,匈奴左贤王将四万骑围广:博望,汉所置县,治所在今河南南阳东北;张骞,汉中人,汉武帝初年应募出使西域有功,封博望侯;异道,分道行军;可,约,约略;左贤王,匈奴单于手下的统帅,有左右之分,左贤王居东方,右贤王居西方,李广、张骞出右北平,正当左贤王辖地。

63.广乃使其子敢往驰之:敢,李广第三子,时为郎。

64.胡虏易与耳:易与,容易对付。

65.广为圜陈外向:意谓李广摆成圆形阵势,士卒都面朝外。圜,同"圆"。

66.广乃令士持满毋发,而广身自以大黄射其裨将:持满毋发,拉满了弓,而不要把箭射出去;大黄,大号的黄肩弩,射得很远;裨将,偏将,泛指一般的将校。

67.胡虏益解:益解,渐渐地松懈。

68.吏士皆无人色,而广意气自如,益治军:无人色,面色苍白,此指惊恐;意气自如,神色气概和平常一样;益治军,更加振作精神整顿军队。

69.汉军罢:罢,通"疲"。

70.博望侯留迟后期:留迟后期,行军迟缓,未能按期赶到会合。

71.广军功自如:意谓李广的军功和过失相当,功过相抵,还和原来一样,即无功也无罪。

72.孝武帝时,至代相,以元朔五年为轻车将军,从大将军击右贤王,有功中率,封为乐安侯:代相,代国(在今河北蔚县东北及山西北部)之相;以,于;元朔五年,公元前124年;轻车将军,当时杂号将军之一;有功中率,立功符合封侯的标准;乐安,汉所置县,故城在今山东博兴县北。

73.元狩二年中,代公孙弘为丞相:元狩二年,公元前121年;公孙弘,汉武帝初为博士,后为丞相,封平津侯,元狩二年死,李蔡代为丞相。

74.为人在下中:才能在下等的中级。汉代有九品论人之法,上中下三大等中又各分上中下三小品,下中为第八品。

75.然广不得爵邑,官不过九卿,而蔡为列侯,位至三公:爵邑,爵位和封地;九卿,汉代以太常、郎中令、卫尉、太仆、廷尉、鸿胪、宗正、大司农、少府为九卿,李广历官卫尉、郎中令等,均未超过九卿;列侯,亦称彻侯、通侯,秦汉时二十等爵中最高的一级;三公,指丞相、太尉、御史大夫,地位高于九卿。李蔡为丞相,故言其位至三公。

76.广尝与望气王朔燕语:望气,指观测星相,占卜吉凶的人;王朔,汉武帝时有名的天文家;燕语,私下交谈。

77.而广不为后人,然无尺寸之功以得封邑者,何也?岂吾相不当侯邪?且固命也?:不为后人,不落在别人之后;尺寸之功,极言其功之微小;相,骨相;命,命数。

78.岂尝有所恨乎:恨,憾,遗憾。

79.羌尝反:羌,当时居住在陇西一带的少数民族。

80.后二岁,大将军、骠骑将军大出击匈奴:后二岁,指元狩四年(公元前119年);骠骑将军,指霍去病,卫青姐姐的儿子,当时名将,封冠军侯,元狩二年为骠骑将军。

81.以为前将军:任李广作前将军。

82.乃自以精兵走之,而令广并于右将军军,出东道:句谓卫青亲自率领精兵驱赶单于,而令李广与右将军赵食其(yì jī)合军一处,从东路出兵。

83.东道少回远,而大军行水草少,其势不屯行:少回远,稍稍迂回,绕远路;势,情势,客观条件(指水草少),屯行,联结而行;不屯行,客观条件不允许两军并队行进。

84.且臣结发而与匈奴战,今乃一得当单于,臣愿居前,先死单于:结发,古代男子二十岁时结发于头,以示成人;得当单于,能够正面遭遇单于的主力;先死单于,先和单于决一死战。

85.大将军青亦阴受上诫,以为李广老,数奇:阴受上诫,暗中受到武帝的告诫嘱咐;数奇,命数不好;奇,不偶,没有好运气。

86.恐不得所欲。而是时公孙敖新失侯,为中将军从大将军:不得所欲,不能获得战争的胜利;公孙敖,卫青的好友,曾救过卫青的命,后以军功封合骑侯。元狩二年将兵击匈奴,坐畏懦后期,当斩,赎为庶人;中将军,此乃公孙敖封侯前的官职,其时当为校尉。

87.固自辞于大将军:坚决向卫青辞免调徙和合并之事。

88.令长史封书与广之莫府:长史,诸史之长,汉代三公和大将军府均设有长史;句谓令长史封文书,送到李广的幕府中。

89.急诣部,如书:句谓赶快去右将军的军部,按文书上写的执行。

90.广不谢大将军而起行,意甚愠怒而就部:谢,辞别;愠,怨愤;就部,到达右将军军部。

91.军亡导,或失道,后大将军:亡导,没有向导。亡通"无";或失道,有时迷失道路,不辨方向;后大将军,未能如期和大将军会合。

92.南绝幕:绝,横渡;幕,通"漠"。句谓向南渡过沙漠。

93.大将军使长史持糒醪遗广,因问广、食其失道状:糒醪(bèi láo),干粮和浊酒;遗,赠,赠送;因,趁机;失道状,迷失道路的情况。

94.青欲上书报天子军曲折:意谓卫青想上书向皇帝报告军事行动的详细经过。

95.广未对,大将军使长史急责广之幕府对簿:未对,没有回答长史的问话;对簿,回答讯问;簿,案状;急责广之幕府对簿,催迫李广的幕府人员前往受审。

96.吾今自上簿:上簿,自上供状。

97.终不能复对刀笔之吏:刀笔之吏,指掌管案牍的书吏。古时用竹简记事,用笔书写,用刀削误。

98.引刀自刭:拔刀自刎。

99.广军士大夫一军皆哭:士大夫,这里指军中的将士。

100.天子与韩嫣戏,嫣少不逊:韩嫣,韩王信之孙,武帝宠臣,后被太后赐死;不逊,不敬。

101.当户有遗腹子名陵:遗腹子,出生时父亲已去世的孩子;陵,李陵。

102.李蔡以丞相坐侵孝景园墙地:坐,因犯……罪;孝景园,汉景帝的陵园;壖(ruán)地,皇陵前神道(直通陵墓的大道)两边的空地。

103.不对狱:不接受审判。

104.赐爵关内侯:关内侯,爵位名,次于列侯,无国邑,居关内。

105.怨大将军青之恨其父:恨其父,使其父饮恨自杀。

106.大将军匿讳之:匿讳,隐瞒。

107.敢从上雍,至甘泉宫猎:上,皇上,指孝武帝;雍,汉县名,在今陕西凤翔县南,其地有离宫、猎场、祭坛等。或以雍字为衍文;甘泉宫,本为秦离宫,武帝时予以增修,在今陕西淳化县西北甘泉山上。

108.骠骑将军去病与青有亲:有亲,指有亲戚关系,霍去病是卫青外甥。

109.敢有女为太子中人:太子中人,太子宫中的女官。

110.李氏陵迟衰微矣:陵迟,衰落,败落。

111.太史公曰:《传》曰"其身正,不令而行;其身不正,虽令不从":传,汉朝人称《诗》《书》《易》《礼》《春秋》为经,解说经书的著作称为"传",这里的传是指《论语》,因《论语》是孔子弟子及再传弟子所记,不是孔子亲笔著述,所以也称为传。此四句见于《论语·子路》。

112.余睹李将军悛悛如鄙人,口不能道辞:悛悛(xún),通"恂恂",老实厚道的样子;

113.鄙人,乡野之人。

114.谚曰"桃李不言,下自成蹊":蹊,小路。

115.谕,同"喻"。

思考讨论题

1.说说你对李广这个悲剧人物的认识。

2.鲁迅先生为什么称《史记》是"史家之绝唱,无韵之离骚"?

扩展阅读

1.(《史记》)是非颇谬于圣人,论大道则先黄老而后六经,序游侠则退处士而进奸雄,述货殖则崇势利而羞贱贫,此其所蔽也。然自刘向扬雄博极群书,皆称迁有良史之才,服其善序事,理辩而不华,质而不俚,其文质,其事核,不虚美,不隐恶,故谓之实录。

——[汉代]班　固《汉书·司马迁传》

2.司马迁参酌古今,发凡起例,创为全史。本纪以序帝王,世家以记侯国,十表以系时事,八书以详制度,列传以志人物。然后一代君臣政事,贤否得失,总汇于一篇之中。自此例一定,历代作史者,遂不能出其范围,信史家之极则也。

——[清代]赵　翼《廿二史札记》

3.(司马迁)恨为弄臣,寄心楮墨,感身世之戮辱,传畸人于千秋,虽背《春秋》之义,固不失为史家之绝唱,无韵之《离骚》矣!

——[现代]鲁　迅《汉文学史纲要》

4.长安少年游侠客,夜上戍楼看太白。陇头明月迥临关,陇上行人夜吹笛。关西老将不胜愁,驻马听之双泪流。身经大小百余战,麾下偏裨万户侯。苏武才为典属国,节旄落尽海西头。

——［唐代］王　维《陇头吟》

5.少年十五二十时,步行夺取胡马骑。射杀中山白额虎,肯数邺下黄须儿!一身转战三千里,一剑曾当百万师。汉兵奋迅如霹雳,虏骑崩腾畏蒺藜。卫青不败由天幸,李广无功缘数奇。自从弃置便衰朽,世事蹉跎成白首。昔时飞箭无全目,今日垂杨生左肘。路旁时卖故侯瓜,门前学种先生柳。苍茫古木连穷巷,寥落寒山对虚牖。誓令疏勒出飞泉,不似颍川空使酒。贺兰山下阵如云,羽檄交驰日夕闻。节使三河募年少,诏书五道出将军。试拂铁衣如雪色,聊持宝剑动星文。愿得燕弓射天将,耻令越甲鸣吾君。莫嫌旧日云中守,犹堪一战取功勋。

——［唐代］王　维《老将行》

《汉书·苏武传》

武字子卿,少以父任,兄弟并为郎,稍迁至栘中厩监。时汉连伐胡,数通使相窥观。匈奴留汉使郭吉、路充国等前后十余辈,匈奴使来,汉亦留之以相当。天汉元年,且鞮侯单于初立,恐汉袭之,乃曰:「汉天子我丈人行也。」尽归汉使路充国等。武帝嘉其义,乃遣武以中郎将使持节送匈奴使留在汉者,因厚赂单于,答其善意。

武与副中郎将张胜及假吏常惠等募士斥候百余人俱。既至匈奴,置币遗单于;单于益骄,非汉所望也。方欲发使送武等,会缑王与长水虞常等谋反匈奴中。缑王者,昆邪王姊子也,与昆邪王俱降汉,后随浞野侯没胡中,及卫律所将降者,阴相与谋,劫单于母阏氏归汉。会武等至匈奴。虞常在汉时,素与副张胜相知,私候胜曰:「闻汉天子甚怨卫律,常能为汉伏弩射杀之,吾母与弟在汉,幸蒙其赏赐。」张胜许之,以货物与常。后月余,单于出猎,独阏氏子弟在。虞常等七十余人欲发,其一人夜亡告之。单于子弟发兵与战,缑王等皆死,虞常生得。单于使卫律治其事。张胜闻之,恐前语发,以状语武。武曰:「事如此,此必及我,见犯乃死,重负国!」欲自杀,胜惠共止之。虞常果引张胜。单于怒,召诸贵人议,欲杀汉使者。左伊秩訾曰:「即谋单于,何以复加?宜皆降之。」单于使卫律召武受辞。武谓惠等:「屈节辱命,虽生何面目以归汉?」引佩刀自刺。卫律惊,自抱持武。驰召医,凿地为坎,置煴火,覆武其上,蹈其背,以出血。武气绝,半日复息。惠等哭,舆归营。单于壮其节,朝夕遣人候问武,而收系张胜。

武益愈。单于使使晓武,会论虞常,欲因此时降武。剑斩虞常已,律曰:「汉使张胜谋杀单于近臣,当死;单于募降者,赦罪。」举剑欲击之,胜请降。律谓武曰:「副有罪,当相坐。」武曰:「本无谋,又非亲属,何谓相坐?」复举剑拟之,武不动。律曰:「苏君,律前负汉归匈奴,幸蒙大恩,赐号称王,拥众数万,马畜弥山,富贵如此。苏君今日降,明日复然。空以身膏草野,谁复知之?」武不应。律曰:「君因我降,与君为兄弟；今不听吾计，后虽复欲见我，尚可得乎？」武骂律曰：「女为人臣子，不顾恩义，畔主背亲，为降虏于蛮夷，何以女为见？且单于信女，使决人死生，不平心持正，反欲斗两主观祸败。南越杀汉使者，屠为九郡；宛王杀汉使者，头县北阙；朝鲜杀汉使者，即时诛灭。独匈奴未耳。若知我不降明，欲令两国相攻，匈奴之祸，从我始矣！」律知武终不可胁，白单于。单于愈益欲降之。乃幽武置大窖中，绝不饮食。天雨雪。武卧，啮雪与旃毛并咽之，数日不死。匈奴以为神，乃徙武北海上无人处，使牧羝。羝乳，乃得归。别其官属常惠等，各置他所。

武既至海上，廪食不至，掘野鼠去中实而食之。杖汉节牧羊，卧起操持，节旄尽落。积五、六年，单于弟于靬王弋射海上。武能网纺缴，檠弓弩，于靬王爱之，给其衣食。三岁余，王病，赐武马畜、服匿、穹庐。王死后，人众徙去。其冬，丁令盗武牛羊，武复穷厄。

初，武与李陵俱为侍中。武使匈奴明年，陵降，不敢求武。久之，单于使陵至海上，为武置酒设乐。因谓武曰：「单于闻陵与子卿素厚，故使陵来说足下，虚心欲相待。终不得归汉，空自苦亡人之地，信义安所见乎？前长君为奉车，从至雍棫阳宫，扶辇下除，触柱，折辕，劾大不敬，伏剑自刭，赐钱二百万以葬。孺卿从祠河东后土，宦骑与黄门驸马争船，推堕驸马河中，溺死，宦骑亡。诏使孺卿逐捕。不得，惶恐饮药而死。来时太夫人已不幸，陵送葬至阳陵。子卿妇年少，闻已更嫁矣。独有女弟二人，两女一男，今复十余年，存亡不可知。人生如朝露，何久自苦如此？陵始降时，忽忽如狂，自痛负汉；加以老母系保宫。子卿不欲降，何以过陵？且陛下春秋高，法令亡常，大臣亡罪夷灭者数十家，安危不可知。子卿尚复谁为乎？愿听陵计，勿复有云！」武曰：「武父子亡功德，皆为陛下所成就，位列将，爵通侯，兄弟亲近，常愿肝脑涂地。今得杀身自效，虽蒙斧钺汤镬，诚甘乐之。臣事君，犹子事父也。子为父死，亡所恨，愿无复再言。」陵与武饮数日，复曰：「子卿，壹听陵言。」武曰：「自分已死久矣！王必欲降武，请毕今日之欢，效死于前！」陵见其至诚，喟然叹曰：「嗟呼！义士！陵与卫律之罪上通于天！」因泣下沾衿，与武决去。

陵恶自赐武，使其妻赐武牛羊数十头。后陵复至北海上，语武：「区脱捕得云中生口，言太守以下吏民皆白服，曰：『上崩。』」武闻之，南乡号哭，欧血，旦夕临。数月，昭帝即位。数年，匈奴与汉和亲。汉求武等。匈奴诡言武死。后汉使复至匈奴。常惠请其守者与俱，得夜见汉使，具自陈道。教使者谓单于言：「天子射上林中，得雁足有系帛书，言武等在某泽中。」使者大喜，如惠语以让单于。单于视左右而惊，谢汉使曰：「武等实在。」于是李陵置酒贺武曰：「今足下还归，扬名于匈奴，功显于汉室，虽古竹帛所载，丹青所画，何以过子卿！陵虽驽怯，令汉且贳陵罪，全其老母，使得奋大辱之积志，庶几乎曹柯之盟。此陵宿昔之所不忘也！收族陵家，为世大戮，陵尚复何顾乎？已矣！令子卿知吾心耳！异域之人，壹别长绝！」陵起舞，歌曰：「径万里兮度沙幕，为君将兮奋匈奴。路穷绝兮矢刃摧，士众灭兮名已隤，老母已死,虽欲报恩将安归?」

陵泣下数行,因与武决。单于召会武官属,前以降及物故,凡随武还者九人。武以始元六年春至京师,诏武奉一太牢谒武帝园庙,拜为典属国,秩中二千石,赐钱二百万,公田二顷,宅一区。常惠徐圣赵终根皆拜为中郎,赐帛各二百匹。其余六人,老归家,赐钱人十万,复终身。常惠后至右将军,封列侯,自有传。武留匈奴凡十九岁,始以强壮出,及还,须发尽白。

作品简介

班固(32——92年),东汉著名史学家。在其父班彪《史记后传》的基础上,经过20多年努力写成了《汉书》。后冤死狱中。《汉书》体例模仿《史记》,全书起自汉高祖,止于王莽,记西汉一代230年间史实。历来《汉书》与《史记》并称,史学家刘知几说《汉书》"言皆精炼,事甚该密"。

本文节选自《汉书·苏武传》。在这篇传记中,班固倾注心力,刻画了苏武这一威武不屈的爱国者的形象。苏武作为汉使被匈奴无理扣拘后,19年间始终不为威服,不为利诱,坚贞不屈,视死如归。"苏武牧羊"的故事也代代流传,感动了无数的中国人。

导读指要

相对于《史记》的通代史,《汉书》则只记汉朝一代,且止于西汉,故为纪传体的断代史。在史传散文之外,《汉书》还特别着意于著录和保存了大量的社会文化方面的史料,尤其是书中的"十志",堪称我国第一部初具规模的文化史。如果说《史记》中最精彩的篇章莫过于楚汉相争和西汉前期的人物传记,那么,《汉书》的精华则主要在于对西汉盛世各种人物的生动叙写和精妙刻画,从中展现出盛世帝国的繁荣景象、时代风貌以及文人士子宦海沉浮的悲喜苦乐,是继《史记》之后的又一部史传文学的典范之作。

《汉书》中最为人们称道的是那些歌颂爱国精神、民族气节和高尚品质的人物传记,其中尤以《苏武传》声名最著。此文通过记述苏武出使匈奴被扣,持节守操,艰苦卓绝,终回故国的曲折历程,生动地刻画了一位不畏强暴,不为利诱,坚贞不屈的忠臣节士的感人形象。西汉立国之初,游牧于长城以北的匈奴族迅速崛起,他们依仗其强悍的骑兵优势,不断叩边犯境,对内地进行骚扰和掠夺,成为北部边疆的一大祸患。经过七十余年的修养生息,汉帝国已有足够的实力抗击匈奴的侵扰,并于汉武帝当朝时期,先后发动了三次大规模的反击战争,基本上解除了边患,但汉朝也是元气大伤。在这种情况下,解决双方之间的矛盾,只能依靠外交手段,苏武就是在这种背景下奉命出使的。当时,汉朝接连征伐匈奴,双方屡屡遣使相互打探情况,且常常互扣使臣,形势相当严峻。匈奴且鞮侯单于即位以后,放还了被扣的汉使,出于礼尚往来的对等原则,汉武帝也放还了被扣的匈奴使者,并派苏武等人带着厚礼护送他们回国,以表明相互通好的愿望。实际上,匈奴的"尽归汉使",是基于"恐袭"的动机,对和平友好并无诚意,就在汉朝使团将要返归的时候,适逢匈奴内部发生的谋反之事,这原与苏武毫无干系,但却牵涉到副使张胜,由此累及苏武,本就"益骄"之单于,此时更是怒而欲杀汉使,旋即又想招降苏武,并派汉朝的叛臣卫律审理此案。作为正使,苏武受辱,则汉亦蒙耻,屈己之节,辱君之命,"虽生,何面目以归汉!"他抱定必死的信念,决心以生命来殉自己的祖国,捍卫大汉的尊严。作为传统文化之主流的儒家,强调匹夫不可夺志,"士可杀不可辱",标举一种刚毅行健的君子人格。《孟子·滕文公下》有云:"富贵不能淫,贫贱不能移,威武不能屈,此之谓大丈夫。"不以贫变节,不因威易志,富贵一时,名节千古,宁为玉碎,不为瓦全。威武不屈,贫富不移的忠贞精神,铸就了中华民族的伟大品格和高华气节。在苏武的身上,完美地体现了守节不变、持正不阿的君子人格的风范和崇高无尚的民族气节。为了达到招降的目的,单于继而又将其放逐到北海荒无人烟之地牧羊,苏武心怀故国,不忘使命,"杖汉节牧羊,卧起操持,节旄尽落。"面对故交李陵的游说,他坚定地表示,即使肝脑涂地,也要效忠汉朝,杀身报国,死而无怨。文末叙写苏武等人历尽曲折,备尝苦辛,被扣匈奴十九年后终得返回汉朝。当年百多人的外交使团,除去降者和死去的人,随同苏武回国的仅有九人。

传文选材精要,详略有致,主题突出。开卷从苏武盛年出使匈奴起笔,结处又以其白首归汉收墨,首尾完整,浑然一体。文中通过人物自己的言行,运用细节描写、对比映衬等艺术手法,多层面、多视觉地刻画了苏武光彩照人的英雄形象,堪称古代传记散文中一曲酣畅淋漓、激越悲壮、荡气回肠的千秋绝调。

字句疏解

1.武,字子卿:苏武的传是附在父亲苏建的传后面的,所以这里不再写明他的姓。少以父任,兄弟并为郎:年轻时,因为父亲职任的关系而被任用,兄弟都做了皇帝的侍从官。任,指他父亲的职任。汉朝制度,凡职位在二千石以上的官吏可以保举子弟一人做郎官。并,都。郎,官名。汉代专指皇帝的侍从官。

2.稍迁至栘(yí)中厩监:渐渐升到栘中厩监。稍,渐渐。迁,升迁、升任。栘中,厩名,监,管事的官员,这里是指管理马厩的官。

3.时汉连伐胡,数通使相窥观:当时汉朝接连讨伐匈奴,屡次互派使者窥探观察(对方的情况)。伐,征讨。胡,此处指匈奴。通使,互派使者。

4.十余辈:十余人。

5.当(dàng):抵押。

6.天汉元年:公元前100年。天汉,汉武帝年号。

7.且(jū)鞮(dī)侯单于:且鞮侯,单于名。单于,匈奴的最高首领。

8.乃曰:就说。

9.汉天子我丈人行也:汉天子是我的长辈啊。丈人,对老人和长辈的尊称。行(háng),辈。

10.嘉其义:赞许他这种合乎情理的做法。义,宜,做事合乎情理。

11.乃遣武以中郎将使持节送匈奴使留在汉者:(武帝)就派苏武以中郎将的身份,让他持节出使匈奴,送留在汉朝的匈奴使者。节,旄(máo)节,以竹为竿,上缀以旄牛尾,是使者所持的信物(即凭证)。匈奴使留在汉者,就是"留在汉之匈奴使"。

12.厚赂(lù):赠以丰厚的礼物。赂,赠送礼物。

13.答其善意:回报他的好意。

14.武与副中郎将张胜及假吏常惠等募士斥候百余人俱:苏武与副中郎将张胜以及临时充任使臣属吏的常惠等招募士卒和侦察敌情的一百多人,一同(前往)。假吏,指临时充任使臣属吏。募,招募。士,士卒。斥候,侦察兵。俱,一同。"俱"后省略动词谓语。

15.置币遗单于:备办了一些财物送给单于。

16.益骄:更加倨傲。

17.非汉所望也:不是汉朝所期望的。

18.方欲发使送武等:汉正要打发派送苏武等人以及以前扣留的匈奴使者等的时候。发、使、送,都是动词。

19.会缑(gōu)王与长水虞常等谋反匈奴中:适逢匈奴国内缑王与原长水校尉虞常等人密谋反叛。缑王,匈奴的一个王。长水,水名,在今陕西蓝田西北。长水虞常,指汉朝投降匈奴的原长水校尉虞常。长水校尉,官名。

20.昆(hún)邪(yé)王:匈奴的一个王,其部落在现在甘肃省西北部。

21.后随浞(zhuó)野侯没胡中:后来又跟随浞野侯陷没在匈奴。浞野侯,是汉将赵破奴的封号,太初二年(公元前 103 年)出击匈奴,兵败投降。没,陷没。

22.及卫律所将降者:以及卫律所带领的那些被迫投降匈奴的人。卫律,长水胡人,生长于汉,曾任汉使出使匈奴,后因事株连,畏罪逃亡投降匈奴,封为丁灵王,成为单于的亲信。丁灵,匈奴的一个部落。将,领。降者,投降匈奴的人。

23.阴相与谋劫单于母阏(yān)氏(zhī)归汉:暗地里一起密谋劫抢单于的母亲阏氏归附汉朝。阴,暗地里。相与,共同、一起。阏氏,匈奴单于配偶的称号,如王后。

24.相知:相熟识、有交情。

25.私候胜:私自拜访张胜。

26.常能为汉伏弩射杀之:我虞常能为汉朝暗中用弩弓射死他(指卫律)。

27.幸蒙其赏赐:希望得到皇帝的赏赐。幸,希望。蒙,蒙受、得到。其,代词,指汉天子。

28.以货物与常:把财物给虞常。货物,指一般财物。

29.独阏氏子弟在:只有阏氏和单于的子弟在家。

30.欲发:准备发动(事)。

31.其一人夜亡:他们当中有一个人夜里跑了出来。

32.告之:告发这件事。

33.生得:被活捉。

34.治其事:审理这个案件。

35.恐前语发:担心以前(与虞常)的谈话被揭发。

36.以状语武:把情况告诉苏武。

37.此必及我:这一定会牵连到我。及,动词,牵连到。

38.见犯乃死,重(zhòng)负国:等到被(匈奴)侮辱以后才死,更加对不起国家。见犯,受到侵犯、侮辱。重,更加。

39.果引张胜:果然招出张胜。引,牵攀、招供。

40.召诸贵人议:召集贵族们商议。

41.左伊秩訾(zī):匈奴贵族的一种称号。

42.即谋单于,何以复加:假使谋杀单于,又该用什么更重的处罚呢?意思是说,因为谋劫阏氏杀卫律就把汉使处死,处罚太重。

43.宜皆降之:应该招降他们。

44.受辞:受审讯。

45.屈节辱命:屈辱了使命。

46.虽生:即使活着。

47.驰召医:(派人)骑马跑去召医生来。

48.坎:坑。

49.煴(yūn)火:无焰的火。

50.覆武其上:把苏武背朝上放在坑上。

51.蹈:通"掐(tāo)",轻轻敲打。

52.复息:又能呼吸。息,气息。

53.舆:用车载运。

54.壮其节:钦佩苏武的气节。壮,形容词的意动用法,"以……为壮"。

55.候问:问候。

56.收系:逮捕并监禁。

57.益愈:渐渐痊愈。

58.使使晓武:派使者通知苏武。前一个"使"作动词,派遣。后一个"使"是名词,使者。

59.会论虞常:共同判定虞常的罪。论,判罪。

60.因:就。

61.已:完毕。

62.近臣:亲近之臣。这里是卫律自指。

63.当死:判处死罪。

64.募降者赦罪:招募投降的人就免罪。

65.相坐:连带(治罪)。一个人犯了罪,有关的人连带治罪,叫"连坐"或"相坐"。

66.本无谋:本来没有参加谋划。

67.何谓相坐:说什么连坐(治罪)?

68.举剑拟之:举起剑来做要砍的样子。拟,比划。

69.幸蒙大恩:幸而受到单于的大恩。

70.赐号称王:赐我爵号称王。卫律曾被单于封为丁灵王。

71.弥山:满山。

72.复然:也会这样。

73.空以身膏草野:白白地把身体给野草做肥料。指被杀身死。膏,肥。膏草野,使野草滋润肥美,也就是做肥料的意思。

74.君因我降:你通过我的关系而投降。

75.畔主背亲:背叛主上,离弃双亲。畔,同"叛"。

76.为降虏于蛮夷:在异族那里投降做奴隶。蛮夷,古代用以指边远民族。

77.何以汝为见:即"何用见汝为",要见你干什么?为,语气助词。

78.斗两主,观祸败:挑拨汉天子和单于的关系,(从旁)观看祸败。斗两主,使两主相斗。斗,使动用法。

79.若知我不降明:你明明知道我不会投降。若,你。

80.匈奴之祸,从我始矣:匈奴的灾难,就要从(杀死)我苏武开始了。

81.不可胁:不因威胁而屈服。

82.白:告诉、禀告。

83.单于愈益欲降之:单于越发想使他投降。

84.乃幽武置大窖中:就把苏武囚禁起来,安置在大地窖里面。幽,禁闭。

85.绝不饮食:断绝供应,不给他喝的、吃的。

86.天雨(yù)雪:天下雪。雨,动词,下。

87.啮(niè):咬、嚼。

88.与旃(zhān)毛并咽之:同旃毛一起吞下去。旃,同"毡",毛织的毡毯。

89.北海:在匈奴的北境,即现在的俄罗斯境内的贝加尔湖。

90.羝(dī):公羊。

91.羝乳乃得归:公羊生了小羊才能回。乳,生子,公羊不能生子,说明苏武永远没有回国的希望。

92.别其官属常惠等各置他所:分开他的随从官吏常惠等人,分别安置到另外的地方。别,分别隔离。官属,所属官吏、部下。他所,别的处所。

93.廪食不至:公家发给的粮食不来。这是指匈奴断绝了苏武的粮食供应。

94.掘野鼠去草实而食之:掘野鼠、收草实来吃。去,通"弆"(jǔ),收藏。草实,野生果实。

95.杖汉节牧羊:拄着汉朝的旄节牧羊。杖,执、拄。

96.节旄尽落:节上旄牛尾的毛全部脱落。

97.单于弟於(wū)靬(jiān)王弋(yì)射海上:单于的弟弟於王在北海打猎。弋射,用绳系在箭上而射。

98.网:结网,用作动词。

99.纺缴(zhuó):纺制系在箭尾的丝绳。

100.檠(qíng)弓弩:矫正弓和弩。檠,本是矫正弓弩的工具,此处用作动词,用檠矫正弓弩。

101.给(jǐ):供给。

102.服匿、穹庐:服匿,盛酒酪的瓦器。穹庐,毡帐,类似"蒙古包"。

103.丁令:即丁灵,匈奴族的一支。卫律被封为丁灵王。"丁令盗武牛羊",也许是他所使。

104.穷厄(è):陷于困境。穷,失意。厄,困窘。

105.武与李陵俱为侍中:苏武与李陵都做皇帝的侍从。李陵,字少卿,汉代名将李广的孙子,汉武帝时为骑都尉(官名),天汉二年(前99),兵败投降匈奴。侍中,汉时在其本官职外的加衔。

106.武使匈奴,明年:武出使匈奴的第二年。

107.久之:时间过了很久。之,助词,无实在意义。

108.置酒设乐:备办酒宴,安排歌舞。

109.素厚:一向关系很好。

110.虚心欲相待:单于准备以礼相待。

111.空自苦亡人之地:白白地在这荒无人烟的地方受苦。亡,同"无"。

112.信义安所见(xiàn)乎:(您对汉朝)的信义表现在哪里呢(即有谁知道您的信义呢)? 安,何。见,同"现"。

113.前长君为奉车:前些时候您的大哥做奉车都尉。长君,大哥,指苏武的哥哥苏嘉。奉车,奉车都尉,皇帝出行时的侍从,掌管皇帝的车马。

114.从至雍棫(yù)阳宫:跟随皇帝到雍城的棫阳宫去。雍,在今陕西凤翔南。棫阳宫,本是秦宫,在雍的东边,在今陕西扶风东北。

115.扶辇(niǎn)下除:扶着皇帝的车子下殿除。除,殿阶。

116.触柱折辕:碰到柱子上有车辕折断了。

117.劾(hè)大不敬:被指控为"大不敬"。对皇上犯了"大不敬"的罪,在当时是要处极刑的。劾,弹劾。

118.伏剑自刎:以剑自杀了。

119.孺卿从祠河东后土:您的弟弟苏贤跟随皇帝去祭祀河东后土。孺卿,苏武的弟弟苏贤的字。祠,祀。河东,郡名,在今山西夏县北。后土,相对皇天而言,指地神。汉武帝曾去河东祭祀地神。

120.宦骑与黄门驸马争船:一个骑马的宦官和黄门驸马抢着上船。宦骑,侍卫皇帝的骑马的宦官。黄门驸马,宫中掌管车辆马匹的官。

121.诏使孺卿逐捕:(皇帝)命令苏贤追捕。

122.惶恐饮药而死:因害怕而服毒自杀了。

123.太夫人已不幸:您的母亲已去世。太夫人,称苏武的母亲。不幸,对去世的委婉说法。

124.阳陵:县名,今陕西咸阳东。

125.更(gēng)嫁:改嫁。

126.女弟:妹妹。

127.两女一男:指苏武的三个孩子。

128.人生如朝露,何久自苦如此:人生像早晨的露水,(一下子就消失了),何必久久地这样折磨自己?

129.忽忽如狂,自痛负汉:精神恍惚,好像发狂一样,痛心自己对不起汉朝。

130.系保宫:关押在保宫。保宫,汉代囚禁大臣及其眷属的处所。

131.子卿不欲降,何以过陵:您不肯投降的心情,怎能超过当时的我?

132.春秋高:年纪老。

133.法令亡常:法令没有定规,意思是随意变更法令。

134.大臣亡罪夷灭者数十家:大臣无罪而全家被杀的有几十家。夷灭,消灭,这里指全家杀尽。

135.尚复谁为乎:还又为谁(守节)呢?

136.勿复有云:不要再有什么话说了。

137.亡(wú)功德:无功无德。亡,通"无"。德,指施于民的德惠。

138.成就:栽培,提拔。

139.位列将:官职升到列将。列将,一般将军的总称。苏武的父亲苏建伐匈奴有功,封为"游击将军""右将军"。

140.爵通侯:爵位封为通侯。通侯,爵位名,秦代置爵二十级,最高一级叫彻侯。汉朝继承秦制,后因汉武帝名彻,避讳改为通侯,苏建封为平陵侯。

141.兄弟亲近:兄弟三人都是皇上的亲近之臣。苏武的大哥苏嘉做过奉车都尉,弟弟苏贤做过骑都尉,苏武出使前也是郎,都是皇帝的侍从官。

142.常愿肝脑涂地:常常希望为朝廷献出生命。肝脑涂地,本是形容死亡惨状,这里喻以身许国。

143.虽蒙斧钺(yuè)汤镬:即使被杀。斧钺,古代军法用以杀人的斧子。斧钺、汤镬,这里泛指刑戮。

144.诚甘乐之:的确甘心乐意。

145.壹听陵言:听一听我的话。

146.分(fèn):料想,断定。

147.王必欲降武,请毕今日之驩,效死于前:您一定要逼迫我投降,那就请结束今天的欢聚,在您面前死去。王,指李陵(李陵被单于封为右校王)。毕,尽。驩,同"欢"。效,献出。

148.上通于天:意思是罪行严重,无以复加。通,达。

149.霑衿:沾湿了衣襟。霑,同"沾"。衿,同"襟"。

150.决去:告别而去。决,同"诀",辞别。

151.位后次年(前86)改年号为"始元"。

152.诡言:欺骗说。

153.常惠请其守者与俱:常惠请求看守他的人同他一起去(见汉使)。

154.具自陈道:自己详细地陈说(这几年的经过情况)。具,一五一十地、详尽。陈道,陈述说明。

155.上林:即上苑,皇帝游猎的场所,在长安西。

156.如惠语以让单于:(汉使)依照常惠的话去责备单于。让,责问。

157.谢:道歉、谢罪。

158.前以降及物故:以前已经投降匈奴和死去的。以,通"已",已经。物故,死亡。

159.凡:共,副词。

160.始元六年:苏武在始元六年。以,在。始元六年,公元前81年。以,在……的时候,始元,汉昭帝年号。

思考讨论题

1.同为悲剧人物,苏武的悲剧和李广有何不同?

2.试述苏武这样的君子人格的现实意义。

扩展阅读

1.孔子称"志士仁人,有杀身以成仁,无求生以害仁","使于四方,不辱使命",

苏武有之矣!

——[汉代]班　固《李广苏建传》

2.居天下之广居,立天下之正位,行天下之大道。得志,与民由之;不得志,独行其道。富贵不能淫,贫贱不能移,威武不能屈,此之谓大丈夫。

——《孟子·滕文公下》

3.儒有可亲而不可劫也,可近而不可迫也,可杀而不可辱也……身可危也,而志不可夺也。

——《礼记·儒行》

4.苏武魂销汉使前,古祠高树两茫然。云边雁断胡天月,陇上羊归塞草烟。回日楼台非甲帐,去时冠剑是丁年。茂陵不见封侯印,空向秋波哭逝川。

——[唐代]温庭筠《苏武庙》

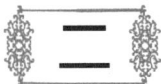

魏晋南北朝概述

公元 220 年,随着曹操之子曹丕正式取代汉献帝,中国历史进入了魏、蜀、吴鼎立的三国时期。公元 265 年,司马炎(晋武帝)代魏,建立了西晋王朝。末年,西晋内乱,匈奴等部族乘乱灭晋,在北方形成了"五胡十六国"的混战局面。公元 317 年,司马睿(晋元帝)在建康建立了东晋新政权。之后,在南方又更换了宋、齐、梁、陈四个王朝,史称"南朝"(420—589);北方拓跋珪(魏道武帝)于公元 386 年建立北魏政权,至 436 年统一北方,后又分为北齐、北周,史称"北朝"(386—581)。公元 581 年,杨坚(隋文帝)灭周建立隋王朝,至 589 年灭陈,重新统一了全国。自曹魏建立至南北朝灭亡的这一历史阶段就是习称的魏晋南北朝时期。这是一个战乱频仍、政权更迭频繁、南北长期分裂的动荡时期。

相对于两汉而言,魏晋南北朝在文化上发生重要变化:在思想上,由于汉末的长期战乱,统治汉代近四百年的经学地位发生动摇,百家思想尤其是道家思想重新开始流行,文人学者摆脱两汉经学的束缚,主要以道家思想解释前代经典,形成了魏晋玄学,东晋以后又吸取佛学成分,步入新的阶段。从两汉经学到魏晋玄学,是中国思想史的一大转折,大大推动了中国哲学的发展。玄学对宇宙、人生和人的思维都进行了纯哲学的思考,它崇尚自然、重视人的精神自由的态度对当时思想的解放起到了巨大的推动作用,改变了士大夫的人生追求、生活习尚和价值观念,形成了著名的"魏晋风流"。魏晋风流推重玄心、洞见、妙赏、深情,追求颖悟、旷达、真率,崇尚艺术化的人生,这对当时和整个古代的美学思想、文学艺术的发展产生了深远影响。魏晋士人饮酒、服药、谈玄的放达作风成为中国知识分子史上的独特景观。魏晋南北朝另一个重要的文化现象就是佛教的传播、流行和兴盛,大量佛经的翻译,众多佛寺的设立,对整个社会,对帝王、贵族、文人乃至普通民众等各阶层的思想观念、宗教信仰以及日常生活都产生了既深且广的影响,所波及的文化领域涉及思想、政治、经济、文学、绘画、建筑、音乐、风俗等众多方面。

魏晋南北朝在政治上有两大突出现象:一是动荡的政治局面。长期战乱与短暂稳定的交错、政权的频繁更迭、南北长期的分裂对峙,这不仅决定着社会发展变化的进程,也直接决定着文人士大夫的人生命运、人生体验和人生情感,极大地影响着他们的处世态度、思想倾向和价值观念,进而深刻影响着社会思潮、社会心理、文化艺术的发展方向和轨迹。如建安文人的忧时和进取,正始文人的忧生与放狂等,本质上都取决于各自时期的政治背景。二是官僚政治中的门阀制度。早在东汉后期,士大夫中就出现了一些世家大族,成为在政治、经济和文化上占据特殊地位的阶层。到魏文帝曹丕建立九品中正制后,豪门士族的势力愈益膨胀,造成魏至西晋"上品无寒门,下品无势族"(《晋书·刘毅传》)的局面。到东晋则登峰造极,进一步强化为门阀政治,士族门阀的势力更加强盛,特别是一些高级士族控制了中央政权,形成"王与马,共天下"(《晋书·王敦传》)的局面。这种门阀制度的权力分配格局,使寒门庶族几乎失去了入仕的机会,造成了士族和庶族的尖锐对立。这一矛盾深刻地影响了魏晋南北朝的文化发展。

魏晋南北朝是一个文学自觉的时代。文学从广义的学术中分化出来,成为一个独立的门类。先秦的文学与其它学科、艺术处于骈体状态,汉朝人所谓的文学指的是学术,特别是儒学。到了南朝,文学分化出来,具有了独立于学术的地位,宋文帝立四学,文学与儒学、玄学、史学并立。此时又有文笔之分,"笔"指学术、实用之文体,"文"指抒发情感、以情动人、重视语言美的文体。"吟咏风谣,流连哀思者,谓之文。","诗缘情而绮靡,赋体物而浏亮"(《文赋》),即是这种自觉的理论体现。南朝对声调、韵律、对偶、用典的讲究更是对语言形式美的自觉追求。与文学自觉相联系的便是文学创作的个性化的加强。随着经学地位的动摇,文学服务于政治教化的要求减弱了,文学变成了个人的行为,抒发个人的生活体验和内心感情成为文学的基本使命和特点,故其个性化特色越来越突出。同时文学理论与文学批评空前繁荣,产生了大批文学理论与文学批评的论著,如曹丕的《典论·论文》、陆机的《文赋》、刘勰的《文心雕龙》、钟嵘的《诗品》等。在文学史的研究中,通常将汉末建安时期划入魏晋南北朝文学之列,这一断限同一般的历史分期有所不同。因此,魏晋南北朝文学是指自汉末建安(196—220)始至隋文帝统一中国(589)之前的文学,凡393年。在这一时期诗歌取代汉代辞赋的地位,占据了文坛主流,五言古诗发展至鼎盛,七言古诗逐步形成和成熟,五七言新体诗兴起;逞辞大赋走向衰落,咏物、抒情小赋的发展成为赋坛主流;骈体文产生并走向繁盛;小说亦开始形成。

魏晋南北朝时期的文人既要面对长期的战乱,又要适应频繁的改朝换代和政治动荡、颠沛流离的生活与险恶的政治环境,时常还莫名其妙地卷入政治斗争而遭到杀戮,这使敏感的作家们极易感受到人生的短促、生命的脆弱、命运的难测、祸福的无常以及个人的无能为力,从而铸就了魏晋南北朝文学浓重的悲剧性基调。在这种悲剧性基调下,形成了一些共同的文学主题。门阀制度对魏晋南北朝文学也产生了重大影响。士族贵胄在权力分配上占据了绝对优势,寒门子弟仕进之路严重受阻,于是寒士们难以抑制的愤慨不平之音便成为极为显见的文学现象,形成了一股以高亢激昂为特点的文学潮流,左思、鲍照就是其中最为突出的代表。高门大族不仅在政治、经济上,而且在文化上也占有优势,他们在家族内部形成优越的文化传播传统,横向浸润,纵向承继,蔚成风气,使文学家族大量出现,(如著名的三曹、三张、二陆、两潘等等)这成为魏晋南北朝文学史上的突出现象。还有玄学的影响。玄学在人生观上的基本范畴是贵"真",崇尚"自然"。这里的"自然"不是近代所谓与人类社会相对而言的自然界,而是一种状态,即非人为的、本来如此的、天然而然的存在。"真"是一种至淳至诚的精神境界,这种境界是受之于天的、性分之内的、自然而然的。玄学的这种贵"真"贵"自然"的人生观影响了文人的生活态度和风尚,造就了他们越名教,任自然,崇尚放达、率真、任性的生活态度(即"魏晋风流")和对个性化、艺术化人生的追求,这些态度和追求内化成了魏晋文学的灵魂。它影响了文学以"真"、以"自然"为上的审美理想的确立,进而对此后整个中国文学产生了极其深远的影响。陶渊明的作品就是魏晋玄学渗入文学之中所结出的硕果。陶渊明在日常生活中发掘出浓郁的诗意,以《归园田居》《饮酒》等为代表的田园诗,把汉魏古朴的诗风带入更纯熟的境地,并将"自然"提升为最高的审美境界。佛教在东汉初年正式传入中国,汉末和魏晋时期广为传播,至南北朝则达到极盛,这是中国文化史上的一场巨变。在此期间,佛经被大量译成中文流行,许多文人甚至皇帝都成为虔诚的佛教徒,与僧人保持着密切交往,这为佛教渗入文学创造了极为有利的条件。

魏晋南北朝文学以建安文学最具特色。建安文学指建安时期和魏前期的文学,即汉献帝、魏文帝、魏明帝(曹睿)时期(196—239)的文学。这时的文坛以曹氏父子为中心,最重要的作家除"三曹"外,便是"建安七子",还有女诗人蔡琰。其中以曹操最为老辣,以曹植最具才华和成就。这一时期文学的形式以诗歌为主,五言诗的发展达到高潮,辞赋和散文也取得了显著成就。建安文学家是在动乱中成长的一代新人,既胸怀远大的政治抱负,又具有务实的精神、通脱的态度和应变的能力,他们的创作铸就了建安文学鲜明的内容特征:感时伤乱,充分反映社会的动乱和民生的疾苦(百姓的、个人的);抒写怀抱,表达建功立业、扬名后世的雄心壮志和人生追求;感叹人生,包括对人生苦短的哀叹,对功业未就的感慨,对更高人生价值的追求。建安文学富有鲜明的个性色彩,充溢着每位作家独特的气质、才情、经历、性格因素,异彩纷呈,魅力独具。建安文学形成了慷慨悲凉、刚健清新的风格,既有激昂的内在情感,又有浓郁的悲剧色彩。后人将建安文学这一鲜明的内容和风格特征概括为"建安风骨",树为后世文学效法、追步的典范,并成为反对淫靡柔弱诗风的一面旗帜。

南北朝时期的民歌是一朵奇葩。由于长期处于对峙局面,在政治、经济、文化以及民族风尚、自然环境等方面又存在着明显的差异,因而南北朝民歌呈现出不同的情调与风格:南朝民歌清丽缠绵,几乎全为情歌;北朝民歌粗犷豪放,内容广泛,举凡社会现实、生活风习等均在歌咏之列。抒情长诗《西洲曲》、叙事长诗《木兰诗》,分别代表着南朝和北朝民歌的最高成就。就水平而言,是南方优越,北方滞后;就文风来说,则南方清绮,北方质朴。

小说也是魏晋南北朝文学成就的重要一翼。古代短篇小说有两个系统,即文言小说和白话小说,文言小说亦可统称为笔记体小说。魏晋南北朝时期,文言短篇小说创作兴盛,作品数量众多,可以分为志怪小说和志人小说两大类。志怪小说主要记述神佛怪异之事,它是巫术、方士、道教、佛教盛行的产物,所占比重最大,代表作品是东晋干宝的《搜神记》。志人小说(又称轶事小说)重在记述人物的逸闻轶事、言谈举止等,它产生于魏晋时期品评人物、崇尚清谈之风的环境之中,其最著名的作品是宋临川王刘义庆的《世说新语》。书中记录了魏晋名士的逸闻趣事和玄虚清谈,是魏晋风流的故事集,语言简约含蓄、隽永传神,对古代文人影响很大。魏晋南北朝是文言小说的形成期,其作品大都篇幅短小,叙事简单,粗陈梗概,缺乏细节描写;且只是把文学作品当成真实的情事来写,缺少艺术想象和艺术的虚构,故而还不是中国小说的成熟形态。

魏晋南北朝的艺术也进入了一个自觉的时代。这主要表现在两个方面:一是就艺术的功能而言,由汉代的重视工具和实用性逐步转变为强调情感的价值,艺术本身被视为目的,书法、绘画、音乐等成为士人精神需求、文化生活的重要部分。二是就艺术的风格而言,由汉代的崇尚厚重古拙逐步转变为追求灵动新巧。如在绘画领域,出现了众多士人画家,人物画、山水画、花鸟画都在逐步走向成熟,还产生了顾恺之这样的伟大画家。他的"传神写照"的绘画理论和实践,特别注重表现对象的精神意向、品格风度和气质性格。谢赫的"气韵生动"论则把生动反映人物精神状态和性格特征作为艺术表现的最高准则。书法领域的变化和创造则更大、更明显,真书、行书、草书都在魏晋二百年间定型,完成了书法史上的一次巨大变革,造就了两个承前启后、魏然卓立的大书法革新家——钟繇、王羲之。他们揭开了中国书法发展史上新的一页,树立了真书、行书、草书美的典范,使书法上升为一种达情写意的艺术。这种崇尚传神写照、气韵生动的新画风和追求笔势灵动、潇洒飘逸的新书风与推重"文以气为主"的文学新风尚互相影响,互相激荡,造就了魏晋南北朝文学艺术的辉煌成就。

曹操《短歌行》

对酒当歌,人生几何?譬如朝露,去日苦多。

慨当以慷,忧思难忘。何以解忧?唯有杜康。

青青子衿,悠悠我心。但为君故,沉吟至今。

呦呦鹿鸣,食野之苹。我有嘉宾,鼓瑟吹笙。

明明如月,何时可辍?忧从中来,不可断绝。

越陌度阡,枉用相存。契阔谈䜩,心念旧恩。

月明星稀,乌鹊南飞。绕树三匝,何枝可依?

山不厌高,海不厌深。周公吐哺,天下归心。

(《乐府诗集》中华书局,1979)

作品简介

曹操(155—220)字孟德,沛国谯(今安徽亳州)人。东汉末年杰出的政治家、军事家、文学家。年二十举孝廉,征拜为议郎。因参与镇压黄巾起义,迁济南相。献帝初随袁绍伐董卓,迎献帝迁都许昌,受封大将军。复又击灭袁术、袁绍等,官拜丞相,封魏王。他采取抑制豪强、推行屯田、开垦荒地等一系列政策,促进了经济发展,再加上实行了"唯才是举"等开明的政治措施,终于统一了北方,为全国的统一奠定了基础。其子曹丕称帝后,追尊为武皇帝,庙号太祖。曹操诗在继承汉乐府传统的基础上又富有创造性,往往以乐府旧题写新的现实内容,在推动五言诗的发展上有较大贡献;散文亦清峻整洁,开启并繁荣了建安文学。著有《曹操集》。

《短歌行》本为汉乐府旧题,属于《相和歌辞·平调曲》。唐代吴兢《乐府古题要解》引证古诗"长歌正激烈"、曹丕《燕歌行》"短歌微吟不能长"、傅玄《艳歌行》"咄来长歌续短歌"等句,认为"长歌"、"短歌"是指"歌声有长短"。这也许表明《短歌行》的命名是基于它在音乐上的某种特点。汉代《短歌行》的内容(即"乐府古辞")已经失传,《乐府诗集》里收集的同题作品有 24 首,最早的就是曹操的两首《短歌行》。这里选的是第一首。

导读指要

曹操的传世诗数量不多,但达到了很高的成就。锺嵘在《诗品·序》中说:"自王、扬、枚、马之徒,词赋竞爽,而吟咏靡闻。……诗人之风,顿已缺丧。东京二百载中,惟有班固《咏史》,质木无文。降及建安,曹公父子,笃好斯文;平原兄弟,郁为文栋,刘桢、王粲、为其羽翼。次有攀龙托风,自致于属者,盖将百计。彬彬之盛,大备于时矣"。在汉代文坛几百年沉寂之后,建安文学以崭新的面貌崛起于二、三世纪之交。它带来了我国文人诗歌的第一次大丰收,并以其特有的"建安风骨"彪炳于诗史。这一成就的取得,是与曹操和他的创作分不开的。动乱的时势把曹操这样的人物推上了历史舞台。他"以雄武之姿,当艰难之运"(李世民语),"外定武功,内兴文学",不仅是一位杰出的政治家和军事家,还是一位杰出的文学家和建安文学新局面的开创者。他凭借政治上的领导地位,广泛罗集文士,造成了彬彬之盛的局面。他用自己富有创造性的作品,开创了文学上的新风气,以自己诗歌中慷慨悲凉的独特风格,奠定了建安风骨的基调。

东汉末年政治黑暗,豪强割据,赋敛繁重,连年灾疫,人民无以为生,纷纷揭竿而起。声势浩大的黄巾起义虽然失败,东汉王朝却已名存实亡了。从初平元年董卓之乱到建安十三年赤壁之战,国家分裂,军阀混战,以至"城邑空虚,白骨蔽野,旧土人民,死丧略尽"。刘勰说:"观其时文,雅好慷慨,良由世积离乱,风衰俗怨,并志深而笔长,故梗概而多气也"。凄苦动乱的社会生活,正是建安风骨所由形成的现实基础。曹操出身微寒,半生戎马,以治国安民为己任。这使他能够较深刻地感受到人民的疾苦,能够在一定程度上反映出人民的愿望和要求。他的诗歌继承了乐府"感于哀乐,缘事而发"的优良传统,又不同于作为民间创作的乐府,而具有文人的特点。建安文学最重要的内容有三个方面:一是感时伤乱,即深刻反映社会动乱和民生疾苦;二是抒写怀抱,即表达建功立业、扬名后世的雄心壮志和人生追求;三是感叹人生,即表达对生命短促的哀叹,对功业未就的感慨以及对更高人生价值的追求。曹操的诗歌最典型地体现了建安文学的这一内容特征,而《短歌行》就是他最著名的代表作。

开头一段八句抒发了对时光易逝、人生苦短、功业未就的深沉感慨,第二、三段共十六句反复表达了求贤若渴、礼遇贤才的诚挚心情,最后一段八句畅吐了广揽贤才、平定天下的雄心壮志。这是一首高度的政治内容与强烈的个人情感充分融合的优秀诗作,充满了人生的悲凉感和紧迫感,显示着强烈的现实性和厚重的历史感。诗中抒发了时光流逝而功业未成的深沉感慨,也表现了求才若渴的心情,在深沉的忧郁中激荡着一股慷慨激昂的情绪。末尾写道:"山不厌高,水不厌深,周公吐哺,天下归心。"以周公自比,毫无忸怩之态。"慷慨以任气,磊落以使才",直抒胸臆,一吐为快。《步出夏门行》写"东临碣石"以观沧海"。诗人笔下的大海是"秋风萧瑟,洪波涌起,日月之行,若出其中,星汉灿烂,若出其里"。以景寄情,物我为一。那吞吐宇宙,囊括八荒的气势,正反映着作者的恢宏风度和壮阔胸襟。

鲁迅称曹操是"改造文章的祖师"。乐府民歌以叙事为主。古诗十九首虽然是叙事向抒情过渡的先导,内容上则无非是离情别恨,年命哀叹。建安时代,抒情诗才一跃而居主要地位。曹操的这些抒情篇章不仅是诗歌中的佼佼者,也突出体现了建安风格的基本特征。曹操的诗"如幽燕老将,气韵沉雄","清峻""通脱",个性鲜明,贯穿着强烈的反传统精神。他以情胜辞,以质胜文,善于用质朴的形式披露胸襟,绝无浮华靡丽的词句追求。他自觉地向乐府学习,运用乐府古题来写新的时代内容,富有创新精神。他的《短歌行》被称为"四言极品",使《诗经》之后逐渐衰落的四言发出了新的光彩;他还改造四言、杂言古辞为五言,并获得成功。

曹操的诗植根于社会现实的土壤,深刻地表现了新的时代精神,"豪迈纵横,笼罩一世",他以自己不同凡响的诗作濡染诗坛,风流一代,通过邺下文学集团共同的创作实践,逐步形成了"建安风骨"这一优良传统。曹丕兄弟,建安七子,虽是长短互异,各领风骚,但他们创作的基本特点大都与此相连。《文心雕龙》风骨篇说:"怊怅述情,必始乎风;沈吟铺辞,莫先于骨"。又说:"结言端直,则文骨成焉;意气骏爽,则文风清焉"。建安诗歌注重反映现实的社会生活,具有慷慨悲凉的独特风格和强烈的时代感,给人的感受往往是既豪迈壮烈,又悲凉哀怨;在表现上是"以情纬文,以文被质",语言刚健有力,达到了内容与形式的完美统一。这就是后世盛称的"建安风骨"。李白诗云:"蓬莱文章建安骨力,陈子昂说:"汉、魏风骨,晋、宋莫传"。他们正是以"建安风骨"来反对六朝文学的绮丽积习,从而开拓了唐代诗歌新风气。

字句疏解

1.对酒当歌,人生几何:当,对着。几何,多少。

2.譬如朝露,去日苦多:朝露,早晨的露水,喻人生短暂。去日,逝去的时光;苦,患,恨,苦于。

3.慨当以慷,忧思难忘:慨当以慷,"慷慨"的间隔用法,指内心的情感激荡不平。

4.何以解忧?唯有杜康:何以,以何,用什么。杜康,相传是最早造酒的人,这里代指酒。

5.青青子衿,悠悠我心:这二句是《诗经·郑风·子衿》成句,原写姑娘思念情人,这里借以暗喻对贤才的思慕之情。子,对对方的尊称;衿,衣领。青衿是周代读书人的服装,此代指贤才。悠悠,长,形容思虑连绵不断。

6.但为君故,沉吟至今:原本无此二句,据胡刻《文选》校补。君,指所思慕的贤才。沉吟,沉思吟味,意谓整日在心头感念不忘。

7.呦呦鹿鸣,食野之苹。我有嘉宾,鼓瑟吹笙:呦(yōu)呦:鹿叫的声音。苹,艾蒿。瑟、笙,两种乐器名。鼓:弹奏。这四句是《诗经·小雅·鹿鸣》成句。《鹿鸣》是君主宴乐宾客之诗,这里用以表达礼遇优待贤才的态度。

8.明明如月,何时可辍:辍(chuò),断绝,停止;一作"掇"(duō),拾取,摘取。

9.忧从中来,不可断绝:中,内心。

10.越陌度阡,枉用相存:阡、陌,田间的道路,南北向的叫"阡",东西向的叫"陌"。枉用相存,屈驾来访;枉,屈驾;用,以,而;存,问候。

11.契阔谈讌,心念旧恩:契阔,聚散,离合,此指久别重逢。讌(yàn),同"宴",用酒饭招待客人。旧恩,旧日的情谊。

12.月明星稀,乌鹊南飞。绕树三匝,何枝可依:匝(zā),周,圈。这四句以乌鹊喻贤才,说他们寻找依托却不知该作何选择。

13.山不厌高,海不厌深:海,一作"水"。厌,满足。《管子·形势解》:"海不辞水,故能成其大;山不辞土石,故能成其高;明主不厌人,故能成其众;士不厌学,故能成其圣。"

14.周公吐哺,天下归心:哺:咀嚼着的食物。《韩诗外传》卷三载周公曰:"……吾,文王之子,武王之弟,成王之叔父也;又相天下。吾于天下,亦不轻矣。然一沐三握发,一饭三吐哺,犹恐失天下之士。"这二句表示自己要像周公一样礼待贤才,就会得到天下人的衷心拥戴。

思考讨论题

概括这首诗的主题,并加以评价。

扩展阅读

1.大风起兮云飞扬,威加海内兮归故乡,安得猛士兮守四方?

——[汉代]刘邦《大风歌》

2.自古受命及中兴之君,曷尝不得贤人君子与之共治天下者乎?及其得贤也,曾不出闾巷,岂幸相遇哉?上之人求取之耳。今天下尚未定,此特求贤之急时也。"孟公绰为赵、魏老则优,不可以为滕、薛大夫。"若必廉士而后可用,则齐桓其何以霸世!今天下得无有被褐怀玉而钓于渭滨者乎?又得无有盗嫂受金而未遇无知者乎?二三子其佐我明扬仄陋,唯才是举,吾得而用之。

——[三国魏]曹操《求贤令》

曹操《龟虽寿》

神龟虽寿,犹有竟时。
腾蛇乘雾,终为土灰。
老骥伏枥,志在千里;
烈士暮年,壮心不已。
盈缩之期,不但在天;
养怡之福,可得永年。
幸甚至哉! 歌以咏志。

(余冠英:《三曹诗选》,人民文学出版社,1979)

作品简介

《龟虽寿》是曹操乐府诗《步出夏门行》的第四章。曹操53岁时击败袁绍父子,平定北方乌桓,踌躇满志,乐观自信,便写下这一组诗,抒写建功立业的豪情壮志。他强调人在有限的生命里,要积极进取,建功立业,乐观奋发,自强不息。曹操的诗有一种震撼人心的巨大力量,使后代无数英雄志士为之倾倒若狂。据《世说新语》记载:东晋时代重兵在握的大将军王敦,每酒后辄咏曹操"老骥伏枥,志在千里。烈士暮年,壮心不已"。以如意击打唾壶为节,壶口尽缺。

导读指要

《龟虽寿》开辟了一个诗歌的新时代。《庄子·秋水篇》说:"吾闻楚有神龟,死已三千岁矣。"曹操开篇反其意而用之,说神龟纵活三千年,可还是难免一死呀!《韩非子·难势篇》记载:"飞龙乘云,腾蛇游雾,云罢雾霁,而龙蛇与同矣!""腾蛇"和龙一样能够乘云驾雾,本领可谓大矣!然而,一旦云消雾散,就和苍蝇蚂蚁一样,灰飞烟灭了!古来雄才大略之主如秦皇汉武,服食求仙,亦不免于神仙长生之术的蛊惑,而独曹操对生命的自然规律有清醒的认识,更可贵的是如何对待这有限的人生?曹操一扫汉末文人感叹浮生若梦、劝人及时行乐的悲调,自比一匹上了年纪的千里马,虽然形老体衰,屈居枥下,但胸中仍然激荡着驰骋千里的豪情。他说,有志干一番事业的人,虽然到了晚年,但一颗勃勃雄心永不会消沉,一种对宏伟理想追求永不会停息啊!这首诗始于人生哲理的感叹,继发壮怀激烈的高唱,复而回到哲理的思辨:"盈缩之期,不但在天;养怡之福,可得永年。"曹操对人生的看法颇有一点辩证的思维,他首先讲尊重自然规律,人总是要死的。接着讲人在有限的生命里,要充分发挥主观能动性,积极进取,建功立业。最后再谈到人在自然规律面前也不是完全无能为力的,一个人寿命的长短虽然不能违背客观规律,但也不是完全听凭上天安排。如果善自保养身心,使之健康愉快,不是也可以延年益寿吗?曹操所云"养怡之福",不是指无所事事,坐而静养,而是说一个人精神状态是最重要的,不应因年暮而消沉,而要"壮心不已"——要有永不停止的理想追求和积极进取精神,永远乐观奋发,自强不息,保持思想上的青春。

汉武帝罢黜百家,独尊儒术,把汉代人的思想禁锢了三四百年,弄得汉代文人不会写诗,只会写那些歌颂帝王功德的大赋和没完没了地注释儒家经书,真正有感情,有个性的文学得不到发展。直到东汉末年天下分崩,风云扰攘,政治思想文化发生重大变化,作为一世之雄而雅爱诗章的曹操,带头叛经离道,给文坛带来了自由活跃的空气。曹操鞍马为文,横槊赋诗,其诗悲壮慷慨,震烁古今,前无古人,后无来者。千百年来,曹操的诗就是以这种"梗慨多气"的风骨及其内在的积极进取精神,震荡着天下英雄的心灵。

字句疏解

1.神龟虽寿,犹有竟时:神龟,古人将它作为长寿动物的代表。

2. 盈缩之期,不但在天:盈缩,指寿夭;盈,长;缩,短。

思考讨论题

分析诗中表达的乐观向上、自强不息精神。

扩展阅读

东临碣石,以观沧海。水何澹澹,山岛竦峙。树木丛生,百草丰茂。秋风萧瑟,洪波涌起。日月之行,若出其中;星汉灿烂,若出其里。幸甚至哉,歌以咏志。

——[三国魏]曹操《观沧海》

诸葛亮《诫子书》

夫君子之行,静以修身,俭以养德。
非澹泊无以明志,非宁静无以致远。
夫学须静也,才须学也,非学无以广才,非志无以成学。
慆慢则不能励精,险躁则不能冶性。
年与时驰,意与日去,遂成枯落,多不接世,悲守穷庐,将复

何及!

(《艺文类聚》,上海古籍出版社,1999)

作品简介

诸葛亮(181—234),字孔明,三国时期政治家、军事家。早年避乱隐居陇亩,时称"卧龙"。刘备三顾茅庐,诸葛亮提出联合孙权抗击曹操统一全国的建议,成为刘备的主要谋士。刘备称帝后,任为丞相。刘禅继位,被封为武乡侯,主持朝政。后期志在北伐,频年出征,最后病卒于五丈原。

导读指要

《诫子书》是诸葛亮写给儿子的一封家书。古代家训大都浓缩了作者毕生的人生体验和精神追求,这封《诫子书》也可以看作是诸葛亮对其一生的总结,是古代家训中的名篇。诸葛亮通过这些智慧理性、简练谨严的文字,把对儿子的谆谆教诲与无限期望表达得诚挚而深切。

字句疏解:

1. 诫:警告,劝人警惕。

2. 夫君子之行,静以修身,俭以养德:夫(fú),段首或句首发语词,引出下文的议论,无实在意义。

3. 非澹泊无以明志,非宁静无以致远:澹(dàn)泊,也做"淡泊",内心恬淡,清

心寡欲;明志,证明自己崇高的志向;宁静,这里指安静,集中精神,不分散精力;致远,实现远大目标。

4.夫学须静也,才须学也,非学无以广才,非志无以成学:广才,增长才干;成,达成、成就。

5.慆慢则不能励精,险躁则不能冶性:慆(tāo)慢,漫不经心;慢,懈怠,懒惰;励精,专心奋勉;险躁,冒险浮躁,与上文"宁静"相对而言;冶性,陶冶性情。

6.年与时驰,意与日去,遂成枯落,多不接世,悲守穷庐,将复何及:与,跟随;驰,疾行,这里是增长的意思;多不接世,意思是对社会没有任何贡献;接世,接触社会,承担事务,对社会有益,有"用世"的意思;穷庐,破房子;将复何及,又怎么来得及。

7.淫慢:过度的享乐,懈怠。淫:过度。

思考讨论题

概括这首诗的主题,并加以评价。

扩展阅读

1.夫志当存高远,慕先贤,绝情欲,弃疑滞。使庶几之志揭然有所存,恻然有所感。忍屈伸,去细碎,广咨问,除嫌吝,虽有淹留,何损于美趣,何患于不济。若志不强毅,意气不慷慨,徒碌碌滞于俗,默默束于情,永窜伏于庸,不免于下流。

——[三国魏]诸葛亮《诫外甥书》

2.为人母者,不患不慈,患于知爱而不知教也。古人有言曰:"慈母败子"。爱而不教,使沦于不肖,陷于大恶,入于刑辟,归于乱亡,非他人败也,母败之也,自古及今,若是者多矣,不可悉数。

——(北宋)司马光《家范》

3.后世子孙仕官有犯赃滥者,不得放归本家;亡殁之后,不得葬于大茔之中,不从吾志,非吾子孙。仰工刊石,竖于堂屋东壁,以诏后世。

——(北宋)包拯《家训》

刘桢《赠从弟》

亭亭山上松,瑟瑟谷中风。

风声一何盛,松枝一何劲!

冰霜正惨凄,终岁常端正。

岂不罹凝寒,松柏有本性!

(逯钦立《先秦汉魏晋南北朝诗》中华书局,1983)

作品简介

刘桢(约176—217),字公干,东平宁阳(今山东宁阳县)人。"建安七子"之一。他在当时以五言诗著称,诗风刚劲挺拔,注重气势,不大讲究雕琢辞藻。曹丕曾曰:"其五言诗之善者,妙绝时人。"钟嵘《诗品》将其列为上品,并言:"自陈思以下,桢称独步。"但作品流传下来的不多。有《刘公干集》。《赠从弟》是刘桢送给其堂弟(从弟:堂弟)的一组诗,共有三首,分别以三种事物喻其从弟,兼具赞美与勉励两重意思,且亦有作者的自况之意。第一首借蘋藻以喻其品格的高洁,第二首以劲松喻其本性的坚贞,第三首以凤凰喻其志向的远大。这里所选是第二首。

导读指要

《赠从弟》从其功用上说是赠答诗。赠答诗是文人们在亲属、朋友、僚属、师生等各种关系人之间或赠或答、相互酬唱的一种诗歌。这类诗歌首先兴盛于建安时期,而在曹丕、曹植和建安七子之间尤为流行,产生了许多优秀作品,成为后世赠答诗的典范。此类作品内容丰富,手法多样,或倾诉亲情、或畅叙友谊、或宣泄幽怨愤懑、或抒写人生感叹、或表达理想志向,是建安文学的重要一翼。刘桢的赠答诗是其诗歌题材的主要组成部分,在建安赠答诗中地位突出。他的诗现存15首,赠答诗就占有8首。《赠从弟》三首是刘桢诗歌的代表作品,也是最能体现建安风骨的诗作之一,其中尤以第二首成就最高。

从作品的性质来看,《赠从弟》则又是咏物诗。咏物之作是中国古典文学的一大品类,卷轶浩繁,难以尽数。大抵有两种基本类型:一种是以描摹刻画事物自身的特点为基本内容和旨归,这在辞赋中数量众多;另一种则是通过描摹事物来达到表现某种思想、情感的目的,即所谓"托物言志"。如果说咏物赋的主流是以描写事物本身为主要目的,那么咏物诗则从屈原的《桔颂》起一开始便走上了"托物言志"的道路,成为古代咏物诗的基本体式范型,一直占据着咏物诗的主导地位。刘桢的《赠从弟》三首就是这类作品,外在表象是咏物诗,内在实质却是抒怀诗,名为咏"物",实为感"怀",是咏物诗中"托物言志"之什的早期优秀代表作之一。这首咏松之章,更是堪与屈原《橘颂》交相辉映的千古名篇。

诗歌的本质是抒发思想情感,而思想情感的基本特征是具有内在性和抽象性。要把这种内在的、抽象的东西显现出来,让读者感受得到,并且深深打动读者,就必须要找到使其外在化、具象化的艺术途径。而最重要的途径之一就是首先"移情入物",即把社会领域的思想或内心世界的情感恰当地移入自然领域的某种事物,再通过对这种自然物的描摹刻画把移入的思想、情感形象化地显现出来,即"托物显意"。这种先由"移情入物",再到"托物显意"的创作过程,简言之就是"托物言志"的表现手法,用宋代诗人梅尧臣的话说就是:"愤世嫉邪意,寄在草木虫。"要很好地

二、魏晋南北朝概述

实现这一由"入"到"显"的过程,最关键的是要挖掘出、提炼出所托之"物"与所言之"志"的本质共同点,使二者在这一方面具有很高的重合度,然后通过对"物"的描摹刻画,重点是对其高重合度特点的突出,从而使寄寓于其中的"志"自然而充分地显现出来。所以,"托物言志"的咏物类作品最基本的表现方法就是比兴象征,即借带有某些突出特征的自然物来比附、象征人类具有相同特征的内心情感。节操是一种属于道德范畴的抽象事物,其本质是要求人的思想、行为具有突出的坚贞性、高度的抗压性。松树因其耐霜雪、抗严寒、经冬不凋的自然习性,与人类节操的特征具有极高的重合度和一致性,很早就被先贤们选择为节操的象征物,尊为"岁寒三友"之首。孔子"岁寒,然后知松柏之后凋也"奠定了这一文化传统的基础,刘桢这首《赠从弟》则第一次以诗歌的形式对松树进行了典型化的表现,使其成为节操的第一个艺术象征,也成为后世众多咏松诗赋的开山鼻祖。

"托物言志"之作的成功之道,除上文所说挖掘、提炼"物"与"志"的本质共同点这一关键之外,在具体表现上全在"不即不离"这一条。所谓"不离"就是作品的全部内容都不脱离、都要紧扣所咏之"物";所谓"不即"就是作品的全部内容都不拘泥于所咏之"物",而要全都指向所寄之"志",这样就能铸成一个二者相融、合为一体的艺术境界,收到"物"即是"志"、"志"即是"物"的艺术效果。《赠从弟》就是这样一篇杰出的作品,它通篇之"笔"均紧扣松树,但通篇之"旨"皆指向节操。诗的起首二句用"亭亭"标举松的傲岸雄姿,用"瑟瑟"谷风构成松的险恶生存环境,二者形成对抗局面。三四句用两个"一何"句式进一步激化对抗的强烈,并在"盛"与"劲"的对比中突出松的刚劲凌然之姿。五六两句则由风势猛烈推进到冰霜惨凄,强化了松的处境之酷烈,反衬出其"终岁常端正"的坚贞不屈。最后两句以问答议论的句式作结,揭示出松柏之所以能抗击外部环境的常年高压,是出于其内在的本性。全诗每一句都着笔于对松的姿态、特征的表现,但每一句又都是对坚贞节操的歌颂。

字句疏解

1.亭亭山上松,瑟瑟谷中风:亭亭,耸立貌。瑟瑟,寒风声。

2.风声一何盛,松枝一何劲:一何,多么。盛,大,强烈。劲,强劲有力。

3.冰霜正惨凄,终岁常端正:惨凄,凛冽,严酷。

4.岂不罹凝寒,松柏有本性:罹(lí),遭受。凝寒,严寒。

思考讨论题

1.联系下面"扩展阅读"中所提供的材料,加深对节操的领悟和体验。

2.结合具体作品,分析咏物诗"托物言志"的表现方法。

扩展阅读

1. 南轩有孤松,柯叶自绵幂。清风无闲时,潇洒终日夕。阴生古苔绿,色染秋烟碧。何当凌云霄,直上数千尺!

——[唐代]李白《南轩松》

2. 孤松停翠盖,托根临广路。不以险自防,遂为明所误。幸逢仁惠意,重此藩篱护。犹有半心存,时将承雨露。

——[唐代]柳宗元《孤松》

3. 燕丹善养士,志在报强嬴。招集百夫良,岁暮得荆卿。君子死知己,提剑出燕京。素骥鸣广陌,慷慨送我行。雄发指危冠,猛气冲长缨。饮饯易水上,四座列群英。渐离击悲筑,宋意唱高声。萧萧哀风逝,淡淡寒波生。商音更流涕,羽奏壮士惊。心知去不归,且有后世名。登车何时顾,飞盖入秦庭。凌厉越万里,逶迤过千城。图穷事自至,豪主正怔营。惜哉剑术疏,奇功遂不成。其人虽已没,千载有余情。

——[东晋]陶渊明《咏荆轲》

4. 咬定青山不放松,立根原在破岩中。千磨万击还坚劲,任尔东西南北风。

——[清代]郑燮《竹石》

曹植《洛神赋》(节选)

余告之曰:其形也,翩若惊鸿,婉若游龙;荣曜秋菊,华茂春松。仿佛兮若轻云之蔽月,飘飖兮若流风之回雪。远而望之,皎若太阳升朝霞;迫而察之,灼若芙蕖出渌波。

于是越北沚,过南冈;纡素领,回清扬;动朱唇以徐言,陈交接之大纲。"恨人神之道殊兮,怨盛年之莫当。"抗罗袂以掩涕兮,泪流襟之浪浪。"悼良会之永绝兮,哀一逝而异乡。无微情以效爱兮,献江南之明珰。虽潜处于太阴,长寄心于君王。"忽不悟其所舍,怅神宵而蔽光。

(《文选》影印本,中华书局,1977)

作品简介

曹植(192—232)字子建,沛国谯(今安徽亳州)人,曹操第三子,曹丕同母弟。植"生乎乱,长乎军",才华过人,抱负远大,深得曹操宠爱,几被立为太子,但由于他"任性而为,不自雕励",终致失宠。公元220年曹丕即帝位后,植备受打击迫害,屡次遭贬徙封。明帝曹睿即位后,仍受猜忌压抑。困顿苦闷,郁郁而终,年仅41岁。曹植作为"建安之杰",诗、赋、文兼擅,创作数量最多,成就最高,影响最大。他不似"曹公古直",而是"骨气奇高,词采华茂";他没有曹操那样的苍劲,而显得少壮清新。但他诗中反映出的"戮力上国,流惠下民"的抱负,汲汲于建功立业的进取精神,慷慨多气的风格,都与曹操的诗风一脉相承。

《洛神赋》为曹植辞赋的代表作,是赋史上最著名的篇章之一。其内容是写作者于黄初(曹丕年号)中入朝后返回封地,途经洛水时与洛神相遇,两厢爱慕,但隔于人神之道而怅然分手的悲剧。全文较长,此处节选的是其中的两段。

导读指要

对《洛神赋》的创作主旨,主要有两说:《文选》李善注引《记》曰:"魏东阿王(曹植)汉末求甄逸女,既不遂,太祖回与五官中郎将(曹丕)。植殊不平,昼思夜想,废寝与食。黄初中入朝,帝示植甄后玉镂金带枕,植见之不觉泣。时已为郭后谗死,帝意亦寻悟。因令太子留宴饮,仍以枕赍植。植还,度轘辕,少许时,将息洛水上,思甄后。忽见女来,自云:'我本托心君王,其心不遂。此枕是我在家时从嫁,前与五官中郎将,今与君王。'遂用荐枕席,欢情交集,岂常辞能具!'为郭后以糠塞口,今被发,羞将此形貌重睹君王尔。'言讫,遂不复见所在。遣人献珠于王,王答以玉佩。悲喜不能自胜,遂作《感甄赋》。后明帝见之,改为《洛神赋》。"故世有此赋为感甄而作之说。此说系小说家附会之言,并不足信。另有政治寄托之说。清何焯言:"植既不得于君,因济洛以作此赋,托词宓妃,以寄心文帝,其亦屈子之志也。"此说亦显牵强。从文本观之,结合作者的人生遭际,似以爱情之作解之更为恰切。曹植当时政治上遭忌,心情苦闷,便转而通过描写爱情以宣泄郁结,寻求情感寄托和精神解脱,此于情理可通,而于作品尤合。如果说有寄托,那也非关具体的人和事,而是寄寓了一种长期郁结于心的悲剧性的生命体验和人生情绪——即身不由己、好梦难圆的惆怅和怨愤,是一种泛化的、抽象的寄托。

《洛神赋》以丰富的艺术想象力描绘了一个人神相恋的悲剧故事,作者从各个角度描写了洛神尽善尽美的少女形象和男女主人公"怨盛年之莫当"的哀怨之情,渲染了一幅虚幻缥缈的人间仙境。因此,《洛神赋》的内容可以概括为:洛神之美,洛神与君王的恋情之美,美好爱情被毁灭的悲剧之美。全篇人物鲜明,故事完整,结构灵活,语言华美,具有极强的艺术魅力,令历代的文人学士为之倾倒不已。

此作于洛神外貌美的描写声名颇著,这里所选的第一段便是其中的一小节。古代文学作品对女性美的正面描写,从《诗经·硕人》开始,经宋玉《神女赋》,到曹植《洛神赋》已经达到了极致。此后,对女性美的描写主要走的是汉乐府《陌上桑》中侧面描写、烘托渲染的路子。所选的第二段是写洛神与君王告别的情景,为全赋之高潮,充满着哀怨凄美的悲剧色彩。

字句疏解

1.翩若惊鸿,婉若游龙:翩,鸟疾飞貌,引申为摇曳飘忽之貌。婉,曲折宛转貌。

此二句形容体态轻盈宛转。

2.荣曜秋菊,华茂春松:荣曜,繁荣光彩。华茂,华美茂盛。

3.仿佛兮若轻云之蔽月,飘飖兮若流风之回雪:仿佛,若隐若现、视不甚真之貌。飘飖,飘荡不定貌。回,旋转。

4.远而望之,皎若太阳升朝霞:皎(jiǎo),洁白光明。

5.迫而察之,灼若芙蕖出渌波:迫,靠近。灼,鲜明貌。芙蕖,荷花。渌(lù),水清貌。

6.于是越北沚,过南冈:沚,小沙洲。

7.纡素领,回清扬:纡,回。素领,白皙的颈项。清扬,形容眉目清秀之词,清指目,扬指眉;扬一作"阳"。此二句谓回首相顾。

8.陈交接之大纲:陈述彼此交往的纲常礼数。

9.恨人神之道殊兮,怨盛年之莫当:殊,不同。盛年,少壮之年。当,对,称,此处意为"匹配"。

10.抗罗袂以掩涕兮,泪流襟之浪浪:抗,举。袂(mèi),衣袖。掩涕,掩面垂泪。浪(láng)浪,(泪、水等)流不止貌。

11.无微情以效爱兮,献江南之明珰:效爱,尽相爱之情;效,尽、致。珰(dāng),耳珠。

12.虽潜处于太阴,长寄心于君王:潜处,深居。太阴,指洛神水中之所居,李善注:"众神之所居。"君王,洛神对曹植之称。

13.忽不悟其所舍,怅神宵而蔽光:不悟,不明白、不知道。舍,止。宵,通"消",化去。蔽光,光彩消隐。

思考讨论题

深入理解作品中的人物情感。

扩展阅读

1.手如柔荑,肤如凝脂,领如蝤蛴,齿如瓠犀。螓首蛾眉,巧笑倩兮,美目盼兮。

——《诗经·卫风·硕人》

2.茂矣美矣,诸好备矣;盛矣丽矣,难测究矣!上古既无,世所未见;瑰姿玮态,不可胜赞。其始来也,耀乎如白日初出照屋梁;其少进也,皎若明月舒其光。须臾之间,美貌横生。晔兮如花,温乎如莹;五色并驰,不可殚形。详而视之,夺人目精。

——[战国楚]宋玉《神女赋》(节录)

3.国事分明属灌均,西陵魂断夜来人。君王不得为天子,半为当时赋洛神。

——[唐代]李商隐《东阿王》

王羲之《兰亭集序》

永和九年，岁在癸丑，暮春之初，会于会稽山阴之兰亭，修禊事也。群贤毕至，少长咸集。此地有崇山峻岭，茂林修竹，又有清流激湍，映带左右。引以为流觞曲水，列坐其次。虽无丝竹管弦之盛，一觞一咏，亦足以畅叙幽情。

是日也，天朗气清，惠风和畅。仰观宇宙之大，俯察品类之盛，所以游目骋怀，足以极视听之娱，信可乐也。

夫人之相与，俯仰一世。或取诸怀抱，悟言一室之内；或因寄所托，放浪形骸之外。虽趣舍万殊，静躁不同，当其欣于所遇，暂得于己，快然自足，不知老之将至。及其所之既倦，情随事迁，感慨系之矣。向之所欣，俯仰之间，已为陈迹，犹不能不以之兴怀。况修短随化，终期于尽。古人云："死生亦大矣！"岂不痛哉！

每览昔人兴感之由，若合一契，未尝不临文嗟悼，不能喻之于怀。固知一死生为虚诞，齐彭殇为妄作。后之视今，亦犹今之视昔，悲夫！故列叙时人，录其所述。虽世殊事异，所以兴怀，其致一也。后之览者，亦将有感于斯文。

(《古文观止》，中华书局，2008)

作品简介

王羲之(303—361)是东晋著名书法家。他兼善隶、草、楷、行各体，摆脱了汉魏笔风，创造出"天质自然，丰神盖代"的行书，被后人尊为"书圣"。《兰亭序》被誉为"天下第一行书"。王羲之与儿子王献之合称"二王"。

《兰亭集序》，又题为《临河序》、《禊帖》、《三月三日兰亭诗序》等。晋穆帝永和九年(公元353)三月三日，时任会稽内史的王羲之与友人谢安、孙绰等四十一人会聚兰亭，赋诗饮酒。王羲之将诸人名爵及所赋诗作编成一集，并作序一篇，记述流觞曲水一事，并抒写由此而引发的内心感慨，这篇序文就是《兰亭集序》。

导读指要

文章首先记述了集会的时间、地点及与会人物，言简意赅．接着描绘兰亭所处的自然环境和周围景物，语言简洁而层次井然．描写景物，从大处落笔，由远及近，转而由近及远，推向无限。先写崇山峻岭，渐写清流激湍，再顺流而下转写人物活动及其情态，动静结合。然后再补写自然物色，由晴朗的碧空和轻扬的春风，自然地推向寥廓的宇宙及大千世界中的万物。意境清丽淡雅，情调欢快畅达。兰亭宴集，真可谓"四美俱，二难并"。但天下没有不散的宴席，有聚合必有别离，所谓"兴尽悲来"当是人们常有的心绪，尽管人们取舍不同，性情各异，刚刚对自己所向往且终于获致的东西感到无比欢欣时，但刹那之间，已为陈迹。人的生命也无例外，所谓"不知老之将至"(孔子语)、"老冉冉其将至兮"(屈原语)、"人生天地间，奄忽若飙尘"(《古诗十九首》),这不能不引起人的感慨。每当想到人的寿命不论长短,最终归于寂灭时,更加使人感到无比凄凉和悲哀。如果说前一段是叙事写景,那么这一段就是议论和抒情,作者在表现人生苦短、生命不居的感叹中,流露着一腔对生命的向往和执着的热情。

魏晋时期,玄学清谈盛行一时,士族文人多以庄子的"齐物论"为口实,故作放旷而不屑事功。王羲之也是一个颇具辩才的清谈文人,但在政治思想和人生理想上,王羲之与一般谈玄文人不同。他曾说过:"虚谈废务,浮文妨要"(《世说新语·言语篇》)在这篇序中,王羲之也明确地指斥"一死生"、"齐彭殇"是一种虚妄的人生观,这就明确地肯定了生命的价值。

字句疏解

1. 暮春之初,会于会稽山阴之兰亭,修禊事也:暮春,阴历三月;暮,晚。

2. 会稽(kuài jī),郡名,今浙江绍兴;山阴,今绍兴越城区;修禊(xì)事也,(为了做)禊礼这件事;古代习俗,于阴历三月上旬的巳日(魏以后定为三月三日),人们群聚于水滨嬉戏洗濯,以被除不祥和求福,实际上这是古人的一种游春活动。

3. 群贤毕至,少长咸集:毕至,全到;毕,全、都;少长,少一辈如王羲之的儿子王凝之、王徽之,长辈如谢安、王羲之;咸,都。

4. 映带左右:辉映点缀在亭子的周围;映带,映衬、围绕。

5. 引以为流觞曲水,列坐其次:流觞(shāng)曲(qū)水,用漆制的酒杯盛酒,放入弯曲的水道中任其飘流,杯停在某人面前,某人就引杯饮酒,这是古人一种劝酒取乐的方式。流,使动用法;曲水,引水环曲为渠,以流酒杯;列坐其次,列坐在曲水之旁。列坐,排列而坐;次,旁边,水边。

6. 一觞一咏:喝着酒作着诗。

7. 是日也,天朗气清,惠风和畅:是日也,这一天;惠风,和风。

8. 仰观宇宙之大,俯察品类之盛,所以游目骋怀,足以极视听之娱,信可乐也:品类之盛,言万物的繁多,品类,指自然界的万物;所以,用以;骋,使……奔驰;信,实在。

9. 夫人之相与,俯仰一世:人与人相交往,很快便度过一生;相与,相处、相交往;俯仰,表示时间的短暂。

10. 或取诸怀抱,悟言一室之内:取诸,取之于,从……中取得;悟言,面对面的交谈;悟,通"晤",指心领神会的妙悟之言。

11. 或因寄所托,放浪形骸之外:意思是以自己所爱好的事物,寄托自己的情怀,不受约束,放纵无羁的生活。因,依、随着;寄,寄托;所托,所爱好的事物;放浪,放纵、无拘束;形骸,身体、形体。

12. 虽趣舍万殊,静躁不同:趣(qǔ)舍万殊,各有各的爱好;趣舍,即取舍,爱好;趣,通"取";万殊,千差万别。

13. 快然自足,不知老之将至:这句是说感到高兴和满足,(竟)不知道衰老将要到来。语出《论语·述而》:"其为人也,发愤忘食,乐以忘忧,不知老之将至云尔。"

14. 及其所之既倦,情随事迁,感慨系之矣:这句是说对于所喜爱或得到的事物已经厌倦,感情随着事物的变化而变化,感慨随之产生。之,往、到达;迁,变化;系,附着。

15. 向之所欣,俯仰之间,已为陈迹,犹不能不以之兴怀:向,过去、以前;以之兴怀,因它而引起心中的感触。以,因;之,指"向之所欣……以为陈迹";兴,发生、引起。

16. 况修短随化,终期于尽:修短随化,寿命长短听凭造化;修,长;化,自然;期,至、及。

17. 死生亦大矣:死生是一件大事啊。

18. 若合一契:契,符契,古代的一种信物,在符契上刻上字,剖而为二,各执一半,作为凭证。

19. 未尝不临文嗟悼:临文嗟(jiē)悼,读古人文章时叹息哀伤;临,面对。

20. 固知一死生为虚诞,齐彭殇为妄作:本来知道把死和生等同起来的说法是不真实的,把长寿和短命等同起来的说法是妄造的。固,本来、当然;一,把……看作一样;齐,把……看作相等,都用作动词。虚诞,虚妄荒诞的话。殇,未成年死去的人。妄作,妄造、胡说。一生死,齐彭殇,都是庄子的观点,见《齐物论》。

21. 故列叙时人,录其所述:列叙时人,一个一个记下当时与会的人。

22. 其致一也:人们的思想情趣是一样的。

23. 后之览者,亦将有感于斯文:斯文,这次集会的诗文。

思考讨论题

本文抒情为什么先乐后悲,表现了作者怎样的人生观念?

扩展阅读

1. 此文一意反复生死之事甚疾,现前好景可念,更不许顺口说有妙理妙语,真古今第一情种也。

——[清代]金圣叹《天下才子必读书》卷九

2. 吴通篇着眼在死生二字。只为当时士大夫务清谈,鲜实效。一死生而齐彭殇,无经济大略,故触景兴怀,俯仰若有余病。但逸少旷达人,故虽苍凉感叹之中,自有无穷逸趣。

——楚材、吴调侯《古文观止》卷七

陶渊明《归园田居》

少无适俗韵,性本爱丘山。
误落尘网中,一去三十年。
羁鸟恋旧林,池鱼思故渊。
开荒南野际,守拙归园田。
方宅十余亩,草屋八九间。
榆柳荫后檐,桃李罗堂前。
暧暧远人村,依依墟里烟。
狗吠深巷中,鸡鸣桑树颠。
户庭无尘杂,虚室有余闲。
久在樊笼里,复得返自然。

(逯钦立校注《陶渊明集》中华书局,1979)

作品简介

陶渊明(365—427),字元亮,一说名潜,世号靖节先生,浔阳柴桑(今江西九江西南)人。出身于没落官僚家庭,青年时代心怀建功立业的壮志,加之生活所迫,曾几次出仕,先后任江州祭酒、镇军参军、建威参军、彭泽令等职。但因其非士族出身,又质性自然,不能与世俗相合,故在41岁时毅然辞官归隐,躬耕自资。陶渊明是古代著名的隐士,又是著名的诗人和辞赋家、散文家。他的诗歌大量描写田园生活,风格朴素自然,开古代田园诗派之先河。《桃花源记》、《五柳先生传》等均为散文史上的名篇。辞赋仅存三篇,但都很著名。

《归园田居》是陶渊明最著名的诗歌代表作,大约作于他自彭泽令任上弃官归隐后的第二年,即晋安帝义熙二年(公元406)。关于陶渊明弃职的原因,流传最广的是萧统《陶渊明传》的说法:"岁终,会郡遣督邮至县,吏请曰:'应束带见之'渊明叹曰:'我岂能为五斗米折腰向乡里小儿!'即日解绶去职,赋《归去来》。"但作者在《归去来兮辞》序中的说法则与此有所不同:"于时风波未静,心惮远役。彭泽去家百里,公田之利,足以为酒,故便求之。及少日,眷然有归欤之情。何则?质性自然,非矫厉所得;饥冻虽切,违己交病。尝从人事,皆口腹自役。于是怅然慷慨,深愧平生之志。犹望一稔,当敛裳宵逝。寻程氏妹丧于武昌,情在骏奔,自免去职。仲秋至冬,在官八十余日。"对比可见,陶渊明归隐的本质原因是厌弃官场,崇尚精神自由,具体触因则是因为程氏妹的去世。萧统的说法大概出于传言,并不可靠。

导读指要

《归园田居》共五首,作为一个艺术整体,每首诗均紧紧围绕着"返自然"的主题逐次展开。第一首是组诗的总纲。以下四首则分写"自然"之生活表现:第二、第三首写躬耕劳动的生活,或交友邻人、对话桑麻,或种豆南山、戴月荷锄;第四首和第五首写族人的游览和亲朋的欢宴。此处所选是第一首。

一般认为,陶渊明在中国文学史上最大的贡献是开创了田园诗派。其实,更准确一些的说法应该是他确立了田园文学的崇高地位。在古代文学史上,对田园文学具有始发和初创意义的应该是张衡的《归田赋》,它第一次以田园为题材,以描写田园美好来抒写作者的抱负和情志,在田园美景中心游神驰,达到物我两忘、荣辱无知的境界。陶渊明的《归去来兮辞》在内容、倾向、写法上,甚至在悬想式的构思、布局线索方面都继承了张衡的《归田赋》,成为田园文学史上的名作。但《归田赋》只是孤立的单篇作品,虽有开创作用却难成气候。陶渊明在继承张衡田园之作的基础上进行了开拓性、创造性的巨大发展,除《归去来兮辞》外,还创作了大量的田园诗,起到了开宗立派的作用,使田园诗成为古代田园文学的主力军,为后世田园诗树立了典范。《归园田居》则是其中最为耀眼的明珠。基于陶渊明的创作,后世的诗论家们便把这种描写农村田园风光、反映田园生活、表现隐逸情怀的诗歌视为田园诗。

田园文学在本质上属于隐逸文学的一类。"隐逸"在中国具有悠久的历史:晋皇甫谧《高士传》中就记载了传说中三皇五帝时期隐士巢父、许由的故事,到春秋战国时期则涌现出普遍的隐逸行为和隐逸之士,逐步形成了隐逸思想和隐逸文化。在《论语》、《庄子》、《孟子》等著作中就记述了许多隐逸故事,表现出鲜明的隐逸思想,并形成了一些著名的隐逸理论。此后,隐逸文化与占据主流的仕宦文化相对立、相制衡,构成了中国古代文化的基本格局。作为隐逸文化的重要产物——隐逸文学,其最早产生的成熟而典型的作品当推张衡的《归田赋》。其后的魏晋时期,隐逸之风大盛,也产生了一些隐逸文学作品,但真正继承张衡而成为隐逸文学大家的却只有陶渊明,是以著名诗评家钟嵘尊其为"古今隐逸诗人之宗"。

《归园田居》五首之一是陶渊明田园诗中最有名的篇章。作品描摹了淳朴自然的田园风光,抒写了归隐乡居的闲适生活和悠然自得的愉悦心情。从开篇到"守拙归园田"八句自述归隐田园的缘由:十三年的仕宦生涯乃"误落尘网",十三年中一直如"羁鸟"、"池鱼"般思恋故园,这是因为"爱丘山"是自小生就的本性,现在归耕故园,是为抛弃尘俗机巧、守住愚拙本性的根本之道。中间八句是对村居环境、田园风光的描写:草屋数间、绕屋宅田、房后榆柳、堂前桃李,依稀的邻村、袅袅的炊烟,巷中狗吠、树上鸡鸣,在这里画面与声音、情景与哲理浑然一体,构成了一个淳朴、宁静、和谐、美丽、亲切、自然的境界,洋溢着一种故园依旧、"吾爱吾庐"的一往深情。最后四句抒写诗人日常的闲适生活和愉悦感受:这里,全然没有了俗世的"尘杂"——即官场的逢迎、劳形的案牍,在虚静的居室中可以享受充分的闲适,终于能够舒畅地倾吐出"久在樊笼里,复得返自然"的欢乐吟唱了!挣脱"樊笼"的欣慰,重返"自然"的欢畅,与起笔遥相呼应,为全诗做了一个画龙点睛的总结。在陶渊明的笔下,"田园"是"尘网"(即官场)的对立物,它不仅是隐士的生活起居之所,更是士人的精神家园,是知识分子安顿灵魂的地方,是文人的诗意栖居地。正是凭借这样的精神家园,隐逸文化得以抗衡强势的仕宦文化,使部分知识分子得以在一定程度上超脱于官场政治的藩篱,保持了思想和精神的相对独立。随着后世皇权专制的强化,这种崇尚灵魂自由的隐逸精神也随之被不断削弱。

陶渊明的田园诗不仅以高洁的隐逸精神高标独树,同时也以其杰出的自然美彪炳于诗史。清代朱庭珍《筱园诗话》云:"陶诗独绝千古,在自然二字……盖自然者,自然而然,本不期然而适然得之,非有心求其必然也。此中妙谛,实非功夫。"这种自然美表现为:情感的自然——真实自然的生活感受、内心体验从胸中自然流出,不矫情,不伪饰;内容的自然——以日常生活为观照对象,将日常生活诗化,发掘出其深厚优美的诗意;创作态度的自然——不存祈誉之心,以"自娱"为创作宗旨;结构布局的自然——不造气势,不逞雄辩,不谋曲折,只是按情感的自然流程,让内心感受舒缓地流泻出来,如润物之春雨流入读者心田;语言的自然——用家常话,写家常事,不事雕琢,看似随意写来,其实经过极其精严的提炼,平淡朴素中见警策绮丽。由此,陶诗平淡自然的诗风成为中国诗歌史上的最高典范,无人可及。

字句疏解

1.少无适俗韵,性本爱丘山:适俗韵:适应世俗的性情;韵,情调、风度。丘山,指自然、山林田园。

2.误落尘网中,一去三十年:尘网,尘世的网络,指仕途,谓仕途如网络一样,使人不得自由。三十年,当为"十三年"之误。陶渊明自太元十八年(公元393)初次出仕为江州祭酒,到义熙元年(公元405)辞彭泽令归田,前后恰好十三年。

3.羁鸟恋旧林,池鱼思故渊:羁鸟,谓被束缚于笼中之鸟。池鱼,谓被养于池中之鱼。渊,潭。此二句以羁鸟、池鱼喻仕途,以旧林、故渊喻田园。

4.开荒南野际,守拙归园田:南野,一作"南亩"。际,间。拙,愚拙、愚笨,与世俗的机巧相对而言。潘岳《闲居赋序》有"巧官"、"拙官"二词,巧官善于钻营,拙官守正不阿。

5.方宅十余亩,草屋八九间:方:旁。第一句是说住宅周围有十余亩地。

6.榆柳荫后檐,桃李罗堂前:荫,荫蔽。罗,排列。

7.暧暧远人村,依依墟里烟:暧暧,昏暗貌。依依,轻柔貌。墟里,村落。

8.狗吠深巷中,鸡鸣桑树颠:化用汉乐府《鸡鸣》"鸡鸣高树颠,犬吠深宫中"句意。

9.户庭无尘杂,虚室有余闲:户庭,门庭。尘杂:尘俗杂事。虚室,空寂闲静的居室;《庄子·人间世》:"虚室生白。"余闲:犹"闲暇"。

10.久在樊笼里,复得返自然:樊笼,关鸟兽的笼子,此喻仕途。返自然:指回归自在状态。

思考讨论题

1、结合具体作品,谈谈对田园诗、隐逸诗的理解。

2、谈谈作者在诗中表现了什么样的人生感受和人生情怀。

扩展阅读:

1.结庐在人境,而无车马喧。问君何能尔?心远地自偏。采菊东篱下,悠然见南山。山气日夕佳,飞鸟相与还。此中有真意,欲辨已忘言。

——[东晋]陶渊明《饮酒》之五

2.晋太元中,武陵人捕鱼为业。缘溪行,忘路之远近。忽逢桃花林,夹岸数百步,中无杂树,芳草鲜美,落英缤纷。渔人甚异之。复前行,欲穷其林。林尽水源,便得一山,山有小口,仿佛若有光。便舍船,从口入。初极狭,才通人。复行数十步,豁然开朗。土地平旷,屋舍俨然,有良田美池桑竹之属。阡陌交通,鸡犬相闻。其中往来种作,男女衣着,悉如外人。黄发垂髫,并怡然自乐。见渔人,乃大惊,问所从来,具答之。便要还家,设酒杀鸡作食。村中闻有此人,咸来问讯。自云先世避秦时乱,率妻子邑人来此绝境,不复出焉,遂与外人间隔。问今是何世,乃不知有汉,无论魏晋。此人一一为具言所闻,皆叹惋。余人各复延至其家,皆出酒食。停数日,辞去。此中人语云:"不足为外人道也。"既出,得其船,便扶向路,处处志之。及郡下,诣太守,说如此。太守即遣人随其往,寻向所志,遂迷,不复得路。南阳刘子骥,高尚士也,闻之,欣然规往。未果,寻病终,后遂无问津者。

——[东晋]陶渊明桃花源记

3.斜阳照墟落,穷巷牛羊归。野老念牧童,倚杖候荆扉。雉雊麦苗秀,蚕眠桑叶稀。田夫荷锄至,相见语依依。即此羡闲逸,怅然吟《式微》。

——[唐代]王维《渭川田家》

敕勒歌

敕勒川,

阴山下。

天似穹庐,

笼盖四野。

天苍苍,野茫茫,

风吹草低见牛羊。

(邓小军:《汉魏六朝诗鉴赏辞典》,上海辞书出版社,1992)

作品简介

《敕勒歌》选自《乐府诗集》,是南北朝时期北朝流传的一首民歌,一般认为是由鲜卑语译成汉语的。作品展现了北国草原的壮美的风光,抒写了敕勒人热爱家乡、热爱生活的豪情,风格明朗,境界开阔,音调雄壮,艺术概括力极强,受到历代的好评。

导读指要

《敕勒歌》是反映北方少数民族生活的一首民歌,它风格奔放、雄健朴质,寥寥几句就十分生动地勾勒出大西北独特的壮丽景色,充满着浓郁的生活气息,饱含着慷慨豪迈之情,洋溢着对故土的热爱和思恋,是一首不可多得的诗歌精品。《敕勒歌》把读者带到了广袤无边的大草原,带到了群山连绵的阴山下。北方民族的游牧生活,那牧民在草原上骑马射箭,捕猎野兽的勇武骠悍的身影,仿佛就在眼前晃荡。牧民骑在马背上,偶尔高歌一曲,间或扬鞭奔驰一阵,激起阵阵风沙,诗中的牧民、草原、阴山、无不充满着北方民族浓郁的生活气息。《敕勒歌》同时还抒发了牧民的豪迈之情和思恋之感:气势雄伟的阴山,无限广阔的大川,这是北方民族的发祥地,这就是他们生息繁衍的家园。诗的字里行间浸透着北方民族的自信自豪。他们拥有着这片土地,拥有着这块生养的故土,他们感到何等的慷慨,何等的豪迈!草原上的牛羊像动态的雪海,草原上的毡帐像无边无际的天穹,丰茂的水草遮住了羊群,淹没了马队,而有时又狂风突起,牛羊马匹时隐时现。这首民歌无论是写景抒情,还是层次安排,都不愧是古代民歌的经典之作。

字句疏解

1.《敕勒歌》:敕勒(chì lè):种族名,北齐时居住在朔州(今山西省北部)一带。

2.敕勒川,阴山下:敕勒川,川,平川、平原;敕勒族居住的地方,在现在的山西、内蒙一带;北魏时期把今河套平原至土默川一带称为敕勒川;阴山,在今内蒙古自治区北部。

3.天似穹庐,笼盖四野:穹庐(qióng lú),用毡布搭成的帐篷,即蒙古包。

4.天苍苍,野茫茫,风吹草低见牛羊:见(xiàn),同"现",显露。

思考讨论题

分析诗歌中蕴含的故乡之情。

扩展阅读

唧唧复唧唧,木兰当户织。不闻机杼声,惟闻女叹息。问女何所思,问女何所忆。女亦无所思,女亦无所忆。昨夜见军帖,可汗大点兵。军书十二卷,卷卷有爷名。阿爷无大儿,木兰无长兄。愿为市鞍马,从此替爷征。东市买骏马,西市买鞍鞯,南市买辔头,北市买长鞭。旦辞爷娘去,暮宿黄河边。不闻爷娘唤女声,但闻黄河流水鸣溅溅。旦辞黄河去,暮至黑山头。不闻爷娘唤女声,但闻燕山胡骑鸣啾啾。万里赴戎机,关山度若飞。朔气传金柝,寒光照铁衣1。将军百战死,壮士十年归。归来见天子,天子坐明堂。策勋十二转,赏赐百千强。可汗问所欲;木兰不用尚书郎,愿驰千里足,送儿还故乡。爷娘闻女来,出郭相扶将;阿姊闻妹来,当户理红妆;小弟闻姊来,磨刀霍霍向猪羊。开我东阁门,坐我西阁床。脱我战时袍,著我旧时裳。当窗理云鬓,对镜帖花黄。出门看火伴,火伴皆惊忙:同行十二年,不知木兰是女郎。雄兔脚扑朔,雌兔眼迷离;双兔傍地走,安能辨我是雄雌?

——[南北朝]北朝民歌《木兰诗》

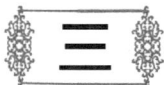

隋唐五代概述

　　隋唐五代既是封建社会的上升和鼎盛期,也是域内各族文化与异域文化频繁交流,民族文化相融并进,文化空前繁盛的时期,其高峰在唐代。

　　隋代结束了六朝以来长达三百七十年的分裂割据的政治局面,建立起了统一的中央集权的封建制国家。隋朝虽然立国时间较短,社会经济却盛极一时,文化上也有一定的发展。为了限制豪门世族的势力,隋帝国废除了魏晋以来按门第出身选拔官吏的九品中正制,而改行以考试的方式遴选人才和官吏的科举制度,这就给广大的中下层的知识分子打开了一条通往仕途之路,是极富政治和历史文化意义的伟大创举。隋代创立的科举制度,至唐发展得更为成熟完备。公元 617 年,在风起云涌的农民起义的打击和撼动下,隋之败亡已成定局。出身于关陇贵族集团的李渊乘势起兵太原,翌年即位称帝,改国号为唐,并相继平定了其他各派武装力量,统一了全国。唐代是我国历史上政治军事强大、经济文化繁荣的封建王朝,后人以之与汉代并称为"汉唐盛世"。唐朝承继了南北朝和隋代文化发展的成果,主流文化与其它多种文化兼容并存,其深厚的文化底蕴散发出从容大度、温文尔雅的恢弘气象。

　　唐代统治者(包括隋与五代)具有胡族的血统,其大臣中也不乏胡人。对各民族的文化以及域外文化采取宽容吸收的态度,坚持"中国根本,四夷枝叶"(唐太宗语,见《贞观政要》)的原则,为多元文化的并存相融提供了政治保障。汉文化对各族文化影响甚巨,而中原汉族地区亦有胡化的倾向。时人所谓的"长安少年有胡心"(陈鸿《东城老父传》)、"洛阳家家学胡乐"(王建《凉州行》),实为不诬。随着大量外族移民的涌入,商旅往来,宗教传播,西域各族各国的生活习俗、文化艺术也广泛地影响着长安、洛阳等大都会以及南北丝绸之路沿线地区。由于国力强大,唐代士人有着更为恢宏的胸怀、气度、抱负和强烈的进取精神。唐代开放的社会环境,士人宽阔的胸怀气度和对待不同文化的兼容心态,创造了有利于文化繁荣的内外条件,音乐、舞蹈、书法、绘画、雕塑等都有长足的发展。

　　唐代政治较为清明,文禁松弛,思想也非常开放,各种哲学思想自由传播,兼容并蓄,以儒为主。但唐朝的尊孔崇儒,却不同于汉代的独尊儒术,在思想领域,则是儒、释、道并重共存。唐代对儒家"五经"进行考注并颁行天下,作为士人诵习的规范教材。唐王室以老子为祖先,追尊其为"太上玄元皇帝",庄子等人则被封为真人,《老子》《庄子》等均被列为经典,成为士子的必读之书,开元年间更设道举科,道教和道家思想因此得以盛行。唐朝还曾一再派遣名僧出访印度,将佛经大量译取过来,这无疑又促进了佛教的发展。太宗皇帝支持唐僧译经,玄宗既亲注《孝经》,又亲注《道德经》和《金刚经》,此为兼取三家思想的明证。儒、释、道思想的交融乃至合流,可以说是唐代思想文化的基本特点。士人入仕,致君尧舜,建立功业,持儒家积极入世的进取精神。而在人生信仰、社会思潮、生命情趣和生活方式方面,则又时时杂入了释、道二家的思想。以盛唐诗人而论,在思想倾向上,杜甫尊儒,李白崇道,王维则好佛;就文学风貌来说,儒家的仁政思想直接推动着杜甫忧国忧民的诗歌创作,道家的独立精神在李白豪放飘逸的作品中焕发出奇光异彩,而佛教的影响则使王维的笔下呈现出一种空寂静美的独特境界。当然,唐代作家大都兼有三家的思想,只是份量不同,主次有别,或隐或显而已。

唐代中叶,经过安史之乱的劫难,盛唐强大繁荣、昂扬奋发的气象已一去不返,代之而起的,是藩镇割据、佛老蕃滋、宦官专权、民贫政乱、吏治日坏等一系列严重的社会政治问题。面对危局,一部分士人怀着强烈的忧患意识,慨然奋起,思欲变革,以期王朝中兴。韩愈以儒家道统的继承人和捍卫者自居,力图重建儒学在思想领域的统治地位,用儒家的思想学说来整饬当时的社会秩序。儒学的复兴又促成了文体文风的改革,进而带来了散文发展的高潮,使唐代散文成为中国文学史上继先秦散文和两汉史传文学之后的第三座丰碑。

"道教"是道教迷信与道家思想的混合物,由于李唐王朝将其视为"国教"而显赫一时。道教注重兼收并蓄,自称"包儒墨之善,总名法之要"(葛洪《抱朴子·内篇》),这种兼收多融的品格对盛唐气象之浑厚博大特征的形成有着重要的影响。而道教的神仙思想,又深刻地影响着唐人的人生信仰。李白笔下的泰山、天姥山、莲花山的神仙幻境,李贺句下五彩斑斓、光怪陆离的神仙奇域,李商隐诗篇中圣女、嫦娥的美仙形象,都是道教影响的明显例证。道教的影响不仅成就了唐诗的想象,也极大地丰富了唐传奇的艺术想象力,使其故事更为幻诞神奇,情节更富浪漫色彩。

随着佛教的流传和各类佛经的大量翻译,隋唐时期出现了三论宗、法相宗、天台宗、华严宗、禅宗、净土宗等中土化的教派,并拥有大量的信徒。所谓中土化,在相当程度上则是指儒学化。佛教义理根据儒家忠孝节义的伦理纲常,将孝义编进佛经故事,以获得广大信众的认同。禅宗所宣扬的成佛途径简捷易成,又吸收了儒家的某些思想,把孝道引入佛门,因而得到广泛的流布,已经深深契入了中国的文化之中。

公元907年,唐朝为后梁所灭,至960年北宋建立,唐宋之间有五十三年的分裂混战时期,史称"五代十国"。这个时期,北方战争不断,攻伐接踵,生灵涂炭,民生凋弊。而南方的局势相对较为稳定,社会经济亦有较大的恢复与发展,手工业、矿冶业、商业等相当活跃,海上贸易日趋繁荣。全国的经济重心,逐渐从北方黄河流域南移到长江流域。

中国古代文学发展到隋唐五代时期，呈现出极其繁荣的局面，盛唐的诗歌，中唐的古文，因南北文化的汇流而显得汪洋浩瀚，其精魂情致历千年而不辍，流韵芳泽被万代而益彰。安史之乱以后，唐王朝大厦将倒，一蹶不振，现实的社会危机激发人们深入反思，文学又因此获得了新的动力和激情，以干预生活、反映现实为主导方向，以求新求变、各擅胜场为基本精神。

三千年波澜壮阔的文学发展史，诗歌创作有两个黄金时代，一是汉末建安时期，二是封建盛世的唐朝。诗歌至唐而能盛继一时，彪炳千古，乃是当时政治、经济、思想、文化、科举以及统治者的提倡这些外部环境，与创作主体和文学自身发展的规律等内在动因形成合力、共同作用的结果。唐朝立国 290 年，其诗产量之巨，诗家之众，诗作妙造工巧，反映社会生活的深度和广度，都是其他任何一个时代都无法比拟和企及的。初唐（618—712 年）是唐诗繁盛大昌的准备时期。在近百年的时间中，诗歌逐渐从宫廷台阁走向了关山大漠，走向了人的真情实感，作者也从宫廷官吏扩展至一般寒士。在情思格调上，北朝文学的清刚劲健之气与南朝文学的清新明媚相融合，营造出既有风骨又开朗明丽的诗歌境界。同时，诗体形式，声律规范也趋于定型和成熟。"初唐四杰"的王勃、杨炯、卢照邻和骆宾王反对纤巧绮靡，提倡刚健骨气，堪称唐诗发展的开路人和拓荒者、奠基者。陈子昂横制颓波，力矫柔靡，高举诗歌革新的大旗，弘扬汉魏风骨，表现出明显的复古倾向。盛唐（713—770 年）是唐诗发展的繁荣鼎盛时期。此期的诗坛主要有两大诗派和李白、杜甫两大诗人。以王维、孟浩然为代表的山水田园诗派，把自然山水、田园风光的空静明秀之美摹写得灵动神妙，意趣盎然，令人心醉情迷。盛唐边事增多，边塞战争频繁，赴边杀敌，建功塞外，成为士人的普遍向往。在这种时代风尚的卵翼下，以高适、岑参为旗手，以王昌龄为重镇的边塞诗派应运而生。瑰奇壮美的边塞风光，丰富多彩的军旅生活，奇情异调的民族风情，乃至战争的酷烈，将士的忠勇，统帅的骄奢，戍卒的痛苦，无不在诗人的笔下焕发出动人的光彩。李白是盛唐时代的伟大歌手，他以绝世的才华，豪放飘逸的气质，独立不羁的人格，将诗写的行云流水而又变幻莫测，体现了盛世华章特有的豪迈气魄和理想主义、英雄主义色彩。如果说李白使诗歌的浪漫特质迈入了一个新的阶段，杜甫则将《诗经》以来的写实文学推向了前所未有的高度。随着安史之乱的爆发，唐王朝急剧地由盛转衰，诗歌中的理想色彩、浪漫情调逐渐消退，而代之以对现实的痛切忧患和深沉思考，杜甫就是这一历史转折时期的伟大诗人。他既秉承着盛唐的时代精神，又立足于战乱不已的现实生活，以动地的歌吟，表现满目疮痍中的人间苦难、生民血泪，展示出忧国忧民、关切天下苍生的博大情怀。中唐（771—835 年）是唐诗新变迭出再度繁盛的时期。面对盛极难继的盛唐诗潮，中唐诗人志在变革，独辟蹊径，诗歌创作呈现出一派云蒸霞蔚、异彩缤纷的景象。晚唐（836—907 年）是唐诗的夕阳返照时期。王朝末世的颓败景象和自身暗淡的前途,成为笼罩在晚唐士人心头挥之不去的阴影。"小李杜"和晚唐诸家的创作,为唐代诗国的绚烂涂抹了最后的辉煌。李商隐创造了以朦胧瑰妍为特征的诗美境界,艺术精绝,个性鲜明。杜牧诗于写景抒情之外,亦善咏史论古,借以表达自己的政治感慨与不凡识见。

唐朝在诗歌之外尚有散文文体的革新潮流和传奇小说的成熟鼎盛。初唐文坛,王勃的《秋日登洪府滕王阁饯别序》、骆宾王的《为徐敬业讨武曌檄》同为千古名文。作为一代文风的改革者和杰出的领军人物,韩愈、柳宗元主张恢复先秦、两汉时代的散文传统,将文体、文风的改革作为其政治实践的组成部分,写下了大量饱含政治激情、具有强烈针对性和感召力的古文杰作。韩愈之后,晚唐的小品又大放异彩。传奇是唐代流行的文言短篇小说,作者大多以记、传名篇,以史家笔法,传奇闻异事。就其发展演进的轨迹而言,六朝志怪,唐之传奇,清之聊斋,可谓一脉相承。唐传奇的出现,标志着我国文言短篇小说进入了成熟的阶段。比之六朝小说,唐传奇更注重作品的审美价值和愉悦性情的功能,叙事宛转曲折,抒情浓郁强烈,人物形象鲜明丰满,语言文词简洁生动,丰富多彩,艺术成就斐然可观,被称为"一代之奇"。

词是一种合乐的新体诗,全称曲子词,简称为词。词兴于唐,盛于宋,历元明清而不衰。它的兴起,与唐代经济文化的繁荣,五七言近体诗的兴盛关系甚大,而更为关键的因素则是音乐的发达和文化消费的需求。《敦煌曲子词》的发现,表明词起源于民间。盛唐与中唐的一些诗人,开始关注并尝试这一新的诗歌样式,文人词日渐增多,至晚唐时已经出现了十分成熟的词作和温庭筠这样的杰出词人。以温庭筠、韦庄为代表的花间派词人多写风花雪月、离情别绪、歌舞宴乐之事,风格轻柔浓艳。南唐词的作家主要为中主李璟、后主李煜和大臣冯延巳,而以李煜的成就最高。后主李煜天资聪颖,多才多艺,其前期词多写宫廷生活和男女情爱,词风轻艳清丽,后期词则倾注着思念故国、伤今悼昔的深哀巨恸,情出肺腑,凄怆动人,有的词作还颇具人生体悟和哲理思索的意蕴。李煜后期这些用血泪凝成的悲吟绝唱,大大突破和改变了花间词的艳丽词风和初期文人词的应歌功能,把词进一步引向了个性化、抒情化的发展道路,给整个词体文学所带来了革命性的变革。

惠能《坛经·行由品第一》

时大师至宝林,韶州韦刺史与官僚入山,请师出,于城中大梵寺讲堂,为众开缘说法。师升座次,刺史官僚三十馀人,儒宗学士三十馀人,僧尼道俗一千馀人,同时作礼,愿闻法要。大师告众曰:善知识,菩提自性,本来清净,但用此心,直了成佛。善知识,且听惠能行由得法事意。

惠能严父,本贯范阳,左降流于岭南,作新州百姓。此身不幸,父又早亡,老母孤遗,移来南海,艰辛贫乏,于市卖柴。时有一客买柴,使令送至客店,客收去,惠能得钱,却出门外,见一客诵经。惠能一闻经语,心即开悟。遂问客诵何经?客曰:"《金刚经》。"复问从何所来,持此经典。客云:"我从蕲州黄梅县东禅寺来,其寺是五祖忍大师在彼主化,门人一千有馀,我到彼中礼拜,听受此经。大师常劝僧俗,但持《金刚经》,即自见性,直了成佛。"惠能闻说,宿昔有缘,乃蒙一客,取银十两与惠能,令充老母衣粮,教便往黄梅参礼五祖。

惠能安置母毕,即便辞违,不经三十馀日,便至黄梅,礼拜五祖。祖问曰:"汝何方人?欲求何物?"惠能对曰:"弟子是岭南新州百姓,远来礼师,惟求作佛,不求馀物。"祖言:"汝是岭南人,又是獦獠,若为堪作佛?"惠能曰:"人虽有南北,佛性本无南北,獦獠身与和尚不同,佛性有何差别?"五祖更欲与语,且见徒众,总在左右,乃令随众作务。惠能曰:"惠能启和尚,弟子自心常生智慧,不离自性,即是福田,未审和尚教作何务?"祖云:"这獦獠根性大利,汝更勿言,着槽厂去。"惠能退至后院,有一行者,差惠能破柴踏碓,经八月馀。

祖一日忽见惠能,曰:"吾思汝之见可用,恐有恶人害汝,遂不与汝言,汝知之否?"惠能曰:"弟子亦知师意,不敢行至堂前,令人不觉。"祖一日唤诸门人总来,"吾向汝说,世人生死事大,汝等终日只求福田,不求出离生死苦海。自性若迷,福何可救?汝等各去自看智慧,取自本心般若之性,各作一偈,来呈吾看,若悟大意,付汝衣法,为第六代祖。火急速去,不得迟滞。思量即不中用,见性之人,言下须见。若如此者,轮刀上阵,亦得见之。"

路睹死尸众得处分,退而递相谓曰:"我等众人,不须澄心用意作偈,将呈和尚。有何所益?神秀上座,现为教授师,必是他得。我辈谩作偈颂,枉用心力。"诸人闻语,总皆息心,咸言我等已后,依止秀师,何烦作偈。神秀思惟,诸人不呈偈者,为我与他为教授师,我须作偈将呈和尚。若不呈偈,和尚如何知我心中见解深浅?我呈偈意,求法即善,觅祖即恶,却同凡心,夺其圣位奚别?若不呈偈,终不得法,大难大难。五祖堂前,有步廊三间,拟请供奉卢珍画《楞伽经》变相,及五祖血脉图,流传供养。神秀作偈成已,数度欲呈,行至堂前,心中恍惚,遍身汗流,拟呈不得,前后经四日,一十三度呈偈不得。秀乃思惟,不如向廊下书着,从他和尚看见,忽若道好,即出礼拜,云是秀作;若道不堪,枉向山中数年,受人礼拜,更修何道。是夜三更,不使人知,自执灯,书偈于南廊壁间,呈心所见。偈曰:身是菩提树,心如明镜台,时时勤拂拭,勿使惹尘埃。秀书偈了,便却归房,人总不知。秀复思惟,五祖明日,见偈欢喜,即我与法有缘,若言不堪,自是我迷,宿业障重,不合得法,圣意难测。房中思想,坐卧不安,直至五更。

祖已知神秀入门未得,不见自性。天明,祖唤卢供奉来,向南廊壁间绘画图相,忽见其偈。报言:"供奉却不用画,劳尔远来。经云:凡所有相,皆是虚妄。但留此偈,与人诵持,依此偈修,免堕恶道。依此偈修,有大利益。"令门人炷香礼敬,尽诵此偈,即得见性。门人诵偈,皆叹善哉!祖三更唤秀入堂,问曰:"偈是汝作否?"秀言:"实是秀作,不敢妄求祖位,望和尚慈悲,看弟子有少智慧否?"祖曰:"汝作此偈,未见本性,只到门外,未入门内。如此见解觅无上菩提,了不可得,无上菩提,须得言下识自本心,见自本性,不生不灭,于一切时中,念念自见,万法无滞;一真一切真,万境自如如,如如之心,即是真实。若如是见,即是无上菩提之自性也。汝且去一两日思惟,更作一偈,将来吾看,汝偈若入得门,付汝衣法。"神秀作礼而出,又经数日,作偈不成,心中恍惚,神思不安,犹如梦中,行坐不乐。

复两日,有一童子,于碓坊过,唱诵其偈,惠能一闻,便知此偈未见本性,虽未蒙教授,早识大意,遂问童子曰:"诵者何偈?"童子曰:"尔这獦獠不知,大师言:世人生死事大,欲得传付衣法,令门人作偈来看,若悟大意,即付衣法,为第六祖。神秀上座于南廊壁上书无相偈,大师令人皆诵,依此偈修,免堕恶道,依此偈修,有大利益。"惠能曰:"我亦要诵此,结来生缘。上人,我此踏碓八个馀月,未曾行到堂前,望上人引至偈前礼拜。"童子引至偈前礼拜。惠能曰:"惠能不识字,请上人为读。"时有江州别驾,姓张名日用,便高声读。惠能闻已,遂言:"亦有一偈,望别驾为书。"别驾言:"汝亦作偈?其事希有。"惠能向别驾言:"欲学无上菩提,不可轻于初学,下下人有上上智,上上人有没意智。若轻人,即有无量无边罪。"别驾言:"汝但诵偈,吾为汝书,汝若得法,先须度吾,勿忘此言。"惠能偈曰:菩提本无树,明镜亦非台。本来无一物,何处惹尘埃?书此偈已,徒众总惊,无不嗟讶。各相谓言:"奇哉!不得以貌取人,何得多时使他肉身菩萨。"祖见众人惊怪,恐人损害,遂将鞋擦了偈,曰:"亦未见性。"众以为然。

次日,祖潜至碓坊,见能腰石舂米,语曰:"求道之人,为法忘躯,当如是乎!"乃问曰:"米熟也未?"惠能曰:"米熟久矣,犹欠筛在。"祖以杖击碓三下而去。惠能即会祖意,三鼓入室。祖以袈裟遮围,不令人见,为说《金刚经》,至应无所住而生其心,惠能言下大悟一切万法,不离自性。遂启祖言:"何期自性本自清净,何期自性本不生灭,何期自性不自具足,何期自性本无动摇,何期自性能生万法。"祖知悟本性,谓惠能曰:"不识本心,学法无益;若识自本心,见自本性,即名丈夫、天人师、佛。"三更受法,人尽不知。便传顿教及衣钵,云:"汝为第六代祖,善自护念,广度有情,流布将来,无令断绝。听吾偈曰:有情来下种,因地果还生。无情亦无种,无性亦无生。"祖复曰："昔达摩大师，初来此土，人未之信，故传此衣，以为信体，代代相承，法则以心传心，皆令自悟自解。亘古佛佛惟传本体，师师密付本心。衣为争端，止汝勿传，若传此衣，命如悬丝。汝须速去，恐人害汝。"惠能启曰："向甚处去？"祖云："逢怀则止，遇会则藏。"惠能三更领得衣钵，云："能本是南中人，素不知此山路，如何出得江口？"五祖言："汝不须忧，吾自送汝。"祖相送直至九江驿，祖令上船，五祖把橹自摇。惠能言："请和尚坐，弟子合摇橹。"祖云："合是吾渡汝。"惠能曰："迷时师度，悟了自度，度名虽一，用处不同。惠能生在边方，语音不正，蒙师传法，今已得悟，只合自性自度。"祖云："如是如是，以后佛法，由汝大行，汝去三年，吾方逝世。汝今好去，努力向南，不宜速说，佛法难起。"

惠能辞违祖已，发足南行，两月中间，至大庾岭，逐后数百人来，欲夺衣钵。一僧俗姓陈，名惠明，先是四品将军，性行粗糙，极意参寻，为众人先，趁及惠能。惠能掷下衣钵于石上，曰："此衣表信，可力争耶？"能隐草莽中。惠明至，提掇不动，乃唤云："行者行者，我为法来，不为衣来。"惠能遂出，盘坐石上。惠明作礼云："望行者为我说法。"惠能云："汝既为法而来，可屏息诸缘，勿生一念，吾为汝说。"明良久，惠能云："不思善，不思恶，正与麽时，那个是明上座本来面目？"惠明言下大悟。复问云："上来密语密意外，还更有密意否？"惠能云："与汝说者，即非密也。汝若返照，密在汝边。"明曰："惠明虽在黄梅，实未省自己面目。今蒙指示，如人饮水，冷暖自知。今行者即惠明师也。"惠能曰："汝若如是，吾与汝同师黄梅，善自护持。"明又问："惠明今后向甚处去？"惠能曰："逢袁则止，遇蒙则居。"明礼辞。

惠能后至曹溪，又被恶人寻逐，乃于四会，避难猎人队中，凡经一十五载，时与猎人随宜说法。猎人常令守网，每见生命，尽放之。每至饭时，以菜寄煮肉锅。或问，则对曰："但吃肉边菜。"一日思惟，时当弘法，不可终遁，遂出至广州法性寺，值印宗法师讲《涅盘经》。时有风吹幡动，一僧曰风动，一僧曰幡动，议论不已。惠能进曰："不是风动，不是幡动，仁者心动。"一众骇然。印宗延至上席，征诘奥议，见惠能言简理当，不由文字。宗云："行者定非常人，久闻黄梅衣法南来，莫是行者否？"惠能曰："不敢。"宗于是作礼，告请传来衣钵，出示大众。宗复问曰："黄梅付嘱，如何指授？"惠能曰："指授即无，惟论见性，不论禅定、解脱。"宗曰："何不论禅定解脱？"惠能曰："为是二法，不是佛法，佛法是不二之法。"宗又问："如何是佛法不二之法？"惠能曰："法师讲《涅盘经》，明佛性是佛法不二之法。如高贵德王菩萨白佛言：犯四重禁，作五逆罪，及一阐提等，当断善根佛性否？佛言：善根有二，一者常，二者无常，佛性非常非无常，是故不断，名为不二；一者善，二者不善，佛性非善非不善，是名不二；蕴之与界，凡夫见二，智者了达，其性无二，无二之性，即是佛性。"印宗闻说，欢喜合掌，言某甲讲经，犹如瓦砾；仁者论议，犹如真金。于是为惠能祝发，愿事为师。惠能遂于菩提树下，开东山法门。惠能于东山得法，辛苦受尽，命似悬丝。今日得与使君官僚僧尼道俗同此一会，莫非累劫之缘，亦是过去生中供养诸佛，同种善根,方始得闻如上顿教,得法之因。教是先圣所传,不是惠能自智,愿闻先圣教者,各令净心。闻了各自除疑,如先代圣人无别。一众闻法,欢喜作礼而退。

作品简介

《坛经》是佛教禅宗的经典。惠能(亦作"慧能",638—713年),俗姓卢氏,唐代岭南新州(今广东新会县)人,佛教禅宗祖师。得黄梅五祖弘忍传授衣钵,继承东山法门,世称禅宗六祖。唐中宗追谥大鉴禅师。著有六祖《坛经》流传于世。是中国历史上具有重大影响的佛教高僧,"东方三圣人"之一。惠能禅师圆寂后的真身供奉于广东韶关南华寺的灵照塔中。作为佛教禅宗典籍,《坛经》是由佛教禅宗六祖惠能口述,弟子法海集录而成的一部佛禅经典。

导读指要

如果把中国传统文化视为一尊巨鼎,那么,儒释道三家便是这鼎的三足。佛教虽然源自西土,但在东渐的过程中逐步的中土化了,形成了许多汉传佛教宗派,从而完成了佛教的"中国化",且以其转化后的新的身份融入了中国文化的主流。禅宗即为中土佛教的典范,它以静坐、默念为修行方式,不大注重诵经行善等外部事功。禅宗讲体的自性,讲顿悟成佛,佛就是"你",佛就在你的心中,你心中的自性就是佛,人性就是佛性,成佛就是顿悟自身本来具有的佛性。禅宗思想破除了对神圣偶像和佛教义理的盲崇迷信,强调自强自立,人性自身,人人皆可成佛,给芸芸众生发放了一张通往佛国的廉价通行证,赢得了中国社会各阶层人士的普遍信仰,对世俗大众和士大夫的精神生活以及文学艺术都产生了重大而深刻的影响。禅宗在唐宋时达到极盛,而《坛经》便是禅宗的经典代表作。全书分为十品(即十章),内容主要记述禅祖惠能一生得法传宗的事迹和启导门徒的言教,是研究禅宗思想的重要法典。《坛经》一书的中心思想是见性成佛(性即众生本身所具有的佛性)、自心是佛。修行的主要方法是"无念为宗"(没有杂念,凡物皆不起心动想)、"无相为体"(把握诸法体性,凡相皆为虚妄)、"无住为本"(对诸法皆念念而不专住,无所系缚)。本篇为《坛经》的第一品,"行由"即惠能的行履、来历,行由品第一,道出了惠能参禅觉悟的来龙去脉。惠能为广东人,尝在广东韶州(今之韶关)住持宝林寺(即南华寺),在寺三十余年,悉心传道,弘法不辍,并在韶关城中的大梵寺设坛讲经,为其后来开创"南宗"禅学奠定了基础。在封建集权的体制下,唐王朝在大力支持和保护宗教的同时,也强化了对它的管束和控制,佛、道二教被纳入了王朝的统治体系之中,成为朝廷辅助教化的工具,宗教的神圣权威完全屈从于皇权之下。不少高级僧道,一代宗师,纷纷出入宫廷,结交权贵,膺受朝命,甚至受命为官,成为朝廷的臣仆。而许多权臣要员,地方大吏也对释道趋之若鹜,热衷有加。经文开卷,即从仰惠能道风的韶州刺史韦璩率众僚入山请其进城,于大梵寺讲堂为生众开缘说法切入，惠能于是升座开讲，官员学士，僧尼道俗凡千余人虔心聆听，场面甚为壮观。对佛法的要义，惠能以"菩提自性，本来清净，但用此心，直了成佛"四句予以精要总括，意谓人人都有菩提本性，它本来就是澄清洁净的，了无妄念，只要自己发掘出这种本心，就能够了悟成佛。善根佛性，与生俱来，人人皆有，佛性就是人的自性，自性觉即是佛，每个人都应时时省察、观照自己，认识自我，自性自悟，这就是成佛的秘诀和法门。

下面便现身说法，讲述自身悟道得法的原委始末。惠能早岁孤贫，母子相依为命，生活困顿不堪，靠卖柴艰难度日。一天在给客户送柴时，遇见一位诵经念佛之人，打问之后方知此为《金刚经》。这部经书的中心是讲"空"，认为世界万有只是一念"心"的产物。"一切有为法，如梦幻泡影，如露亦如电，应作如是观。"这四句偈语便是对全文义理的概括。一切现象本性是空，体悟了这一点就可以成佛。惠能闻听经文即心有开悟，进而得知五祖弘忍大师在湖北蕲州黄梅县东禅寺主持教化，阐扬此经，常常劝谕僧俗之众，只要修持《金刚经》，就能发现自己的佛性，即刻成佛。惠能当下便起了求佛之心，于是安置好老母，前往黄梅参见弘忍大师。五祖认为惠能根性聪明，便收下他作行者，平时干一些劈柴、舂米之类的杂务，并随众人一同听习佛法，虽有领悟，却默然不语。当时弘忍大师年事已高，需要物色一位德学兼优者做继承人，为了检测门人对佛法悟解的水平，他让众徒将修习佛法的心得感悟写成一偈，一试高下。弘忍的高足、首席大弟子神秀在廊壁上作偈道："身是菩提树，心如明镜台。时时勤拂拭，勿使惹尘埃。"首句是比喻，相传当年释迦牟尼就是在菩提树下悟道成佛的。心如明镜，即可照物，镜面如有尘埃，自然也就失去了其应有的功能，故须勤加拂拭。此偈的本意是说，虽然人人都有清净无杂的佛性，但扬尘浮埃时来常积，不予清除就会污染沉迷，是以要时时护持，不让浊物俗念来扰害洁净的佛心。其中心思想是"心性本净，但为客尘所染"，必须勤加修戒。这幅呈偈水平颇高，能达到这种悟性已极为不易，历来的学佛修行者无人不知。众弟子念之诵之，皆感叹叫好，赞许不已。弘忍却心知肚明，神秀尚未找到法门，自明佛性。惠能也认为此偈未得佛法要旨，因为它仍执着于"菩提"、"明镜"，将身物作为实有看待，而把"拂拭"、"尘埃"当作成佛法门。于是亦作一偈，请人代书于廊壁，表明自己对佛法的悟解，偈曰："菩提本无树，明镜亦非台。本来无一物，何处惹尘埃？"惠能以"菩提"、"明镜"为空无，否定了身物为实有的观念，而以自性常清常净、无尘无染为成佛的前提，体现了佛教空观和涅槃佛性说的思想。既然众相皆空，尘埃又从何生成呢？还用得着如神秀所言去"勤拂拭"吗？五祖自明二偈之高下优劣，但恐惠能遭人嫉恨伤害，出于保护，却故意说其所作亦未觉悟到佛性，并用鞋擦之了事。弘忍大师深知惠能已悟得了佛性，遂将禅宗正法以及初祖菩提达摩传下的衣钵秘密传授给惠能，嘱其悟后继续修炼，"善自护念"，广度有情的众生，使佛法永世传扬。为安全计，弘忍要惠能立即回岭南隐居，以防别人加害。且亲自摇橹划船，送他渡江。从惠能初知《金刚经》,"一闻经语,心即开悟",至弘忍暗访时"米熟久矣,犹欠筛在"的对答(坦言悟虽悟了,但功夫、见地仍有不纯之处),再到大师于深夜亲自给他讲经说法时的"言下大悟",其得法悟道的不同层次和三个阶段和印迹历程清晰如见。据《坛经》的其它本子所记,惠能离开黄梅几天后,五祖弘忍向众门徒宣布:"佛法已经南去"。弟子们忙问是谁得了大师的佛法,弘忍曰:"能者得之。"众人一听便知定是惠能,这才有数百人追夺达摩衣钵之事,但惠能却以佛法开悟了先行赶来的僧人惠明(即慧明),化险为夷。后来又被恶僧党羽追寻,惠能便与猎人为伍以避难,韬光养晦十五年,并常随机给猎人们讲说佛法,这也是他得法后进一步护持、进修的时期。在隐居十六年后,惠能始才公开参加佛事活动,来到广州法性寺。当时,印宗法师正在开讲《涅槃经》,有风吹动寺院悬挂的旗幡,一僧说是风在动,一僧言称幡在动,众僧争论不休。惠能上前说道:"既不是风动,也不是幡动,而是诸位仁者的心在动!"众人听后都极为惊异。印宗当即就把惠能请到上座,讨教佛法的深奥含义,研习佛理。在得知惠能的来历后,印宗法师欢喜异常,于是就为惠能剃发,并拜之为师。此后,惠能就在菩提树下开始讲授东山法门。这就是惠能悟道得法、传扬顿教的因缘过程。

文末总括全篇,束往说今,首尾相应。惠能自述其从黄梅东山禅寺得到佛法真传之后,历尽艰险,备受苦辛,今日卒能与韦使君和各位官员以及僧俗大众同聚共会,此乃我们经历累世的劫数修成的缘分,也是过去生生世世供养各代佛祖的功德,才能一起种下善根,有幸听闻到如上的顿教法门。他叮嘱诸位如果愿意听受佛和祖师的教理,就要首先使自己的心念清净无染,去除疑惑。对惠能的开示悟导,慧心点拨,大家心领神会,欣然而退。

禅宗标志着佛教的真正中国化,而惠能六祖则是禅宗的实际创始人。在惠能创立禅宗之前,只有禅学。"禅"的全称为"禅那",是梵文的音译简称,意为"静虑",一方面静其心思,称为"止";另一方面心注一境,称为"观"。禅学认为,按佛学教义指示的方式去思考,排除内心的烦恼与外界的诱惑,就会由痴而智,自苦而乐,进入超脱和愉悦的精神境界。而禅宗直指人心,见性成佛,以心传心,自悟自解,是佛教派生出来的一个新教。惠能将自性与佛性等同,认为人的自性就是佛性,心外无佛,佛就是自心自性,顿悟了自身本来就具有的佛性,是为成佛。这就破除了对"西方净土"的向往和对佛祖的盲目崇拜,既把佛变成了凡人,又把凡人提高到与佛同等的地位。同时,禅宗的"教外别传,不立文字,直指人心,见性成佛"宗旨的发扬光大,也是对以往佛教清规戒律的一次革命,对拘泥于文字教条的繁琐哲学的有力批判,这无疑大大地强化了佛教信仰的社会基础,使神圣的佛事活动趋于平民化和世俗化。禅宗思想提升和丰富了中国文化的境界与精神内涵,唐宋及其以后的诗画艺术,包括宋明时期的理学、心学等都无不带有佛教禅宗的深刻印记。

字句疏解

1.时：当时，指惠能到宝林寺的时候。也有解释说这个"时"是表示开始讲述这部经典。佛经每部的开头都有一个特点，就是"如是我闻，一时佛在……"到底是何年何月何日，经中都不作具体的交待，使人有种佛就在我们面前说法的感受。《坛经》也用这种体例，只用了"时"，省去了那些不必要的时间范畴。

2.大师：指惠能。

3.宝林：宝林寺，曾名中兴寺、法泉寺，宋朝叫南华寺，在广东韶州（今韶关）南华山。

4.韶州韦刺史：在韶州任地方行政官的韦琚，刺史是主管当地行政的官员的名称。刺史是汉代官名，相当于省一级的最高军政长官。唐代借用这一名称，不过只相当于现在地市一级的长官。

5."于城中大梵寺讲堂"：城中，就是韶关城里。韶关城那时候，有个寺叫大梵寺，现在叫大鉴寺；就是因为六祖被封为大鉴禅师，所以虚老在那儿复兴南华寺时，又整修这个大梵寺，就改名大鉴寺。在这个寺里头有个讲堂，很宽阔的，可以容纳几千人。大梵寺讲堂：韶州有大梵寺，曾名开元寺、崇宁寺、天宁寺和报恩光孝寺等，惠能在此开山传法。讲堂即讲经说法的厅堂。

6.开缘说法：缘是梵语意译，即攀缘，发生良好关系。惠能为大众说法，就让大众与佛教结了缘。

7.师：六祖大师。

8.儒宗学士：儒家的读书人，学士是尊称。

9.僧尼道俗：僧和尼是佛教的男女信徒；道指道教徒，俗指信教而未出家的人。

10.法要：佛法的要义。

11.善知识：佛教术语，指信仰佛教掌握佛理而一心向善的人。这里是对佛教信众的敬称。"善知识"是佛教的专用名词，指可以帮助我们修行，建立正知正见，趋向涅槃，了生脱死的老师。一般佛教徒出于自谦，常常称他人为善知识以随喜。

12.菩提自性，也就是佛性，也就是这个觉性，这个般若性、智慧性。菩提：菩提是印度语，即觉悟。梵语音译，旧译为道，新译为觉，即觉悟。自性：即本性，禅宗认为每个人本来都有佛性。

13.本来清净：本来它是清净没有染污的，没有一些委曲相；无诸委曲相。"但用此心"：你若能明白你这个心，照着去修行，不要有贡高我慢心，不要有妒忌心，不要有障碍其他人的心；但用此心，用什么心呢？就用这个菩提心。

14.直了成佛：把你一切的凡情、物欲了了，就能成佛。直了：即顿悟，这是禅宗主张的修行觉悟法门。

15.严父：古时候说父严母慈，故称严父。

16.本贯范阳：范阳在今北京市大兴、宛平一带。据敦煌本,本贯作本官,意谓惠能的父亲原在范阳做官,但从《神会语录》开始,范阳被写成惠能的籍贯。

17.左降：被贬官降职。左和右表示尊卑之义,在各个历史时期有所不同,这里是左卑右尊之意,故称左降。

18.岭南：五岭以南,即今广东地区。

19.新州：今广东省西南部新兴地区。

20.此身不幸：出生在寒微的家庭,很不幸的。

21.父又早亡：据《景德传灯录》,惠能三岁时父亲去世。

22.老母孤遗：母亲带着抱养孤儿。

23.移来南海：后来移民到南海县,大约是广州新兴那儿。南海：今广东省佛山市一带。

24.艰辛贫乏：艰是艰难,辛是很辛苦的,贫是贫穷,乏是没有钱。

25.于市卖柴：一生来就在这贫寒的家庭,所以没有机会读书;于是乎,就以斩柴来谋生,维持生活。

26.客收去：把柴收去。

27.诵经：念经。

28.《金刚经》：一部印度佛经,汉语版《金刚经》历史上共有六个著名译本并传,最通行的是后秦鸠摩罗什于弘始四年(402 年)译出本。

29.蕲州：今湖北省蕲州西北。

30.五祖忍大师：惠能之师弘忍被后世禅宗尊为五祖(602—675 年),湖北黄梅人,一说江西浔阳(今九江市)人,本姓周。

31.主化：(用佛教)主持教化。

32.取银十两：敦煌本无客赠银两事,是"惠能闻说,宿业有缘,便即辞亲",这有违于传统孝道,从惠昕本开始就加上了客赠银十两安置老母的情节。

33.獦獠：音同"葛僚",是当时对携犬行猎为生的南方少数民族的一种蔑称。可能当时惠能的穿戴像少数民族。

34.和尚：梵语音译,尚也写作上,本是印度称老师的俗语,中国佛教中是对僧人的尊称,泛化后则指出家的佛教徒,尊义渐减。

35.作务：干活,劳动。

36.福田：好像种田会有收获,信佛教行善事也会有福报,故称福田。

37.根性大利：教讲究慧根,即心性中有信佛的因子,大利指领悟很快,这是赞美语。

38.行者：方丈的侍者,也指游方僧人,这里指寺院内管理杂务的僧人。

39.踏碓：碓是过去舂米的器具,一般为石制,配有杠杆原理的木槌,用脚踩木槌将稻碾为米,故叫踏碓。

40.般若:也作班若、波若、钵若、般罗若等,是梵语音译,一般读作"波耶",意译的话,就是智慧的意思。

41.偈:梵语意译,又译颂,四句整齐韵语,用于表达一种对佛法的理解、赞颂。又偈与竭意通,即摄尽其义之意,也就是完全概括了微言大义。"偈"是梵语,叫gatta,翻译成中文,就叫"颂";就是作四句,或者四个字,或者五个字,或者六个字,或者七个字,或者八个字,这没有一定的。

42.来呈吾看:拿来给我看。

43.若悟大意:你若明白真正智慧的大意。

44.付汝衣法:我就传给你衣钵,并且传给你法。

45.火急速去:快点作来给我看。

46.不得迟滞:不要慢慢地。迟滞,就是拖泥带水的,总是拖延时间。

47.思量即不中用:你要不思量,就作出偈颂来;你若用思量分别心作成的,那是没有用的。

48.见性之人:见到佛性,你自己明心见性的人。

49.言下须见:说完了,即刻就明白。

50.若如此者:要能这样,这才能有用。

51.亦得见之:即刻也能见到自性。

52.处分:这里是吩咐的意思。

53.澄心:清心,使心思进入感悟佛理以便作偈子的境界。

54.和尚:指弘忍。

55.神秀:俗姓李,河南开封尉氏人。当时是弘忍的首席大弟子,后来受唐王朝礼遇,他的禅学流派在历史上号为禅门北宗。

56.首座就是除了方丈和尚,再来就是首座。

57.教授师:梵语阿阇梨的意译是教授,即规范正行,教授师是对可以教授规矩仪则而作众僧表率之高僧的敬称。

58.谩作:胡乱作。意思是自己作的偈子一定水平不高。

59.总皆息心:就都不作偈颂。

60.依止:仰伏追随。依止,就是依止师;依靠他来吃饭、穿衣服,依靠他住、修行,这叫依止师。

61.觅祖即恶:如果我是想要当第六代祖师,这可就不对了,这个想法是错误的。

62.却同凡心,夺其圣位奚别:如果这样子,好像以凡夫的思想、凡夫的心理,夺到这个圣位,有什么分别呢?

63.供奉卢珍:供奉是唐朝皇宫中对有某种技能的人给予的官职名称,供奉卢珍即一个叫卢珍的宫廷画师。

64."楞伽"翻译成中文,是"城",又叫"不可往"。

65.五祖血脉图:将初祖达摩到二祖慧可、三祖僧璨、四祖道信、五祖弘忍的禅宗传承过程画成图。

66.拟呈不得:拟,就是想要;预备把偈颂送给五祖,可是,唉! 不敢。为什么不敢呢? 这就像赌钱似的。要是赢了,当然很好,可以做第六代祖师;这一下子要是不合格、输了,就没有祖师做,祖师位子没有了!

67.度:次。

68.呈偈不得:还是不敢交卷。

69.不如向廊下书着:现在我把偈写到这个三间步廊的墙壁上。

70.从他和尚看见:就随便让和尚自己看见;这和尚就是五祖。

71.忽若道好:他看见这个偈颂,如果忽然间就说:"喔! 这个偈颂最好了,这非常妙、非常好!"

72.即出礼拜:等看见他这种情形,我就即刻出来,向五祖大师叩头礼拜

73.云是秀作:说这是神秀我作的。

74.若道不堪:他若说,"唉! 这个胡说八道呢! 太不像话了,简直没有用。"

75.枉向山中数年:在这山中,住了这么多年,都白住了!

76.更修何道:我这简直一点也没有道德,也没有修行啊!

77.不使人知:不叫人知道,

78.自执灯:自己拿着灯。

79.书偈:就把偈写到墙壁上。

80.于南廊壁间:在南边的走廊壁间。

81.呈心所见:把他心里所见的道理,就写出来。

82.菩提树:印度的一种常绿乔木,传说释迦牟尼在此树下觉悟成佛,故名菩提树。

83.明镜台:即明镜,《大乘起信论》中曾把众生的心喻作镜子。

84.宿业障重:宿即过去、前世;业是梵语羯磨的意译,指人的一切思想言行;障是障碍;重即严重。

85.凡所有相,皆是虚妄:《金刚经》第五品中语,原意是佛祖对须菩提说佛祖所有的身相,都是虚妄不实的,意思是一切皆空才是佛门真谛。

86.恶道:即三恶道,是地狱、饿鬼、旁生(除人之外的一切动物),三善道是天、人、阿修罗(即"非天",有"天福"而无"德"者),三善道和三恶道合起来就是六道轮回。

87.炷香:即烧香。炷是动词。

88.慈悲:《智度论》二十七:"大慈与一切众生乐,大悲拔一切众生苦。"所以慈悲就是与众生同乐,救众生苦难的一种所谓菩萨情怀。

89.如此见解:这种见解。

90."念念自见,万法无滞":这一切法,都是圆融无碍的,没有一点滞塞不通的地方。念念:每一个念头之间,指极短暂的瞬间。万法:法是梵语达摩的意译,指一切小者、大者、有形者、无形者、真实者、虚妄者、事物、道理等,所以万法就是指包罗万象的一切。

91.自如如:如如不动这境界。

92.若如是见:若能这样见的话。

93.无上菩提:最高的觉悟。

94.汝且去:你现在先去。

95.思惟:想一想。

96.将来吾看:拿来我看一看。

97.汝偈若入得门:这入得门,就是明心见性,入到佛法的门里来了,不作门外汉。你作的偈颂,如果是见性了,得到本体开悟了。

98.付汝衣法":我就把衣钵传授给你,你就做第六代的祖师。

99.童子:还没有正式出家的少年,或小沙弥一类。

100.上人:本是对德行高者的尊称,这里惠能用以称呼童子,是表示格外尊重的意思。上人":他叫这个童子上人。上人本来是师父的别名。一般出家人叫师父多数是叫上人。

101.别驾:官名,刺史的佐僚。

102.肉身菩萨:虽然还是父母给予的肉身,但在精神上已经达到了菩萨的境界。

103.腰石:腰里捆绑一块石头以增加身体重量,便于踏动舂米碓。

104.米熟也未:米舂好了没有。熟是舂好的意思。

105.犹欠筛在:还差一道用筛子筛的工序,暗示还需要五祖点拨验证的意思。

106.祖以袈裟遮围:五祖大师,看见六祖大师进来,于是乎去把门插上。那时候,窗户不是玻璃的,是用纸糊的,五祖大师,还恐怕外边有人看见六祖来,偷着在外面看,或者在外面偷听,就用袈裟,他的袈裟很大的,把两个人的头,都包到一起。

107.丈夫:如来有十号,其一叫调御丈夫。

108.天人师:如来十号之一,意为天和人都尊佛为师。

109.顿教:禅宗以顿悟相标榜,所以叫顿教。

110.有情:梵语萨埵意译,即众生。

111."有情来下种"偈:前两句说众生没有超脱有情,所以难脱因果报应的循环;后两句说超脱有情而觉悟后就能达无性亦无生的佛教空谛境界。这四句偈颂讲法甚多,如情就是慈悲,因为我有一种慈悲心的感情来种下种子,也就是我把佛法传授给你,好像将种子种到地下,那么果就会生出来。若没人传法于你,也就没有菩提的种子,没有性也就没有生了。

112.达摩大师:南天竺(今印度南部)人,一说波斯人,南北朝时来中国传教,成为所谓禅宗初祖。

113.初来此土:初次来到中国。

114.人未之信:人都不相信。

115.逢怀则止,遇会则藏:"怀"指怀集县,"会"指四会县,都是广东省的县名。这是带有预言性质的谶语,暗示惠能先在广东一带隐居等待机会。

116.南中人:岭南人。

117.九江驿:今江西省九江市。

118.合是吾渡:"渡"与"度"谐音相通,弘忍与惠能通过说渡船来表达佛法的传授。

119.佛法难起:佛法从难的地方,才能兴起来,愈难愈好。

120.已:语气虚词,表示动作结束。

121.大庾岭:山名,江西省大庾县南和广东省南雄县的分界之处,也是一处地理分界标志,过了岭就属于岭南。

122.惠明:即慧明,敦煌本作惠顺,俗姓陈,据说是南朝陈宣帝的孙子,但此说有争议。

123.趁及:赶上。

124.行者:本义是方丈的侍者,后来泛称修行佛道的人,这里是对惠能的称呼。

125.黄梅:湖北省黄梅县,弘忍所在地,可代指弘忍。

126.逢袁则止,遇蒙则居:袁指袁州,今江西省宜春县;蒙,袁州的蒙山。

127.曹溪:广东省韶关市南。

128.四会:广东省四会县,今新会县。

129.《涅盘经》:即《大般涅盘经》,主要教义是"一切众生,悉有佛性"。

130.幡:寺院里的旗子,窄长,是佛教法物。

131.仁者:佛教讲慈悲为怀,故可称和尚为仁者。这是惠能对法性寺僧人的尊称。

132.高贵德王菩萨:全称光明遍照高贵德王菩萨。

133.四重禁:即奸淫、杀戮、偷盗、大妄语四重罪。

134.五逆:罪恶之极逆于常理,又叫五间业。

135.一阐提:佛教称断绝善根之极恶人为一阐提,但誓愿济度众生自己不成佛的菩萨也被称作一阐提,所谓二种一阐提,这里是指前者。

136.蕴:指五蕴,又称五阴,即色、受、想、行、识。

137.某甲:自称,相当于"我"。

138.祝发:剃发。

139.东山法门:指自己讲的佛法是从黄梅凭茂山弘忍处得到的真传。

140.使君:对韦琚的尊称。

141.得法之因:我得法的因缘。

142.教是先圣所传:佛教是以前的佛、菩萨所传出来的。

143.不是惠能自智:不是我自己的智慧。

144.愿闻先圣教者:你们愿意听以前佛所说的教,

145.各令净心:你们每个人都自己清净其心。

146.闻了,各自除疑:你听法之后,要把你的怀疑除去。

147.如先代圣人无别:好像听佛、菩萨所讲的一样。

148.一众闻法:在会的所有大众听法后。

149.欢喜作礼而退:大家都很欢喜的,就叩头,然后退到一边去了。

思考讨论题

1.佛教禅宗的人性信仰有何意义？试述之。

2.试以唐诗中的具体作品为例,阐明其所蕴涵的禅机禅趣。

扩展阅读

1.(六祖《坛经》)特提出直指人心、见性成佛之旨,一扫僧徒繁琐章句之学,摧陷廓清,发聋振聩,固我国佛教史上一大事也!

——[现代]陈寅恪《论韩愈》

2.善知识,智慧观照,内外明彻,识自本心。若识本心,即本解脱,若得解脱,即是般若三昧,般若三昧,即是无念。何名无念?知见一切法,心不染著,是为无念。用即遍一切处,亦不著一切处,但净本心,使六识出六门,于六尘中无染无杂,来去自由,通用无滞,即是般若三昧,自在解脱,名无念行。

——[唐代]惠能《坛经·般若品第二》

3.定慧一体,不是二。定是慧体,慧是定用。……定慧犹如何等?犹如灯光,有灯即光,无灯即暗,灯是光之体,光是灯之用,名虽有二,体本同一。此定慧法,亦复如是。

——[唐代]惠能《坛经·定慧品第四》

4.何名坐禅?此法门中,无障无碍。外于一切善恶境界心念不起,名为坐;内见自性不动,名为禅。善知识,何名禅定?外离相为禅,内不乱为定。外若著相,内心即乱;外若离相,心即不乱,本性自净自定。只为见境思境即乱,若见诸境心不乱者,是真定也。善知识,外离相即禅,内不乱即定,外禅内定,是为禅定。……于念念中,自见本性清净,自修,自行,自成佛道。

——[唐代]惠能《坛经·坐禅品第五》

5.忏者,忏其前愆。从前所有恶业,愚迷诳诳嫉妒等罪,悉皆尽忏,永不复起,是名为忏。悔者,悔其后过,从今已后,所有恶业,愚迷诳诳嫉妒等罪,今已觉悟,悉皆永断,更不复作,是名为悔。故称忏悔。……劝善知识,归依自性三宝。佛者,觉也;法者,正也;僧者,净也。自心归依觉,邪迷不生。……自心归依自性,是归依真佛。自归依者,除却自性中不善心、嫉妒心、谄曲心、吾我心、诳妄心、轻人心、慢他心、邪见心、贡高心,及一切时中不善之行,常自见己过,不说他人好恶,是自归依。

——[唐代]惠能《坛经·忏悔品第六》

6.师自黄梅得法,回至韶州曹侯村,人无知者。时有儒士刘志略,礼遇甚厚。志略有姑为尼,名无尽藏,常诵《大涅槃经》。师暂听即知妙义,遂为解说。尼乃执卷问字,师曰:"字即不识,义即请问。"尼曰:"字尚不识,焉能会义?"师曰:"诸佛妙理,非关文字。"尼惊异之,遍告里中耆德云,此是有道之士,宜请供养。……师住九月馀日,又为恶党寻逐,师乃遁于前山,被其纵火焚草木,师隐身挨入石中得免。石今有师趺坐膝痕,及衣布之纹,因名避难石。师忆五祖怀会止藏之嘱,遂行隐于二邑焉。僧法海,韶州曲江人也,初参祖师。问曰:"即心即佛,愿垂指谕。"师曰:"前念不生即心,后念不灭即佛;成一切相即心,离一切相即佛。吾若具说,穷劫不尽。听吾偈曰:即心名慧,即佛乃定。定慧等持,意中清净。悟此法门,由汝习性。用本无生,双修是正。"法海言下大悟,以偈赞曰:"即心元是佛,不悟而自屈。我知定慧因,双修离诸物。"

——[唐代]惠能《坛经·机缘品第七》

7.师一日唤门人法海、志诚、法达、神会、智常、智通、志彻、志道、法珍、法如等,曰:"汝等不同馀人,吾灭度后,各为一方师,吾今教汝说法,不失本宗。先须举三科法门,动用三十六对,出没即离两边,说一切法,莫离自性。忽有人问汝法,出语尽双,皆取对法,来去相因,究竟二法尽除,更无去处。……若有人问汝义,问有将无对,问无将有对,问凡以圣对,问圣以凡对,二道相因,生中道义。如一问一对,馀问一依此作,即不失理也。设有人问,何名为暗?答云:明是因,暗是缘,明没则暗,以明显暗,以暗显明,来去相因,成中道义。馀问悉皆如此。汝等于后传法,依此转相教授,勿失宗旨。"师于太极元年壬子,延和七月,命门人,往新州国恩寺建塔,仍令促工。次年夏末落成。七月一日,集徒众曰:"吾至八月,欲离世间,汝等有疑,早须相问,为汝破疑,令汝迷尽。吾若去后,无人教汝。"法海等闻,悉皆涕泣。惟有神会,神情不动,亦无涕泣。师云:"神会小师,……汝等尽坐,吾与汝说一偈,名曰《真假动静偈》,汝等诵取此偈,与吾意同,依此修行,不失宗旨。"众僧作礼,请师作偈,偈曰:"……能善分别相,第一义不动。但作如此见,即是真如用。报诸学道人,努力须用意。莫于大乘门,却执生死智。若言下相应,即共论佛义。若实不相应,合掌令欢喜。此宗本无诤,诤即失道意。执逆诤法门,自性入生死。"时徒众闻说偈已,普皆作礼,并体师意,各各摄心,依法修行,更不敢诤。乃知大师不久住世,法海上座再拜问曰:"和尚入灭之后,衣法当付何人?"师曰:"吾于大梵寺说法,以至于今,钞录流行,目曰《法宝坛经》。汝等守护,递相传授,度诸群生。但依此说,是名正法。今为汝等说法,不付其衣。盖为汝等信根淳熟,决定无疑,堪任大事。然据先祖达摩大师,付授偈意,衣不合传。偈曰:吾本来兹土,传法救迷情。一华开五叶,结果自然成。"……大师七月八日,忽谓门人曰:"吾欲归新州,汝等速理舟楫。"大众哀留甚坚。师曰:"诸佛出现,犹示涅槃,有来必去,理亦常然。吾此形骸,归必有所。"众曰:"师从此去,早晚可回?"师曰:"叶落归根,来时无口。"又问曰:"正法眼藏,传付何人?"师曰:"有道者得,无心者通,"……大师先天二年癸丑岁,八月初三日,……师说偈已,端坐至三更,忽谓门人曰:"吾行矣!"奄然迁化。于时异香满室,白虹属地,林木变白,禽兽哀鸣。

——[唐代]惠能《坛经·付嘱品第十》

8.尽日寻春不见春,芒鞋踏遍陇头云。归来笑拈梅花嗅,春在枝头已十分。

——[宋代]某 尼《悟道诗》

骆宾王《在狱咏蝉》

西陆蝉声唱,南冠客思侵。
那堪玄鬓影,来对白头吟。
露重飞难进,风多响易沉。
无人信高洁,谁为表予心。

(《全唐诗》,中华书局,2011)

作品简介

骆宾王(约 626—684 后),"初唐四杰"之一。他出身寒门,七岁能诗,号称"神童",《咏鹅》即其儿时所作。闻一多先生说他"天生一副侠骨,专喜欢管闲事,打抱不平、杀人报仇、革命,帮痴心女子打负心汉"(《宫体诗的自赎》)。骆宾王因上疏论事触忤武后,遭诬下狱,此诗即身陷囹圄之作。《在狱咏蝉》以蝉比兴,抒发了诗人品行高洁却"遭时徽缠"的哀怨悲伤之情,寄托遥深,是咏物诗中的名作。

导读指要

《在狱咏蝉》是初唐诗坛较早出现的一首咏物感怀的五律杰作。骆宾王天资聪颖,少年英俊,但一生官卑职微,屈沉下僚。唐高宗仪凤三年(678 年)迁侍御史,因屡屡上书议论政事,触犯皇后武则天,被诬获罪,蒙冤入狱。出为临海县丞,世称"骆临海"。后又参加了徐敬业举兵讨伐武则天的军事行动,并草檄了盛传于世的《为徐敬业讨武曌檄》,历数武则天的罪状,申明讨伐她的正义,兵败后不知所终。

《在狱咏蝉》是骆宾王狱中抒愤、自明心志之作。诗前原本有一长序,其中说到在羁押他的牢狱旁边,"有古槐数株焉……每至夕照低阴,秋蝉疏引,发声幽息,有切尝闻,岂人心异于曩时,将虫响悲于前听?嗟乎,声以动容,德以象贤。吟乔树之微风,韵姿天纵;饮高秋之坠露,清畏人知。仆失路艰虞,遭时徽缧。不哀伤而自怨,未摇落而先衰。闻蟪蛄之流声,悟平反之已奏;见螳螂之抱影,怯危机之未安。感而缀诗,贻诸知己。庶情沿物应,哀弱羽之飘零;道寄人知,悯余声之寂寞。非谓文墨,取代幽忧云尔。"诗人当时的处境遭际、心态情感以及诗之作意尽显无遗。蝉栖居高树,饮露餐风,自甘淡泊,与世无争,素来被视为高洁的象征,但螳螂还要加害于它。作者闻蝉生慨,借蝉自喻,运用比兴手法寄托自己清白峻洁而遭谗被劾,忠于国事却获罪下狱的悲愤之情,同时也表达了辨明无辜、昭雪沉冤的期盼意愿。首联破题,点明题面,由蝉及人,时地分明,情境宛然,客思因蝉唱而发,咏物与抒怀相融。颔联仍然物我对举,于流水对中巧用典实,伤叹自己怨深发白,难以承受无望的、折磨人的乡思的煎熬,更难禁受声声鸣唱的秋蝉的撩拨逗引,一片忠忱尽皆付之东流,语意一气流注,于整饬中见流畅。颈联既是写蝉,更在哀己,物我相合,咏物感怀融为一体。蝉之露重风多、困厄窘迫的处境,有翅难飞、有声不扬的际遇,正象征着当时政治环境的险恶,是诗人身陷牢狱,言路阻抑,有口莫辩,申冤无门的艰危境遇的真实写照。尾联亦物亦人,浑然如一,品性高洁而不为人信,满腹冤情却无可表白,亦无人代为辩诬雪冤,足见炎凉世态,冷暖人情,如此世道人心,诗人深表愤慨。篇末以设问收结,表明借物喻己之意。咏物抒怀,寄托遥深,是此诗在艺术上的最大亮点。通篇皆以比兴成之,句句写蝉,却又处处见己,物我俱到,错落有致,或分写并举,或水乳交融,莫辨彼此,达到了物我相化的境界。前三联俱用对仗,工整匀称,严谨凝炼,堪为古代咏物诗中的妙品。

　　在中国传统文化中,蝉作为一个生命意象,从诗、骚开始就已出现在文人的笔下。最初,蝉是一个悲秋伤逝的意象符号,蝉之生命起始关合着人类生命的盛衰,蝉的意象自然浸染着古人强烈的生命意识。随着蝉的意象内涵的进一步扩展,蝉又成为高洁品格、清廉美德的一种象征,并就此一跃而为谦谦君子的化身,是儒家理想人格的风范。而在道家的视野中,它又是餐风饮露、不食人间烟火的仙人,蝉的生命意象寄托着他们长生不老、羽化成仙的理想与渴望。蝉之意象折射出了中国传统文人对生命价值的体认和儒道思想对古代士人的文化心态以及生存之道的深刻影响。

　　从远古以来,中华民族的初民们对生息其上的脚下这块大地,便充溢着无尽的挚爱和深切的关注。大自然的万事万物,作为人类重要的审美对象,在文学的脚步早已涉足之后,又不断以自然实体的形象走进了骚人墨客的视野,引来了诗家的殷殷顾盼,深情赋咏。咏物诗是中国古典诗歌的一大品类,发轫于先秦,兴盛于六朝,大昌于唐宋,元明清三朝相沿不衰。历代所咏,其数量不亚于一部《全唐诗》,佳作层出,名篇迭见,蔚为大观,具有极高的艺术品位和审美价值,是弥足珍视的古代文化遗产。吟咏自然物象,不仅要形神兼备,更贵在寄托,这是咏物之作的灵魂和价值所在,好的咏物诗大都形神兼备,寄托殷殷,或者抒情,或者说理,或者言志。而专意咏物、了无寄托的咏物诗要么意义不大,要么毫无价值。因为读者在咏物诗中所追寻的,绝然不是模写的形象逼真,物态的鲜明生动,而是一种心灵的感应和艺术的共鸣。咏物诗中的成功之作,莫不以寄托为其追求的极致。

字句疏解

1. 西陆蝉声唱,南冠客思侵:西陆,指秋天;南冠,楚冠,这里是囚徒的意思,用《左传·成公九年》,楚钟仪戴着南冠被囚于晋国事。

2. 那堪玄鬓影,来对白头吟:意谓秋蝉正对自己的白头哀吟。玄鬓,指蝉的黑色翅膀;白头吟,古乐府曲名,内容皆自伤清直却遭诬谤。

3. 露重飞难进,风多响易沉:露重,秋露浓重;飞难进,是说蝉难以高飞;响,指蝉声;沉,沉没,掩盖。

4. 无人信高洁,谁为表予心:高洁,清高洁白;古人认为蝉栖高饮露,是高洁之物,作者因以自喻;予心,我的心。

思考讨论题

1. 试述蝉意象的文化意蕴。

2. 古代咏物诗中题咏昆虫鱼龙的诗作不胜枚举,如南宋杨万里的《蜂儿诗》:"蜂儿不食人间仓,玉露为酒花为粮,作蜜不忙采蜜忙,蜜成犹带百花香。"在悉心感知、深入思考的基础上,写一篇赞颂蜜蜂精神的励志散文。

扩展阅读

1. 唯夫蝉之清素兮,潜厥类乎太阴。在盛阳之仲夏兮,始游豫乎芳林。实澹泊而寡欲兮,独怡乐而长吟。声嚖嚖而弥厉兮,似贞士之介心。内含和而弗食兮,与众物而无求。栖高枝而仰首兮,漱朝露之清流。隐柔桑之稠叶兮,快啁号以遁暑。苦黄雀之作害兮,患螳螂之劲斧。……皎皎贞素,侔夷节兮。帝臣是戴,尚其洁兮。

——[三国魏]曹 植《蝉赋》

2. 夫(蝉)头上有緌,则其文也;含气饮露,则其清也;黍稷不享,则其廉也;处不巢居,则其俭也;应候守常,则其信也。……君子则其操,可以事君,可以立身,岂非至德之虫哉?……

——[晋代]陆 机《寒蝉赋并序》

3. 一声清溽暑,几处促流年。志士心偏苦,初闻独泫然。

——[唐代]雍裕之《早蝉》

4. 槐薰忽送清商怨,依稀正闻还歇。故苑愁深,危弦调苦,前梦蜕痕枯叶。伤情念别。是几度斜阳,几回残月。转眼西风,一襟幽恨向谁说。轻鬓犹记动影,翠蛾应妒我,双鬓如雪。枝冷频移,叶疏犹抱,孤负好秋时节。凄凄切切。渐迤逦黄昏,砌蛩相接。露洗馀悲,暮烟声更咽。

——[宋代]周 密《齐天乐·蝉》

王勃《送杜少府之任蜀川》

城阙辅三秦,风烟望五津。

与君离别意,同是宦游人。

海内存知己,天涯若比邻。

无为在歧路,儿女共沾巾。

(《全唐诗》,中华书局,2011)

作品简介

王勃(649—676),唐代诗人,字子安,少时即显露才华,但仕途淹蹇。与杨炯、卢照邻、骆宾王并称"初唐四杰",且位列四杰之首。王勃诗歌的题材取向较为广泛,其中尤以别友怀乡、登临山水之作见称于世。此诗是一首送别之作,是诗人供职长安时所作。通篇开合顿挫,意境旷达,堪称古代送别诗中的经典之作。

导读指要

送别是一种生活现象,也是一种文化现象,它熔铸着古人真切的生命体验和滞重的人生情怀,具有民族传统感情和社会心理的凝固内容。江淹《别赋》有云:"黯然销魂者,唯别而已矣!"送别成为文学史上反复题咏、歌吟不绝、且又常出常新的动人主题。古代交通不便,通讯困难,一旦作别,山重水隔,劳燕分飞,天各一方,后会无期,是以古人于离别常常很动感情。诗到别时情难尽,"多情自古伤离别",一般的送别诗也多为感离伤别、凄恻哀怨之作,"执手相看泪眼,竟无语凝噎,"即代表了这类诗歌的感情基调。而王勃的这首五律却以浑厚疏朴的笔调,高远开朗的胸怀作慰勉语,抒写挚友之间心心相印的纯真感情和昂扬乐观的人生态度,一反传统送别诗低沉伤感的情调,表现出一种豪迈的气概和壮阔的境界,音调爽朗,独标高格。

诗之首联即以工整的对仗句点出送别之地和友人所往,惜别之意、关切之情流注笔端。"城阙"是用辞藻,但不华靡;"三秦"乃用典实,亦未生涩。"风烟"喻示着旅途的艰辛和前程的茫然。颔联承上点明送别题面,牵合行留,绾结彼此,惜别中不乏慰勉,论理中见出达观。宦游生涯本就飘泊不定,今日官东,明日官西,自是政治生命的一种常态,还有什么可悲伤的呢?真是动之以情,晓之以理,深情绵邈,余味曲包。颈联宕开一笔,凌空取势,慰人慰己,语壮情深,精警凝炼,情理交融,既有人生得遇知己的满足感，更有超越时空隔绝的快慰感。此地一别，地相远，人相隔，然心相近，情相连。天涯咫尺，心灵和感情全然不受时地的阻隔与拘约，在浩瀚的生命洋流中，任凭思想的船游荡，听任感情的帆驰骋，诗人不凡的情志远远超出了流俗的常情，真挚豪迈的诗情至此达到高潮。这情理并茂的诗句，千百年来曾使多少人的心灵产生了强烈的共鸣，又给多少人以感情上的陶冶和慰藉，简直要使一切送别之作都为之黯然失色。尾联以相互劝勉、未可伤别收合，语气柔婉而感情沉雄壮阔。此处的"歧路"，亦可视为生命途程中的困顿与挫折，人生多歧路，行途倍艰难，行路难的咏叹亦每每见于诗家的笔下。在离别之际，面对不可预知的未来和命途上的种种不幸，既不悲观，也不退缩，坦然以对，奋然振起，不效儿女之情，不做怅伤之态，意高旨永，真情流注。通首运思波澜起伏，诗情顿挫跌宕，章法严谨有致，诗境明朗，格调壮大，荡溢着一种好男儿志在四方的英雄气概，这在流行儿女笔墨的初唐诗坛，尤为难得。

此诗与曹植《赠白马王彪》之"丈夫志四海，万里犹比邻。恩爱苟不亏，在远分日亲。何必同衾帱，然后展殷勤。忧思成疾疢，无乃儿女仁"八句明显有着某种渊源关系，王勃既有继承，更见超越。相较而言，两诗的构思命意同中有异，临别之际相互慰勉，是为同，乃王诗对曹诗的沿袭传承。而两诗之异则是王诗的超越与创新：曹诗既惜别又伤别，于感伤中作无可奈何的宽慰。而王诗惜别却不伤别，故能变悲凉为豪壮，表现出非凡的襟抱气概；曹诗感情细腻，娓娓述说，"丈夫志四海，万里犹比邻。恩爱苟不亏，在远分日亲。何必同衾帱，然后展殷勤"六句，细玩诗意，实为同一意致正、远、近三个维度的反复申说，深沉悲痛，情理并到。王诗则高度概括，凝炼蕴藉，"海内存知己，天涯若比邻"二句便把曹诗之意囊括殆尽，且超越了曹植的兄弟骨肉之情而进入了更大的感情天地，工整精粹，情理交融，耐人寻味，成为千古传扬的名句，不独频频出现在我们的口语和各种书面语言中，而且也时时唱响于当代国际交往中的一些重要的外交场合，显示了强大的思想魅力和恒久的艺术生命；至于曹诗的"忧思成疾疢，无乃儿女仁"之句，显然是忧思既成之后"莫要如此"的劝慰。而王诗的尾联则是未成忧思的"不应、也不必如此"之慰勉，语气委婉多致，情怀愈见旷达。世有"青出于蓝而胜于蓝"之说，王勃是诗正堪当此论。

字句疏解

1.少府：官名，唐时县尉的别称。之：到、往；之任，赴任。蜀川：即今四川，一本作"蜀州"。

2.城阙辅三秦，风烟望五津：城阙，即城楼，指唐代京师长安城；辅，护卫；三秦，指长安城附近的关中之地；秦朝末年，项羽破秦，把关中分为三区，分别封给秦国的三位降将，故称三秦；此句为倒装句。"风烟"两字名词用作状语，表示行为的处所；五津，四川岷江的五个渡口，这里泛指蜀川。

3.同是宦游人:宦(huàn)游,出外做官。

4.比邻:即近邻。周制:五家相连曰"比"。

5.无为在歧路,儿女共沾巾:无为,无须、用不着;歧(qí)路,岔路;古人送行常在大路分岔处告别。

思考讨论题

1.在作此诗数年之后,王勃又写了很多送别诗,如《别薛华》"送送多穷路"。同为送别之作,《别薛华》与《送杜少府之任蜀川》的情感基调有何不同,为什么?

2.结合此诗谈谈对知己、友情的理解和看法。

扩展阅读

1.唐初五言律,惟王勃"送送多穷路"、"城阙辅三秦"等作,经篇不著景物,而兴象婉然,气骨苍然,实首启盛、中妙境。⋯⋯究其才力,自是唐人开山祖。

——[明代]胡应麟《诗薮·内编》卷四

2.心悲动我神,弃置莫复陈。丈夫志四海,万里犹比邻。恩爱苟不亏,在远分日亲。何必同衾帱,然后展殷勤。忧思成疾疢,无乃儿女仁。仓卒骨肉情,能不怀苦辛?

——[三国魏]曹植《赠白马王彪》章六

3.送送多穷路,遑遑独问津。悲凉千里道,凄断百年身。心事同漂泊,生涯共苦辛。无论去与住,俱是梦中人。

——[唐代]王勃《别薛华》

4.卧病人事绝,嗟君万里行。河桥不相送,江树远含情。别路追孙楚,维舟吊屈平。可惜龙泉剑,流落在丰城。

——[唐代]宋之问《送别杜审言》

5.二十解书剑,西游长安城。举头望君门,屈指取公卿。国风冲融迈三五,朝廷欢乐弥寰宇。白璧皆言赐近臣,布衣不得干明主。归来洛阳无负郭,东过梁宋非吾土。兔苑为农岁不登,雁池垂钓心长苦。世人遇我同众人,唯君于我最相亲。且喜百年见交态,未尝一日辞家贫。弹棋击筑白日晚,纵酒高歌杨柳春。欢娱未尽分散去,使我惆怅惊心神。丈夫不作儿女别,临歧涕泪沾衣巾。

——[唐代]高适《别韦参军》

6.火山六月应更热,赤亭道口行人绝。知君惯度祁连城,岂能愁见轮台月。脱鞍暂入酒家垆,送君万里西击胡。功名祇向马上取,真是英雄一丈夫。

——[唐代]岑参《送李副使赴碛西官军》

7.兵戈不见老莱衣,叹息人间万事非。我已无家寻弟妹,君今何处访庭闱?黄牛峡静滩声转,白马江寒树影稀。此别应须各努力,故乡犹恐未同归。

——[唐代]杜 甫《送韩十四江东覲省》

8.离离原上草,一岁一枯荣。野火烧不尽,春风吹又生。远芳侵古道,晴翠接荒城。又送王孙去,萋萋满别情。

——[唐代]白居易《赋得古原草送别》

9.千里黄云白日曛,北风吹雁雪纷纷。莫愁前路无知己,天下谁人不识君。

——[唐代]高适《别董大》

王勃《滕王阁序》

豫章故郡,洪都新府。星分翼轸,地接衡庐。襟三江而带五湖,控蛮荆而引瓯越。物华天宝,龙光射牛斗之墟;人杰地灵,徐孺下陈蕃之榻。雄州雾列,俊采星驰,台隍枕夷夏之交,宾主尽东南之美。都督阎公之雅望,棨戟遥临;宇文新州之懿范,襜帷暂驻。十旬休假,胜友如云;千里逢迎,高朋满座。腾蛟起凤,孟学士之词宗;紫电清霜,王将军之武库。家君作宰,路出名区;童子何知,躬逢胜饯。

时维九月,序属三秋。潦水尽而寒潭清,烟光凝而暮山紫。俨骖騑于上路,访风景于崇阿。临帝子之长洲,得天人之旧馆。层峦耸翠,上出重霄;飞阁流丹,下临无地。鹤汀凫渚,穷岛屿之萦回;桂殿兰宫,即冈峦之体势。

披绣闼,俯雕甍。山原旷其盈视,川泽纡其骇瞩。闾阎扑地,钟鸣鼎食之家;舸舰弥津,青雀黄龙之舳。云销雨霁,彩彻区明。落霞与孤鹜齐飞,秋水共长天一色。渔舟唱晚,响穷彭蠡之滨;雁阵惊寒,声断衡阳之浦。

遥襟甫畅,逸兴遄飞。爽籁发而清风生,纤歌凝而白云遏。睢园绿竹,气凌彭泽之樽;邺水朱华,光照临川之笔。四美具,二难并。穷睇眄于中天,极娱游于暇日。天高地迥,觉宇宙之无穷;兴尽悲来,识盈虚之有数。望长安于日下,目吴会于云间。地势极而南溟深,天柱高而北辰远。关山难越,谁悲失路之人;萍水相逢,尽是他乡之客。怀帝阍而不见,奉宣室以何年。

嗟乎!时运不齐,命途多舛;冯唐易老,李广难封。屈贾谊于长沙,非无圣主;窜梁鸿于海曲,岂乏明时?所赖君子见机,达人知命。老当益壮,宁移白首之心?穷且益坚,不坠青云之志。酌贪泉而觉爽,处涸辙以犹欢。北海虽赊,扶摇可接;东隅已逝,桑榆非晚。孟尝高洁,空余报国之情;阮籍猖狂,岂效穷途之哭!

勃,三尺微命,一介书生。无路请缨,等终军之弱冠;有怀投笔,慕宗悫之长风。舍簪笏于百龄,奉晨昏于万里。非谢家之宝树,接孟氏之芳邻。他日趋庭,叨陪鲤对;今兹捧袂,喜托龙门。杨意不逢,抚凌云而自惜;钟期既遇,奏流水以何惭?

呜呼!胜地不常,盛筵难再;兰亭已矣,梓泽丘墟。临别赠言,幸承恩于伟饯;登高作赋,是所望于群公。敢竭鄙怀,恭疏短引;一言均赋,四韵俱成。请洒潘江,各倾陆海云尔。

(刘盼遂,郭预衡:《中国历代散文选》,北京出版社,2002)

作品简介

《滕王阁序》全称《秋日登洪府滕王阁饯别序》。滕王阁位于江西省南昌市赣江滨。唐高祖之子滕王李元婴任洪州都督时(公元653年)始建,后阎伯屿为洪州牧,宴群僚于阁上,王勃省父过此,即席而作。文中用铺叙的手法,以滕王阁为中心,以人杰地灵为线索,生动地描绘了四围的形势景色和宴会盛况,抒发了作者怀才不遇、"无路请缨"的感慨和其他种种复杂的心绪。文章属对工整,感情真切,行文自然流畅,用典灵活自如,华词佳句美不胜收,是不可多得的骈文名篇。

据载,公元675年(唐高宗上元二年)为庆贺滕王阁重修而成,洪州牧阎伯屿宴群僚于阁上,让其婿吴子章作序以彰其名,其婿假意谦让,不料前往南方省父过此的王勃却提笔即席就作。阎公初以"更衣"为名,愤然离席,专会人伺其下笔。初闻"豫章故郡,洪都新府",阎公觉得"亦是老生常谈";接下来"星分翼轸,地接衡庐",公闻之,沉吟不言;及至"落霞与孤鹜齐飞,秋水共长天一色"一句,乃惊"此真天才,当垂不朽矣!",出立于勃侧而观,遂亟请宴所,极欢而罢。足见王勃才华横溢,语惊四座。

导读指要

骈文是六朝兴起的一种新的文体,时称"今体"或"丽辞"。其主要特点是好用典实,讲求对仗,辞采华茂,形式整齐美观,因被称为美文。在句式上,骈文多以四、六言组合成文,柳宗元称其为"骈四俪六,锦心绣口",故又名四六文。在初唐时期,骈文虽仍居于文坛的主流地位,却也出现了由骈趋散的新变,至王、杨、卢、骆"四杰"的崛起,更大倡文风改革,骈体文才有了实质性的转变。"四杰"提倡"刚健"之风,崇尚"气凌云汉,字挟风霜"(王勃《平台密略赞·艺文》)的骨气,他们的骈体文开始呈现出清新刚健的风格。作为骈文的经典之制,王勃的《秋日登洪府滕王阁饯别序》自不同于六朝骈文的阴柔之美,而颇多阳刚壮伟之气,显示了骈文创作的新风貌和新气象,既震动了当时的文坛,也对后世产生了极为深远的影响。

文章起笔即扣住题面的"洪府"二字,点示其历史沿革,古今对举,汉唐相继。然后围绕滕王阁描写洪府的地理方位、山川形胜、物产人物。接着笔墨渐次向阁宴推进。雄伟的洪州城建,文采斐然的英杰,胜友高朋,文士武将,风云际会,座无虚位。作者对宾主极尽赞美揄扬之能事,于己却谦恭无比,自抑有余。下面又从文题之"秋日"以及"登滕王阁"生发文意。登临送目,近览远眺,作者的神思、目光在更为广远的空间飞荡流转,山原川泽尽收眼底笔下。整幅画面远近交错,动静相衬,色光相间,浓淡得宜。绝世名句"落霞与孤鹜齐飞,秋水共长天一色",从庾信《马射赋》之"落花与芝盖同飞,杨柳共春旗一色"二句化出,但却更为灵动神妙,给人以强烈的视觉冲击,被推为写景描态的千古绝唱。

行文至此，叙述写景已足，以下便从题序之"饯"字落笔，抒写宴会以及由此而引发的人生感触。登高望远，胸怀为之大畅，意兴超逸疾飞。随之又借用梁园、邺水文人雅集赋诗的典事，赞美与宴宾主的善饮胜过陶渊明，美才堪比曹植、谢灵运。此刻，良辰、美景、赏心、乐事四美俱备，贤主、嘉宾二难并得。极目空中，天高地远，作者不禁触景生情，由宇宙的无穷，骤然激惹起强烈的生命意识，从宴游盛会的聚散联想到人生的穷通离合，是以"兴尽悲来"，感慨无极，表现出对宇宙、人生的哲理性思考。对时运的不济，命途的多舛，王勃怅然致慨，并以汉之冯唐、李广、贾谊、梁鸿为例，表明虽遇明时圣主，志士同样失意，高才依然见弃，只是君子能够预见和洞察事物的征兆、动向，通达事理的人知晓自己的命运罢了。愤然之情溢出纸面，无奈之意见于字外。但继之"老当益壮"、"穷且益坚"的意志表白，又使文意柳暗花明，豁然开朗，语气斩钉截铁，掷地有声，既是作者的自我激励，也是古往今来高人节士的共同的人格操守。接下数句则是对这一警策之语的诠释注解。在作者看来，只要志节高尚，品行坚毅，即便酌饮贪泉，身处困厄，仍如应时时持守昂扬向上的人生态度。往之不谏，来者可追，卧薪尝胆，失意而不丧志，定能一展襟抱，有所作为。文末结出篇题之"别"、"序"二字，收足文意。序文围绕滕王阁及其盛宴展开叙事、写景和抒情，层层铺叙，意脉清晰，境界壮阔，文思精妙，神完气足。在华彩字符的表层下面，隐现着一颗不甘寂寞的灵魂。王勃此序以文采取胜，千秋传扬。孔子所谓"言之无文，行而不远"（《左传·襄公二十五年》），实为的论。

字句疏解

1. 豫章故郡，洪都新府：滕王阁在今江西省南昌市。南昌，为汉豫章郡治。洪都：汉豫章郡，唐改为洪州，设都督府。

2. 星分翼轸，地接衡庐：古人习惯以天上星宿与地上区域对应，称为"某地在某星之分野"。据《晋书·天文志》，豫章属楚地，当翼轸二星的分野。翼、轸(zhěn)，星宿名，属二十八宿。衡：衡山，此代指衡州(今湖南省衡阳市)。庐：庐山，此代指江州(今江西省九江市)。

3. 襟三江而带五湖，控蛮荆而引瓯越：襟：以……为襟。因豫章在三江上游，如衣之襟，故称。三江：荆江、松江、浙江。带：以……为带。五湖在豫章周围，如衣束身，故称。五湖：一说指太湖、鄱阳湖、青草湖、丹阳湖、洞庭湖，又一说指菱湖、游湖、莫湖、贡湖、胥湖，皆在鄱阳湖周围，与鄱阳湖相连。以此为南方大湖的总称。蛮荆：古楚地，今湖北、湖南一带。引：连接。瓯越：古越地，即今浙江地区。古东越王建都于东瓯(今浙江省永嘉县)，境内有瓯江。

4. 物华天宝，龙光射牛斗之墟：龙光，指宝剑的光辉；牛、斗，星宿名。墟：域，所在之处。据《晋书·张华传》，晋初，牛、斗二星之间常有紫气照射。张华请教精通天象的雷焕，雷焕称这是宝剑之精，上彻于天。张华命雷焕为丰城令寻剑，果然在丰城(今江西省丰城县,古属豫章郡)牢狱的地下,掘地四丈,得一石匣,内有龙泉、太阿二剑,后这对宝剑入水化为双龙。

5.人杰地灵,徐孺下陈蕃之榻:徐孺:徐孺子的省称,徐孺子名稚,东汉豫章南昌人,当时隐士。据《后汉书·徐稚传》,东汉名士陈蕃为豫章太守,不接宾客,惟徐稚来访时,才设一睡榻,徐稚去后又悬置起来。

6.雄州雾列,俊采星驰:雾列,雾,像雾一样,喻浓密、繁盛,雾列形容繁华;"星"的用法同"雾";俊采:这里指有文采的人物。

7.台隍枕夷夏之交,宾主尽东南之美:枕,占据,地处;东南之美,泛指各地的英雄才俊。《诗经·尔雅·释地》:"东南之美,有会稽之竹箭;西南之美,有华山之金石。"后用"东箭南金"泛指各地的英雄才俊。

8.都督阎公之雅望,棨(qǐ)戟遥临:都督,掌管督察诸州军事的官员;阎公,名未详,时任洪州都督;棨戟,外有赤黑色缯作套的木戟,古代大官出行时用,这里代指仪仗。

9.宇文新州之懿范,襜帷暂驻:宇文新州,复姓宇文的新州(在今广东境内)刺史,名未详;懿范,好榜样;襜帷,车上的帷幕,这里代指车马。

10.十旬休假,胜友如云:唐制,十日为一旬,遇旬日则官员休沐,称为"旬休";胜友,才华出众的友人。

11.腾蛟起凤,孟学士之词宗:宛如蛟龙腾跃、凤凰起舞,形容人很有文采。《西京杂记》:"董仲舒梦蛟龙入怀,乃作《春秋繁露》。"孟学士,名未详,学士是朝廷掌管文学撰著的官员;词宗,文坛宗主。

12.紫电清霜,王将军之武库:《古今注》:"吴大皇帝(孙权)有宝剑六,二曰紫电。"

13.家君作宰,路出名区;童子何知,躬逢胜饯:王勃之父担任交趾县的县令,(自己因探望父亲)路过这个有名的地方(指洪州);(却有幸)参加这场盛大的宴会。

14.时维九月,序属三秋:维,在;三秋,古人称七、八、九月为孟秋、仲秋、季秋,三秋即季秋,九月。

15.潦水尽而寒潭清,烟光凝而暮山紫:此句被前人誉为"写尽九月之景"。潦水,雨后的积水。

16.俨骖騑于上路,访风景于崇阿:俨,"俨"通"严",整齐的样子;骖騑(cān fēi),驾车的马匹;上路,高高的道路;崇阿,高达的山陵。

17.临帝子之长洲,得天人之旧馆:帝子、天人都指滕王李元婴;长洲,滕王阁前赣江中的沙洲。天人,一作"仙人"。

18.飞阁流丹,下临无地:飞檐涂饰红漆;临,向下看。

19.鹤汀凫渚,穷岛屿之萦回;桂殿兰宫,即冈峦之体势:鹤汀凫渚,鹤所栖息的水边平地,野鸭聚处的小洲;萦回,曲折。

20.披绣闼，俯雕甍：披，开；绣闼，绘饰华美的门；雕甍（méng），雕饰华美的屋脊。

21.闾阎扑地，钟鸣鼎食之家：闾阎，里门，这里代指房屋；钟鸣鼎食，古代贵族鸣钟列鼎而食，所以用钟鸣鼎食指代名门望族。

22.舸舰迷津，青雀黄龙之轴：舸，船大者谓之舸；迷，通"弥"，满；青雀黄龙，船的装饰形状；轴（zhú），通"舳"，船尾把舵处，这里代指船只。

23.云销雨霁，彩彻区明："销"通"消"，消散；彩，日光；区，天空；彻，通贯。

24.落霞与孤鹜齐飞，秋水共长天一色：化用庾信《马射赋》："落花与芝盖同飞，杨柳共春旗一色。"此句广为称颂，被誉为千古绝唱。

25.渔舟唱晚，响穷彭蠡之滨；雁阵惊寒，声断衡阳之浦：穷，穷尽，引申为"直到"；彭蠡，古代大泽，即今鄱阳湖；衡阳，今属湖南省，境内有回雁峰，相传秋雁到此就不再南飞，待春而返；浦，水边、岸边。

26.遥襟甫畅，逸兴遄飞：登高望远，胸怀顿时舒畅，超逸的兴致迅速升起。遥襟甫畅，一作"遥吟俯畅"。

27.爽籁发而清风生，纤歌凝而白云遏：爽籁，清脆的排箫音乐；籁，管子参差不齐的排箫；遏，阻止，引申为"停止"；白云遏，形容音响优美，能驻行云。《列子·汤问》："薛谭学讴于秦青，未穷青之技，自谓尽之，遂辞归。秦青弗止，饯于郊衢。抚节悲歌，声振林木，响遏行云。"

28.睢园绿竹，气凌彭泽之樽：今日盛宴好比当年梁园雅集，大家酒量也胜过陶渊明。睢园，即汉梁孝王菟园，梁孝王曾在园中聚集文人饮酒赋诗；凌，超过；彭泽，县名，在今江西湖口县东，此代指陶潜，即陶渊明（曾官彭泽县令，世称陶彭泽）；樽，酒器。

29.邺水朱华，光照临川之笔：邺水，在邺下（今河北省临漳县），邺下是曹魏兴起的地方，三曹常在此雅集作诗；朱华，荷花，曹植《公宴诗》："秋兰被长坂，朱华冒绿池。"临川，郡名，今江西省抚州市，代指谢灵运（谢灵运曾任临川内史）。

30.四美具，二难并：指良辰、美景、赏心、乐事；二难：指贤主、嘉宾难得。谢灵运《拟魏太子邺中集诗序》："天下良辰、美景、赏心、乐事，四者难并。"一说"四美具"是指宴会上音（音乐）、味（饮食）、文（文章）、言（言语）四者俱备。

31.穷睇眄于中天：极目长天。睇眄（dì miǎn），看；中天，长天。

32.天高地迥，觉宇宙之无穷：宇宙，喻指天地。《淮南子·原道训》高诱注："四方上下曰'宇'，古往来今曰'宙'。"迥，大。

33.望长安于日下，目吴会于云间：日下，京城，古代以太阳比喻帝王，帝王所在处称为"日下"。吴会（kuài），秦汉会稽郡治所在吴县，郡县连称为吴会，今江苏省苏州市；云间，江苏松江县（古华亭）的古称。

34.地势极而南溟深，天柱高而北辰远：南溟，南方的大海；天柱，传说中昆仑山高耸入天的铜柱。《神异经》:"昆仑之山,有铜柱焉。其高入天,所谓天柱也。"北辰,北极星,比喻国君。《论语·为政》:"为政以德,譬如北辰,居其所而众星共(拱)之。"

35.关山难越,谁悲失路之人:关山,险关和高山;悲,同情;失路,仕途不遇。

36.萍水相逢,尽是他乡之客:浮萍随水漂泊,聚散不定,比喻向来不认识的人偶然相遇。

37.怀帝阍而不见,奉宣室以何年:帝阍(hūn),天帝的守门人,屈原《离骚》:"吾令帝阍开关兮,倚阊阖而望予。"此处借指皇帝的宫门;奉宣室,代指入朝做官。贾谊迁谪长沙四年后,汉文帝复召他回长安,于宣室中问鬼神之事。宣室,汉未央宫正殿,为皇帝召见大臣议事之处。

38.冯唐易老,李广难封:冯唐在汉文帝、汉景帝时不被重用,汉武帝时被举荐,已是九十多岁;李广,汉武帝时名将,多次与匈奴作战,军功卓著,却始终未获封爵。

39.屈贾谊于长沙,非无圣主:贾谊在汉文帝时被贬为长沙王太傅;圣主,指汉文帝,泛指圣明的君主。

40.窜梁鸿于海曲,岂乏明时:梁鸿,东汉人,作《五噫歌》讽刺朝廷,因此得罪汉章帝,避居齐鲁、吴中;明时,指汉章帝时代,泛指圣明的时代。

41.所赖君子见机,达人知命:机,"机"通"几",预兆,细微的征兆。《易·系辞下》:"君子见几(机)而作。"达人,通达事理的人。《易·系辞上》:"乐天知命故不忧。"

42.老当益壮,宁移白首之心;穷且益坚,不坠青云之志:《后汉书·马援传》:"丈夫为志,穷当益坚,老当益壮。"坠,坠落,引申为"放弃";青云之志,指远大理想,《续逸民传》:"嵇康早有青云之志。"

43.酌贪泉而觉爽,处涸辙以犹欢:贪泉,在广州附近的石门,传说饮此水会贪得无厌,吴隐之喝下此水,操守反而更加坚定。据《晋书·吴隐之传》,廉官吴隐之赴广州刺史任,饮贪泉之水,并作诗说:"古人云此水,一歃怀千金。试使(伯)夷(叔)齐饮,终当不易心。"涸辙(hé zhé),干涸的车辙,比喻困厄的处境。

44.北海虽赊,扶摇可接:意本《庄子·逍遥游》。

45.东隅已逝,桑榆非晚:东隅,日出处,表示早晨,引申为"早年";桑榆,日落处,表示傍晚,引申为"晚年"。《后汉书·冯异传》:"失之东隅,收之桑榆。"

46.孟尝高洁,空余报国之情:孟尝,据《后汉书·孟尝传》,孟尝曾任合浦太守,以廉洁奉公著称,后因病隐居,桓帝时,虽有人屡次荐举,终不见用。

47.阮籍猖狂,岂效穷途之哭:阮籍,晋代名士,不满世事,佯装狂放,常驾车出游,路不通时就痛哭而返。《晋书·阮籍传》:籍"时率意独驾,不由径路。车迹所穷,辄恸哭而反。"

48.勃,三尺微命,一介书生:三尺,衣带下垂的长度,指幼小,古称成人为"七尺之躯”，称不大懂事的小孩儿为“三尺童儿”；微命，即“一命”，周朝官阶制度是从一命到九命，一命是最低级的官职。

49.无路请缨，等终军之弱冠：终军，据《汉书·终军传》，终军汉代济南人，武帝时出使南越，自请“愿受长缨，必羁南越王而致之阙下”，时仅二十余岁；等，相同，用作动词；弱冠，古人二十岁行冠礼，表示成年，称“弱冠”。

50.有怀投笔，慕宗悫之长风：投笔，事见《后汉书·班超传》，用汉班超投笔从戎的故事。宗悫(què)，据《宋书·宗悫传》，宗悫南朝宋南阳人，年少时向叔父自述志向，云“愿乘长风破万里浪”。后因战功受封。

51.舍簪笏于百龄，奉晨昏于万里：簪(zān)笏，冠簪、手版，官吏用物，这里代指官职地位；百龄，百年，犹“一生”；奉晨昏，侍奉父母，《礼记·曲礼上》：“凡为人子之礼……昏定而晨省。”

52.非谢家之宝树，接孟氏之芳邻：谢家指谢玄，比喻好子弟；“接”通“结”，结交。见刘向《列女传·母仪篇》。据说孟轲的母亲为教育儿子而三迁择邻，最后定居于学宫附近。

53.他日趋庭，叨陪鲤对：趋庭，受父亲教诲；鲤，孔鲤，孔子之子。《论语·季氏》：“(孔子)尝独立，(孔)鲤趋而过庭。(子)曰：‘学诗乎?’对曰：‘未也。’‘不学诗，无以言。’鲤退而学诗。他日，又独立，鲤趋而过庭。(子)曰：‘学礼乎?’对曰：‘未也。’‘不学礼，无以立。’鲤退而学礼。闻斯二者”。

54.今兹捧袂，喜托龙门：捧袂，举起双袖，表示恭敬的姿势；喜托龙门，《后汉书·李膺传》：“膺以声名自高，士有被其容接者，名为登龙门。”

55.杨意不逢，抚凌云而自惜：杨意，杨得意的省称；凌云，指司马相如作《大人赋》。据《史记·司马相如列传》，司马相如经蜀人杨得意引荐，方能入朝见汉武帝。又云：“相如既奏《大人》之颂，天子大悦，飘飘有凌云之气。”

56.钟期既遇，奏流水以何惭：钟期，钟子期的省称。《列子·汤问》：“伯牙善鼓琴，钟子期善听。伯牙鼓琴……志在流水，钟子期曰：‘善哉! 洋洋兮若江河。’”

57.兰亭已矣，梓泽丘墟：兰亭，在今浙江省绍兴市附近，晋穆帝永和九年王羲之与群贤宴集于此。梓泽，即晋石崇的金谷园，故址在今河南省洛阳市西北。

58.临别赠言，幸承恩于伟饯：临别时赠送正言以互相勉励，此指本文。

59.敢竭鄙怀，恭疏短引；一言均赋，四韵俱成：恭疏短引，恭敬地写下一篇小序。一言均赋，每人都写一首诗；四韵俱成，(我的)四韵一起写好了，四韵，八句四韵诗，指王勃此时写下的《滕王阁诗》：“滕王高阁临江渚，佩玉鸣鸾罢歌舞。画栋朝飞南浦云，珠帘暮卷西山雨。闲云潭影日悠悠，物换星移几度秋。阁中帝子今何在? 槛外长江空自流。”

60.请洒潘江，各倾陆海云尔：钟嵘《诗品》：“陆(机)才如海，潘(岳)才如江。”这里形容各宾客的文采。

思考讨论题

"老当益壮，宁移白首之心；穷且益坚，不坠青云之志。"试述这两句励志名言的当代意义。

扩展阅读

1. 江南多临观之美，而滕王阁独为第一。及得三王所为序（王勃）、赋（王绪）、记（王仲舒的修阁记）等，壮其文辞。

——［唐代］韩 愈《新修滕王阁记》

2. 王勃《滕王阁记》"落霞"、"孤鹜"之句，一时之人共称之，欧阳公类俳，可鄙也。然"天高地迥，觉宇宙之无穷；兴尽悲来，识盈虚之有数"亦记其之意义甚远。盖勃文中子之孙，世尚其学，一时之人不识耳。

——［宋代］邵 博《邵氏闻见后录》

3. 庾信曰"落花与芝盖齐飞，杨柳共春旗一色。"王勃曰："落霞与孤鹜齐飞，秋水共长天一色。"……虽有所祖，然青愈于蓝矣。

——［明代］谢 榛《四溟诗话》卷一

4. 滕阁中春绮席开，柘枝蛮鼓殷晴雷。垂楼万幕青云合，破浪千帆阵马来。未掘双龙牛斗气，高悬一榻栋梁材。连巴控越知何事，珠翠沉檀处处堆。

——［唐代］杜 牧《怀钟陵旧游四首》之二

5. 高阁临江渚，访层城、空余旧迹。黯然怀古。画栋珠帘当日事，不见朝云暮雨。但遗意、西山南浦。天宇修眉浮新绿，映悠悠、潭影长如故。空有恨，奈何许。王郎健笔夸翘楚。到如今、落霞孤鹜，竞传佳句。物换星移知几度，梦想珠歌翠舞。为徙倚、兰干凝伫。目断平芜苍波晚，快江风、一瞬澄襟暑。谁共饮，有诗侣。

——［宋代］辛弃疾《贺新郎》

6. 万里西风，吹我上、滕王高阁。正槛外、楚山云涨，楚江涛作。何处征帆木末去，有时野鸟沙边落。近帘钩、暮雨掩空来，今犹昨。秋渐紧，添离索，天正远，伤飘泊。叹十年心事，休休莫莫。岁月无多人易老，乾坤虽大愁难著。向黄昏、断送客魂消，城头角。

——［宋代］吴 潜《满江红·豫章滕王阁》

7. 五百里滇池，奔来眼底。披襟岸帻，喜茫茫空阔无边！看：东骧神骏，西翥灵仪，北走蜿蜒，南翔缟素。高人韵士，何妨选胜登临，趁蟹屿螺州，梳裹就风鬟雾鬓；更苹天苇地，点缀些翠羽丹霞。莫辜负：四围香稻，万顷晴沙，九夏芙蓉，三春杨柳。数千年往事，注到心头。把酒凌虚，叹滚滚英雄谁在？想：汉习楼船，唐标铁柱，宋挥玉斧，元跨革囊。伟烈丰功，费尽移山心力，尽珠帘画栋，卷不及暮雨朝云；便断碣残碑，都付与苍烟落照。只赢得：几杵疏钟，半江渔火，两行秋雁，一枕清霜。

张若虚《春江花月夜》

春江潮水连海平,海上明月共潮生。滟滟随波千万里,何处春江无月明!
江流宛转绕芳甸,月照花林皆似霰。空里流霜不觉飞,汀上白沙看不见。
江天一色无纤尘,皎皎空中孤月轮。江畔何人初见月?江月何年初照人?
人生代代无穷已,江月年年只相似。不知江月待何人,但见长江送流水。
白云一片去悠悠,青枫浦上不胜愁。谁家今夜扁舟子?何处相思明月楼?
可怜楼上月徘徊,应照离人妆镜台。玉户帘中卷不去,捣衣砧上拂还来。
此时相望不相闻,愿逐月华流照君。鸿雁长飞光不度,鱼龙潜跃水成文。
昨夜闲潭梦落花,可怜春半不还家。江水流春去欲尽,江潭落月复西斜。
斜月沉沉藏海雾,碣石潇湘无限路。不知乘月几人归,落月摇情满江树。

(《全唐诗》,中华书局,2011)

作品简介

张若虚(约 660—约 720),唐代诗人。与贺知章、张旭、包融并称"吴中四士"。《春江花月夜》沿用陈隋乐府旧题,但已摆脱宫体藩篱,赋古题以新意。诗人以富有生活气息的清丽之笔,创造性地再现了江南春夜的景色,同时也寄寓着思妇怀人、游子思归的离别之苦。通篇紧扣春、江、花、月、夜的背景,又以月为主体,贯穿全诗。"月"是诗中情景兼融之物,诗情随着月轮的升沉而起伏变化,在月光的照耀下,展现出一幅充满人生哲理与生活情趣的画卷:江水、沙滩、天空、原野、花林、飞霜、扁舟、高楼、镜台、长飞的鸿雁、潜跃的鱼龙,不眠的思妇以及漂泊的游子等等。词清语丽,意境空明,有"孤篇盖全唐"之誉。

导读指要

兴象是唐人特有的美学境界,它是指将深刻的思想内容蕴含在精炼而富有表现力的文字形式中,创造出一种外形鲜明而内蕴丰富的艺术境界,唐人称之为兴象,这是唐诗在艺术上臻于成熟的标志。"兴",原是指诗歌能引起联想、感发意志的功能,后来又解释为托物起兴,用来专指诗歌的艺术表现手法,这种手法和汉儒诗教中的"美刺"方法联系起来,形成一种委婉、含蓄讽谕社会政治的特质。"象",是指物象,即文学作品中所表现的事物形象,加上"兴",即指诗歌表现中特具的那种言近意远、吞吐不尽的美学属性和艺术情趣。在唐诗意境的建构方面,张若虚的《春江花月夜》提供了成功的范例。诗作以流动多姿、美仑美奂的春江月夜景象为背景,细致、形象而又极富层次地抒写了离人望月怀远的相思之情,以及对人生之道和宇宙奥秘的沉思遐想与哲理探求。通首将诗情、画意、理趣融为一体,营造出隽永悠远、景情交融、空灵雅洁、玲珑剔透、兴象鲜明而韵味无穷的诗境。

开篇紧扣诗题,生发题意,勾勒出一幅春江月夜的清丽画面、宁静美景。春江海潮,明月初生,波光万里,水绕芳甸,月照花林,流霜白沙,江天一色。随着作者的妙笔点画,春、江、花、月、夜之诗情逐次展开,鱼贯而出。朦胧月色之下,烟波浩渺、明秀纯净的春江远景,展示出大自然的神奇美妙。身处分外幽美恬静的宇宙天地,诗人在感受美景的同时,沉浸于对似水流年的体认之中,进而引发了对人生哲理、自然奥秘的思索和探寻,大有苏轼"明月几时有,把酒问青天"(《水调歌头》)之意。江天澄明,时空无限,明月永存,岁岁照人,个体的生命是有限的,但人生代代相传,无穷无尽,同样永恒不灭,从中表现出一种更为深沉寥廓的宇宙情怀,意味深长,理趣悠然。光阴如水,生命短暂,离别便显得格外漫长,良辰美景更衬出离愁之苦。下面即转写人间男女的相思别恨,其中既有游子思妇天各一方、山隔水阻的两地互念,更有思妇对远人望眼欲穿的深情怀想。诗中以"月"为传情的媒介,月光卷之不去,拂之还来,牵愁惹恨,撩拨情思,与远方亲人遥遥共月却无由相会,只得依托明月一寄相思。捣衣砧石,这是一种极易牵动离人愁怀的景致物象,而诗人的意绪亦随着空间的位移、画面的深远而无限延展。人世的悲欢离合,愁情别绪,给这明净无瑕的诗境,陡然融入了一层淡淡的忧伤,随着流光江波徐徐扩散,弥漫全诗。篇末用春梦、落花、流水、残月衬托游子的思归之心、凄寂之感以及岁月蹉跎、年华流逝的悲慨,强化离情,怅然无极。结句以落月光影摇荡江树,纷然情思盈空弥野收束,含蓄不尽,余音袅袅,情蕴绵远,摇曳生姿。

诗作构思巧妙,章法井然,景色清丽奇特,感情真挚缠绵,意境深邃空灵,韵律和谐婉转,辞采优美流畅,极富音乐美。全篇起笔在月升、收墨在月落,随着月之起落运行的轨迹,逐层展开对自然和人生的描写观照,编织春江月夜缤纷多彩的画面,而月以及月下之人始终处在画幅的中心地位。诗中之月,既是自然无知之景,又为含情含态之物,她象一条饶富生命、牵系古今的纽带,将悠远的时间、寥廓的空间以及月照下的各种自然景物和游子思妇、离情别绪、哲理之思连接起来,构成丰富奇妙而又浑融完整的诗歌形象。诗人将真切的生命体验融入美的兴象,情与景交融一处,诗情与画意相结合,情思氛围十分浓烈,诗境空明纯美,给人以回味不尽的绵邈韵味。难怪闻一多先生曾赞誉此诗曰:"这里一番神秘而又亲切的、如梦境的晤谈,有的是强烈的宇宙意识。""这是诗中的诗,顶峰上的顶峰。"(《唐诗杂论·宫体诗的自赎》)可谓推崇备至。

诗中于捣衣砧石的吟咏,实为古代思乡怀亲之作中频频出现的感情音符,它反映了自给自足的小农经济社会以家庭为生产单位,满足人们衣行之需的生活状态。古代制衣的布帛多为生料,须先捣捶使之柔软熨贴,制作的衣服才显得平整大方,穿着也较为舒适。捣捶时把布料铺在砧石上,用木杵敲击捶平,称为"捣衣"或"捣练",且常常于深秋寒夜劳之,清风冷月下持续不断的砧杵之声,则被诗人词客名为

"寒砧"、"清砧"或"暮砧",以此表现思归念亲、远别故乡的怅惘之情。"寒衣处处催刀尺,白帝城高急暮砧。"(《秋兴》八首之一)杜甫正是听到了白帝城中阵阵急促的寒秋暮砧,油然兴发出一缕浓浓的乡关之思,激惹起对故园亲旧的无尽怀想。在日常生活中,衣、食、住、行乃人之必需。"衣"不独能蔽体御寒,在传统诗学中,它是一种符号,一种情感暗语,存储着思念、盼想、关爱、依恋、伤逝等丰富的人文内涵。捣衣之声,堪称一曲缠绵深永、弥天塞地的人文音乐,砧前水边无数美丽深情的倩影为其背景,绵延不尽的时间深化了乐曲的内涵,使之成为一种令人难以释怀的诗化音响。捣女听之,盼归怀远,逗引起斩不断的离愁别绪;游子闻之,自会想到家的温馨,蓦然平添了无穷的乡思乡愁。正因如此,捣衣声响和与之相关的砧石木杵,便成为古代诗歌中"闺怨"主题下最为常见的意象之一。而寒夜捣衣,风送砧声之情境,亦极易触动异乡游子的客中情怀,于是捣衣、砧石也就作为思乡主题的传统意象,每每出现于骚人墨客的笔下。可以说,寒夜捣衣,砧石声声,这是华夏民族的心河上流淌的一首古老的无字歌,是漂泊流转、碌碌仕途、无所归止的失意文人心灵深处的历史回响,更是古代劳动妇女用生命和挚爱编织的感人乐章,多少娇美艳丽的生命之花,在阵阵寒声中苍老凋谢,砧声表达着她们对家庭的奉献与维系,对生活的希冀和盼想,同时也诉说着她们的痛苦与忧怨,执着和坚韧。而闻声思亲怀乡的心灵归依,感情动荡,又最真切地投射出封建士子的生命状态、情感缺失和在多舛命途上的抗争与追求,从而赋予诗作一种人生的沧桑感、沉重感和悲凉感,极大地丰富了古典诗歌的审美意蕴。

字句疏解

1.滟滟随波千万里,何处春江无月明:滟(yàn)滟,波光荡漾的样子。

2.江流宛转绕芳甸,月照花林皆似霰:芳甸(diàn),芳草丰茂的原野;甸,郊外之地;霰(xiàn),天空中降落的白色不透明的小冰粒,形容月光下春花晶莹洁白。

3.空里流霜不觉飞,汀上白沙看不见:流霜,飞霜,古人以为霜和雪一样,是从空中落下来的,所以叫流霜,这里是用来比喻月色,讲月光皎洁,月色朦胧;汀(tīng),水边平地,小洲。

4.人生代代无穷已,江月年年只相似:穷已,穷尽。

5.白云一片去悠悠,青枫浦上不胜愁:悠悠,渺茫、深远;青枫浦,地名,今湖南浏阳县境内,这里泛指分别的地方。

6.谁家今夜扁舟子? 何处相思明月楼:扁舟子,飘荡江湖的游子,扁舟,小舟;明月楼,月夜下的闺楼;这里指闺中思妇,曹植《七哀诗》:"明月照高楼,流光正徘徊。上有愁思妇,悲叹有余哀。"

7.可怜楼上月徘徊,应照离人妆镜台:月徘徊,指月光偏照闺楼,徘徊不去。

8.玉户帘中卷不去,捣衣砧上拂还来:玉户,形容楼阁华丽,以玉石镶嵌;捣衣砧(zhēn),捣衣石、捶布石;卷不去,拂还来,都是针对月光而言。

9.此时相望不相闻,愿逐月华流照君:相闻,互通音信。

10.鸿雁长飞光不度,鱼龙潜跃水成文:文,同"纹"。

11.昨夜闲潭梦落花,可怜春半不还家:闲潭,幽静的水潭。

12.江水流春去欲尽,江潭落月复西斜:"斜"应读作"xiá"。

13.斜月沉沉藏海雾,碣石潇湘无限路:潇湘,湘江与潇水;碣(jié)石、潇湘,一南一北,暗指路途遥远,相聚无望;无限路,极言离人相距之远。

14.不知乘月几人归,落月摇情满江树:乘月,趁着月光;摇情,激荡情思,犹言牵情。

思考讨论题

1.张若虚的《春江花月夜》代表了初唐七言歌行的最高水平。其在艺术上的卓越成就,是诗情、画意、哲理水乳交融为深邃幽远、空灵透脱、令人心醉情迷的意境。试具体分析之。

2.结合此诗,试述古代诗歌中捣衣、砧声意象的人文内涵。

扩展阅读

1.(此诗)前半见人有变易,月明常在,江月不必待人,惟江流与月同无尽也。后半写思妇怅望之情,曲折三致。题中五字安放自然,犹是王杨卢骆之体。

——[清代]沈德潜《唐诗别裁》卷五

2.明月何皎皎!照我罗床帏。忧愁不能寐,揽衣起徘徊。客行虽云乐,不如早旋归。出户独彷徨,愁思当告谁?引领还入房,泪下沾裳衣。

——[汉代]《古诗十九首·明月何皎皎》

3.……情纤纡其何托?诉皓月而长歌。歌曰:美人迈兮音尘阙,隔千里兮共明月;临风叹兮将焉歇?川路长兮不可越。歌响未终,余景就毕;满堂变容,回惶如失。又称歌曰:月既没兮露欲晞,岁方晏兮无与归;佳期可以还,微霜沾人衣!……

——[南朝宋]谢庄《月赋》

4.青天有月来几时?我今停杯一问之。人攀明月不可得,月行却与人相随。皎如飞镜临丹阙,绿烟灭尽清辉发。但见宵从海上来,宁知晓向云间没?白兔捣药秋复春,嫦娥孤栖与谁邻?今人不见古时月,今月曾经照古人。古人今人若流水,共看明月皆如此。唯愿当歌对酒时,月光长照金樽里。

——[唐代]李 白《把酒问月》

陈子昂《登幽州台歌》

前不见古人,后不见来者。

念天地之悠悠,独怆然而涕下。

(《全唐诗》,中华书局,2011)

作品简介

陈子昂(661—702)是初唐诗文革新人物之一。他出身豪族,早年任侠使气,其后慨然立志,发愤攻读,二十四岁登进士第,官麟台正字、右拾遗,直言敢谏,切中时弊。曾两度从军边塞,希冀一展襟抱。但所持和当权者相左,因屡遭排击,始终不得其志。武后万岁通天元年(696年),三十六岁的陈子昂随同建安王武攸宜征讨契丹,参谋军事,他多次进言献策,并请为前驱,刚愎自用、专断而无将略的武攸宜不仅不予采纳,反而将其降职为军曹。陈子昂忠而见弃,悲愤满怀,"因登蓟北楼,感昔乐生、燕昭之事,赋诗数首,乃泫然流涕而歌曰:'前不见古人……'时人莫之知也"。(卢藏用《陈氏别传》)蓟北楼即幽州台。诗中抒写了作者纵观古今,深感怀才不遇,报国无门的慷慨悲凉之情以及生命短暂,世无知音的凄怆孤独之感,反映了封建时代一切赍志有为之士普遍的人生情怀。黄周星谓:"胸中自有万古,眼底更无一人。古今诗人多矣,从未有道及此者。此二十二字,真可以泣鬼"(《唐诗快》卷二)。

导读指要

《登幽州台歌》是一首吊古伤今的生命悲歌。作为登临抒怀之作,诗人俯仰天地,慷慨悲歌,表现出强烈的时空意识。站在古老的幽州台上,仰观空阔的天宇,俯瞰苍茫的北国原野,古往今来的历史往事一时纷至沓来。回首往昔,古代的明君早已消逝,未及见得;瞻望未来,后世的圣贤尚未降临,无缘能见,一种生不逢时、怀才不遇的感触悠然而生。彼时人物,此际情怀,岁月无限,而生命有时的憾恨流注笔底,痛彻的心灵体验和对人生的哲理思考现于纸面。于是在历史和未来的交汇点上,诗人的目光转而又投向了现实,面对无始无终的时间,身处无边无际的空间,生命显得多么的短暂,个体又是如此的渺小,在这茫茫的天宇之下,有谁可以引为同调,又有谁能够知赏自己呢?仰天长啸,孤立无援,深愤浩叹,思之念之,怆然涕下,怅伤无极。陈子昂有志且欲有为,又有失意诗人所特具的深沉郁闷,愤激不平,世无知音的人生孤独感,始终是其挥之不去的心结。在他的思想中,每每深藏着一个孤独的"自我",这种孤独,主要归因于外部世界,这是历史的悲哀,也是诗人生命的悲哀,更是一种超拔流俗的伟大孤独。诗中之独登孤吟,正是其孤单处境、孤寂心境的真实写照。军中失意的现实生存状态,使陈子昂加倍地体验到身心的孤独,生命的悲切。他渴望获得认同，摆脱孤独，拂去心灵的阴霾，走向人生的辉煌。

既然登高，则必然望远，一般的登临之作往往先从目中之所见起笔，然后触景生情，拓开诗意。此篇题为《登幽州台歌》，诗中却无一语作具象描绘，而是直抒胸臆，将登高临远之所见转化为时间空间的观念和对历史的深沉思索。广袤的北国原野，古幽州的地理风光，诗人从中感受到的却是天地的悠久，历史的漫长，这与登临之作常见的由写景触引感慨的做派大异其趣。全诗一气呵成，其境界之壮阔，音节之紧促，声情之激荡，感慨之遥深，风格之苍劲，感染力之至强，亦可谓前无古人，后乏来者。

在时空世界中，时间和空间相互关联，密不可分。古人展示时间的流动，常常离不开空间，而表现空间的范畴，同样也离不开时间。文学作品中的时空，主要包括客观存在的物理时空和创作主体思维与情感活动的心理时空两种形态，是物理和心理、客观和主观融合并现的双重时空。《登幽州台歌》一"前"一"后"的两个"不见"，漫长的时间感受中叠加着广袤空间的内容。而"天地之悠悠"则时空相融并举，时间未有终始，空间莫见边际。结句则在博大与微小的强烈对比中进一步拓展时空感触，深化诗意，诗人深广的忧愤，巨大的孤独，空前的悲怆在浑灏充沛的时空中弥漫扩散，至于无极。古代诗歌对时空世界的深情关注，表现了多愁善感的文人们对自身生命的理性思索，进而又转化为对整个人类所面临的一系列根本问题，如人与自然、有限与无限等等的不断追寻，体现了深沉的文化内涵。所以，从本质上讲，时空意识也是一种文化意识，是个体生命在一定时空维度中对自身价值的深切观照。品味古代诗歌中的时空意识，在古人生命觉醒的痛苦思索和苦苦追寻中观照自然，审视人生，从而树立正确的世界观、人生观和苦乐观，珍爱生命，奋发有为，只争朝夕，这正是其现实意义之所在。

应该说，在古代中国，登高是一种文化，一种情结，文学作品中的登高之作层出迭见，蔚为大观。古代作家于登临之际往往慷慨多思，百感衔怀，千虑煎心，涕泪交零，其缘由即在于登高望远常常会使敏锐善思的文人在高天厚地和无穷宇宙的参照下体悟个体的渺小与生命的短暂，伤叹命途的淹蹇，人生的多艰，从而兴尽悲来，怆然多慨，以时空合一来表现寥廓的宇宙意识和孤独的人生情怀，它体现了人类在无限的时空中对自身命运的省视反思和无法超越短暂、达到永恒的悲剧意识。天地悠悠，悲慨涕零，时空之无尽和生命之有限的矛盾与对立，骤然激起了诗家现实人生的孤独感和悲怆感。陈子昂《登幽州台歌》的魅力主要也就在于它超越了诗人的一己之悲而上升为整个人类的心灵感悟，成为诗人对宇宙时空的诗化思索。在中国古代文人登高临远的情结中，始终磐郁着一个困扰人类心灵的难解的命题，即如何超越有限，达到永恒，"高"和"远"只不过是这种情结的催化剂而已。从古代大量的登临之作来看，文人们每每通过时空交错、今昔对比的方式来冲破时空的拘约和限制，在无限想象的时空里展示对过往的无尽追思以及既往不可追之憾恨，表现了昨是今非的观念和浓重的感伤情怀,具有厚重的文化意蕴和民族心理的凝固内容。

字句疏解

1.幽州:古十二州之一,现今北京市。幽州台:即蓟北楼,故址在今北京市西南。

2.古人:指燕昭王那样礼贤下士、知人善任的明君。来者:指后世相随而来的圣贤。

3.念天地之悠悠,独怆然而泪下:念,想,想到;悠悠,渺远空阔的样子;怆然,悲伤凄

4.凉貌;涕,眼泪。

思考讨论题

1.谈谈诗作强烈的时空意识、孤独情怀以及古代登高之作的文化意蕴。

2.将《登幽州台歌》与杜甫的《登高》进行对读,比较分析两诗的思想意义、情感蕴涵以及艺术特色的异同。

扩展阅读

1.其(此诗)辞简直,有汉魏之风。

——[明代]杨 慎《升庵诗话》卷六

2.胸中自有万古,眼底更无一人。古今诗人多矣,从未有道及此者。此二十二字,真可泣鬼。

——[清代]黄周星《唐诗快》

3.悲时俗之迫阨兮,愿轻举而远游。质菲薄而无因兮,焉托乘而上浮?遭沈浊而污秽兮,独郁结其谁语!夜耿耿而不寐兮,魂营营而至曙。惟天地之无穷兮,哀人生之长勤,往者余弗及兮,来者吾不闻,步徙倚而遥思兮,怊惝怳而乖怀。意荒忽而流荡兮,心愁凄而增悲。神倏忽而不反兮,形枯槁而独留。内惟省以端操兮,还应正气之所由。……

——[战国]屈 原《远游》

4.登兹楼以四望兮,聊暇日以销忧。览斯宇之所处兮,实显敞而寡仇。……惟日月之逾迈兮,俟河清其未极。冀王道之一平兮,假高衢而骋力。惧匏瓜之徒悬兮,畏井渫之莫食。步栖迟以徙倚兮,白日忽其将匿。风萧瑟而并兴兮,天惨惨而无色。兽狂顾以求群兮,鸟相鸣而举翼。原野阒其无人兮,征夫行而未息。心凄怆以感发兮,意忉怛而憯恻。循阶除而下降兮,气交愤于胸臆。夜参半而不寐兮,怅盘桓以反侧。

——[汉代]王 粲《登楼赋》

5.高台不可望,望远使人愁。连山无断绝,河水复悠悠。所思竟何在? 洛阳南陌头。可望不可见,何用解人忧?

——[南朝齐]沈约《临高台》

6.众鸟高飞尽,孤云独去闲。相看两不厌,只有敬亭山。

——[唐代]李 白《独坐敬亭山》

孟浩然《临洞庭湖赠张丞相》

八月湖水平,涵虚混太清。
气蒸云梦泽,波撼岳阳城。
欲济无舟楫,端居耻圣明。
坐观垂钓者,徒有羡鱼情。

(《全唐诗》,中华书局,2011)

作品简介

孟浩然(689—740),唐代著名的田园隐逸派和山水派诗人,与王维并称为"王孟"。这首诗描绘了洞庭湖的壮美景象,并表达了渴盼出仕、希望汲引、以期盛世有为的心情。通篇气势磅礴,格调雄浑,层次井然有致,笔法自然流畅,写景与述志、抒情妙合无垠,诗意委婉含蓄,隐而不露,是孟氏山水诗中传颂不衰的佳作。

导读指要

孟浩然一生未仕,潦倒失意。早年在家乡的鹿门山隐居读书,四十岁入长安应举,不第而归,曾长期漫游吴越、巴蜀等地。他渴望为世所用,身在江湖而心怀魏阙,不甘隐沦却以布衣终老。其诗以自然平淡见称,是唐代大量写作山水诗的第一人。此诗托兴观湖,绘景抒怀,自明心志,期待中亦见出诗人仕进无门、求官不遂的牢骚与苦闷。

前两联写景,扣合题面之前半部分,为"临洞庭湖"之所见。摹洞庭之初秋景象,重在彩绘其广袤深邃、平湖与太清相映,秋水共长天一色的美景和水气蒸腾、波涛汹涌的奇观,突现了洞庭湖地负海涵的巨大能量和波澜壮阔的恢宏态势,气象雄伟,声情并茂,力透纸背。"气蒸云梦泽,波撼岳阳城"与杜甫《登岳阳楼》之"吴楚东南坼,乾坤日夜浮"同为吟咏洞庭景色的千古名句,有后人不敢复题之誉。这两联诗同处五律中的领联,并同以工切匀称的对仗句铺染亲临躬见之洞庭湖雄浑壮美的奇伟景象,气势同样壮大,境界一般宏阔,使人如临其境,如见其景,如感其情。孟诗因洞庭而连及云梦,从水气和波涛两个方面设墨着色。观云梦则水气弥漫,云雾腾绕;览洞庭则波起涛涌,水动城摇,壮情异彩,美不胜收。一"蒸"一"撼",既有声势，又有力度，浑茫劲健，惊心动魄。加以其施之的对象为"云梦""岳阳"，不仅给人以切实的地理质感，而且激惹起读者对传统的翩翩浮想，饶富幽岩跨豹之奇情。杜诗此联则着力摹写洞庭湖面的浩瀚阔大，湖水的动荡深沉。广袤无垠的洞庭湖硬是生生地把吴楚之地分割为东南两半，天地也好像昼夜浮沉在洞庭湖中，可见其吞吐日月、含蕴天地的不凡气势，浑灏壮美，气象万千，堪为洞庭奇观。一"坼"一"浮"，天摇地动，举重若轻，绘声绘色，颇有碧海掣鲸之壮采，足见杜甫锤炼字句的深厚功力。

后两联抒怀言志，照应诗题之后半部分，申明自己用世之想，传达企求荐引之望，坐实"赠张丞相"之作意。诗人仍然就地取材，从眼前之洞庭湖落笔，且以比体出之，转换自然，衔连巧妙。渡越既广且深的洞庭，须有可以借助的工具，生当圣明有为之盛世，不能索居闲处，无所事事，干谒之意，求仕而苦无扶掖援引的衷曲委婉道出。欲济不能，欲罢不忍，诗人多么渴望有舟一叶，使他划向宦海，步入仕途。洞庭湖畔，垂钓者如云，仕进之途，为官者接踵，自己却只是一个旁观者而已，徒有艳羡之情，空怀出仕之想。诗人希冀跻身于垂钓者的行列，其不甘无为，渴盼仕宦，企望身在相位的张九龄伸出援手、提携荐引的作意至此道尽收足。诗中巧用比喻，言此意彼，不着痕迹。全诗意脉清晰，设譬恰切，境界宏阔，语言简劲平实，风格雄浑壮逸，诗意婉曲多致，妙在含而不露，直未点破，别有一段耐人思玩的意趣。

干谒诗是古代文人为推介自己而写的一种诗歌，带有自荐的性质。所谓干谒，就是乞求仕宦，恳请达官贵人和身居上位者予以关照提携，为自己延揽名望声誉，以求进身之机。唐代一般文士步入仕途，求取官职，仅凭自己的才华学识不行，还须有执政者的奖引荐举，因而很多文人都写过干谒诗文，展示自己的才学抱负，企盼得到引荐。科举制度中行卷之风的盛行，其实质就是一种干谒行为，求职之举。既然有求于人，一般的干谒诗往往都写得可怜兮兮，以此博得对方的同情怜悯，为达目的，甚至不惜卑躬屈膝，巴结奉迎，摇尾乞怜。而孟浩然的这首干谒诗，既明白无误地表达了企求汲引的命意，又不失文人的体面和尊严，委折得体，不卑不亢，妙巧超绝，不露干乞之痕，这在干谒之作中确为难能，亦足可贵。可以说，在孟浩然的身上，逸出着古代士人所特有的激切沉实的担当情怀，这使他的诗作于平淡自然之外，又时时荡漾着一股厚重亢奋的声情，传达出一种深沉的历史使命意识。他身处江湖，却心怀庙堂，参与政治的热情不曾冷却，暂栖山水田园未尝不是养望待时，以退为进的一种选择。在终南捷径未达、科举考试不第之后，又不得不以干谒求仕，希望能奋翅高翔，一展襟抱。孟浩然的性格颇多重义好施、追求自由，不屈权贵，率情而为的基因。《新唐书》本传称其"少好节义，喜拯人患难"。并记载说："采访使韩朝宗约浩然偕至京师，欲荐诸朝。会故人至，剧饮欢甚。或曰：'君与韩公有期。'浩然叱曰：'业已饮，遑恤他！'卒不赴。朝宗怒，辞行，浩然不悔也。"一方面率情任性，不计后果，失去了一次得到汲引的绝好机会。另一方面又干谒当权者，表达渴望出仕的强烈愿望,却又不愿折腰屈从,迎俗媚世,卖身求荣,仰人鼻息,保持了文人的那种傲骨,那份操守。这种自强自尊的人格精神,既是孟浩然一生的真实写照,也是其诗歌中常出常新的动人旋律。

字句疏解

1. 张丞相:即张九龄,唐之一代名相。或谓是指张说。玄宗开元二十一年(733年),孟浩然西游长安,作此诗以赠张相,希望得其提携引荐。诗题一作《临洞庭》。临,一作"望"。

2. 湖水平:湖水涨溢,与岸齐平。洞庭湖在今湖南北部,长江南岸。

3. 涵虚混太清:涵,包含;虚、太清,均指太虚,天空。句谓湖面辽远深邃,似乎把高天也包含其中,湖水和天空混而为一。

4. 气蒸云梦泽:蒸,蒸腾,弥漫;云、梦,古代水泽名,云泽在江北,梦泽居江南。后淤积成为陆地,统称为云梦泽。其范围比洞庭湖还大,在今之湖南北部、湖北东南部一带。

5. 波撼岳阳城:撼,摇撼,撼动;岳阳城,即今之湖南岳阳市,是城濒临洞庭湖。

6. 欲济无舟楫:济,渡,渡越;舟楫,船和桨。此句语义双关,既言无船渡湖,亦示欲仕而无人荐引。

7. 端居耻圣明:端居,安居,闲居;耻圣明,愧对圣明之世。

8. 坐观垂钓者,徒有羡鱼情:垂钓者,喻指已仕之人;徒,空,白白的;羡鱼情,喻指自己出仕的热望。这两句语出《淮南子·说林训》:"临河而羡鱼,不若归家织网。"《汉书·董仲舒传》也称:"古人有言曰:'临渊羡鱼,不如退而织网。'"张衡的《归田赋》亦有"徒临川以羡鱼"之句。这里化用其意。

思考讨论题

1. 作为求职请荐的赠诗,此篇与一般的干谒之作有何不同?

2. 唐代士子朱庆馀在参加科举考试时,因担心自己的考卷不合时宜,得不到主考官的赏识垂青,便以应试举子特有的焦躁不安和无尽期待,给当时官居水部郎中的张籍赠献了一首《近试上张水部》(一题《闺意献张水部》)的绝诗,征询张氏的意见。诗云:"洞房昨夜停红烛,待晓堂前拜舅姑。妆罢低声问夫婿:画眉深浅入时无?"张籍遂作《酬朱庆馀》一诗以明确回答:"越女新妆出镜心,自知明艳更沉吟。齐纨未足时人贵,一曲菱歌敌万金。"朱之赠诗用比体写成,张之答作亦然,诗中将朱庆馀比作一位貌美歌绝的采菱女子,称扬他才华出众,定得赏识,无须为此次考试焦虑担忧。请仿此例,试作一诗(律、古皆可),对孟浩然的求职赠诗予以酬答。

扩展阅读

1. 左辖频虚位,今年得旧儒。相门韦氏在,经术汉臣须。时议归前烈,天伦恨莫俱。鸰原荒宿草,凤沼接亨衢。有客虽安命,衰容岂壮夫。家人忧几杖,甲子混泥涂。不谓秩余力,还来谒大巫。岁寒仍顾遇,日暮且踟蹰。老骥思千里,饥鹰待一呼。君能微感激,亦足慰榛芜。

——[唐代]杜 甫《赠韦左丞丈济》

2. 昔闻洞庭水,今上岳阳楼。吴楚东南坼,乾坤日夜浮。亲朋无一字,老病有孤舟。戎马关山北,凭轩涕泗流。

——[唐代]杜 甫《登岳阳楼》

3. 湖光秋月两相和,潭面无风镜未磨。遥望洞庭山水色,白银盘里一青螺。

——[唐代]刘禹锡《望洞庭》

4. 故人具鸡黍,邀我至田家。绿树村边合,青山郭外斜。开轩面场圃,把酒话桑麻。待到重阳日,还来就菊花。

——[唐代]孟浩然《过故人庄望洞庭》

5. 洞庭青草,近中秋、更无一点风色。玉鉴琼田三万顷,著我扁舟一叶。素月分辉,明河共影,表里俱澄澈。悠然心会,妙处难与君说。应念岭表经年,孤光自照,肝胆皆冰雪。短发萧骚襟袖冷,稳泛沧溟空阔。尽挹西江,细斟北斗,万象为宾客。扣舷独啸,不知今夕何夕!

——[宋代]张孝祥《念奴娇·过洞庭》

王维《九月九日忆山东兄弟》

> 独在异乡为异客,每逢佳节倍思亲,
> 遥知兄弟登高处,遍插茱萸少一人。

(《全唐诗》,中华书局,2011)

作品简介

王维(701—761),字摩诘,唐朝著名诗人。二十一岁举进士,在朝廷和地方职守上辗转仕宦,官至尚书右丞,世称王右丞。他参禅悟理,学庄信道,精擅诗、书、画、音乐等,可谓多才多艺。苏轼尝有句誉曰:"味摩诘之诗,诗中有画;观摩诘之画,画中有诗"(《书摩诘蓝田烟雨图》),这可说是对王维诗画艺术的定评。

开元五年(717年),王维辞家远赴长安,时年仅有十六岁。此诗即为滞留京师时因重阳思乡念亲而作。诗中抒写了佳节客子的孤寂凄冷和浓浓的乡思亲情,传达出异乡游子的共同感受。言近意远,感情真挚,曲折有致。尤其是"独在异乡为异客,每逢佳节倍思亲"二句,凝炼警策,别开生面,是广为传颂的名句。

导读指要

　　王维诗名早著,才气过人,少年时代即与其弟王缙离家远游,在当时的西京长安和东都洛阳一带活动,常常出入于王公府第,奔走于权贵之门,颇受上流社会的垂青,成为清客、帮闲一类的人物。久寄他地,浓浓的客中之思难免袭扰心头。这首诗即写重阳佳节时飘泊异乡的游子对故园和亲人的深切思念,情真意殷,感人至深。

　　起句直叙目下之处境感受,客居他乡,孤子一身,举目无亲(其弟王缙时已返回故乡),生存之艰辛苦涩,心境之怅然孤寂,一切都自可想见。次句承上逗出乡思,剖示心迹,有点有面,是表现思乡怀亲之情的格言警句。岁时节令,万家欢聚,其乐融融,这是最易激惹游子客中之思的时节。"每逢佳节"为面,重阳思亲为点,点面融通,泛言与具体抒写紧密结合。节庆良时,诗人身之所处,心有所归,情有所依,人生的诉求、憾恨,无不折射出封建士子的生命状态、心灵体验和情感缺失。欲归不能,羁旅之悲殷殷;心系亲人,故园之思切切。三、四句从对面设墨,虚笔传情,由此时的个我思亲,转出彼地的家人念己,异乡孤旅的单向念想,变成了游子亲人千里隔绝的相互思念。"遥知"中融注了多少过往岁时的欢情,遐思里飞驰着多少今时佳节难共的缺憾,多重空间叠加闪回,两地顾盼交相映现,大大强化了感情表达的力度和浓度,申足了思乡之情。诗家赋诗,如果只从实处落笔,极易流于质实呆滞,缺乏灵动的风神气韵。若一味用虚,又会显得抽象干枯,没有诗味,内容也就失去了相应的规定性,让人无从把捉。故好诗当有虚有实,虚实相生,这也是古代诗家所倾心追求的一种至高艺术境界。此诗因情设景,为文造情,先实后虚,虚实并到,实为当下情事,虚乃心灵兴会,空灵蕴藉,委折多致,新人耳目。全幅感情的终极指向是游子的乡关之思,并以此为基点设置时空,抒发情怀。时逢佳节,地涉两处,情关人我,虚实的交错,时间的变异,空间的伸延,正可见出人的悲欢之感,离合之慨,构想精妙,动人肺腑,堪称一篇至情文字。

　　唐朝是一个开放的、飞扬的时代,玄宗开元、天宝年间,唐王朝的国力达到了极盛的顶点,国势的强盛,给文人士大夫的人生展示了广阔而又辉煌的前景。盛唐士人大都胸怀恢宏,志存高远,个性张扬,功名事业心极强。这种非凡的气度和积极进取的精神反映在诗歌创作中,便是昂扬奋发情调的高扬。即便是怀乡思亲之作,也绝少以往乃至后世同类诗歌所常见的衰飒之气,颓伤之音。王维游学京师,以求进身,寓居他乡,苦相淹留,孤独无依,重阳思亲,手足情深。诗作所蕴蓄的情感内涵十分丰富厚重,字符后面投射出来的士人心态复杂而又矛盾,诸如功名难求、欲罢不能的困顿感;客居异乡、人生如寄的飘泊感;孑然一身、举目无亲的孤独感;劳碌风尘、渴望亲情的失落感等等,这些又无不统一于唐代士人的"家国情怀"之中。

　　怀乡思亲是人类共有的一种美好情感,朴实纯真,深挚动人。故乡是一个人出生成长的地方,那里有温馨的童年记忆,有熟识的父老乡亲,更有血浓于水的亲情,生于斯,长于斯,自然也应安于斯。《汉书·元帝纪》载上皇刘奭诏曰:"安土重迁,黎民之性;骨肉相附,人情所愿也。"家是身心的栖息之所,也是血缘的归依和亲情的载体,故乡对每个人来说,都是心灵深处沉甸甸的珍藏。人一旦离开家乡,就会产生对血缘关系的亲情依赖和理性认同,思念并渴盼回归故园,与家人团聚。汉代乐府诗《悲歌》有云:"悲歌可以当泣,远望可以当归。思念故乡,郁郁累累。欲归家无人,欲渡河无船。心思不能言,肠中车轮转。"浓烈的抒情笔墨,将归思乡情表达得淋漓尽致,千折百转,痛切欲绝,衷肠九回。辞亲远游,或许是一种迫不得已的无奈之举,但对以天下国家为己任的志士而言,却又是必须的、无二的选择。中国传统文化历来是"家国同构",将宗法血缘关系推及天下,所谓"君亲并用"、"家国一体",但忠孝又难得两全。科举制度产生之后,文人志士要想有所作为,实现修齐治平的人生理想,就必须游学天下,而天子脚下的煌煌帝都,更对那些即将应举的士人有着巨大的诱惑力和非同寻常的意义,能否得到帝京达官显宦的提携荐引,对日后科举的成败关系至大,滞留京师,去意迟迟,怀乡思亲,情之使然,王维此时便是如此。中华文化源远流长,早已深深地契入了我们民族的心灵之中,古代难以数计的怀乡思亲之作,正是传统文化熏染积淀的结果。农耕文明、血缘关系、宗法制度,当是乡思亲情历史的、心理的以及社会的基因;而节时团圆,则为乡思亲情的风习诱因。

字句疏解

1.九月九日:古代以"九"为阳数,农历九月九日,两个阳数重叠,故名重阳,亦称"重九"节。是日,古人有登高、饮酒、赏菊等习俗。

2.山东:指华山以东作者的故乡蒲州(治所在今山西永济西)。

3.茱萸:一名越椒,一种有香气的植物。古代风俗,重阳节插戴茱萸可避邪去灾。

思考讨论题

1.试述此诗内容的现实意义。

2.乡思亲情是人世间最纯朴、最真挚、也最动人的一种情感,请依此诗之原韵,试作一首佳节怀乡思亲的七绝。

扩展阅读

1.北山白云里,隐者自怡悦。相望始登高,心随雁飞灭。愁因薄暮起,兴是清秋发。时见归村人,平沙渡头歇。天边树若荠,江畔洲如月。何当载酒来,共醉重阳节。

——[唐代]孟浩然《秋登万山寄张五》

2.戍鼓断人行，边秋一雁声。露从今夜白，月是故乡明。有弟皆分散，无家问死生。寄书长不达，况乃未休兵。

——[唐代]杜　甫《月夜忆舍弟》

3.黄花紫菊傍篱落，摘菊泛酒爱芳新。不堪今日望乡意，强插茱萸随众人。

——[唐代]杨　衡《九日》

4.单车欲问边，属国过居延。征蓬出汉塞，归雁入胡天。大漠孤烟直，长河落日圆。萧关逢候骑，都护在燕然。

——[唐代]王维《使至塞上》

5.空山新雨后，天气晚来秋。明月松间照，清泉石上流。竹喧归浣女，莲动下渔舟。随意春芳歇，王孙自可留。

——[唐代]王维《山居秋暝》

6.冉冉秋光留不住，满阶红叶暮。又是过重阳，台榭登临处，茱萸香坠。紫菊气，飘庭户，晚烟笼细雨。雍雍新雁咽寒声，愁恨年年长相似。

——[五代]李　煜《谢新恩·冉冉秋光留不住》

王昌龄《出塞》(其一)

秦时明月汉时关，万里长征人未还。

但使龙城飞将在，不教胡马度阴山。

（《全唐诗》，中华书局，2011）

作品简介

王昌龄（698—约757），字少伯，京兆万年（今陕西西安）人，早年曾北游河陇边地，玄宗开元年间进士，天宝元年（公元742年）为江宁县（今江苏境内）丞，后贬龙标县（今湖南境内）尉，世称"王江宁"或"王龙标"。诗作多描绘边塞风光，气势雄浑，格调高昂。于诗体尤长绝句，被称为"七绝圣手"。

《出塞》为乐府旧题，属《鼓吹曲辞·汉横吹曲》。这首诗是王昌龄早年赴西域时所做。诗人以雄劲的笔触，对边塞战争生活进行了高度的艺术概括，语言警策，议论精辟，既激动人心，又耐人寻味。明代诗人李攀龙推其为唐人七绝的压卷之作，杨慎编选唐人绝句，也将其列为第一。

导读指要

边塞诗是以边疆地区军旅征战生活和自然风光为主要题材取向的诗歌。它起源于先秦时期，发展于汉魏六朝，鼎盛于盛唐时代，宋代以降相沿不绝。边疆是伴随着邦国的出现而产生的概念，从《诗经·大雅·江汉》中，已可见出周人浓烈的疆土意识和边疆观念。疆界的划分与戍守,就是为了攘斥和防范外族的侵扰,随着民族之间的交融和矛盾斗争的激化,边境战争自然势不可免,反映在诗歌创作方面,便是《诗经》中为数不菲的表现边地战争生活、描绘塞上风情的诗篇的涌现。作为边塞诗,尽管其发育还不够完善,但内容丰富,主题多样,情感复杂,特色鲜明,既有从军出塞、卫国戍边的描写,也有报国壮志、反战呼声的抒发;既有对边塞战争的歌颂与赞美,也有对战争给社会所造成的巨大灾难的控诉和抗议;既有夫妻别后的相思之苦,母子的生离之悲,也有征人故园难归、父母生活无着的怨愤。用诗歌的形式全面展现和深刻透视当时的社会生活,这在边塞诗的发展中是具有开创意义的,对后世同类题材的诗作产生了十分深远的影响。汉魏六朝时期的边塞诗篇,其内容以反映边地战争的酷烈、军旅戍守的艰辛以及征人思妇的离愁为主,体裁以乐府诗为多,艺术上已渐趋成熟。隋代诗歌亦不乏边塞题材的作品,甚至出现了多位诗人同题唱和边塞诗的盛况,所用体式既有歌行又有绝句,对边塞诗的发展起到了推波助澜的作用。唐代是边塞之作繁荣昌盛的时期,其诗家之众,作品之多,空前而又绝后。"初唐四杰"中的杨炯、骆宾王以及杜审言、陈子昂等著名诗人都多有边塞诗的创作,在诗坛一时蔚为风气。至盛唐便形成了以高适、岑参为代表的边塞诗派,于山水田园诗之外别立一宗。雄奇壮美的边塞风光,丰富多彩的军旅生活,奇情异调的民族风情,乃至战争的惨烈,将士的忠勇,统帅的骄奢,戍卒的痛苦,无不在这派诗人的笔下焕发出动人的光彩,开拓出崭新的境界。宣扬大唐国威,抒写报国情怀,向往戎马生涯,建功立业,慷慨轻生,构成了这类诗歌的主旋律。盛唐边塞诗所表现的本质,是对理想和时代的讴歌以及诗人对边塞战争这一历史现象的深入思考,诗作基调之乐观高亢,意境之雄浑壮丽,风格之清刚劲健、慷慨奇伟,独步诗坛,几成绝响。其流风余韵,波及宋明,掩映有清。

作为盛唐边塞诗派的重镇,王昌龄生性狂放,不拘小节,是位慕侠尚气、纵酒长歌的性情中人,观察问题较为敏锐,带有透视历史的厚重感。其诗于题材即以边塞军旅、宫怨闺情见长,于诗体则以七绝取胜,风格清刚俊爽,婉丽明快。他的边塞诸作,极善运用短小的绝句,精炼的语言,透示人物复杂矛盾的内在心理,展现将士的精神境界,将深刻的思想浓缩在一个生动的画面或某种独特的情怀之中,立意高远,蕴涵深广。在近体诗中,绝句最为轻便灵活,但篇幅短小,即首即尾,内容的深度和厚度不免有所局限。王昌龄每每以组诗的形式,在同一诗体下连写数章,如《从军行七首》、《长信秋词五首》等,这些连章之作,分则独立成篇,群则珠联璧合,成为一个有机的艺术整体。如此,既发挥了绝句轻捷灵动的优长,又弥补了其幅度的不足,大大地扩展了诗作的容量,可谓一石二鸟,一举多得。《出塞》原作共有二首,此为组诗之一。诗中概括陈述了秦汉以来边患不已、征人未还的历史事实,表达了对扬威边疆、安边定远的一代良将的期盼和对和平安居生活的向往。

前二句从遥远的秦汉时代切入,将战争的画卷伸延到历史的纵深,用时空观念推示千年边患难靖的历史事实。秦月汉关,交错而出,互文见义。设关备胡,由来已久,万里征战,边烽未息,征人不归,千古同慨。强秦盛汉,边城月色,境界阔大,气势雄奇,艺术概括力和感染力极强。在古今相接的大跨度的时空中,缓缓注入了诗人沉思历史的沧桑感、凝重感和悲壮感,苍凉中又弥漫着一重壮阔的情思氛围。对国力强盛、边防巩固的秦汉时代的诗意联想与无尽追怀,蕴含着丰富深刻的时代内容和对民族历史的自豪感,同时也叠加着历史沉郁的本质。往古和今时的闪回,时间跟空间的交织,构成了诗作深远而广阔的社会历史背景。后二句出以议论,单刀直入,明快有力。诗作揭示边患不息,征人未还,骄横胡虏依然寇边,历史悲剧仍在演绎的主要原因,乃是朝廷的用人不当,将非其人。诗人呼唤和期盼威震敌胆、安边靖难的名将横空出世,御敌驱虏,一洗千年遗恨,忧思壮怀与英雄气概合并而出,卫国豪情尽显笔底,讽刺之意见于言外,大有良将不出,奈苍生何,又如社稷何!这就把个人和国家、历史与现实绾结起来,赋予诗作更为深广的历史蕴涵和时代意义。通篇落笔高远,意境雄浑,感慨深沉,意脉细密曲折,情气疏宕俊爽,语言精警含蓄,余味曲包,弦外有音,前贤推之为唐人七绝的压卷之作,实属不诬。

唐代(或谓宋代等)无名氏的《胡笳曲》曰:"月明星稀霜满野,毡车夜宿阴山下。汉家自失李将军,单于公然来牧马。"诗中陈述了未有良将镇守边关所造成的严重后果和历史危局,表达了对一代名将的深情缅怀和热切企望,同时也流露出对现实的强烈不满,其命意与王昌龄此绝较为相似,但写法却迥然有别。《胡笳曲》从既成的事实落笔,直写正描,给人以边地无守、国土沦丧的悲愤痛惜之感。而《出塞》则将诗笔伸展到历史的深处,在极为悠远的时空背景下展示千古以来边患不断,同此悲壮,万里征人,迄无还日的惨痛状况,对现实的描述采用含有因果关系的假设句加以判断,表明希冀与期待,虚中见实,虚实相映,曲墨传情,意环笔绕,使人顿生悲慨激昂之情,诗意厚重,颇耐思玩。两相比较,其蕴涵之厚薄,意境之深浅,当不言自明。

唐宋时期,北部边疆始终面临着异族侵扰、强敌压境的局面,近代中国更是饱受列强的欺侮侵凌。今日之中华,则以其空前强大的国力崛起于世界的东方,践行着民族复兴、国家富强的伟大梦想。实现现代化强国的建设目标,改革和发展的任务还很艰巨,周边环境亦存在诸多变数,如何解决矛盾纷争,应对各种严峻挑战,《出塞》一诗所带来的思考和启示便是四种意识的树立,即以古鉴今的历史意识,居安思危的忧患意识,崇武求安的敢战意识,举贤授能的重才意识,这也正是此诗的现实意义之所在。

字句疏解

1.关:关塞,边关。

2.但使龙城飞将在,不教胡马度阴山:但使,只要;龙城飞将,指的是汉代名将李广,他曾任右北平郡太守,勇敢善战,威震匈奴,被称为"飞将军"。龙城是唐代的卢龙城,在今河北省喜峰口附近一带;胡马,指侵扰内地的外族骑兵;阴山,在今内蒙古自治区中部,是古代中国北方的屏障。

思考讨论题

结合此篇,试述古代边塞诗发展演进的轨迹。

扩展阅读

1.葡萄美酒夜光杯,欲饮琵琶马上催。醉卧沙场君莫笑,古来征战几人回。

——[唐代]王 翰《凉州词》

2.白日登山望烽火,黄昏饮马傍交河。行人刁斗风沙暗,公主琵琶幽怨多。野云万里无城郭,雨雪纷纷连大漠。胡雁哀鸣夜夜飞,胡儿眼泪双双落。闻道玉门犹被遮,应将性命逐轻车。年年战骨埋荒外,空见蒲桃入汉家。

——[唐代]李 颀《古从军行》

3.骝马新跨白玉鞍,战罢沙场月色寒。城头铁鼓声犹震,匣里金刀血未干。

——[唐代]王昌龄《出塞二首》其二

4.明月出天山,苍茫云海间。长风几万里,吹度玉门关。汉下白登道,胡窥青海湾。由来征战地,不见有人还。戍客望边色,思归多苦颜。高楼当此夜,叹息未应闲。

——[唐代]李 白《关山月》

5.黄河远上白云间,一片孤城万仞山。羌笛何须怨杨柳,春风不度玉门关。

——[唐代]王之涣《凉州词关山月》

6.誓扫匈奴不顾身,五千貂锦丧胡尘。可怜无定河边骨,犹是春闺梦里人。

——[唐代]陈 陶《陇西行四首》其二

7.和戎诏下十五年,将军不战空临边。朱门沉沉按歌舞,厩马肥死弓断弦。戍楼刁斗催落月,三十从军今白发。笛里谁知壮士心?沙头空照征人骨。中原干戈古亦闻,岂有逆胡传子孙?遗民忍死望恢复,几处今宵垂泪痕。

——[宋代]陆 游《关山月》

岑参《白雪歌送武判官归京》

北风卷地白草折,胡天八月即飞雪。

忽如一夜春风来,千树万树梨花开。

散入珠帘湿罗幕,狐裘不暖锦衾薄。

将军角弓不得控,都护铁衣冷难着。

瀚海阑干百丈冰,愁云惨淡万里凝。

中军置酒饮归客，胡琴琵琶与羌笛。

纷纷暮雪下辕门，风掣红旗冻不翻。

轮台东门送君去，去时雪满天山路。

山回路转不见君，雪上空留马行处。

（《全唐诗》，中华书局，2011）

作品简介

岑参（715—770），盛唐边塞诗派的大师。风格与高适相近，并称"高岑"。《白雪歌送武判官归京》是其边塞诗的代表作。岑参怀着建功立业的志向，曾两度出塞，久佐戎幕，对鞍马风尘的征战生活与冰天雪地的塞外风光有着长期的观察与体会。此诗作于他第二次出塞时期，"武判官"即其前任，诗作描绘西域八月飞雪的壮丽景色，抒写塞外雪中送别之情，充满奇思异想。全诗内涵丰富，色彩瑰丽，气势丰沛磅礴，意境鲜明独特，堪称盛唐边塞诗中的神品妙作。

导读指要

岑参早岁孤贫，但其先祖及家族，曾有多人官居宰相。至岑参时家道中衰，往日的辉煌已不复存在，他靠自己的勤勉和才学登科及第，步入了仕途。后又弃官从戎，慷慨赴边，渴盼以战功拜将封侯，在戎马生涯中拓展未来的事业和前程。两度从军西北的经历，前后长达六年的战地生活，玉成了岑参这位边塞诗的大师。其间，他沿着丝绸之路，度陇头，穿河西，出阳关，过流沙，足迹几遍天山南北，对艰危苦辛的征战军情和异彩纷呈的边地风光有着精到深入的认知和体验。这一时期所作的诗歌，便充分体现了岑参长于写感觉印象的艺术才能和尚奇好异的个性特色，边地大漠中令人望而生畏的恶劣环境，在他的印象中却成为衬托英雄的壮美景色，颇值欣赏的奇伟大观。诗人每每将西北荒漠的奇异景象与风物人情，用慷慨豪迈的语调和奇特非凡的表现手法加以歌吟展示，呈现出一幅幅生动多彩、眩人眼目的塞外画卷，别具一种奇伟壮丽之美，从而突破了以往征戍诗多写边地荒寒和士卒劳苦的传统格局，极大地丰富和拓展了边塞诗的 题材取向与观照视域。《白雪歌送武判官归京》即是其中的扛鼎之作。

从题面观之，此诗的内容主要分为咏雪和送别两个方面，而以"雪"景贯之。雪为送别提供了特定背景，营造出别样氛围，咏雪以显北国异域的酷寒奇瑰，送别则见诗人之深情依依。起笔凌空取势，北风怒号，席卷大地，狂暴猛烈，生性坚韧的白草望风披靡，为之倾倒，八月胡天，竟已大雪纷扬，塞外气候，直是特异惊人。风雪奇景，洁白世界，放眼望去，处处银装素裹，白雪皑皑，晶莹耀眼的雪花，挂满了树杈枝头，诗人顿时浮想翩翩，遐思飞扬，仿佛是一夜春风，吹得那千树万树的梨花竞相怒放。冰天雪地、天寒地冻、凄冷袭人的北国雪景，经过诗家的彩笔点染，骤然幻化成东风驶荡、春意盎然、梨花竞放的南国美景，创造出一种美感距离，令人悠然神往。这种感觉印象，不仅体现了戍边将士不畏严寒的乐观精神，也使边塞风光益显神妙壮丽，奇情逸发，异彩夺目，让人称绝。下面即写塞外雪时之酷寒绝冷，视线由广阔天地收缩于狭小空间。雪花如絮，纷纷扬扬，轻盈飘荡，随风飞入珠帘，浸湿罗幕，诗人的笔触也追随着雪花进入帘内，展开对帐中情景的描绘。边庭雪天，狐裘衣之不暖，锦衾盖之单薄，上好的御寒之物也失去了其应有的功能，一切皆臣服于严寒的淫威之下，以至弓弦不控，铠甲难着。诗作极言尽写，把塞外的奇寒异冷表现得淋漓尽致，寒气彻骨，冷入肝肠。接着四句乃军营饯别。冰雪纵横，旅途多艰，愁云凝聚于万里长天，离情笼罩着诗人心头，是句移情于景，景中含情。在中军营帐设宴饯行，席间劝酒助兴的音乐，充满了浓浓的异乡情调。最后六句描写雪中送别的情景。时间迁延，空间转换，暮雪迷漫，强风劲吹，似乎在用力地牵拽着红旗，然旗冻而欲翻不能。茫茫冰雪一点红，强烈的色彩对比，红与白的相互映衬，愈发突现出塞外风光的瑰奇俏丽，也为诗作带来了雄浑悲壮的美学特征。隋代虞世基的《出塞》有句："雪暗天山道，冰塞交河源。雾烽暗无色，霜旗冻不翻。"盖为岑参所本，但相比之下，岑诗显得更为活泼灵妙，生动多致。依依惜别，不忍割舍，雪满天山，道阻路遥，武判官渐渐远去，诗人久久伫立凝望，旅人的身后，唯有伸向远方的一行清晰的马蹄的印痕，它留下了多少惆怅失落，牵动着诗人无尽的情思，在空旷的冰天雪地间飞动不已。结处意境悠远，景情双收，诗味隽永，与李白"孤帆远影碧空尽，唯见长江天际流"（《送孟浩然之广陵》）的吟咏有异曲同工之妙。

通首构思新巧别致，不落窠臼，起得突兀，结得蕴藉，一路飞雪，一路送别。风雪奇景与真挚友情融为一体，咏雪时暗含别愁，送别中又包容着咏雪，雪景使送别更显悲壮，送别则使雪情格外苍茫，两者迭加互映，相得益彰。诗人充分利用歌行体自由灵活、频繁换韵的特点，使换韵与递展内容、转换画面妙合无垠，既奔腾跳跃，又转接自然。这是一首白雪歌，也是一支送别曲，四个"雪"字贯穿全篇，分别呈现出送别前、饯别处、临别时、送别后四个不同时段的特定情状，奇丽壮伟，深情绵邈，引人入胜。

在盛唐边塞诗人中，高适和岑参均久居下僚，相比而言，高适对民生疾苦有着更多的了解；两人虽然都有长期边塞生活的实际体验，但各自的出生地不同，性格亦有幽燕、荆楚之别，诗中所反映的边塞风貌也当有异。高适为北方人，其尚武精神比较鲜明，笔触专注于表现边塞将士的征战生活，敌我双方的对峙厮杀，揭示军中尖锐的阶级对立和苦乐迥异的现象，具有很强的现实性和典型性，思想深度超越了同时代的许多诗人。而对边塞景色的描绘只是略加点染，便风光尽现。他的诗笔总是藏巧于拙，其审美意识就存在于白草黄云和英勇战斗的场面之中，诗作慷慨激昂，建功立业、为国效命的思想洋溢其中，不愧为幽燕人物。岑参则生于南方，是代表楚风的，用笔侧重于描写瑰奇绚丽的绝域景象，重彩浓墨，大笔挥洒，幻变多端,声光满纸,奇情异彩,层出迭见,新人耳目。诗笔新奇峭丽,变幻莫测,感官经验十分丰富,体现了好奇尚异的性格情趣和审美追求,不愧是盛唐气象;高诗立足现实,多所托讽,构思别致,语言朴厚,章法严谨,句式整饬,上承《诗经》的写实精神,诗风慷慨悲壮,雄浑劲健,思想价值较高。岑诗崇尚自然,运思奇巧,色彩浓烈,想象丰富,语言精警,章法句法富于变化,远绍楚骚的浪漫特质,诗风雄奇瑰丽,宏壮苍凉,艺术造诣突出。高、岑于诗皆受建安文学的沾溉,慷慨遒劲是其边塞诗的共同特色,但高诗沉雄悲壮,崇尚质直;岑诗奇伟俊丽,好用比兴。两人各显神采,双星齐辉,光耀于盛唐诗坛。

字句疏解

1. 判官,官职名。唐代节度使等朝廷派出的持节大使,可委任幕僚协助判处公事,称判官,是节度使、观察使一类的僚属。

2. 北风卷地白草折,胡天八月即飞雪:白草,西北的一种牧草,枯干后变白;胡天,塞北的天空。

3. 忽如一夜春风来,千树万树梨花开:梨花,春天开放,花作白色;这里比喻雪花积在树枝上,像梨花开了一样。

4. 散入珠帘湿罗幕,狐裘不暖锦衾薄:锦衾,锦缎做的被子;锦衾薄,丝绸的被子都显得单薄了,形容天气很冷。

5. 将军角弓不得控,都护铁衣冷难着:角弓,两端用兽角装饰的硬弓,一作"雕弓";不得控,(天太冷而冻得)拉不开(弓);控,拉开;都护,镇守边镇的长官,此为泛指,与上文的"将军"是互文;铁衣,铠甲。

6. 瀚海阑干百丈冰,愁云惨淡万里凝:瀚海,沙漠;阑干,纵横交错的样子。

7. 中军置酒饮归客,胡琴琵琶与羌笛:中军,称主将或指挥部;古时分兵为中、左、右三军,中军为主帅的营帐;饮归客,宴饮归京的人,指武判官;饮,动词,宴饮;胡琴琵琶与羌笛,都是当时西域地区的民族乐器,这句说在饮酒时奏起了乐曲。

8. 纷纷暮雪下辕门,风掣红旗冻不翻:辕门,军营之门,古代军队扎营,用车环围,出入处以两车车辕相向竖立,状如门,这里指帅衙署的外门;风掣,红旗因雪而冻结,风都吹不动了;掣,拉、扯;翻,翻卷,飘动。

9. 轮台东门送君去,去时雪满天山路:轮台,在今新疆维吾尔自治区米泉县境内;天山,一名祁连山,横亘新疆东西,长六千余里。

思考讨论题

结合作品,试比较高适和岑参边塞之作的异同。

扩展阅读

1.秋风萧瑟天气凉,草木摇落露为霜。群燕辞归雁南翔,念君客游思断肠。慊慊思归恋故乡,君何淹留寄他方。贱妾茕茕守空房,忧来思君不敢忘,不觉泪下沾衣裳。援琴鸣弦发清商,短歌微吟不能长。明月皎皎照我床,星汉西流夜未央。牵牛织女遥相望,尔独何辜限河梁。

——[三国魏]曹丕《燕歌行》

2.单车欲问边,属国过居延。征蓬出汉塞,归雁入胡天。大漠孤烟直,长河落日圆。萧关逢候骑,都护在燕然。

——[唐代]王维《使至塞上》

3.天山雪云常不开,千峰万岭雪崔嵬。北风夜卷赤亭口,一夜天山雪更厚。能兼汉月照银山,复逐胡风过铁关。交河城边鸟飞绝,轮台路上马蹄滑。晻霭寒氛万里凝,阑干阴崖千丈冰。将军狐裘卧不暖,都护宝刀冻欲断。正是天山雪下时,送君走马归京师。雪中何以赠君别,惟有青青松树枝。

——[唐代]岑参《天山雪歌送萧治归京》

4.轮台城头夜吹角,轮台城北旄头落。羽书昨夜过渠黎,单于已在金山西。戍楼西望烟尘黑,汉兵屯在轮台北。上将拥旄西出征,平明吹笛大军行。四边伐鼓雪海涌,三军大呼阴山动。虏塞兵气连云屯,战场白骨缠草根。剑河风急雪片阔,沙口石冻马蹄脱。亚相勤王甘苦辛,誓将报主静边尘。古来青史谁不见,今见功名胜古人。

——[唐代]岑参《轮台歌奉送封大夫出师西征》

5.君不见走马川,雪海边,平沙莽莽黄入天。轮台九月风夜吼,一川碎石大如斗,随风满地石乱走。匈奴草黄马正肥,金山西见烟尘飞,汉家大将西出师。将军金甲夜不脱,半夜军行戈相拨,风头如刀面如割。马毛带雪汗气蒸,五花连钱旋作冰,幕中草檄砚水凝。虏骑闻之应胆慑,料知短兵不敢接,车师西门伫献捷。

——[唐代]岑参《走马川行奉送封大夫出师西征》

6.开元二十六年,客有从御史大夫张公出塞而还者,作《燕歌行》以示适,感征戍之事,因而和焉。汉家烟尘在东北,汉将辞家破残贼。男儿本自重横行,天子非常赐颜色。摐金伐鼓下榆关,旌旆逶迤碣石间。校尉羽书飞瀚海,单于猎火照狼山。山川萧条极边土,胡骑凭陵杂风雨。战士军前半死生,美人帐下犹歌舞!大漠穷秋塞草腓,孤城落日斗兵稀。身当恩遇恒轻敌,力尽关山未解围。铁衣远戍辛勤久,玉箸应啼别离后。少妇城南欲断肠,征人蓟北空回首。边庭飘飖那可度,绝域苍茫更何有!杀气三时作阵云,寒声一夜传刁斗。相看白刃血纷纷,死节从来岂顾勋?君不见沙场征战苦,至今犹忆李将军。

——[唐代]高适《燕歌行》

7.故关衰草遍,离别自堪悲。路出寒云外,人归暮雪时。少孤为客早,多难识君迟。掩泪空相向,风尘何处期?

——[唐代]卢纶《送李端》

8.塞下秋来风景异,衡阳雁去无留意。四面边声连角起。千嶂里,长烟落日孤城闭。浊酒一杯家万里,燕然未勒归无计。羌管悠悠霜满地。人不寐,将军白发征夫泪!

——[宋代]范仲淹《渔家傲》

李白《行路难》(其一)

金樽清酒斗十千,玉盘珍羞直万钱。
停杯投箸不能食,拔剑四顾心茫然。
欲渡黄河冰塞川,将登太行雪满山。
闲来垂钓碧溪上,忽复乘舟梦日边。
行路难! 行路难! 多歧路,今安在?
长风破浪会有时,直挂云帆济沧海。

(瞿蜕园等:《李白集校注》,中华书局,2007)

作品简介

李白(701—762),字太白,唐代杰出的浪漫主义诗人,有"诗仙"之誉。曾为贺知章等举荐,奉诏进宫时唐玄宗降辇步迎,"以七宝床赐食于前,亲手调羹",即令供奉翰林,但李白对御用文人的生活日渐厌倦,始纵酒以自昏秽。尝醉中起草诏书,引足令高力士脱靴。后因入永王李璘幕而被判罪流放夜郎,遇赦得还后不久,就结束了他传奇而坎坷的一生。有《李太白集》传世。

《行路难》为乐府旧题,属《杂曲歌辞》,内容多写世路艰难及离别之悲,现存最早的是南朝鲍照所作的《拟行路难》十八首。李白本题三首,此为组诗之一。全诗仅 14 句,82 个字,但诗笔跳荡纵横,百步九折。曲折迭宕中既显示了诗人内心的苦闷、愤郁和不平,又突出表现了他的倔强、自信和对理想的执着。

导读指要

李白的乐府诗,或借古题以写现事,具有鲜明的时代精神;或用古题陶写己怀,因其侧重于主观抒情,更能体现李白诗歌发兴无端、气势壮大的个性特色。应诏入京,诗人非但没能实现自己的政治抱负,反而受到权臣奸佞的嫉恨谗毁,被迫上书请还,怅然而去。《行路难》古题中世路艰难的寓意,触动了李白悲切的人生体验,于是,他按照古辞的内容和情感取向,据题立意,进行了创造性的生发和联想。诗中抒写了世道艰险、功业难成、前途茫然、障碍重重的苦闷悲愤之情,同时也表现了诗人从政失败但绝不放弃追求,遭遇挫折却坦然处之,待时而动,以期冲破险阻、实现理想的倔强与自信。

开篇自行前饯别切入,从反面起兴。酒美价昂,菜肴珍奇,别筵隆盛,情意挚厚,但诗人却停杯投箸,难以饮咽,内心郁闷,愤激不平,拔剑四顾,英雄失路,壮怀激烈。这里通过一系列具有强烈动感的动作描写,以倾泻悲伤激切、郁积已久的愤懑情怀,与盛宴欢会形成了一种强烈反差。欲渡冰塞,将登雪拥,隔山阻水,世路艰难,阻力重重,诗以贴切形象的比喻展现了作者此时茫然无去的人生困境,点明了行路难的主题。接着又运用商周之时君臣遇合、风云际会的典实,在历史的联想中传达期盼,自明心志,希望能像吕尚、伊尹那样,得遇明主,一展宏图。然理想的徜徉,终究无法改变惨痛的现实,下面连用四个适于表达愤激之情的三言短句,直抒抑郁不平之感,突出世路的艰难,加强了感叹的力度和强度。这发自内心的呐喊,是历史深处绵绵回响的有志之士的共同心声。收笔再开异境,憧憬前程。长风破浪定会有时,挂帆济海亦可自期,理想抱负必有实现之日,苦闷失望中流注着坚毅自信的豪气,抑郁悲愤中传达出昂扬乐观、超拔自振的声情,雄放飘逸,千古颂扬。通首想象丰富,感情激荡,波澜起伏,抑扬有致,跌宕多姿。理想和现实的矛盾,忧烦与亢奋的交织,使诗作于郁结盘曲之中,始终跳动着一颗执着不屈的灵魂,悲凉的底色,难掩其豪迈雄杰之生气。清人赵翼尝论李白诗曰:"诗之不可及处,在乎神识超迈,飘然而来,忽然而去,不屑屑于雕章琢句,亦不劳劳于镂心刻骨,自有天马行空,不可羁勒之势。"(《瓯北诗话》)以之评说此诗,亦极恰切矣。

中国哲学以生命为最高哲学,而文学的特质就是一种生命的历程体验,从这个意义上说,中国文学也是一种生命文学,为人生放歌,扬生命之帆。李白诗歌在积淀深厚的古代思想文化的熏染启迪下,形成了以直切生命内涵、展示个体的生命风采、迸发激越的生命情怀、呈现悠远飞扬的生命意趣为旨归的艺术特质,生命精神自始至终都在其诗中唱响高扬。从哲学的角度看,物之繁衍为生,生之历程为命,物之繁衍变化的现象即为生命。人的生命是自然生命与社会生命高度的统一体。生命所呈现出来的人生旨趣、生之态度、活之要义等是为生命精神。就其本质而言,生命精神也是一种文化精神,是个体生命对人生社会和自身价值的透彻观照,生命的价值和意义就在于对生命精神的持守、执着及其超越。在《行路难》的字里行间,时时回响着动人心魄的生命音符,激荡着浑灏郁勃的生命精神。诸如慷慨悲壮、昂扬奋发的入世精神;坚持理想、自强不息的进取精神;愤世嫉俗、持节不屈的人格精神;傲视苦难、乐观自信的执着精神等,李白诗歌的美学魅力即在于此。

中国传统文化追求的是对生命的终极关怀,人的主体精神得到极大的张扬。入世进取,建功立业,往往会遇到来自社会的、自然的等等方面的阻挠与限制,人生注定要在痛苦和磨难中煎熬历练,在挫折与逆境中傲然崛起。古代的先贤们亦深感人生之艰难,仕途之险恶,行路难的咏叹每每见诸笔下,但他们并没有因此便裹足止步,而是毅然奋起前行,顽强抗争。强烈的使命感和历史担当意识,是他们坚毅不拔、执着进取的精神内动力,历尽艰辛而初衷未改,备受磨折而追求不止,展现了我们民族不屈不挠、勇往直前的奋斗精神,这使古代诗歌注入了一股强大的青春活力和生命激情。此诗的现实意义就在于其所提供的失志追求的人生态度、奋发有为的生命范式以及对理想信念的执着持守,鼓舞和激励人们勇敢地直面生活中所遭遇的挫折与失败,乐观豁达,处变不惊,坦然应对各种严峻挑战,绝不消沉颓唐,在逆境中铸就生命的定力,追求智慧人生,永做生活强者。

字句疏解

1.行路难:乐府《杂曲歌辞》调名,古乐府道路六曲之一,内容多写世路艰难及离别悲伤之意,往往以"君不见"起首。

2.金樽清酒斗十千,玉盘珍羞直万钱:玉盘,精美的食具;珍羞,珍贵的菜肴;羞,通"馐",佳肴,美味的食物;直,通"值",价值,价钱。

3.停杯投箸不能食,拔剑四顾心茫然:投箸,丢下筷子;箸(zhù),筷子;不能食,咽不下;茫然,无所适从。

4.欲渡黄河冰塞川,将登太行雪满山:塞,堵塞。

5.闲来垂钓碧溪上,忽复乘舟梦日边:这两句暗用典故,姜太公吕尚曾在渭水的磻溪上钓鱼,得遇周文王,助周灭商,伊尹曾梦见自己乘船从日月旁边经过,后被商汤聘请,助商灭夏;吕尚和伊尹都曾辅佐帝王建立不朽功业,诗人借此表明自己对从政仍有所期待。忽复,忽然又。

6.行路难!行路难!多歧路,今安在:歧,岔路;安,哪里;岔道这么多,如今身在何处?

7.长风破浪会有时,直挂云帆济沧海:长风破浪,比喻实现政治理想,《宋书·宗悫传》载,宗悫少年时,叔父宗炳问他的志向,他说:"愿乘长风破万里浪"。会,当;云帆,高高的船帆;济,渡过;沧海,大海。

思考讨论题

1.结合此诗,试述李白诗歌的生命精神。

2.试以"莫沉沦自弃"为题,写一篇《行路难》的读后感。

扩展阅读

1.大道如青天,我独不得出。羞逐长安社中儿,赤鸡白雉赌梨栗。弹剑作歌奏苦声,曳裾王门不称情。淮阴市井笑韩信,汉朝公卿忌贾生。君不见昔时燕家重郭隗,拥篲折节无嫌猜。剧辛乐毅感恩分,输肝剖胆效英才。昭王白骨萦蔓草,谁人更扫黄金台?行路难,归去来!

2.有耳莫洗颍川水，有口莫食首阳蕨。含光混世贵无名，何用孤高比云月？吾观自古贤达人，功成不退皆殒身。子胥既弃吴江上，屈原终投湘水滨。陆机雄才岂自保？李斯税驾苦不早。华亭鹤唳讵可闻？上蔡苍鹰何足道！君不见吴中张翰称达生，秋风忽忆江东行。且乐生前一杯酒，何须身后千载名！

——[唐代]李 白《行路难》其三

3.噫吁嚱，危乎高哉！蜀道之难，难于上青天！蚕丛及鱼凫，开国何茫然！尔来四万八千岁，不与秦塞通人烟。西当太白有鸟道，可以横绝峨眉巅。地崩山摧壮士死，然后天梯石栈相钩连。上有六龙回日之高标，下有冲波逆折之回川。黄鹤之飞尚不得过，猿猱欲度愁攀援。青泥何盘盘，百步九折萦岩峦。扪参历井仰胁息，以手抚膺坐长叹。问君西游何时还？畏途巉岩不可攀。但见悲鸟号古木，雄飞雌从绕林间。又闻子规啼夜月，愁空山。蜀道之难，难于上青天，使人听此凋朱颜。连峰去天不盈尺，枯松倒挂倚绝壁。飞湍瀑流争喧豗，砯崖转石万壑雷。其险也如此，嗟尔远道之人胡为乎来哉！剑阁峥嵘而崔嵬，一夫当关，万夫莫开。所守或匪亲，化为狼与豺。朝避猛虎，夕避长蛇；磨牙吮血，杀人如麻。锦城虽云乐，不如早还家。蜀道之难，难于上青天，侧身西望长咨嗟！

——[唐代]李白《蜀道难》

4.泻水置平地，各自东西南北流。人生亦有命，安能行叹复坐愁！酌酒以自宽，举杯断绝歌路难。心非木石岂无感？吞声踯躅不敢言。！

——[南朝宋]鲍 照《拟行路难》其四

5.对案不能食，拔剑击柱长叹息。丈夫生世会几时，安能蹀躞垂羽翼？弃置罢官去，还家自休息。朝出与亲辞，暮还在亲侧。弄儿床前戏弄儿床前戏，看妇机中织。自古圣贤尽贫贱，何况我辈孤且直。

——[南朝宋]鲍 照《拟行路难》其六

6.黄金错刀白玉装，夜穿窗扉出光芒。丈夫五十功未立，提刀独立顾八荒。京华结交尽奇士，意气相期共生死。千年史册耻无名，一片丹心报天子。尔来从军天汉滨，南山晓雪玉嶙峋。呜呼！楚虽三户能亡秦，岂有堂堂中国空无人！

——[宋代]陆 游《金错刀行》

李白《将进酒》

君不见，黄河之水天上来，奔流到海不复回！

君不见，高堂明镜悲白发，朝如青丝暮成雪！

人生得意须尽欢，莫使金樽空对月。

天生我材必有用，千金散尽还复来。

烹羊宰牛且为乐，会须一饮三百杯。

岑夫子，丹丘生，将进酒，杯莫停。

与君歌一曲，请君为我倾耳听。

钟鼓馔玉不足贵，但愿长醉不复醒。

古来圣贤皆寂寞，惟有饮者留其名。

陈王昔时宴平乐，斗酒十千恣欢谑。

主人何为言少钱，径须沽取对君酌。

五花马，千金裘，呼儿将出换美酒，与尔同销万古愁。

（瞿蜕园等：《李白集校注》，中华书局，2007）

作品简介

《将进酒》属汉乐府《鼓吹曲·铙歌》旧题，意即"劝酒歌"。李白的咏酒诗极能见性。此诗是李白天宝年间离京后，漫游梁、宋，与友人岑勋、元丹丘相会时所作。此诗由黄河起兴，情感的发展也像黄河之水那样奔腾激荡。诗人无力改变黑暗的社会，无法实现理想和抱负，于是把冲天的激愤之情化作纵酒的逸兴豪情，他以欣赏的态度，用豪迈的气势来写饮酒，全篇如大河奔流，起伏跌宕，情极悲而语极豪，具有震古烁今的气势与力量。

导读指要

这首诗非常形象的表现了李白桀骜不驯的性格：一方面对自己充满自信，孤高自傲；一方面在政治前途出现波折后，又流露出纵情享乐之情。他"借题发挥"借酒浇愁，抒发了自己的一腔愤激。

时光流逝，如江河入海一去无回，人生苦短，看朝暮间青丝白雪，生命的渺小似乎是无法挽救的悲剧。可是李白悲而能壮，哀而不伤，极愤慨而又极豪放。诗篇开头是两组排比长句，如挟天风海雨向读者迎面扑来。"君不见黄河之水天上来，奔流到海不复回"，李白此时在颍阳山，距离黄河不远，登高纵目，所以借黄河来起兴。黄河源远流长，落差极大，如从天而降，一泻千里。紧接着，"君不见高堂明镜悲白发，朝如青丝暮成雪"，恰似一波未平、一波又起。前二句为空间的夸张，这二句则是时间的夸张，将人生由青春至衰老的全过程说成"朝"、"暮"之事。以黄河的伟大永恒形出生命的渺小脆弱，这个开端可谓巨人式的感伤，具有惊心动魄的艺术力量。"夫天地者，万物之逆旅也；光阴者，百代之过客也"（《春夜宴从弟桃李园序》），悲感虽然不免，但悲观却非李白性分之所近。在他看来，只要"人生得意"便无所遗憾，当纵情欢乐。五六两句便是一个逆转，由"悲"而翻作"欢""乐"。从此直到"杯莫停"，诗情渐趋狂放。"人生达命岂暇愁，且饮美酒登高楼"（《梁园吟》）。"人生得意须尽欢"，这似乎是宣扬及时行乐的思想，然而只不过是现象而已。诗人此时郁郁不得志。"凤凰初下紫泥诏，谒帝称觞登御筵"（《玉壶吟》），奉诏进京、皇帝赐宴的时候似乎得意过,然而那不过是一场幻影。再到"弹剑作歌奏苦声,曳裾王门不称情"(《行路难·其二》),古时冯谖在孟尝君门下作客,觉得孟尝君对自己不够礼遇,开始时经常弹剑而歌,表示要回去。李白希望"平交王侯"的,而在长安,权贵们并不把他当一回事,李白借冯谖的典故比喻自己的处境,但并不就此消沉。而是用乐观的口吻肯定人生,肯定自我:"天生我材必有用"! 于此,从貌似消极的现象中露出了深藏其内的一种怀才不遇而又渴望入世的积极的本质内容来。"长风破浪会有时",实现自我理想的这一天总会来到的,应为这样的未来痛饮高歌。"千金散尽还复来!"这又是一个高度自信的惊人之句,能驱使金钱而不为金钱所使,足令一切凡夫俗子们咋舌。诗如其人,想诗人"曩者(过去)游维扬,不逾一年(不到一年),散金三十余万"(《上安州裴长史书》),是何等豪举。故此句深蕴在骨子里的豪情,绝非装腔作势者可得其万一。作者继之描绘了一场盛筵,整头整头地"烹羊宰牛",不喝上"三百杯"决不甘休。至此,狂放之情趋于高潮,诗的旋律加快。诗人那眼花耳热的醉态跃然纸上,恍然使人如闻其高声劝酒:"岑夫子,丹丘生,将进酒,杯莫停!"他还要"与君歌一曲,请君为我倾耳听":"钟鼓馔玉"意即富贵生活(富贵人家吃饭时鸣钟列鼎,食物精美如玉),可诗人以为"不足贵",并放言"但愿长醉不复醒"。以下"古来圣贤皆寂寞"二句亦属愤语。李白曾喟叹"自言管葛竟谁许",称自己有管仲之才,诸葛亮之智却没人相信,所以说古人"寂寞",同时表现出自己"寂寞"。因此才情愿醉生梦死长醉不醒了。诗人是用古人酒杯,浇自己块垒了。说到"唯有饮者留其名",便举出"陈王"曹植作代表。并化用其《名都篇》"归来宴平乐,美酒斗十千"之句。古来酒徒历历,而偏举"陈王",这与李白一向自命不凡分不开,他心目中树为榜样的是谢安之类高级人物,而这类人物中,"陈王"与酒联系较多。这样写便有气派,与前文极度自信的口吻一贯。三国诗人曹植在《名都篇》中描写洛阳饮宴时说:"归来宴平乐,美酒斗十千。"曹植被称为才高八斗(朝宋文学家谢灵运:"天下才有一石,曹子建独占八斗,我得一斗,天下共分一斗。"),尽管身怀利器,抱负不凡,却在政治上受到来自亲哥哥魏文帝曹丕的打击,郁郁不得志。"陈王"曹植于丕、睿两朝备受猜忌,有志难展,亦激起诗人的同情。一提"古来圣贤",二提"陈王"曹植,满纸不平之气。此诗开始似只涉人生感慨,而不染政治色彩,其实全篇饱含一种深广的忧愤和对自我的信念。诗情所以悲而不伤,悲而能壮,即根源于此。以下诗情再入狂放,而且愈来愈狂。"主人何为言少钱",既照应"千金散尽"句,又故作跌宕,引出最后一番豪言壮语:即便千金散尽,也当不惜将出名贵宝物——"五花马"(毛色作五花纹的良马)、"千金裘"来换取美酒,图个一醉方休。诗情至此狂放至极,令人嗟叹咏歌,直欲"手之舞之,足之蹈之"。情犹未已,诗已告终,突然又迸出一句"与尔同销万古愁",与开篇之"悲"关合,而"万古愁"的含义更其深沉。这"白云从空,随风变灭"的结尾,显见诗人奔涌跌宕的感情激流。通观全篇,真是大起大落,非如椽巨笔不能。

《将进酒》篇幅不算长,却五音繁会,气象不凡。它笔酣墨饱,情极悲愤而作狂放,语极豪纵而又沉着。诗篇具有震动古今的气势与力量,这诚然与夸张手法不无关系,比如诗中屡用巨额数目字("千金"、"三百杯"、"斗酒十千"、"千金裘"、"万古愁"等等)表现豪迈诗情,同时,又不给人空洞浮夸感,其根源就在于它那充实深厚的内在感情,那潜在酒话底下如波涛汹涌的郁怒情绪。此外,全篇大起大落,诗情忽翕忽张,由悲转乐、转狂放、转愤激、再转狂放、最后结穴于"万古愁",回应篇首,如大河奔流,有气势,亦有曲折,纵横捭阖,力能扛鼎。其歌中有歌的包孕写法,又有鬼斧神工、"绝去笔墨畦径"之妙,既不是刻意刻画和雕凿能学到的,也不是草率就可达到的境界。

字句疏解

1. 将(qiāng)进酒,乐府旧题。将,请。

2. 君不见,高堂明镜悲白发,朝如青丝暮成雪:形容时光匆促,人生短暂。青丝,黑色的头发;暮成雪,到晚上黑发变白。

3. 烹羊宰牛且为乐,会须一饮三百杯:会须,应该。

4. 岑夫子,丹丘生,将进酒,杯莫停:岑夫子,丹丘生,李白的朋友岑勋、元丹丘。

5. 钟鼓馔玉不足贵,但愿长醉不复醒:钟鼓,古时豪贵之家宴饮以钟鼓伴奏;馔玉,形容食物珍美如玉。

6. 陈王昔时宴平乐,斗酒十千恣欢谑:陈王昔时宴平乐,陈王,指三国时的曹植;宴平乐,在洛阳的平乐观宴饮;斗酒十千恣欢谑,斗酒十千,一斗酒值十千钱,指酒美价格昂贵;曹植《名都篇》"归来宴平乐,美酒斗十千";斗,盛酒器,有柄;恣欢谑,尽情寻欢作乐;谑,喜乐。

7. 主人何为言少钱,径须沽取对君酌:径须,只管。

8. 五花马,千金裘,呼儿将出换美酒,与尔同销万古愁:五花马,指名贵的马;千金裘,名贵的皮衣;将出,拿出。

思考讨论题

《将进酒》表现了诗人怎样的人生态度?

扩展阅读

1. 朝辞白帝彩云间,千里江陵一日还。两岸猿声啼不住,轻舟已过万重山。
————[唐代]李白《早发白帝城》

2. 众鸟高飞尽,孤云独去闲。相看两不厌,只有敬亭山。
————[唐代]李白《独坐敬亭山》

3. 首以"黄河"起兴,见人之年貌倏改,有如河流莫返。一篇主意全在"人生得意须尽欢,莫使金樽空对月"两句。

——[明代]周珽《唐诗选脉会通评林》

《宣州谢朓楼饯别校书叔云》

弃我去者,昨日之日不可留;

乱我心者,今日之日多烦忧。

长风万里送秋雁,对此可以酣高楼。

蓬莱文章建安骨,中间小谢又清发。

俱怀逸兴壮思飞,欲上青天览明月。

抽刀断水水更流,举杯消愁愁更愁。

人生在世不称意,明朝散发弄扁舟。

(瞿蜕园等:《李白集校注》,中华书局,2007)

作品简介

此诗乃饯别抒怀之什,是李白于玄宗天宝末年游安徽宣城时所写,诗题一作《陪侍御叔华登楼歌》。全诗回复跌宕,一波三折,虽极写怀才不遇的忧愤,却并不阴郁低沉,而突出体现了一种遗世高蹈的豪迈情怀,明人称其"如天马行空,神龙出海。"

导读指要

离别是古人最为牵肠挂肚的情感,设宴饯行、都门帐饮、长亭送别、灞桥折柳之情事常常付诸诗家的吟咏,成为文人墨客抒发情怀和传达心灵感受的重要载体。古代的送别诗最早可以追溯到先秦时期,《诗经》中的《邶风·燕燕》、《秦风·渭阳》均是抒写离情别意的佳什,被誉为"万古送别之祖"。除此之外,《卫风》、《小雅》、《大雅》、《周颂》中也颇多有关离别的诗作,这些题咏,或许还不够成熟,但却为后世送别诗的创作提供了范本。产生于南方文化系统的《楚辞》亦不乏表达送别情谊的笔墨,如《九歌·河伯》有云:"子交手兮东行,送美人兮南浦",虽然还仅为只言片语,缺乏专门的赋咏,但其情殷殷,其意切切,缠绵悱恻,宛然在目。两汉时期的送别之作并不多见,但以"离别"为主题的诗歌创作逐渐明晰起来,出现了《悲与亲友别》、《行行重行行》等优秀作品,并初步确立了离别诗"以悲为主"的感情基调,为后来的送别诗奠定了坚实的创作基础。

六朝是送别题材的诗歌大量衍生的时期,其间朝代更迭频繁,社会动荡不安,由于战乱、游历、升迁、贬谪以及其它各种原因,离别遂成为文人士子政治生活的常态,诗歌中的送别之作便应运而生,诗家辈出,名篇迭见,蔚为大观。如梁代范云的《送别诗》、吴均的《同柳吴兴何山集送刘余杭诗》等,唐代王勃正是在此影响下写出了"海内存知己，天涯若比邻"的送别名句。这个时期的送别诗已逐渐摆脱了伤别悲离的情调，内容更为丰富，形式更加多样，境界也愈见高远，诗歌的意趣旨归、气象格调等基本趋于定型。至初盛唐，送别诗的创作更是琳琅满目，美不胜收，其思想意蕴、胸怀气度、艺术品位等自是诗中一流。聚散离合，坦然相对，既动之以情，又晓之以理，宽解慰藉，劝勉激励，情深语壮，堪称盛世强音。这首七言歌行，是李白送别诗中极具代表性的作品，诗作借饯别以述怀，抒发了诗人因理想与现实的尖锐矛盾所引起的强烈而复杂的思想感情。

作为饯别之作，诗中却有饯无别，但运笔仍不脱送别的题旨。开篇凌空而起，发兴无端，不知其所从来。昨日抛却诗人而去，已不可挽留；今日令人心烦意乱，却无法逃避，一种郁结抑塞之气顿时喷涌而出，其忧愤之烈，烦乱之深，如见如感，是为饯别时的心绪。接着二句即写楼头饯饮，长空万里，天高气朗，雁阵成行，境界阔大，此情此际，正可开怀畅饮，为族叔李云送行，而冷落寂寥的清秋景象，又使这高楼饯别染上了些许悲凉的色彩。下面转笔盛赞汉代文章、建安风骨以及谢朓诗歌的清新秀发，以此来称许李云的诗文和李白自己的诗歌，借古说今，评诗论文，誉人扬己，既表现了诗人此时的风致雅韵和自然天成的美学情趣，又扣合题面之关涉。进而又触发了直欲上天览月的遐思，主客二人逸兴飘举，壮思飞扬，造成了诗的气势，突出了诗的力度，呈现出豪迈飘逸的诗歌风貌，李白鲜明的艺术个性和非凡的气魄与澎湃的生命激情于此尽见。然豪情刚上眉梢，愁绪又涌心头，诗情骤然跌落。抽刀断水，水之不可断，举杯消愁，愁之自难消，精当新奇而又形象化的比喻，足见其愁情深重，忧思激切，无可消弭。"抽刀"二句是李白传唱人口的千古名句，上句是喻体，下句为本体，诗意一反常理，新颖独特，抒写精妙，至悲之感而以豪逸之态出之，气势凌厉酣畅，笔法飞动流走，悲中见豪，且着意于重复，直如异军突起，生面别开，新人耳目。收笔愤言进既不成，那就退而散发弄舟，浪迹江海，去过一种自由自在、与鸥鹭为友的闲适放达的生活。这是李白和黑暗社会决裂的告白，决绝中带有几多无奈，愤激中又流露出避世退守之想。通篇大气包举，感情激荡，章法跳跃转折，腾挪多变，起落无迹，一任感情的奔泻，充分体现了盛唐诗歌气来、情来的时代精神，具有壮大奇伟的阳刚之美。入笔波澜突起，如天外飞隼，山峡吐波，大海扬涛。即席见景、酣饮高楼之句刚刚触及诗题，却又转笔评论古人，周折横生。继而主客双贯，逸兴壮思斐然，而断水消愁之喻又陡作顿跌，愁情满纸。结处戛然而止，似烈马收缰，仰天长啸，响遏行云，激愤而又旷达。全诗开合跌宕，跳跃层次的转进变化，既表现了诗人思想感情的复杂矛盾，同时也正是诗作抒情的不断深入和强化。

七言歌行是七言古诗与骈赋相互渗透融合而产生的一种诗体，其在发展过程中又吸收了南朝乐府和近体诗的一些特点，形式自由灵活，富于变化，不大讲究格律。句式长短不拘，参差错落，以五、七言为主，夹杂少量的三言。这种体式，本身就有一种流动感,而骈赋中的蝉联句式,往往能使全篇的气势为之一振,所以唐人每每用它来铺写抒情,杂以议论,情之所至,笔亦随之,纵横驰骋,任意挥洒,舒卷自如,工丽整练中显出流宕的声情和豪壮的气势,是一种更适于表现刚健骨气与飞思逸兴的抒情载体。李白性格豪放,酷爱自由,不愿受任何拘约,天马行空,独往独来,灵动多变的七言歌行与他独立不羁的人格正相契合,成为谪仙运用最为自如娴熟、也最为擅长的诗体之一。作为盛唐的天才诗人,李白一生几番挣扎,几番失败,几次飞跃,又几次跌落,在尘世的罗网中碰撞绊绕,希望破灭之后,常常借狂歌痛饮来宣泄满腹失意的牢骚和愤懑。酒是个神奇的东西,三杯两盏下去,便会让人热血沸腾,情绪亢奋,一醉泯宠辱。酒又是一种特殊的精神文化消费品,它能点燃激发人生的豪情和对自我的期许。此诗写高楼酣饮,肆意畅杯,绝不仅仅停留在口腹之欲的满足和物质享受的层面上,而是用饮酒象征美好的生活,表达开怀畅饮所带来的精神愉悦和对别样人生的神往。饮酒之乐中充满着对生命的强烈眷恋和无可奈何之情,从这个意义上说,痛饮也是对人生苦难的超越傲视,对现实苦闷的消释化解。诗作打动人心的力量,正来自于李白对美好人生的热烈追求以及字符背后所激荡的生命活力与悲豪情怀。品味诗中人生短暂、任性自然的深情咏叹,在李白生命觉醒的痛苦思索和苦苦追寻中观照省视时空的运转以及自我的存在,树立正确的世界观、人生观和苦乐观,珍爱生命,拥抱生活,奋发有为,时不我待,这可说是此诗带给我们的现代启示。

字句疏解

1. 宣州:今安徽宣城一带。谢朓(tiǎo)楼:又名北楼、谢公楼,谢朓任宣城太守时所建;饯别,以酒食送行;校(jiào)书,官名,即秘书省校书郎,掌管朝廷的图书整理工作;叔云,李白的叔叔李云。

2. 长风万里送秋雁,对此可以酣高楼:此,指上句的长风秋雁的景色;酣(hān)高楼,畅饮于高楼。

3. 蓬莱文章建安骨,中间小谢又清发:蓬莱,海中神山,此指东汉时藏书之东观;蓬莱文章,借指李云的文章;小谢,指谢朓,南朝齐诗人,后人将他和谢灵运并称为大谢、小谢,这里用以自喻;清发(fā),指谢朓清新秀发的诗风。

4. 俱怀逸兴壮思飞,欲上青天览明月:俱怀,两人都怀有;逸兴(xìng),飘逸豪放的兴致;王勃《滕王阁序》"遥襟甫畅,逸兴遄飞",李白《送贺宾客归越》"镜湖流水漾清波,狂客归舟逸兴多";壮思,雄心壮志;览,通"揽",摘取。

5. 人生在世不称意,明朝散发弄扁舟:散发(fà),古人束发戴冠,散发表示闲适自在,意谓不做官,这里形容狂放不羁;弄扁(piān)舟,乘小舟归隐江湖;扁舟:小舟、小船,春秋末年,范蠡辞别越王勾践,"乘扁舟浮于江湖"。

思考讨论题

谢朓是南朝齐梁时期最为杰出的山水诗人,李白对他极表膺服,称赏不已,诗作亦受其影响非浅,清人王士祯至有"青莲才笔九州横,······ 一生低首谢宣城"(《戏仿元遗山论诗绝句三十二首》其三)之论。请在此诗之外,再举五例李白推许谢朓的诗句。

扩展阅读

1. 江路西南永,归流东北骛。天际识归舟,云中辨江树。旅思倦摇摇,孤游昔已屡。既欢怀禄情,复协沧洲趣。嚣尘自兹隔,赏心于此遇。虽无玄豹姿,终隐南山雾。

——[南朝齐]谢 朓《之宣城郡出新林浦向板桥》

2. 江城如画里,山晚望晴空。两水夹明镜,双桥落彩虹。人烟寒橘柚,秋色老梧桐。谁念北楼上,临风怀谢公。

——[唐代]李 白《秋登宣城谢朓北楼》

3. 望君烟水阔,挥手泪沾巾。飞鸟没何处,青山空向人。长江一帆远,落日五湖春。谁见汀洲上,相思愁白蘋。

——[唐代]刘长卿《饯别王十一南游》

4. 泛菊杯深,吹梅角远,同在京城。聚散匆匆,云边孤雁,水上浮萍。教人怎不伤情?觉几度、魂飞梦惊。后夜相思,尘随马去,月逐舟行。

—— [宋代]刘 过《柳梢青·送卢梅坡》

杜甫《望岳》

岱宗夫如何? 齐鲁青未了。
造化钟神秀,阴阳割昏晓。
荡胸生曾云,决眦入归鸟。
会当凌绝顶,一览众山小。

(萧涤非:《杜甫全集校注》,人民文学出版社,2014)

作品简介

杜甫(712—770),字子美,河南巩县人,尝居长安城东南之少陵,自号少陵野老,世称杜少陵、杜工部等,唐代伟大的诗人,被尊为"诗圣"。其诗大胆揭露社会矛盾,同情和关切民生疾苦,全面深刻地反映了当时的社会现实和唐王朝由盛转衰时期的历史面貌,被誉为"诗史"。存有《杜工部集》。

《望岳》是杜甫青年时代的作品,充满了浪漫与激情。全诗没用一个"望"字,却紧紧围绕"望"字着笔,由远望到近望,再到凝望,最后是俯望,热情赞美了泰山高大巍峨的气势和神奇秀丽的景色,表达了诗人勇攀顶峰、俯视一切的气概和卓然独立、兼济天下的豪情。

导读指要

杜甫从中原大地走出,青年时代即漫游齐赵、吴越,与李白等诗友结交。为求仕进,曾赴京师应考不第,终身未成进士。困居长安十年,始被任为右卫率府兵曹参军。安史乱起,举家颠沛流离,肃宗至德初年授官左拾遗,世称"杜拾遗",后因直言进谏贬为华州司功参军。不久弃官西行,流寓甘、川,晚年携家出峡,漂泊荆楚一带,贫病交加,穷愁潦倒,卒殁于湘江的孤舟之上。他一生亲历战乱兵祸,备尝艰难贫困之苦,对社会现实有着极为深刻的认识,思想感情接近广大人民,创作了大量富有写实精神的诗篇,所作博大精深,变化繁复,勇于创新,集前代之大成,开后世之先路,诗风沉郁顿挫,众体兼善,尤以律诗见长,音律精严,刻意求工,堪称律家楷模。杜甫从小便苦读儒家经典,终身追求和奉行修齐治平的政治理想。盛唐的恢宏气象,更激发了诗人奋发向上、积极有为、建立事功的政治热情。玄宗开元年间,青春年少、风华正茂的杜甫在漫游齐赵(今山东、山西和河北一带)、行经东岳泰山时挥毫赋吟了《望岳》之什。这是一首走进地理、感悟人生、张扬情怀的诗章,篇中描绘了泰山高峻磅礴、雄伟壮丽的景象,抒发了勇攀绝顶、积极进取的不凡襟抱,表现了青年杜甫的豪情壮志。

题为《望岳》,通篇未着一个"望"字,但句句又是望中之所见所感,距离由远而近,时间从朝至暮,并悬想来日的登岳,多层面、多维度地描写观照,使泰山的百千气象,万种风情尽现纸面。起笔为远望之色,而以问答句式出之,泰山雄踞神州,横亘齐鲁,壮伟阔大,青翠绵远。开卷大气包举,神采飞扬,赞叹崇仰之情溢于言表。继之乃近望之势,以运化之钟情,突现泰山的神奇秀美;用有如刀劈斧削而成的山之南北明暗迥异的两个天地,极言泰岳的高峻雄奇,演静为动,化无情为有情,奇思妙造,对仗工切。接下是细望之景,山中层云漫生,涤荡胸襟,张目极视,飞鸟归林,诗人望得细致,看得入神,既显泰山体貌之雄峻幽深,亦见诗人心胸之飞扬激荡,遣词造语,极尽锤炼之功。结处书极望之情,望岳至极,由望生情,悬想将来登岳,定当亲凌绝顶,一览孤峰耸峙、众山拜服的景致,胜举壮怀,激励人心。句中富含哲理,发人深省,不仅预示和象征着杜甫宏大的政治抱负以及未来诗歌创作的巨大成就,而且也表明了诗人践行理想、取得成就的途程路径。全篇以"望"字统摄,布局严谨,意境开阔,字句精奇,景情交融,虚实相生,格调高昂。此诗曾被后人推为绝唱,并刻石立碑,与泰山同垂不朽。对当代青年而言,诗作的启示意义和人生感悟,即在于志存高远,锲而不舍;扩大视野,砥砺情操;不畏艰险,勇于登攀;高屋建瓴,俯瞰万象。

　　"读万卷书,行万里路,"这是中国古人的一种求知模式和自我修养的路径,前者讲知识的累积,后者言阅历的广博,累积则显厚重,广博以见历练。杜甫根植于华夏中州,从博大精深的河洛文化中走来。他早年即壮游南北,把负笈行路视为人生乐事,中年辗转漂泊于陕甘巴蜀,晚年沦落流寓于湘鄂之地,在这个过程中,尽管他对自然地理的认知和识断在不断深化,并在传统地理的核心地带创造出了盛唐最为耀眼的诗篇,但最终却未能走出生命的困境,一生基本上是流落以终的。在行走迁徙的过程中,杜甫览阅山水无数,许多带有切实质感的山脉水系亦每每从浓郁激荡的诗情中跃出。在他早期的诗歌中,《望岳》所呈现的地理气象最为阔大,堪称一曲地理的颂歌,也是一次地理与哲学的对话,诗人所站立的地理位置和思想高度都是超越前人的。诗之开篇即于遥望中骋思驰情,惊叹泰山的峻伟绵远,一幅广袤浩渺、无限伸延的青郁画卷,铺展于长天远地之间。在这横无际涯、天圆地方的阔大视觉中,似乎能够感受到诗易楚辞中的地理物象,远古文化中天宇地域的深切观照,中华文明的始祖们正是以这种穷极苍穹的思维理念来展开世界想象,探究宇宙奥秘,体认自然万物的。诗作绘就的宏廊中古地理的图谱,使诗境大开,齐鲁秀色,形胜山川,尽显无余。"如何"乃作者之追问探寻,"青""了"二字是极为精妙妥贴的地貌地形要诀。齐鲁乃孔子故里,儒学圣地,春秋时期,孔圣曾在此著书立说,授徒讲学,施行教化。诗人在华夏文化的制高点上,迎来了心潮的高涨。"青未了",既是意象,也是图景;既是地理本原的抽象化,也是诗意的具象化,是诗家对自己追问的思索和应答,从中表现出青年杜甫蓬勃的精神状态和宏阔的生命格局。泰山得造化之钟爱,聚天地之灵秀,山北山南,阴阳自殊,昏晓有别。山中云气叠出,飞鸟回还,令人心胸荡漾,眼目纵张,这是带有切实质感的地理图像,是诗人对自然地理的直觉品味和精妙解读。篇末之"会当凌绝顶,一览众山小",化用《孟子·尽心上》中"孔子登东山而小鲁,登泰山而小天下"之意,抒发了诗人定攀绝顶、卓然出群的雄心壮志,豪气充溢,激情勃发,胸怀开阔,抱负远大,气魄超凡,饶富理趣。诗作起笔即开张了泰山地理的方仪,是以收笔所表现出的澎湃而高扬的生命激情,浑灏而充沛的地理空间意识,便显得实而不华,潜气内转,浑然一体,读来令人神旺。杜甫诗歌无论表达豪情壮怀,抑或抒写真切痛彻的生命体验,深沉厚重的忧患意识,往往都呈现出鲜明翔实的地理特色,诗中的许多意象常常穿越自然山水的表层而直达地理历史的内核。在诗人精心绘制的地理图景中,渗透叠加着强烈的时代感触和深沉绵远的历史意识,神奇的地理发现与精神的跨越升华交相辉映,地理具象与诗歌意境融通浑化。地理是最古老的历史,诗歌一旦具有了地理意义,也就被赋予了恒久的历史意义。从这个维度上说,正是地理元素的参与和运用,才造就了杜甫宏伟的诗史,玉成了一代诗圣。

字句疏解

1.岱宗夫如何？齐鲁青未了：岱宗，泰山亦名岱山或岱岳，五岳之首，在今山东省泰安市城北，历代帝王凡举行封禅大典，皆在此山；齐鲁，原是春秋战国时代的两个国名，在今山东境内，古代齐鲁两国以泰山为界，齐国在泰山北，鲁国在泰山南，后用齐鲁代指山东地区；青未了，指郁郁苍苍的山色无边无际，浩茫浑涵，难以尽言；青，指苍翠、翠绿的美好山色；未了，不尽，不断。

2.造化钟神秀，阴阳割昏晓：造化，大自然；钟，聚集；神秀，天地之灵气，神奇秀美；阴阳，阴指山的北面，阳指山的南面，这里指泰山的南北；割，分，夸张的说法；此句是说泰山很高，在同一时间，山南山北判若早晨和晚上；昏晓，黄昏和早晨，极言泰山之高，山南山北因之判若清晓与黄昏，明暗迥然不同。

3.荡胸生曾云，决眦入归鸟：荡胸，心胸摇荡；曾，同"层"，重叠；决眦(zì)，决，裂开，眦，眼角，由于极力张大眼睛远望归鸟，眼角(几乎)要裂开。

4.会当凌绝顶，一览众山小：会当，终当，定要；凌，登上；凌绝顶，即登上最高峰。

思考讨论题

1.结合此诗，试述杜甫诗歌的地理特质。

2.杜甫一生写有大量歌咏山川胜景的诗篇，其中以《望岳》为题者凡三首，分咏东岳泰山，西岳华山和南岳衡山。请在深入感受、精确把握作品的基础上，比较这三首诗的情感蕴涵以及诗歌风格的异同。

扩展阅读

1.老杜诗凡一篇皆工拙相半，古人文章类如此。皆拙固无取，使其皆工，则峭急无古气，……后世学者，当先学其工，精神气骨，皆在于此。如《望岳》诗云："齐鲁青未了"，洞庭诗云："吴楚东南坼，乾坤日夜浮。"语既高妙有力，而言东岳与洞庭之大，无过于此。后来文士极力道之，终有限量，益知其不可及。

——[宋代]范 温《潜溪诗眼》

2.杜子心胸气魄，于斯可观。取为压卷，屹然作镇。

——[清代]浦起龙《读杜心解》卷一

3.峨峨东岳高，秀极冲青天。岩中间虚宇，寂寞幽以玄。非工复非匠，云构发自然。器象尔何物？遂令我屡迁。逝将宅斯宇，可以尽天年。

——[晋代]谢道韫《泰山咏》

4.朝饮王母池，暝投天门关。独抱绿绮琴，夜行青山间。山明月露白，夜静松风歇。仙人游碧峰，处处笙歌发。寂静娱清辉，玉真连翠微。想象鸾凤舞，飘飖龙虎衣。扪天摘匏瓜,恍惚不忆归。举手弄清浅,误攀织女机。明晨坐相失,但见五云飞。

——[唐代]李 白《游泰山》其六

5. 白日依山尽,黄河入海流。欲穷千里目,更上一层楼。

——[唐代]王之涣《登鹳雀楼》

6. 岱宗何崔嵬,群山无与比。使者久尘嚣,望之不胜喜。无缘凌绝顶,诣祠聊致谲。夫何一殿存,千间暴遗圮。人言遭劫火,金源乱兵里。感此废昔年,伤今未能理。飞奏入彤庭,经营良在迩。奈何齐鲁饥,百姓食糟秕。神兮愿效灵,穰穰多乐祀。行当复故宫,金碧荡瞻视。

——[元代]贾 鲁《登泰山》

7. 俯首无齐鲁,东瞻海似杯。斗然一峰上,不信万山开。日抱扶桑跃,天横碣石来。君看秦始后,仍有汉皇台。

——[明代]李梦阳《泰山》

杜甫《春望》

国破山河在,城春草木深。
感时花溅泪,恨别鸟惊心。
烽火连三月,家书抵万金。
白头搔更短,浑欲不胜簪。

（萧涤非：《杜甫全集校注》,人民文学出版社,2014）

作品简介

此诗乃肃宗至德二年(757 年)三月,杜甫被安史叛军羁拘沦陷后的长安时所作。诗的前四句写春日长安凄惨破败的景象,饱含着兴衰感慨;后四句写杜甫挂念亲人、心系国事的情怀,充溢着凄苦哀思,表现了诗人忧国忧民、感时伤怀的高尚情操。

导读指要

玄宗开元年间,唐朝的国力达到了极盛的顶点,励精图治的统治者随之忘乎所以,玩物丧志,纵情声色,朝政腐败昏暗。加之土地兼并日趋激烈,社会两极分化,贫富尖锐对立,王朝的政治、经济、军事渐呈衰败之象,表面繁荣的背后,潜藏着严重的社会危机。此时正赴奉先县(今陕西蒲城)省亲的诗人杜甫,已敏锐地预感到一场社会动乱即将袭来,大唐帝国天柱将折,大厦将倒。就在杜甫到家的当月,便爆发了对唐王朝国运产生重大影响的安史之乱,结束了盛世帝国的神话。安史乱起,玄宗仓惶奔蜀,肃宗灵武(在今宁夏)即位。率领全家流亡陕北的杜甫,闻讯十分振奋,深感国家复兴有望,遂将家小安置在鄜州的羌村,只身间道前往灵武,投奔肃宗皇帝,途中却不幸为叛军所俘,被押解到已经陷落的长安。其间,诗人写下了《春望》这首忧时念乱、思亲怀家的千古名篇,诗作通过眺望长安春日残败景象的描写,抒发了作者感时忧国、恨别思家的思想感情。

首联扣题而起,是望中之所见。国家残破,都城沦陷,但山河尚存,又一个春天沿着大自然的轨道如期降临到了京师长安,春日的都市,草木繁茂幽深,而人烟稀少,一派荒凉破败的景象。诗人痛惜于"国破",寄希望于"山河在",期盼整复河山,扭转乾坤。作为唐代的首都和当时驰名的国际大都市,昔日春天里的长安,阳光明媚,莺歌燕舞,车水马龙,楼阁参差,繁华热闹无与伦比。如今在叛军的洗劫焚掠之下,春城荒草丛生,满目疮痍,往日的繁盛景象早已荡然无存。颔联乃望中之所感。所见为景,景中含情;所感为情,情中见景。诗人感念时局,看到花开,不仅无心赏略,反而潸然泪下;怨恨与家人离别,闻听鸟鸣,不但无意啼听,反倒倍觉心惊。"感时"承上收束,"恨别"启下拓开,国恨家愁融于一处,极尽伤时怀亲之苦。鸟语花香本是美好之物,令人赏心悦目,然作者痛伤国破,忧时思家,是以见花垂泪,闻鸟心惊,这种反常的心理、举止,足见其感时之深,恨别之切。此联假借对外界事物异于常情的感受,深入地揭示了诗人沉滞凝重、惨痛忧伤的内在情感和心灵世界,情景交融,动人肺腑。颈联为望中所念,不脱忧时怨别之旨。杜甫写这首诗的时候,已是安史之乱爆发的第三个年头,战事更为激烈,时局愈益紧张,杀伐频仍,烽火遍地,兵连祸结,在这动荡不安、战乱未止的境况中,一封普通的家信多么宝贵,直可抵得万金,因为它给人带来的,是无尽的慰解和希望。国难当头,杜甫身陷长安,妻小远在鄜州,彼此相互隔绝,讯息两无,诗人思念家人,但久盼而音书不至。"抵万金"三字,极言家书的珍贵和难得,这也是兵荒马乱年月中人们的一种普遍的时代感触,具有社会历史和民族心理的特定内容。尾联写望中所为,统合家国。白发稀疏的诗人,由于焦虑忧愁而频频地搔首挠头,以至连簪发的簪子都插不住了,外在的动作正表明其内心的烦乱愁苦,倍受煎熬。鲍照《拟行路难》十六有句:"白发零落不胜冠",杜甫化用其意,而感情益见深沉,忧虑无以言说。家国的命运休戚与共,亲人的离散缘于国事的艰危,恨别与感时紧密相连,从而深化了诗意。结处于家国伤痛之外,又悲叹年老体衰,华发横生,更添一层哀感。通篇思想深刻,感情真切,艺术精湛。总体上的高度概括与局部细致入微的抒写是本诗的主要特点。其次为即景生情,景情交融;结构严整,上下勾连,全诗以"望"字贯穿,浑然一体;前三联运用对仗,工整匀称,韵律和谐,有力地突现了诗作主题。

长安位处关中的中枢地带,杜甫一生,有十数年是在关中度过的。关中岁月既是他人生的重要阶段,也是其诗歌创作跃登顶峰、沉郁悲慨诗风渐次形成和确立的时期,诗人的家国情怀亦于此时得到了最为充分的展示和传达。家国情怀是一个人对国家、人民和自己亲人的深情大爱,是一种对国家民族的高度认同感、归属感和责任感。杜甫心系祖国,关切人民,时时以天下国家为念,以黎民百姓为怀,期盼国家富强,民族复兴,人民幸福。从他此期所写的大量诗篇中,我们既能体察到作者对亲人的深切挂念和无尽关爱,又能感受到诗人忧国忧民的赤子之心与仁者情怀。这些诗中的杜甫,堪称棠棣相依的贤兄,百结柔肠的良夫,舐犊情深的慈父,拳拳爱国的忠臣,热肠侠胆的义士,挚爱人民的歌手。杜甫笔下的家,不独为一己之家,更是天下万家,他对自己家小以及亲朋好友的倾情爱意,也常常超越了一己之情而上升为对普天黎民、芸芸众生的弥天大爱,呈现出宏阔充沛的生命格局。杜甫负才气盛,自视甚高,致君尧舜,窃比稷契,渴望辅圣明之主,行尧舜之道,开往圣之世,表现出对现实政治的强烈期盼和勇于担当的历史使命感。正是基于对国家和人民的深情关爱,诗人对统治集团各种祸国殃民的罪行进行了无情的揭露和抨击,他谴责统治当局拓疆开边、穷兵黩武的战争给整个社会和广大人民造成的深重灾难,愤激豪门权贵的骄奢淫逸,挥霍无度,痛心栋梁之才的沦落不偶,报国无门。作为一位忧国忧民的诗人,杜甫看到了安史之乱爆发前夕贫富悬殊、苦乐迥异的严酷现实,统治阶级穷奢极欲,歌舞升平,黎民百姓则饥寒交迫、困苦不堪,既而又追寻和揭示了造成人民贫困的原因,即在于封建统治者的剥削和压迫,表现出深刻的历史批判精神。"朱门酒肉臭,路有冻死骨"(《自京赴奉先县咏怀五百字》),一门之隔,划开了两个截然不同的生命世界:门内觥筹交错,花天酒地,纸醉金迷;门外冻馁相加,饿殍遍野,尸骨累累。直是触目惊心,振聋发聩,力透纸背。诗人省亲抵家之后,迎接客子的并非妻儿的笑脸,"入门闻号啕,幼子饿已卒。吾宁舍一哀,里巷亦呜咽。所愧为人父,无食致夭折。"(同上)丧子之痛,杜甫哪能不恸之哀之呢!他一方面引咎自责,深感愧对家人,另一方面又未在个人感情上过多地纠缠盘绕,而是由一人一家的不幸联想到天下苍生的苦难,自己这个享有封建特权家庭的生活尚且如此,一般平民百姓的际遇更可想而知。"默思失业徒,因念远戍卒。忧端齐终南,澒洞不可掇。"(同上)思之念之,诗人忧比终南,愁绪绵远,其博大的情怀和直达山水内核的感触,带出了多少生命的精神和诗歌的想象力,忧思深广,悲悯无极。

在杜甫看来,家国一体,一人一家的命运和万人之国的命运息息相关。在《春望》一诗中,作者眼见国破时危,战火连天,忧国之情和思家之想交织融合,期望平定叛乱,和家人团圆。诗人于乱离中所写的许多诗篇,悲怆的字符中叠加着历史沉郁的本质和个人悲切的生命体验,历史意识、家国情怀和文学精神融于一处。应该说,杜甫此期的诗歌创作,就是一部国家民族命运的真实记录,是一段非凡的时代史诗。清人叶燮论诗,于杜甫最为尊崇,称之为"诗神",所谓"千古诗人推杜甫"。其《原诗》有云:"志高则其言浩,志大则其辞弘,志远则其旨永。如是者,其诗必传。"杜甫胸怀天下,志存高远,其诗正堪当此论。"致君尧舜上,再使风俗淳"(《奉赠韦左丞丈二十二韵》)、"窃比稷与契",可谓"言浩";"老骥思千里,饥鹰待一呼"(《赠韦左丞丈济》)、"丈夫四方志,安可辞固穷"(《前出塞》其九),可谓"辞弘";"穷年忧黎元,叹息肠内热"(《自京赴奉先县咏怀五百字》)、"感时花溅泪,恨别鸟惊心"《春望》,可谓"旨永"。杜甫有一颗崇高伟大的心灵,一副忧国忧民的衷肠,他以自己深厚的学养,丰富的阅历,济世安民的高情远志,嫉恶如仇的铁胆硬骨,包藏宇宙的人文精神,舍己利他的人格魅力,踏着时代的节拍,横空出世,为祖国和人民放歌。可以说,言浩、辞弘、旨永之美,铸就了杜诗的家国情怀和史诗品格。

字句疏解

1. 国破山河在,城春草木深:国,国都,指长安;破,陷落;城,长安城;草木深,指人烟稀少。

2. 感时花溅泪,恨别鸟惊心:感时,为国家的时局而感伤;溅泪,流泪。

3. 烽火连三月,家书抵万金:烽火,古时边防报警的烟火,这里指安史之乱的战火;抵,值、相当;

4. 白头搔更短,浑欲不胜簪:搔,用手指轻轻的抓;浑,简直;欲,想,要,就要;胜,受不住,不能;簪,一种束发的首饰,古代男子蓄长发,成年后束发于头顶,用簪子横插住,以免散开。

思考讨论题

1. 请谈谈杜甫诗歌中所体现出的家国情怀。

2. 唐宋之际,扬州是一座极为繁华的都市,号称天下第一。南宋时,扬州曾两次遭到金兵的劫掠焚毁,几成废墟。同是写都市的荒凉残破,请将此诗与南宋词家姜夔的《扬州慢》加以对读,比较鉴别其优劣高下。

扩展阅读

1. 古人为诗,贵于意在言外,使人思而得之。故言之者无罪,闻之者足以戒也。近世诗人,唯杜子美最得诗人之体,如"国破山河在,城春草木深。感时花溅泪,恨别鸟惊心"。"山河在",明无余物矣;"草木深",明无人矣;花鸟,平时可娱之物,见之而泣,闻之而悲,则时可知矣。他皆类此,不可遍举。

——[宋代]司马光《温公续诗话》

2. 君不见冰上霜,表里阴且寒。虽蒙朝日照,信得几时安?民生故如此,谁令摧折强相看?年去年来自如削,白发零落不胜冠。

——[南朝宋]鲍照《拟行路难》其十六

3. 剑外忽传收蓟北,初闻涕泪满衣裳。却看妻子愁何在,漫卷诗书喜欲狂。白日放歌须纵酒,青春作伴好还乡。即从巴峡穿巫峡,便下襄阳向洛阳。

——[唐代]杜甫《闻官军收河南河北》

4. 骥子好男儿,前年学语时。问知人客姓,诵得老夫诗。世乱怜渠小,家贫仰母慈。鹿门携不遂,雁足系难期。天地军麾满,山河战角悲。怆归免相失,见日敢辞迟。

——[唐代]杜甫《遣兴》

5. 去年潼关破,妻子隔绝久。今夏草木长,脱身得西走。麻鞋见天子,衣袖露两肘。朝廷愍生还,亲故伤老丑。涕泪受拾遗,流离主恩厚。柴门虽得去,未忍即开口。寄书问三川,不知家在否?比闻同罹祸,杀戮到鸡狗。山中漏茅屋,谁复依户牖?摧颓苍松根,地冷骨未朽。几人全性命,尽室岂相偶?嶔岑猛虎场,郁结回我首。自寄一封书,今已十月后。反畏消息来,寸心亦何有?汉运初中兴,生平老耽酒。沉思欢会处,恐作穷独叟。

——[唐代]杜甫《述怀》

6. 好雨知时节,当春乃发生。随风潜入夜,润物细无声。野径云俱黑,江船火独明。晓看红湿处,花重锦官城。

——[唐代]杜甫《春夜喜雨》

7. 白草黄羊外,空闻觱篥哀。遥寻苏武庙,不上李陵台。风助群鹰击,云随万马来。关前无数柳,一夜落龙堆。

——[清代]屈大均《云州秋望》

杜甫《登高》

风急天高猿啸哀,渚清沙白鸟飞回。

无边落木萧萧下,不尽长江滚滚来。

万里悲秋常作客,百年多病独登台。

艰难苦恨繁霜鬓,潦倒新停浊酒杯。

(萧涤非:《杜甫全集校注》,人民文学出版社,2014)

作品简介

此诗通过登高所见之秋江景色,倾诉了诗人长年漂泊、老病孤愁的复杂情感。诗作前半写景,述登高见闻,紧扣秋天的季节特色,描绘了江边空旷寂寥的景致;后半抒情,写登高所感,盈溢着穷困潦倒、流寓他乡的悲哀之情,慷慨苍凉,动人心弦。此律被誉为"七律之冠"、"旷代之作"。

导读指要

杜甫一生飘泊,时运不济,命途多舛,却时时以国家人民为念,常常悲怆难已,忧思无极,感情深沉博大,笔调滞重郁结,形诸吟咏,便颇多孤臣的衷曲哀音。沉郁顿挫是杜诗的主导风格,这种诗风在诗圣流落巴蜀的岁月中臻于极致。沉是深沉,沉雄,沉着;郁为阴郁,磐郁,深厚,沉郁是指杜甫诗歌深刻的思想内容和感情的悲慨壮大、沉实厚重。顿挫，一方面是指感情表达的抑扬起伏，反复低回；另一方面是指诗作格律精严，节奏鲜明，声调铿锵。也就是说，沉郁顿挫的风格是指杜诗中所包含的博大深厚的忧国忧民的思想感情，和运用苍凉遒劲的笔触所描绘的广阔真实的社会生活画卷与融注在画幅中的凝重深沉的忧郁色彩、悲剧氛围，以及与之相适应的谨严的格律，低回的情调，鲜明的节奏和铿锵的声韵。这种风格的感情基调是悲慨，杜甫心系国家安危和生民疾苦，时代的动乱，个人坎坷艰难的际遇，使他一有感触，就悲慨满怀。他的诗有一种深沉的忧思，蕴含着一种厚积的感情力量，一种郁勃不平之气，每欲喷薄而出时，诗人的仁者情怀和儒家涵养所形成的中和处世的心态，便把这喷薄欲出的悲怆予以抑制，使它变得徐缓深沉，变得低回起伏，委折多致。唐代宗大历二年(767年)，安史乱平已近五年之久，杜甫仍然客居他乡，淹留夔州(治所在今四川奉节)，年老体衰，百病缠身，生活困顿。是年九月九日重阳节，杜甫扶病登台，百感交怀，抚时感事，怆然多慨，写下了这首七律杰作。诗中借重九登高而悲秋感世，通过临眺之见闻感受，描绘了江峡深秋旷远萧索的景象，抒发了半生艰难、穷愁潦倒的凄苦身世和悲凉心境，是杜甫沉郁顿挫诗风的典范之作。

通首四联八句，就内容言之，诗人描写秋景于前，吟咏情怀于后，或景中寓情，或即景抒情，气象苍凉恢宏，感情怆然无极。首联之风急天高，猿猴哀鸣，渚清沙白，飞鸟回旋，极富立体感的空间画面，绘出了秋空特有的肃杀和高远，再现了秋江此际的澄明与凄清。从仰观到俯视，自耳闻到目见，由声音到色彩，表现了江峡秋景的壮阔凄凉。句中无一语言高，然处处见高；无一字点秋，却字字秋意。意象纷繁，诗境动荡，诗人之悲苦心境、沦落身世一寄其中。颔联承上写无边林木，落叶萧萧而下，不息长江，波涛滚滚而来。"无边"点出了空间的广度，表明秋意之广远浓重。"不尽"展示了时间的深度，逝者如斯，千古皆然。草木之零落，极易触引人的暮年之感，江水奔涌，又常常使人联想到岁月的流逝，诗人心事浩茫，翻滚如潮，似乎参悟到宇宙运化的无穷，生命的短暂，人世的生生不已。此联之写景，远近俯仰，绘声状物，动静相衬，形象鲜明，于章法则申足了上联之目见耳闻，于诗情则深化了无尽之体悟感慨，境界浑厚深远，格调苍凉悲壮，是历来广为传唱的名句。颈联抒写情怀，意蕴丰富，内涵深广，语言凝炼。离家万里，悲秋感怀，客居他乡，经久未归，一生流落，年老多病，佳节登台，孤独寂寥，身世飘零之感，国事日非之慨，一时毕集。些许笔墨，十数字符，悲愁层出，忧思迭见，乃一篇之重心所在。尾联以无边苦恨、不尽深愁作结，补足诗意。时局艰难，愁恨满怀，年华老去，精神抑郁，潦倒日甚，病躯戒酒，块垒难消，悲愤益见深沉，诗情愈显凄怆。全诗先景后情，景情交融，词约意丰，音节铿锵，句法交错勾连，意境悲壮苍凉，格律精严工稳，风格沉郁顿挫，明代诗评家胡应麟推之为"古今七言律第一"。

杜诗图摹地理风物的特质，在此律中得到进一步的彰显。纵观古往今来的文学妙造,可谓山水吟哦易,地理咏唱难,欲达地理的深度,当具博大的胸怀,观照视野要广,生命格局须大,能够进入地理的层次,便可拓出一个大的境界。杜甫此时所处的夔州地当巫峡,形胜势险,诗的前四句于登高中放眼倾耳于江峡之自然风物。秋天和大江是杜诗中十分常见的意象,诗人用一派弥天盖地的秋色将中州川原与巴蜀山水连结绾合,寄托一己的故园之思;又用滔滔不尽的长江把今昔异代联系起来,寄寓自己的抚今追昔之感。诗中那无所不在的秋色,笼罩了无限的宇宙空间,而它一年一度地如期而至,又无言地昭示着大自然的岁华摇落、宇宙间的时光如流、人世上的生命不永。凄切的猿鸣,萧萧的落木,无疑为诗作涂抹了一层苍凉的底色。那条滚滚而来的大江,则是永恒的时间纽带,牵系着人类的历史和未来,淘洗着无数王朝的更替,冲洗着无数生命的流程。诗家视界高远,胸襟广阔,对山水表象的透视自然也就具备了应有的深度。这两联带出了多少地理地域和历史文化方面的省察感悟,为全诗抒写的忧思悲情开启了一幅宏阔而又深远的地理图景,给人以切肤入骨的感受。时间之无尽和生命之有限的冲突与对立,骤然激起了作者现实人生的悲怆感,站在人生的门槛外面,可以盘点此生了。后两联反思平生,悲情满怀,诗人胸怀宇宙,纵览人生,半世艰难,暮年飘泊,悲秋日之肃杀,哀生命之衰败,叹身世之飘零,念平生之多病,感老身之孤寂,伤时局之多艰,穷愁潦倒,两鬓斑白。诗人不知摄取了多少地理地貌的印象,累积了多少凄楚痛彻的记忆,才能在动人心魄的地理景物中叠加和融入诸多的生命体验。其意蕴之深广厚重,感情之磐郁悲慨,千载之下,依然震撼人心,洞见老杜肺腑。

在中国古代诗歌中,常常郁积着浓浓的悲秋情怀。对多愁而又善感的诗人来说,季节的变迁,景物的盛衰,每每会引发他们内在心灵的感应和情感世界的波动。陆机《文赋》曰:"遵四时以叹逝,瞻万物而思纷;悲落叶于劲秋,喜柔条于芳春。"肃杀秋日,草木凋零,万物衰颓,张扬生命的春花蓦然变成了凝重暗淡的秋碧,这是一个萧索枯寂、将死将亡的时节,它所牵惹的自是一种凄凉伤感之意绪,美人迟暮之悲感。有情之生命面临毁灭、破败之命运,此乃人世千古共同的悲哀,并由此铸就了中国古代诗歌"悲秋"的恒定主题。这种延续数千年的特殊情感在《诗经·秦风·蒹葭》中已初露端倪,诗作把凄清的秋景与伤感之情愫连结起来,构成一种凄迷恍惚、可望而不可及的艺术境界,悲伤之情弥漫于字里行间。被称为"千古言秋之祖"的屈原,其《离骚》有句:"日月忽其不淹兮,春与秋其代序。唯草木之零落兮,恐美人之迟暮。"《九歌·湘夫人》亦云:"帝子降兮北渚,目眇眇兮愁予。袅袅兮秋风,洞庭波兮木叶下。"愁伤之心绪,放逐之处境,凄寂之秋景,与诗人对生命本体的忧思正相契合。然而,真正开创古代诗歌"悲秋"主题的则是屈原的传人宋玉,其《九辩》开卷便道:"悲哉秋之为气也!萧瑟兮草木摇落而变衰。憭栗兮若在远行,登山临水兮送将归。"篇中将各种凄凉衰飒的秋景和自身惆怅哀伤、冷落孤寂的心境融于一处,凄恻哀怨,感人至深。是作首次将萧瑟秋气与悲伤失意之情有机融通,创造了中国诗歌史上习见的"悲秋"范式：即以秋风、秋叶、秋声、秋色作为衬托,营构一种萧索凄凉的氛围,借以抒发幽怨悲伤的情怀。汉代古诗中的悲秋伤怀之作,如《古诗十九首》之"冉冉孤生竹",此诗以形象的比喻,诉说了丈夫长年不在身边,新婚女子的娇美容颜、靓丽青春将如秋草一般枯萎凋谢,语气中,饱含着无尽的忧思怨情。建安诗人曹丕的《燕歌行》亦以秋风萧瑟、草木摇落、白露为霜的穷秋为背景,描写思妇秋夜念远怀人的孤苦和忧伤,感情缠绵悱恻,哀婉动人。两晋及南北朝时期,南迁北滞的文人,客居异乡,兼怀故国,浓烈的身世之感和时代忧伤,往往随着荒远清寒的秋色而散漫扩展,无限伸延。如庾信《秋夜望单飞雁》抒写乡关之思,《拟咏怀》之十一表达故国之想、伤叹秋之悲凉等等,不一而足。唐诗中的悲秋之作更是比比皆是,不胜枚举。其中最有名的莫过于杜甫漂泊巴蜀时期所写的《茅屋为秋风所破歌》、《秋兴》、《登高》等。这些诗作,或于怨秋中展现作者忧国忧民的博大胸襟,或于伤秋中寄寓诗人牵念故园的深切情怀,或在悲秋中慨叹生命的短暂易去、平生的颠沛流离,沉郁顿挫,景情相融,忧思无极。宋代诗歌自不必说,宋词中亦颇多悲秋的佳什,如李清照的《声声慢》"寻寻觅觅"、吴文英的《唐多令》"何处合成愁"等即是。而柳永词的悲秋范式,则为典型的宋玉式的悲秋,如"景萧索,危楼独立面晴空。动悲秋情绪,当时宋玉应同。"(《雪梅香》)等等。不济之仕运,多舛之命途,使柳永比常人加倍地品尝到人生的苦涩,世态的炎凉,荒寂衰残的秋景,与其落寞凄楚的心灵契合相映,形诸笔墨,自是一曲曲凄苦悲凉之音。其《卜算子》亦曰:"江枫渐老,汀蕙半凋,满目败红衰翠。楚客登临,正是暮秋天气。引疏砧,断续残阳里。对晚景,伤怀念远,新愁旧恨相继。"江枫暗红,汀蕙凋残,砧声入耳,夕阳晚照,楚客悲秋念远,对景伤怀,行无归止。凄楚黯然的暮秋景象,益发激惹起他的羁旅穷愁,万恨煎心,百愁伤神,肝肠寸断。词作由对自然物象的审美感知,进而升华为对人生的理性探索,对生命的痛彻体验和无尽忧思,这无疑大大地拓展了词的表现领域,深化了词境。它给词体所带来的革命性的变革,其意义自不可低估。元代马致远的《越调·天净沙·秋思》,更是传唱人口的悲秋文学经典。明人文征明的《新秋》,于轻淡的笔调中,涌动着一丝挥之不去的令人怅伤的秋意,华发凋零、美人迟暮的悲叹油然而生。而在清代的文学巨著《红楼梦》中,曹雪芹也借林黛玉之笔,低吟出一首哀婉缠绵的《秋窗风雨夕》:"秋花惨淡秋草黄,耿耿秋灯秋夜长。已觉秋窗秋不尽,那堪风雨助凄凉。助秋风雨来何速!惊破秋窗秋梦绿。抱得秋情不忍眠,自向秋屏移泪烛。"前面只八句,竟用了十一个"秋"字,回环往复,一唱三叹,这是一个愁的世界,这是一曲秋的悲歌。古代诗歌悲秋情怀之成因,既有心理的、文化的、生理的因素,亦有文学传统的熏染。在敏锐的秋士眼中,秋天充溢着悲伤的情感。多愁善感的诗人之心,在秋日的苍茫与衰败中,找到了触发和倾诉内心忧伤的最好契机,当伤感与秋景相撞,悲秋这一独特的诗歌美学传统便得到了淋漓尽致的呈现。

字句疏解

1. 登高：农历九月九日为重阳节，历来有登高的习俗。

2. 风急天高猿啸哀，渚清沙白鸟飞回：猿啸哀，指长江三峡中猿猴凄厉的叫声，《水经注·江水》引民谣云："巴东三峡巫峡长，猿鸣三声泪沾裳。"；渚（zhǔ），水中的小块陆地；鸟飞回，鸟在急风中飞舞盘旋；回，回旋。

3. 无边落木萧萧下，不尽长江滚滚来：落木，指秋天飘落的树叶；萧萧，风吹落叶的声音。

4. 万里悲秋常作客，百年多病独登台：万里，指远离故乡；常作客，长期漂泊他乡；百年，犹言一生，这里借指晚年。

5. 艰难苦恨繁霜鬓，潦倒新停浊酒杯：艰难，兼指国运和自身命运；苦恨，极恨，极其遗憾；苦，极；繁霜鬓，形容两鬓斑白；潦倒，衰颓、失意，这里指衰老多病，志不得伸；新停，新近停止；重阳登高，例应喝酒，杜甫晚年因肺病戒酒，所以说"新停"。

思考讨论题

悲秋是中国古代诗歌的传统主题。唐代诗人刘禹锡的《秋词》二首之一却一反文人对秋的低吟悲唱，而代之以热情的讴歌颂扬，表现出一种豪迈激越的情怀和对秋日的更高层次的思考与认同，堪称一曲壮美动人的秋歌。诗云："自古逢秋悲寂寥，我言秋日胜春朝。晴空一鹤排云上，便引诗情到碧霄。"试比较二诗的情怀气质。

扩展阅读

1. 高浑一气，古今独步，当为杜集七言律诗第一。

——［清代］杨伦《杜诗镜铨》卷一七

2. 潜虬媚幽姿，飞鸿响远音。薄霄愧云浮，栖川怍渊沉。进德智所拙，退耕力不任。徇禄反穷海，卧疴对空林。衾枕昧节候，褰开暂窥临。倾耳聆波澜，举目眺岖嵚。初景革绪风，新阳改故阴。池塘生春草，园柳变鸣禽。祁祁伤豳歌，萋萋感楚吟。索居易永久，离群难处心。持操岂独古，无闷征在今。

——［南朝宋］谢灵运《登池上楼》

3. 九月九日眺山川，归心归望积风烟。他乡共酌金花酒，万里同悲鸿雁天。

——［唐代］卢照邻《九月九日登玄武山》

4. 凉风动万里，群盗尚纵横。家远传书日，秋来为客情。愁窥高鸟过，老逐众人行。始欲投三峡，何由见两京。

——［唐代］杜甫《悲秋》

5.黄昏鼓角似边州,三十年前上此楼。今日山川对垂泪,伤心不独为悲秋。

——[唐代]李益《上汝州郡楼》

6.白日依山尽,黄河入海流。欲穷千里目,更上一层楼。

——[唐代]王之涣《登鹳雀楼》

7.碧云天,黄叶地,秋色连波,波上寒烟翠。山映斜阳天接水,芳草无情,更在斜阳外。黯乡魂,追旅思,夜夜除非,好梦留人睡。明月楼高休独倚。酒入愁肠,化作相思泪。

——[宋代]范仲淹《苏幕遮》

孟郊《游子吟》

慈母手中线,游子身上衣。
临行密密缝,意恐迟迟归。
谁言寸草心,报得三春晖?

(《全唐诗》,中华书局,2011)

作品简介

孟郊(751—814),著名的苦吟诗人,诗多倾诉个人穷愁孤苦,诗风冷峭,用字造句追求古拙奇险,有"郊寒岛(贾岛)瘦"之称。《游子吟》于清新流畅,淳朴素淡的语言中,饱含着浓郁醇美的人间情味,千百年来拨动了无数读者的心弦,引起了万千游子的共鸣。

导读指要

这是一首母爱的颂歌,诗中亲切真淳地吟颂了伟大的人性美——母爱。"诗从肺腑出,出辄愁肺腑"(苏轼《读孟郊诗》)。深挚的母爱无时无刻不在沐浴着儿女们。然而对于孟郊这位常年颠沛流离、居无定所的游子来说,最值得回忆的,莫过于母子分离的痛苦时刻。此诗开头两句"慈母手中线,游子身上衣",实际上是两个词组,而不是两个句子,从人到物,通过两件最普通的东西,写出了母子相依为命的骨肉之情。紧接两句写出人的动作和意态,把笔墨集中在慈母上。行前的此时此刻,老母一针一线,针针线线都是这样的细密,是怕儿子迟迟难归,故而要把衣衫缝制得更为结实一点儿。这里既没有言语,也没有眼泪,然而一片爱的纯情从这最细微的普通场景中充溢而出,唤起普天下儿女亲切的联想和深挚的忆念。最后两句,以当事者的直觉,翻出进一层的深意:"谁言寸草心,报得三春晖。"这是前四句的升华,通俗形象的比兴,加以悬绝的对比,寄托了赤子炽烈的情意:对于春天阳光般厚博的母爱,区区小草似的儿女怎能报答于万一呢?真乃"欲报之德,昊天罔极"!

此诗写在溧阳,到了清康熙年间,有两位溧阳人又吟出这样的诗句:"父书空满筐，母线尚萦褓"(史骐生《写怀》)；"向来多少泪，都染手缝衣"(彭桂《建初弟来都省亲喜极有感》)。可见《游子吟》留给人们的深刻印象，是历久而不衰的。

字句疏解

1.慈母手中线，游子身上衣：游子，出门远游的人。

2.谁言寸草心，报得三春晖：寸草，小草，比喻子女；三春晖，喻指慈母之恩，三春，春季的三个月，旧称农历正月为孟春，二月为仲春，三月为季春；晖，阳光，形容母爱如春天的和煦阳光。

思考讨论题

具体分析、充分感受母子情怀。

扩展阅读

冻手莫弄珠，弄珠珠易飞。惊霜莫蔺春，蔺春无光辉。零落小花乳，烂斑昔婴衣。拾之不盈把，日暮空悲归。地上空拾星，枝上不见花。哀哀孤老人，戚戚无子家。岂若没水凫，不如拾巢鸦。浪藂破便飞，风雏袅相夸。芳婴不复生，向物空悲嗟。应是一线泪，入此春木心。枝枝不成花，片片落蔺金。春寿何可长，霜哀亦已深。常时洗芳泉，此日洗泪襟。儿生月不明，儿死月始光。儿月两相夺，儿命果不长。如何此英英，亦为吊苍苍。甘为堕地尘，不为末世芳。蹋地恐土痛，损彼芳树根。此诚天不知，蘸弃我子孙。垂枝有千落，芳命无一存。谁谓生人家，春色不入门。列列霜杀春，枝枝疑纤刀。木心既零落，山窍空呼号。班班落地英，点点如明膏。始知天地间，万物皆不牢。哭此不成春，泪痕三四斑。失芳蝶既狂，失子老亦屠。且无生生力，自有死死颜。灵凤不衔诉，谁为扣天关。此儿自见灾，花发多不谐。穷老收碎心，永夜抱破怀。声死更何言，意死不必嗜。病叟无子孙，独立犹束柴。霜似败红芳，剪啄十数双。参差呻细风，喑喁沸浅江。泣凝不可消，恨壮难自降。空遗旧日影，怨彼小书窗。

——[唐代]孟郊《杏殇》

韩愈《师说》

古之学者必有师。师者，所以传道受业解惑也。人非生而知之者，孰能无惑？惑而不从师，其为惑也终不解矣。生乎吾前，其闻道也固先乎吾，吾从而师之；生乎吾后，其闻道也亦先乎吾，吾从而师之。吾师道也，夫庸知其年之先后生于吾乎？是故无贵无贱，无长无少，道之所存，师之所存也。

嗟乎！师道之不传也久矣！欲人之无惑也难矣！古之圣人，其出人也远矣，犹且从师而问焉；今之众人，其下圣人也亦远矣，而耻学于师。是故圣益圣，愚益愚。

圣人之所以为圣,愚人之所以为愚,其皆出于此乎?爱其子,择师而教之;于其身也,则耻师焉,惑矣。彼童子之师,授之书而习其句读者,非吾所谓传其道解其惑者也。句读之不知,惑之不解,或师焉,或不焉,小学而大遗,吾未见其明也。巫医乐师百工之人,不耻相师。士大夫之族,曰师曰弟子云者,则群聚而笑之。问之,则曰:"彼与彼年相若也,道相似也,位卑则足羞,官盛则近谀。"呜呼!师道之不复,可知矣。巫医乐师百工之人,君子不齿,今其智乃反不能及,其可怪也欤!

圣人无常师。孔子师郯子、苌弘、师襄、老聃。郯子之徒,其贤不及孔子。孔子曰:"三人行,则必有我师"。是故弟子不必不如师,师不必贤于弟子。闻道有先后,术业有专攻,如是而已。

李氏子蟠,年十七,好古文,六艺经传皆通习之,不拘于时,学于余。余嘉其能行古道,作《师说》以贻之。

(刘盼遂,郭预衡:《中国历代散文选》,北京出版社,2002)

作品简介

韩愈(768—824 年),字退之,河阳(今河南孟州)人。自谓郡望昌黎(今属河北),世称"韩昌黎"。唐代文学家、哲学家、思想家。与柳宗元同为唐代古文运动的倡导者,主张学习秦汉散文,破骈为散。苏轼赞其"文起八代之衰",明人列他为唐宋八大家之首,有"文章巨公"、"百代文宗"之名。《师说》是一篇阐述教师的重要作用、从师学习的必要性以及择师原则的论说文。作者运用流利畅达的笔触,反复论辩,阐明了为师的性质与作用,论述了从师的重要意义与基本原则,批评了不重师道的社会陋习。文末以孔子言行为证,申明求师重道是自古已然的做法。

导读指要

中唐时期,与诗坛上重写实、尚通俗的文学思潮几乎同时出现的,是散文领域所发生的空前深刻的历史性变革,这就是韩愈、柳宗元倡导的散文文体文风的改革,今人习惯上称之为"古文运动"。古文也就是散文,它是与当时流行的骈文相对而言的。就文体形式来说,古文的显著特征是单句散行,文句长短不拘,形式自由灵活,这也正是秦汉散文的鲜明特点。作为一代文风的改革者和伟大旗手,韩愈等人主张恢复先秦、两汉时代的散文传统,故把这种文体称为古文。韩愈首先提出了古文的概念,并身体力行,大力从事古文的写作,取得了非凡的成就。韩、柳之前的一大批古文家,就曾以复古宗经相号召,以古文创作为旨归,从文体的角度倡导改革。在继承前人主张的基础上,韩、柳提出了更为明确、更富有现实针对性的古文理论,他们将文体、文风的改革作为其政治实践的重要组成部分,赋文以强烈的政治色彩和鲜明的现实品格,创作了大量饱含政治激情、饶富强烈针对性和感召力的古文杰作,掀起了由儒学复兴和政治改革所触发,以复古为新变的文体、文风的改革高潮，并就此开创了以唐宋古文八大家为代表的散文传统，在中国文学史上写下了具有里程碑意义的煌煌篇章。

韩愈之古文，内容丰富，体式多样。其论说文在宣扬道统和儒家思想的同时，也十分注重反映现实，揭露矛盾，作不平之鸣，不少篇章还表现出一种反流俗、反传统的勇气和力量，在这方面，《师说》便最具代表性。"说"乃议论文的体裁之一，是一种带有评述性的论说文。"师说"，就是谈谈从师求学的道理。从先秦以来，论说师道、劝勉求学的文章层出叠见，代不乏篇。在韩愈之前，师道或至尊至严，神圣难犯，师严而道尊，对师者之教，学子须言之必听，绝对服从，"事师犹如事父"；或者师道沦落，弥漫着一种耻于从师、不重拜师求学的不良习气，《师说》便是针对此种世风陋习而发的。当时，社会上从师学习的风气十分微弱，韩愈却不顾流俗的非议中伤和世人的指责笑骂，收召后进，开馆讲学，抗颜为师，培养和指导青年学子，本文即为嘉勉后学李蟠之作。文中从理论上阐明了师的作用和从师求学的重要性，抨击了世人以拜师学习为耻的浅薄恶习。在当时的情况下，矫正时弊，提倡师道，实非易事，需要足够的勇气和超拔世俗、冲决传统观念的胆识与敢于抗争的精神。韩愈正是因为标新立异，自为人师，而被视为"狂人"，讥之以"好为人师"，引发了一场轩然大波。柳宗元《答韦中立论师道书》有云："今之世不闻有师，有辄哗笑之，以为狂人。独韩愈奋不顾流俗，犯笑侮，收召后学，作《师说》，因抗颜而为师。"这种特立独行，知难而进，逆流而动，无私无畏，全然不顾个人荣辱得失的旷世情怀和英雄精神，表现了韩愈作为一位变革世风、领袖一代文坛的杰出人物的信念与气魄。可以说，《师说》既是勉励青年后进的著名教育理论文章，也是一篇具有反流俗、反传统精神的不朽之作。

起句即开宗明义，唱响主旨，提出"古之学者必有师"的中心论点，表明学之有师，自古而然，毋容置疑，借此为下文的以古论今蓄势张本。接着承上由"师"字生发文意，论说为师的任务、职责和作用，是传播大道、教授学业以及释疑解难。就文章结构而言，开篇二句为全文的总纲和理论依据，下面层层深入，次第展开论述。师能解惑，而人并非生而知之，先知先觉，无师自通，谁又能无惑呢？有惑而不从师学习，则疑问始终难以解除，疑难不解，则学业不通，知识难长，如此也就无从学道得道了，可见师者的作用和从师的必要。文意环环相扣，蝉联而下，正反论证，无可辩驳。既然从师学习如此重要，那么，何人可以为师，择师的原则又是什么呢？在韩愈看来，为师的唯一依据在于"闻道"，而不是出生的先后早晚、年辈的长幼高低，地位的尊卑贵贱，无论何人，只要有道，就可师之，所谓"道之所存，师之所存也"。

文章在正面论述了从师之道后，以下的大段文字，由古及今，慨叹师道不传，有惑难解的现状，惋惜古来优良的从师风尚早已断绝，对时下的不良世风深表不满。这里，作者分别例举了当时在从师问题上存在的三种反常现象，采用对比的手法，揭示师道之所以不传的缘由，并逐一予以批驳，步步深入地论证了从师学习的必要性和紧迫性。对比之一,乃古之圣人与今之众人之比。古圣才智超常,学识过人,尚肯从师求教,是以更为圣明聪慧;今众之才学识见,远在圣人之下,却耻于求师问学,因而益发愚昧无知。两种不同的人,对从师学习采取两种不同的态度,从而导致了两种截然不同的结果,对比鲜明,论辩有力。看来"圣"和"愚"的差别、分野,皆由肯否"从师"所致,不从师当惑难解,惑不解便事理不明,事理不明则必愚,这是常情常理,自然而然之事。对比之二,为童子和成人的教育之比。父母疼爱子女,肯于为其择师而教,而自己却又耻于从师,真是糊涂至极。于其子和于其身,择师与耻学,这两种不同的做派又形成对比。作者认为,童子之师从事的只是最初的启蒙教育,其所教授的不过是些小知小能,何足道哉! 他们并不能真正尽到传授圣人之道、解答疑难问题的职责。小知小能倒要从师学习,而不懂道理,大道茫惑不明,疑问不得消解,反倒不肯求教于人,这未免抓小失大,本末倒置了。小的方面学了,治国安邦之术、为人处世之道、进德修业之要这些大智大能却丢弃不顾,这恐是师道之所以不传的原因之一。子师已耻,小学大遗,轻重颠倒,讽刺之意见于言外。对比之三,是"巫医乐师百工之人"与士大夫阶层之比。身居下位的巫者、医生、乐师和各种工匠,都不把相互学习请教视为耻辱之事;那些饱读诗书,受过圣人之教,有身份、有地位的士大夫之族,每每说到老师、学生等等称谓的时候,就群聚起来讥嘲取笑之。下层社会的碌碌之辈,生无保障,时不充裕,才未惊人,却能不耻相师,虚心求学。而自命清高的士大夫们则不肯求师问学,究其原委,实乃等级观念和虚荣心理使然。在士大夫的心目中,年相近、道相似者不能相师,而位卑、官盛者亦不可师之,因为向地位低贱者求师学习,有失身份体面,耻辱难当;拜官高位显者为师,则又近于阿谀奉承,讨人闲言。年近不师,道似不从,下问蒙跌份之羞,上学有逢迎之嫌,瞻前顾后,疑虑重重,只好作罢不师。凡此种种,只不过是士大夫之族耻于求师的借口而已,这也正好从反面证明了作者主张的正确性。对如此反常的社会现象,韩愈深致感喟,看来,师道不复,势所必然。百工贱民,君子不齿,羞于同列,可如今士大夫的聪明才智、从师的识见竟反而不如他们,岂不是咄咄怪事? 文中把师道之不振,完全归咎于当时的士大夫者流,对之痛加抨击挞伐。

下面又转入正面阐述,进一步申说"必有师"的道理。作者以圣人孔子为例,说明古圣不仅从师,且无常师,学习求教,转益多师。而他所师从的郯子等人,其贤明才干、品行学识并不比孔子高明,可孔圣还是愿意向他们求学问道,至圣先师尚且谦逊好学,不耻下问,学而不厌,一般常人就更应从师求学,增智明理,以堪大用。"三人行,则必有我师",是为孔圣的至理名言,含义深永,颇富理趣。每个人的身上都有值得他人学习和效法的东西,学所当学,师所应师,取人之长,补己之短。孔子处处以人为师,虚心求教,所行所言,堪为典范。文章据此推论阐发师与弟子之间的关系,人师和弟子只是相对而言的,为师者并不见得处处都比弟子高明,而弟子往往也有胜过师者的地方,无论师与弟子,抑或圣人常人,都是各有长短,自当相互学习，人人皆可为师，也都应该从师。"闻道有先后，术业有专攻"的结论，总括前说，申足文意。师者和弟子的区别，就在于他们闻道有先后早晚的不同，术业有专攻与否的差异，孔圣向郯子等人所求教的，也正是他们先闻先知或学有专长的一面。韩愈强调能者为师，既赋予"师"具体明确的职分，又打破了传统师法森严的壁垒，把师与弟子的关系社会化了。文章振聋发聩，读来令人神旺。篇末褒奖青年后学李蟠不仅喜好古文，遍览经传，博学多识，而且不受时俗的影响和拘约，毅然求师就学，行古来从师正道，树当今学风楷模，嘉勉之情溢于言表，为文深意尽蓄纸面。通篇观点鲜明，中心突出，条理井然；行文运思，紧扣学必有师，唯道是从之主旨，多层面、多方位地对比说理，正反论证，理论阐述与事实评说相结合，抑扬褒贬，有破有立，论述透辟精到，深入开阔，如同引人入室，然后再打开窗户，让人目及远处，在沉思和遐想中领悟文章的真谛；语言洗练畅达，句法灵活多变，文气丰沛，跌宕有致。

此文弘扬师道，倡导从师求学，这在当时是一种大胆新颖、极富创造性的见解和观点，全文由"师"而牵及为师、择师、从师、师弟关系等一系列切要命题，是对古代师道的发展和创新，具有重要的思想价值和积极意义。文中界定了"师"的概念，明确了其职责使命，提出了为师和择师的标准，强调了从师学习的重要，进而又标注建构了新型的师弟关系，一定程度地突破了森严的封建等级观念，表现出崭新的师道思想，立论难能可贵，识见卓绝不凡。本文虽然名为嘉许李蟠而作，实则是借以抨击当时在从师求学问题上的错误认知和愚顽态度，由于所论切中时弊，有为而发，针对性强，火药味浓，因而对推动古文运动，加快文化知识的传播和学术思想的发展，对扭转和改变耻于从师的不良社会风气，都起到了十分积极的作用，其历史的进步意义是不言而喻的。文章认为，人非生而知之，后天的学习教育，自然不可无师，故而大倡师道，而从师则不必计较长幼，拘于身份，凡是学有所长，那怕是只有一技之能者，自己都应虚心师从求学，这就使从师的范围更加广泛，更趋于社会化，也更有助于我们认识和领悟"师生互学"、"教学相长"的作用与意义。同时，作者所提出的诸般主张和见解，充分表现了他热心问学、尊师重道的时代精神。这些都对后人不无启示，即便是在今天，也仍然有其可取的价值和一定的现实意义。

在中国古代，对"师"和师道的专题论述，韩愈的《师说》既高于前人，也超出后人，可谓空前绝后。唐代以降，崇仰韩愈者接踵，撰拟《师说》者不绝，宋之王令、明之王世贞、清之章学诚等，都相继写有《师说》之文，清代的黄尊羲、翁方纲亦作有《续师说》和《拟师说》的文章，但都无法与韩愈之文相提并论。诚如清人陆以湉《冷庐杂识》所言："大抵前人杰出之作，后人学之，鲜有能并美者"。

字句疏解

1. 古之学者必有师；学者，好学、求学的人，也就是探求学识、有志于学问的人。

2.师者,所以传道受业解惑也:这句是说老师,是用来传授道理、教授学业、解释疑难问题的人。所以,用来……的;道,指儒家之道;受,通"授",传授;业,泛指古代经、史、诸子之学及古文写作;惑,疑难问题。

3.人非生而知之者,孰能无惑:这句是说,人不是生下来就懂得道理。之,指知识和道理,《论语·述而》载:"子曰:'我非生而知之者,好古敏以求之者也。'"

4.生乎吾前,其闻道也固先乎吾,吾从而师之:乎,相当于"于",与下文"先乎吾"的"乎"相同;闻,听见,引申为知道,懂得;从而师之,跟从(他),拜他为老师,师,意动用法,以……为师。

5.吾师道也,夫庸知其年之先后生于吾乎:这句是说我(是向他)学习道理,哪里需要知道他的生年是比我早还是比我晚呢?师,用做动词;庸,岂,难道;知,了解、知道;年,这里指生年。

6.是故无贵无贱,无长无少,道之所存,师之所存也:道理存在的(地方),就是老师在的(地方),意思是谁懂得道理,谁就是自己的老师。

7.师道之不传也久矣:师道,从师的风尚;道,这里有风尚的意思。

8.古之圣人,其出人也远矣,犹且从师而问焉;今之众人,其下圣人也亦远矣,而耻学于师:出人,超出一般人;下,低于,不及;耻学于师,以从师学习为耻。

9.是故圣益圣,愚益愚:因此圣人更加圣明,愚人更加愚昧;益,更加、越发。

10.爱其子,择师而教之;于其身也,则耻师焉,惑矣:身,自身;惑矣,糊涂啊!

11.彼童子之师,授之书而习其句读者,非吾所谓传其道解其惑者也:这句是说那些教小孩子的(启蒙)老师,教给他书,(帮助他)学习其中的文句;之,指童子;习,使……学习;其,指书;句读(dòu),也叫句逗,古人指文辞休止和停顿处,文辞意尽处为句,语意未尽而须停顿处为读(逗),古代书籍上没有标点,老师教学童读书时要进行句读的教学。

12.句读之不知,惑之不解,或师焉,或不焉,小学而大遗,吾未见其明也:这句是说句读不明,疑难问题不懂,有的(指"句读之不知"这样的小事)从师,有的(指"惑之不解"这样的大事)不从师,小的方面倒要学习,大的方面却放弃了。之,宾语前置标志;不,通"否";遗,丢弃,放弃。

13.巫医乐师百工之人,不耻相师:巫医,古代用祝祷、占卜等迷信方法或兼用药物医治疾病为业的人,被视为一种低下的职业;百工,各种工匠;相师,拜别人为师。

14.曰师曰弟子云者:称"老师"称"弟子"等等。云者,有"如此如此"的意味。

15.问之,则曰:"彼与彼年相若也,道相似:相若,相像,差不多。

16.位卑则足羞,官盛则近谀:(以)地位低(的人为师),就感到羞耻;(以)官职高(的人为师),就近乎谄媚。盛,高,大。

17.巫医乐师百工之人,君子,不齿,今其智乃反不能及,其可怪也欤:其可怪也欤,真是奇怪啊,其,语气副词,表示反问;也欤,虚词连用,语气词,表示疑问或感叹,相当于"啊"。

18.圣人无常师:圣人没有固定的老师。常,固定的。

19.孔子师郯子、苌弘、师襄、老聃:郯(tán)子,春秋时郯国(今山东郯城北)的国君,孔子曾向他请教过少暤(hào)氏(传说中古代帝王)时代的官职名称的由来;苌(cháng)弘,东周敬王时候的大夫,孔子曾向他请教古乐;师襄,春秋时鲁国的乐官,名襄,孔子曾向他学习弹琴,师,乐师;老聃(dān),即老子,春秋时楚国人,思想家,道家学派创始人,孔子曾向他请教礼仪。

20.孔子曰:"三人行,则必有我师":出自《论语·述而》"子曰:'三人行,必有我师焉。择其善者而从之,其不善者而改之。'"

21.闻道有先后,术业有专攻,如是而已:术业有专攻,学问和技艺上(各)自有(各的)专门研究,攻,学习、研究。

22.李氏子蟠,年十七,好古文,六艺经传皆通习之,不拘于时,学于余:李蟠(pán),韩愈的学生,唐德宗贞元十九年(803年)进士;六艺:指六经,即《诗》《书》《礼》《乐》《易》《春秋》六部儒家经典;经,为儒家的经典著作;传(zhuàn),为注解经典的著作,通,普遍;不拘于时,指没有受到时代风气的影响,不以从师学习为耻;时,时俗,指当时士大夫中耻于从师的不良风气。

23.余嘉其能行古道,作《师说》以贻之:赞许他能遵行古人从师学习的风尚,嘉,赞许,嘉奖;贻,赠送,赠予。

思考讨论题

1.结合此文,谈谈韩愈的师道思想。

2.试述韩愈《师说》的当代意义。

扩展阅读

1.自东汉以来,道丧文弊,异端并起,历唐贞观、开元之盛,辅以房、杜、姚、宋,而不能救。独韩文公起布衣,谈笑而麾之,天下靡然从公,复归于正。盖三百年于此矣。文起八代之衰,而道济天下之溺,忠犯人主之怒,而勇夺三军之帅,此岂非参天地,关盛衰,浩然而独存者乎?

——[宋代]苏 轼《潮州韩文公庙碑》

2.传道谓修己治人之道,授业谓古文六艺之业,解惑谓解此二者。韩公一生学道好文,二者兼营,故往往并言之。末幅"闻道有先后,术业有专攻",仍作双收。

——[清代]姚 鼐《古文辞类纂》卷一

3.学者师达而有材,吾未知其不为圣人。圣人之所在,则天下理焉。在右则右重,在左则左重,是故古之圣王未有不尊师者也。尊师则不论其贵贱贫富矣。若此则名号显矣，德行彰矣。故师之教也，不争轻重尊卑贫富，而争于道。……疾学在于尊师，师尊则言信矣，道论矣。……为师之务，在于胜理，在于行义。……曾子曰："君子行于道路，其有父者可知也，其有师者可知也。夫无父而无师者，余若夫何哉！"此言事师之犹事父也。……孔子畏于匡，颜渊后，孔子曰："吾以汝为死矣。"颜渊曰："子在，回何敢死？"颜回之于孔子也，犹曾参之事父也。古之贤者，与其尊师若此，故师尽智竭道以教。

——《吕氏春秋·劝学》

4. 国子先生晨入太学，招诸生立馆下，诲之曰："业精于勤，荒于嬉；行成于思，毁于随。方今圣贤相逢，治具毕张。拔去凶邪，登崇俊良。占小善者率以录，名一艺者无不庸。爬罗剔抉，刮垢磨光。盖有幸而获选，孰云多而不扬？诸生业患不能精，无患有司之不明；行患不能成，无患有司之不公。"……

——[唐代]韩 愈《进学解》

5. 余幼时即嗜学。家贫，无从致书以观，每假借于藏书之家，手自笔录，计日以还。……既加冠，益慕圣贤之道，又患无硕师、名人与游，尝趋百里外，从乡之先达执经叩问。先达德隆望尊，门人弟子填其室，未尝稍降辞色。余立侍左右，援疑质理，俯身倾耳以请；或遇其叱咄，色愈恭，礼愈至，不敢出一言以复；俟其欣悦，则又请焉。故余虽愚，卒获有所闻。当余之从师也，负箧曳屣，行深山巨谷中，穷冬烈风，大雪深数尺，足肤皲裂而不知。至舍，四支僵劲不能动，媵人持汤沃灌，以衾拥覆，久而乃和。寓逆旅，主人日再食，无鲜肥滋味之享。同舍生皆被绮绣，戴朱缨宝饰之帽，腰白玉之环，左佩刀，右备容臭，烨然若神人；余则缊袍敝衣处其间，略无慕艳意。以中有足乐者，不知口体之奉不若人也。盖余之勤且艰若此。……今诸生学于太学，县官日有廪稍之供，父母岁有裘葛之遗，无冻馁之患矣；坐大厦之下而诵诗书，无奔走之劳矣；有司业、博士为之师，未有问而不告，求而不得者也；凡所宜有之书，皆集于此，不必若余之手录，假诸人而后见也。其业有不精，德有不成者，非天质之卑，则心不若余之专耳，岂他人之过哉！……

——[明代]宋 濂《送东阳马生序》

6. ……天下有道而师者，有业而师者，有利而师者。道而师者，道成则君亲之，孔子是也，从一者也。孔子之不师其师，以无常也；业而师者，业成则长之，去君亲间矣；利而师者何居？呜呼，天下之不相师利者寡矣！……

——[明代]王世贞《师说》

7. 嗟乎！师道之不传也，岂特弟子之过哉，亦为师者有以致之耳。师者，所以传道受业解惑者也；道之未闻，业之未精，有惑而不能解，则非师矣。本无可师，强聚道路交臂之人，曰师、曰弟子云者，曾不如童子之师，习其句读，巫医、乐师、百工之人，授以艺术者之有其实。传道受业解惑，既无所籍於师，则生不为之怜，死不为之丧，亦非过也。遂以为古之师弟子皆然，而使师之为道，出於童子、巫医、乐师、

187

三、隋唐五代概述

百工之下,则是为师者之罪也。……

——［清代］黄宗羲《续师说》

柳宗元《小石潭记》

　　从小丘西行百二十步,隔篁竹,闻水声,如鸣佩环,心乐之。伐竹取道,下见小潭,水尤清冽。全石以为底,近岸,卷石底以出,为坻,为屿,为嵁,为岩。青树翠蔓,蒙络摇缀,参差披拂。

　　潭中鱼可百许头,皆若空游无所依。日光下澈,影布石上,怡然不动,俶尔远逝,往来翕忽。似与游者相乐。

　　潭西南而望,斗折蛇行,明灭可见。其岸势犬牙差互,不可知其源。

　　坐潭上,四面竹树环合,寂寥无人,凄神寒骨,悄怆幽邃。以其境过清,不可久居,乃记之而去。

　　同游者:吴武陵,龚古,余弟宗玄。隶而从者,崔氏二小生:曰恕己,曰奉壹。

(刘盼遂,郭预衡:《中国历代散文选》,北京出版社,2002)

作品简介

　　柳宗元(773—819),字子厚,祖籍河东(今山西永济市),世称"柳河东"。晚年官居柳州刺史,故又称柳柳州。唐代著名的思想家和文学家,唐宋散文八大家之一,与韩愈并称为"韩柳"。柳宗元的散文论说性强,笔锋犀利,讽刺辛辣;游记写景状物,多所寄托。

　　唐顺宗永贞元年(805年),柳宗元因积极参加王叔文的政治改革而被贬为永州司马,为排解内心的愤懑之情,他常常不避幽远,伐竹取道,探奇览胜,徜徉和纵情于永州的山山水水,并写下了许多文辞精美、情景交融的山水游记,《永州八记》即为其中的杰出代表。《至小丘西小石潭记》(简称《小石潭记》)为"八记"的第四篇,作者以优美的语言生动地描绘了"小石潭"清丽幽邃的景色,含蓄地表达了自己在贬居中的孤寂落寞的心绪。

导读指要

　　在我国文学史上,山水散文的出现是相当早的,《山海经》作为古代的一部地理著作,其中就有关于山川、物产方面的记述。《尚书》的"禹贡"以至《史记》、《汉书》中的某些篇章,亦不乏描写山水的笔墨。东汉马第伯的《封禅仪记》、晋代书圣王羲之的《兰亭集序》,均已具备游记的规模和意味,陶渊明的《桃花源记》采用的也是游记散文的形式。至齐梁时代,又出现了一些精巧的山水小品,如陶宏景的《答谢中书书》、吴均的《与宋元思书》等,这些作品,主要侧重于对自然山水的客观描摹,笔触细腻生动,淋漓尽致,而作者的主体意识较为淡薄,处于模山范水的阶段。北魏郦道元的《水经注》，更颇多记写河流山脉的片段，其对山水风物的描绘形象鲜明，生面别开，引人入胜，但还称不上游记。明代古文家茅坤有云："夫古之善记山川，莫如柳子厚"（《复王赐谷乞文书》）。柳宗元继承了前代山水散文的成就而加以创造性的发展，使山水游记成为一种独立的文学样式，被后人誉为"游记之祖"。

王安石说过："余观八司马皆为天下之奇材也。……既困矣，无所用于世，往往能自强以求利于世，而其名卒不废焉。"脍炙人口的永州山水记，是居于"八司马"之首的柳宗元留给后世的瑰宝之一。永州十年，柳宗元流连山水，引山水为知己。翻开他的永州山水记，或山舒水缓，黛蓄膏停；或岈然洼然，尺寸千里，或嘉树美箭，冬夏常蔚；或奇石突起，冲然角列；更有潭中游鱼，往来翕乎，似与游人相乐……，展现在我们眼前的简直是一幅幅千姿百态，生机勃然的山水画卷。细细读来，则可感到其中不仅洋溢着作者对美好自然景物、对祖国山河的眷恋、倾慕，热爱之情，而且包含着更为丰富、更为深厚、更为强烈的思想内容。作者对自然美的欣赏，也表现着他对一切受压抑、受摧残的事物的无限同情和爱护；那幽奇秀美的山水之中，隐现着作者本人的迴光折影；那表面"闲适"的字句背后，蕴蓄着作者的半生追求，一腔积愤，和对当权者压抑不住的怒火。

《小石潭记》是"八记"中写得最为精美的篇章，此文纯以写景取胜，通篇字不过二百，却绘声绘色地摹写了潭水、岩石、蔓藤、游鱼、竹树的生动情状，流露出一种明净开朗的声情，而水潭四周凄清幽寂的景象，则又折射着游者抑郁失意的心境。开篇先点小石潭的地理方位和至小丘的距离远近，交代发现它的经过，对石潭本身并未立刻直描正写，而是以侧笔描绘从竹林那边传来的犹如玉珮、玉环碰击所发出的清脆悦耳的水声，表明小石潭是一个至为幽静的去处。未见其潭，先出其声，听之闻之，不禁令人怦然心动，喜之乐之，游兴倍增。行文委折多致，有先声夺人之妙。继而便伐竹开道，寻声而往，曲径探幽，一泓清寒的潭水赫然闪出，作者的心中不免再添一层喜悦。下面集中笔墨，对小石潭的景观进行多维度、多层面的描摹展示。从结构特点来看，此潭以整块岩石作为底基，靠近岸边处，底石上卷露出水面，形成似于石礁、岛屿、高低有别的石岩等各种不同的状貌，这种石质结构，正暗示了小潭命名和水质清澈的缘由。对区区水潭中翻卷于外的石头，文中竟以浩瀚湖海中的岛礁巨渚形容比附，直是"笼天地于形内，挫万物于笔端"（陆机《文赋》），小潭形胜，尺幅而有万里之势。潭上青葱的树木，翠绿的枝条藤蔓，覆盖交结，摇缀下披，随着微风的吹拂起伏飘动，摇曳多姿。此处的写景，着意于对自然风物的色彩、样貌和动感的生动呈现，与潭中的水色石态相互掩映，绚丽多彩，妙趣横生，情态毕现。潭中的鱼儿约有一百来条，好像都在空中游动，无所依傍。阳光下照无碍，直达潭底，鱼的影子映在石上，呆呆地一动不动，忽然又飞快地远远游开了，往来穿梭，灵巧轻捷，悠闲快活，似乎在和游人嬉玩逗乐。篇中写潭水之清却于水着墨无多，而是借石之底、鱼之游、日之照从旁映衬，可谓匠心独具。作者对游鱼的描写尤为精彩，始静后动,动静相生,空灵蕴藉,活泼多趣,惟妙惟肖,而水之清澄明净亦尽显无遗。"似与游者相乐"之句更是神笔飞来,让人拍案称绝。游人以我观物,人、鱼并写,人心与物态融通,游者和鱼儿同乐,纯净无邪的自然,淘洗性灵,息烦静虑,一时的欣喜之情骤然泛过了作者的心头,文意醇美,情趣悠然。接下再写石潭的水源和形势,用笔亦极别致神妙。向石潭的西南方望去,溪流盘折宛曲,忽明忽暗,忽隐忽现,溪岸相互交错,不知其源头在哪里。原来石潭之水是从西南曲折的小溪中流入的,文章运用一系列精妙的比喻,富有层次地晕染出山溪的行迹状态。以北斗七星之迁曲,形容溪身的委折形貌;用蜿蜒徐行之长蛇,状描溪水的流走态势;取交互不齐之犬牙,喻写溪岸的参差错落,形象生动,贴切传神。远望而目之所及的水面曰"明",隐没不见者曰"灭",遣词命意,精准独特,不同凡近,颇有隐约迷离之美。篇末通过游者的感受,进一步宣染小石潭环境的清幽寂寥。石潭四围,竹树环绕,寂静寥落,空旷无人,作者不觉心神凄凉,寒气透骨,幽寂深远的气息,着实使人忧伤不已。通篇观察细致,用笔精妙,写景状物,层次井然,描画生动,远近交错,动静相衬,虚实相生,逼真传神,给人以玲珑剔透、天造奇观之感,而作者的心灵世界、情感指向亦随物摇荡,与景徘徊。

永州那些弃置无闻的山水之所以能牵动作者的心,是因为它们和作者有着同样不幸的命运。钻鉧潭西小丘,数不清的石头不甘埋没于泥土之中,"负土而出,争为奇状",欲一展其能。然而得到的却是"唐氏之弃地,货而不售"的冷落遭遇。作者愤而叹到:"以兹丘之胜,致之沣、镐、鄠、杜,则贵游之士争买者,日争千金急不可得。今弃是州也,农夫、渔夫过而陋之。"袁家渴,奇伟、高洁,清丽、幽雅,可是连"永之人"都"未尝游"。在《小石城山记》中,作者进一步"借石之瑰伟以吐胸中之气刁。岈嵘磊落,竹树掩映,"类智者所施设"的小石城山,却"不为之中州,而列是夷狄,更千百年不得一售其伎。是固劳而无用,神者傥不宜如是,则其果无乎?"作者为小石城山鸣不平,大有指天问罪之意。这可以同《祭吕衡州温文》中的"君子何质,天实仇之;生人何罪,天实仇之。聪明正直,行为君子,天则必速其死;道行仁义,志存生人,天则必夭其身,吾固知苍苍之无文,莫莫之无神"相为呼应。

柳宗元是一位朴素唯物论者,他认为宇宙间"惟元气存"。一切都是自然存在,并没有什么"赏功罚祸"的天意。柳宗元写文章,又是一位借题发挥的好手,他的寓言、山水游记、传记散文往往都暗含褒贬,各有寄托。王夫之讲柳宗元的山水记是"烟云泉石……寓意则灵"。作者写山水的遭遇,有意无意之中却流露着自己的身世之感;他骂"神"、骂"天",其实是骂人,是在"指斥举错倒谬",是在指斥昏庸专断,不辨是非的最高统治者,也是在谴责那颠倒黑白,扼杀人材的腐朽社会。有时,作者那无以宣泄的郁愤又化为"自嘲",溶于山水之中。本是"甚清且美","功可以及圃畦,力可以载方舟,朝夕者济焉"的冉溪,因为"蛟龙不屑,不能兴风雨,无以利世",被作者戏名为"愚溪"。一篇《愚溪诗序》,一连八个"愚"字,正话反说,触目惊心。正是"嘻笑之怒，甚于裂眦，长歌之哀，过乎恸哭"！有时，作者笔下的山水也会一反常态，变得面目可憎。《囚山赋》中是"攒林麓以为丛棘兮，虎豹咆嗷，代狴牢之吠噪"，"涉野有蝮虺大蜂"，近水即畏射工、沙虱。连山如狱，"丘墟草木之爱好者，皆陷阱也"。作者《始得西山宴游记》起首一句就是"自余为僇人，居是州，恒惴慄"。一篇《囚山赋》，实际上正是作者当时那种"罪谤交织，群疑当道"的险恶处境的真实写照。这里的山水草木，恶兽奸虫，都是腐朽势力的化身。表面上矛盾的描写，反映着同一个思想：反迫害、反摧残，对当权者的揭露与抗争。

　　永州山水记中不仅曲折地反映了作者的遭遇和处境，也象征性地表现着作者的人格、情怀，以至政治抱负。柳宗元是很有骨气的，他在王叔文革新集团中是斗争性最强的一个。革新失败，柳宗元他们被污蔑为"逐臭市利"、"侥幸一时"的小人，"万罪横生，不知其端"。但他始终不悔其初。他在《兴许京兆孟客书》中公然申明：革新是"唯以中正信义为志，以兴尧舜孔子之道，利安元元为务"，而失败不过是由于"力疆"而已。针对"小人乘时窃国柄，"一类的谬论，他在《六逆论》中说："若贵而愚，贱而圣且贤，以是而之间，其为理本大矣。使亲而旧者愚，远而新者圣且贤，以是间之，其之理本亦大矣"。他多次表示："罪我者虽穷万世，亦无憾焉尔"，"虽万受摈弃，不更乎其内"。这种矢志不移，坚信自己事业正义性和进步性的信念，也寄托在作者对山水的歌颂之中。你看冉溪："善鉴万类，清莹秀澈，锵鸣金石，能使愚者喜笑眷慕，乐而不能去也。"从"清且美''的溪水，可映出作者的人品；从"灌田""载舟"的能力，可想到作者经世济民的才干。你看西山："其高下之势，岈然洼然，若垤若穴，尺寸千里，攒蹙累积，莫得遯隐，萦青缭白，外与天际，四望如一。然后知是山之特立、不与培为类"。从"不与培塿为类"，可以看到作者的高沽拔俗；从那浩然之势可以想见作者的宽阔胸襟。你再看袁家渴："有小山出水中，山皆美石，上生青丛，冬夏常蔚然……其树多枫柟石楠樱楮樟柚，草则兰芷，又有异卉……每风自四山而下，振动大木，掩苒众草，纷红骇绿，蓊勃香气，冲涛旋濑，退贮谿谷，摇扬葳蕤，与时推移。"美石青丛，兰芷异卉……，则与《离骚》手法相类。一篇篇如诗如画的文字，虚实渗透，情景交融，而作者的坚贞操守和对正义事业的自信"自矜"，溢于言表。同《瓶赋》中的"情白可鉴，终不媚私。利泽广大，孰能去之？便绝身破，何足怨咨"一样，这种自我肯定本身，就是对当权者的一种抗议，一种反击。

　　作者虽然身处逆境，屡遭打击，但他不屈志，不低头，不肯和旧势力妥协，始终坚持了自己的政治方向。他一再把当权者比做"毁成坏实"的"王孙"，比做"世皆祸之"的"尸虫"，大声疾呼："山之灵兮，胡不贼旃？"希望"良医刮杀，聚毒攻饵，施死无余，乃行正气"。这种顽强的战斗精神也同样贯注在他的山水记中。清人何焯说柳宗元常以"恶溪比养小人，弱水比抑君子，浊泾不法知人，黑水赋质昏昧。"在《永州使君新堂记》中，作者对韦某整治园林的志旨发问："公之择恶而取美，岂不欲除残而佑仁？公之蠲浊而流清，岂不欲废贪而立廉？"在《钻鉧潭西小丘记》中则有这样的描写:"既更取器用,铲刈秽草,伐去恶木,烈火而焚之。嘉木立、美竹露,奇石显。由其中以望,则山之高,云之浮,溪之流,鸟兽之遨游,举熙熙然回巧献技,以效兹丘之下。"这固然是记实,但作者的憎爱所在,旨意抱负也尽在其中了。他在《钴鉧潭记》中写冉水,本以一泻千里之势"奔注而来,被山石所阻,虽不得不屈折东流",但仍不改其性,"颠委势峻,荡击益暴",进而"啮其涯",使之"旁广而中深","毕至石乃止"。透过这不甘屈服的冉水,我们不是也可以看到作者的身影吗?

柳宗元对佛教采取包容的态度。长期的贬逐生活,也不可避免地给他笔下的山水涂上了一层伤感的色彩。不过,这毕竟不是主要的方面。从本质上讲,他是难以弃世,难以忘国,宁可溯流以进也不能离开进步政治的。"但愿清商复为假,拔去万累云问翔"。我们从柳宗元的山水记中更多感到的,是一个壮志未酬的政治家"许国不复为身谋"的事业心,而不是那种轻狂书生的名利之叹;是理想未能实现的苦闷、憾恨,和对腐朽势力的批判,而不仅仅是那种失意者的牢骚不平,严羽说:"唐人惟子厚深得骚学",柳宗元永州十年,"投迹山水地,放情咏《离骚》",与屈原的精神是一脉相承的。

字句疏解

1. 从小丘西行百二十步,隔篁竹,闻水声,如鸣佩环,心乐之:篁(huáng)竹,成林的竹子;鸣,使……发出声音;佩、环都是玉质装饰物;乐,以……为乐,对……感到快乐(意动用法)。

2. 伐竹取道,下见小潭,水尤清冽:取,这里指开辟。

3. 全石以为底,近岸,卷石底以出,为坻,为屿,为嵁,为岩:这句是说以整块石头为底(潭)把整块石头当作底部,靠近岸的地方,石底有些部分翻卷过来露出水面,成为各种不同形状的坻、屿、嵁、岩。以,把;为,当作;卷,弯曲;坻(chí),水中高地;屿,小岛;嵁(kān),不平的岩石;岩,悬崖。

4. 青树翠蔓,蒙络摇缀,参差披拂:翠绿的树木藤蔓,覆盖缠绕,摇动下垂,参差不齐,随风飘动。

5. 潭中鱼可百许头,皆若空游无所依:可,大约;许,用在数词后表示约数;皆,全、都;空,在空中,名词作状语。

6. 日光下澈,影布石上,佁然不动:这句是说阳光向下直照到水底,鱼的影子好像映在水底的石头上呆呆地一动不动。下,向下照射;布,照映,分布;佁(yǐ)然,呆呆的样子。

7. 俶尔远逝,往来翕忽:俶(chù)尔,动貌;翕(xī)忽,轻快敏捷的样子,翕,迅疾。

8. 潭西南而望,斗折蛇行,明灭可见:斗折,像北斗七星那样曲折;蛇行,像蛇爬行那样弯曲;灭,暗,看不见。

9.其岸势犬牙差互,不可知其源:犬牙,像狗的牙齿一样;差(cī)互,互相交错。

10.凄神寒骨,悄怆幽邃:这句是说使人感到心神凄凉,寒气透骨,幽静深远,弥漫着忧伤的气息;凄、寒,使动用法,使……感到凄凉,使……感到寒冷;悄怆(chuàng),忧伤的样子;邃(suì):深。

11.以其境过清,不可久居,乃记之而去:以,因为;其,那种环境;清,凄清。

12.同游者:吴武陵,龚古,余弟宗玄:吴武陵,作者的朋友,也被贬在永州;龚古,作者的朋友;宗玄,作者的堂弟。

13.隶而从者,崔氏二小生:跟着我一同去的,有姓崔的两个年轻人。

思考讨论题

结合此篇简述柳宗元游记散文表现的旷达情怀。

扩展阅读

1.古人游记,写尽妙景,不如不写尽为更佳,游尽妙境,不如不游尽为更高。盖写尽游尽,早已境味索然,不写尽不游尽,便馀兴无穷。篇中遥望潭西南一段,便是不写尽妙景;潭上不久坐一段,便是不游尽妙境。笔墨悠长,情兴无极。

——[清代]孙琮《山晓阁选唐大家柳柳州全集》卷三

2.……黄溪距州治七十里,由东屯南行六百步,至黄神祠。祠之上,两山墙立,如丹碧之华叶骈植,与山升降。其缺者为崖峭岩窟。水之中,皆小石平布。黄神之上,揭水八十步,至初潭,最奇丽,殆不可状。其略若剖大瓮,侧立千尺。溪水积焉。黛蓄膏渟,来若白虹,沉沉无声,有鱼数百尾,方来会石下。南去又行百步,至第二潭。石皆巍然,临峻流,若颏领断腭。其下大石杂列,可坐饮食。有鸟赤首乌翼,大如鹄,方东向立。自是又南数里,地皆一状,树益壮,石益瘦,水鸣皆锵然。又南一里,至大冥之川。山舒水缓,有土田。始黄神为人时,居其地。……元和八年五月十六日,既归为记,以启后之好游者。

——[唐代]柳宗元《游黄溪记》

3.自余为僇人,居是州。恒惴慄。时隙也,则施施而行,漫漫而游。日与其徒上高山,入深林,穷回溪,幽泉怪石,无远不到。到则披草而坐,倾壶而醉。醉则更相枕以卧,卧而梦。意有所极,梦亦同趣。觉而起,起而归。以为凡是州之山水有异态者,皆我有也,而未始知西山之怪特。今年九月二十八日,因坐法华西亭,望西山,始指异之。遂命仆人过湘江,缘染溪,斫榛莽,焚茅茷,穷山之高而上。攀援而登,箕踞而遨,则凡数州之土壤,皆在衽席之下。其高下之势,岈然洼然,若垤若穴,尺寸千里,攒蹙累积,莫得遁隐。萦青缭白,外与天际,四望如一。然后知是山之特立,不与培'为类,悠悠乎与颢气俱,而莫得其涯;洋洋乎与造物者游,而不知其所穷。引觞满酌,颓然就醉,不知日之入。苍然暮色,自远而至,至无所见,而犹不欲归。心凝形释,与万化冥合。然后知吾向之未始游,游于是乎始,故为之文以志。是岁,元和四年也。

——[唐代]柳宗元《始得西山宴游记》

4.得西山后八日,寻山口西北道二百步,又得钻鉧潭。潭西二十五步,当湍而浚者为鱼梁。梁之上有丘焉,生竹树。其石之突怒偃蹇、负土而出、争为奇状者,殆不可数。其嵚然相累而下者,若牛马之饮于溪;其冲然角列而上者,若熊罴之登于山。丘之小不能一亩,可以笼而有之。问其主,曰:"唐氏之弃地,货而不售。"问其价,曰:"止四百。"余怜而售之。李深源、元克己时同游,皆大喜,出自意外。即更取器用,铲刈秽草,伐去恶木,烈火而焚之。嘉木立,美竹露,奇石显。由其中以望,则山之高、云之浮、溪之流、鸟兽之遨游,举熙熙然回巧献技,以效兹丘之下。枕席而卧,则清泠之状与目谋,瀯瀯之声与耳谋,悠然而虚者与神谋,渊然而静者与心谋。不匝旬而得异地者二,虽古好事之士,或未能至焉。……

——[唐代]柳宗元《钻鉧潭西小丘记》

5.千山鸟飞绝,万径人踪灭。孤舟蓑笠翁,独钓寒江雪。

——[唐代]柳宗元《江雪》

白居易《琵琶行》

浔阳江头夜送客,枫叶荻花秋瑟瑟。　主人下马客在船,举酒欲饮无管弦。
醉不成欢惨将别,别时茫茫江浸月。　忽闻水上琵琶声,主人忘归客不发。
寻声暗问弹者谁?琵琶声停欲语迟。　移船相近邀相见,添酒回灯重开宴。
千呼万唤始出来,犹抱琵琶半遮面。　转轴拨弦三两声,未成曲调先有情。
弦弦掩抑声声思,似诉平生不得志。　低眉信手续续弹,说尽心中无限事。
轻拢慢捻抹复挑,初为《霓裳》后《六幺》。　大弦嘈嘈如急雨,小弦切切如私语。
嘈嘈切切错杂弹,大珠小珠落玉盘。　间关莺语花底滑,幽咽泉流冰下难。
冰泉冷涩弦凝绝,凝绝不通声暂歇。　别有幽愁暗恨生,此时无声胜有声。
银瓶乍破水浆迸,铁骑突出刀枪鸣。　曲终收拨当心画,四弦一声如裂帛。
东船西舫悄无言,唯见江心秋月白。　沉吟放拨插弦中,整顿衣裳起敛容。
自言本是京城女,家在虾蟆陵下住。　十三学得琵琶成,名属教坊第一部。
曲罢曾教善才服,妆成每被秋娘妒。　五陵年少争缠头,一曲红绡不知数。
钿头银篦击节碎,血色罗裙翻酒污。　今年欢笑复明年,秋月春风等闲度。
弟走从军阿姨死,暮去朝来颜色故。　门前冷落鞍马稀,老大嫁作商人妇。
商人重利轻别离,前月浮梁买茶去。　去来江口守空船,绕船月明江水寒。
夜深忽梦少年事,梦啼妆泪红阑干。　我闻琵琶已叹息,又闻此语重唧唧。
同是天涯沦落人,相逢何必曾相识!　我从去年辞帝京,谪居卧病浔阳城。
浔阳地僻无音乐,终岁不闻丝竹声。　住近湓江地低湿,黄芦苦竹绕宅生。

其间旦暮闻何物？杜鹃啼血猿哀鸣。春江花朝秋月夜，往往取酒还独倾。
岂无山歌与村笛？呕哑嘲哳难为听。今夜闻君琵琶语，如听仙乐耳暂明。
莫辞更坐弹一曲，为君翻作琵琶行。感我此言良久立，却坐促弦弦转急。
凄凄不似向前声，满座重闻皆掩泣。座中泣下谁最多？江州司马青衫湿。

（《全唐诗》，中华书局，2011）

作品简介

白居易（772—846），字乐天，唐代杰出的写实诗人，被后人称为"诗王""诗魔"。他诗文俱佳，主张"文章合为时而著，歌诗合为事而作"，与元稹共同倡导新乐府运动，掀起了重写实、尚通俗的文学世俗化的新思潮，世称"元白"。元和十年（815年），白居易因"越职言事"被贬为江州司马，次年秋天，他在浔阳江头送别客人，偶遇一位曾红极一时，却年老被弃的歌女，闻曲生情，有感而发，创作了这首著名的《琵琶行》。诗作通过对琵琶女高超技艺和其不幸经历的描述，表达了对弱者的深切同情，也抒发了诗人自己无辜被贬的愤懑。

导读指要

《琵琶行》是白居易惊绝一时、传颂千古的杰作，与《长恨歌》和汉魏南北朝乐府之《孔雀东南飞》《木兰诗》共同代表着中国古代叙事诗的最高成就。

"行"，又称"歌行"，源于汉魏乐府，其本义是乐曲的演奏，后又成为古代诗歌中的一种体式，即歌行体，一般幅度较长，句式灵活，平仄不拘，韵律富于变化，且可频繁换韵。"琵琶行"就是关于琵琶的歌。诗前原有小序，主要交代了诗作的成篇时间、写作背景、创作缘起，点明了诗的主旨，既为诗歌叙事奠定了基础，又对全篇内容作了简单提要，给人以真实可信之感。此诗通首八十八句，六百一十六字。诗中以同情的笔触，表现了封建时代歌女艺人的悲凉身世和不幸境遇，寄寓着作者被贬失意的悲愤情怀与沦落天涯的无尽感慨，直如《唐宋诗醇》所言："满腔迁谪之感，借商妇以发之，有同病相怜之意焉。比兴相纬，寄托遥深。"

诗作篇幅长大，但意脉清晰，层次井然，叙述娓娓，循声访女、精湛演奏、诉说身世、再弹泣座等内容板块次第而出。开卷先从江头送客写起，进行一些必要的交代，时地分明，笔端含情，为其后和江中船上的琵琶女子相遇预设情势，营造氛围。满目凄紧萧索的秋声秋色，与离别的感伤凄凉正相契合，而一个更为悲切的人生故事也在蓄势以待。舟中饯行，苦无管弦，醉不成欢，惨然不乐，寒江秋月，空阔迷濛，凄清郁闷之中，造设了一种对劝酒助兴、消解愁怀之音乐无尽期盼的态势。正当此际，一阵动人心弦的琵琶乐声恰逢其时地突然从江面飘送而来，这无异于山穷水尽之途，忽见柳暗花明；久旱干枯之秋，喜降雨露甘霖。未见其人，先闻其声，听之悦之，惊喜不已，以至主人忘归，客人不行，足见其诱人魅力之巨,亦从旁暗表弹奏者的演技之高。文势充畅,顺理成章,如流泉出谷,盘曲之后将显波涌浪卷之态。于是便寻声访求,打探弹者何人,原来是一位独守空船的女子,正在用琵琶弹解自己的孤寂与哀愁,初逢乍见,她将出未出,欲语又止,似有难言之隐,若含难诉之情。诗人移船靠近,重开酒宴,呼唤再三,盛情相邀,渲染铺垫至足,琵琶女子方才姗姗出场,但还抱着标示自己身份的琵琶,半遮半掩着脸庞,这种拘束羞怯,矜持沉稳,表明她并不轻浮卑贱,唯唯诺诺,只是自惭身世,不愿见人而已。诗中通过人物的动作、神态来展示其性格、心理,真切生动,宛然在目,含不尽之意见于言外。

下面便重笔浓墨地直描径写琵琶女子正式演奏时的情形,表现其高超精湛的弹奏技艺。诗作按照起始、演奏、曲终的顺序,依次写来,弹者情凝弦上,意注指端,动作、音响、情感融为一体。调弦定音,试弹几声,虽未成曲,却已含情含态,感情饱满丰沛。开始演奏之后,根根丝弦发出的音响都是那么忧郁哀愁,低回幽怨,似乎在有意掩藏、遏抑内心的情感,又好像在倾吐、诉说着自己悲凉失意的身世,她低头信手,十分熟练地连续弹奏,弦弦声声,道尽了平生的坎坷凄苦和满腹的愁情恨心,如泣如诉,感人肺腑。"信手"、"续续"见其手法的娴熟,弹技的练达;"似诉"、"说尽"是诗人对乐曲内容的解读和领悟,一个善弹,一个能听,可谓知音。在正式演奏时,琵琶女子运用各种不同的手法技巧,左手指法精熟,右手动作确当,弹曲奏乐,传情达意,曲尽情思。诗作以形象生动的比喻来描摹琵琶音乐的旋律、意境及其音响效果。大弦弹出了繁杂浑厚、猛烈急骤的声响,有如强风暴雨之大兴突袭;小弦发出了细密短促、轻柔绵软的低音,宛似一片切切私语。大弦小弦和鸣共振,曲调富于变化,旋律时而高亢沉雄,时而轻细绵密,有时又好象大大小小的宝珠一颗接一颗地跳落在玉盘中所发出的音响,连贯圆润,清脆悦耳。乐曲的轻重高低,正见出弹者抑扬起伏的感情律动。音乐旋律的高潮过后,乐声直如百花丛中的黄莺啼叫那样宛转流丽,象遏塞不畅的泉水在冰下艰难流动那么滞涩幽怨,霎时又似凝结的冰泉冷涩不通,丝弦也犹如被割断似的,声音凝绝骤止。作者通过形容摹写曲调由轻快流走到凝滞停顿的演化过程,展示出琵琶女子感情暗流的涌动曲线,她分明是在用音乐的语言宣泄和倾诉着心头郁结的怨伤与不平,悲愤欲呼,哀怨欲绝,声情并茂,动人心魄。弦凝音止,但却别有情韵,感情进行的旋律并未间断,深藏心底的愁思怨恨油然而生。此时的曲调已跌至低谷,琵琶音乐的弦外之旨,若断若续的余音和乐声暂时的空白,似乎比有声还要感人,还能撩拨人的情思,逗引深永的回味。"无声胜有声"的造境,把曲律涩绝休止时的那种幽泣悲咽的音乐意境和滞重声息的音响效果,绘声绘色、恰到好处地传达出来,张弛有致,相反相成,精妙绝伦,从而为又一个高潮的到来蓄足了情势,进行了充分的酝酿准备。就在乐曲凝噎欲断之时,突然,乐声大作,全曲旋律的高潮突兀而起,那激越奔驰、雄壮高昂的音响,直似银瓶爆裂,水浆迸射,又如披坚执锐、强悍勇猛的铁骑奔突而来,刀枪齐鸣,铿锵有声,琵琶音乐正以迅捷的速度和巨大的力度演绎着、展开着,进入了一个震撼人心的全新境界,跃上了旋律和感情的高标,读来荡气回肠,令人神旺。一曲终了,琵琶女子用弹拨的拨片在琵琶弦索的中部猛然一划,四根丝弦一同发出象撕裂绸帛那样尖锐、凄厉的声音,乐曲便在突起的高潮中戛然而止。此处以两组分别包含着两个连续性的动感和声响为喻,表现了琵琶音乐在跌落停顿之后的骤然迸发,急遽变化,强音促节,铮然在耳,引人联想。弹者技艺精绝,曲终收拨的动作娴达老练,曲调大开大合,突起突落,变化莫测。美妙动人的音乐,不独使诗人心醉情迷,也吸引了江面无数过往的船只,在乐曲终结之际,万籁俱寂,现场悄无声息,周围一片静谧,只有江心映照的秋月闪动着皎洁清寒的银辉。"东船西舫",表明聚拢的船只之多,听众自当不少,但却安然寂静,了无喧哗嘈杂,可见乐声的动人心弦,入神着迷的人们已经完全沉浸在琵琶音乐所创设的特定情境之中,忘却了自我,造成了一种永恒谛听的情感效应。直到曲终乐止,听者才如梦初醒,抬头四顾,看到了江面洒落的月光。诗作通过气氛渲染和景物描写烘托出乐曲醉心迷人的艺术效果,深化了诗境,那拨动人们感情琴弦的音乐,似乎仍在清寂迷茫的月夜秋江回荡,余音袅袅,情意绵绵,涵咏无尽。

曲调旋律的跌宕抑扬,投射出弹者感情的波动激荡,潮起潮落,这就为诗意的递展预伏了笔墨。接下便是琵琶女子用语言自叙身世经历,表现其从少到老、由盛至衰、自欢而悲的不幸遭遇。演奏终了,琵琶女子默默沉思,迟疑不决,先自收起乐器,整理一下衣裳,待激切的心情稍稍平复后,便带着庄重肃敬、矜持有礼的神情述说起来。她原是京师长安的女子,家住城郊的歌舞游乐之地,优越的生活环境和居处浓烈的文化氛围,使之十三岁时就学得了弹奏琵琶的绝技,一举名列教坊魁首,足见其聪颖过人,超群不凡,少小有成。她出色的演技和造诣,曾使著名的曲师为之叹服,而姣好的容貌又引来名伎美女的嫉妒,每当演奏之时,长安的富贵子弟争相给她赠送名贵的锦帛或财物,一曲下来,不知要收到多少吴绫蜀锦,轻罗红绡,色艺双绝的琵琶女子,声名鹊起,红极一时,誉满京城。此处以对比衬托的手法,展现了她的技高貌美,善才本为高手,而能使之折服,自是强中之强;秋娘原就美丽,却能令其生妒,更是美中之美,琵琶女子的身价名头,自非一般。正因如此,她才获得了缠头无数,才使五陵富少竞相追逐,为之倾倒,也才出现了后面门庭若市、欢宴不绝的盛况。在筵席上弹调唱曲,那些倾慕追捧、如痴似醉的公子贵少跟着击节打拍,由于兴致极高,十分卖力,珍贵的金银饰品常被敲碎,身着的鲜红罗裙,也在和富少们戏谑耍闹时被打翻的花酒污损弄脏,就这样年复一年,月复一月,在欢笑快活中轻易地抛掷了青春年华,消磨了美好时光。歌舞场上,灯红酒绿,奢华恣纵,风流忘情,放浪形骸,光阴虚度,当年的生活情景,历历如见。对琵琶女子来说,盛事去矣,过往的一切早已成为岁月的绝响,随着时间的迁延,她的人生也发生了重大的变故,兄弟从军服役,领班的阿姨亦辞别人世,似水流年销蚀了韶华玉容,那些曾趋之若鹜、醉心于她的公子哥们又纷纷移情别想、另寻新欢去了，门前凄清冷落，处境每况愈下，为了寻找生存之路，她不得不托身于一个重利寡情的商人，离开长安来到浔阳，借以聊度残生，真可谓花委泥沼，珠堕尘埃，所归非地，所依非人。时光飞逝，岁月无情，年老色衰，红颜凋谢，繁华落尽，"嫁作商人妇"，实在是一种迫不得已的无奈选择，作为一位处在社会底层的歌舞艺伎，她也没有别的什么路子好走。商人薄情寡义，唯利是图，外出经商时，常常抛下她独自一人孤守着江口的空船，相与为伴的，只有船边凄冷的秋月和清寒的江水，在夜深人静之际，每当梦见少小时的欢情乐事，禁不住悲泣啼哭，纵横纷涌的泪水和着玉面的脂粉流淌而下，脸上布满了道道泪痕。冷月寒江，既烘托出环境的清寂寥落，更透示出琵琶女子心境的孤寂凄凉；对往昔情事的思恋向往，正见出其现实人生的悲怆沦落。琵琶女子的经历是非凡的，遭际是不幸的，她自繁华的都市，流落到僻远的江湖，由当红的歌弹名伎，沦为商人之妇，从终日豪少相伴，变成独对空船江月，其前后生活的落差愈大，就愈能显示出现实处境的孤苦无助，也就愈能激惹起人们的同情悲悯。惟其如此，也就不难理解她前次演奏的乐调内容、曲律变化以及灌注其间的感情流程，那可说是用血泪所弹奏出来的一支动人肺腑的心曲。

长诗最后抒写因琵琶女子的身世遭际而引发的无限感慨，表现了作者政治失意、被黜遭贬的抑郁情怀。琵琶女子弹奏的曲调，诗人闻之已有万千感触，此番再听她的自陈述说，更是叹息不已，悲慨有加，迁谪之意蓦然而生，同是抛家离舍、流落天涯之人，即使互不相识，人生路上偶遇初逢，也可一诉衷曲，彼此相引，怜悯与共。语气中，既为这位不幸女子的身世而惋叹，同时也为一己的遭遇而哀伤。作者与琵琶女子，一个是遭谪被贬的朝廷命官，一个是漂泊江湖的歌伎艺人，其地位有高低之分，身份有尊卑之别，但他们遭遇相同，心气相通，对社会的黑暗不平有着共同的感受和体验。诗中将彼此的身世境遇相提并论，对下层艺伎表现了极大的尊重与同情，这在以前的诗歌中十分罕见，既为难能，亦足可贵。沦落远乡，萍水相逢，诗人始闻琵琶之声，继听女子自述，联系个我的现实处境，从中产生了强烈的感情共鸣，惺惺相惜，同病相怜，于是便敞开心扉，向对方诉告闷怀。自己去岁辞别帝京，谪居浔阳，一直卧病在床，此地僻远荒蛮，苦无音乐，终年不闻管弦之声，生活苦闷单调，精神抑郁不畅。住在靠近溢水的低洼潮湿之地，居室周围芦苇丛生，苦竹繁茂，环境恶劣，条件艰苦，荒绝人迹，整日所闻所听，满耳尽为鹃啼猿鸣而已，处境孤独凄寂，心绪悲苦欲绝。"杜鹃啼血猿哀鸣"，这可说是作者迁谪生活之悲情怨怀的真切投射。每逢春江花朝日，秋夜月明时，面对良辰美景，也只能独酌孤吟，对影成双，所在虽有山歌村笛，但其声繁乱细碎，嘈杂不雅，实在难以入耳。谪居的岁月，生活贫乏无所可乐，孤身只影无与相欢，可谓写尽凄凉，话完悲怨，字字不满，语语牢骚，行行不平。就生命的起落失意、流寓荒远而言，诗人与琵琶女子并无二致，难怪他有"同是天涯沦落人"之深沉感喟。而山歌村笛的难以为听，正反衬出琵琶乐曲的优雅超妙,悦耳动人。今夜有幸见闻琵琶女子的绝奏妙弹,如同听到仙乐一般,耳聪神清,生面别开,对渴盼管弦的作者来说,这是一席享之不尽的视听盛宴,他请对方莫要推辞,坐下再弹一曲,并愿依之翻写一篇《琵琶行》的歌诗,以为酬赠褒赞。听了诗人的坦呈悲诉,盛情邀约,琵琶女子心有所感,站之良久,又退回原坐调紧丝弦,重新弹奏起来,曲调急促凄切,不像此前那样高亢多变,满座的听众皆闻之动容,掩面而泣,其中至为伤心、哭得最为悲酸的是江州司马,亦即白居易自己,他流下的泪水把青衫都打湿了。一方恳切相求,殷殷以待,泪洒官服;一方重操弦乐,悲怨无极,催人泪下,足见乐曲的哀切感人,移情动志,扣摄心魄。昆曲《夜奔》有言:"丈夫有泪不轻弹,只因未到伤心处。"诗人不仅弹泪,而且浸湿衣衫,可说是真到伤心处了,他既为志士失路,自己遭谪远黜的不公际遇而怅然下泪,也为琵琶女子以及封建社会一切被侮辱、被损害的人们而伤悲动情。诗作就此收住,凄恻哀恸,古今同慨,千秋共泪。

作为白居易感伤诗中的杰出代表,《琵琶行》由《长恨歌》的历史主题转向了对现实题材的开掘,琵琶女子的沦落命运,关合着诗人自己的贬谪遭际,切身的痛彻体验,使诗情显得尤为深切真挚,哀婉苍凉。不同的身份地位,共同的人生悲剧,赋予诗作以深刻的现实意义,强烈的思想倾向和厚重的时代蕴涵。在艺术表现方面,此诗的显著特点是抒情因素的强化,虽然诗作以出色的叙事、描写见称,尤其是对乐声的摹写和人物遭遇的叙述,着笔颇多,甚至泼墨如雨,务求尽致,但仍以情贯之,把声和事联结绾合,声随情起,情因事迁,使诗的进程、事件的展开始终伴随着动人的情感力量。此外,诗中还着力于用精心选择的意象以营造特定氛围,烘托诗歌意境,增强抒情色彩。诸如"枫叶荻花秋瑟瑟"、"别时茫茫江浸月"等类诗句,以霜秋的枫叶荻花和茫茫江月组成一幅悲凉清寂的画面,景为情设,情缘景生,景情交融,其中所透露的凄楚感伤、怅惘无极的意绪不独为篇中的人物、事件晕染设色,斯时斯境,也使读者心灵摇荡,难以自已。而诗作晓畅精确的语言特点和想象、虚构、对比等手法的使用亦独占胜场。但总体观之,长诗在艺术上最为突出的成就,则莫过于对音乐的描写。首先,作者运用众多新颖精妙的比喻,以声拟声,以音配象,将转瞬即逝、无形无态、不可触摸的音乐转化为具体可感的形象。其次,善于把对音乐的描写与弹者、听者的心境和感受融汇起来,声情结合,弹听并写,衬托渲染,以虚写实,既传达出有声之情,也再现了无声之境,前后三次演奏,音乐效果绝不雷同,或惊人,或迷人,或感人。再次,注重描写演奏者弹奏时的动作和神态,并加以精要的评论。可以说,在这首长歌巨制中,诗人以前所未有的艺术才能创造了一个五光十色、缤纷斑斓、美不胜收的音乐世界,此诗亦因之成为古代诗歌史上音乐描写的不朽典范。

字句疏解

1.浔阳江头夜送客,枫叶荻花秋瑟瑟:浔阳江,长江支流,流经江西省九江市附近的一段水面;荻(dí)花,多年生草本植物,生在水边,叶子长形,似芦苇,秋天开紫花。

2.移船相近邀相见,添酒回灯重开宴:回灯,重新拨亮灯光。

3.弦弦掩抑声声思,似诉平生不得志:掩抑,遏抑;思,悲伤的情思。

4.低眉信手续续弹,说尽心中无限事:续续弹,连续弹奏。

5.轻拢慢捻抹复挑,初为《霓裳》后《六幺》:拢,手指按弦向里(琵琶的中部)推;捻,揉弦;抹,顺手下拨;挑,反手回拨;《霓裳》,即《霓裳羽衣曲》,本为西域乐舞,唐开元年间西凉节度使杨敬述依曲创声后流入中原;《六幺》,大曲名,又叫《绿腰》、《录要》,为歌舞曲。

6.大弦嘈嘈如急雨,小弦切切如私语:大弦,琵琶上最粗的弦;嘈嘈,声音沉重抑扬;小弦,琵琶上最细的弦;切切,形容声音急切细碎。

7.间关莺语花底滑,幽咽泉流冰下难:间关,象声词,这里形容"莺语"声(鸟鸣婉转);幽咽,遏塞不畅状;冰下难,泉流冰下阻塞难通,形容乐声由流畅变为冷涩;难,与滑相对,有涩之意。

8.别有幽愁暗恨生,此时无声胜有声:暗恨,内心的怨恨。

9.曲终收拨当心画,四弦一声如裂帛:当心画,用拨子在琵琶的中部划过四弦,是一曲结束时经常用到的手法。

10.自言本是京城女,家在虾蟆陵下住:虾(há)蟆陵,在长安城东南,曲江附近,是当时有名的游乐地区;"虾"通"蛤"。

11.十三学得琵琶成,名属教坊第一部:教坊,唐代管理宫廷乐队的官署;第一部,如同说第一队。

12.曲罢曾教善才服,妆成每被秋娘妒:秋娘,唐时歌舞妓常用的名字,泛指当时貌美艺高的歌伎。

13.五陵年少争缠头,一曲红绡不知数:五陵,在长安城外,指长陵、安陵、阳陵、茂陵、平陵五个汉代皇帝的陵墓,是当时富豪居住的地方;缠头,指古代赏给歌舞女子的锦帛之类财礼;绡,精细轻美的丝织品;红绡,一种生丝织物。

14.钿头银篦击节碎,血色罗裙翻酒污:钿(diàn)头,两头装着花钿的发篦;银篦(bì),用金翠珠宝装点的首饰;击节,打拍子,歌舞时打拍子原本用木制或竹制的板。

15.弟走从军阿姨死,暮去朝来颜色故:颜色故,容貌衰老。

16.商人重利轻别离,前月浮梁买茶去:浮梁,古县名,唐属饶州,在今江西省景德镇市,盛产茶叶。

17.去来江口守空船,绕船月明江水寒:去来,离别后;来,语气词。

18.夜深忽梦少年事,梦啼妆泪红阑干:妆泪,梦中啼哭,匀过脂粉的脸上带着泪痕;红阑干,泪水融和脂粉流淌满面的样子,阑干:纵横貌。

19.我闻琵琶已叹息,又闻此语重唧唧:唧唧,叹息声。

20.岂无山歌与村笛?呕哑嘲哳难为听:呕哑,拟声词,形容单调的乐声;嘲哳(zhāo zhā),形容声音繁杂。

21.今夜闻君琵琶语,如听仙乐耳暂明:暂,突然,一下子。

22.感我此言良久立,却坐促弦弦转急:却坐,退回到原处;促弦,把弦拧得更紧。

23.凄凄不似向前声,满座重闻皆掩泣:向前声,刚才奏过的曲调。

24.座中泣下谁最多?江州司马青衫湿:青衫,唐朝八品、九品文官的服色,白居易当时的官阶是将侍郎,从九品,所以服青衫。

思考讨论题

此诗在描写音乐方面有何特色?试结合文本具体论析之。

扩展阅读

1.(此篇)既专为此长安故倡女感今伤昔而作,又连绾己身迁谪失路之怀。直将混合作此诗之人与此诗所咏之人,二者为一体。真可谓能所双亡,主宾俱化,专一而更专一,感慨复加感慨。

——[近现代]陈寅恪《元白诗笺证稿》第二章

2.2、昵昵儿女语,恩怨相尔汝。划然变轩昂,勇士赴敌场。浮云柳絮无根蒂,天地阔远随飞扬。喧啾百鸟群,忽见孤凤凰。跻攀分寸不可上,失势一落千丈强。嗟余有两耳,未省听丝篁。自闻颖师弹,起坐在一旁。推手遽止之,湿衣泪滂滂。颖乎尔诚能,无以冰炭置我肠。

——[唐代]韩 愈《听颖师弹琴》

3.孤山寺北贾亭西,水面初平云脚低。几处早莺争暖树,谁家新燕啄春泥。乱花渐欲迷人眼,浅草才能没马蹄。最爱湖东行不足,绿杨阴里白沙堤。

——[唐代]白居易《钱塘湖春行》

4.吴丝蜀桐张高秋,空山凝云颓不流。湘娥啼竹素女愁,李凭中国弹箜篌。昆山玉碎凤凰叫,芙蓉泣露香兰笑。十二门前融冷光,二十三丝动紫皇。女娲炼石补天处,石破天惊逗秋雨。梦入神山教神妪,老鱼跳波瘦蛟舞。吴质不眠倚桂树,露脚斜飞湿寒兔。

——[唐代]李 贺《李凭箜篌引》

5.家住西秦。赌博艺随身。花柳上,斗尖新。偶学念奴声调,有时高遏行云。

蜀锦缠头无数,不负辛勤。数年来往咸京道,残杯冷炙谩销魂。衷肠事,托何人?若有知音见采,不辞遍唱阳春。一曲当筵落泪,重掩罗巾。

——[宋代]晏 殊《山亭柳·赠歌者》

6.6、若不是浮梁茶客十分醉,怎奈何江州司马千行泪?早则你低首无言,仰面悲啼;畅道情血痕多,青衫泪湿。不因这一曲琵琶成佳配,泪似把推,险添满浔阳半江水。

——[元代]马致远《青衫泪·鸳鸯煞》

刘禹锡《陋室铭》

山不在高,有仙则名。水不在深,有龙则灵。

斯是陋室,惟吾德馨。苔痕上阶绿,草色入帘青。

谈笑有鸿儒,往来无白丁。可以调素琴,阅金经。

无丝竹之乱耳,无案牍之劳形。

南阳诸葛庐,西蜀子云亭。孔子云:何陋之有?

(刘盼遂,郭预衡:《中国历代散文选》,北京出版社,2002)

作品简介

刘禹锡(772—842),字梦得,唐代著名的哲学家、文学家和诗人,有"诗豪"之称。他诗文俱佳,尤以律诗和绝句见长,尝以诗与白居易唱和,世称"刘白",又和柳宗元并称"刘柳"。

铭是古代刻在器物上用来警戒自己或称述功德的文字,后来发展成为一种文体,一般是用韵的,与诗、赋等同为韵文。这篇不足百字的室铭,集描写、抒情、议论于一体,含而不露地表现了作者安贫乐道、洁身自好的高雅志趣和不与世事浮沉的独立人格。立意超凡,构思别致,句式错落,语言精警,饶富哲理,向来广为传颂

导读指要

家是温馨的港湾,是遮风挡雨的地方,更是精神的归依,身心的栖息之所。家的物质形态和主要标识便是房舍,其构筑造作往往因居者之贫富尊卑、志趣操守的不同而千差万别。诸葛亮满腹经纶,胸怀天下,于乱世避居茅庐以待明主;陶渊明弃官回归,固穷守志,身处草屋却怡然自得;杜甫以贫困之境流寓巴蜀,搭结草堂以安家立身,忧患中仍心系寒士苍生。本篇所言之陋室,即简易拘狭的屋室,当是作者在和州(今安徽和县)任上的所居之处(或谓为古中山郡,今河北定县刘氏祖籍之陋室)。和县地方史志《历阳典录》有载:"陋室,在(和)州治内,唐和州刺史刘禹锡建。有铭,柳公权书碑。"唐末以来,和州兵连祸结,陋室及其碑铭亦未能幸免,最终毁于战火之中。铭,本是古代刻铸在钟鼎铜器上的文字,其内容大抵不外有关贵族

的事功,讼断和赏赐等,由于器物以及镌刻条件的限制,文字一般较少,且艰深古奥,难以索解。后来的铭文,既有器物之铭,也有刻石之铭,乃至书而不刻之铭等等,或颂扬祖德,或述功纪行,或鉴戒世人,或警示自励,或记物寓意,异彩纷呈,不一而足。作为文体,铭文大都篇幅短小,音韵谐美,文辞简约优美,幅度最短者甚至不足十字,颇类格言警句,诚如陆机《文赋》所谓的"铭博约而温润。"本文以居室名题,句不过二十,字亦仅八十有余,但在铭文中已属长篇大制,作者借给陋室作铭以述其志节,显其品行,新意别出,独具一格。

开篇以山水起兴,逗出陋室。山不在于高低,有仙人居留就会出名;水不在于深浅,有蛟龙出没便富灵气。这间简易狭小的居室,也是因为主人高洁美好的德行而芳香盈溢,声名远播,如是观之,室亦不在华陋,有德则显。起笔以山水为喻,通过揭示山之享名、水之见灵的关键因素,凸显了"仙"、"龙"的重要意义,点睛山水,类比立论,表明此室虽则简陋,却似有仙之山、有龙之水,从而顺理成章地切入主题,推出一篇要旨,陋室不陋,"惟吾德馨",构想奇巧,匠心独运,字字珠玑,妙手天成。这几句分别从《世说新语·排调篇》的"山不高则不灵,渊不深则不清"、《尚书·周书·君陈》的"黍稷非馨,明德惟馨"之意化出,而造语更为精警,蕴涵更见丰沛,堪称翻新出奇、胜意迭出、妙语连珠、脍炙人口的格言秀句,颇具哲理诗的韵味。运笔由此及它,错落有致,山、水、室次第而出,仙、龙、德蝉联而下,山因仙而名,水由龙而灵,室假德以著,彼此相辅相成,相得益彰。而排比并列的句式运用,又造成了一种迅疾飞动的气势,别有一番灵妙畅达的声情。接着具体描述陋室的内外景象,室中人事,论列和坐实"德馨"之意。室外苔藓铺满石阶,染出一片碧绿,生机盎然,草色透入帘内,映得举室青葱,爽心怡神,环境幽美雅致,草藓青翠欲滴,秀色可餐,是为所在之景;与居者放言说笑、抵掌倾谈的皆是学问渊博的饱学之士,断无不学无术的俗客庸夫奔走钻营,足见主客志同道合,情趣高雅不俗,此乃室中往还之人;在此可以弹奏素朴无饰的琴瑟,亦可赏读玄妙珍贵的经籍,既无丝竹俗曲、繁管嘈杂之音搅扰听觉,也没文牍公干、成堆俗务劳形伤神,清闲自在,超然世外,悠哉乐哉!居处陋室,纵然家徒四壁,环堵萧然,但得弹琴鼓瑟,览阅经典,修身养性,耳清身闲,随兴而为,得意忘物,还有什么可愧悔憾恨的呢!作者生活之清雅,心境之安适溢于言表,而其洁身自好、安贫乐道之情怀亦尽呈纸面,身轻则勇于进学,心静遂勤于修德,此为室内所行之事。美景高士,贤人雅举,持节守操,独立不迁,行墨中,每每在写陋室不陋,处处见出德馨行高,行文句则骈散相间,述则情景俱现,论则正反结合,文思精巧,意脉贯通,章法井然。继而又引证古贤庐亭和圣人之语,进一步阐明陋室委实简而不陋,主人有"德"且"馨",申足文意,点醒题旨。南阳有诸葛亮的草庐,西蜀有扬雄的玄亭,它们皆为陋舍,但德者名人住之,则了无简陋之感。孔子说:"只要君子居于其中,有什么卑陋的呢?"铭文结处,作者连用了两个比喻,一方面说明陋室历史上早已有之,无足为奇,另一方面也把自己的所居直比为诸葛庐、扬雄亭,意在以古代贤者自况自期,自慰自励,希望能如他们那样具有高尚的德操,不凡的理想志向,同时亦从旁暗示了陋室不陋。进而又援引孔圣之言,借以表明个我的志趣符合圣人之道,是用至圣首肯和持守的操行来规范要求自己的。诸葛亮隐居草庐而养望待时,志在天下;扬雄潜心修学而淡泊功名富贵,堪为世范;孔子欲居陋地而不以为陋,自是哲人情怀。篇末引经据典,尤其是以孔圣之语作为论据,高屋建瓴,神完气足,具有不可辩驳的力量。

全文托物言志,但反向立论,与铭文多从正面阐发赞戒之意的格套大异其趣。题意在"陋室"上,落笔却尽在"德馨"中,通篇无一语是写陋室之陋,而句句在言陋室之不陋,构思新颖不俗,笔调饶有韵致,夹叙夹议,层层递进,论证精治,机趣横生,语言警策,韵律和谐,读来意兴无穷,余味不尽。

铭为室而题,室借铭而彰,刘禹锡虽然早已作古,陋室与碑铭也已毁圮不存,然斯人斯室斯铭,却千秋传扬,名倾古今。

字句疏解

1.斯是陋室,惟吾德馨:斯,此,这;陋室,简陋的屋子;惟,只;馨,散布很远的香气。

2.苔痕上阶绿,草色入帘青:这句是说苔痕碧绿,长到阶上,草色青葱,映入帘里。上,长到;入,映入。

3.谈笑有鸿儒,往来无白丁:鸿儒(hóng rú),大儒,这里指博学的人,鸿,同"洪",大,儒,旧指读书人;白丁,平民,这里指没有学问的人。

4.可以调素琴,阅金经:调(tiáo),调弄;素琴,不加装饰的琴;金经,有认为是指佛经(《金刚经》),也有认为是装饰精美的经典(《四书五经》),金者贵义,是珍贵的意思,儒释道的经典可以说是金经。

5.无丝竹之乱耳,无案牍之劳形:丝竹,琴瑟、箫管等乐器的总称,"丝"指弦乐器,"竹"指管乐器,这里指奏乐的声音;乱耳,扰乱双耳,乱,形容词的使动用法,使……乱,扰乱;案牍(dú),(官府的)公文,文书;劳形,使身体劳累,劳,使……劳累;形,形体、身体。

6.南阳诸葛庐,西蜀子云亭:南阳有诸葛亮的草庐,西蜀有扬子云的亭子。这是说,诸葛庐和子云亭都很简陋,因为居住的人很有名,所以受到人们的景仰,诸葛亮,三国时蜀汉丞相,出仕前曾隐居南阳卧龙岗中,扬雄,字子云,西汉文学家;庐,简陋的小屋子。

7.孔子云:何陋之有:孔子这句话见于《论语·子罕》篇:"君子居之,何陋之有?"

思考讨论题

1.文题为《陋室铭》，但行文运笔却略无"陋"意，似有文不对题之嫌，试就此谈谈自己的悟解和看法。

2.文中是如何阐释陋室不陋、并借以展现作者的高情远志的？

扩展阅读

1.贤哉，回也！一箪食，一瓢饮，在陋巷，人不堪其忧，回也不改其乐。贤哉，回也！

——《论语·雍也》

2.子欲居九夷，或曰："陋，如之何？"子曰："君子居之，何陋之有？"

——《论语·子罕》

3.无道人之短，无说己之长。施人慎勿念，受施慎勿忘。世誉不足慕，唯仁为纪纲。隐心而后动，谤议庸何伤？无使名过实，守愚圣所臧。在涅贵不缁，暧暧内含光。柔弱生之徒，老氏诫刚强。行行鄙夫志，悠悠故难量。慎言节饮食，知足胜不祥。行之苟有恒，久久自芬芳。

——[汉代]崔子玉《座右铭》

4.先生不知何许人也，亦不详其姓字，宅边有五柳树，因以为号焉。闲静少言，不慕荣利。好读书，不求甚解；每有会意，便欣然忘食。性嗜酒，家贫不能常得。亲旧知其如此，或置酒而招之。造饮辄尽，期在必醉；既醉而退，曾不吝情去留。环堵萧然，不蔽风日，短褐穿结，箪瓢屡空，晏如也。常著文章自娱，颇示己志。忘怀得失，以此自终。赞曰：黔娄之妻有言："不戚戚于贫贱，不汲汲于富贵。"其言兹若人之俦乎？酣觞赋诗，以乐其志。无怀氏之民欤？葛天氏之民欤？

——[晋代]陶渊明《五柳先生传》

5.昔欲居南村，非为卜其宅；闻多素心人，乐与数晨夕。怀此颇有年，今日从兹役。弊庐何必广，取足蔽床席。邻曲时时来，抗言谈在昔。奇文共欣赏，疑义相与析。

——[晋代]陶渊明《移居》其一

6.背郭堂成荫白茅，缘江路熟俯青郊。桤林碍日吟风叶，笼竹和烟滴露梢。暂止飞乌将数子，频来语燕定新巢。旁人错比扬雄宅，懒惰无心作解嘲。

——[唐代]杜 甫《堂成》

7.至人无心，与道出处。处则土木，出则雷雨。惟殷道绝，粤有尚父。爰宅于幽，盘桓草莽。天地阖辟，阴阳运行。明极而昏，昏极而明，遇主水滨，谋泰八纮。牧野桓桓，一麾而平。惟彼日月，得天而光。惟彼圣贤，得时而彰。独夫昏迷，我乃豹藏。文武作周，我乃鹰扬。故曰：大道无体，大人无方。运用变通，至虚而常。作铭磻溪,今古茫茫。

——[唐代]梁 肃《磻溪铭》

8. 项脊轩,旧南阁子也。室仅方丈,可容一人居。百年老屋,尘泥渗漉,雨泽下注;每移案,顾视无可置者。又北向,不能得日,日过午已昏。余稍为修葺,使不上漏。前辟四窗,垣墙周庭,以当南日,日影反照,室始洞然。又杂植兰桂竹木于庭,旧时栏楯,亦遂增胜。借书满架,偃仰啸歌,冥然兀坐,万籁有声。而庭阶寂寂,小鸟时来啄食,人至不去。三五之夜,明月半墙,桂影斑驳,风移影动,珊珊可爱。……

——[明代]归有光《项脊轩志》

9. 巴山楚水凄凉地,二十三年弃置身。怀旧空吟闻笛赋,到乡翻似烂柯人。沉舟侧畔千帆过,病树前头万木春。今日听君歌一曲,暂凭杯酒长精神。

——[唐代]刘禹锡《酬乐天扬州初逢席上见赠》

李贺《雁门太守行》

黑云压城城欲摧,甲光向日金鳞开。
角声满天秋色里,塞上燕脂凝夜紫。
半卷红旗临易水,霜重鼓寒声不起。
报君黄金台上意,提携玉龙为君死!

(《全唐诗》,中华书局,2011)

作品简介

李贺(约791—约817),字长吉,生于福昌昌谷(今河南宜阳县),中唐青年诗人,与李白、李商隐合称唐代三李。他的诗多抒写生不逢时、怀才不遇的苦闷和悲愤,表达对理想抱负的热切追求。诗作想象丰富奇异,意境虚幻怪诞,风格凄艳冷峭,常用神话传说来托古寓今,且好以神仙鬼怪入诗,李贺也因之被称为"诗鬼"、"鬼仙"、"鬼才"。此诗是用古乐府曲调名题创作的,通篇用浓艳斑驳的色彩描绘了雄奇酷烈的战斗场面,声情苍凉,格调悲壮,具有强烈的艺术震撼力。

导读指要

李贺自幼聪颖,才气过人,是著名的早熟作家。他志存高远,渴望为世所用,一展襟抱,但时运不济,年命短促,在有限的人生中,诗歌成为苦闷心灵的宣泄,同时也是其苦涩生命的寄托。其内容既有个我悲切的生命体验,又有反映现实、讽谕时政、忧国忧民的歌吟赋咏。

安史之乱以后的中唐社会,藩镇林立,军阀割据,且时时兴兵作乱,加之边关未宁,异族侵扰不断,内忧外患接踵,战事频仍,王朝四分五裂,危机重重。恢宏繁荣、昂扬奋发的盛世气象，早已成为遥不可及、难以再造的历史绝响，一去而不复返。对当时的政治状况和艰危时局，李贺有着较为清醒的认识，其诗中也反映了一些重大的社会问题，或褒或贬，态度鲜明。《雁门太守行》为乐府旧题，属《相和歌·瑟调曲》，古辞的本事已难确考，因雁门地处北方之远州边郡，故六朝和唐人的拟作多用以表现边塞征战之事。清代姚文燮《昌谷集注》有曰："元和九年（814年）冬，振武军乱。诏以张煦为节度使，将夏州兵二千趣镇讨之。振武即雁门郡，贺当拟此送之。"姚氏注诗，长于陈说史实，有时难免失之执着。李贺此诗，虽是有为而发，有感而赋，但并非平乱御侮战争的纪实之作，不必为某一战事的具体实录，而具有更为高远概括、更为广泛深刻的社会意义。诗中热情地歌颂了边塞将士慷慨赴难、浴血奋战、为国献身的英雄气概与崇高精神，表达了作者期盼削平藩镇、抵御外侮、维护和平统一的思想感情和渴望建功立业、报效国家的爱国情怀。

开篇凌空取势，造语新奇，气象不凡。乌云翻滚，遮天盖地，坚固的城垣直欲被压垮摧毁似的，透过云隙漏泄出来的一束束阳光，照射在鱼鳞般的铠甲上，闪动着耀眼的金光。起笔兼用象征与夸张的手法，形象地描绘和展现了临战前严峻危迫的态势，营造出浓烈的战争氛围，渲染了一个雄浑奇异的境界。强敌压境，杂沓蜂拥，兵逼城危，唐军将士武勇雄壮，严阵以待。"黑云压城"的自然景观，象征着战况紧急，军情严重，敌人凶猛骄狂，来势汹汹。用一"压"字，见出浓云低垂，逼临城头，让人透不过气来。"欲摧"二字点示"压"所导致的结果，夸张有力，表明形势险恶，边城危在旦夕，大战一触即发。"甲光向日"则象征着正义的力量，将士披挂整齐，戎装待战，斗志昂扬，威武难犯。这是光明与黑暗的较量，这是正义与非正义的搏杀，二者相互映衬，对比强烈，遣词命意，非同凡响。李贺成名甚早，少时即以诗名动京华。十八岁那年，他曾带着自己的诗稿前往东都洛阳拜谒韩愈，两人当时的相会情况，唐代张固的《幽闲鼓吹》有着生动的记述："李贺以歌诗谒韩吏部，吏部时为国子博士分司，送客归，极困。门人呈卷，解带旋读之，首篇《雁门太守行》曰：'黑云压城城欲摧，甲光向日金鳞开。'即缓带，命邀之。"可见这两句诗深得韩愈的称许惊赏，进而成为传唱人口的千古名句。接着二句绘写塞上晚天秋色，表现唐军乘夜出兵进击的情景。在荒远凛冽、萧瑟肃杀的秋气中，凄厉苍凉的号角声响彻云空，夜色下的边塞山川，骤然呈现出一片暗紫色，似是鲜红的胭脂凝结，亦如将士的热血晕染一般。诗人从听觉、视觉的维度，描述了进军时的见闻感受。上句是所闻，"角声满天"四字，展现了军容的盛大，声情的悲壮；下句为所见，敷彩设色，生动奇妙，极具悲感。所闻之声，所见之景，既拓展了时空画面，深化了战争气氛，也烘托出了边关将士同仇敌忾、英勇无畏的战斗精神。下面二句即写进兵激战的场面。边地风势强劲，大军半卷红旗以减少阻力，急速前进，到达易水之后，便立即投入了战斗，天寒霜重，战鼓声低音浊，沉闷不响。"红旗"而言"半卷"，暗寓一个"快"字，见出进兵的神速。"易水"不一定实指其地，它可引发人们对历史的诗意联想，这与此作的悲壮情调正相应合。古代行军打仗，以金鼓节制进退，击鼓就是进攻的号令，对阵前厮杀拼搏的场面，诗中并未直写正描，却匠心独运地从旁施墨，虚笔侧写，以沉重不扬的鼓声传达战斗的激烈残酷，艰辛卓绝，表现将士殊死鏖战、奋勇杀敌的情状，而战地的血流尸横，凄惨肃穆，亦自在其中。所谓"声不起"，既是由于秋日霜重，皮鼓受潮所致，更是因为战场上杀声震天，遮盖淹没了沉沉鼓声使然。设思用笔，委折入妙，别出心裁。结处以将士誓死报国的壮志收住，是他们爱国情感的正面抒发，也是一篇之主旨所在。为了报答君王的知遇之恩，唐军将士决意手提宝剑，与敌死战，喋血沙场，效命国家。按照诗中所述，大战的地点是在易水，而礼贤下士、知人善任的燕昭王为招揽人才所筑造的黄金台就在战场的附近，这自然使人联想到当今圣主对贤才死士的器重恩宠、赏识信任，从而愈益激发起将士浴血杀敌、慷慨赴死、报效君国的决心和意志。动因强劲，战力十足，无与争锋，酬报主恩的忠君思想与为国效命的爱国情怀融于一处，语气决绝，斩钉截铁，掷地有声。诗作以此收结，不仅彰显了将士的英勇，慷慨的意气，牺牲的悲壮，献身的精神，而且力振全篇，深化了诗境，升华了诗作的主题，而作者的理想志向，也一寄其中。

通首色彩浓艳，意象纷繁，动静结合，虚实相生，意境雄奇瑰丽，声情凝重激昂，格调苍凉悲壮，语言精妙传神。清人沈德潜的《唐诗别裁》谓其"字字锤炼而成，"并推为昌谷集中的老成之作。《四库全书总目》有云："贺之为诗，冥心孤诣，往往出笔墨蹊径之外，可意会而不可言传。"这首《雁门太守行》也是如此。

字句疏解

1. 雁门太守行：古乐府曲调名。雁门，郡名。古雁门郡在今山西省西北部，是唐王朝与北方突厥部族的边境地带。

2. 黑云压城城欲摧，甲光向日金鳞开：黑云，此形容战争烟尘弥漫，铺天盖地；摧，毁；甲光，指铠甲迎着太阳发出的闪光；向日，迎着太阳；金鳞开，像金色的鱼鳞一样闪闪发光。形容敌军兵临城下的紧张气氛和危急形势。

3. 角声满天秋色里，塞上燕脂凝夜紫：角，古代军中一种吹奏乐器，多用兽角制成，也是古代军中的号角；燕脂，即胭脂，一种红色的化妆颜料，这里指暮色中塞上泥土有如胭脂凝结、鲜血染成一般；凝夜紫，在暮色中呈现出暗紫色，凝，凝聚。

4. 半卷红旗临易水，霜重鼓寒声不起：易水，河名，大清河上源支流，源出今河北省易县，向东南流入大清河，易水距塞上尚远，此借荆轲故事以言悲壮之意，战国时荆轲前往刺秦王，燕太子丹及众人送至易水边，荆轲慷慨而歌："风萧萧兮易水寒，壮士一去兮不复还"；霜重鼓寒，天寒霜降，战鼓声沉闷而不响亮；声不起，形容鼓声低沉，不响亮。

5. 报君黄金台上意，提携玉龙为君死：黄金台，故址在今河北省易县东南，相传战国燕昭王所筑，《战国策·燕策》载燕昭王求士，筑高台，置黄金于其上，广招天下人才;意,信任,重用;玉龙,宝剑的代称;君,君王。

思考讨论题

对此诗的情景描写、内容指向,人们在理解上往往歧义纷出,仁智互见,莫衷一是。试谈谈自己的体悟和看法。

扩展阅读

1.南登碣石馆,遥望黄金台。丘陵尽乔木,昭王安在哉?霸图今已矣,驱马复归来。

——[唐代]陈子昂《燕昭王》

2.大漠风尘日色昏,红旗半卷出辕门。前军夜战洮河北,已报生擒吐谷浑。

——[唐代]王昌龄《从军行》其五

3.五月天山雪,无花只有寒。笛中闻折柳,春色未曾看。晓战随金鼓,宵眠抱玉鞍。愿将腰下剑,直为斩楼兰。

——[唐代]李白《塞下曲》其一

4.城头月没霜如水,趀趀蹋沙人似鬼。灯前拭泪试香裘,长引一声残漏子。驼囊泻酒酒一杯,前头啑血心不回。寄语年少妻莫哀,鱼金虎竹天上来,雁门山边骨成灰。

——[唐代]张祜《雁门太守行》

杜牧《泊秦淮》

烟笼寒水月笼沙,夜泊秦淮近酒家。
商女不知亡国恨,隔江犹唱后庭花。

(《全唐诗》,中华书局,2011)

作品简介

杜牧(803—约852),字牧之,京兆万年(今陕西西安)人,祖居长安下杜樊乡,因称"杜樊川"。文宗大和二年(828年)进士及第,官终中书舍人(中书省别名紫微省),世称杜紫微。唐代杰出的诗人、散文家,于诗体尤长七言绝句,为唐代绝句四大家之一。诗歌内容以咏史抒怀为主,笔力峭健,情致高远,与李商隐并称"小李杜"。

《泊秦淮》是杜牧夜泊秦淮时的触景感怀之作。金陵为六朝古都,秦淮河畔历来是达官贵人的游乐欢宴之处,诗人泊船于此,遥对灯红酒绿,耳闻淫歌艳曲,联想到唐王朝国势日衰,当权者昏庸荒淫,不禁感慨万千,忧愤满怀。诗作借陈后主(名叔宝)因追逐荒淫享乐而终至亡国的历史教训,讽刺晚唐社会风气的颓靡和统治阶级的醉生梦死,表现了作者对国家命运的深切忧虑。通篇寄兴幽远,旨趣遥深,被后世誉为绝唱。

导读指要

　　杜牧诗文兼善,被称为晚唐最有才气的作家。他生活的时代,是一个危亡多事之秋,显赫一时的唐帝国大厦将倒,国运将尽,已经呈现出无可挽回的衰颓倾覆之势,王朝末世的景况和个人黯淡的前程,成为笼罩在晚唐诗人心头挥之不去、难以消释的阴影,悲凉空漠之感,伤悼无望之情常常触绪即来。杜牧关心现实,忧国忧民,抱负远大,注意探究历代治乱兴亡之迹,总结历史的经验教训,渴盼匡正扶危,兴复大唐盛世的繁荣景象。对统治阶级的昏庸腐朽,荒淫奢侈,败政误国,他深恶痛绝,讽刺批判,不遗余力,这是其诗具有深刻政治内容和厚重时代底蕴的思想基础。杜牧诗歌题材多样,众体俱长。作为一代绝句大师,他的七绝于咏史怀古之外,最为出色的莫过于写景抒怀之作,此类短制,画面鲜明,意境深远,语言精炼含蓄,格调明快清丽,风格爽朗俊逸,《泊秦淮》即为其中的杰出代表。诗作即景生情,因事感怀,通过夜泊秦淮河的所见所闻,兴发了对历史的痛切联想和对现实的深沉思考,表达了封建士子的忧时之心,伤世之情,具有鲜明的时代特色和深厚的思想内蕴。

　　诗的前二句在写景中叙事,造设氛围,点明题意。暮色降临,盈溢弥漫的烟雾笼罩着寒秋的江水,朦胧清凉的月光洒满了岸边的沙地,在这满眼萧瑟冷寂的景况中,诗人乘船停靠在河畔的酒家近旁,一览秦淮夜色。金陵被称为六朝的金粉之地,秦淮河更是烟花如云之所,两岸青楼酒家林立,舞榭歌台鳞次栉比,河面舸舰弥津,轻舟画舫穿行如梭,繁华兴盛,历久不衰,是巨商大贾、权豪贵要的纵情游乐之场,温柔富贵之乡,所谓"江南佳丽地,金陵帝王州"(谢朓《入朝曲》)。诗中景象一旦自"秦淮"出之,便带有了鲜明的个性色彩和独特意义,它使人联想到六朝的盛衰兴亡,承载着十分厚重的社会历史内容,古都金陵,秦淮风月,已成为封建统治者竞逐繁华、悲恨相继的历史见证,书之典册,赋之吟咏。诗作以倒装句的形式,推出所见所感于前,点示所行所在于后,慧思巧构,笔法精妙。"近酒家"三字亦至为切要,既点明泊船的具体方位,更是诗意转折延展、牵系历史与现实的纽带,只有靠近酒家,才能听到商女的歌唱,也才能引发诗人的痛彻感慨,无尽隐忧。后二句在叙述中议论,抒发感愤,揭示题旨。河畔酒楼上卖唱的歌女,浑然不知六朝亡国的遗恨,还在对岸演唱着陈后主制作的靡靡之音《玉树后庭花》。陈朝是六朝的最后一个朝代,也是一个短命不永的封建王朝,其末代之君陈叔宝奢淫腐化,沉溺声色,终日与宠臣嫔妃饮酒作乐,荒于朝政,卒为隋所灭,其反映宫廷淫靡生活的《玉树后庭花》即是败亡的征兆,被视为亡国之曲。尔今,在览尽王朝兴废的帝都,这曲亡国之音又通过只知卖唱的歌女之口,弥漫飘荡于烟波浩渺的秦淮河上,联想到大唐衰微没落的国祚,一种不祥之感油然而生,陈朝复亡的历史悲剧似乎又将在晚唐重演。"不知"二字满含怨责,未晓亡国恨,而歌亡国音,商女所唱,岂不正是又一个行将破亡的末世帝国的挽歌！但作者真正的笔锋所向,却并非卖唱者,而是直指座中那些听歌赏曲、买唱作乐、醉生梦死、不恤国事、麻木无知、全无亡国之忧的达官贵人,指向了当时浑浑噩噩、触目惊心的世道人情,闪烁着社会批判的锋芒。"犹"字下得极为有力,沉痛之情溢出纸面,讽刺之意见于言外,惨痛的历史,可悲的现实以及黯淡的未来融于一处,交相映现。隔江唱闻,时空距离的两端,一方为头脑清醒、心境孤寂、关切时局、忧怀国事、悲愤难当的封建知识分子,一方则是灵魂空虚、灯红酒绿、歌舞升平、喧嚣纷闹、寻欢作乐的官僚贵要,这正是晚唐衰世两种截然不同的人生态度和价值取向的真实投影。后二句诗所呈现的社会现象及其深刻的思想意义,早已超越了唐末特定时代,是带有普遍性、典型性的历史咏唱与深邃认知。

此绝构思精湛,笔法婉曲,表达含蓄,情思蕴藉,感慨深沉,前人甚或将之誉为唐代七绝的压卷之作。

字句疏解

1.烟笼寒水月笼沙,夜泊秦淮酒家:笼,笼罩;沙,水边之地,此指秦淮河的两岸;泊,停船;秦淮,即秦淮河,源出今江苏省溧水县东北,流经南京注入长江。此河相传为秦始皇南巡会稽时所凿,以疏淮水,故名秦淮;酒家,酒店。

2.商女不知亡国恨,隔江犹唱后庭花:商女,以卖唱为生的歌女;后庭花,歌曲《玉树后庭花》的简称,南朝陈皇帝陈叔宝(即陈后主)溺于声色,作此曲与后宫美女寻欢作乐,终致亡国,所以把此曲作为亡国之音的代表。

思考讨论题

此绝寄意幽远,情思蕴藉,试结合作品具体论析之。

扩展阅读

1.丽宇芳林对高阁,新装艳质本倾城。映户凝娇乍不进,出帷含态笑相迎。妖姬脸似花含露,玉树流光照后庭。花开花落不长久,落红满地归寂中！

——[南朝陈]陈叔宝《玉树后庭花》

2.潮满冶城渚,日斜征虏亭。蔡洲新草绿,幕府旧烟青。兴废由人事,山川空地形。后庭花一曲,幽怨不堪听。

——[唐代]刘禹锡《金陵怀古》

3.台城六代竞豪华,结绮临春事最奢。万户千门成野草,只缘一曲后庭花。

——[唐代]刘禹锡《台城》

4.霸主孤身取二江,子孙多以百城降。豪华尽出成功后,逸乐安知与祸双？东府旧基留佛刹,后庭余唱落船窗。黍离麦秀从来事,且置兴亡近酒缸。

——[宋代]王安石《金陵怀古》其一

5.登临送目,正故国晚秋,天气初肃。千里澄江似练,翠峰如簇。征帆去棹残阳里,背西风,酒旗斜矗。彩舟云淡,星河鹭起,画图难足。念往昔、繁华竞逐,叹门外楼头,悲恨相续。千古凭高对此,谩嗟荣辱。六朝旧事随流水,但寒烟衰草凝绿。至今商女,时时犹唱,《后庭》遗曲。

——[宋代]王安石《桂枝香·金陵怀古》

李商隐《无题》(相见时难别亦难)

相见时难别亦难,东风无力百花残。
春蚕到死丝方尽,蜡炬成灰泪始干。
晓镜但愁云鬓改,夜吟应觉月光寒。
蓬山此去无多路,青鸟殷勤为探看。

(《全唐诗》,中华书局,2011)

作品简介

李商隐(约812—约858),字义山,号玉谿生,又号樊南生,唐代诗歌大家,有"七律圣手"之称。早岁孤贫,瘦羸文弱,易于感伤。曾受知于牛党要人令狐楚,登进士第后,又得李党要员王茂元的赏识,从此成为朋党倾轧的牺牲品,屡遭排抑,潦倒以终。晚唐乃至整个唐代,李商隐是为数不多的刻意追求诗歌美的作家,其诗构思新奇,风格秾丽,好用典事,意旨较为隐晦,诗思朦胧多义。以无题为中心的爱情诗常常写得缠绵悱恻,情挚意真,优美动人。此律以起句中的"别"字为通篇诗眼,极写离别的凄怨、哀婉之痛,字里行间,融铸着诗家悲切的人生体验。

导读指要

李商隐是晚唐最重要的诗人,然命途多舛,遭际不幸。他早岁丧父,中年时妻子王氏又因病过世,入仕后长期供职幕府,辗转州县,备受屈抑,身世、家世、时世,促成了他易于感伤的、内向型的性格与心态。加之他所秉赋的才情和悲剧性的人生,使其灵心善感,情感世界异常丰富细腻。边缘化的政治处境,使他对社会现实有着更为清醒的认识,生命的理想只能寄寓在审美的理想之中,诗作中时时融注着对人生的执着与理性认知的清醒,于生活的诗意提升中又每每伴随着感伤失落的情调,形成了甚为独特的文学品质,卓然成为大家。在诗歌创作上,他众体兼长,而尤工七律,所作题材多样,内容丰富,其抒情之作中,最为杰出的便是以无题为中心的爱情诗。无题诗是李商隐的一种独创,由于诗作可能涉及到某些本事或某些具体的对象,不便或难于标题,于是就以"无题"作为诗题,或以篇首二字为题,这类诗有几十首之多,虽未占其诗作的多数,却代表了李诗独特的艺术风貌。至于"无题诗"的内容,千百年来聚讼纷纭,莫衷一是,较有倾向性的看法,一是认为表现男女之间对于爱情的热烈追求以及由此而产生的种种复杂心绪,是谓言情诗。二是通过描写男女爱情,寓托个人身世之感,表达某种政治愿望,是谓政治诗。应该说,李商隐的"无题诗",无疑融合着作者的爱情体验和身世之慨,除了少数几首诗人指明有所寓托之外,大部分篇章即可作为爱情诗加以解读,过分深曲地探寻其现实寄托则难免会陷于穿凿附会的泥淖。在艺术上,"无题诗"常常借艺术形象的整体来寓托某种抽象的感情、意绪,意境含蓄,情味隽永,语言清丽精工,但因多用典实,诗意往往隐约迷离,晦涩难解。作为"无题诗"中的代表性作品,此律即是一首缠绵深挚、千秋传唱的爱情佳酿。诗中抒写了恋人之间离别时的无尽忧伤和别后的极度思念,展现了一种凄美哀婉、至死不渝的忠贞爱情,典丽清纯,深情绵邈。

首联以"见"写"别",道尽离情别恨。相见不易,难得的聚合之后,又是那难分难舍的离别,更何况是在东风轻拂、百花凋残的暮春时节,使人倍增伤感。上句以直叙之笔,述说难以割舍的离人情怀,两个"难"字叠加而出,往复咏叹,别情无极。看来这段恋情原本就有许多波折,许多阻隔,聚散离合,都经历了太多的磨折,漫长的期待,其情殷殷,其意切切。正因为相见也难,故别也更难,离多合少,不忍分别而又不得不别,这是人世莫大的憾恨。下句点示离别的时序,烘托渲染,以景衬情。繁华落尽,群芳凋零,美丽的爱情之花似亦萎谢,大好的春光已经尽逝,一种好景不永的失落感,人生无常的凄凉感陡然袭上心头。落花时节,当春而别,触景伤怀,柔肠寸断,所谓"别亦难",正堪当此情。中间四句铺写别后之苦,相思之切。颔联是真挚爱情的盟誓,也是全诗最为精彩的笔墨,向来盛传人口。春蚕吐丝,到死方止,蜡芯成灰,烛泪始干,比喻中寓象征,谐音里寄真情,形象生动贴切,含蕴深刻感人。春蚕作茧,蚕不死,丝则不尽,诗作运用民歌中常见的谐音双关的手法,以蚕丝象征爱恋的情思,用蚕的吐丝隐喻相思的绵长深永,悠远无尽,表明爱情的忠贞不渝,至死方休。这种牵肠挂肚、刻骨铭心的思念,这种难以备述、至死才了却的离情,通过春蚕的形象加以呈现,真切隽永,引人遐思。继之又借蜡烛自比,以不断滴落的残脂烛泪象征长流而下的相思之泪,蜡烛的燃烧自损,正是离人备受磨折、自我煎熬形象的生动写照。生命不止,思念难已,只要一息尚存,泪水就不会枯竭,感情也就永无终结。丝尽而死,蜡灰泪干,这不死不止的爱情的誓言,直指人生的生死情结,命之存亡,只系于一丝一泪,爱的痴烈至此臻于极致,多么坚贞,又多么执着。这联诗对仗工切匀称,比喻精妙传神,诗思深邃,笔法婉曲,缠绵悱恻,至情至性,已经超越了爱情本身而具有执着人生、忠诚奉献的永恒意义。颈联推开一步,从对面写来,设想恋人别后的相思之情,凄苦之状,借以反衬己方的深情念想。清晨对镜理妆,只怕会为容颜憔悴、年华流逝而忧思愁伤,寒夜月下吟诗,恐也益感孤单凄冷,心绪悲凉。"但愁"、"应觉"皆是揣测语气,为对方设辞拟想,猜度其同样深陷于相思离别的痛苦之中,晨时晚天,夜以继日,永无休止。揽镜自照,唯恐白发横添;月夜低吟,当是孤苦无眠,晓愁鬓改,夜念身寒,诗中主人公的担忧之情,怜爱之心,关切之意,一时毕集。此联于倾情的推想描画、细意的体贴关爱中示两心眷眷,见两情依依,设思奇丽,笔致多折,体现了反言则切的艺术常律,是更深一层的写法。

尾联表达愿望,追求不止,频频致问,把相思之情收足。此地距恋人所在的蓬莱仙山不远,祈请西王母驾下的神鸟信使殷勤前往探问,传递眷思的讯息。对方身处仙界,自是风姿绰约、秀美非凡的仙女,隐隐约约,缥缈难觅,亦真亦幻,足见这爱情的神秘美好和对意中人的爱慕之深,然人神殊途,相隔遥遥,后会无期,也许将永生音尘阻绝。蓬山迢递,仙境安有?可在有情人看来,却是"此去无多路",两人虽然劳燕分飞,天各一方,但感情相通,心心相连,难以忘怀。结句寄希望于青鸟,托付它频去传书探看,同时也热切地渴盼对方常寄音书,互通情愫,一慰相思,无望中隐伏着希望,而这希望又是那样渺茫。诗作将爱情纯化、升华得如此明净而又缠绵多致,这在古代诗歌中罕有其匹。

通篇调动了多种艺术手段,腾挪转折,精心结撰,营造出缠绵不尽、牵动人心的意境,而神话传说的运用,更给这凄婉纯美的爱情涂抹了一层神奇瑰丽的色彩,同时也赋予诗作奇幻浪漫的品质。笔调回环纡曲,造语典丽精警,诗情摇曳多姿,读来回肠荡气,一唱三叹,堪称一曲动人心魄的爱情绝唱。

字句疏解

1.相见时难别亦难,东风无力百花残:东风;春风。

2.春蚕到死丝方尽,蜡炬成灰泪始干:丝方尽,"丝"与"思"谐音,含相思之意;泪,指蜡泪,隐喻相思泪水。

3.晓镜但愁云鬓改,夜吟应觉月光寒:云鬓,青年女子的头发,代指青春年华。

4.蓬山此去无多路,青鸟殷勤为探看:蓬山,指海上仙山蓬莱山;此指想念对象的住处;青鸟,传说中西王母的使者,有意为情人传递消息。

思考讨论题

"春蚕到死丝方尽,蜡炬成灰泪始干"是传唱人口的千古名句,请谈谈自己的体悟和感想。

扩展阅读

1.义山"春蚕到死丝方尽,蜡炬成灰泪始干",道出一生功夫学问,后人再四摹仿,绝无此奇句。

——[清代]赵德湘《瀹仙诗话》

2.昨夜星辰昨夜风,画楼西畔桂堂东。身无彩凤双飞翼,心有灵犀一点通。隔座送钩春酒暖,分曹射覆蜡灯红。嗟余听鼓应官去,走马兰台类转蓬。

——[唐代]李商隐《无题二首》其一

3.锦瑟无端五十弦,一弦一柱思华年。庄生晓梦迷蝴蝶,望帝春心托杜鹃。沧海月明珠有泪,蓝田日暖玉生烟。此情可待成追忆,只是当时已惘然。

——[唐代]李商隐《锦瑟》

4.红粉啼妆对镜台,春心一片转悠哉。若为坐看花枝尽,便是伤多酒莫推。无药可医莺舌老,有香难返梦魂来。江南多少闲庭馆,依旧朱门锁绿苔。

—— [明代]唐寅《无题》

李煜《《虞美人》(春花秋月何时了)

春花秋月何时了,往事知多少。小楼昨夜又东风,故国不堪回首月明中。
雕栏玉砌应犹在,只是朱颜改。问君能有几多愁,恰似一江春水向东流。

(《李煜词集》,上海古籍出版社,2009)

作品简介

李煜(公元937年—978年),字重光,世称李后主。李煜出生在一个信佛佞佛的帝王之家,本人也崇奉佛教,精通佛理。他嗣位的时候,南唐已奉宋正朔,苟安于江南一隅。后宋兵南下攻金陵,城破,后主肉袒出降,被俘到汴京,封违命侯。"国家不幸诗家幸"。由帝王之尊而沦为阶下囚,国破家亡的人生经历和对佛教的痴迷,于李煜的创作无疑有着极大的影响。

《虞美人》(春花秋月何时了)是李煜被毒死之前所作,堪称一首绝命词。作者通过自然永恒与人生无常的尖锐对比,抒发了生命落空的悲哀。全词以问起,以答结,由问天、问人而到自问,在凄楚而不无激越的音调和曲折回环、流走自如的艺术结构中,贯穿着沛然莫御的弥天愁思,造成了沁人心脾的美感效应。

导读指要

就词的艺术情趣和题材取向而言,南唐词在本质上与花间词并无二致。李煜"生于深宫之中,长于妇人之手"(王国维《人间词话》),珠围翠绕,锦衣美食。无意为帝,却阴差阳错地成为南唐国主,没有为君的天赋,只能委曲求全,沉湎声色,不恤政事,是一个昏庸无能、屈辱图存、苟安享乐的风流天子。其早期的词亦多写豪华奢侈、酣歌醉舞的宫廷生活和男女情爱、感时伤春等方面的内容,浓烈的富贵气息中不时流露出一些淡淡的忧思与哀愁。南唐亡国,他出降被俘,由至尊帝王降为阶下囚徒,终日以泪洗面,备受羞辱,历尽辛酸。身份地位的急剧变化和巨大落差,使其后期的词每每融注着亡国的深哀剧痛,以及对往昔岁月的无尽追怀和深切悔恨,率真个性,血泪至情,深挚感人。李煜国亡身降后所填制的词,常常被称为亡国

三、隋唐五代概述

之音，然而正是这些饱和着冲天悲情的哀痛文字，才真正确立了他在词史上的不朽地位，成就了其辉煌的文学功业。这首《虞美人》即是李词中广为传唱的杰出代表作，词人抚今追昔，即景抒怀，表达了对曾经的拥有的依恋和繁华消逝、故国破亡的怅恨。据宋代王铚的《默记》记载，因其"故国不堪回首"、"一江春水向东流"之词而被宋太宗用牵机毒杀。可见此词幽怨之深，悲思之切。一代词帝，在其诞生的同月同日又魂归西天，以一种最为痛苦的方式，永远地结束了人世无涯的磨折和苦难。

上片回首过往，哀念故国，语气极为沉痛。春天的芳花，秋时的明月何时才得了结？往日的情事可曾知道的又有多少！"春花秋月"本是美好的事物，令人赏心悦目，但对此时的词人来说，它却是牵愁惹恨、让人心碎之物，骤然逗引起对往昔的不尽回想，触目伤怀，着实难以担荷这份煎熬，因有"何时了"的怨责。这种反常的心理状态，正足以表明回忆的痛苦，伤感的深剧。囚徒般的屈辱生活，度日如年，难有尽头，面对自然轮回之无休无止，作者不禁慨叹生命的长逝不返，人生的短暂无常，过去的一切均已烟消云散，化为虚幻。起调凌空取势，劈头见问，景与情形成极大反差，又以往事托出和点化哀愁，时间的纵深迁延，蕴蓄着既定的社会历史内涵，潜气内转，余味曲包。词作在总体的感叹抒写之后，接下具体言之，纵笔呼号。昨日夜时，小楼上又吹来了阵阵春风，皓月临照之中，实在不忍回首过往，忆念故国。"小楼"乃后主被囚之所，"昨夜"是"何时了"中的一夜。东风之吹拂，带来了春天的信息，它意味着群芳又将盛放，词情和起调的"春花"暗合，"月明"自与"秋月"相应，"故国"之不堪回首承前之"往事"而发，笔法起伏照应，词意上下勾连，浑然一体，反衬手法的运用，使感情的表达更为深永厚重。故国早已覆亡，自然时序的变换，见出词人在幽禁拘囚中又隐忍苟活了一年时光，此际面对春风明月，触景生情，千愁交怀，悲慨涕零，长歌当哭，破碎的心灵，怎能承受得了追思故国的无尽伤痛！

下片直抒胸臆，话完凄楚，写尽悲愁。故宫雕绘精美的栏杆，玉石砌成的台阶应该还在吧，只是所怀恋的人恐已容颜衰老，真是人不如物啊！故国尽管不堪回首，却又不能不思，前两句便是由所念而引发的联想以及对"朱颜改"的嗟叹，对亡国之君来说，后主顾盼眷怀的，自是奢华侈靡的帝王生活和宫闱的私情秘事。"应犹在"，表示一种揣想猜度的语气。一个"改"字，点出了一篇题旨，是词中所有悲恨的根源所在，可从多方面生发词意。"朱颜"既指往日宫中的红粉佳人，同时也是过去一切美好事物、可心生活的象征。旧日宫女红润娇美的容貌已经黯然失色，豪华富丽的宫殿也已破败不堪，国土易主，江山变色，词人自己亦沦为阶下之囚，因忧思悲愁而憔悴不堪。"亡国之音哀以思"，时过境迁之感，物是人非之慨，国家沦亡之痛，词中深致，笔底波澜。言情抒怀，毫不掩饰，亡国之恨和人事沧桑的伤叹融于一处，把"故国"之永逝、"朱颜"之难返的悲哀，扩展得至深至广，滔滔无尽。愁情的盘曲奔涌，自然凝结汇聚成了煞拍的千古绝唱。请问你的心中能有多少哀愁呢？这愁情正像浩繁广远的一江春水那样滚滚东流，滔滔不尽。上句设问，下句作答，方寸之间波连涛起,尺幅而有万里之势。结句兼用比喻和夸张的手法,极言尽写,声情并茂。词人以江水的奔流不息,形容愁苦的盛大绵长,永无穷尽,难以遏止,从而把无形的、抽象的、不可触摸的愁绪生动形象地呈现出来,同时也突出了郁积奔涌于胸中的愁情所具有的力度和强度,给人以鲜明深刻、具体可感的印象。尽管作者只展示了愁思的外在形态,而隐去了其固有的内涵,但结合词中的感情和意象,读者自可思而得之。

通篇将美景和悲情,往昔与现今,景物跟人事交错互映,对比而出,更兼结处的问答设喻,使感情的抒写愈见哀惋悲切,弥天塞地。语言明净精警,丽质天成,本色而不雕琢,纯情而少节制,写景抒怀多用白描。词作通过一己人生的真切感受,传达出了一种深刻而又广泛的人世之悲,在过去的众多不幸文人中引起了强烈的共鸣,产生了巨大的感染力,也曾感动过历史上无数祖国沦亡、失去美好生活的人们,激发和唤起他们的爱国情怀。抗日战争时期,中华民族面临着亡国灭种的危险,许多爱国志士览读李煜的《虞美人》而潸然泪下,进而义无反顾地奋然投入了反抗侵略、救亡图存的民族革命战争。可以说,无论岁月如何变迁,拨动读者感情琴弦的,依然是作品行墨间奏响的生命音符,文学的审美力量和推动作用正在于此。

字句疏解

1. 虞美人:原为唐教坊曲,后用为词牌名。
2. 小楼昨夜又东风,故国不堪回首月明中:故国,指南唐故都金陵(今南京)。
3. 雕栏玉砌应犹在,只是朱颜改:砌,台阶,雕栏玉砌,指南唐故宫;朱颜改,指所怀念的人已衰老,朱颜,红颜,少女的代称,这里指南唐旧日的宫女。
4. 问君能有几多愁,恰似一江春水向东流:君,作者自称。

思考讨论题

前人言"愁",有很多夸张的说法,本篇之外,试再举五例写愁的名句,并比较其异同,显其高下巧拙。

扩展阅读

1. 尼采谓:"一切文学,余爱以血书者。"后主之词真所谓此血书者也。
　　　　　　　　　　　　　　　　　　　——[近代]王国维《人间词话》
2. 夜来皓月才当午,重帘悄悄无人语。深处麝烟长,卧时留薄妆。当年还自惜,往事那堪忆。花落月明残,锦衾知晓寒。
　　　　　　　　　　　　　　　　　　　——[唐代]温庭筠《菩萨蛮》
3. 四十年来家国,三千里地山河。凤阁龙楼连霄汉,玉树琼枝作烟萝。几曾识干戈?一旦归为臣虏,沈腰潘鬓消磨。最是仓皇辞庙日,教坊犹奏别离歌。垂泪对官娥。

——［五代南唐］李　煜《破阵子》

4.西城杨柳弄春柔,动离忧,泪难收。犹记多情曾为系归舟。碧野朱桥当日事,人不见,水空流。韶华不为少年留。恨悠悠,几时休? 飞絮落花时候一登楼。便做春江都是泪,流不尽,许多愁。

——［宋代］秦　观《江城子》

5.风住尘香花已尽,日晚倦梳头。物是人非事事休,欲语泪先流。闻说双溪春尚好,也拟泛轻舟。只恐双溪舴艋舟,载不动许多愁。

——［宋代］李清照《武陵春》

李煜《相见欢》(林花谢了春红)

林花谢了春红,太匆匆。

无奈朝来寒雨晚来风。

胭脂泪,相留醉,几时重。

自是人生长恨水长东。

(《李煜词集》上海古籍出版社,2009)

作品简介

这首词是李煜即景抒情的典范之作,它将人生失意的无限怅恨寄寓在暮春残景的描绘之中,表面上是伤春咏别,实质上抒写了"人生长恨水长东"的深切悲慨。这种悲慨不仅是一己的失意情怀,而且涵盖了整个人类所共有的生命的缺憾,是一种融汇和浓缩了无数人生体验的浩叹。

导读指要

悲剧意识产生于对人生境遇和生命本质的叩问。在中国文学中,关注人生底蕴且悲剧意识最为浓重的,首推南唐的李煜。作为亡国之君,李煜在政治和生活上一塌糊涂,但他的词作却备受后人推崇,甚至被奉为"词圣"。其原因除了作品所具有的高度艺术成就,还与其中所浸透的人生思考和悲剧意识有关。

《相见欢·林花谢了春红》上片三句,短短18个字,惊雷炸响般为我们演绎了一曲生命的悲歌。"林花谢了春红":满世界春天的、千娇百媚、鲜红艳丽的花朵,——美好之季、美好之花、美好之色、美好生命! ——然而,"谢了"! ——再美好的生命也回避不了最后的归宿。"太匆匆":"谢了"二字,惋叹之情已经十分强烈,然犹嫌不够,再加上一个补白:"太匆匆"! —— 生命竟如此短暂! 一声叹息,多少遗恨!"无奈朝来寒雨晚来风":在这短暂的生命之旅中,还朝有雨打,晚来风掠,如《红楼梦》中林黛玉《葬花词》所言,"一年三百六十日,风刀霜剑严相逼"。无情如此，人何以堪！林花易谢是自然规律，朝雨晚风也是自然规律，人既不能保花护蕊让其不致凋零，也不能遮风挡雨使之免受摧残。爱莫能助，回天无力，这该是何等"无奈"，何等难堪！杜甫《曲江》"风飘万点正愁人"，晏殊《破阵子》"荷花落尽红英"，表现的也是对生命衰败的哀叹，但都没有后主词这样的动人心魂。无力回天任风雨，自然只有"无可奈何花落去"了。更还有第四重的悲剧：这生之悲哀并非个别和偶然——"林花"：那是无数花朵，无数生命，共同的、无可逃逸的、必然的宿命。

下片"胭脂泪"三句，转以拟人的笔触，写作者与林花之间的依依之情。"胭脂泪"三字承上片之"春红"，艳丽悲极，是由花转入写人的交接点。杜甫《曲江》有"林花著雨胭脂湿"。林花为风雨欺侵，色若胭脂。其实，作者身历世变，泪同泣血，不亦状如胭脂？泪，就花而言，是"梨花一枝春带雨"的"雨"；就人而言，是"感时花溅泪"的"泪"。花之雨，人之泪，雨泪交融，物我合一，难分何者为雨，何者为泪，何者为物，何者为我。"相留醉"，一作"留人醉"。醉，非指酒醉，而是如痴如醉。写人与花相互眷恋以至如痴如醉。人固怜花，花亦惜人，泪眼相向，究竟是人留花抑或花留人，似已恍然难分。"几时重"：这是明知无解的设问，是人的希冀和自知希冀无法实现的怅惘和遗恨。一边是生逢末世，运交华盖的失意人，一边是盛景不再、红消香断的解语花，人花相对，不胜缱绻，不尽哀婉。林花带雨如泪，留恋春光不舍离去；人则泪下如雨，不忍直面生命的凋零。"流水落花春去也"，水流去也，花落去也，春归去也，而人亦终将亡也，一切都是命定的必然。就生命的个体来说，花落不能重开，人亡不可复生，面对此人类共有的生之悲哀，自然任谁也只能徒叹"无奈"，徒留憾恨。"自是人生长恨水长东"，这一个九字长句，前六字写"恨"，后三字写"水"，江水滔滔，无穷无尽，犹如人生长恨，绵无绝期。词的起首至"几时重"各句，层层蓄水，末一句闸门大开，无尽的生命哀怨，一下子倾泻而出。

当人们真正直面生命真相的时候，悲剧感就产生了。那首直接导致了李煜人生结局的《虞美人》，也包含着同样的意蕴。一方面是"春花秋月"、"雕栏玉砌"，时间和空间的永恒和无限，一方面是个体生命的短暂和渺小，是不堪回首的"只是朱颜改"，这种二元对立的命定劣势，凸现了个体生命的脆弱。俯仰宇宙自然，置身生命无常，自然只能是"问君能有几多愁，恰似一江春水向东流"了。后主"人生长恨水长东"的悲慨，决非一般伤春、闺怨、离情，也不仅仅是自身身世，抒写一己、一家、一国之失意情怀和不幸遭际。短短一首《相见欢·林花谢了春红》，其中有花的悲剧，有人的悲剧，有国的悲剧，也有全人类、乃至所有生命的悲剧；那悲剧在于生命的有限，在于生命的短暂，在于生命必经的苦难，在于一切的无可逃逸。这生命悲剧的四重奏所揭示的，是人们无法言说的生之大孤独、大悲哀、大痛苦。

王国维的《人间词话》说："尼采谓：'一切文学，余爱以血书者。'后主之词，真所谓以血书者也，……俨有释迦、基督担荷人类罪恶之意"。从词人的主观来讲，也许不少一己的哀痛，但这深哀巨痛被艺术所升华、所表现时，则已不再囿于个人世俗的悲欢离合了。它涵盖了整个人类所共有的生命的缺憾，是一种融汇和浓缩了无数痛苦的人生体验。我们每个人都有自己的悲哀，自己的痛苦，都有生离死别、遭际漂萍，而后主所表达出来的则是全人类共有之哀痛，正如叶嘉莹先生所说，李煜短短的一首词，写尽了我们人生的所有悲哀。周之琦《词评》说李煜词乃"天籁也，恐非人力所及"。这不仅是讲李煜词艺术上的超拔卓越，也是讲其中的悲剧性体验已被抽象为人类置身于永恒宇宙的对立面时的必然命运，讲李煜词揭示了生命的悲剧性本质，有着超越个体和时代的普遍意义。

悲剧意识的觉醒，是人生价值建立的一个前提。其实，从形而上的意义来看，现实的缺憾和生命的有限本是无法化解的、伴随着人类始祖偷食禁果而来的永恒的遗憾，是生命的"定数"。人以五尺之躯的有形个体却要追求无限，以不满百年的短暂生命却要追求永恒，以令上帝发笑的认识能力（西人有言：人类一思考，上帝就发笑）却要穷究真理，以区区天地过客却要寻求生命的终极意义，这样一种二律背反所揭示的，岂不正是那生命的悲剧性底蕴？当然，生命的意义，在于对命运的超越，正是"个别个性的小宇宙中的悲剧，构成了通向揭示人类大宇宙中不停顿的进步的道路"（卢卡契《我们的歌》）。但那已不是一个南唐后主力所能及的了。

一般来讲，在中国传统的世俗文化和民族心理中，占主导地位的是实用性的工具理性，讲经世济用，少形而上的思辨和对终极真理的扣问，求大团圆的结局，乏悲剧意识的积淀。在此背景之下，李煜的词更显出其卓越而独特的文化价值。

字句疏解

1. 林花谢了春红，太匆匆：谢，凋谢；春红，春天的花朵。

2. 胭脂泪，相留醉，几时重：胭脂泪，原指女子的眼泪，女子脸上搽有胭脂，泪水流经脸颊时沾上胭脂的红色。

思考讨论题

作者词中表现的只是一己失意情怀，还是一种融汇和浓缩了更多人生体验的浩叹？

扩展阅读

1. 词至李后主而眼界始大，感慨遂深。遂变伶工之词而为士大夫之词。周介存置诸温韦之下，可为颠倒黑白矣。

——［近代］王国维《人间词话》

2. 帘外雨潺潺，春意阑珊。罗衾不耐五更寒。梦里不知身是客，一晌贪欢。独自莫凭栏，无限江山，别时容易见时难。流水落花春去也，天上人间。

——［五代南唐］李煜《浪淘沙》（帘外雨潺潺）

四

宋元文化与文学概述

宋太祖赵匡胤于公元 960 年发动陈桥兵变,篡取后周政权,建立了宋朝;靖康二年(1127)金军攻破汴京,宋汴京政权灭亡。同年,康王赵构在南京应天府(今河南商丘)继承大宋皇位,1138 年迁都临安(今浙江杭州),至祥兴二年(1279)为蒙古人所灭,史称南宋。北宋与南宋合称宋朝,又称"两宋",共延续统治 320 年。

宋代社会在政治上的最大特点,就是采取崇文抑武的基本国策,使宋代成为一个以成熟的文官制度为基础中央集权空前强化的王朝。宋太祖赵匡胤以"杯酒释兵权"的手段解除禁军统帅的兵权,改革军事制度,高度集中军权,彻底根除了将领拥兵自重乃至割据叛乱的可能性。同时重用文臣,不但宰相须用读书人,而且主兵的枢密使等职也多由文人担任,由科举之途入仕的文人成为宋代官僚阶层的主要成分。这些措施造成了宋王朝内部统治的基本稳定和社会经济、文化的高度发展繁荣。农业生产发展迅速,手工业和商业也非常繁盛,纸币流通,商行组织形成,海外贸易大幅增加,冶金、造船、纺织、印刷、制盐、医药等行业取得了前所未有的技术进步;特别是城市经济高度繁荣,形成了许多人口达十万以上的大城市。这些都为文化和文学特别是通俗文学的发展繁荣提供了有利的经济和社会条件。宋朝印刷业和教育事业都空前发展,公私刻书业兴盛,书籍大量流通和被收藏;学校的数量和种类大量增加,私立学校日益兴盛,出现了著名的白鹿洞书院等四大书院。宋代士人的总体知识和学术水平达到了空前的高度。但是崇文抑武的国策也造成了另一个极为重大的后果,即外患严重。宋代民族矛盾空前激烈,三百年间外患不断,辽、西夏、金、蒙古轮番进攻。而宋王朝因国策及兵制的缺陷,加上对武将的过度防范,使朝廷的军力比较羸弱,与外敌交战,总是败多胜少,始终处于强敌的威胁之下。汉唐都亡于国内的农民起义和军阀混战,而北宋、南宋却均亡于外族入侵。这一重要的社会现实对宋代文人的思想、情感以及宋代文学产生了巨大的影响。

宋代在思想上最主要的现象是儒、释、道的有机融合。宋王朝一反前代,实行保护佛教的政策,因而晚唐五代以来倍受打击的各种佛教宗派重新得以兴盛,尤其是禅宗与净土宗大为流行,儒、释、道三种思想走向有机融合,到北宋中叶,三教合一已成为一种时代思潮。这一思潮的流行对宋代文人的世界观、人生观产生了巨大影响,使其文化性格迥异于前代文人,深刻地影响了他们的行为方式和文学观念,进而影响了宋代文学的发展路径和作品风貌。

宋代另一个重要现象是理学思想的发展。理学思想主要是士大夫阶层主体意

四、宋元文化与文学概说

221

识的理论表现。宋代文人往往怀有比较自觉的卫道意识,热衷于讲道论学,积极著书以弘扬己说,摒斥异己。在此基础上,北宋理学得以兴起发展。周敦颐为宋代理学的开山鼻祖,二程兄弟为北宋的理学思想奠定了基础,南宋朱熹继承发展二程的思想,成为理学思想的集大成者,形成了著名的程朱理学。程朱理学除了在南宋的最后半个世纪以外,并未得到朝廷的正式承认,因此在宋代影响并不大,但它成为元明清三代的官方意识形态,对此后的中国社会产生了极为深刻的影响。南宋理学中与朱熹对立的陆九渊学派,则被明代的王阳明继承,发展为著名的"陆王心学",对明代的思想学术和文学发展影响巨大。

文人的处境和观念对宋代文化和文学的发展有着至关重要的影响。宋代重用文臣,文人由科举考试进入仕途,而宋代科举规模扩大,进士科录取人数是唐代的好几倍;社会门阀势力完全消失,大批寒门士子通过科举入仕,不少升为高官。这些条件造成了宋代文人社会地位颇高、生活待遇优厚的处境,这使得他们的参政热情空前高涨,往往以国家栋梁自居,其国家主人公意识和社会责任感、使命感非常强烈。由此造成了宋代文人浓重的忧患意识,"先天下之忧而忧,后天下之乐而乐"成为宋代士大夫所追求的风范。在三教合一思想的影响下,宋代士大夫整合了传统的处世方式和生活态度,消泯了前代文人仕、隐二途的对立,使承担社会责任与追求个性自由二者达到了一定程度的平衡,更倾向于向内心去寻求个体生命的意义,更乐于接受理性和道德的制约。故而宋人的文化性格和生活态度更倾向于平和、稳健和淡泊,比较重视理性,而情感受到理性的较多制约,"不以物喜,不以己悲"(《岳阳楼记》)成为了人生的指导原则。同唐代文人相比,宋人要来得冷静、理性、成熟、深刻,但个性不像唐人那样张扬、发舒、充满浪漫豪情。

两宋的社会条件和文人士大夫的思想观念及文化品格,造成了宋代文学的一些突出特点:一是文学的社会政治功能加强。宋代作家普遍关注国家和社会,反映社会、干预政治始终是文学作品,尤其是正统诗文最重要的主题,杜甫、白居易摹写民生疾苦,韩愈、柳宗元反映时事政治的传统得到继承,描写民瘼或抨击时弊成为宋代整个文坛的创作倾向,充满沉甸甸的政治关注和道德意识。这使宋代诗文具有鲜明的时代气息和刚健的骨力,但也造成严肃有余、灵动不足的缺点,甚而因过于注重社会性而削弱了个性、抒情性。二是重视文学的政治教化功能,诗文的议论成分加强。由于宋代文人主人角色意识强烈,喜欢发表政见、弘扬学术,自然喜欢议论,因而"文以载道"的思想在宋代文坛上一直占据着统治地位,"宋人好议论"成为宋代文学最显眼的特点,形成与唐诗不同的重意倾向。适度的议论为诗歌开辟了新的题材范围和美学境界,但过多的议论也削弱了诗歌的抒情功能。三是爱国主题的高扬。宋人深沉的忧患意识和两宋严重的外族入侵,造成宋代文学中爱国主题的高扬,产生了大量表现出强烈的民族意识和悲凉情绪的作品。尤其是从北宋末年直到整个南宋,在长达一个半世纪的抗金、抗元斗争中,爱国主题成为整个文坛的主导倾向。最能体现这一时代精神的是陆游、辛弃疾等英雄志士的激昂之作，把爱国主题弘扬到前所未有的高度，为宋代文学注入了英雄主义和阳刚之气。这是宋代文学最引人注目、最值得称扬的历史性贡献。

诗文是宋代文学的主体。北宋初期的文学主要延续晚唐五代的文风，成绩并不显著。到北宋中叶，宋代文学进入大放异彩的辉煌阶段，杰出作家如群星灿烂，其中最重要的是欧阳修领导的诗文革新运动。欧阳修反对五代和西昆体的浮艳文风，坚持文道并重，大力提倡韩柳古文同时纠正其偏颇，为诗文革新奠定了正确的指导思想，团结和选拔了一批著名的文学家，开创了一代文风。在欧阳修的推动和影响下，唐代韩柳所倡导的古文至此取得了决定性的成就，"唐宋八大家"中的六家（欧阳修、三苏、王安石、曾巩）都出现在这一时期，自此，"八大家"古文成为了古代散文的主流。继承欧阳修主盟文坛的是天才文学家苏轼，他提携、培育了一大批优秀的文士，并通过自己的创作，把宋代文学推向了高峰。他的文学观念开放通达，文道并重。其散文与辞赋气势雄放，语言平易自然，是宋代散文与辞赋最高成就的代表。苏轼与王安石、黄庭坚、陈师道等人共同将宋诗艺术推向了巅峰，而苏轼则成为宋诗第一大家。他的诗数量庞大、题材广泛、形式多样，在艺术上具有兼容性，既为创造宋诗的生新面貌作出巨大贡献，又基本上避免了宋诗尖新生硬、枯燥乏味两个主要缺点，所以成为最受后代读者欢迎的宋代诗人。特别是他于极平常的生活内容和自然景物中寄寓深刻哲理的理趣诗，在逆境中仍然乐观旷达，写得笔势飞腾、辞采壮丽的寄怀诗，则尤其受到普遍喜爱。除苏轼外，诗歌成就最突出的是黄庭坚，二人并称"苏黄"。陆游是南宋诗歌最高成就的代表，作品数量众多，存诗近万首，其中最突出的是疾呼抗敌复国的作品，将爱国主题高扬到了前无古人的高度。

宋词是宋代最引人注目的文学样式，也是词史上成就最辉煌的阶段。宋代城市经济繁荣，繁华的都市生活和文人士大夫及市民阶层追求奢华享乐的风气，为词这种娱乐性文体的兴盛创造了优越的条件，促进了它的繁荣发展。从十一世纪上半叶（真宗、仁宗朝）开始，宋词进入发展期，对宋词进行全面革新的第一位大词人是柳永。北宋中后期（神宗、哲宗、徽宗三朝）主要是以苏轼和周邦彦为代表的两大群体。苏轼是北宋词史上成就最高的词人。他"以诗为词"，在"婉约"词风之外开创出了"豪放"词风，最终突破了词为"艳科"的传统格局，提高了词的文学地位，使词从音乐的附属品转变为一种独立的抒情诗体，从根本上改变了词史的发展方向。周邦彦是苏轼之后的词坛领袖，其词成为后世词律的样本。继苏、周等"元祐词人"而登上词坛的，是一批"南渡词人"，代表人物有李清照、朱敦儒、张元干和叶梦得等人。"南渡词人"之后，一批"中兴词人"把词的创作推到又一高峰，其中最重要的代表人物是辛弃疾。辛弃疾继承并光大了苏轼所开创的"豪放"一派，成为两宋词史上作品数量最多、成就、地位最高的词人，而与苏轼并称为"苏辛"。他对词境、词风、表现方法都有重大开拓,最突出的贡献是大量使用军事意象,对词的抒情主人公类型,在唐五代的红粉佳人、北宋的失意文士、南渡初的苦闷志士之外,又开拓出一类豪迈英雄的形象,表现出鲜明的英雄主义精神;在继承苏轼"以诗为词"的同时,开拓出"以文为词"的表现方法,将古文、辞赋中常用的章法、议论、对话、语言等手法移植于词,空前地扩大和丰富了词的表现方法和语汇,将词体的表现功能发挥到了最大限度。

蒙古王朝于 1234 年灭金统一北中国;1271 年改国号为"大元",次年迁都燕京,称大都;1279 年灭南宋;1368 年被朱元璋推翻,元顺帝逃离大都。如果从灭金算起,蒙古统治中国 134 年;如果从建元称号算起,则历时 98 年。

元朝社会在政治上的最大特征就是实行民族掠夺和民族压迫政策,把国民分为蒙古、色目、汉人、南人四个等级,蒙古人最尊,南人最贱,军政大权由蒙古人独揽,加之吏治腐败,因此民族对立情绪严重,社会激烈动荡。这一点决定着元代社会文化和文学的基本走向。然而,在民族对立的同时,也有民族融合的另一面。元王朝懂得为了统治的需要,须用汉法、汉人以治汉,故而采用中原王朝的仪文制度,任用部分儒生,以宽容和尊礼的态度对待儒学、佛教、道教,由此蒙古等少数民族受到了汉文化的熏陶,提高了文明程度,有些人还成为了以汉语进行文学创作的优秀作家。交通的发达、人口的迁移、民族的杂居,导致各民族文化的交流融合,也给汉族文化注入了新的成分,如西北游牧民族质朴豪放的性格,"壮伟狠戾"的少数民族的音乐等,都流入中原,注入文学作品之中,使元代的文坛更加多姿多彩。在金元之际和蒙古攻宋的战乱时期,社会经济遭到极大破坏。到战乱平息、社会逐步稳定之后,经济逐渐恢复发展,宋末以来经过了一段停滞的手工业、商业又走上繁荣的道路。特别是元朝统治者改变了传统的重农抑商的政策,重视商业经营,再加上国土统一,交通顺畅,因此元代的商业发展程度超越了前代,城市规模日益扩大,市民阶层不断壮大,这对于元代文学特别是戏剧的发展产生了重大影响。

元朝统治者在思想文化领域的基本措施是礼尊儒学,封孔子为"大成至圣文宣王",设立官学,以儒家的四书五经为教科书,确认程朱理学的思想统治地位。但元朝统治集团的上层来自不同民族,也尊崇各族固有的宗教信仰,因此,佛教、道教、伊斯兰教、基督教等 同样得到发展。信仰的多元化,弱化了儒家思想的影响力,南宋后期以来程朱理学独尊的局面实际被打破,礼教的约束力大大下降,因而 元代许多文学作品中表现出了违背礼教的倾向。元朝自灭金后停废科举长达八十年之久,到元代中叶方予恢复。儒生失去仕进机会,地位大幅下降,许多人便不再依附政权,或隐逸于泉林,或流连于市井,人格相对独立,思想意识随即异动。沦落下层的知识分子或为生计,或为抒愤,大量涌向勾栏瓦肆,成为"书会才人",其价值取向、审美情趣更异于传统儒生,于是文坛便掀起波澜,这是促成杂剧发展的重要因素。

元代历史虽短,但元代文学在中国文学史上却具有划时代的意义:它是中国古代文学在整体上发生根本转变的时期——叙事性文学成为文学创作的主流,第一次居于文坛的主导地位;而传统的抒情文学则退居其次。由此,文学的受众和审美观念发生了重大变化,文学的社会影响大面积、大幅度扩展,从而开辟了中国文学发展的新阶段。元代叙事文学的繁荣主要表现在两个方面。一是话本小说的兴盛。二是戏剧的繁荣。元代时我国戏剧艺术走向成熟。元代戏剧包括杂剧、南戏两类,其剧本创作的成就代表了当时文学的最高水平。由于具体的历史和地理条件,元代的戏剧活动(创作和演出)形成了两个戏剧圈:北方戏剧圈以大都为中心,包括长江以北的大部分地区,流行杂剧;元代戏剧的主要成就在北方戏剧圈,其剧作较多地以水浒故事、公案故事、历史传说为题材,富于批判性和战斗性,风格激昂明快。南方戏剧圈以杭州为中心,包括温州、扬州、建康、平江、松江乃至江西、福建等东南地区,既演出从北方传来的杂剧,也流行南戏;南方戏剧圈较多剧作注重表现爱情婚姻和家庭伦理等社会问题,更重视爱情的描写和个人情怀的宣泄。

杂剧代表元代戏剧的主要成就。关汉卿是元代最早从事剧本创作的作家之一,也是元代剧坛最杰出的代表。他一生创作杂剧67种,今存18种。其作品题材多样,富有强烈的批判性和战斗性,语言自然本色,其《窦娥冤》是中国民众众所周知的著名代表作。王实甫是与关汉卿齐名的杰出剧作家,其名作《西厢记》改造了唐代元稹《会真记》始乱终弃、"善改过"的故事和金代董解元《西厢记诸宫调》"佳人合配才子"的主旨,突出歌颂青年对"情"的追求,将作品主题升华为"愿天下有情的都成了眷属",是中国古代戏剧史上最著名的爱情作品之一。散曲是继诗、词之后兴起的新诗体,代表了元代诗歌创作的最高成就。

范仲淹《岳阳楼记》

庆历四年春,滕子京谪守巴陵郡。越明年,政通人和,百废具兴。乃重修岳阳楼,增其旧制,刻唐贤今人诗赋于其上。属予作文以记之。

予观夫巴陵胜状,在洞庭一湖。衔远山,吞长江,浩浩汤汤,横无际涯;朝晖夕阴,气象万千。此则岳阳楼之大观也,前人之述备矣。然则北通巫峡,南极潇湘,迁客骚人,多会于此,览物之情,得无异乎?

若夫淫雨霏霏,连月不开,阴风怒号,浊浪排空;日星隐曜,山岳潜形;商旅不行,樯倾楫摧;薄暮冥冥,虎啸猿啼。登斯楼也,则有去国怀乡,忧谗畏讥,满目萧然,感极而悲者矣。

至若春和景明,波澜不惊,上下天光,一碧万顷;沙鸥翔集,锦鳞游泳;岸芷汀兰,郁郁青青。而或长烟一空,皓月千里,浮光跃金,静影沉璧,渔歌互答,此乐何极!登斯楼也,则有心旷神怡,宠辱偕忘,把酒临风,其喜洋洋者矣。

嗟夫!予尝求古仁人之心,或异二者之为。何哉?不以物喜,不以己悲;居庙堂之高则忧其民;处江湖之远则忧其君。是进亦忧,退亦忧。然则何时而乐耶?其必曰:"先天下之忧而忧,后天下之乐而乐"乎。噫!微斯人,吾谁与归?

时六年九月十五日。

(刘盼遂 郭预衡:《中国历代散文选》,北京出版社,2002)

作品简介

范仲淹(989—1052),北宋名臣,政治家,军事家,文学家,思想家。曾多次上书批评时任宰相,因而三次被贬。1043 年(宋仁宗庆历三年),宋仁宗采纳了他的"十事疏"建议并开始推行,史称"庆历新政",不久即因保守派的反对而失败,后来在被贬赴颍州途中病死,有《范文正公集》传世。

《岳阳楼记》是范仲淹应巴陵郡太守滕子京之请为重修岳阳楼所写。范仲淹从小就有志于天下,此时虽然身居江湖,屡遭迫害,仍心忧国家天下。他借此作鼓励同样是受诬被贬的老友滕子京,"不以物喜,不以己悲",表现出"先天下之忧而忧,后天下之乐而乐"的济世情怀和乐观精神。

导读指要

岳阳楼楼址在湖南省岳阳市西北的巴丘山下,其前身是三国时期吴国都督鲁肃的阅兵台。唐玄宗开元四年(716),张说在阅兵台旧址建造楼阁,取名"岳阳楼",常与文士们登楼赋诗。1046 年,范仲淹的挚友滕子京谪守巴陵郡,当时,范仲淹亦被贬在邓州作官。滕子京请范仲淹为重修的岳阳楼写记,并送去一本《洞庭晚秋图》。范仲淹依据此图,凭着丰富的想像,写下了千古名篇《岳阳楼记》。

文章开头即切入正题,叙述事情的本末缘起。说滕子京为"谪守",已暗喻对仕途沉浮的悲慨,为后文抒情设伏。下面仅用"政通人和,百废具兴"八个字,写出滕子京的政绩,引出重修岳阳楼和作记一事,为全篇文字的导引。第二段,前四句从空间角度,后两句从时间角度,写尽了洞庭湖的壮观景象。"前人之述备矣"一句承前启后,并回应前文"唐贤今人诗赋"一语。经"然则"一转,引出新的意境,由单纯写景,到以情景交融的笔法来写"迁客骚人"的"览物之情",从而构出全文的主体。三、四两段是两个排比段,并行而下,一悲一喜,一暗一明,像两股不同的情感之流,传达出景与情互相感应的两种截然相反的人生情境。第三段"若夫"以下描写了一种悲凉的情境,由天气的恶劣写到人心的凄楚。第四段写览物而喜者。以"至若"领起,打开了一个阳光灿烂的画面。"至若"尽管也是列举性的语气,但从音节上已变得高亢嘹亮,格调上已变得明快有力。下面的描写,虽然仍为四字短句,色调却为之一变,绘出春风和畅、景色明丽、水天一碧的良辰美景。更有鸥鸟在自由翱翔,鱼儿在欢快游荡,连无知的水草兰花也充满活力,"登斯楼也"的心境也变成了"宠辱偕忘"的超脱和"把酒临风"的挥洒自如。第五段是全篇的重心,以"嗟夫"开启,兼有抒情和议论的意味。作者在列举了悲喜两种情境后,笔调突然激扬,道出了超乎这两者之上的一种更高的理想境界,那就是"不以物喜,不以己悲"。感物而动,因物悲喜虽然是人之常情,但并不是做人的最高境界。古代的仁人,就有坚定的意志,不为外界条件的变化动摇。无论是"居庙堂之高"还是"处江湖之远",忧国忧民之心不改,"进亦忧,退亦忧"。这似乎有悖于常理,有些不可思议。作者也就此拟出一问一答,假托古圣立言,发出了"先天下之忧而忧,后天下之乐而乐"的誓言,曲终奏雅,点明了全篇的主旨。

欧阳修在为范仲淹写的碑文中说,他从小就有志于天下,常自诵曰:"士当先天下之忧而忧,后天下之乐而乐也。"可见《岳阳楼记》末尾所说的"先天下之忧而忧,后天下之乐而乐",是范仲淹一生行为的准则。孟子说:"达则兼善天下,穷则独善其身"。这已成为封建时代许多士大夫的信条。范仲淹写这篇文章的时候正贬官在外,"处江湖之远",本来可以采取独善其身的态度,落得清闲快乐,但他提出正直的士大夫应立身行一的准则,认为个人的荣辱升迁应置之度外,"不以物喜,不以己悲"要"先天下之忧而忧,后天下之乐而乐",这两句话所体现的精神,无疑仍在启示后人。

字句疏解

1. 滕子京谪(zhé)守巴陵郡:滕子京降职任岳州太守。谪守,把被革职的官吏或犯了罪的人充发到边远的地方。在这里作为动词被贬官,降职解释。谪,封建王朝官吏降职或远调。守,做郡的长官。汉朝"守某郡",就是做某郡的太守,宋朝废郡称州,应说"知某州"。巴陵郡,即岳州,治所在今湖南岳阳,这里沿用古称。"守巴陵郡"就是"守岳州"。

2.越明年,政通人和,百废具兴:越,及,到。

3.乃重修岳阳楼,增其旧制,刻唐贤今人诗赋于其上:制,规模;唐贤今人,唐代和当代名人。

4.属予作文以记之:属(zhǔ),通"嘱",嘱托、嘱咐;予,我;作文,写文章;以,连词,用来。

5.予观夫巴陵胜状,在洞庭一湖:夫,语气词;胜状,胜景,好景色。

6.衔远山,吞长江,浩浩汤汤,横无际涯:衔,包含;吞,吞吐;横,广远;际涯,边,际专指陆地边界,涯专指水的边界;

7.朝晖夕阴,气象万千:或早或晚(一天里)阴晴变化,景象千变万化。晖,日光。

8.此则岳阳楼之大观也,前人之述备矣:大观,雄伟壮观的景象;备,详尽,完备;矣,语气词"了";之,助词,的。

9.然则北通巫峡,南极潇湘,迁客骚人,多会于此:然则,虽然如此,那么;南,向南;极,尽,最远到达;潇水是湘水的支流,湘水流入洞庭湖;迁客,谪迁的人,指降职远调的人;骚人,诗人,战国时屈原作《离骚》,因此后人也称诗人为骚人。

10.览物之情,得无异乎:看到自然景物而引发的情感,怎能不有所不同呢?览,观看,欣赏;得无……乎,大概……吧。

11.若夫淫雨霏霏,连月不开,阴风怒号,浊浪排空:若夫,发语词,用在一段话的开头以引起下文,下文的"至若",同此;淫雨,连绵不断的雨;霏霏,雨或雪(繁密)的样子;开,(天气)放晴;排空,冲向天空。

12.日星隐曜,山岳潜形:太阳和星星隐藏起光辉,山岳隐没了形体。曜,光辉,日光;岳,高大的山;潜,隐没;形,形迹。

13.商旅不行,樯倾楫摧;薄暮冥冥,虎啸猿啼:樯(qiáng),桅杆;楫(jí),船桨;倾,倒下;摧,折断;薄,迫近;冥冥,昏暗的样子。

14.登斯楼也,则有去国怀乡,忧谗畏讥,满目萧然,感极而悲者矣:去,离开;国,国都,指京城;忧,担忧;谗,谗言;畏,害怕,惧怕;讥,嘲讽;萧然,凄凉冷落的样子;感极,感慨到了极点;而,连词,表顺接。

15.沙鸥翔集,锦鳞游泳:沙鸥,沙洲上的鸥鸟;翔集,时而飞翔,时而停歇,集,栖止,鸟停息在树上;锦鳞,指美丽的鱼;鳞,代指鱼;游泳,或浮或沉;游,贴着水面游;泳,潜入水里游。

16.岸芷汀兰,郁郁青青:岸芷(zhǐ)汀(tīng)兰,岸上的小草,小洲上的兰花;芷,香草的一种;汀,小洲,水边平地。

17.而或长烟一空:有时大片烟雾完全消散。烟,烟雾。

18.浮光跃金:月光照在水面上,湖水波动时,浮在水面上的月光闪耀起金光。

19.静影沉璧:湖水平静时,明月映入水中,好似沉下的玉璧。璧,圆形正中有孔的玉。

20.登斯楼也,则有心旷神怡,宠辱偕忘,把酒临风,其喜洋洋者矣:宠,荣耀;辱,屈辱;偕,一起;把,持、执;临,面对。

21.嗟夫!予尝求古仁人之心,或异二者之为:嗟(jiē)夫,语气词;尝,曾经;求,探求;古仁人,古时品德高尚的人;或异二者之为,或许不同于(以上)两种心情,或,近于"或许""也许"的意思,表委婉口气;为,这里指心理活动,即两种心情;二者,这里指前两段的"悲"与"喜"。

22.不以物喜,不以己悲:不因为外物好坏和自己得失而或喜或悲(此句为互文),以,因为。

23.居庙堂之高则忧其民;处江湖之远则忧其君:庙堂,指朝廷庙,宗庙;堂,殿堂,下文的"进",即指"居庙堂之高";处江湖之远,处在偏远的江湖间,意思是不在朝廷上做官;之,定语后置的标志,下文的"退",即指"处江湖之远"。

24.其必曰:"先天下之忧而忧,后天下之乐而乐"乎:其,指"古仁人";先,在……之前;后,在……之后。

25.微斯人,吾谁与归:(如果)没有这种人,那我与谁为伍呢?微,(如果)没有;斯人,这种人(指前文的"古仁人");谁与归,就是"与谁归",归,归依。

思考讨论题

通过此文分析作者的抱负与情感。

扩展阅读

1.塞下秋来风景异,衡阳雁去无留意。四面边声连角起。千嶂里,长烟落日孤城闭。浊酒一杯家万里,燕然未勒归无计。羌管悠悠霜满地。人不寐,将军白发征夫泪。

——[宋代]范仲淹《渔家傲》

2.呜呼!公之功德盖不待文而显,其文亦不待序而传。然不敢辞者,自以八岁知敬爱公,今四十七年矣。彼三杰者皆得从之游,而公独不识,以为平生之恨。若获挂名其文字中,以自托于门下士之末,岂非畴昔之愿也哉……公在天圣中,居太夫人忧,则已有忧天下、致太平之意,故为万言书以遗宰相,天下传诵。至用为将,擢为执政,考其平生所为,无出此书者……其于仁义礼乐、忠信孝悌,盖如饥渴之于饮食,欲须臾忘而不可得;如火之热,如水之湿,盖其天性有不得不然者。虽弄翰戏语,率然而作,必归于此。故天下信其诚,争师尊之。

——[宋代]苏轼《范文正公集序》

四、宋元文化与文学概说

229

柳永《雨霖铃》

寒蝉凄切，对长亭晚，骤雨初歇。都门帐饮无绪，方留恋处，兰舟催发。执手相看泪眼，竟无语凝噎。念去去、千里烟波，暮霭沉沉楚天阔。

多情自古伤离别，更那堪、冷落清秋节！今宵酒醒何处？杨柳岸、晓风残月。此去经年，应是良辰好景虚设。便纵有、千种风情，更与何人说？

（薛瑞生《乐章集校注》【增订本】中华书局，2012）

作品简介

柳永（约985或987—1053或1058），原名三变，后改名永。出身官宦家庭，弱冠前后离乡游历应试，但科举不第，蹉跎二十余年。其间多流连于歌楼妓馆，为乐工歌姬撰作歌辞。对其久试不第，有耽于"浮艳之词"、"薄于操行"而被皇帝黜落、自称"奉旨填词柳三变"等流传甚广的说法，但大抵出于传闻，未必可靠。死后由他人安葬，众妓女凑钱安葬等说法也广为流传，但很不靠谱。柳永能诗工词，尤以词著称于世，作品流传极广，有"凡有井水饮处，皆能歌柳词"之说。他是北宋第一个专力写词的文人，精通音律，善于铺叙和使用俚言俗语，大量制作慢词，对词的发展有重要推动作用。有《乐章集》。

柳永一生游踪极广，词中有大量羁旅行役之作，而且是他最有成就的作品。《雨霖铃》就是其最著名的羁旅词，作于何时、因何而起都不得而知，有人以为是天圣二年(1024)因落第愤而离京，与情人离别之作。

导读指要

《雨霖铃》是抒写别情的典范词作，被列为"宋金十大曲"之一。作品通过铺写离别过程、推想别后情景，来表现情人难分难舍的离别之情，并寄寓身世不幸之慨和江湖漂泊之感。从艺术表现上看，这首词最突出的特点是铺叙点染、虚景实写两个方面。柳永对词的发展最大的贡献一个是音乐上的，即词调的创制；另一个是表现艺术上的，即铺叙手法。小令由于篇幅短小，只能选择最典型的一二点来描写，多以比兴手法加以表现。柳永多作慢词，篇幅加长，则"以赋为词"，主要使用铺叙手法，多层面刻画景物、描写场面、展示事件过程和人物心理。而"点染"是借用绘画术语，所谓"染"是指对景物、场面、事件的细致刻画展示，"点"则是指内心情感的直接抒发，即直抒胸臆。《雨霖铃》一词就是以大部分笔墨铺陈渲染景物、场面、事件(并寄情于内)，而在关键处点破、宣泄内心情感，使全词形成一个以情为内核、以景(景物、场面、事件)为主体的情景交融的内容体系。上半阕开头"寒蝉凄切，对长亭晚，骤雨初歇"三句，从三个侧面描写离人身历眼经的告别之地的凄凉秋景：十里长亭之中，一对情人凄然相对，暮色将临，天光向暗；一阵骤雨突然降临，延迟了分手的时间,现在刚刚停歇;因雨而住的寒蝉声再次响起,直入耳鼓,是那样凄凉悲切!"寒蝉"和"晚"凝练地点醒着节令和辰光,而"长亭"和"对"无误地显示着人物和事由。"都门帐饮无绪,方留恋处,兰舟催发。执手相看泪眼,竟无语凝噎"五句是对事件进程、分手场景、人物动作神情的细致铺陈展示:长亭饯别的对饮(长亭饯别即"都门帐饮",码头就在长亭边上)毫无欢情,正在留恋相依、难舍难分之际,船家一再催促出发;万般无奈之中,起身作最后告别,双手相执不忍松,泪眼相对不忍移,喉哽气噎,竟不能出一语。这里的铺叙描写重点在后两句。常语分悲伤为三种境界:嚎、哭、泣,有泪无声曰泣,是悲之最深者,"相看泪眼"、"无语凝噎"的场景就典型地表现了这种"有泪无声"的情态。"念去去、千里烟波,暮霭沉沉楚天阔"三句是对悬想中未来景象的铺陈描写(详见下文),进一步强化了离别的悲伤气氛。词的整个上半阕没有一句直接言情,却句句都在言情,这是因为作者用铺叙手法所展示的每一个场景,都像电影画面一样,无言地渲染着离情的悲伤,包含于其中的"寒蝉"、"长亭"、"帐饮"、"兰舟"这些传统的离别意象,"催发"、"执手"、"泪眼"、"凝噎"这些有形的动作、神情,都在不断地为情绪的突破蓄积能量,不断地暗示、导引着作品走向情感的直接喷发。果然,下阕换头"多情自古伤离别"一句,在上阕蓄势极足的情况下"点"破"离别"题旨,使蓄积已久的内心情感突破闸门,直接喷涌而出,再加上"更那堪、冷落清秋节"的强烈感叹,创造了抒写离情的不朽名句,道尽了古今情人的永世遗憾,成为了柳永词的标志性符号。"染"就是侧翼包抄,"点"就是中锋突破,这二句在此处轰然爆发,使上阕和其后的大面积铺叙渲染获得了一个中心和内核,直抒胸臆和铺叙渲染两种表现手法的配合达到了炉火纯青的境界。"黯然销魂者,唯别而已矣!"(江淹《别赋》)"悲哉!秋之为气也。"(宋玉《九辩》)"多情自古伤离别,更那堪、冷落清秋节"将亘古的离别体悟与悲秋传统融为一体,是中国文学对别情最经典的表达。随后"今宵酒醒"二句和"此去经年"四句,则对悬想中的未来虚景进一步铺叙渲染,对离别愁绪进一步感叹点破,从而更加强化了全词的悲情主题。(详见下文)总结以上分析,我们可以清楚地看到,这首词所使用的主要艺术手法是铺叙,以铺叙进行渲染,诚如夏敬观所评:"雅词用六朝小品文赋作法,层层铺叙,情景兼融,一笔到底,始终不懈。"(《手评乐章集》)在铺叙中则纯用白描,不雕饰,不假借,不着色,自然平实而生动传神,如"执手相看泪眼,竟无语凝咽"的形神毕具,"杨柳岸、晓风残月"的平中见奇。还有一点,就是其铺叙带有明显的叙事因素,展示着一个事件的进程,因而具有一定的情节性。审视全词,实际上有这样一个情节过程:长亭送别——骤雨突降——雨歇留恋——兰舟催发——执手凝噎,这是现实中的情节过程;还有悬想中的情节过程:前路烟波——清晨酒醒——良辰虚设——独自飘零。这种大面积运用铺叙,把情节性因素引入词体,是一种艺术的创新,大大丰富了词的表现方法。

再讲虚景实写。词的上半阕从开头到"无语凝噎",都是铺写现实的送别场景、景物，而到"念去去、千里烟波，暮霭沉沉楚天阔"，则进入了悬想场景。之所以用"悬想场景"，是说它并非实有场景，而是一种虚拟场景；但它又不是出自天马行空的幻想，而是依据现实的境况推想、"移植"过去，与实有之景本质无别，只是处于虚拟时空。当一对离人正"执手相看泪眼，竟无语凝咽"之际，便开始进入"念"，"念"即想，即悬想：若是这手一松开、脚一登船，马上就要"去去"，即去而又去，远而又远。所以，从"去去"开始，作品就进入了悬想虚景的铺写渲染：一只孤舟顺水而去，一日接一日，一程连一程，越去越远。从此每天要面对的将是与京师迥异的景物："千里烟波"、"暮霭沉沉"、"楚天阔"，辽远、迷茫、凝重，不知何处是个头。下半阕在中心突破、直抒胸臆，发出"多情自古伤离别，更那堪、冷落清秋节"的强烈感叹后，马上又进入悬想虚景的铺写渲染："今宵酒醒何处"是悬想的问题：饯别闷酒醉人，登船必入醉梦，一夜醉梦何时醒，醒来身将在何处？"杨柳岸、晓风残月"是悬想的结果：醒来既不知是何辰光，也不辨船到何方，只觉凌晨秋风侵骨寒，只见夹岸杨柳依依，一钩残月斜挂。"杨柳"、"残月"都是表现离情的传统意象："秦楼月，年年柳色，灞陵伤别。"（李白《忆秦娥》）"长安陌上无穷树，唯有垂杨管别离。"（刘禹锡《杨柳枝词》）"残月出门时，美人和泪辞。"（韦庄《菩萨蛮》）"杨柳岸、晓风残月"一句融汇了这些传统意象，用极为凝练平实的白描语言，描绘出一幅简洁的清晨秋景图，渲染了沁心彻骨的别离悲情，成为了表现别情的经典画面。"此去经年"则从上文的悬想之境跳回现实之境，说这一去将是一年、数年或是永无归期。接着又跳入悬想之境："应是良辰美景虚设"是说，良辰、美景、赏心、乐事为天下"四美"，但这一别却情缘割断、天涯阻隔，从此后一切赏心乐事均化为乌有，自然所有的良辰美景再无意义，都是为他人而设，于我为虚。此处用反衬之法，以乐景写哀，更倍增其哀。"便纵有千种风情，更与何人说"是讲，就算是、就算是有千种柔情、万般爱意，又能向谁诉说？这里在悬想"风情化虚"的同时，又用直抒胸臆的方式，点破了全词的关键：伊人不再有，深情无处说；从此天涯客，孤舟独飘零！细想全词，实际上最后是定格于"执手相看泪眼，竟无语凝咽"这一画面，其后的内容除直抒胸臆的倾诉感叹外，无论是"烟霭楚天"、"柳岸残月"、"良辰美景虚设"的景象，还是"风情化虚"的结局，都是悬想中的虚拟场景。这些虚拟场景中的关键点，就是未形于言辞的"伊人"：只要一松手，伊人便从此消失；伊人一消失，便只能见水、见天、见柳、见月、见景而不见人；伊人一消失，一切的美好、所有的风情，便将统统销形化虚，随风而去。既然如此，为何还要离去？背后当然饱含着难言的不幸、万般的无奈！作品对这些虚拟场景完全当作实景一样进行铺叙描绘，这就是"虚景实写"。这些虚景如同实景，而胜于实景。词中这一实写与虚写的结合，实景与虚景的交错，造成了作品时空秩序的多次切换跳跃：一是经由"念"字，从眼下的"执手凝噎"跳跃至未来的"烟霭楚天"；二是由感叹"伤别清秋"的现实，直接跳跃至未来的"柳岸残月"；三是由虚境中突然闪回到"此去经年"，再次跳跃至未来的"美景虚设"和"风情化虚"。这样的时空切换跳跃,造成了作品在结构上大开大合的鲜明特点。

字句疏解

1.雨霖铃:词牌名,也作"雨淋铃"。本唐玄宗时教坊大曲名,后用为词调。王灼《碧鸡漫志》卷五引《明皇杂录》及《杨妃外传》云:"帝幸蜀,初入斜谷,霖雨弥旬。栈道中闻铃声,帝方悼念贵妃,采其声为《雨霖铃曲》以寄恨。"其调"颇极哀怨"。

2.寒蝉凄切,对长亭晚,骤雨初歇:寒蝉,天冷时叫声低微的蝉;一说蝉的一种,又称寒螀、寒蜩。《礼记·月令》:"(孟秋之月)凉风至,白露降,寒蝉鸣。"凄切,凄凉而悲哀。长亭,古代在交通大道边修建的供行人休息的亭舍,也是古人送别的地方。骤雨,暴雨、阵雨。

3.都门帐饮无绪,方留恋处,兰舟催发:都门,京都,指汴京(今河南开封)。帐饮,在郊外设帐幕宴饮饯行。方,正在;一本无"方"字。兰舟,船的美称;传说鲁班曾刻木兰树为舟(梁任昉《述异记》)。

4.执手相看泪眼,竟无语凝噎。念去去千里烟波,暮霭沉沉楚天阔:凝噎,因悲伤而喉咙哽塞难语。去去,"去"的重复,表示行程遥远。暮霭,傍晚的云雾。沉沉,低而沉。楚天,南天;古时长江中下游一带属楚国,故称南天为楚天。

5.多情自古伤离别,更那堪、冷落清秋节!今宵酒醒何处?杨柳岸、晓风残月:今宵,今夜。以下均为设想之辞。

6.此去经年,应是良辰好景虚设。便纵有、千种风情,更与何人说:经年,经过一年或多年。纵,即使。风情,情意,深情蜜意;情一作"流",更,一作"待"。

思考讨论题

具体叙述一下作品各层次所描写的内容和所表达的情感。

扩展阅读

1.东坡在玉堂日,有幕士善歌,因问:"我词何如柳七?"对曰:"柳郎中词,只合十七八女郎,执红牙板,歌'杨柳岸、晓风残月'。学士词,须关西大汉、铜琵琶、铁绰板,唱'大江东去'。"东坡为之绝倒。

——[宋代]俞文豹《吹剑录》

2.对潇潇暮雨洒江天,一番洗清秋。渐霜风凄紧,关河冷落,残照当楼。是处红衰翠减,苒苒物华休。唯有长江水,无语东流。不忍登高临远,望故乡渺邈,归思难收。叹年来踪迹,何事苦淹留!想佳人、妆楼颙望,误几回、天际识归舟。争知我、倚栏杆处,正恁凝愁。

——[宋代]柳永《八声甘州》

3.黄金榜上,偶失龙头望。明代暂遗贤,如何向?未遂风云便,争不恣游狂荡!

何须论得丧。才子词人,自是白衣卿相。烟花巷陌,依约丹青屏障。幸有意中人,堪寻访。且恁偎红倚翠,风流事,平生畅。青春都一饷。忍把浮名,换了浅斟低唱!

——[宋代]柳永《鹤冲天》

欧阳修《醉翁亭记》

　　环滁皆山也。其西南诸峰,林壑尤美。望之蔚然而深秀者,琅琊也。山行六七里,渐闻水声潺潺而泻出于两峰之间者,酿泉也。峰回路转,有亭翼然临于泉上者,醉翁亭也。作亭者谁? 山之僧智仙也。名之者谁? 太守自谓也。太守与客来饮于此,饮少辄醉,而年又最高,故自号曰醉翁也。醉翁之意不在酒,在乎山水之间也。山水之乐,得之心而寓之酒也。

　　若夫日出而林霏开,云归而岩穴暝,晦明变化者,山间之朝暮也。野芳发而幽香,佳木秀而繁阴,风霜高洁,水落而石出者,山间之四时也。朝而往,暮而归,四时之景不同,而乐亦无穷也。

　　至于负者歌于途,行者休于树,前者呼,后者应,伛偻提携,往来而不绝者,滁人游也。临溪而渔,溪深而鱼肥。酿泉为酒,泉香而酒洌;山肴野蔌,杂然而前陈者,太守宴也。宴酣之乐,非丝非竹,射者中,弈者胜,觥筹交错,起坐而喧哗者,众宾欢也。苍颜白发,颓然乎其间者,太守醉也。

　　已而夕阳在山,人影散乱,太守归而宾客从也。树林阴翳,鸣声上下,游人去而禽鸟乐也。然而禽鸟知山林之乐,而不知人之乐;人知从太守游而乐,而不知太守之乐其乐也。醉能同其乐,醒能述以文者,太守也。太守谓谁? 庐陵欧阳修也。

　　(刘盼遂,郭预衡《中国历代散文选》,北京出版社,2002)

作品简介

　　欧阳修(1007—1072),北宋文学家、史学家。支持范仲淹等的革新主张,政治上负有盛名;文学上主张明道致用,是北宋古文运动的领袖。后人将其与韩愈、柳宗元和苏轼合称"千古文章四大家",与韩愈、柳宗元、苏轼、苏洵、苏辙、王安石、曾巩合称"唐宋散文八大家"。欧阳修还是著名的史学家,与宋祁同修官史《新唐书》。

　　庆历五年春,欧阳修由于支持范仲淹等再遭贬斥,出知滁洲。本文作于欧阳修贬到滁州的第二年,描写了滁州四季幽深秀美的朝暮景物,百姓和平宁静的生活,与民同乐的游宴。全文以一个"乐"字贯穿全篇,坦言"醉翁之意不在酒,在乎山水之间也"。他把内心的抑郁和苦闷寄情于山水之间,消融于与民同乐之间,显示出一种超脱旷达的情怀。

导读指要

　　《醉翁亭记》是一篇优美的散文。文章描写了滁州一带朝暮四季自然景物不同的幽深秀美,滁州百姓和平宁静的生活,特别是作者在山林中与民一齐游赏宴饮的乐趣。全文贯穿一个"乐"字,其中则包含着比较复杂曲折的内容。

全文共四段。第一段写醉翁亭之所在,并引出人和事。分五步突出醉翁亭。首先以"环滁皆山也"五字领起,将滁州的地理环境一笔勾出,点出醉翁亭座落在群山之中。作者纵观滁州全貌,鸟瞰群山怀抱之景。接着作者将"镜头"全景移向局部,先写"西南诸峰,林壑尤美",醉翁亭座落在有最美的林壑的西南诸峰之中,视野集中到最佳处。再写琅琊山"蔚然而深秀",点山"秀",照应上文的"美"。又写酿泉,其名字透出了泉与酒的关系,好泉酿好酒,好酒叫人醉。"醉翁亭"的名字便暗中透出。然后写醉翁亭,"行六七里,峰回路转,有亭翼然",照应上文"蔚然而深秀",可看出醉翁亭座落在山清水秀的最佳位置上。为下文的活动安排了一个优美独特的背景。作者接着转向叙事抒情,用两个短句自问自答,道出亭的来历:"作之者谁? 山之僧智仙也。名之者谁? 太守自谓也。"同时点出"醉翁之意不在酒,在乎山水之间也。山水之乐,得之心而寓之酒也。"说明"醉翁"二字的深意,把景与情直接联系起来。这段层与层间过渡巧妙,由山而峰,由峰而泉,由泉而亭,由亭而人,由人而酒,由酒而醉翁,再由"醉翁之意不在酒"引出"山水之乐"这一全文的核心命意。句句相衔不着痕迹,给人完整的"山水之乐"印象。第二段,分述山间朝暮四季的不同景色。作者先用排偶句"日出而林霏开,云归而岩穴暝"描绘出山间两幅对比鲜明的朝暮画面。接着用"野芳发而幽香,佳木秀而繁阴,风霜高洁,水落而石出者,山间之四时也"一句话概括了山间春、夏、秋、冬四季的不同风光,一季一幅画面。"四时之景不同,而乐亦无穷也",这是上一段总写"山水之乐"的具体化。第三段写滁人的游乐和太守的宴饮。此段描写由景物转移到人事上。先写滁人之游,描绘出一幅太平祥和的百姓游乐图。太守乐中酒酣而醉,此醉是为山水之乐而醉,更为能与吏民同乐而醉。第四段,写宴会散、众人归的情景。"然而禽鸟知山林之乐,而不之人之乐;人知从太守游而乐,而不知太守之乐其乐也。"作者巧妙地用禽鸟之乐衬托游人之乐,又以游人之乐衬托太守之乐。但太守之乐与众不同,不是众人所能理解的。作者并没有袒露胸怀,只含蓄地说:"醉能同其乐,醒能述以文者,太守也。"此句与醉翁亭的名称、"醉翁之意不在酒,在乎山水之间"前后呼应,并与"滁人游"、"太守宴"、"众宾欢"、"太守醉"联成一条抒情的线索,曲折地表达了作者内心复杂的思想感情。

字句疏解

1.环滁皆山也:滁(chú),滁州,今安徽省东部。

2.望之蔚然而深秀者,琅琊也:远看树木茂盛,幽深又秀丽的(地方),是琅琊山。

3.山行六七里,渐闻水声潺潺而泻出于两峰之间者,酿泉也:山,名词作状语,沿着山路;酿泉,泉的名字,因水清可以酿酒,故名。

4.峰回路转,有亭翼然临于泉上者,醉翁亭也:翼然,四角翘起,像鸟张开翅膀的样子。

5.太守与客来饮于此,饮少辄醉,而年又最高,故自号曰醉翁也:辄(zhé),就,总是。

6.若夫日出而林霏开,云归而岩穴暝,晦明变化者,山间之朝暮也:林霏,树林中的雾气,霏,原指雨、雾纷飞,此处指雾气;归,聚拢;晦明,指天气阴晴昏暗。

7.野芳发而幽香,佳木秀而繁阴,风霜高洁,水落而石出者,山间之四时也:芳,花草发出的香味,这里引申为"花";水落石出,水落而山石显露。

8.至于负者歌于途,行者休于树,前者呼,后者应,伛偻提携,往来而不绝者,滁人游也:负者,背着东西的人;休于树,倒装,在树下休息;提携,小孩子被大人领着走。

9.酿泉为酒,泉香而酒洌;山肴野蔌,杂然而前陈者,太守宴也:酿泉,泉水名,原名玻璃泉,在琅邪山醉翁亭下,因泉水很清可以酿酒而得名;山肴,用从山野捕获的鸟兽做成的菜;野蔌(sù),野菜,蔌,菜蔬的总称;杂然,杂乱的样子。

10.宴酣之乐,非丝非竹,射者中,弈者胜,觥筹交错,起坐而喧哗者,众宾欢也:丝,弦乐器,琴、瑟之类;竹,管乐器,箫、管之类;射,这里指投壶,古人宴饮时的一种游戏,把箭向壶里投,投中多的为胜,负者照规定的杯数喝酒;觥(gōng),酒杯;筹,行酒令的筹码,用来记饮酒数。

11.苍颜白发,颓然乎其间者,太守醉也:苍颜,容颜苍老;颓然乎其间,醉醺醺地坐在宾客中间,颓然,原意是精神不振的样子,这里是醉醺醺的样子。

12.已而夕阳在山,人影散乱,太守归而宾客从也:已而,随后、不久。

13.树林阴翳,鸣声上下,游人去而禽鸟乐也:阴翳,形容枝叶茂密成阴。

14.人知从太守游而乐,而不知太守之乐其乐也:乐其乐,乐他所乐的事情;上乐字为动词,下乐字为名词。

15.醉能同其乐,醒能述以文者,太守也:醉了能够同大家一起欢乐,醒来能够用文章记述这乐事的人。

16.庐陵欧阳修也:庐陵,古郡名,庐陵郡,宋代称吉洲,今江西省吉安市,欧阳修先世为庐陵大族。

思考讨论题

分析作者随遇而安、与民同乐的旷达情怀,以及寄情山水以排遣忧愁的复杂感情。

扩展阅读

1. 长史云：通篇命意在'醉翁之意'四句，下分两大段摹写。昭明太子《陶渊明集·序》云：'有疑渊明诗篇篇有酒，吾观其意不在酒，亦寄酒为迹者也。'公此篇中用其语。独孤至之琅琊溪述云：'公登山，乐山者争同，无小无大，乘兴从会。'又云：'时时醉止，与夕鸟俱。明月满山，朱幡除驱。'亦来用而变化出之。'环滁皆山也'，起句是法阳山天下之穷处也。'若夫山出而林霏开'以下，第二层又写琐屑事。'临溪而渔'至'太守醉也'，还题中醉字。'泉洌而酒香'，《泊宅编》云，东坡书此文改'泉洌而酒香'作"泉香而酒洌"。按。例转列句响，亦本《月令》'水泉必香'也。'树林阴翳'三句，无此一层即意味索然。'然而禽鸟知山林之乐'至末，逐层带转，兼取派上之意。

——何焯《义门读书记》卷三十八

2. 自来文人学士，请官栖迟，未有不放怀山水，以寄其幽思。而或抑郁过甚，而辱之以愚；抑或美恶横生，而盖之于物；又或以物悲喜，而古人忧乐绝不关心；甚或闻声感伤，而一己心思，托于音曲。凡此有山水之情，无山水之乐，而皆不得为谪官之极品也。六一公之守滁也，尝与民乐岁物之丰，而兴幸生无事之感。故其篇中写滁人之游，则以'前呼后应'，'伛偻提携'为言，以视忧乐之不关心者何如也？至其丝竹不入，而欢及众宾；禽鸟闻声，而神游物外。绝无沦落自伤之状。而有旷观自得之情。是以乘兴而来，尽兴而返，得山水之乐于一心，不同愚者之喜笑眷慕而不能去焉。然此记也，直谓有文正之规勉，无白傅之牢愁；有东坡之超然，无柳子之抑郁。岂不可哉？岂不可哉？

——李扶九《古文笔法百篇》卷六

3. 呜呼！盛衰之理，虽曰天命，岂非人事哉！原庄宗之所以得天下，与其所以失之者，可以知之矣。世言晋王之将终也，以三矢赐庄宗而告之曰："梁，吾仇也。燕王，吾所立；契丹与吾约为兄弟；而皆背晋以归梁。此三者，吾遗恨也。与尔三矢，尔其无忘乃父之志！"庄宗受而藏之于庙。其后用兵，则遣从事以一少牢告庙，请其矢，盛以锦囊，负而前驱，及凯旋而纳之。方其系燕父子以组，函梁君臣之首，入于太庙，还矢先王，而告以成功，其意气之盛，可谓壮哉！及仇雠已灭，天下已定，一夫夜呼，乱者四应，仓皇东出，未及见贼而士卒离散，君臣相顾，不知所归；至于誓天断发，泣下沾襟，何其衰也！岂得之难而失之易欤？抑本其成败之迹，而皆自于人欤？《书》曰："满招损，谦受益。"忧劳可以兴国，逸豫可以亡身，自然之理也。故方其盛也，举天下之豪杰，莫能与之争；及其衰也，数十伶人困之，而身死国灭，为天下笑。夫祸患常积于忽微，而智勇多困于所溺，岂独伶人也哉！作《伶官传》。

——北宋欧阳修《五代史伶官传序》

周敦颐《爱莲说》

水陆草木之花,可爱者甚蕃。晋陶渊明独爱菊。自李唐来,世人盛爱牡丹。予独爱莲之出淤泥而不染,濯清涟而不妖,中通外直,不蔓不枝,香远益清,亭亭净植,可远观而不可亵玩焉。

予谓菊,花之隐逸者也;牡丹,花之富贵者也;莲,花之君子者也。噫! 菊之爱,陶后鲜有闻。莲之爱,同予者何人? 牡丹之爱,宜乎众矣。

(刘盼遂,郭预衡:《中国历代散文选》,北京出版社,2002)

作品简介

周敦颐(1017—1073),北宋思想家、哲学家,是学术界公认的理学派开山鼻祖。这篇散文通过对莲花"出淤泥而不染,濯清涟而不妖"的赞赏,表明了作者的人格理想和追求。

导读指要

著名的理学家周敦颐为人清廉正直,襟怀淡泊,平生酷爱莲花。宋熙宁四年(公元 1071 年)周敦颐来星子任南康知军。他在军衙东侧开挖了一口池塘,全部种植荷花。每当公余饭后,他或独身一人,或邀三五幕僚好友,于池畔赏花品茗,并写下了一篇脍炙人口的散文《爱莲说》。《爱莲说》虽短,但字字珠玑,历来为人所传诵。朱熹作诗道:闻道移根玉井旁,花开十里不寻常;月明露冷无人见,独为先生引兴长。"出淤泥而不染,濯清莲而不妖",这是全文的中心题意。古人写文一般都是借物抒怀,同样的一句话,都有二层意思,一层喻物,一层抒怀。同样,"出淤泥而不染,濯清莲而不妖"也有第二层抒怀意思。他说的意思就是:官场黑暗,要在官场上保持自己高洁的品格,就如同莲花出淤泥而不染。

这篇文章可分为二部分:前一部分对莲花高洁的形象极尽铺排描绘之能事;第二部分则揭示了莲花的比喻义,分评三花,并以莲自况,抒发了作者内心深沉的慨叹。作者起笔说:"水陆草木之花,可爱者甚蕃。"选用"可爱"二字,包罗群芳,表明托物寄兴,并不刻意求工,极见其立言斟酌之妙。接着叙说"晋陶渊明独爱菊"。陶渊明不肯为五斗米折腰,解绶归隐后,饮酒赋诗,安享"采菊东篱下,悠然见南山"的田园逸趣。"独爱菊",显示渊明雅致芬芳,傲然物外的性格,而且更加明确了题意:陶渊明可以爱菊抒怀,我怎不可独爱莲呢? 继写"自李唐来,世人甚爱牡丹",写了唐人,特别是统治阶级"甚爱牡丹"的好尚,这几句像是重复,但实为加深语意也,而且此句入文,让对比感更为强烈,为其求莲之高洁铺下了引子。大意是周敦颐本人独爱莲与晋陶渊明的爱菊避世不同,为保持一份高洁,宁愿终老南山。他要在尘世中当个出淤泥而不染的君子。这种在污世保持清白与独自避世求真的心态,与众人皆羡富贵(牡丹)的从众心态是有着思想境界上本质的区别的。这为爱莲说所要表达的"出淤泥而不染"作了最好的铺垫。然后作者撇开一笔说,让那班人爱其所爱吧,"予独爱莲之出淤泥而不染,濯清涟而不妖,中通外直,不蔓不枝,香远益清,亭亭净植,可远观而不可亵玩焉"。这一连串铺叙,对莲花挺拔秀丽的芳姿,清逸超群的令德,特别是可敬而不可侮慢的嵚崎磊落的风范,作了有力的渲染。这几句隐喻作者本身具有"出淤泥而不染,濯清莲而不妖"的高尚品格。实际上,这也是他为官为人的态度。接下来,作者对三种花象征的不同性格进行了比较和品评:"予谓菊,花之隐逸者也;牡丹,花之富贵者也;莲,花之君子者也。"本来,花是不具备人格的,但在作者眼里,莲花近于菊,却不像菊那样清高冷傲,似乎是逃避现实的隐者;它更不像牡丹那样妍丽妖冶,以富贵媚人。莲花出于污浊现实而不受沾染,受清水洗濯而不显妖冶,实为百花丛中的贤君子。另外,莲花又是佛教中的圣物,如来、观音均以莲花为座。唐释道世《三宝敬佛》云:"故十方诸佛,同出于淤泥之浊;三身正觉,俱坐于莲台之上。"作者《题莲》诗也云:"佛爱我亦爱,清香蝶不偷。一般清意味,不上美人头。"与这篇小品参照,情趣相得益彰。最后,作者评花进而对"爱"也作出评价:"噫!菊之爱,陶后鲜有闻;莲之爱,同予者何人? 牡丹之爱,宜乎众矣!"深深地慨叹:当今之世真隐者少,有德者寡,而趋炎附势钻刺富贵之门的小人比比皆是;这莽莽红尘,能有几个志同道合之人,共同去根治这社会痼疾呢? 这里先用花进行比喻,让花的特性喻人,虽平淡,但比喻帖切,然后借花喻人,将陶渊明的避世,世人皆追求荣华富贵的心态描写的淋漓尽致。这里,周敦颐是高傲的。作者通过对莲花的爱慕与礼赞,表明了自己对美好理想的憧憬,对高尚情操的崇奉,和对庸劣世态的憎恶。

字句疏解

1. 爱莲说:"说"为一种议论文的文体,可以直接说明事物或论述道理,也可以借人、借事或借物的记载来论述道理。

2. 水陆草木之花,可爱者甚蕃:蕃,(草木)茂盛,这里指繁多。

3. 予独爱莲之出淤泥而不染,濯清涟而不妖:濯(zhuó),洗涤;清涟(lián),水清而有微波,这里指清水;妖,美丽而不端庄。

4. 中通外直,不蔓不枝:(它的茎)中间空,外面直,不生枝蔓,不长枝节,意思是不牵牵连连、枝枝节节。

5. 香远益清,亭亭净植,可远观而不可亵玩焉:植,挺立;可,只能;亵(xiè),亲近而不庄重。

6. 予谓菊,花之隐逸者也;牡丹,花之富贵者也;莲,花之君子者也:隐逸者,隐居的人。

7. 菊之爱,陶后鲜有闻:菊之爱,对于菊花的喜爱,之,语气助词,的;陶后,陶渊明之后；鲜(xiǎn)，少。

8.莲之爱，同予者何人：同予者何人，像我一样的还有什么人呢？

9.牡丹之爱，宜乎众矣：爱牡丹的人，看来有很多吧。

思考讨论题

体会作者不慕名利、洁身自好、保持气节和高尚品德的生活态度。

扩展阅读

1.闻道移根玉井旁，花开十里不寻常；月明露冷无人见，独为先生引兴长。

——[宋代]朱熹《题爱莲说》

2.隆冬凋百卉，江梅历孤芳。如何蓬艾底，亦有春风香。纷敷翠羽帔，温艳白玉相。黄冠表独立，淡然水仙装。弱植晚兰苏，高标摧冰霜。湘君谢遗褋，汉水羞捐珰。嗟彼世俗人，欲火焚衷肠。徒知慕佳冶，讵识怀贞刚？凄凉柏舟誓，恻怆终风章。卓哉有遗烈，千载不可忘。

——[宋代]朱熹《赋水仙花》

王安石《元日》

爆竹声中一岁除，春风送暖入屠苏。
千门万户曈曈日，总把新桃换旧符。

(钱钟书《宋诗选注》，三联书店，2002)

作品简介

王安石(1021—1086)，字介甫，号半山，人称半山居士。庆历二年(1042年)进士。嘉祐三年(1058年)上万言书，提出变法主张。宋神宗熙宁二年(1069年)任参知政事，推行新法。次年拜同中书门下平章事。熙宁七年(1074年)罢相，次年复任宰相；熙宁九年(1076年)再次罢相，退居江宁(今江苏南京)半山园，封舒国公，不久改封荆，世称荆公。卒谥文。王安石潜心研究经学，著书立说，被誉为"通儒"，创"荆公新学"，促进宋代疑经变古学风的形成。哲学上，用"五行说"阐述宇宙生成，丰富和发展了中国古代朴素唯物主义思想；其哲学命题"新故相除"，把中国古代辩证法推到一个新的高度。曾与其子王雱及吕惠卿等注释《诗经》《尚书》《周官》，时称《三经新义》。其文雄健峭拔，为"唐宋八大家"之一；诗歌遒劲清新。今存《王临川集》《临川集拾遗》，后人辑有《周官新义》《诗义钩沉》等。

1067年宋神宗继位，起用王安石为江宁知府，旋即诏为翰林学士兼侍讲，1068年，神宗召王安石"越次入对"，王安石即上书主张变法。次年任参知政事，主持变法。同年新年，王安石见家家忙着准备过春节，联想到变法伊始的新气象，有感创作了此诗。作品描写新年元日万象更新的景象,赞美新事物的诞生如同"春风送暖",带给百姓的一片光明,强调了"总把新桃换旧符"这一深刻哲理。

导读指要

这是一首写古代迎接新年的即景之作,作者敏感地摄取老百姓过春节时的典型素材,抓住有代表性的生活细节:点爆竹,饮屠苏酒,换新桃符,充分表现出年节的欢乐气氛。"爆竹声中一岁除,春风送暖入屠苏。"逢年遇节燃放爆竹,这种习俗古已有之,一直延续至今。古代风俗,每年正月初一,全家老小喝屠苏酒,然后用红布把渣滓包起来,挂在门框上,用来"驱邪"和躲避瘟疫。第三句"千门万户曈曈日",承接前面诗意,是说家家户户都沐浴在初春朝阳的光照之中。结尾一句描述转发议论。挂桃符,这也是古代民间的一种习俗。王安石当时正出任宰相,推行新法。正如眼前人们把新的桃符代替旧的一样,要革除旧政,施行新政。这首诗赞美新事物的诞生如同"春风送暖"那样充满生机;"曈曈日"照着"千门万户"。结尾一句"总把新桃换旧符",表现了诗人对变法胜利和人民生活改善的欣慰喜悦之情,其中也含有深刻哲理。

字句疏解

1. 元日:农历正月初一。

2. 爆竹声中一岁除,春风送暖入屠苏:爆竹,古人烧竹子时使竹子爆裂发出的响声,用来驱鬼避邪,后来演变成放鞭炮;一岁除,一年已尽,除,逝去;屠苏,指屠苏酒,饮屠苏酒也是古代过年时的一种习俗,大年初一全家合饮这种用屠苏草浸泡的酒,以驱邪避瘟疫,求得长寿。

3. 千门万户曈曈日,总把新桃换旧符:曈曈,日出时光亮而温暖的样子;桃,桃符,古代一种风俗,农历正月初一时人们用桃木板写上神荼、郁垒两位神灵的名字,悬挂在门旁,用来压邪。

思考讨论题

分析这首诗的古诗描述的景象,体会"屠苏"、"旧符"等词语的作用。

扩展阅读

京口瓜洲一水间,钟山只隔数重山。春风又绿江南岸,明月何时照我还。

——[宋代]王安石《泊船瓜洲》

苏轼《江城子·乙卯正月二十日夜记梦》

十年生死两茫茫,不思量,自难忘。千里孤坟,无处话凄凉。纵使相逢应不识,尘满面，鬓如霜。

夜来幽梦忽还乡，小轩窗，正梳妆。相顾无言，惟有泪千行。料得年年肠断处，明月夜，短松冈。

（《苏轼全集校注》河北人民出版社，2010）

作品简介

苏轼（1037——1101）字子瞻，号东坡居士，眉州眉山（今四川眉山市）人。宋仁宗嘉祐二年（1057）进士。因上书言王安石新法之弊，受新党打击，先后任密州、徐州、湖州知州。元丰二年（1079）遭"乌台诗案"下狱，出狱后贬为黄州团练副使。哲宗即位后被召还朝，累迁中书舍人、翰林学士、知制诰、礼部尚书。又因批评旧党尽废新法而受排斥，出知杭州、颍州、扬州、定州。绍圣初年复行新法，坐元祐党籍，被远谪惠州（今广东惠州市）、儋州（今海南儋县）。徽宗时获大赦北还，途经常州时病逝。高宗时追赠太师，谥"文忠"。他政治上较为保守，但实事求是，地方官任上政绩卓著。苏轼是两宋文坛上成就最高的文学家，文学上力主革新，散文与欧阳修并称"欧苏"，是唐宋八大家之一；诗与黄庭坚并称"苏黄"；词与辛弃疾并称"苏辛"；善书（"宋四家"之一）工画，是中国历史上的文化巨匠。著作极为宏富，今有《苏轼全集校注》。

这首词是苏轼为悼念亡妻王弗而作，时值神宗熙宁八年（1075），作者在山东密州知州任上，年三十九岁。王弗是苏轼的原配夫人，十六时与作者结婚，二人甚为恩爱。惜皇天不佑，华岁而亡，年仅二十七岁。亡后，苏轼极其悲痛，曾为之作《亡妻王氏墓志铭》。（原文见"扩展阅读"）文中重点记述了她的贤惠聪明和见识非凡，表达了作者深深的怀恋之情。其开头的介绍部分与词的写作背景直接相关："治平二年（1065）五月丁亥，赵郡苏轼之妻王氏卒于京师。六月甲午，殡于京城之西。其明年六月壬午，葬于眉之东北彭山县安镇乡可龙里先君、先夫人墓之西北八步。"作者作此词时，王弗已辞世十年。

导读指要

《江城子·记梦》是一篇著名的悼亡词。"悼亡"一词本指悼念亡者，这个意义上的悼亡之作在《诗经》中就已出现。西晋潘岳因妻子死亡而作《悼亡诗三首》，影响极大，从此"悼亡"便成为悼念亡妻的专称。在"悼亡诗"的历史上，最著名的是潘岳和唐代元稹的作品。苏轼的这首《江城子·记梦》则是诗歌史上的第一首悼亡词，是当今流传最广的古代诗歌作品之一。

这首词以《记梦》为题，但梦境只占其中的一个片段。全词由"梦前相思"、"梦中相会"、"梦醒感伤"三部分构成。词的上片写"梦前相思"。"十年生死两茫茫，不思量，自难忘。"开头三句排空而下，直诉相思悲情：十年离别，你在时间的那头，我在时间的这边；生死相隔，你在阴间的那边，我在阳世的这端；望穿双眼，时空茫茫，两不可见。也许是觉得字义太过明显的缘故，各注家对"不思量，自难忘"二句均不作解释，其实字义最浅处往往最难讲透，并没有谁真正讲清楚过"不思量，自难忘"这六个字是什么意思。甚至还有论者作出"尘世匆忙，不可能经常想起你，但也没有忘记你"这样荒唐的解说。愚以为有一首唱父女之情的流行歌曲《酒干倘卖无》，其中有两句能够作为这六个字的最好注脚："从来不需要想起，永远也不会忘记。"只有至亲的亲人如父母与子女、夫妻之间才能达到这样的境界，由于亲密无间、日夕相处，所以从来不需要去"思量"（想起），但是自然也永不会忘记。词人在这里表达的正是这样一种已经渗入骨髓、溶于血液、自然而然的境界：尽管我与你茫不可见，但其实你每天都在我身边，我根本不需要去"思量"你，自然也不可能忘记你。然而，你毕竟在"千里"之外的"孤坟"，我满腹的"凄凉"话到哪里去向你诉说呢？据苏轼所作《墓志铭》，王弗随丈夫在任所，"日以先君之所以戒轼者相语"；非常善于识人，丈夫会客，她"立屏间听之"，随后向丈夫对来客的人品作出评判，"已而果然"；"将死之岁，其言多可听，类有识者"。她简直就是丈夫的守护神，"千里孤坟，无处话凄凉"就是词人对已逝守护神的深情呼唤。不过，就算能够再次相逢，料想你再也认不出我了，十年艰辛岁月，我早已形容枯槁，面目黧黑，两鬓如霜了！这种改变不仅是自然岁月的留痕，更是人生遭遇的印记，词人在这种绝望的"纵使相逢"的假设中，向亡妻倾诉了自己的沉痛。词的上半片，看似一气相贯，顺势而下，并无顿挫，但其实暗含着这样三层转折跌宕，有明显的层次感和错落感。

下片的前段写"梦中相会"，除"夜来幽梦忽还乡"一句叙述外，由"小轩窗，正梳妆"和"相顾无言，惟有泪千行"两个非常单纯的画面组成。这两个画面非常像两个影视镜头渐次展开：作者梦回故乡，首先看到的是妻子在小窗前化妆的镜头，这应该是新婚不久的景象。作者十八岁成婚，二十岁进京应试，之后除在故乡丁忧外，其余则携妻任所，所以对妻子在故乡印象最深的就是新婚后的形象，这是她最美的形象。今天，这一景象又再次呈现眼前，这依稀当年的场景多么熟悉，这是心中永恒的定格！接着，镜头转向第二个场景：当她感觉到似乎有人进来时，转过身来，便出现了凝固的一幕：四目相顾，没有语言，没有动作，没有声响，只有"泪千行"的神情特写。这个"泪千行"的特写包含什么？包含错愕、惊喜、沉痛、怨恨、无从说起、气结声喑？还是什么也不包含，只显出脑中的一片空白？这个"无言"的特写远胜于柳永的"无语凝噎"，是真正的"此时无声胜有声"，正是它，把死别的痛苦、相思的深情、人生的凄凉推到了全词的高潮。"料得年年肠断处，明月夜，短松冈。"这最后三句写"梦醒感伤"：梦醒之后，推己及人，料想妻子也是年年在千里之外的孤坟思念丈夫，以致肝肠寸断。词人化用孟棨《本事诗》"欲知肠断处，明月照孤坟"的典故，把想象中妻子思念自己的心理行为，化为一幅清冷的图画：深冬寒夜，一轮明月孤悬天宇，长满矮松的山坡上，一位少妇茕茕孑立，脸上挂满泪珠，举首凝望着遥远的北方,那是自己丈夫的所在。这又是一幅"无言"的画,是凝固于词人心中的一幅画,也是凝固于读者眼中的一尊雕塑,感动着一代又一代的人们。

　　这首词在写作上并没有什么特别讲究的地方,可以明显地看出,作者写它时根本不是着意要创作一篇完美的艺术作品,而完全是受感情的驱使,有一股不可抑制的情感需要向亡妻倾吐,因此它完全出于自然,完全由作者的真情和天才铸成,顺笔写来,便成佳章。情到至深便动人,它的基本表现手法就是最普通的直抒胸臆,白描的手段,朴素的言辞,没有刻意的经营布局,没有巧妙的比喻兴寄,没有精心的锤炼推敲,这一切反而造就了它自然真切、感人至深的艺术风格。也许因为它没有其它著名的悼亡诗词那样含蓄蕴藉,甚至还有并非有意经营的重复用字(如"不"、"千"、"无"、"相"、"年")等,所以古代学者很少有人关注这首词。但随着时代的迁移,传统意义上的艺术形式因素被历史所过滤,而其充盈滂沛的真情却积淀升华,成为最打动人心的艺术力量。因此这首词到近现代以来,反而受到众多学人的、亿万读者的极大关注和由衷喜爱,几乎达到了家喻户晓、妇孺皆知的程度,表现出巨大的跨时代的超跃性。作品在表达怀念深情的同时,将作者的身世之感打并入词。"纵使相逢应不识,尘满面,鬓如霜"三句,向亡妻倾诉了世事坎坷、人生潦倒的凄凉。苏轼因反对王安石的新政,在政治上遭到排斥打击,故而外贬杭州、密州,一直心情郁闷。这里把人生失意的身世之感和怀念亡妻的沉痛之情糅合于一体,加大了作品的厚重感。在具体表现上,主要采取以梦写情(梦前、梦中、梦后)和以景衬情(明月、短松、山冈)的方法。还有明显的一点,就是采用"悬想"的方式"从对面写来",设想"纵使相逢应不识",设想"年年肠断""短松冈"。这同杜甫《月夜》"今夜鄜州月,闺中只独看"和柳永《八声甘州》"想佳人、妆楼颙望,误几回、天际识归舟"都是一样的写法,都是"虚景实写",把悬想中的虚拟场景当作实有景象来摹写,获得了虚实相映的突出艺术效果。

字句疏解

　　1. 江城子:词牌名,又名《江神子》。出自晚唐五代酒令,原为单调,至宋苏轼始变为双调。乙卯:宋神宗熙宁八年(1075)。

　　2. 十年生死两茫茫,不思量,自难忘。千里孤坟,无处话凄凉:十年,苏轼原配王弗于治平二年(1065)去世,至此已十年。生死,指一个还活着,一个已死亡。茫茫,没有边际,此兼指时间的久远和空间的辽远。思量,想念。千里孤坟,王弗葬地在眉州彭山县,与苏轼任所密州相隔遥远,故称"千里"。

　　3. 纵使相逢应不识,尘满面,鬓如霜:纵使,即使。应,应该,表设想。尘满面,形容面容憔悴鬓黑。

　　4. 夜来幽梦忽还乡,小轩窗,正梳妆。相顾无言,惟有泪千行:幽梦,隐约的梦境。轩窗,窗户。顾,看。

5.料得年年肠断处,明月夜,短松冈:料得,料想、想来。短松,矮松。孟棨《本事诗·徵异》:"欲知肠断处,明月照孤坟。"

思考讨论题

你如何看待作者在词中所抒发的人生情感?

扩展阅读

1.昔日戏言身后意,今朝都到眼前来。衣裳已施行看尽,针线犹存未忍开。尚想旧情怜婢仆,也曾因梦送钱财。诚知此恨人人有,贫贱夫妻百事哀。

——[唐代]元稹《遣悲怀三首》其二

2.治平二年(1065)五月丁亥,赵郡苏轼之妻王氏卒于京师。六月甲午,殡于京城之西。其明年六月壬午,葬于眉之东北彭山县安镇乡可龙里先君、先夫人墓之西北八步。轼铭其墓曰:君讳弗,眉之青神人,乡贡进士方之女。生十有六年而归于轼,有子迈。君之未嫁,事父母;既嫁,事吾先君、先夫人,皆以谨肃闻。其始,未尝自言其知书也,见轼读书,则终日不去,亦不知其能通也。其后,轼有所忘,君辄能记之。问其它书,则皆略知之,由是始知其敏而静也。从轼官于凤翔,轼有所为于外,君未尝不问知其详。曰:"子去亲远,不可以不慎。"日以先君之所以戒轼者相语也。轼与客言于外,君立屏间听之,退必反复其言,曰:"某人也,言辄持两端,惟子意之所向,子何用与是人言!"有来求与轼亲厚甚者,君曰:"恐不能久。其与人锐,其去人必速。"已而果然。将死之岁,其言多可听,类有识者。其死也,盖年二十有七而已。始死,先君命轼曰:"妇从汝于艰难,不可忘也。他日汝必葬诸其姑之侧。"未期年,而先君没。轼谨以遗令葬之。铭曰:君得从先夫人于九原,余不能,呜呼哀哉!余永无所依怙,君虽没,其有与,为妇何伤乎?呜呼哀哉!

——[宋代]苏轼《亡妻王氏墓志铭》

3.重过阊门万事非,同来何事不同归?梧桐半死清霜后,头白鸳鸯失伴飞。原上草,露初晞。旧栖新垅两依依。空床卧听南窗雨,谁复挑灯夜补衣?

——[宋代]贺铸《鹧鸪天》

4.怕愁贪睡独开迟,自恐冰容不入时。故作小红桃杏色,尚余孤瘦雪霜姿。寒心未肯随春态,酒晕无端上玉肌。诗老不知梅格在,更看绿叶与青枝。

——[宋代]苏轼《红梅》

5.花褪残红青杏小。燕子飞时,绿水人家绕。枝上柳绵吹又少,天涯何处无芳草?墙里秋千墙外道。墙外行人,墙里佳人笑。笑渐不闻声渐悄,多情却被无情恼。

——苏轼《蝶恋花.春景》

苏轼《念奴娇·赤壁怀古》

　　大江东去,浪淘尽、千古风流人物。故垒西边,人道是、三国周郎赤壁。乱石崩云,惊涛裂岸,卷起千堆雪。江山如画,一时多少豪杰!

　　遥想公瑾当年,小乔初嫁了,雄姿英发。羽扇纶巾,谈笑间、樯橹灰飞烟灭。故国神游,多情应笑我,早生华发。人生如梦,一尊还酹江月。

(《苏轼全集校注》河北人民出版社,2010)

作品简介

　　念奴娇:词牌名。又有"醉江月"、"百字令"、"杏花天"等十几个名称。念奴是唐天宝年间著名歌妓,调名本此。

　　苏轼写作这首词时谪居黄州,年四十六岁左右。元丰二年(1079),苏轼因"乌台诗案"被捕入狱,险遭杀戮,经众人营救,于元丰三年(1080)二月被贬为黄州(今湖北黄冈)团练副使。被贬黄州期间,潦倒无聊,故时常游山玩水以寄情,成就了他在创作上最辉煌的时期。这首词是他游览赤壁时所作,距初贬黄州已两年余。此处的赤壁是指黄州赤壁。北宋朱彧《萍州可谈》载:"孙权破曹操于赤壁,今沔、鄂间皆有之。黄州徙治黄冈……州治之西,距江名赤鼻矶。俗呼'鼻'为'弼',后人往往以此为赤壁……东坡词有'人道是周郎赤壁'之句,指赤鼻矶也。坡非不知自有赤壁,故言'人道是'者,以明俗记耳。"

导读指要

　　《江城子·记梦》和《蝶恋花·春景》是苏轼著名的婉约词,而这首《念奴娇·赤壁怀古》则是其豪放词最著名的代表作。

　　从《赤壁怀古》这个词题,即可知道这是一首怀古词。然而,从传统来看,怀古并不是词所表现的题材。从晚唐五代到北宋中期,词始终被视为纯娱乐性的"小道",文人只以写诗馀力和游戏态度为之,故题材内容不出儿女情长、离合悲愁,即所谓"艳科";风格不出柔媚纤巧。其间虽亦有范仲淹《渔家傲》等苍凉刚健之作,但仅属个别现象。"怀古"虽是中国文学最古老的题材之一,但它一直属于诗文领域,特别是大量的怀古诗,借凭吊历史事件、历史人物、历史陈迹以寄兴、抒情、言志。而《念奴娇·赤壁怀古》却把怀古诗的内容、手法搬到了词中,这就是苏轼的"以诗为词"。所谓"以诗为词",是指以写诗的态度来填词,将诗的题材、内容、手法、风格等引入词的领域,开拓新的词境,提高词的格调。这主要归功于(或归过于)苏轼,他把传统的词变成了李清照批评的"句读不葺之诗","无意不可入,无事不可言",(刘熙载《艺概·词概》)既写传统的男女恋情、离合悲欢,又突破"艳科"范围,将通常只在诗中出现的内容移入词中,如:田园风情、山水景物、人生志趣、怀古感今、咏物记事等。他的这种作法尽管有不少争议，也确实在一定程度上消解了词与诗的区别，削弱了词固有的艺术个性，但从词的发展史来看，苏词这种开拓性题材，扩大了词的表现功能，开拓了词境，"将传统的表现女性化的柔情之词变革为表现男性化的豪情之词，将传统上只表现爱情之词变革为表现性情之词，使词像诗一样可以充分表现作者的性情怀抱和人格个性"。（袁行霈《中国文学史》）《念奴娇·赤壁怀古》一词将自己的精神世界向外部世界拓展，把眼前的山水、古代的陈迹和遥远的历史人物、事件杂糅于一体，通过自然和历史两方面来感悟人生，以宏大的时空、悠远的历史、壮阔的景物来表达人生感慨，最典型地代表了他"以诗为词"的特点和对词境的开拓。

我们可以用"三雄"来概括《念奴娇·赤壁怀古》这首词的内容：雄阔之景、雄豪之人、雄壮之事。所谓"雄阔之景"即赤壁一带大江奔涌、峭壁插空的雄伟阔大之景。词的上片歌咏赤壁。"大江东去"四字劈空而起，看似太过简单，却是用极为简洁的语言凝聚了万里长江奔流直下、所向无敌的特点，像李白"黄河之水天上来"一样，气势豪壮，雄视千古，成为无以超越的名句。"浪淘尽、千古风流人物"二句表明，大江的波涛代表着自然、时间的伟力，无情地冲刷、淘洗着一切，历史上一代又一代了不起的英雄豪杰尽数都被席卷而去，至多留下一些依稀的遗迹。"故垒西边，人道是、三国周郎赤壁"，就是这样的遗迹，还能引起人们对三国时代周郎与赤壁大战的追忆。这开头几句，就时跨古今，地包万里，把浩荡江流与千古历史并收笔下，联成一体，形成了一个自然与历史糅合的雄阔悠远的时空背景，气势恢宏，为随后的景物描写开辟了空间，为下片的历史咏叹埋下了伏笔。"乱石崩云，惊涛裂岸，卷起千堆雪"三句，以极为凝练而雄奇之笔描写了赤壁险峰耸立、怒涛翻卷的景色，营造了一幅惊心动魄的奇险境界，令人心神俱动，也为下文众多英雄人物的出场渲染了气氛。各版本中还有"乱石穿空"、"惊涛拍岸"的文字差异，但终不及"崩云"、"裂岸"更有气势。"江山如画"一句对上文的山水描写作出收束总结；"一时多少豪杰"则又由自然转向历史，用一句赞叹囊括了对赤壁之战中众多英雄豪杰的向往仰慕之情，又为下片重点咏叹周郎作出了铺垫。这两句是上、下片转折的枢纽。阅读上片，要特别关注到一点：虽然写景突出，但却是立足于怀古，立足于历史，是自然与历史的结合，不能简单地归结成"上片写景"。所谓"雄豪之人"、"雄壮之事"即周瑜和赤壁大战。词的下片即追怀二者，并抒发由此引发的人生感慨。说"雄豪之人"与"雄壮之事"，只是分而言之，词中实际是融于一体的。"遥想公瑾当年，小乔初嫁了，雄姿英发。羽扇纶巾，谈笑间、樯橹灰飞烟灭。"东坡先生不愧是天才词人，运笔挥洒自如、举重若轻。他写周郎之雄豪，并不写其坚毅果敢、大智大勇，或者运筹帷幄、决胜疆场，而只以闲散之笔旁枝斜出，写其新婚初始的年轻英俊、丰姿潇洒和临战之时的儒雅风流、谈笑自若；写赤壁大战不写过程之惊险、场面之壮伟、厮杀之惨烈，而只以战果辉煌的"樯橹灰飞烟灭"一语尽之。这种以举重若轻之笔写举重若轻之战,真正是达到了出神入化的境地!有论者考证周郎成婚在建安三年(198),年24岁,到赤壁之战时已过10年,而"小乔初嫁了"是有意将"十年间的事集中到一起写"。这跟考证上片中"人道是"一语,想证明词人是否知道真赤壁一样,恐怕是过于学究气了。坡公在这里是填词而非作史书,他何须考证赤壁真假,又何须考证周郎何时成婚。"赤壁何须问何处?东坡本是借山川。"(清朱日浚《赤壁怀古》)同样,他需要突出周郎的年轻有为,哪里还用得着去管周郎实际多大。宋代笔记记载,苏轼考进士的策论中有"皋陶为士,将杀人。皋陶曰杀之三,尧曰宥之三"的话,主考官欧阳修、梅尧臣非常赞赏但不知其出处,后来问苏轼,他答道:"想当然耳,何必须要有出处?"试想,作策论尚且如此,填词更何待言!最后一节,词人跳出对周郎和赤壁之战的追怀,抒发自己的感慨:因身游赤壁,便"神游"前朝"故国",该有人笑我太过"多情"。所谓"多情",就是多愁善感;因为多愁善感,故而"早生华发"。其中似乎包有极深感慨,作者虽未明言,但联系上下自应了然:何人发笑?或为周郎,或为世人。缘何发笑?周郎新婚年少,奇勋盖世,名垂千秋;苏轼垂垂老矣,功业无成,身类囚徒。两相比较,相差何止千万!由此可见,词中追怀周郎,实乃寄寓壮志未酬、岁月蹉跎的郁愤和感慨。"多情应笑我"之句,语似轻淡,意却沉痛,蕴含着对古人的倾慕,对自我的悲悯。"多情"也许还包含有"枉自多情"的意味。元丰四年(1081)十一月,宋朝五路大军讨西夏,为西夏所破,损兵折将三十余万,作者还为此写诗作文。有论者认为此词即因此次溃败而作。国家有危难,战时思良将,大破曹操的周郎自然就进入词人的视野。作为富于浪漫情怀的文人,他是不是又起了"会挽雕弓如满月,西北望,射天狼",(《江城子·密州出猎》)"为君谈笑静胡沙"(李白《永王东巡歌》)的豪情壮志?然而看看自己被人管制的处境,这岂不是为人所笑的"枉自多情"?怀想至此,难免满腹凄凉,自伤身世。然而环顾天地,俯视大江,千古风流人物如周郎者,也同样被大浪淘尽,那么自己一介微末之士的荣辱穷达又何足道哉!从天地宇宙的角度观察,丰功伟业与碌碌人生最终都归于尘埃,实质并无区别。如此说来,"世事一场大梦,人生几度秋凉"(《西江月》),汲汲于功名富贵岂不是自我拘执?所以,词人最终用庄子的达观哲学化解了人生痛苦,以"人生如梦,一尊还酹江月"收束:将一杯人生之酒浇奠于大江之中、山月之下,让自己的生命与江月、与自然融为一体,让自己的精神进入一种超然自适的自由境界。在一些人看来,这只不过是一种自我安慰、自我解脱,甚至有人用词更刻薄一些,说是自我麻醉。那么他应该怎么做?是沉湎于痛苦中而不去自拔、呼天抢地,还是像曾经盛行的阶级论者的认为,他应该奋起抗争?

《念奴娇·赤壁怀古》素来被视为豪放词的典型代表。但也有论者认为该词思想上丧失了反抗精神,变成了旷达自适,言辞上不是大声宣泄、激昂陈词,完全谈不上豪放。其实豪放是一种风格类型,它并不取决于思想,同所谓反抗精神更无必然联系,言辞也不一定要"大声"、"激昂"。从美学上说,豪放应该属于"壮美"的范畴。

《赤壁怀古》一词描写的是雄奇壮伟的自然景观,咏叹的是波澜壮阔的历史争斗,抒发的是跌宕起伏的融自然、历史、人生于一体的深沉感慨。在艺术表现上,它写得气势恢宏、大气磅礴,有雷霆万钧之势、撼人心魄之力,古人有"如雷大使之舞"、"挟海上风涛之气"的比喻。这完全是一幅壮美无比的自然、历史画卷,何以它就不是豪放呢?

字句疏解

1.大江东去,浪淘尽、千古风流人物:大江,指长江。淘,冲洗、冲刷。风流人物:杰出的历史名人。

2.故垒西边,人道是、三国周郎赤壁:故垒,旧时的营垒。周郎,指三国东吴名将周瑜,年二十四为中郎将,掌管重兵,吴中皆呼为"周郎"。赤壁以周瑜著名,故称周郎赤壁。

3.乱石崩云,惊涛裂岸,卷起千堆雪。江山如画,一时多少豪杰:乱石崩云,陡峭的石壁插破云层;崩云,使云彩崩裂,一作"穿空"。裂岸,撞裂、撕裂江岸;一作"拍岸"。雪,比喻浪花。

4.遥想公瑾当年,小乔初嫁了,雄姿英发:公瑾,周瑜字公瑾。小乔,周瑜妻子;乔本作"桥"。《三国志·吴志·周瑜传》载,周瑜从孙策攻皖,"得桥公两女,皆国色也。策自纳大桥,瑜纳小桥"。了,各注家对"了"字的正误,应属上句还是下句争议甚多,此处不作辨析。雄姿,体貌雄伟。《三国志·吴志·周瑜传》:"瑜长壮有姿貌。"英发,谓言论见解卓异不凡。《三国志·吴志·吕蒙传》载孙权评吕蒙学问谋略可比周瑜,"但言议英发,不及之耳"。

5.羽扇纶巾,谈笑间、樯橹灰飞烟灭:羽扇纶(guān)巾,魏晋时人的装束,此指周瑜装束儒雅、仪态从容;羽扇,羽毛制成的扇子;纶巾,青丝制成的头巾。樯橹(qiánglǔ),指曹操的水军战船;樯,桅杆;橹,船桨。一作"强虏",又作"狂虏"。

6.故国神游,多情应笑我,早生华发:故国神游,"神游故国"的倒文;故国,旧地,指当年的赤壁战场;神游,于想象中游历。多情应笑我,"应笑我多情"的倒文。华发(fà):花白的头发。

7.人生如梦,一尊还酹江月:人生,一作"人间"。尊,酒器,也写作"樽"、"罇"。酹(lèi),以酒浇在地上祭奠。

思考讨论题

1.讲述这首词各层次的具体内容,对全篇的内容和主题作出概括。

2.谈谈你对词中所表现的作者的人生感慨、人生态度的理解。

扩展阅读

1.初到黄,廪入既绝,人口不少,私甚忧之。但痛自节俭,日用不得过百五十。每月朔,便取四千五百钱,断为三十块,挂屋梁上。平旦,用画叉挑取一块,即藏去叉。仍以大竹筒别贮用不尽者,以待宾客。此贾耘老法也。

——[宋代]苏轼《答秦太虚书》

2.后山诗话谓:"退之以文为诗,子瞻以诗为词,如教坊雷大使之舞,虽极天下之工,要非本色。"余谓后山之言过矣。子瞻佳词最多,其时杰出者,如"大江东去,浪淘尽千古风流人物"赤壁词……凡此十馀词,皆绝去笔墨畦径间,直造古人不到之处,真可使人一唱而三叹。若谓以诗为词,是大不然。子瞻自言,平生不善唱曲,故间有不入腔处,非尽如此。后山乃比之教坊司雷大使舞,是何每况愈下,盖其谬耳。

——[宋代]胡仔《苕溪渔隐丛话》后集卷二十六

3.老夫聊发少年狂,左牵黄,右擎苍,锦帽貂裘,千骑卷平冈。为报倾城随太守,亲射虎,看孙郎。酒酣胸胆尚开张,鬓微霜,又何妨? 持节云中,何日遣冯唐? 会挽雕弓如满月,西北望,射天狼。

——[宋代]苏轼《江城子》(密州出猎)

苏轼《水调歌头·中秋》

丙辰中秋,欢饮达旦,大醉,作此篇,兼怀子由。

明月几时有,把酒问青天。不知天上宫阙,今夕是何年。我欲乘风归去,又恐琼楼玉宇,高处不胜寒。起舞弄清影,何似在人间?

转朱阁,低绮户,照无眠。不应有恨,何事长向别时圆? 人有悲欢离合,月有阴晴圆缺,此事古难全。但愿人长久,千里共婵娟。

(《苏轼全集校注》河北人民出版社,2010)

作品简介

这首词是公元 1076 年(宋神宗熙宁九年)中秋作者在密州时所作。苏轼因为与当权的变法者王安石等人政见不同,自求外放,辗转在各地为官。他曾经要求调任到离苏辙较近的地方为官,以求兄弟多多聚会。公元 1074 年(熙宁七年)苏轼差知密州。到密州后,这一愿望仍无法实现。公元 1076 年的中秋,皓月当空,银辉遍地,词人与胞弟苏辙分别之后,已七年未得团聚。此刻,词人面对一轮明月,心潮起伏,于是乘酒兴正酣,挥笔写下了这首名篇。

导读指要:

在中国传统文化中,影响最大的数儒、道、佛三家。其中儒家求入世,道家讲避世,佛家修超世,三者随着时代和个人身世际遇的不同而各显其长,但最终还是以外儒内道的形式统一了起来。

中国文化或者说中国悲剧意识的一个特点,是在揭示人的生存困境的同时,更注重对这种困境的弥合。它与"天人合一"的观念相呼应,讲究的是此岸与彼岸的统一,执著与超越的统一,形而下与形而上的统一。陈子昂"念天地之悠悠","悠悠"就是永恒,就是绵延不断。在也许是没有希望的个体生命之外,还有一个永恒的"天地"。"天地"是什么?"天地"不仅是物质性的天空和大地,它还是"天道",是由"人道"升华而来的一种基本的道理。"天不变道亦不变",只要把这有限的生命融入到无限的天道当中,就可以和这无限的天道一样获得永恒。这就是隐含在"独怆然而涕下"之后的一种对个体的超越。一般来说,中国传统文化不提倡与命运的直接对抗,传统知识分子中也少有西叙福斯式的挑战命运和浮士德式的永不言败,像现代的鲁迅那样知其不可为而为之,且真正"咬定青山不放松"的,毕竟是凤毛麟角。他们追求的往往是"中和",讲究的往往是"达则兼济天下,穷则独善其身",其本质内涵则是对命运的通达、化解与超越。苏轼就是这样一位旷达的智者。

词中的"明月",意味着空间的高远,"几时有",渗透的则是时间的绵长。在中国,"月"的意象本身就具有一种深厚的历史积淀:李白有"今人不见古时月,今月曾经照古人,古人今人若流水,共看明月皆如此"(《把酒问月》)张若虚有"江畔何人初见月?江月何年初照人?人生代代无穷已,江月年年望相似"(《春江花月夜》)。这空漠的时间感,沧桑的流逝感,直接引发着某种人生感慨:月有古今,人有古今,万古不变的是月,而代代不同的是人。"把酒问青天",——要问的岂止是"明月几时有",岂止是"不知天上宫阙,今夕是何年",又岂止是"不应有恨,何事长向别时圆"。"问青天"代表了从屈原的《天问》以来,人对自己价值的一种追询:我从何处来?我到哪里去?我在宇宙中的位置,我生存的价值与意义是什么?从"把酒问青天",到"我欲乘风归去",最后还是归结到"起舞弄清影,何似在人间",这是一种超越。这是心灵经过启迪之后的超越,是"天道"与"人道"融通之后的超越。

经过了"明月几时有,把酒问青天"这样的心灵启迪和心灵洗礼,再回到人间的时候,这个"起舞弄清影"就有了新的意义和新的感觉。苏轼也"叹隙中驹,石中火,梦中身"(《行香子·清夜无尘》)。也叹"浑无处,回避衰容"(《行香子·昨夜霜风》)。然而,他能明白:"人有悲欢离合,月有阴晴圆缺,此事古难全。"——正视现实,正视命运,正视人生的缺憾,正视某些悲剧性的不可避免,承认聚散离合都自有它事在必然的道理,世间不可能有真正的圆满。正是在此前提下,才有可能求得与现实、与命运的和解。"但愿人长久,千里共婵娟"——这是对"人生如梦"的一种通达,也是对人生缺憾的一种弥合与超越。在《赤壁赋》中,面对客人"哀吾生之须臾,羡长江之无穷"的悲叹,苏子曰:"客亦知夫水与月乎?逝者如斯,而未尝往也;盈虚者如彼,而卒莫消长也。盖将自其变者而观之,而天地曾不能一瞬;自其不变者而观之,则物于我皆无尽也。而又何羡乎。"有此等超越,才可能证实自我存在的价值与合理性,才可能获得真正意义上的人格尊严。卡缪说,"失去希望,并不意味着失望",而苏轼说,"但应此心无所住,造物虽驰如吾何"(《百步洪·长洪斗落生跳波》)。"此心安处是吾乡。"(《定风波·长羡人间琢玉郎》)——他正是在这里找到了自己安身立命的根本。

可以看看他的《定风波》:"莫听穿林打叶声,何妨吟啸且徐行。竹杖芒鞋轻胜马,谁怕?一蓑烟雨任平生。料峭春风吹酒醒,微冷,山头斜照却相迎。回首向来萧瑟处,归去,也无风雨也无晴。"我们眼前是一位在风雨中铿然曳杖,吟啸徐行,对困境安之若素的哲人形象。"莫听穿林打叶声,何妨吟啸且徐行"——作者以洒脱的襟怀和澄澈的心灵,傲视自然的风风雨雨和浮世的沧桑兴废,任你"料峭春寒",任你"向来萧瑟",逆境厄运之中仍保持着对生活的热情和定力。"一蓑烟雨任平生"——何等坦荡,何等超逸!果然是"一点浩然气,千里快哉风!"(《水调歌头·快哉亭作》)

乌纳穆诺说:"受苦是生命的实体,也是人格的根源,因为唯有受苦才能使我们这些有生命的存在得以结合在一起"。生存充满了痛苦,也须有存在的勇气。为了在这个浮华扰攘的尘世中生活下去,只有超越时间长河的限定,发掘现世生活的固有乐趣,才能找回并坚守生命的意义。这在李白是"人生得意须尽欢,莫使金樽空对月","五花马,千金裘,呼儿将出换美酒,与尔同销万古愁",是"举杯邀明月,对影成三人","我歌月徘徊,我舞影零乱"。而在苏轼,则不仅有皓月清风下的起舞徘徊,狂歌呼啸,还有随缘放旷,任性逍遥,去留无意,宠辱不惊,乃至"也无风雨也无晴"——无所不安,无往不乐,拈花微笑,心开天籁。人说东坡"高处出神入天"(王灼《碧鸡漫志》),"落笔皆绝尘耳"(王若虚《滹南诗话》),这才是人生的大襟怀,大气魄,大手笔,大境界。钱锺书说:"悲剧命运实际与宿命论无关,宿命论本质上是失败主义的、消极的、导致懒散和迟钝的、逆来顺受的态度,而悲剧性反讽则存在于人在面对命运的播弄时所作的种种努力当中"。在苏轼这里,我们看到了生存的悖论与现实的抉择,看到了精神的困境与超越,也看到了中国式的生命价值的自我完成。

词句疏解

1.丙辰:指公元1076年(宋神宗熙宁九年)。这一年苏轼在密州(今山东省诸城市)任太守。

2.达旦:到天亮。

3.子由:苏轼的弟弟苏辙的字,与其父苏洵、其兄苏轼并称"三苏"。

4.把酒:端起酒杯。把,执、持。

5.天上宫阙(què):指月中宫殿。阙,古代城墙后的石台。

6.归去:回去,这里指回到月宫里去。

7. 琼(qióng)楼玉宇:美玉砌成的楼宇,指想象中的仙宫。

8. 不胜(shèng,旧时读 shēng):经不住,承受不了。胜:承担、承受。

9. 弄清影:意思是月光下的身影也跟着做出各种舞姿。弄:玩弄,欣赏。

10. 何似:何如,哪里比得上。

11. 转朱阁,低绮(qǐ)户,照无眠:月儿移动,转过了朱红色的楼阁,低低地挂在雕花的窗户上,照着没有睡意的人(指诗人自己)。朱阁:朱红的华丽楼阁。绮户:雕饰华丽的门窗。

12. 不应有恨,何事长(cháng)向别时圆:(月儿)不该(对人们)有什么怨恨吧,为什么偏在人们分离时圆呢?何事:为什么。

13. 此事:指人的"欢""合"和月的"晴""圆"。

14. 但:只。

15. 千里共婵(chán)娟(juān):只希望两人年年平安,虽然相隔千里,也能一起欣赏这美好的月光。共:一起欣赏。婵娟:指月亮。

思考讨论题

谈谈你对词中所表现哲理的理解。

扩展阅读

1. 我歌月徘徊,我舞影零乱。

——[唐代]李白《月下独酌》

2. 海上生明月,天涯共此时。

——[唐代]张九龄的《望月怀远》

3. 莫听穿林打叶声,何妨吟啸且徐行。竹杖芒鞋轻胜马,谁怕?一蓑烟雨任平生。料峭春风吹酒醒,微冷,山头斜照却相迎。回首向来萧瑟处,归去,也无风雨也无晴。"

——[宋代]苏轼《定风波》

苏轼《前赤壁赋》

壬戌之秋,七月既望,苏子与客泛舟游于赤壁之下。清风徐来,水波不兴。举酒属客,诵"明月"之诗,歌"窈窕"之章。少焉,月出于东山之上,徘徊于斗牛之间。白露横江,水光接天。纵一苇之所如,凌万顷之茫然。浩浩乎如冯虚御风,而不知其所止;飘飘乎如遗世独立,羽化而登仙。

于是饮酒乐甚,扣舷而歌之。歌曰:"桂棹兮兰桨,击空明兮溯流光。渺渺兮予怀,望美人兮天一方。"客有吹洞箫者,倚歌而和之。其声呜呜然,如怨如慕,如泣如诉,余音袅袅,不绝如缕。舞幽壑之潜蛟,泣孤舟之嫠妇。

苏子愀然,正襟危坐而问客曰:"何为其然也?"客曰:"'月明星稀,乌鹊南飞',此非曹孟德之诗乎?西望夏口,东望武昌,山川相缪,郁乎苍苍,此非孟德之困于周郎者乎?方其破荆州,下江陵,顺流而东也,舳舻千里,旌旗蔽空,酾酒临江,横槊赋诗,固一世之雄也,而今安在哉?况吾与子渔樵于江渚之上,侣鱼虾而友麋鹿。驾一叶之扁舟,举匏樽以相属。寄蜉蝣于天地,渺沧海之一粟。哀吾生之须臾,羡长江之无穷。挟飞仙以遨游,抱明月而长终。知不可乎骤得,托遗响于悲风。"

苏子曰:"客亦知夫水与月乎?逝者如斯,而未尝往也;盈虚者如彼,而卒莫消长也。盖将自其变者而观之,则天地曾不能以一瞬;自其不变者而观之,则物与我皆无尽也。而又何羡乎?且夫天地之间,物各有主,苟非吾之所有,虽一毫而莫取。惟江上之清风,与山间之明月,耳得之而为声,目遇之而成色,取之无禁,用之不竭,是造物者之无尽藏也,而吾与子之所共适。"

客喜而笑,洗盏更酌。肴核既尽,杯盘狼藉。相与枕藉乎舟中,不知东方之既白。

(《苏轼全集校注》河北人民出版社,2010)

作品简介

这篇赋作于宋神宗元丰五年(1082)七月,与前文《念奴娇·赤壁怀古》大约是同一时期的作品,且同为游览赤壁、追怀历史、抒发感慨、议论人生之作。不过作品中所涉历史人物,此赋以曹操为主,而《念奴娇》则以周郎为主。宋代胡仔《苕溪渔隐丛话》后集卷二十八引东坡云:"黄州西,山麓斗入江中,石色如丹,传云曹公败处,所谓赤壁者。或曰非也。曹公败归,由华容道,路多泥泞,使老弱先行,践之而过。曰:'刘备智过人而见事迟,华容夹道皆蒹葭,若使纵火,吾无遗类矣。'今赤壁少西,对岸即华容镇,庶几是也。然岳州复有华容县,竟不知孰是?今日李委秀才来,因以小舟载酒,饮于赤壁下。李善吹笛,酒酣,作数弄。风起水涌,大鱼皆出;山上有栖鹘,亦惊起。坐念孟德、公瑾,如昨日耳!"《前赤壁赋》是否作于此次游赤壁,不能确知。

清赵翼《陔余丛考》:"东坡《赤壁赋》'客有吹洞箫者',不著姓字。吴匏庵有诗云:'西飞一鹤去何祥,有客吹箫杨世昌。当日赋成谁与注,数行石刻旧曾藏。'据此,则客乃杨世昌也。按东坡《次孔毅父韵》:'不如西州杨道士,万里随身只两膝。'又云:'杨生自言识音律,洞箫入手清且哀。'则世昌之善吹箫可知。匏庵藏帖信不妄也。按世昌,绵竹道士,字子京,见王注苏诗。"

导读指要

在中国古代,赋是仅次于诗、文的历史悠久、数量庞大的文学类型,从来都是地位崇高、独立成类。就赋自身而言,其代表性的体式有骚体赋、散体大赋、骈赋、律赋等。到晚唐至宋代，在唐宋律赋盛行的同时，又发展出了一种新的体式——文赋。之所以将其称为文赋，是因为同律赋相比，其诗歌的成分明显减少，而散文的成分明显增加。苏轼的《赤壁赋》作为唐宋文赋最典型的代表作，当然也是如此，这也许正是许多人将其视为散文的原因。然而，散文成分的增加并没有改变其文体性质，它依然是赋而不是文，而且这种散文成分的增加其实也是向散体大赋一定程度上的回归。《赤壁赋》在"散化"上的最大贡献，就是它的行文如行云流水，极为流畅通达，非常富于变化，看似是普通散体文的句式，但其实都保持着赋体的句式和韵律。不同体式的赋，其表现功能各有不同，但总体而言，赋是一种融叙事、描写、抒情、说理于一体的综合性文体。《文心雕龙·诠赋》曰："赋者，铺也。铺采摛文，体物写志也。""铺采摛文"是指采用铺排、铺张的写法，讲究文采辞藻；"体物"是描摹事物，一种是描写景物，一种是对某类、某种特定的事物进行描写；"写志"是表达情志，一是指抒发情感，一是指表达思想、志向。《赤壁赋》即是如此，它以铺采摛文的方式"体物"——描写景物，其重心是在以铺采摛文的方式"写志"——抒写人生感怀、人生态度。

全篇由三个部分构成：先是描写夜游赤壁时的自然美景和超然之乐，继而借"客"之口倾吐天地久长、人生微渺的哀伤感怀，最后以"主"之口阐明变与不变的哲理，表达"风月共适"的旷达态度。作品的叙事、写景、抒情融为一体，相兼而行，在开始简明交待时间、地点、人物、事由之后，即进入自然景物、人物活动及其感受的描写。先是写月出之前"清风徐来，水波不兴"的江景和属客、诵诗的活动，借《诗经·月出》首章"月出皎兮，佼人僚兮。舒窈纠兮，劳心悄兮"的美妙诗典，为明月的东升烘托造势；接着以一大段铺采摛文的描写表现沉醉于月夜美景和泛舟于江上的飘然感受。"月出于东山之上，徘徊于斗牛之间"写皓月初升、盘桓不前的状态，给人以美人多情、留恋迟回的感觉。"白露横江，水光接天"写月洒长空、江天一色的辽阔景象。"白露"一词，各注家多注为"白茫茫的水汽"，其实应指洒于空中如白露般的月光。谢庄《月赋》写"秋阪"、"寒山"之景，有"白露暧空，素月流天"之句，其"白露"就是指月光；张若虚《春江花月夜》"空里流霜不觉飞"的"流霜"也是如此，"白露"、"流霜"是一样的。"纵一苇之所如，凌万顷之茫然。浩浩乎如冯虚御风，而不知其所止；飘飘乎如遗世独立，羽化而登仙"六句，是写月夜泛舟的高潮，也是铺采摛文的典型。其情、景、事融为一体，而以意导之，突出表现在浩浩江面上纵舟飘荡时那种飘然欲仙、遗世独立的感觉，典型地代表了作者超旷的襟怀、超逸的文笔和辞赋语言的句式、风格。这里的"冯虚御风"，是用《庄子》中"列子御风而行"的典故，体现着道家逍遥自得的境界。由超然感受到"扣舷而歌"，是作品情绪的转换处，所歌内容非常自然而不露痕迹地实现了这一过渡。"桂棹兮兰桨，击空明兮溯流光"二句是对上文快乐的概括收束。"桂棹"、"兰桨"以美词修饰用具，是辞赋用语典型的夸饰风格。注家多释"空明"为月亮映照在水中的澄明之色，其实应该倒过来,是倒映在水中的明澈的天空、月亮;"击空明"是船桨击打着明澈的天空,表现的是上天登仙的感觉,是仿佛在天上而不是在水中。注家又多释"流光"为闪动着月光的水波,其实"流光"是指从空中流动而下的月光,曹植《七哀》诗"明月照高楼,流光正徘徊"即可证;"溯流光"是逆着从天空流下的月光而上,这也是表现飞升登仙的感觉,否则,既已"纵舟",又如何能逆流而上?"渺渺兮予怀,望美人兮天一方"二句,则了无痕迹地由飘然登仙的感受转移到了伤别念远的感怀,是对下文感伤主题的开启。"思美人"是一个古老的文学话题,如《楚辞·九歌·少司命》"望美人兮未来,临风怳兮浩歌";谢庄《月赋》"美人迈兮音尘阙,隔千里兮共明月"。最早的"美人"是恋人,后来则被赋予了许多象征意义。这里的"美人"应当是一个泛指的对象,可能是远方的亲人,可能是渴望中的美好事物,可能是怀抱的理想,当然也可能是寄有希望的君主,作者在歌中对这位遥远的"美人"表达出一种悠远的怀想。本来这"思美人"的淡淡忧伤,被"客"的洞箫声加以渲染,强化成了"如怨如慕,如泣如诉,余音袅袅,不绝如缕。舞幽壑之潜蛟,泣孤舟之嫠妇"的悲凉情调。这如幽怨、如思念、如悲泣、如诉说的箫声飘绕不绝,竟然能感动得使"幽壑之潜蛟"起舞,"孤舟之嫠妇"悲泣。这里化用了《列子·汤问》"馀音绕梁,三日不绝"和《荀子·劝学》"瓠巴鼓瑟,而沉鱼出听;伯牙鼓琴,而六马仰秣"的典故以突出箫声的感人。这也体现了赋强调用典和铺陈文采的文体特征,不过坡公用典非常自然、不露痕迹,铺陈恰到好处、毫不累赘而已。由箫声的悲凉引起"苏子""何为其然也"的询问,作品由此非常自然地进入到感叹天地人生的部分,也即进入了"客主辩难"的结构套路。不管"客"的身份是虚构还是实有,从"客"之口中而出的感怀议论,无疑主要是"苏子"的思想情感,从这一点来说,把"客"视为另一个"苏子"也不为过。这一段吊古伤今的人生感怀有两个层次:首先是由赤壁景物所触发的对历史人物命运的感喟,这与《念奴娇·赤壁怀古》"大江东去,浪淘尽千古风流人物"是完全一致的,只不过对象由周郎换成了曹操。接下去又是一大段整齐而流畅的骈体韵文,倾诉了普通人悲凉的人生感怀:"渔樵于江渚之上"至"举匏樽以相属",是在与历史伟人曹操的对比中,感叹人生的凡庸。"寄蜉蝣于天地,渺沧海之一粟",是感叹人生在时间上的短暂与在空间上渺小。"哀吾生之须臾……托遗响于悲风"六句,则面对永恒的天地、无穷的宇宙,以飞瀑流泻般的语句,总体性地倾吐了对人生微末的悲叹。以"客"之口而出的这一长篇感慨和议论,无疑包含了作者在官场中的不平遭遇与人生中的诸多不如意,但就其重心而言,应该主要表现的是古代知识分子面对宏大无比的自然、社会、历史,对自我命运的一种悲剧性体验。作品的最后一部分是"苏子"的议论,这是一段最典型的"写志",也有两个层次:首先,作者指出眼前的江水不断流逝,可它并没有消失,仍然是这一江流水;天上的月亮时圆时缺,可它并没有增减,始终是那一轮月亮。作者由此阐明,事物的变与不变,关键取决于观察、看待的角度:如果从变的角度看,那么天地连一瞬都不会停留;如果从不变的角度看,那么万物和我们自身都是无穷无尽的;如此看来,"我"与天地宇宙本属一体,又何必羡慕它那看似不变的永恒和宏大呢?又何必哀叹自我的渺小和"须臾"呢?然后,作者由上述辨析引出另一种人生态度:"物各有主","非吾所有,一毫莫取",故不渴求、不贪恋非分的功名利禄;惟"清风"与"明月",为最美之音、最丽之色,是"造物者之无尽藏也",系天下共有,而且"取之无禁,用之不竭",这才是供"吾与子"所共享的至美。作者的这种人生态度可以简括为"风月共适"的态度,它是对"客"所表达的人生体验和态度的一种反拨,是一种更高层次、更高境界的人生态度。作品最后一节以客人欣然接受主人的观点收束,最终实现了"尊主抑客"的赋体模式。作品通篇以情感为线索,通过由喜而悲又回悲为喜的情感变化过程,将写景和说理言志交织、融汇为一体,从而达到了情、景、理三者的有机统一,成为了宋代文赋最著名的篇章。

　　阅读这篇作品,还有几个问题必须加以辨析。第一,作品表达的究竟是什么情绪?有论者认为,苏轼遭遇"乌台诗案",安置黄州是名为贬谪,实类囚徒,其心情一直是痛苦的,所以作品第一部分所写不可能是泛舟之乐,而是压抑于心中的忧伤;第三部分是故作旷达,实质还是表达背后的痛苦。这是一种典型的胶柱鼓瑟之论。苏轼遭贬,虽行踪不得出黄州,不能参与政事,但并没有失去人身自由,可以读书、写作、交友、游历、种地、喝酒、弹琴、写字、吹牛等等。痛苦自然难免,然而人的情绪有变化性,囚徒、叫花子还有高兴的时候,苏轼怎么就会终日痛苦,痛苦得不能自拔?作为一个天才文人,他在游览中情绪比常人格外敏感和富于变化更是常理,怎么会一成不变?更为重要的是在文学创作中,情绪是可以"经营"的,特别在赋这种富于夸饰色彩的文体中就更是如此。为了突出中间的感伤,便极写初始的快乐;为了反衬后面的超脱,便极写中间的执着,以造成情绪的跌宕起伏,这是最常见的文学手法。如果处理成单一情绪,处理成一条水平线,那作品还有什么价值可言?第二,作品是否有政治寄托?由于有些古代作品有寄托的传统,所以许多研究者凡遇作品,便热衷于寻找背后的内容,尤其是政治寄托。对《赤壁赋》寄托的探究,主要集中在"扣舷而歌"的那支歌上。有人以为采用骚体即是有意取屈子香草美人之意,作品的核心就是"渺渺兮予怀,望美人兮天一方"二句,其中的"美人"即宋神宗,"望美人"就是表达对神宗的忠君爱国之情。其实自东汉始,在赋中穿插歌、诗是一常见现象,而且大都是骚体,据笔者所见,鲍照《芜城赋》、谢惠连《雪赋》、谢庄《月赋》、江淹《恨赋》、萧绎《荡妇秋思赋》等均是如此,其中都没有寄托,更没有"寄心君王"的政治寄托,所以说采用骚体即意在寄托是并无根据的。而作品中的"望美人"明显是一种泛化情绪,根本无法断定它的确切指向。苏轼无疑是忠君爱国的,无疑也希望再次得到任用,这一点无需专门研究证明。问题在于,这种心情不一定必然形之于作品,更不可能凡写作品都必然要"三致意焉",那岂不是精神病!关键在于要辨析作品具体的创作意图和主旨。只要不心存成见,便很容易判定这篇赋的写作并不是意在抒写自己的政治遭遇和情绪,而是意在探寻一种合适的人生态度,全文的笔墨自然要指向这一核心主旨,自然也不会专意地去"寄意主上"而分散作品的主题和表达。因此,勉力地去探究《赤壁赋》背后的政治寄托,是一种刻意求深的做法。第三,"客"、"主"的人生观是否矛盾冲突?从本质上来说,"客"与"主"的辩难是两个"苏子"的对话,有论者认为其中的两种人生态度是相互矛盾、冲突的,这构成了作者"世界观的强烈矛盾"。其实"客"与"主"是分别从不同层面上表达了对"自我"与"天地"之间关系的体验和认知,它们之间并不存在矛盾与否的问题,而只存在认知层面高低的差别。"客"是从形而下的层面,即从有形的"自我"和有形的"天地"的角度来认知二者之间的关系,这是一种"形质"的认知,当然感觉天地无比宏大而永恒,"自我"无比渺小和短暂。这种认知自从人类文化诞生之日就已经存在,是从《诗经》《楚辞》起就在文学中反复加以表现的主题,至今也是人类个体面对宏大无比的自然、社会、历史时的一种悲剧性体验,它具有很大的真理性,也并不是许多人批判的"消极人生观"。"主"是从形而上的层面,即从无形的"自我"和无形的"天地"的角度来认知二者之间的关系,这是一种"意义"的认知,在这个层面上,宏大永恒的天地与渺小短暂的"自我"的存在意义便是一样的、没有差别的。由于"主"的认知层面比"客"上升了一个层次,所以他得出的结论更超脱、更开阔、更通达、更富有积极性。对"苏子"认知的理论来源,许多学者指出:其"变与不变"、"物我无尽"的观点来自于庄子的相对主义,并追溯到了《齐物论》《德充符》《秋水》等篇中的具体环节,如《德充符》中"自其异者视之,肝胆楚越也;自其同者视之,万物皆一也"的论述;其"风月共适"的思想取自于佛经,也有人认为"变与不变"的论述来自于东晋僧肇的"物不迁"论。这些研究对于理解作者的思想和作品的内涵都是重要的。但是有的学者在研究中发现苏轼并没有把佛道的理论贯彻到底,进而认为他的旷达态度的实质是逃避现实,他的达观观点是掩饰痛苦、言不由衷。这就未免胶柱鼓瑟了。要知道苏轼思想的主导面是儒家的"用世",他阅读佛道经典是为了汲取思想营养,培养旷达的人生态度,以在身处逆境时帮助自己减轻、克服精神痛苦,引导自己顺利地走过艰难的人生程途;而不是抛弃红尘世界,彻底消除作为社会人的全部痛苦,成为佛家的高僧或道家的"至人"。佛典的境界是宗教的境界,庄子的境界是哲学的境界,而苏轼是一位儒生、官员,他可以学习借鉴这些境界,但不需要彻底进入这样的境界。事实证明,这样的学习借鉴是积极的、有效的。叶嘉莹先生说苏轼是一个"入仕则慷慨忘身,废放则啸傲自适"的人,他能做到这一点,就是得益于儒、释、道思想的平衡,而在逆境中,则主要得益于获自佛道的达观态度。钱钟书先生在《论快乐》中曾举例:赛狗场中的电兔子引导赛狗跑完痛苦的赛程。作为一个社会人,不会没有痛苦,也不可能彻底消除痛苦,而是用一个有意义的目标引导自我积极走完充满痛苦的人生。作者在《赤壁赋》中所表达的这种"风月共适"的达观态度,不是没有意义,而是意义巨大。试看人世之间,面对同样一件事,有的人视为天塌地陷,有的人却泰然处之,关键区别就在于人生态度。苏轼持有这种人生态度,所以贬谪黄州的人生低谷时期反而成就了他一生创作的黄金时期。也正因为持有这种人生态度,他在晚年更凄惨的被贬海南岛的时期,仍然能坦然面对,在六十多岁还能写出"九死南荒吾不恨,兹游奇绝冠平生","云散月明谁点缀,天容海色本澄清"这样充满豪气的诗句。我们不能因为他没有彻底消除痛苦,就认为他是故作放达。

字句疏解

1. 壬戌之秋,七月既望,苏子与客泛舟游于赤壁之下。清风徐来,水波不兴:壬戌(rénxū),宋神宗元丰五年(1082),岁次壬戌。既望,农历每月十五日为"望",十六日为"既望"。泛舟,犹荡舟、划船。徐,缓。兴,起。

2. 举酒属客,诵"明月"之诗,歌"窈窕"之章:属(zhǔ)客,邀客,指邀客一起饮酒并诵诗;属,邀。明月之诗、窈窕(yǎotiǎo)之章,指《诗经·陈风·月出》。《月出》诗首章为:"月出皎兮,佼(jiǎo)人僚兮,舒窈纠(jiǎo)兮,劳心悄兮。""窈纠"即"窈窕"。

3. 少焉,月出于东山之上,徘徊于斗牛之间。白露横江,水光接天:少焉,一会儿。徘徊,盘桓不前。斗牛,星辰名,即斗宿、牛宿。白露,指洒在江面上的月光。横江,笼罩江面。谢庄《月赋》:"白露暧空,素月流天。"

4. 纵一苇之所如,凌万顷之茫然:纵,放任、任凭。一苇,像一片苇叶的小船。《诗经·卫风·河广》:"谁谓河广,一苇杭(航)之。"如,往。凌,越过。万顷,极言江面宽阔。茫然,辽远貌。此二句谓放任小船在宽阔的江面上飘荡。

5. 浩浩乎如冯虚御风,而不知其所止;飘飘乎如遗世独立,羽化而登仙:浩浩,水势浩大貌。冯(píng)虚御风,凌空驾风而行;冯,同"凭",凌、登;虚,太空;御,驾御。遗世独立,脱离尘世,超然独立。羽化,道教传说成仙者能身生羽翼而飞升,故称成仙为羽化。《抱朴子·对俗》:"古之得仙者,或身生羽翼,变化飞行。"登仙,登临仙境。

6. 于是饮酒乐甚,扣舷而歌之。歌曰:"桂棹兮兰桨,击空明兮溯流光。渺渺兮予怀,望美人兮天一方。":扣舷(xián),敲打着船舷。桂棹(zhào)、兰桨,均为划船工具的美称。击空明,船桨击打着明澈的天空,此表现上天的感觉;空明,倒映在水中的透明的天空、月亮。溯流光,逆着从天空流下的月光而上,这也表现上天的感觉;流光,月光从空中流动而下,故称流光。曹植《七哀》诗:"明月照高楼,流光正徘徊。"渺渺:悠远貌。美人,指内心所思慕的人。《楚辞·九歌·少司命》:"望美人兮未来,临风怳兮浩歌。"谢庄《月赋》:"美人迈兮音尘阙,隔千里兮共明月。"

7. 客有吹洞箫者,倚歌而和之。其声呜呜然,如怨如慕,如泣如诉,余音袅袅,不绝如缕。舞幽壑之潜蛟,泣孤舟之嫠妇:客有吹洞箫者,据赵翼《陔余丛考》,此吹洞箫者为道士杨世昌。苏轼《次韵孔毅夫》:"杨生自言识音律,洞箫入手清且哀。"倚歌,按照歌曲的声调节拍。和(hè),跟着唱,此指伴奏。怨,哀怨。慕,思念。余音,尾声。袅(niǎo)袅,形容声音婉转悠长。缕,细丝。舞,使之舞。幽壑(hè),深渊。潜蛟,潜藏的蛟龙。泣,使之泣。嫠(lí)妇:寡妇。

8.苏子愀然,正襟危坐而问客曰:"何为其然也?":愀(qiǎo)然,容色改变貌。正襟危坐,整理衣襟,严肃端坐。何为其然也,(箫声)为何如此悲凉呢?

9.客曰:"'月明星稀,乌鹊南飞',此非曹孟德之诗乎?西望夏口,东望武昌,山川相缪,郁乎苍苍,此非孟德之困于周郎者乎?":月明星稀,乌鹊南飞,曹操《短歌行》中的诗句。曹孟德,曹操字孟德。夏口,古城名,在今湖北武昌。武昌,今湖北鄂城县。缪(liáo),同"缭",缭绕。郁,树木茂盛貌。苍苍,茂盛、众多。孟德之困于周郎,指汉献帝建安十三年(208)周瑜在赤壁击溃曹操事。

10.方其破荆州,下江陵,顺流而东也,舳舻千里,旌旗蔽空,酾酒临江,横槊赋诗,固一世之雄也,而今安在哉:方,当。破荆州、下江陵,指建安十三年刘琮投降,曹操不战而占领荆州、江陵事;荆州辖南阳、江夏、长沙等八郡;江陵,今湖北县名,当时荆州首府。舳舻(zhúlú),船尾、船头,泛指船只。酾(shāi,又读 shī)酒,斟酒。槊(shuò),长矛。固,本来。一世之雄,一代豪杰。

11.况吾与子渔樵于江渚之上,侣鱼虾而友麋鹿。驾一叶之扁舟,举匏樽以相属。寄蜉蝣于天地,渺沧海之一粟:江渚(zhǔ),江中沙洲。侣、友,均作意动用法。麋(mí),鹿的一种。扁(piān)舟,小船。匏樽(páozūn),用葫芦做成的酒器;匏,葫芦。寄,托身。蜉蝣(fúyóu),朝生暮死的小虫,此喻人生之短暂。渺,小。沧海,大海。

12.哀吾生之须臾,羡长江之无穷。挟飞仙以遨游,抱明月而长终。知不可乎骤得,托遗响于悲风:须臾,片刻。挟(xié),携同、随同。飞仙,神仙。遨游,漫游。抱,环绕。长终,永久。骤得,轻易得到;骤,急速、一下子。遗响,余音,指箫声。悲风,秋风。

13.苏子曰:"客亦知夫水与月乎?逝者如斯,而未尝往也;盈虚者如彼,而卒莫消长也。":逝者如斯,不停流逝者如这江水。《论语·子罕》:"子在川上曰:'逝者如斯夫,不舍昼夜。'"未尝往,没有消失,谓始终还是一江水。盈虚者如彼:有圆有缺者如那月亮。卒,最终。莫消长,没有减少和增加。

14.盖将自其变者而观之,则天地曾不能以一瞬;自其不变者而观之,则物与我皆无尽也。而又何羡乎:盖,发语词。曾,乃,连……都……。以,通"已",止、停止、停留。《孟子·梁惠王上》:"臣未之闻也。无以,则王乎?"一瞬,一眨眼。

15.且夫天地之间,物各有主,苟非吾之所有,虽一毫而莫取。惟江上之清风,与山间之明月,耳得之而为声,目遇之而成色,取之无禁,用之不竭,是造物者之无尽藏也,而吾与子之所共适:苟,如果。无禁,没人禁止。是,这。造物者,指天;古人认为万物为天所生成,故称天为造物、造物主。无尽藏(zàng),无尽的宝藏。共适,共享;适,一作"食",享用。

16.客喜而笑,洗盏更酌。肴核既尽,杯盘狼藉。相与枕藉乎舟中,不知东方之既白:洗盏更酌,指客主不停地轮流劝酒;洗盏,洗杯,敬酒劝饮的典故;更酌,互酌;更,轮流、更替。肴核,菜肴和果品。狼藉,杂乱貌。相与枕藉,相互倚靠着(睡觉);枕藉,枕头、垫子,此作动词。

思考讨论题

1.讲述这篇赋各部分的具体内容,对全篇的内容和主题作出概括。

2.如何理解和评价"客"所抒发的人生感慨和"苏子"所阐发的人生态度?

扩展阅读

1.子瞻诸文皆有奇气。至《赤壁赋》,仿佛屈原、宋玉之作,汉唐诸公皆莫及也。

——[宋代]苏 籀《栾城遗言》

2.《赤壁赋》谓:"自其变者而观之,则天地曾不能以一瞬;自其不变者而观之,则物与我皆无尽也。"此盖用《庄子》句法:"自其异者而视之,肝胆楚越也;自其同者而视之,万物皆一也。"又用《楞严经》意,佛告波斯匿王言:"汝今自伤发白面皱,其面必定皱于童年。则汝今时观此恒河,与昔童时观河之见,有童耄不?"王言:"不也。"世尊佛言:"汝面虽皱,而此见精性未尝皱。皱者为变,不皱非变;变者受生灭,不变者元无生灭。"

——[宋代]周 密《浩然斋雅谈》卷上

3.李太白诗"清风明月不用一钱买。"《赤壁赋》云:"惟江上之清风与山间之明月,耳得之而为声,目遇之而成色,取之无禁,用之不竭,此造物之无尽藏也。"东坡之意盖自太白诗句得来。夫风月不用钱买,而取之无禁,太白诗之所言信矣。然而能知清风明月为可乐者能有几人?清风明月,一岁之间亦无几日,人即能知此乐,或为俗事相夺,或为病苦所缠,欲乐之有不能者。有闲居无事,遇此清风明月不用钱买,又无人禁,而不知此乐者,是自生障碍也。

——[明代]高 濂《遵生八笺》卷七

4.横看成岭侧成峰,远近高低各不同。不识庐山真面目,只缘身在此山中。

——[宋代]苏 试《题西岭壁》

5.人生到处知何似?恰似飞鸿踏雪泥;泥上偶然留指爪,鸿飞那复计东西?老僧已死成新塔,坏壁无由见旧题。往日崎岖还记否?路长人困蹇驴嘶。

——[宋代]苏轼《和子由渑池怀旧》

秦观《鹊桥仙》

纤云弄巧,飞星传恨,银汉迢迢暗度。金风玉露一相逢,便胜却人间无数。

柔情似水,佳期如梦,忍顾鹊桥归路! 两情若是久长时,又岂在朝朝暮暮!

(《秦观集编年校注》人民文学出版社,2001)

作品简介

秦观(1049—1100),字少游,一字太虚,号淮海居士,扬州高邮(今江苏省高邮市)人。宋神宗元丰八年(1085年)进士。后因党争牵连,坐元祐党籍,历贬郴州(今湖南郴州市)、雷州(今广东雷州市)等地,最后放还途中死于藤州(今广西藤县)。秦观为"苏门四学士"之一,苏轼最为赏识,称其有屈宋之才。词为北宋一大家,与黄庭坚齐名而优于黄。内容多写柔情,亦有感伤身世之作,风格清丽,情辞兼胜,是婉约词派的杰出代表。有《淮海词》。

鹊桥仙:词牌名,双调五十六字,得名于欧阳修词"鹊迎桥路接天津"句。另有八十八字者始自柳永。此调专咏牛郎织女七夕相会事。秦观此词一题作"七夕"。"七夕"是一个古老美好的传说,又是充满神话色彩的节日。六朝梁宗懔《荆楚岁时记》:"七月七日,为牵牛织女聚会之夜。"唐韩鄂《岁华纪丽•七夕》"鹊桥已成"注引《风俗通》曰:"织女七夕当渡河,使鹊为桥。"旧时有"七夕乞巧"的风俗。古代咏七夕牛女的文学作品非常多,如杜牧《七夕》诗云:"天阶夜色凉如水,卧看牵牛织女星。"秦观此作独能不落陈套,自出机杼,至今传诵不衰。

导读指要

秦观《鹊桥仙》是一首咏题之作。它紧扣鹊桥相会传说本身,以极其精美的语言,通过环境渲染和相会场面、人物心情的摹写,并通过恰切的赞叹,创造了一个至美的艺术境界,表达了对忠贞不渝的爱情和高尚的爱情观的崇敬与歌颂。

词的上片写鹊桥相会。作品对相会本身着墨无多,重点着笔于环境的渲染,将其与双星相会融为一体,以创造优美的艺术境界。"纤云弄巧,飞星传恨"两个对句以七夕夜空为对象,既是太空美景的描写,更是牛女相会环境的设置,也是牛女相会的本身,三者合一,向读者推出这个千古传说的画面:一缕缕美丽的彩云在明澈的夜空中变幻出许许多多奇巧的图案,这当然是真实的美丽夜空,但也喻指织女所织云锦之精巧绝伦,同时也暗示这是乞巧之节、牛女渡河之夕,又暗点了词题。在这引人无限遐想的美丽夜空背景中,两颗久久分离的星座(也是一对被迫分离的夫妻)将飞身相会而"传恨",即互诉离恨,共叙衷肠。牵牛星在夏末秋初之际特别明亮,与织女星的距离也最近,故有渡河相会之说。一个"飞"字,极写赴约的迫切情景,在古人眼中,只有"飞"才能解决巨大的空间阻隔;同时"飞"字也传递着双方对相会的"盼"和对分离的"恨",这个"恨"既是常年分别的"离恨",也是对阻隔势力的"愤恨"。今天终于可以打破这个"恨",实现一个"合"。为了这渴望已久的日子,他们"银汉迢迢暗度"——在夜晚飞跃辽阔无际的银河,奔向对方。这是多么难得的一次相会啊!为了它,他们已经等得太久太久!"迢迢"不但形容相距之遥远,同时也形容相思之悠长。《古诗十九首》曰:"河汉清且浅,相去复几许?盈盈一水间,脉脉不得语。"这是以近写远,似乎近在咫尺、眉目宛然,却是如隔天涯、不得相见,突出的是被阻的无奈。秦观则改为以远写远,用"暗度""迢迢银汉"突出相会的艰难与急迫。在作了半阕的渲染铺垫之后,作品正式进入"相会"的描写,但是却只有"金风玉露一相逢"这样吝啬的一句,而且真正直写相会的又只有极为平常的"一相逢"三个字,大半个句子还是环境渲染。然而正是这"金风玉露"的环境渲染,凸显了牛女相会的无比美好、高洁和珍贵。李商隐有《辛未七夕》诗曰:"恐是仙家好别离,故教迢递作佳期。由来碧落银河畔,可要金风玉露时。"秦观化李诗之意,借李诗之语,写痴心情侣在金风玉露之秋、碧落银河之畔相会,这是多么美好!终年等待,一夕相逢,这是多么珍贵!珠圆玉润,忠贞不渝,这是多么高洁!至此,词人顺势推出充满崇敬之情的由衷赞叹:"便胜却人间无数。"这一句赞叹,以牛女的万世之爱与整个俗世人间的男女之情作对比,指出了它的绝对超越性和不可比拟性,更加强化了它绝世的美好、高洁和珍贵。这一句赞叹,也超越了"人间无数"言情之作,将作品的境界向上拔了一个层次,同时为全词的结拍高潮预作了铺垫。

　　词的下片写鹊桥相别。过片处"柔情似水"一句,上承前阕"金风玉露一相逢",表现相会时的柔情蜜意,并为作品的转折暗做准备:压抑一年的刻骨相思,在相会中化为似水柔情,温柔而绵长,汩汩流淌,涓涓不绝,滋润着双方的身体与心田,真正是"胜却人间无数"的绝恋。"佳期如梦"一则表现相会时似幻似真的感觉,那种体验如梦境一样美好而迷离,一刻千金,让人沉醉,让人痴迷,让人留恋;二则实施作品的转折,表现欢会的短暂,一夕佳期像梦境一般倏然而逝,一年一度的团聚顷刻间便告结束,令人伤怀,令人悲愤,令人痛绝!即此,作品推出痛断肝肠的强烈感叹:"忍顾鹊桥归路!"了了相思债,又临别离苦;刚刚成人之美的鹊桥,又做拆散鸳鸯的归途;千般留恋、万分惜别尚不及,岂忍心回头下顾"迢迢"银河鹊桥路!一个"忍"(不忍、岂忍)字,千回百转,无限辛酸,分别时的迟回不进与赴约时的急迫飞渡形成强烈对比,真切地表现了难舍难分、苦苦痴恋的情景。在作品的煞尾处,词人推出了传诵千古的两句赞叹:"两情若是久长时,又岂在朝朝暮暮!"这两句命意超绝,把全词的意境升华到了一个全新的高度。就人物情感而言,它是在无奈环境下的自解,是对悲伤痛苦的排遣,更是坚守爱情的不二誓言。就作品主题而言,它是对真挚纯洁的爱情的热烈歌颂,虽无朝欢暮乐,却有天长地久,仙人之一夕,胜却凡尘之万千;它是对超脱凡俗的高尚爱情观的无比崇敬,情之所贵在心,心之所贵在贞,两心相印,两情忠贞,朝暮相处便成皮相,一片真情便成永恒!这是全词的结尾,也是全词的高潮,它以富有情感色彩的哲理性议论揭示了爱情的真谛,为作品树立起了意境的高标。明人沈际飞评曰:"七夕往往以双星会少离多为恨,而此词独谓情长不在朝暮,化臭腐为神奇!"(《草堂诗余正集》)

这是一首写天体传说的词,以一对星座象喻人间,句句言天上,句句写双星,但又句句说凡间,句句写人情,天人相合,不即不离,很像是一种特殊的咏物词。但它又是一首地道的抒情词,咏物与抒情的高度合一,成就了它别致的独特性。它所写的爱情,是具体的爱情,有男女双方,有悲欢离合,有情绪变化;但又是抽象的爱情,居凡尘之外,在凡人之上;它是仙人的爱情,又是凡人的榜样。正因为如此,这首词才做到了着眼于凡俗,高出于凡俗,具有了明显的超越性,从而提高了主题的品位,升华了作品的境界。其抒情,悲哀中有欢乐,欢乐中有悲哀,悲欢交织,起伏跌宕。词中有写景,有抒情,有议论,三者相兼,融于一炉。而最精彩的是它的赞叹性议论:"金风玉露一相逢,便胜却人间无数";"两情若是久长时,又岂在朝朝暮暮。"它们既富于情感性,能够感染人、打动人;又富于思想性,能够启迪人、警醒人。

字句疏解

1. 纤云弄巧,飞星传恨,银汉迢迢暗度:纤云,细薄的云丝。弄巧,变幻出各种巧妙的花样;秋天的云多纹彩,或像人物,叫"巧云"。飞星,指牛郎星、织女星。传恨,传递(倾诉)离恨。银汉,银河、天河。迢迢暗渡,夜里渡过辽阔的天河;迢迢,遥远貌。传说农历七月七日晚上,牛郎星和织女星渡过银河相会。《文选》李善注引曹植《九咏》注:"牵牛为夫,织女为妇。织女牵牛之星各处一方,七月七日得一会同矣。"晋傅玄《拟天问》:"七月七日牵牛织女会天河。"

2. 金风玉露一相逢,便胜却人间无数:金风玉露,秋风白露。李商隐《辛未七夕》诗:"由来碧落银河畔,可要金风玉露时。"胜却,胜过。

3. 柔情似水,佳期如梦,忍顾鹊桥归路:柔情似水,寇准《夜度娘》:"柔情不断如春水。"鹊桥,喜鹊为牛女相会在天河上所搭的桥。唐韩鄂《岁华纪丽》卷三引《风俗通》:"织女七夕当渡河,使鹊为桥。"忍顾,哪里忍心看,不忍心看。

4. 两情若是久长时,又岂在朝朝暮暮:朝朝暮暮,谓朝夕相聚。宋玉《高唐赋》:"妾在巫山之阳、高丘之阻,旦为朝云,暮为行雨。朝朝暮暮,阳台之下。"

思考讨论题

1. 逐句讲述作品的内容,并对上下片和全篇作出概括

2. 你是如何理解"金风玉露一相逢,便胜却人间无数";"两情若是久长时,又岂在朝朝暮暮"的?

喜鹊桥成催凤驾。天为欢迟,乞与初凉夜。乞巧双蛾加意画,玉钩斜傍西南挂。分钿擘钗凉叶下。香袖凭肩,谁记当时话?路隔银河犹可借,世间离恨何年罢!

——[宋代]晏几道《蝶恋花》

李清照《一剪梅》

红藕香残玉簟秋。轻解罗裳,独上兰舟。云中谁寄锦书来?雁字回时,月满西楼。

花自飘零水自流。一种相思,两处闲愁。此情无计可消除,才下眉头,却上心头。

(徐培均《李清照集笺注》【修订本】上海古籍出版社,2013)

作品简介

李清照(1084—约1151),号易安居士,济南(今山东省济南市)人。父亲李格非是当时著名的学者,丈夫赵明诚是宰相赵挺之之子,历任州郡行政长官。李清照与丈夫婚后的生活很优裕,搜集了大量的书画金石,共同从事学术研究工作。南渡不久,赵明诚病死,她精神上受到沉重打击。宋高宗建炎三年(1129),金兵南下,她又在浙东亲历变乱,生活颠沛流离,此后即在孤寂中度过晚年。

李清照工诗能文,尤为宋词一大家。前期词韵调优美,限于写闺情相思之类;南渡后,深厚的故土之思与凄苦的身世之感浸透作品,风格突变,社会意义扩大。她工于造语,善于出奇,擅用白描手法塑造形象。其语言艺术上的独到之处可与李煜相提并论。有《漱玉词》

一剪梅:词牌名,出自周邦彦词"一剪梅花万样娇"。因李清照此词,故又名"玉簟秋"。元人伊世珍《琅嬛记》载:"赵明诚、易安结缡未久,明诚即负笈远游,易安殊不忍别,觅锦帕书《一剪梅》词以送之。"有当今学者考证,认为此说不可靠:李清照十八岁与赵明诚成婚,婚后二人在汴京、青州共居十余年,其间明诚并无外出为官之经历。在李清照约三十四岁时,明诚始起复为官,二人约有五年时间的分别。这首词应作于这一分别时期。

导读指要

《一剪梅》词集中抒发了作者对丈夫的深挚情感,吐露了不忍离别之情以及别后的相思之苦,将一位沉湎于夫妻恩爱中独守空闺、备受相思折磨的妻子的心理刻画得细腻入微。作品的语言自然流畅、清丽俊爽,明白的叙述中包蕴着无尽的情思。

词的上片写秋日景象和人物活动。"红藕香残玉簟秋"一句,领起全篇,为相思怀人设置了一个凄艳哀婉的场景。"红藕香残"写户外之意,"玉簟秋"则写室内之物,对清秋季节起了点染作用,说明这是"已凉天气未寒时"(韩偓《已凉》诗)。色彩鲜艳、气味芳香的荷花已经凋零殆尽,精美的竹席让人感受到了秋的凉意。秋的萧瑟凄清,叫离人更难以抵御相思愁绪的侵袭。在这样的季节里,丈夫只身远赴任所,离别的意绪就时时涌上心头。花开花落,既是自然现象,也是悲欢离合的人事象征;枕席生凉,既是肌肤间触觉,也是凄凉独处的内心感受。全句兼写户内外景物,而景物中又暗寓情意,设色清丽,意象蕴藉,不仅刻画出四周景色,而且烘托出词人情怀。一些词评家或称此句"有吞梅嚼雪、不食人间烟火气象"(梁绍壬《两般秋雨庵随笔》),或赞赏其"精秀特绝"(陈廷焯《白雨斋词话》)。"轻解罗裳,独上兰舟"写的是白天在水面泛舟之事,暗含对两相别离、独自观览的怨苦之意。罗裳即罗裙,因裙之尺寸稍长于裙内之裤,轻解罗裙以便轻装登舟,可见词人在清寂无人处的率性任情;"独上"二字明示形只,暗逗离情。"云中谁寄锦书来"以下则写晚上情形。自从夫妻分手之后,词人经常翘首遥望"云中",渴望"雁字回时,月满西楼"之际,大雁会捎来丈夫的书信,团圆的日子便指日可待。词人以此二句构成一种目断神迷的意境。按顺序,应是月满时,上西楼,望云中,见回雁,而思及谁寄锦书来。按理说,"谁"字自然该是赵明诚,但是明月自圆,人却未圆;雁字空回,锦书无回,所以有"谁寄"之叹。说"谁寄",又可知是无人寄也。回文织锦、雁足传书,诗词中滥熟故典。易安在这里无意于用典,不过掂取现成词藻写入句中,习用故不觉耳。可以想见,词人因惦念游子行踪,盼望锦书到达,遂从遥望云空引出雁足传书的遐想。而这一望断天涯、神驰象外的情思和遐想,不分白日或月夜,也无论在舟中或楼上,都是萦绕于词人心头的。

词的下片写别后相思。这里由上片的感秋感物、暗寄愁绪的婉曲,转为纯抒情怀、直写胸臆的独白。别离已成事实,青春年华如春花空自飘零、流水空自流逝一样,牵人愁恨和无奈。这"花自飘零水自流"一句,既是即景,又兼比兴。它所展示的花落水流之景,与上阕"红藕香残"、"独上兰舟"两句遥相吻合;两个重复的"自"字突出强化了美的消失,是那样无情和无人怜惜;而其所象喻的人生、年华、爱情、离别,则给人以"无可奈何花落去"(晏殊《浣溪沙》)之感,"水流无限似侬愁"(刘禹锡《竹枝词》)之恨。易安在咀嚼自己相思苦、闲愁恨之际,推己及人,深知丈夫也同样苦苦相思,故以"一种相思,两处闲愁"之句显两地之愁苦、两心之相印。前人也多有写两地相思之句,如罗邺"江南江北多离别,忍报年年两地愁"(《雁二首》);韩偓"樱桃花谢梨花发,肠断青春两处愁"(《青春》)。本处两句即可能从这些诗句化出,而一经熔铸、裁剪为两个句式整齐、词意鲜明的四言句,就取得了脱胎换骨、点铁成金的效果。这两句既是分列的,又是合一的。合起来看,从"一种相思"到"两处闲愁"，是两情的分合与深化。其分合，表明此情是一而二、二而一的；其深化，则诉说此情已由"思"化"愁"、深入骨髓。既已人分两地、心笼深愁，这种痛苦就无法排遣，故而"此情无计可消除"；既然无法排遣，自然如影随形，故而"才下眉头，却上心头"。这结拍三句，是历来为人称道的名句。它极为形象入微地刻画了词人努力挣脱痛苦，却终归失败，反而步步向内攻入的苦情状态：表面上眉结已舒，实际上心结又锁。这种从"眉头"到"心头"的深入，从感情上说是苦情的强化，从艺术说是境界的升华。王士禛在《花草蒙拾》中指出，这三句从范仲淹《御街行》"都来此事，眉间心上，无计相回避"脱胎而来，但李句"特工"。原因在于易安之句出于范句而高于范句。范句平实板直，无醒人眼目之效；李句别出巧思，有一新耳目之感。而且"才下"与"却上"、眉头"与"心头"对举，句式工整凝练，属对新巧自然，艺术上更精美。同时，它与上片同样工巧的"一种相思，两处闲愁"二句遥相照应、前后衬映而相得益彰，强化了作品的整体美。

《一剪梅》全词情感真挚深切，表达曲折入微，风格清丽婉约，语言自然晓畅而精美绝伦，是婉约词的杰作、言情词的绝调，至今仍广泛传唱于世间。李廷机《草堂诗余评林》评其为"语意超逸，令人醒目"。

字句疏解

1. 红藕香残玉簟秋。轻解罗裳，独上兰舟：红藕，红色的荷花；荷花亦称藕花。玉簟（diàn），华美的竹席；"玉"为美词，"簟"是竹席、凉席。秋，指凉。罗裳（cháng），罗（丝织品）裙；裳为下衣。兰舟：用木兰制成的华美小舟，用作小舟的美称。

2. 云中谁寄锦书来？雁字回时，月满西楼：锦书，锦字书，多指妻子给丈夫的表达思念之情的书信；典出《晋书·列女传》"回文锦书"之事。雁字，大雁飞翔时的阵型；又有雁足传书故事，典出《汉书·苏武传》；此处上句用雁足传书之典，下句指雁阵。

3. 花自飘零水自流。一种相思，两处闲愁：自，指无人留意、无人怜惜。两处，分指自己所居之青州和丈夫所居之任所。闲愁，指相思之愁。

4. 此情无计可消除，才下眉头，却上心头：无计，没有办法。范仲淹《御街行》："都来此事，眉间心上，无计相回避。"

思考讨论题

1. 逐句讲述作品的内容。

2. 你是如何理解"一种相思，两处闲愁"；"才下眉头，却上心头"的？

扩展阅读

1.薄雾浓云愁永昼,瑞脑消金兽。佳节又重阳,玉枕纱厨,半夜凉初透。东篱把酒黄昏后,有暗香盈袖。莫道不消魂!帘卷西风,人比黄花瘦。

——[明代]李清照《醉花阴》

2.寻寻觅觅,冷冷清清,凄凄惨惨戚戚。乍暖还寒时候,最难将息。三杯两盏淡酒,怎敌他晓来风急?雁过也,正伤心,却是旧时相识。满地黄花堆积。憔悴损,如今有谁堪摘?守著窗儿独自,怎生得黑?梧桐更兼细雨,到黄昏、点点滴滴。这次第,怎一个愁字了得!

——[明代]李清照《声声慢·寻寻觅觅》

3.生当做人杰,死亦为鬼雄。至今思项羽,不肯过江东。

——[明代]李清照《夏日绝句》

岳飞《满江红》(怒发冲冠)

怒发冲冠,凭栏处、潇潇雨歇。

抬望眼,仰天长啸,壮怀激烈。

三十功名尘与土,八千里路云和月。

莫等闲、白了少年头,空悲切!

靖康耻,犹未雪。

臣子恨,何时灭!

驾长车,踏破贺兰山缺。

壮志饥餐胡虏肉,笑谈渴饮匈奴血。

待从头、收拾旧山河,朝天阙。

(陆林编注:《宋词》,北京师范大学出版社,1992)

作品简介

岳飞(1103—1142),著名军事家、战略家、民族英雄,南宋中兴四将之首。率领岳家军十余年间同金军大战斗小数百次,所向披靡,金人哀叹"撼山易,撼岳家军难"。无奈宋高宗一意求和,以十二道"金字牌"下令退兵,后为秦桧所陷,以"莫须有"罪名被害于大理寺狱。《满江红·怒发冲冠》是千古传诵的爱国名篇,情调激昂,慷慨壮烈,充分表现了作者抗击金兵、收复故土的决心,显示了中华民族奋发图强,雪耻若渴的英雄气概。

导读指要

这首词表现了岳飞"精忠报国"的英雄之志,情调激昂,慷慨壮烈,是中华民族不甘屈辱，雪耻若渴的反侵略名篇。作品上片写作者悲愤中原重陷敌手，痛惜前功尽弃的局面，也表达自己继续努力，争取壮年立功的心愿。开头五句起势突兀，破空而来。词人站在楼台高处，正凭栏远望。他看到那已经收复却又失掉的国土，想到了重陷水火之中的百姓，不由得"怒发冲冠"，"仰天长啸"、"壮怀激烈"。岳飞之怒，是金兵侵扰中原，烧杀虏掠的罪行所激起的雷霆之怒；岳飞之啸，是无路请缨，报国无门的忠愤之啸；岳飞之怀，是杀敌为国的宏大理想和豪壮襟怀。这几句一气贯注，为我们生动地描绘了一位忠臣义士和忧国忧民的英雄形象。接着四句激励自己，不要虚度这壮年光阴，争取早日完成抗金大业。岳飞梦寐以求的并不是建节封侯，身受殊荣，而是渡过黄河，收复国土，完成抗金救国的神圣事业。正如他自己所说"誓将直节报君仇"，"不问登坛万户侯"。"莫等闲，白了少年头，空悲切"，这既是岳飞的自勉之辞，也是对抗金将士的鼓励和鞭策。词的下片抒写作者对于民族敌人的深仇大恨，统一祖国的殷切愿望，和忠于祖国的赤诚之心。从"驾长车"到"笑谈渴饮匈奴血"都以夸张的手法表达了对凶残敌人的愤恨之情，和英勇无畏的乐观精神。

字句疏解

1. 怒发冲冠，凭栏处、潇潇雨歇：怒发冲冠，愤怒至极以至头发直竖将帽子顶起；潇潇，形容雨势急骤。

2. 抬望眼，仰天长啸，壮怀激烈：长啸，大声呼叫；汉司马相如《上林赋》："长啸哀鸣，翩幡互经。"

3. 靖康耻，犹未雪：靖康耻，宋钦宗靖康二年（1127 年），金兵攻陷汴京，虏走徽、钦二帝。

4. 驾长车，踏破贺兰山缺：贺兰山位于宁夏回族自治区与内蒙古自治区交界处。

5. 待从头、收拾旧山河，朝天阙：朝天阙，朝见皇帝，天阙，本指宫殿前的楼观，此指皇帝生活的地方。

思考讨论题

分析岳飞所表达的爱国主义精神。

扩展阅读

1. 西汉而下，若韩、彭、绛、灌之为将，代不乏人，求其文武全器、仁智并施如宋岳飞者，一代岂多见哉！史称关云长通《春秋左氏》学，然未尝见其文章。飞北伐，军至汴梁之朱仙镇，有诏班师，飞自为表答诏，忠义之言，流出肺腑，真有诸葛孔明之风，而卒死于秦桧之手。盖飞与桧势不两立，使飞得志，则金仇可复，宋耻可雪；

桧得志，则飞有死而已。昔刘宋杀檀道济，道济下狱，嗔目曰：'自坏汝万里长城！'高宗忍自弃其中原，故忍杀飞，呜呼冤哉！呜呼冤哉！

——《宋史·岳飞传》

2. 自中原板荡，夷狄交侵，余发愤河朔，起自相台，总发（髮）从军，历二百余战。虽未能远入夷荒，洗荡巢穴，亦且快国雠之万一。今又提一旅孤军，振起宜兴，建康之城，一鼓败虏，恨未能使匹马不回耳！故且养兵休卒，蓄锐待敌，嗣当激励士卒，功期再战，北逾沙漠，蹀血虏廷，尽屠夷种。迎二圣，归京阙，取故地，上版图(14)，朝廷无虞，主上莫枕，余之愿也。河朔岳飞题。

——[宋代]岳飞《五岳祠盟记》

陆游《钗头凤》

红酥手，黄縢酒，满城春色宫墙柳。东风恶，欢情薄。一怀愁绪，几年离索。错，错，错！

春如旧，人空瘦，泪痕红浥鲛绡透。桃花落，闲池阁。山盟虽在，锦书难托。莫，莫，莫！

（《陆游词集》上海古籍出版社，2011）

作品简介

陆游（1125—1210），字务观，号放翁，越州山阴（今浙江绍兴市）人。高宗时应试被秦桧排斥，孝宗时赐进士出身，在地方及朝中多处任职。后被劾去职，归老故乡。陆游生当国势危迫的南宋时期，"扫胡尘"、"靖国难"是他生平志向所在。因极力主战和行为"颓放"之名，屡遭对立面打击排斥而被贬斥、罢职，又屡次启用，终不得大用，但他坚持理想，终始不渝。陆游是南宋最杰出的诗人，诗、文成就都很高，存诗近万首，词兼婉约豪放。有《渭南文集》、《剑南诗稿》、《放翁词》等。

钗头凤：词牌名，原名"撷芳词"，相传取自北宋政和间宫苑"撷芳园"之名。后因无名氏此词有"可怜孤似钗头凤"句，故改为"钗头凤"。这首词是陆游二十七岁时因怀念被迫离异的前妻唐氏而作。南宋陈鹄《耆旧续闻》卷十载："余弱冠客会稽，游许氏园。见壁间有陆放翁所题词（即本词）……笔势飘逸，书于沈氏园，辛未（1151）三月题。放翁先室内琴瑟甚和，然不当母夫人意，因出之，夫妇之情实不忍离。后适南班士名某，其家有园馆之胜。务观一日至园中，去妇闻之，遣遗黄封酒果馔，通殷勤。公感其情，为赋此词。其妇见而和之，有'世情薄，人情恶'之句，惜不得其全阕。未几，怏怏而卒，闻者为之怆然。此园后更许氏。淳熙间，其壁犹存，好事者以竹木交护之，今不复有矣。"南宋刘克庄《后村诗话续集》卷二载："放翁少时，二亲教督甚严。初婚某氏，伉俪相得。二亲恐其惰于学也，数谴妇。放翁不敢逆尊者意，与妇诀。某氏改事某官，与陆氏有中外。一日，通家于沈园，坐间目成而已。翁得年甚高，晚有二绝云……旧读此诗，不解其意，后见曾温伯言其详。温伯名黯，茶山孙，受学于放翁。"南宋周密《齐东野语》卷一载："陆务观初娶唐氏，闳之女也，于其母夫人为姑侄。伉俪相得而弗获于其姑，既出而未忍绝之，则为别馆，时时往焉。姑知而掩之，虽先知挈去，然事不得隐，竟绝之，亦人伦之变也。唐后改适同郡宗子士程。尝以春日出游，相遇于禹迹寺南之沈氏园。唐以语赵，遣致酒肴。翁怅然久之，为赋《钗头凤》一词，题园壁间……实绍兴乙亥岁(1155)也。"后人关于陆游《钗头凤》词及其前妻的故事，都来自于以上三则材料。当今妇孺皆知的是陆游前妻名叫唐琬，但上述三则材料中都没有提到她的名字。唐琬这一名字的出现是距陆游五六百年后的清代，而且没有指出任何来源，因此是不可靠的，故而本文放弃这一名字，改称"唐氏"。据黄世中先生考证，陈鹄仅比陆游小二十岁左右，而且与陆游长兄交游颇密，所记沈园题壁《钗头凤》词又是亲眼所见，应该最为可靠。陈鹄和刘克庄都没有说到陆游前妻姓什么。最早说她姓唐并且是陆游的表妹的，是周密的《齐东野语》，但这本书成书于元代1291年，距沈园题壁已隔一百四十年，有些记载出于传闻，难免有误。周密说唐氏是唐闳之女，同陆游母亲为姑侄。有学者考证，陆游之母为江陵唐氏，而唐闳是山阴唐氏，二者并非同一宗族，陆游的舅父中并无唐闳其人，因此他与原配夫人唐氏根本不存在什么姑表关系。剔除掉这些不实之辞，剩下的事实大概是这样的：陆游在二十岁(1144)左右初娶唐氏，二人伉俪甚得；但唐氏不为陆母所容，被逼离异；陆游再娶王氏，唐氏亦改嫁；陆游游沈园(1151)，与唐氏相遇，唐氏派人送酒食与陆游；陆游感而作《钗头凤》词，题于沈园之壁；唐氏见到此词，曾有和词，但只有"世情薄，人情恶"两句传世；后唐氏卒于绍兴二十九年(1159)，时陆游三十五岁(此取黄世中说)。

导读指要

　　这首词是陆游自叹爱情悲剧，倾吐追悔、痛苦、无奈之情的一篇作品。由于它触发于沈园，因此，全词内容自然围绕着沈园而展开。上片回想往昔欢游之迹，追悔几年离异之痛。由于沈园是旧游之地，又是在沈园再遇曾经的爱妻，首先触发的当然是对往日的回忆，作品便自然由追昔而起，再到抚今。"红酥手，黄縢酒，满城春色宫墙柳"三句，是回忆当初夫妻二人偕游沈园的美好情景：妻子用红润、细腻、柔嫩的双手，捧起名贵的黄封官酒，与丈夫举杯共饮。这也许是新婚后的第一次偕游，所以印象非常深刻，尤其是妻子那双纤纤玉手，深深印入了词人的脑海；而黄縢酒市面上并不出售，不易得到，也许是为了这次出游特意搞来，所以也印象深刻。这一切宛若面前，历历在目，妻子是那么美丽，心情是那么快乐，连环境都美到极致：满城春意盎然，处处春色嫣然，沈园的围墙(这里的"宫"是围墙或围绕的意思)边上是一排排的垂柳，柳丝随风飘飖、翩然起舞，摇荡得新婚游人连心都要醉了。至此，作品突然一个猛折，由追忆扭到了现实场景。"东风恶"一句所写眼前的景象是：一阵阵东风猛烈地刮过，只吹得落红遍地，春景凋残，一片狼藉，满目感伤。这里的"东风恶"是春风刮得很猛，而不是凶恶的意思。这样的用法很常见，如贺铸《谒金门》："历历短樯沙外泊，东风晚来恶。"许多论者都把"东风恶"解释为暗喻陆游母亲的凶狠，其实这里是描写而不是象征，不要以今人的眼光去推想古人的心理，不要用阶级斗争的观念去理解古人的伦理和家庭关系。陆母当然是悲剧的制造者，陆游可以悲伤，可以追悔，可以思念，但不要设想他违背孝道去怨恨，甚至用隐喻的方式去咒骂母亲，他不是唯我独尊的现代青年。这是一个时代中的悲剧，是一种文化制度造成的悲剧，但我们不要企图把对前代一种文化制度的否定的重担强加给前人。"欢情薄"一句，是说面对凋残的春景，当然更是由于爱妻的缺席，尽管有她送来的酒食，也许还有名贵的黄滕酒，但是却没有一丁点往日的"欢情"。在这里，"东风恶"这个原因，衬托着"欢情薄"这个结果，形成与上面的追忆场景强烈对比的凄凉景象。此景此情，引出词人"一怀愁绪，几年离索"的直接倾吐：从那以后，多少的哀伤，多少的悲苦；从那以后，好几年的生离，好几年的孤独！紧接着，便是无可压抑的爆发——"错，错，错！"这是向天的呼喊，这是无尽的追悔；为什么会是这样，为什么一错到底？三个"错"字步步强化，步步升高，极致化地宣泄了词人无比的悲愤、追悔之情，这就是修辞上重复的力量。这里的"几年"应该是指离异以来的时间，陆游初婚至此已有七年，因唐氏被出时间不得而知，故相离多久也无法确定，但说"几年"，通常应在两年以上。

下片倾诉两相离异的痛苦，悲叹两情难通的无奈。"春如旧，人空瘦，泪痕红浥鲛绡透"三句，就是通过物是人非的对比和泪湿鲛绡的摹写来表现离异的痛苦。"春如旧"与上片"满城春色"相呼应，说今日的春天和几年前共游沈园时的春天是一样的，还是"满城春色宫墙柳"，但是人已经完全不同。"人空瘦"的"空"，是"白白地"、"徒然地"，它强调了"瘦"的无可阻拦、无可奈何、于事无补。为何"瘦"？相离的痛苦，思念的悲伤，止不住的血泪。也许是因为"红"字的缘故，有人将"人空瘦"的"人"解释为唐氏，进而描摹其如何泪如泉涌，如何泪和胭脂，如何泪透鲛绡。且不说二人在沈园是面对面的相遇还是传话式的相遇不能确定，即使是对面相遇，唐氏如何能够当着现任丈夫的面向前夫泪洒红尘？其实词的下片全部是写词人自己，完全没有表现角度的跳跃；"红"字也并不表示脂粉、妆扮和服装，而是指眼泪的颜色，即用"血泪"之典，全句是指血泪湿透手帕，说的是陆游自己的情怀。"桃花落，闲池阁。山盟虽在，锦书难托"四句，则通过环境的冷落和声闻的阻绝来表现两情难通的无奈。"桃花落"与上片"东风恶"相应，写落红满地的残景，逗引伤怀之情。"闲"是空而寂的意思，"闲池阁"写沈园中的池馆空寂落寞，无复当初的热闹温馨，触人冷落之感。这二句所勾画的花落池冷的冷落环境和独游独饮的冷落感受，与记忆中偕游共饮的温润美好感觉形成巨大的反差，强烈地刺激着词人身回往昔、梦归前缘的愿望。然而现实是严酷的，尽管以往的山盟海誓言犹在耳，但玉人已归他姓，萧郎终成人夫，不要说再温鸳梦，即使是一通音信、偶诉衷肠，也犹如山河阻隔、云水苍茫，"欲寄彩笺兼尺素，山长水阔知何处"？在此深哀巨痛的挤压下，词人从心底迸出"山盟虽在，锦书难托"的沉痛悲叹。这一悲叹不是奔放无羁的，而是极为压抑的；不是痛快淋漓的，而是钝刀子割肉的，是一种十分不甘却又百般无奈的绝望之痛。这种痛啃噬着心，吸食着血，甩不掉，摆不脱，于是词人在煞拍又破喉喷出更强烈的悲叹："莫，莫，莫！"这同上片的"错，错，错"手法、功用完全相同，都是用重复、极化的方法来强化情感的宣泄。不同的是，"错，错，错"是奋力的呼喊，"莫，莫，莫"是无奈的吞噎。如果从诵读的角度看，前者的音高、音强是逐级上升、加强的，而后者是逐级下降、减弱的。这种下降、减弱，反映的是无可奈何的长痛，是延续终身的悲情。

许多优秀的诗词作品都是靠精巧的艺术形式和表现方法取胜的，但也有好些作品的形式和方法并不讲究，甚至很原始、简单，却非常成功。这首词的写法不外环境点染和直抒胸臆两条，并无格外出色之处，它的感人至深，全在于浸透全篇、充溢全词的真情和无可压抑的倾诉。再扩而言之，陆游《钗头凤》一词之所以流传广远，除作品本身的原因外，还在于它所承载的那个凄婉欲绝的爱情悲剧故事，在于陆游对前妻终身不渝、念念不忘的怀恋真情，感动着一代又一代的读者。"问世间，情为何物，直教生死相许？"（元好问《摸鱼儿》）正是这种美好的人类情感，让陆游获得了跨越时代的艺术成功。陆游一生有好多怀念唐氏之作，四十六岁、五十九岁、六十八岁、七十五岁、七十七岁、八十二岁、八十三岁、八十四岁都有作品。其中六十八岁所作《禹迹寺南》、七十五岁所作《沈园》、八十二岁所作《十二月二日夜梦游沈氏园亭》、八十四岁所作《春游》，可以在下文"扩展阅读"中看到。另外，清代《历代诗余》一书引"夸娥斋主人"说中有一首所谓唐琬和陆游的《钗头凤》词，学界一致认为是后人伪托，但词情哀婉，可追陆游原作。兹录如下："世情薄，人情恶，雨送黄昏花易落。晓风干，泪痕残。欲笺心事，独语斜阑。难，难，难！人成各，今非昨，病魂常似秋千索。角声寒，夜阑珊。怕人寻问，咽泪装欢。瞒，瞒，瞒！"

字句疏解

1. 红酥手，黄縢酒，满城春色宫墙柳：红酥手，红润柔嫩之手。黄縢酒，即黄封酒，官酒

2. 名称：宋时官家所酿酒以黄纸封口，故名。宫墙，指沈园之围墙；宫，围墙、院墙。《礼记·儒行》："儒有一亩之宫。"郑玄注："宫，谓墙垣也。"又，宫，围绕。《尔雅·释山》："大山宫小山，霍。"郭璞注："宫，谓围绕之。"

3. 东风恶，欢情薄。一怀愁绪，几年离索。错，错，错：东风恶，春风刮得很猛；恶，猛

4. 烈，表程度很深。贺铸《谒金门》："历历短檣沙外泊，东风晚来恶。"离索，离

群索居,指离散独居;索,孤独。

5.春如旧,人空瘦,泪痕红浥鲛绡透:春如旧,与上片"满城春色宫墙柳"相呼应。红浥,

6.指红色的眼泪(血泪)湿透(手帕);浥,沾湿。鲛绡,指丝绸织的手帕;古代传说南海中有鲛人,水居如鱼,善纺织,滴泪成珠。任昉《述异记》:"南海出鲛绡纱。"

7.桃花落,闲池阁。山盟虽在,锦书难托。莫,莫,莫:桃花落,陆游此词作于农历三月,

8.正当桃花落时。闲池阁,指沈园中空寂落寞;闲,空;池阁,池塘和楼阁。山盟,引山河为喻的盟誓,以示永久不变,多用作男女恋情的誓约。锦书,锦字书,指夫妻间的书信;典出《晋书·列女传》"回文锦书"之事。莫、莫、莫,罢、罢、罢,表无可奈何。

思考讨论题

你如何作者理解"错,错,错";"莫、莫、莫"的感叹?

扩展阅读

1.枫叶初丹槲叶黄,河阳愁鬓怯新霜。林亭感旧空回首,泉路凭谁说断肠?坏壁醉题尘漠漠,断云幽梦事茫茫。年来妄念消除尽,回向禅龛一炷香!

　　　　　　　　　　　　　　　　　　——[宋代]陆游《禹迹寺南》

2.城上斜阳画角哀,沈园非复旧池台。伤心桥下春波绿,曾是惊鸿照影来。梦断香消四十年,沈园柳老不吹绵。此身行作稽山土,犹吊遗踪一泫然。

　　　　　　　　　　　　　　　　　　——[宋代]陆游《沈园》

3.路近城南已怕行,沈家园里更伤情。香穿客袖梅花在,绿蘸寺桥春水生。城南小陌又逢春,只见梅花不见人。玉骨久成泉下土,墨痕犹锁壁间尘。

　　　　　　　　　　　　　——[宋代]陆游《十二月二日夜梦游沈氏园亭》

4.沈家园里花如锦,半是当年识放翁。也信美人终作土,不堪幽梦太匆匆。

　　　　　　　　　　　　　　　　　　　　——[宋代]陆游《春游》

5.5、城上斜阳画角哀,沈园非复旧池台。伤心桥下春波绿,曾是惊鸿照影来。

　　　　　　　　　　　　　　　——[宋代]陆游《沈园》二首之一

陆游《书愤》

早岁那知世事艰,中原北望气如山。楼船夜雪瓜洲渡,铁马秋风大散关。
塞上长城空自许,镜中衰鬓已先斑。出师一表真名世,千载谁堪伯仲间!

　　　　　　　　　　　　　　　　　(《剑南诗稿校注》上海古籍出版社,2005)

作品简介

《剑南诗稿》中有好些首以《书愤》为题的诗。这首《书愤》诗是孝宗淳熙十三年（一一八六）春陆游闲居山阴老家时所作,七言律诗。这时他已是六十二岁的老人。淳熙七年(1180),陆游在江西任上罢官,至此已六年,过着"访古颓垣荒堑里,觅交屠狗卖浆中"的生活。有感于自己一生力图恢复的壮志和空老苍洲的结局,愤而为此诗,故名《书愤》。

导读指要

这首诗题为《书愤》,愤者,郁愤也,积郁于胸中而未得舒泄的愤懑。朱熹注《论语》曰:"愤者,心求通而未得之意。"陆游自早年起便"志在恢复",岁至花甲仍壮志未伸,其间的郁愤何止万千。所以作品便紧扣着这个"愤"字结体,开头愤于胡虏之侵国,中间愤于东西戍守却功业无成,结尾愤于朝中无人、恢复无日,其主旨则在于一泄壮志未酬的悲愤。具体布局则前半追昔,后半伤今。

首联追怀自己青年时代的壮志豪情。"早岁那知世事艰":年轻的时候哪里懂得世事的艰难呢?这个"世事"主要是指收复北方的大业。陆游生于主战派士大夫家庭,"儿时万死避胡兵",自幼即"亲见当时士大夫,相与言及国事,或裂眦嚼齿,或流涕痛哭,人人自期以杀身翊戴王室,虽丑裔方张,视之蔑如"(《跋傅给事帖》)。到弱冠时,便立下了"上马击狂胡,下马草军书"的大志。这样的热血青年,自然视出兵北伐、恢复中原为理所当然、天经地义,哪里会想到中间有那么多屈膝妥协之人、曲折艰难之事呢?所以"中原北望气如山",即时常眺望北方,遥想中原,心中那一展宏图、收复失地的豪气便有如山涌,不可遏止。此联首句起势低平,次句气概昂扬,呈由低向高的激扬之势,为下一联的大气磅礴拓开了空间。

颔联追怀壮年时代东、西任职,凭吊和参与抗敌战事的经历。"楼船夜雪瓜州渡"一句,追怀瓜洲抗敌、击退金兵的胜利和自己戍守镇江的经历。高宗绍兴三十一年(1161)冬,金主完颜亮率兵攻宋,大军直逼长江,拟从瓜洲渡江南下,宋将刘錡、虞允文等造大战舰,在瓜洲、采石一带拒守。最终,完颜亮被其部下所杀,金兵溃退。这是宋军抵抗的一次重要胜利,证明金兵并非不可战胜。战后不久,陆游自临安被出为镇江通判。镇江当时是边防前沿,与瓜洲古渡隔江相望。在此期间,他曾凭吊不久前的战场,怀想当时雪夜坚守、楼船进击的情景,并作诗抒怀,有"唾手每思双羽箭,快心初见万楼船"之句(《过采石有感》)。隆兴二年(1164),都督张浚视师镇江,他曾力挺张浚的北伐之举,后来还因此而被罢官。"铁马秋风大散关"一句,追忆在西部前线戍守抗敌的经历。宋孝宗乾道八年(1172),四十八岁的陆游被驻守汉中的四川宣抚使王炎辟为干办公事,入其军幕。他经常身穿戎衣,过着军旅生活,曾有雪中刺虎的壮举,戍守过边防要塞大散关。在此期间,他积极协助王炎谋划恢复大计,向其提出"经略中原,必自长安始;取长安,必自陇右始。当积粟练兵,有衅则攻,无则守"的战略建议。大散关是当时宋、金西部边界,是南宋边防重镇。在十年前的绍兴三十一年(1161)秋,金兵曾进犯边境,占据大散关,宋军吴璘部与之激战,于次年收复大散关。陆游受此激励,帮助王炎筹划进兵长安,曾强渡渭水,与金兵在大散关发生遭遇战。然而,不久王炎被调回临安,反攻计划未能实现,陆游甚为失望。他对自己在大散关一带的经历印象至深,在诗中屡次咏叹。《归次汉中境上》慨叹坐失恢复良机:"良时恐作他年恨,大散关头又一秋。"《观大散关图有感》则借观看地图抒发对收复中原的热切向往。此联取象宏大,境界雄阔,气势磅礴;全联无一动词,由两组名词意象组合而成,构句奇特,对仗工稳,是律联的典范。而且时间、空间、事件的概括力极强,跨度极大,包容了众多的事件、景物、场景和作者赞颂、自豪和失望的复杂情感,既有着过去的光荣与梦想,又有着今天的怀恋与忧伤,真可谓之"惊心动魄,一字千金"。

颈联抒发壮志未酬、鬓发先斑的悲愤之情。"塞上长城空自许"一句用典以寄情。南朝时刘宋名将檀道济南征北讨,抵御北魏,功勋卓著,宋文帝因猜忌而捕杀,临死前曾怒叱宋文帝:"乃复坏汝万里之长城!"(《南史·檀道济传》)此后,"自毁长城"成为一个著名典故。陆游一生自视甚高,自期甚切,"切勿轻书生,上马能击贼"(《太息》);"平生万里心,执戈王前驱"(《夜读兵书》),心中以"塞上长城"自我期许。然而这只是"空自"期许,一个"空"字,道出了无限的失落、无限的悲愤:世事艰难,岁月无情;宏图大业尚未成,"镜中衰鬓已先斑";揽镜自照,空余悲情。这"镜中衰鬓已先斑"与前句形成鲜明对比,突出地表现了诗人壮志未酬的悲愤之情。作者著名的《诉衷情》一词,恰好可以作为这一联的注脚:"当年万里觅封侯,匹马戍梁州。关河梦断何处?尘暗旧貂裘。胡未灭,鬓先秋,泪空流。此生谁料,心在天山,身老沧洲!"

尾联赞颂诸葛武侯,寄寓愤世之情。陆游自1170年入蜀,至1178年被召回,在蜀中共计八年,对诸葛亮的业绩了解全面,由衷敬仰。但尾联"《出师》一表真名世"独独拎出《出师表》,意在突出他"奖率三军,北定中原……兴复汉室,还于旧都"的坚定不移,这正可以寄托自己北伐中原、收复故土的宏图大愿,还可以寄托自己"占据陇右—攻取长安—经略中原"的战略设计,因为当年诸葛亮走的就是这一战略路线。"千载谁堪伯仲间"的强烈赞叹,固然是颂扬武侯,但更重要的愤慨现实:千载以来,有谁可以与诸葛武侯来相比?当今朝廷,何人算得上光复中原的汉子?这颂扬兼指斥的一叹,包含着多少的辛酸,多少的愤慨,作品便紧扣着这一"愤"字收煞了全篇。

字句疏解

1.早岁那知世事艰,中原北望气如山:早岁,早年,年轻的时候。那:同"哪"。

世事,指恢复中原之事。中原北望,北望中原。气如山,指收复失地的豪气有如山涌。

2. 楼船夜雪瓜洲渡:此句叙宋、金瓜洲战事,并隐括作者游踪所至。楼船,大战舰;汉武帝时,曾于昆明池中治楼船高十余丈,以习水战。瓜洲,即瓜洲镇,在长江北岸,与镇江隔江相望,是江防要地。绍兴三十一年(1161)冬,金主完颜亮拟渡瓜洲南侵,宋军造战舰在瓜洲、采石一带拒守,最终完颜亮被部下所杀,金兵溃退。战后不久,陆游自临安被出为镇江通判,曾力挺大将张浚的北伐之举。

3. 铁马秋风大散关:此句叙宋、金西北战事及自己参王炎军幕事。铁马,披铁甲的战马。大散关,在陕西宝鸡县西南,是南宋边防重镇;当时南宋与金,西以大散关为界。绍兴三十一年(1161)秋,金兵占据大散关,宋军与之激战,次年收复大散关。陆游乾道八年(1172)在南郑(汉中)入王炎军幕,助王筹划进兵长安,曾强渡渭水,与金兵在大散关发生遭遇战。九月王炎被调回临安,反攻计划未能实现。

4. 塞上长城空自许,镜中衰鬓已先斑:塞上长城,南朝时刘宋名将檀道济抵御北魏有功,

5. 曾自称为“万里长城”。自许,自我期许,自我赞许。斑,鬓发花白,此作动词。

6. 《出师》一表真名世,千载谁堪伯仲间:《出师》一表,指诸葛亮《出师表》;蜀汉后主建兴五年(227)三月,诸葛亮率大军由汉中北伐曹魏,上《出师表》。名世,传名于世。伯仲间,可相提并论;杜甫《咏怀古迹》第五首咏诸葛亮,有“伯仲之间见伊吕”语。伯仲,原指兄弟间长幼的次序,伯为长,仲为次,后用以评量人物等差不相上下为伯仲。

思考讨论题

逐句讲述作品的内容。作者在其中寄寓着什么样的情感?

扩展阅读

1. 前年脍鲸东海上,白浪如山寄豪壮;去年射虎南山秋,夜归急雪满貂裘。今年摧颓最堪笑,华发苍颜羞自照。谁知得酒尚能狂,脱帽向人时大叫。逆胡未灭心未平,孤剑床头铿有声。破驿梦回灯欲死,打窗风雨正三更。

——[宋代]陆游《三月十七日夜醉中作》

2. 僵卧荒村不自哀,尚思为国戍轮台。夜阑卧听风吹雨,铁马冰河入梦来。

——[宋代]陆游《十一月四日风雨大作》

3. 死去元知万事空,但悲不见九州同。王师北定中原日,家祭无忘告乃翁。

——[宋代]陆游《示儿》

辛弃疾《南乡子·登京口北固亭有怀》

何处望神州？满眼风光北固楼。千古兴亡多少事,悠悠,不尽长江滚滚流。
年少万兜鍪,坐断东南战未休。天下英雄谁敌手？曹刘。生子当如孙仲谋。

(邓广铭《稼轩词编年笺注》上海古籍出版社,1978)

作品简介

辛弃疾(1140—1207),字幼安,号稼轩,山东历城(今山东济南)人。他生逢南宋与金对峙之时,是一位具有强烈爱国情怀,雄才大略,驰骋疆场的英雄豪杰。辛弃疾的人生理想是做统率千军万马的将领,跃马扬鞭,博取功名,但是报国无门,只能把自己的慷慨大略挥洒到长短句中,建立起词史上的丰碑。在两宋词史上,辛弃疾的作品数量最多,成就、地位也最高。其词题材广泛,风格多样。开拓出战争和军事活动意象,使词的意象群出现了一次大转换,进一步确立了豪放词的地位;他在苏轼"以诗入词"基础上,发展到"以文入词",将古文辞赋的章法和议论、对话等手法移植于词,空前扩大和丰富了词的语汇。今存词600多首,收入《稼轩长短句》中。

南乡子:词牌名,原为唐教坊曲名,后用为词牌。这首词作于宋宁宗开禧元年(1205),作者时年66岁。1204年,部分主战派被起用,辛弃疾出任镇江知府,其抗敌报国、收复失地的雄心又被激起。镇江地处抗敌前沿,又曾经作过三国东吴的京都,三国雄主曹操、刘备、孙权的英雄业绩时常激荡于胸,故借以作词咏怀。

导读指要

这是一首怀古词,借登高望远,追怀古代历史上英雄人物的精神、业绩,来表达自己对时局的看法,并寄寓内心激荡的情怀。上阕写对于"千古兴亡"的感慨。首先一问一答:"何处望神州？满眼风光北固楼。"纵目远眺,哪里是我渴望看到的中原故国呢？满眼都只是北固楼的风光啊！这意味着中原不可见,使词人满怀忧伤。接着又是一问一答:"千古兴亡多少事？悠悠,不尽长江滚滚流。"千古以来,发生过多少次王朝兴亡的事件呢？那些历史悠远绵长,就像这眼前的长江水,滚滚东逝,一去不返了,想来便令人感喟不已。最后一句化用杜甫"不尽长江滚滚来"(《登高》)的诗句,改"来"为"流",既不落痕迹、贴切自然,又合于眼前内容。

下阕写对于三国孙权的追慕。"年少万兜鍪,坐断东南战未休"二句,表达对孙权英雄业绩的颂扬:"年少"的孙权继承孙策为东吴国主之时,年方十九岁,但已统率着数万军队,雄踞东南一方,连年抗击着敌人的进攻。此处敬佩之情溢于言表。继而又是进一步赞扬的一问一答:"天下英雄谁敌手？曹刘。生子当如孙仲谋。"天下的英雄,谁才是真正势均力敌的对手呢？那就是曹操,刘备,还有这儿子辈的孙权！这里连用了两个《三国志》的典故。一个是《蜀书先主传》中的："是时曹公从容谓先主曰：'今天下英雄，惟使君（称刘备）与操耳，本初（袁绍）之徒不足数也。'"这就是《三国演义》中"煮酒论英雄"故事的来源。另一个是《吴主传》裴注所引《吴历》中的：曹操与孙权两军对抗，孙权用水军俘虏曹军三千人，并屡次向曹操挑战。曹操坚守不出，孙权便亲自乘轻船到曹操营中观察营寨，行船五六里方才返回，船上还有乐队演奏。曹操见孙权"舟船、器仗、军伍整肃，喟然叹曰：'生子当如孙仲谋，刘景升（刘表）儿子（刘琮）若豚犬耳！'"整个下阕的重心在孙权，而曹操、刘备只是用来作陪衬。词人之所以选择孙权来作为咏怀对象，一个是这位"年少"国主内修国政、外抗强敌的英雄气概和雄才大略强烈地激励着作者，使他充满抗敌复国的豪情；另外一个是南宋所占地区很类似于东吴，有很大的可比性。但遗憾的是南宋朝廷并没有孙权这样一个不向强敌低头的雄主。所以作者在这首词中既表现出抗敌报国的昂扬，又流露出对时局难测的担忧，对苟且偷安的暗谴。

这首词慕古伤今，借古喻今，显扬着词人的昂扬豪情，寄寓着词人的忧国深思。作品纵横开阖，气势宏大；借典咏怀，寄情深婉，典实合一，自然妥帖，达到了很高的艺术境界。特别突出的是词中三问三答的构篇方法，奇特新颖，自相呼应，生动活泼，如闻其声。同稼轩同期所作的另一首《永遇乐·京口北固亭怀古》（见后文"扩展阅读"）相比，二者同是怀古伤今之作，写法却大异其趣，一昂扬明快，一沉郁顿挫，显示了辛词风格的多样性。

字句疏解

1. 登京口北固亭有怀：京口，今江苏镇江市。北固亭，在京口东北的北固山上，下临长江；南朝梁武帝时曾改名北顾亭。

2. 何处望神州？满眼风光北固楼：神州，本指全中国，此指中原沦陷区。北固楼，即北固亭。

3. 千古兴亡多少事，悠悠，不尽长江滚滚流：悠悠，辽远无际貌。"不尽"句，化用杜甫《登高》"无边落木萧萧下，不尽长江滚滚来"。

4. 年少万兜鍪，坐断东南战未休：年少，指孙权，十九岁继承父兄事业，统辖东吴。兜鍪（dōumóu），头盔，借指士兵。坐断，占据住。战未休，不断同敌人作战。

5. 天下英雄谁敌手？曹刘。生子当如孙仲谋：曹刘，曹操和刘备。敌手，可以匹敌的对手。《三国志·蜀书·先主传》："是时曹公从容谓先主曰：'今天下英雄，惟使君（称刘备）与操耳，本初（袁绍）之徒不足数也。'"孙仲谋，孙权字仲谋。《三国志·吴书·吴主传》裴注引《吴历》："曹公出濡须，作油船，夜渡洲上，权以水军围取，得三千余人……公见舟船、器仗、军伍整肃，喟然叹曰：'生子当如孙仲谋，刘景升（刘表）儿子（刘琮）若豚犬耳！'"

思考讨论题

具体叙述一下作品各层次所描写的内容和所表达的情感。

扩展阅读

1. 魄力雄大,虎视千古。东坡词极名士之雅,稼轩词极英雄之气,千古并称而稼轩更胜。

——[清代]陈廷焯《云韶集》卷五

2. 楚天千里清秋,水随天去秋无际。遥岑远目,献愁供恨,玉簪螺髻。落日楼头,断鸿声里,江南游子。把吴钩看了,栏干拍遍,无人会,登临意。休说鲈鱼堪脍,尽西风、季鹰归未? 求田问舍,怕应羞见,刘郎才气。可惜流年,忧愁风雨,树犹如此! 倩何人,唤取红巾翠袖,搵英雄泪!

——[宋代]辛弃疾《水龙吟·登建康赏心亭》

3. 醉里挑灯看剑,梦回吹角连营。八百里分麾下炙,五十弦翻塞外声。沙场秋点兵。马作的卢飞快,弓如霹雳弦惊。了却君王天下事,赢得生前身后名。可怜白发生。

——[宋代]辛弃疾《破阵子·为陈同甫赋壮词以寄之》

4. 千古江山,英雄无觅,孙仲谋处。舞榭歌台,风流总被,雨打风吹去。斜阳草树,寻常巷陌,人道寄奴曾住。想当年,金戈铁马,气吞万里如虎。元嘉草草,封狼居胥,赢得仓皇北顾。四十三年,望中犹记,烽火扬州路。可堪回首,佛狸祠下,一片神鸦社鼓。凭谁问:廉颇老矣,尚能饭否?

——[宋代]辛弃疾《永遇乐·京口北固亭怀古》

5. 更能消、几番风雨,匆匆春又归去。惜春长怕花开早,何况落红无数。春且住,见说道、天涯芳草无归路。怨春不语。算只有殷勤,画檐蛛网,尽日惹飞絮。长门事,准拟佳期又误。蛾眉曾有人妒。千金纵买相如赋,脉脉此情谁诉? 君莫舞! 君不见、玉环飞燕皆尘土。闲愁最苦。休去倚危栏,斜阳正在,烟柳断肠处。

——[宋代]辛弃疾《摸鱼儿》

辛弃疾《青玉案·元夕》

东风夜放花千树,更吹落、星如雨。宝马雕车香满路。凤箫声动,玉壶光转,一夜鱼龙舞。

蛾儿雪柳黄金缕,笑语盈盈暗香去。众里寻他千百度,蓦然回首,那人却在,灯火阑珊处。

(邓广铭《稼轩词编年笺注》上海古籍出版社,1978)

作品简介

青玉案：词牌名，取于东汉张衡《四愁诗》："美人赠我锦绣段，何以报之青玉案。"又名"横塘路"、"西湖路"。辛弃疾此词作年不可确考，邓广铭先生《稼轩词编年笺注》将此列入起宋孝宗淳熙九年(1182)，迄宋光宗绍熙二年(1193)的"带湖之什"中，认为"至晚作于淳熙十四年(1187)"。此时辛弃疾正被弃置闲居于江西上饶之带湖，处于人生最低谷之时期。

导读指要

这首词上片写元宵之夜灯火辉煌的热闹景象。"东风夜放花千树，更吹落、星如雨"二句，是写彩灯和焰火的耀眼：无数的彩灯灿烂闪耀，如同春风一夜吹来，吹开了千树万树的鲜花；焰火齐放，如同满天的星星被吹落而下，一开始就把人带进"火树银花"的节日狂欢之中。"宝马雕车香满路"写观灯的热闹：达官显贵、普通百姓倾城而出，骏马彩车填街塞巷，满路香气四溢。"凤箫声动，玉壶光转，一夜鱼龙舞"三句，写通宵欢乐的情景：动听的音乐悠扬奏鸣，明亮的月光普照万家，鱼灯、龙灯通宵欢舞。整个上片运用铺排的手法，极力渲染通宵达旦、载歌载舞的场景，突出一个"热"字，以之为同下片的对比预作蓄势。

下片写发现了意中人的惊喜心情。"蛾儿雪柳黄金缕，笑语盈盈暗香去"二句由上阙的写场面转为写人：观灯的女子们打扮入时，头戴闹蛾、雪柳，体态婀娜，欢声笑语，追逐热闹而去，所过之处，留下阵阵幽香。"众里寻他千百度，蓦然回首，那人却在，灯火阑珊处。"在这众多的时髦女郎中寻找，哪一位才是我心仪的姑娘呢？然而寻找了百遍，寻找了千遍，始终都没有寻到。失望啊，懊恼啊，忧伤啊！我在什么地方才可以找到你呢？难道这世界上就没有这样的姑娘吗？突然间，猛一回首，却发现她竟然站在灯火稀落的地方！这里表现了主人公既惊且喜的狂喜之情，这真是"踏破铁鞋无觅处，得来全不费工夫"！全词就在这最高潮、最精彩的地方戛然而止。

这首词的重点、核心全在词的结尾，前面的全部篇幅、全部内容都是为最后这几句作铺垫、作蓄势的。这几句尽管很简短，却塑造了一个特立独行的形象——"那人"。"那人"是主人公心仪已久的姑娘，是朝思暮想、四处寻找的心上人。她是一位厌弃繁华、自甘寂寞的姑娘，当所有人都追逐热闹的时候，她却独立于"灯火阑珊处"之处，显示着她那冰清玉洁、卓尔不群的格调。梁启超评论这首词："自怜幽独，伤心人别有怀抱。"这切中了词的要害。作者是一位抗金英雄，力主抗战却遭到了众多的攻讦，被罢职闲居于江西二十多年，孤立少援是他的基本处境，壮志难酬是他的情绪主调。这首词就作于这一时期，词中所塑造的"那人"，就是词人心中的精神偶像。她是一个象征性的形象，象征着安贫乐道、坚持操守的人生态度和品格节操。作品通过全篇内容的前后对比和"那人"形象的塑造,一是寄寓他在政治上遭排斥、受冷落的失意与不平,二是表示他不愿同得势者(主和派)同流合污的态度与节操。这首词在艺术上的最大特点就是采用比兴象征的表现手法,用上元之夜热闹和冷落两种节日场景,来象征主和派得势、主战派失意的两种不同的政治环境;用元夕的"众人"和"那人"两种人物,来象征政治上的两种人物:志得意满、追逐权势的主和派,冷落失意、坚持操守的主战派。另外就是对比反衬的表现手法,一是热闹一冷落两种场景的对比,二是主和派—主战派两种人物的对比,用前者来反衬后者。

字句疏解

1. 元夕:古人称正月十五为上元节,是夜称元夕或元夜,也叫元宵灯节。

2. 东风夜放花千树,更吹落、星如雨:放,指吹开。花千树,花灯之多如千树开花;一说无数的树上悬挂彩灯,宛如千树开花。星如雨,千万盏花灯齐亮,如同满天的星星被吹落下来;一说焰火纷纷,乱落如雨。

3. 宝马雕车香满路。凤箫声动,玉壶光转,一夜鱼龙舞:宝马雕车,装饰华丽的车马。凤箫,箫的美称,《列仙传》载萧史与弄玉在凤台吹箫,引来凤凰,故称箫为凤箫;一说,排箫,箫管排列参差如凤翼,故名;此代指笙箫等各种乐器。玉壶,比喻明月;一说,用白玉做的灯。鱼龙,鱼灯,龙灯。

4. 蛾儿雪柳黄金缕,笑语盈盈暗香去:蛾儿雪柳黄金缕,妇女头上所戴的三种饰物,此指盛妆的妇女。周密《武林旧事·元夕》:"元夕节物,妇人皆戴珠翠、闹蛾、玉梅、雪柳。"娥儿即闹蛾。盈盈:形容女子仪态美好。

5. 众里寻他千百度,蓦然回首,那人却在,灯火阑珊处:千百度,千百次、千百遍。蓦(mò)然,猛然、突然。阑珊:零落、稀落。

思考讨论题

1. 谈谈"那人"的特点和象征意义。
2. 谈谈你对作品主题的理解。

扩展阅读

古今之成大事业、大学问者,必经过三种之境界:"昨夜西风凋碧树,独上高楼,望尽天涯路",此第一境也。"衣带渐宽终不悔,为伊消得人憔悴",此第二境也。"众里寻他千百度,回头蓦见,那人正在,灯火阑珊处",此第三境也。此等语皆非大词人不能道,然遽以此意解释诸词,恐晏、欧诸公所不许也。

——[近代]王国维《人间词话》

辛弃疾《西江月》(夜行黄沙道中)

明月别枝惊鹊,清风半夜鸣蝉。稻花香里说丰年,听取蛙声一片。

七八个星天外,两三点雨山前。旧时茅店社林边。路转溪桥忽见。

(邓广铭《稼轩词编年笺注》上海古籍出版社,1978)

作品简介

《西江月·夜行黄沙道中》是辛弃疾贬官闲居江西时创作的一首吟咏田园风光的词。此词着意描写黄沙岭的夜景:明月清风,疏星稀雨,鹊惊蝉鸣,稻花飘香,蛙声一片。全词犹如一块晶莹剔透的水晶,清彻俊秀中流露着盎然生机,飘逸拔俗里渗透着泥土的芬芳,令人神清气爽、耳目一新。,是辛弃疾十多首农村词中写得十分出色的一首。

导读指要

《西江月·夜行黄沙道中》用简洁的白描手法,从视觉、听觉和嗅觉三方面抒写夏夜的山村风光,情景交融,优美如画,恬静自然,生动逼真,仅仅八句、五十个字、就把我们带进了一个令人神往的境界:明彻的月光使得枝头的鹊儿惊栖不定,半夜清风引来了阵阵蝉鸣。字面上是"惊"、是"鸣",给我们的感觉却是:夜,多么幽静,多么安谧啊!耳畔忽然又响起一片青蛙的喧叫,似乎是伴随着扑面而来的稻花清香,预告着丰收的消息。这"蛙声",这按捺不住的丰收的喜悦,才使得寂静的夜真正热闹起来了。举头望,月明星稀,仅见的"七八个星"显得是那样高,那样远,似在天外闪烁;夏夜的阵雨飘然而至,三滴二滴地洒落在山前。往前行,过了溪上小桥再拐个弯儿,社林边那熟悉的茅店,就霍然出现在眼前了。

词中的一切,在它们那天然的清新健美之外,更给人一种深蕴含蓄、余味不尽的感受。马克思说:"对于人来说,一切对象都是他本身的对象化,都是确定和实现他的个性的对象……至于它们如何成为他的对象,这取决于对象的本性。"出现在作者笔下的明月,清风,稻花香、青蛙叫,七八个星、两三点雨,已经不仅仅是原来那些个单纯的客观事物了,它带上了作者的主观色彩,溶进了作者自身的志趣、情感,留下了作者内心生活的痕迹。王国维的《人间词话》中说:"幼安之佳处在有性情,有境界。"在《夜行黄沙道中》,作者的思想情趣和他笔下的美好景物,"性情"和"境界",是自然地融为一体了。词中没有一个字提到他自己,可实际上,我们在每行诗句中都能隐隐看到"夜行黄沙道中"的作者的身影,都能感到他那热爱生活,追求美好事物的光沽心灵。

这首诗大约写于作者带湖闲居时期。这时距辛弃疾起义抗金,决策南归已经近三十年了。他怀抱"袖里珍奇光五色,他年要补天西北"的奇才壮志,上"十论",

写"九议",潜心经营、一意恢复。然而,面对的却是"直把杭州作汴州"的南宋当局,"江左沉酣求名者"的无耻官僚;包围着他的是猜嫉、排挤、陷害。他报国无门,抗敌无路,甚至"言未脱口,而祸不旋踵"。最后,以"奸贪凶暴","虐害田里"的莫须有罪名,被罢了官,不得不"却将万字平戎策,换得东家种树书!"在现实的教育下,辛弃疾逐步对南宋当局有了较清醒的认识。他开始看到:国家的希望,人生的意义,不在"剩水残山无态度"的上层统治者那里。《夜行黄沙遭中》结尾的两句,"旧时茅店社林边,路转溪桥忽见",就有一种"山穷水尽疑无路,柳暗花踢又一村"的意境,可以让人联想到:作者孤危一身,历尽坎坷之后,终于在大自然的怀抱,在人民生活中找到了得以忘情的天地。辛弃疾的另一首农村词中有这样的句子:"城中桃李愁风雨,春在溪头荠菜花。"他鄙弃、厌恶城里那些愁风愁雨、没有骨气的桃李,而称颂那根本不被城里人当作花看的荠菜花:它们冲风冒雨,稳占春光,生命在它们这里,希望在它们这里!

当然,寄情山水和农家生活,也反映了作者主观上希求超脱的一面。不过主观希求是一回事,是否真正求到了又是一回事。"醉中只恨欢娱少,无奈明朝酒醒何!""白发宁有种,一一醒时栽",甚至"布被秋宵梦觉",仍是"眼前万里江山"。其实,作者从未真正超脱,从未真正忘记过现实的政治斗争。作为一个杰出的爱国词人,从本质和主流上讲,辛弃疾对自然,对人民生活和对祖国的感情是一致的,是密不可分的。别林斯基说过:"对祖国的爱应该从对于人类的爱出发,正象局部从全体出发一样。"正是对生活中美好事物的追求,不断地激发着辛弃疾的爱国热情;而对面临危亡的祖国的爱,对现实的极度失望,又使他更为敏锐地感受到并珍视这些美好事物。因此,眼前的山花小鸟,细草黄犊都很自然地在作者笔下化为一曲曲美的赞歌、生活的赞歌,从而构成了他那"大声镗鞳,小声铿锵"的爱国主义激情交响乐中的一段小小的抒情性变奏,使这总的乐章显得更为丰富完美,绚烂多彩。

以前,有人说他的农村词是"站在封建地主阶级立场上对当时农村生活的美化",这不免有失于片面。几千年的人类历史,浸透了被压迫者的血泪,这是无可否认的事实;同时,人民对生活的信心,对幸福的追求,对未来的憧憬,一样贯穿始终。人民有痛苦的挣扎、英勇的反抗,也会有相对的、短暂的欢乐,会有发自生活深处的笑声。否则,人类社会的存在和发展,岂不成了不可理解的事情。甚至在南宋王朝那样风云惨淡,大雾遮天的年代里,间或也会有希望之光穿云而出;"父老争言雨水匀,眉头不似去年颦"。你看,风调雨顺的好年景,就可以给在困苦中挣扎的人们带来一定的安慰。作者曾有这样充满哲理性的诗句:"莫因红紫倾城色,却去摧残黑牡丹!"文学作为社会生活的反映,可以而且应该从各个不同角度和不同侧面去反映生活。它要表现长江大河激荡的中流,也可以表现傍岸的迴水;它可以通过高树的主干显示蓬勃向上的精神,也可以借枝头的一片绿叶来赞美生命。杜甫的"三吏","三别"突出鲜明地反映了一定社会的阶级关系,时代特点,固然是不朽篇章;

陶渊明的山水诗曲折地反映了一定阶级、阶层的思想感情,成为他那个特定时代的回光倒影,同样是文学珍品。就农村题材的诗词来说,能象范成大那样,既有"前后催租行",又有"笑歌声里轻雷动",固然是好的。但也不能因辛弃疾只写了"春入平原荠菜花"一面,就斥之为"不真实"。一切虚假的东西都是没有生命的。辛弃疾的农村词及其它类似的文学作品千百年来被人们传诵、喜爱,就最有力地表明了它们存在的权利和价值。

一切伟大不朽的文学,都是时代的呼声。辛词中基本的正是那"醉里挑灯看剑,梦回吹角连营","要挽银河仙浪,西北洗胡沙"的号角之声。可这并不妨碍他在那警顽起懦、激励人心的主旋律之外,再来一点"茅檐低小,溪上清清草",来一点"闲意态,细生涯,牛栏西畔有桑麻"。辛弃疾的《西江月》和其它农村词就象一帧帧的剪影,它们从某种特定的角度反映了当时的社会生活,其中也寄托了作者的人格、情趣,千百年来,以其美的语言、美的风格、美的意境,陶冶着人们的心灵,在整个的辛词创作中,自有其不应忽视的地位。

词句疏解

1.西江月:唐教坊曲名,后用作词牌名。调名取自李白《苏台览古》"只今唯有西江月,曾照吴王宫里人"。西江是长江的别称,调咏吴王西施的故事。又名"白蘋香""步虚词""晚香时候""玉炉三涧雪""江月令"。双调五十字,平仄两协。后阕字句作法与前阕相同。

2.黄沙道:指的是从江西省上饶县黄沙岭乡黄沙村的茅店到大屋村的黄沙岭之间约20公里的乡村道路,南宋时是一条直通上饶古城的比较繁华的官道,东到上饶,西通江西省铅山县。

3."明月"句:意思是明亮的月光惊醒了睡在树枝上的喜鹊。语出苏轼《次韵蒋颖叔》诗:"明月惊鹊未安枝"。别枝,斜枝。

4.鸣蝉:蝉叫声。

5.旧时:往日。茅店:茅草盖的乡村客店。社林:土地庙附近的树林。社,土地神庙。古时,村有社树,为祀神处,故曰社林。

6.忽见:忽然出现。见,同"现",显现,出现。

思考讨论题

谈谈你对辛弃疾的《西江月》和其它农村词的理解。

扩展阅读

句里春风正剪裁。溪山一片画图开。轻鸥自趁虚船去,荒犬还迎野妇回。松共竹,翠成堆。要擎残雪斗疏梅。乱鸦毕竟无才思,时把琼瑶蹴下来。

——[宋代]辛弃疾辛弃疾《鹧鸪天·黄沙道中即事》

文天祥《过零丁洋》

辛苦遭逢起一经,干戈寥落四周星。

山河破碎风飘絮,身世浮沉雨打萍。

皇恐滩头说皇恐,零丁洋里叹零丁。

人生自古谁无死?留取丹心照汗青。

(陆林编注:《宋词》,北京师范大学出版社,1992)

作品简介

文天祥(1236—1282),南宋名臣,兵败被俘,就义于大都(今北京)。诗文俱佳,多写其宁死不屈的决心。《过零丁洋》是 1279 年文天祥兵败被俘,过零丁洋时所作,全诗表现了慷慨激昂的爱国热情和舍生取义,视死如归的高风亮节。

导读指要

《过零丁洋》首联自叙生平,思今忆昔。拈出"入世"和"勤王",一关个人出处,一关国家危亡,两件大事,一片忠心。唐宋时期,一个人要想替国家做出一番事业,必须入仕,要入仕,作为知识分子必须通过科举考选,考选就得读经,文天祥遇难时,衣带中留有个自赞文说:"读圣贤书,所学何事,而今而后,庶几无愧",就是把这两件事拴在一起的。"干戈寥落意"思相近。《后汉书·耿弇传》"落落难合"注云:"落落犹疏阔也。"疏阔即稀疏、疏散,与寥落义同。《宋史》说当时谢后下勤王诏,响应的人很少,这里所讲情况正合史实。颔联接着还是从国家和个人两方面展开和深入加以铺叙。宋朝自临安弃守,恭帝赵㬎被俘,事实上已经灭亡。剩下的只是各地方军民自动组织起来抵抗。文天祥、张世杰等人拥立的端宗赵昰逃难中惊悸而死,陆秀夫复立八岁的赵昺建行宫于崖山,各处流亡;文天祥自己老母被俘,妻妾被囚,大儿丧亡,真像水上浮萍,无依无附,景象凄凉。颈联继续追述今昔不同的处境和心情,昔日惶恐滩边,忧国忧民;今天零丁洋上孤独一人,自叹伶仃。皇恐滩是赣江十八滩之一,水流湍急,令人惊恐,也叫惶恐滩。原名黄公滩,因读音相近,讹为皇恐滩。滩在今江西省万安县境内赣江中,文天祥起兵勤王时曾路过这里。零丁洋在今广东省珠江 15 里外的崖山外面,现名伶丁洋,文天祥兵败被俘,押送过此。前者为追忆,后者乃当前实况,两者均亲身经历。一身为战将,一为阶下囚。故作战将,面对强大敌人,恐不能完成守土复国的使命,惶恐不安。而作为阶下囚,孤苦伶仃,只有一人。这里"风飘絮"、"雨打萍"、"惶恐滩"、"零丁洋"都是眼前景物,信手拈来,出语自然,流露出一腔悲愤和盈握血泪。尾联笔势一转,忽然宕进,由现在渡到将来,全诗格调顿然一变,由沉郁转为开拓、豪放、洒脱。"人生自古谁无死,留取丹心照汗青。"让赤诚的心如一团火,照耀史册,照亮世界,照暖人生。文天祥的千秋绝唱激励和感召古往今来无数志士仁人为正义事业而英勇献身。

字句疏解

1. 零丁洋:即"伶丁洋"。现在广东省珠江口外。1278 年底,文天祥率军在广东五坡岭与元军激战,兵败被俘,囚禁船上曾经过零丁洋。

2. 辛苦遭逢起一经,干戈寥落四周星:遭逢,朝廷的选拔;起一经,因为精通一种经书,通过科举考试而被朝廷起用作官,文天祥二十岁考中状元。

3. 皇恐滩头说皇恐,零丁洋里叹零丁:皇恐滩,在今江西省万安县,是赣江中的险滩;1277 年,文天祥在江西被元军打败,所率军队死伤惨重,妻子儿女也被元军俘房,他经皇恐滩撤到福建;零丁,孤苦无依的样子。此处巧借谐音,形容自己在零丁洋里孤立无援。

4. 人生自古谁无死?留取丹心照汗青:汗青,史册;古代用简写字,先用火烤干其中的水分,也称汗青。

思考讨论题

结合写作背景,理解作者忠贞不渝的气节以及复杂的思想感情。

扩展阅读

1. 千锤万凿出深山,烈火焚烧若等闲。粉身碎骨全不怕,要留清白在人间。

——[明代]于谦《石灰吟》

2. 万里乘风去复来,只身东海挟春雷。忍看图画移颜色,肯使江山付劫灰。浊酒不销忧国泪,救时应仗出群才。拼将十万头颅血,须把乾坤力挽回。

——[近代]秋 瑾《黄海舟中日人索句并见日俄战争地图》

关汉卿《窦娥冤》(第三折)

(外扮监斩官上,云)下官监斩官是也。今日处决犯人,着做公的把住巷口,休放往来人闲走。(净扮公人,鼓三通、锣三下科。刽子磨旗、提刀,押正旦带枷上。刽子云)行动些,行动些,监斩官去法场上多时了!(正旦唱)

【正宫·端正好】没来由犯王法,不提防遭刑宪,叫声屈动地惊天!顷刻间游魂先赴森罗殿,怎不将天地也生埋怨。

【滚绣球】有日月朝暮悬,有鬼神掌着生死权。天地也,只合把清浊分辨,可怎生糊突了盗跖颜渊:为善的受贫穷更命短,造恶的享富贵又寿延。天地也,做得个怕硬欺软,却元来也这般顺水推船。地也,你不分好歹何为地?天也,你错勘贤愚枉做天!哎,只落得两泪涟涟。

（刽子云）快行动些，误了时辰也。（正旦唱）

【倘秀才】则被这枷纽的我左侧右偏，人拥的我前合后偃。我窦娥向哥哥行有句言。（刽子云）你有甚么话说？（正旦唱）前街里去心怀恨，后街里去死无冤，休推辞路远。

（刽子云）你如今到法场上面，有甚么亲眷要见的？可教他过来，见你一面也好。（正旦唱）

【叨叨令】可怜我孤身只影无亲眷，则落的吞声忍气空嗟怨。（刽子云）难道你爷娘家也没的？（正旦云）止有个爹爹，十三年前上朝取应去了，至今杳无音信。（唱）蚤已是十年多不睹爹爹面。（刽子云）你适才要我往后街里去，是什么主意？（正旦唱）怕则怕前街里被我婆婆见。（刽子云）你的性命也顾不得，怕他见怎的？（正旦云）俺婆婆若见我披枷带锁，赴法场餐刀去呵，（唱）枉将他气杀也么哥，枉将他气杀也么哥！告哥哥，临危好与人行方便。

（卜儿哭上科，云）天哪，兀的不是我媳妇儿！（刽子云）婆子靠后。（正旦云）既是俺婆婆来了，叫他来，待我嘱付他几句话咱。（刽子云）那婆子，近前来，你媳妇要嘱付你话哩。（卜儿云）孩儿，痛杀我也！（正旦云）婆婆，那张驴儿把毒药放在羊肚儿汤里，实指望药死了你，要霸占我为妻。不想婆婆让与他老子吃，倒把他老子药死了。我怕连累婆婆，屈招了药死公公，今日赴法场典刑。婆婆，此后遇着冬时年节，月一十五，有澆不了的浆水饭，澆半碗儿与我吃；烧不了的纸钱，与窦娥烧一陌儿，则是看你死的孩儿面上。（唱）

【快活三】念窦娥葫芦提当罪愆，念窦娥身首不完全，念窦娥从前已往干家缘；婆婆也，你只看窦娥少爷无娘面。

【鲍老儿】念窦娥伏侍婆婆这几年，遇时节将碗凉浆奠；你去那受刑法尸骸上烈些纸钱，只当把你亡化的孩儿荐。（卜儿哭科，云）孩儿放心，这个老身都记得。天哪，兀的不痛杀我也！（正旦唱）婆婆也，再也不要啼啼哭哭，烦烦恼恼，怨气冲天。这都是我做窦娥的没时没运，不明不暗，负屈衔冤。

（刽子做喝科，云）兀那婆子靠后，时辰到了也。（正旦跪科）（刽子开枷科）（正旦云）窦娥告监斩大人，有一事肯依窦娥，便死而无怨。（监斩官云）你有什么事？你说。（正旦云）要一领净席，等我窦娥站立；又要丈二白练，挂在旗枪上。若是我窦娥委实冤枉，刀过处头落，一腔热血休半点儿沾在地下，都飞在白练上者。（监斩官云）这个就依你，打甚么不紧。（刽子做取席站科，又取白练挂旗上科）（正旦唱）

【耍孩儿】不是我窦娥罚下这等无头愿，委实的冤情不浅；若没些儿灵圣与世人传，也不见得湛湛青天。我不要半星热血红尘洒，都只在八尺旗枪素练悬，等他四下里皆瞧见，这就是咱苌弘化碧，望帝啼鹃。

（刽子云）你还有甚的说话，此时不对监斩大人说，几时说那？（正旦再跪科，云）大人，如今是三伏天道，若窦娥委实冤枉，身死之后，天降三尺瑞雪，遮掩了窦娥

尸首。(监斩官云)这等三伏天道,你便有冲天的怨气,也召不得一片雪来,可不胡说!(正旦唱)

【二煞】你道是暑气暄,不是那下雪天,岂不闻飞霜六月因邹衍?若果有一腔怨气喷如火,定要感的六出冰花滚似绵,免着我尸骸现;要什么素车白马,断送出古陌荒阡!

(正旦再跪科,云)大人,我窦娥死的委实冤枉,从今以后,着这楚州亢旱三年。(监斩官云)打嘴!那有这等说话!(正旦唱)

【一煞】你道是天公不可期,人心不可怜,不知皇天也肯从人愿。做甚么三年不见甘霖降?也只为东海曾经孝妇冤,如今轮到你山阳县。这都是官吏每无心正法,使百姓有口难言!

(刽子做磨旗科,云)怎么这一会儿天色阴了也?(内做风科,刽子云)好冷风也!(正旦唱)

【煞尾】浮云为我阴,悲风为我旋,三桩儿誓愿明题遍。(做哭科,云)婆婆也,直等待雪飞六月,亢旱三年呵,(唱)那其间才把你个屈死的冤魂这窦娥显。

(刽子做开刀,正旦倒科)(监斩官惊云)呀,真个下雪了,有这等异事!(刽子云)我也道平日杀人,满地都是鲜血。这个窦娥的血,都飞在那丈二白练上,并无半点落地,委实奇怪。(监斩官云)这死罪必有冤枉。早两桩儿应验了,不知亢旱三年的说话,准也不准?且看后来如何。左右,也不必等待雪晴,便与我抬他尸首,还了那蔡婆婆去罢。(众应科,抬尸下)

(顾学颉选注《元人杂剧选》人民文学出版社,1998)

作品简介

关汉卿(1225?—1300?),字汉卿,号已斋叟。大都(今北京)人,其籍贯还有解州(今山西省运城)人等说。元代戏剧作家,与白朴、马致远、郑光祖并称为"元曲四大家"。关汉卿与众多剧作家、演员来往密切。他本身多才多艺,不仅写戏,还能演戏,明人臧懋循说他"躬践排场,面傅粉墨","偶倡优而不辞"。(《元曲选·序》)关汉卿一生创作极为丰富,以杂剧的成就最大,以《窦娥冤》《单刀会》《拜月亭》《救风尘》最为著名。他的散曲,内容丰富多彩,格调清新刚劲,具有很高的艺术价值。

《窦娥冤》是关汉卿杂剧的代表作,也是元杂剧悲剧的典范。该剧剧情取材自东汉"东海孝妇"的民间故事,塑造了一位具有强烈反抗精神的悲剧人物——窦娥。作品由楔子加四折戏构成,精心描绘了窦娥由孤女、童养媳,到寡妇、死囚的一生,同时对造成窦娥一生悲剧命运的黑暗现实世界,进行了强烈的控诉。作品在艺术上,体现出现实主义与浪漫主义风格的融合,用丰富的想象和大胆的夸张,以及超现实情节的设计,显示出正义的强大力量,寄托了作者鲜明的爱憎,反映了广大人民伸张正义、惩治邪恶的愿望。《窦娥冤》是一部具有较高文化价值、广泛群众基础的传统名剧,至今约有八十多个剧种改编、演出过此剧。本处所选是剧本的第三折《法场问斩》。

导读指要

《窦娥冤》全名《感天动地窦娥冤》。如何"感天动地"?第三折戏是关键的一折。在前面楔子中,关汉卿用极精炼的笔墨交待了窦娥由七岁到二十岁共十三年的命运变迁,时间跨度大,窦娥不幸的命运轨迹已跃然纸上。从小失去母亲的窦娥,与穷书生的父亲四处飘零。七岁时,被父亲窦天章不得已之下卖于蔡婆婆做童养媳。长大后丈夫又因病去世,窦娥成了一个年轻的寡妇,与婆婆蔡氏相依为命。在这样剪影式的背景介绍中,窦娥仅是一个不得不顺从命运的弱女子。而在接下来的两折戏中,张驴儿父子因从赛卢医手下救了蔡婆婆,便乘机登堂入室,胁迫婆媳二人嫁给他们父子。逼婚不成,张驴儿心生毒计,决定毒死蔡婆婆,不想阴差阳错,反害死了自己的父亲。张驴儿于是嫁祸给窦娥,以此为要挟,再次胁迫窦娥屈从,而窦娥自始至终都义正词严、毫不畏惧。在与无赖张驴儿的对峙中,窦娥可贵的反抗性格渐露头角,悲剧气氛也在步步酝酿之中。因为官府的黑暗,窦娥被诬告成实。为救自己婆婆,窦娥含冤赴死,她心中郁积的愤怒、不甘、委屈、痛苦,已达到了一个临界点,在法场问斩之时,被痛快淋漓地宣泄了出来,窦娥的反抗性格至此有了绚烂而鲜明的呈现。

第三折《法场问斩》是《窦娥冤》全剧的高潮,大体可以分为三个部分:第一部分是窦娥谴责天地鬼神,由【端正好】【滚绣球】两支曲子构成;第二部分是窦娥与婆婆诀别,由【倘秀才】【叨叨令】【鲍老儿】【快活三】四支曲子构成;第三部分是窦娥发下三桩誓愿,由【耍孩儿】【二煞】【一煞】【煞尾】四支曲子构成。三部分有张有弛,疏密相间,富有鲜明的艺术节奏。这一折开幕,刽子手摇旗提刀,监斩官厉声吆喝,再配上缓慢沉闷的锣鼓声,舞台一片阴森紧张的氛围。窦娥披枷戴锁登场,呼天抢地的悲诉怒斥,更加重了悲剧气氛。在中国古代,处决犯人大多在市井中心的十字街头,会有很多市民围观议论。作者利用虚实结合的方式,通过监斩官、公人、刽子手的语言和行为,以及鼓声和锣声,表现了刑场上群众拥挤不堪的局面和纷乱复杂的场景。"着做公的把住巷口,休放往来人闲走",这二句既显示法场的森严,又暗示法场外群众拥挤,使后面窦娥唱的"等他四下里皆瞧见"有了着落,同时也表明下面的唱曲是窦娥在向群众诉冤。【端正好】一曲,是窦娥披枷戴锁出场唱的第一支曲子,曲词用"没来由"、"不提防",反复突出这是无缘无故、从天而降的冤屈,因此所谓的"王法"、"刑宪",再不是公正的代名词,而主持公道的"天地"也不再神圣。越过形而下层面上的王法律条,窦娥将怨恨的矛头直指天地。紧接着的【滚绣球】承【端正好】"将天地也生埋怨"而来,窦娥在人间讨不到公道,于是向青天发出强烈的质问,以这一曲震人心魂的"天问"对当时的黑暗社会做了深刻的揭露,对正义得不到伸张的现实提出了最强烈的控诉。"有日月朝暮悬,有鬼神掌着生死权。"天地鬼神权力这么大,掌握着一切生灵的生杀大权,那么就更应该分辨清浊、惩恶扬善,可为什么实际上却是黑白不分、善恶颠倒,使好人"贫穷更命短",使坏人"富贵又寿延"? 在这里,作者借窦娥之口,替全天下广大受苦受难的百姓诉苦伸冤,因此这段曲词就具有了更深刻的普世价值。天地间应该存在的公理却抵不过现实的极度黑暗,人们不禁对主宰万物的天地感到失望:"天地也! 作得个怕硬欺软,却原来也这般顺水推船!"所谓的公正原来只不过是一张假面具,遮盖着内里助纣为虐、残害善良、欺压弱小的本质。如果说两个"天地也"连接起天地不作为的"果"与"因",语气中还有着一些不解与喟叹的话,那么接下来,窦娥就毫不犹豫地撕下了这张虚伪的面具,对天地发出强有力的指斥:"地也,你不分好歹何为地? 天也,你错勘贤愚枉做天!"这显然已经不只是对天地的怀疑,而是向天地发出了愤怒的声讨。在古代社会,天地是最高的价值代表、统治权威和秩序系统,这种对天地的大胆指责批判,直接指向了封建统治的最高层面,质疑到了它的合法性。窦娥的这一段唱词,反映了她对社会现实的深刻认识,表现出一种强烈的反抗精神。最后一句"哎,只落得两泪涟涟",是愤怒控诉之后的转折,它反映了生活在蒙元专制社会里受苦受难的人们喊天不应、叫地不灵,无法改变自己命运的窘迫处境,面对残酷的现实,唯有悲愤而又无奈的叹息。【滚绣球】一曲可算得上是最无忌惮的呐喊与控诉,将悲愤情绪和反抗精神汇成排山倒海的巨澜,狂怒地冲向神圣威严、至高无上的天地、日月、鬼神,表达了人们对社会不公的强烈愤慨,因此具有极强的艺术感染力。

在【滚绣球】一曲后,戏剧气氛陡然一转,描写婆媳见面、法场诀别,窦娥哀怨低回的身世之叹与第一部分高亢激昂的蒙冤控诉形成鲜明的对比,展示了她内心世界的另一面,催人泪下,感人至深。这一部分又可分为两层:【倘秀才】【叨叨令】两支曲子表现窦娥的孝顺善良,不愿婆婆看见自己狼狈的模样而难受,恳求刽子手从后街绕行。这其中"枷纽的我左侧右偏,人拥的我前合后偃",写出了窦娥肉体与精神上的双重痛苦。【快活三】【鲍老儿】两首曲子则写出了窦娥的挂念与悲屈,尤其【快活三】一曲最是动人心魄、催人泪下。曲词连用三句"念窦娥",一句"看窦娥",句句入情。第一句请婆婆可怜她含冤受屈,第二句请婆婆可怜她身首离异,第三句倒转回来,请婆婆可怜她曾经"干家缘",第四句更推回去,请婆婆可怜她从小亡母离父、孤苦伶仃,四个句子一一道出了窦娥的悲惨身世和不幸遭遇,读着、听着这样感人肺腑的曲子,谁个不肝肠寸断、凄楚呜咽!【鲍老儿】承【快活三】,继续哀求婆婆可怜她,遇时节能给一点微薄的祭奠。剧本将此反复吟唱,并且穿插婆婆的对白和科介,渲染了一种浓重的悲剧氛围。窦娥在生命即将走向终点的时候,面对曾经相依为命并且是自己用生命救回的婆婆,所提出的"要求"竟然是如此可怜。昂贵的生命"付出"与几张纸钱、半碗凉浆的"索取",形成了鲜明的对照。在哀求之余,窦娥更不忘劝慰婆婆。如果说窦娥曾经责怪过婆婆引狼入室,在遭受酷刑时也埋怨过婆婆:"这无情棍棒教我挨不的。婆婆也,须是你自做下,怨他谁?"那么在临死之际,窦娥清楚地认识到自己冤屈的根源不在婆婆,而是不明不白的黑暗社会酿造出来的苦果:"这都是我做窦娥的没时没运,不明不暗,负屈衔冤。"这是窦娥思想认识上的一个飞跃。正因为如此,窦娥最终把全部仇恨都集中发泄在了"无心正法"的贪官污吏以及罪恶的统治秩序上,对不公正的命运提出了自己的抗诉。

窦娥在临死前发出三桩誓愿:血不溅地、六月飞雪和大旱三年。【耍孩儿】【二煞】和【一煞】三支曲分别对应了这三桩誓愿。在这里,作者借用苌弘冤死而血化碧玉、邹衍下狱而六月飞霜、周青屈杀而大旱三年这几个历史故事和传说,将它们集中起来表现窦娥的千古奇冤,从而使窦娥的反抗具有了超现实、超自然的巨大力量。窦娥的三桩誓愿,在时间的延续上,一桩比一桩更久长;在空间的范围上,一桩比一桩更扩大;在强烈的程度上,一桩比一桩更严重。三桩誓愿依次递进的过程,也是窦娥反抗精神依次上升的过程,是她斗争的矛头更加明确的过程。行刑尚未开始,第二桩誓愿就已显示出预兆,更说明了窦娥的冤屈感天动地,社会的黑暗已引起上天的震怒。三桩誓愿的实现是窦娥反抗的结果,也是悲剧高潮的结束。

《窦娥冤》是一部杰出的悲剧作品。千百年来,窦娥的形象深入人心,她的控诉穿越时光,至今依然回荡在我们耳边,振聋发聩。这样持久强烈的艺术感染力,除了窦娥故事本身极其感人之外,还要归功于关汉卿对于戏剧节奏的精准把握,对于舞台气氛的精心营造,以及对于窦娥悲剧性格的深切体察。一般的戏剧冲突大都是体现于活跃在舞台上的人物之间,《窦娥冤》第三折的戏剧冲突却呈现出另一种状况:该折戏中,除了蔡婆婆、刽子手、监斩官分别与窦娥有几句陪衬性的对话以外,几乎成为窦娥的"独角戏",尤其是三桩誓愿,更可视作窦娥的内心独白。虽然基本上是窦娥一人的表演,但戏剧冲突丝毫没有减弱,其暗流涌动的潮汐时急时缓,其节奏牢牢扣住了观众脉搏的跳动。从一开始窦娥对天地的控诉,就给观众以强烈的震撼,一个身戴镣铐、形容憔悴的弱女子,眼里却喷涌着极盛的怒火,咒天地、骂鬼神,这种强烈的反差是戏剧舞台艺术"直观性"的最好呈现。接着窦娥与蔡婆婆诀别,言语、声气自然和缓了下来,观众激荡的情绪也稍稍回落,随着窦娥的嘱托去仔细地品味窦娥一生的酸苦。紧接着到法场上,节奏再次加急,死亡迫近,窦娥发出三桩誓愿,把观众的情绪又一次高高吊起。最终死刑的执行,血溅白练,六月飞雪,天地仿佛也在哀泣,第三折戏就在白雪飘飞下缓缓地落幕了。着当然是由于杂剧的"旦本"体制所限定,但更取决于作者对戏剧冲突的精心设计和把握。作者这种放一收一放一收的节奏调控,始终牵引着观众的心弦随着窦娥的命运起伏而颤动;而第三桩誓愿会否实现,就把悬念继续保留到了下一折。另一方面,在本折戏中,作者营造出一种悲剧意味极其浓烈的舞台气氛,有效地烘托了窦娥的悲剧形象。如第一阶段,鼓锣喧响、刀旗横列,配合着窦娥的控诉,整个舞台氛围是极其"悲愤"的。进入比较和缓的第二阶段,喧嚣的声音都隐了下去,舞台似乎只余婆媳二人,配合着窦娥的哀诉,气氛由"悲愤"转入"悲苦"。之后第三阶段三桩誓愿的一一提出和依次"兑现",伴随着窦娥的最终离去,阴云密布,悲风怒号,雪花纷飞,整个舞台上的气氛陡然变得十分"悲壮"。不管是张弛有度的戏剧节奏,还是悲剧意味浓烈的舞台气氛,都与窦娥悲剧性格的呈现密切相关。窦娥与众多默默无闻的中国普通女性一样,她善良、贞孝,历尽苦难,但仍坚强地生活着。后来张驴儿的无耻勒索,让我们看到了窦娥性格中可贵的另一面——刚正。因其刚正,所以她不顺从、不畏惧,对蔡婆婆的软弱屈从,她表达了强烈的不满;对张驴儿的卑劣无耻,她予以严词痛斥。到本折中,控诉天地、毒誓三愿的行动,把她对社会不公、命运不公的反抗推到了极致,也把她的性格推到了最高层面——刚烈。窦娥这个悲剧形象正因其抗争而显出一种崇高的悲剧精神。"这种敢于同不可避免的生命毁灭抗争的精神就是悲剧精神——也就是面对苦难与死亡的阴影而显示出的崇高,一种超越他们的强大精神力量。"(邱紫华《悲剧精神与民族意识》)西方的王子哈姆雷特在他的独角戏中,低声吟出了"生存还是毁灭? 这是一个值得考虑的问题"! 更多的是对自身生存价值的不确定,而中国的弱女子窦娥对天地的控诉和三愿的设立,则是高亢的悲歌,表达的是百姓渴求社会正义、惩恶扬善的强烈愿望。总之,张弛有度的戏剧节奏,悲剧意味浓烈的舞台气氛,窦娥强烈的反抗精神,这三者互相作用,从而使这折戏实现了一种"崇高的悲剧美"。

字句疏解

1.(外扮监斩官上,云)下官监斩官是也。今日处决犯人,着做公的把住巷口,休放往来人闲走。(净扮公人,鼓三通,锣三下科,刽子磨旗、提刀,押正旦带枷上,刽子云)行动些,行动些,监斩官去法场上多时了:外,即"外末"的省称,老年男子的角色。下官,做官的人对自己的谦称。着,命令。做公的,公人,指衙门里的差役。净,角色名,多扮演粗暴勇猛的人物。科,杂剧剧本中表示动作、表情及舞台效果的术语,南戏作"介"。磨旗,挥动旗子开路;磨,疑"麾"字之误,麾即挥。正旦,角色名,剧中女主角。行动些,催促之词,即走快些。

2.【正宫·端正好】没来由犯王法,不提防遭刑宪,叫声屈动地惊天。顷刻间游魂先赴森罗殿,怎不将天地也生埋怨:没来由,无缘无故。刑宪,刑罚。森罗殿,传说中的"阎王殿",阴间阎王审案的公堂。生,甚、深。

3.【滚绣球】有日月朝暮悬,有鬼神掌着生死权。天地也! 只合把清浊分辨,可怎生糊突了盗跖、颜渊? 为善的受贫穷更命短,造恶的享富贵又寿延。天地也! 做得个怕硬欺软,却元来也这般顺水推船。地也,你不分好歹何为地! 天也,你错勘贤愚枉做天! 哎,只落得两泪涟涟:合,应该。怎生,如何、怎么。糊突,同"糊涂",此为混淆之意。盗跖(zhí),春秋时大盗。颜渊,孔子的学生,是古代贤人的典型。元来,原来。顺水推船,乘便行事,此喻趋炎附势。错勘,错误地判定;勘,查问,

四、宋元文化与文学概说

推究。

4.【倘秀才】则被这枷纽的我左侧右偏,人拥的我前合后偃。我窦娥向哥哥行有句言。(刽子云)你有甚么话说?(正旦唱)前街里去心怀恨,后街里去死无冤,休推辞路远:则,只。纽,通"扭",此为"拘束"之意。前合后偃(yǎn),跌跌撞撞,前倾后倒,站立不稳。哥哥行(háng),哥哥那里;行,指示方位的词,犹"这里"、"那里"。

5.【叨叨令】可怜我孤身只影无亲眷,则落的吞声忍气空嗟怨。(刽子云)难道你爷娘家也没的?(正旦云)止有个爹爹,十三年前上朝取应去了,至今杳无音信。(唱)蚤已是十年多不睹爹爹面。(刽子云)你适才要我往后街里去,是什么主意?(正旦唱)怕则怕前街里被我婆婆见。(刽子云)你的性命也顾不得,怕他见怎的?(正旦云)俺婆婆若见我披枷带锁赴法场餐刀去呵,(唱)枉将他气杀也么哥,枉将他气杀也么哥。告哥哥,临危好与人行方便:则落的,只落得。上朝取应,进京应考。蚤,同"早"。适才,刚才。怎的,如何。餐刀,挨刀被杀。也么哥,语助词,无义。

6.(卜儿哭上科,云)天哪,兀的不是我媳妇儿!(刽子云)婆子靠后。(正旦云)既是俺婆婆来了,叫他来,待我嘱付他几句话咱。(刽子云)那婆子,近前来,你媳妇要嘱付你话哩。(卜儿云)孩儿,痛杀我也!(正旦云)婆婆,那张驴儿把毒药放在羊肚儿汤里,实指望药死了你,要霸占我为妻。不想婆婆让与他老子吃,倒把他老子药死了。我怕连累婆婆,屈招了药死公公,今日赴法场典刑。婆婆,此后遇着冬时年节,月一十五,有漤不了的浆水饭,漤半碗儿与我吃,烧不了的纸钱,与窦娥烧一陌儿,则是看你死的孩儿面上:卜儿,元杂剧中扮演老妇人角色。兀的,这,指示代词。咱,者,语尾助词。典刑,执法行刑,此指处死。冬时年节,冬至和过年。月一十五,初一和十五。漤(jiǎn),泼、倒,指祭祀时浇奠酒浆。陌,通"佰",祭祀所烧的纸钱,相当于"叠"。则是,只当是。

7.【快活三】念窦娥葫芦提当罪愆,念窦娥身首不完全,念窦娥从前已往干家缘,婆婆也,你只看窦娥少爷无娘面:葫芦提,糊里糊涂,不明不白。罪愆(qiān),罪过。已往,以往。干家缘,操持家务;家缘,家计、家业。

8.【鲍老儿】念窦娥伏侍婆婆这几年,遇时节将碗凉浆奠;你去那受刑法尸骸上烈些纸钱,只当把你亡化的孩儿荐。(卜儿哭科,云)孩儿放心,这个老身都记得。天哪,兀的不痛杀我也。(正旦唱)婆婆也,再也不要啼啼哭哭,烦烦恼恼,怨气冲天。这都是我做窦娥的没时没运,不明不暗,负屈衔冤:奠,用酒食祭祀死者。烈,烧。荐,祭。

9.(刽子做喝科,云)兀那婆子靠后,时辰到了也。(正旦跪科)(刽子开枷科)(正旦云)窦娥告监斩大人,有一事肯依窦娥,便死而无怨。(监斩官云,你有什么事?(正旦云)要一领净席,等我窦娥站立,又要丈二白练,挂在旗枪上,若是我窦娥委实冤枉,刀过处头落,一腔热血休半点儿沾在地下,都飞在白练上者。监斩官云)这个就依你,打甚么不紧。(刽子做取席科,站科,又取白练挂旗上科):一领,一张。

白练,白绸子。旗枪,装有枪头的旗杆。此节用《搜神记》孝妇周青事,详见下文"东海曾经孝妇冤"注。打甚么不紧,有什么要紧。站,这里指让窦娥站着。

10.【耍孩儿】不是我窦娥罚下这等无头愿,委实的冤情不浅;若没些儿灵圣与世人传,也不见得湛湛青天。我不要半星热血红尘洒,都只在八尺旗枪素练悬。等他四下里皆瞧见,这就是咱苌弘化碧,望帝啼鹃:罚,发誓。无头愿,拿头来相拼的誓愿。灵圣,灵验。湛湛,清明。红尘洒,洒在地上。红尘,土地。苌弘化碧,苌弘(chánghóng),是周朝大夫,受诬被杀,其血被蜀人藏起来,三年后化成一块碧玉。《庄子·外物》:"苌弘死于蜀,藏其血,三年而化为碧。"碧,青绿色的美玉。望帝啼鹃,望帝是古代神话中蜀王杜宇的称号,相传他因水灾被其相鳖灵逼迫,逊位后隐居山中,死后魂魄化为杜鹃鸟,日夜悲啼,直到嘴出血。

11.(刽子云)你还有甚的说话,此时不对监斩大人说,几时说那?(正旦再跪科,云)大人,如今是三伏天道,若窦娥委实冤枉,身死之后,天降三尺瑞雪,遮掩了窦娥尸首。(监斩官云)这等三伏天道,你便有冲天的怨气,也召不得一片雪来,可不胡说:天道,气候、天气。召,呼唤。

12.【二煞】你道是暑气暄,不是那下雪天,岂不闻飞霜六月因邹衍?若果有一腔怨气喷如火,定要感的六出冰花滚似绵,免着我尸骸现。要什么素车白马,断送出古陌荒阡:暄,炎热。飞霜六月因邹衍,战国名士邹衍对魏王十分忠诚,却被诬陷入狱。他仰天大哭,天也为之感动,五月竟下起霜来。后人常用"六月飞雪"来比喻冤狱。《太平御览》引《淮南子》:"邹衍事燕惠王尽忠,左右谮之王,王系狱,仰天哭,夏五月,天为之下霜。"六出冰花,指雪花;因雪的结晶体有六角,故言。素车白马,送葬的白色车马。断送,即送葬。古陌荒阡,荒凉的野外。

13.(正旦再跪科,云)大人,我窦娥死的委实冤枉,从今以后,着这楚州亢旱三年。(监斩官云)打嘴!那有这等说话:着,教。亢旱,大旱。

14.【一煞】你道是天公不可期,人心不可怜,不知皇天也肯从人愿。做甚么三年不见甘霖降,也只为东海曾经孝妇冤。如今轮到你山阳县。这都是官吏每无心正法,使百姓有口难言:期,期望,寄以希望。做甚么,为什么。东海曾经孝妇冤,汉代传说,东海寡妇周青,对婆婆十分孝顺。后来婆婆因故上吊而死,周青被冤判问斩。周青临刑前发誓,若是有罪,被杀后血往下流;若是冤枉,则血逆流而上,染红长竿。行刑后,果然血染长竿。天为之感,使东海大旱三年,直到周青的冤案昭雪后才下雨。事见《汉书·于定国传》,后来刘向《说苑》、干宝《搜神记》里都有关于东海孝妇的故事。山阳县,今江苏淮安。每,同"们"。

思考讨论题

谈谈本折戏中窦娥表现出的性格特点。

扩展阅读

1. 汉时，东海孝妇养姑甚谨。姑曰："妇养我勤苦。我已老，何惜余年，久累年少。"遂自缢死。其女告官云："妇杀我母。"官收系之，拷掠毒治。孝妇不堪苦楚，自诬服之。时于公为狱吏，曰："此妇养姑十余年，以孝闻彻，必不杀也。"太守不听。于公争不得理，抱其狱词，哭于府而去。自后郡中枯旱，三年不雨。后太守至，于公曰："孝妇不当死，前太守枉杀之，咎当在此。"太守即时身祭孝妇冢，因表其墓。天立雨，岁大熟。长老传云："孝妇名周青。青将死，车载十丈竹竿，以悬五幡。立誓于众曰：'青若有罪，愿杀，血当顺下；青若枉死，血当逆流。'既行刑已，其血青黄，缘幡竹而上标，又缘幡而下云。"

——[晋代]干宝《搜神记》卷十一"东海孝妇"条

2.〔尾〕我是个蒸不烂、煮不熟、捶不匾、炒不爆、响珰珰一粒铜豌豆，恁子弟每谁教你钻入他锄不断、斫不下、解不开、顿不脱、慢腾腾千层锦套头？我玩的是梁园月，饮的是东京酒，赏的是洛阳花，攀的是章台柳。我也会围棋，会蹴踘，会打围，会插科，会歌舞，会吹弹，会咽作，会吟诗，会双陆。你便是落了我牙，歪了我嘴，瘸了我腿，折了我手，天赐与我这几般儿歹症候，尚兀自不肯休！则除是阎王亲自唤，神鬼自来勾。三魂归地府，七魄丧冥幽。天哪！那其间才不向烟花路儿上走！

——[元代]关汉卿《南吕·一枝花·不伏老》

3. 其最有悲剧之性质者，则如关汉卿之《窦娥冤》、纪君祥之《赵氏孤儿》，剧中虽有恶人交构其间，而其赴汤蹈火者，仍出于主人翁之意志，即列之于世界大悲剧中，亦无愧色也。

——[近代]王国维《宋元戏曲考》

王实甫《西厢记》(长亭送别)

(夫人、长老上云)今日送张生赴京，就十里长亭，安排下筵席。我和长老先行，不见张生小姐来到。(旦、末、红同上)(旦云)今日送张生上朝取应。早是离人伤感，况值那暮秋天气，好烦恼人也呵！"悲欢聚散一杯酒，南北东西万里程。"(旦唱)

【正宫】【端正好】碧云天，黄花地，西风紧，北雁南飞。晓来谁染霜林醉？总是离人泪。

【滚绣球】恨相见得迟，怨归去得疾。柳丝长玉骢难系，恨不倩疏林挂住斜晖。马儿迍迍的行，车儿快快的随，却告了相思回避，破题儿又早别离。听得道一声"去也"，松了金钏；遥望见十里长亭，减了玉肌。此恨谁知？

(红云)姐姐今日怎么不打扮？(旦云)你那知道我的心里呵！(旦唱)

【叨叨令】见安排着车儿、马儿，不由人熬熬煎煎的气；有甚么心情花儿、靥儿，打扮得娇娇滴滴的媚；准备着被儿、枕儿，则索昏昏沉沉的睡；从今后衫儿、袖儿，都揾做重重叠叠的泪。兀的不闷杀人也么哥！兀的不闷杀人也么哥！久已后书儿、信儿，索与我恓恓惶惶的寄。

（做到科，见夫人科）（夫人云）张生和长老坐，小姐这壁坐，红娘将酒来。张生，你向前来，是自家亲眷，不要回避。俺今日将莺莺与你，到京师休辱末了俺孩儿，挣揣一个状元回来者。（末云）小生托夫人余荫，凭着胸中之才，视官如拾芥耳。（洁云）夫人主张不差，张生不是落后的人。（把酒了，坐）（旦长吁科）（旦唱）

【脱布衫】下西风黄叶纷飞，染寒烟衰草萋迷。酒席上斜签着坐地，蹙愁眉死临侵地。

【小梁州】我见他阁泪汪汪不敢垂，恐怕人知。猛然见了把头低，长吁气，推整素罗衣。

【幺篇】虽然久后成佳配，奈时间怎不悲啼。意似痴，心如醉，昨宵今日，清减了小腰围。

（夫人云）小姐把盏者！（红递酒，旦把盏长吁科云）请吃酒！（旦唱）

【上小楼】合欢未已，离愁相继。想着俺前暮私情，昨夜成亲，今日别离。我谂知这几日相思滋味，却原来比别离情更增十倍。

【幺篇】年少呵轻远别，情薄呵易弃掷。全不想腿儿相挨，脸儿相偎，手儿相携。你与俺崔相国做女婿，妻荣夫贵，但得一个并头莲，煞强如状元及第。

（夫人云）红娘把盏者！（红把酒科）（旦唱）

【满庭芳】供食太急，须臾对面，顷刻别离。若不是酒席间子母每当回避，有心待与他举案齐眉。虽然是厮守得一时半刻，也合着俺夫妻每共桌而食。眼底空留意，寻思起就里，险化做望夫石。

（红云）姐姐不曾吃早饭，饮一口儿汤水。（旦云）红娘，甚么汤水咽得下！（旦唱）

【快活三】将来的酒共食，尝着似土和泥。假若便是土和泥，也有些土气息、泥滋味。

【朝天子】暖溶溶玉醅，白泠泠似水，多半是相思泪。眼面前茶饭怕不待要吃，恨塞满愁肠胃。蜗角虚名，蝇头微利，拆鸳鸯在两下里。一个这壁，一个那壁，一递一声长吁气。

（夫人云）辆起车儿，俺先回去，小姐随后和红娘来。（下）（末辞洁科）（洁云）此一行别无话儿，贫僧准备买登科录看，做亲的茶饭，少不得贫僧的。先生在意，鞍马上保重者！"从今经忏无心礼，专听春雷第一声。"（下）（旦唱）

【四边静】霎时间杯盘狼藉，车儿投东，马儿向西，两意徘徊，落日山横翠。知他今宵宿在那里？有梦也难寻觅。

（旦云）张生，此一行得官不得官，疾便回来。（末云）小生这一去，白夺一个状元。正是"青霄有路终须到，金榜无名誓不归"。（旦云）君行别无所赠，口占一绝，为君送行："弃掷今何在，当时且自亲。还将旧来意，怜取眼前人。"（末云）小姐之意差矣，张珙更敢怜谁？谨赓一绝，以剖寸心："人生长远别，孰与最关亲？不遇知音者，谁怜长叹人！"（旦唱）

【耍孩儿】淋漓襟袖啼红泪，比司马青衫更湿。伯劳东去燕西飞，未登程先问归期。虽然眼底人千里，且尽生前酒一杯。未饮心先醉，眼中流血，心内成灰。

【五煞】到京师服水土，趁程途节饮食，顺时自保揣身体。荒村雨露宜眠早，野店风霜要起迟！鞍马秋风里，最难调护，最要扶持。

【四煞】这忧愁诉与谁？相思只自知，老天不管人憔悴。泪添九曲黄河溢，恨压三峰华岳低。到晚来闷把西楼倚，见了些夕阳古道，衰柳长堤。

【三煞】笑吟吟一处来，哭啼啼独自归。归家若到罗帏里，昨宵个绣衾香暖留春住，今夜个翠被生寒有梦知。留恋你别无意，见据鞍上马，阁不住泪眼愁眉。

（末云）有甚言语，嘱咐小生咱？（旦唱）

【二煞】你休忧"文齐福不齐"，我则怕你"停妻再娶妻"。休要"一春鱼雁无消息"！我这里"青鸾有信频须寄"，你却休"金榜无名誓不归"。此一节君须记：若见了那异乡花草，再休似此处栖迟！

（末云）再谁似小姐，小生又生此念？（旦唱）

【一煞】青山隔送行，疏林不做美，淡烟暮霭相遮蔽。夕阳古道无人语，禾黍秋风听马嘶。我为甚么懒上车儿内，来时甚急，去后何迟？

（红云）夫人去好一会，姐姐，咱家去！（旦唱）

【收尾】四围山色中，一鞭残照里。遍人间烦恼填胸臆，量这些大小车儿如何载得起？

（旦、红下）（末云）仆童，赶早行一程儿，早寻个宿处。"泪随流水急，愁逐野云飞。"（下）

（王季思校注《西厢记》上海古籍出版社，1980）

作品简介

王实甫，名德信，字实甫，大都（今北京市）人，生卒年与生平事迹俱不详。《录鬼簿》把他列入"前辈已死名公才人"而位于关汉卿之后，可以推知他与关同时而略晚。王实甫与关汉卿齐名，是元代剧坛最有才华的杰出作家之一。据贾仲明吊词《凌波仙》的介绍，王实甫在当时就享有盛名，又尝混迹青楼，多与演员、歌姬往来。所作杂剧十四种，现仅存《西厢记》、《丽春堂》、《破窑记》三种及《贩茶船》、《芙蓉亭》曲文各一折。

《西厢记》是元代爱情剧中的杰作，故事虽本唐代元稹所著的传奇小说《莺莺传》，实际上是从金代董解元的《西厢记诸宫调》脱胎而来。剧情描写落拓书生张君瑞在普救寺中与相国之女崔莺莺一见钟情，中间历经波折，最终通过婢女红娘等的帮助,冲破重重束缚而结合的故事。《西厢记》之所以受后人推重,就在于他对于爱情的高度颂扬。张生和崔莺莺的恋爱故事,不再停留在"才子佳人"的模式上,也没有把"夫贵妻荣"作为婚姻的理想。他们否定了传统的联姻方式,始终追求真挚的感情。作品通过张生和莺莺等形象的塑造,热情讴歌了青年一代追求个性解放与美好理想的精神,在中国文学史上第一次正面表达了"愿普天下有情人都成了眷属"的美好愿望,从而把崔、张的爱情故事提到了一个新的高度。

《西厢记》的艺术成就也很卓越。戏剧冲突强烈,形象个性鲜明,曲辞华美生动。体制上,突破了杂剧一本四折的形式,连演五本,极大地扩充了内容的含量。演唱上,一折戏中不再是一人主唱,而是由旦、末等轮换演唱,丰富了舞台的表现力。作为剧本,《西厢记》杂剧表现出的舞台艺术的完整性,也达到了元代戏曲创作的最高水平。它问世以后,家喻户晓,有人甚至将其与《春秋》相提并论,历来戏剧家、评论家都给予了很高评价。明初贾仲明[凌波仙]吊曲称:"新杂剧,旧传奇,《西厢记》天下夺魁。"本处所选是其第四本第三折。

导读指要

"长亭送别"属于《西厢记》第四本第三折,在此处安排这一剧情,作者是经过精心考量的。在此之前,已经历了普救寺劫难、老夫人赖婚,张生、莺莺互相试探、误会等波折,在红娘的牵线之下,二人遂私定终身。老夫人唯恐玷辱家门,辱没家风,不得已当面将莺莺许给了张生,条件是张生必须上京赶考,取得功名。这一折的戏剧冲突焦点就集中在对科举功名的态度上。莺莺与张生历经磨难,刚刚如愿以偿,又为了"蜗角虚名"、"蝇头微利",而被逼着"昨夜成亲,今日别离"。莺莺虽反对张生进京赶考,但在老夫人的压力下,却又无力留住张生,再加上对张生一旦高中有可能停妻再娶的忧虑,其内心充满了矛盾复杂的感情。王实甫用他那含蓄蕴藉、带着感伤情调和清丽色彩的个性化语言,深入细致地表现了莺莺这种复杂的心理变化。故这一折是塑造莺莺形象的重场戏之一。这折戏在舞台上有三个场面,在时间上有三个时段,把二者综合起来,可以分为三个部分:长亭道上,饯行宴上,夫妻话别。

剧情的第一部分是长亭道上,即前往十里长亭的途中。此段以【端正好】、【滚绣球】、【叨叨令】三支曲子,唱莺莺沿途的所见所感、所思所想,集中表现了她送行时痛苦压抑、无可奈何的心情。开端的【端正好】一曲,先渲染了一副深秋时节萧瑟凄凉的景致,而秋天往往是最能衬托别情的季节——"多情自古伤离别,更那堪冷落清秋节。"作者选用了最能表现秋天季节特征的景物:蓝天白云、凋零的黄花、南飞的大雁、如丹的枫叶,这些与凄紧的西风融成一体,让人看着就不免黯然神伤,更何况是即将要分别的多情人呢!"晓来谁染霜林醉?总是离人泪"两句,采用了设问自答的形式,使得客观景色带上了浓重的主观感情色彩。一个"染"字,把泪水和霜林扭结起来,既把人的主观感情化为动态的心理过程,更使得多情人的涟涟泪水宛然如见。一个"醉"字,既写出了枫林的色彩,更凸显了莺莺在离愁重压下难以自持的情态。另外"晓"字与下文"残照"相照应,又隐含着一夜之间离愁别绪尽染层林的意思,使主人公心境显得更为凄切。如果说【端正好】主要采取了寓情于景的手法,那么接下来的【滚绣球】一曲,则借助于车马、首饰等具体事物,并运用丰富的联想和夸张,从不同侧面形象地展现了莺莺难以离舍的复杂内心。柳丝长,却不能系住张生行走的马儿;树林疏,却不能挂住西沉的夕阳。长亭近在眼前,别离的时刻已经逼近。"听得道一声去也,松了金钏;遥望见十里长亭,减了玉肌。"何等的夸张,又何等的情真意切!接下来因红娘问"姐姐今日怎么不打扮"?触发了莺莺感情的闸门,第三支曲子【叨叨令】便是人物内心世界的直接剖露。从眼前所见的车儿、马儿,到思量别后自己睡的被儿、枕儿,穿的衫儿、袖儿,都捂捺不住浓重的愁恨别绪,只有借着不停的书儿、信儿,以解深深的相思之苦。在这段曲词里,作者用了一连串排比式的叠字句,每组之中,前句有两个带"儿"化韵的词,后面是双音词的重叠,层次分明地表现了人物回环往复的离情别意,也成功地传达出一种婉然低回的声气口吻。

第二部分是饯行宴中。此段共安排了【脱布衫】、【小梁州】等九支曲子,紧扣宴席上的把盏、供食等环节,描写莺莺不得舒展的痛苦、怨恨之态。【脱布衫】、【小梁州】两曲写莺莺眼里的张生,表面上拘谨恭敬,背人时长吁短叹,同样经受着离愁的煎熬。看着这样的张生,她更加"意痴"、"心醉",愁肠百结。她伤心于昨夜刚刚成亲,今日就要别离,在她看来"但得一个并头莲,煞强如状元及第"。所以她对母亲为了"蜗角虚名、蝇头微利",而强"拆鸳鸯在两下里"的专横势利的做法,充满了怨愤。长亭别筵,本是莺莺与张生分别之前的最后聚会,"虽然是厮守得一时半刻,也合着俺夫妻每共桌而食。"可是老夫人却不通情理,拆他们分坐两端,不能挨近倾诉,只能"一个这壁,一个那壁,一递一声长吁气"。

第三部分夫妻话别,主要是莺莺对张生殷切的临别嘱托。【四边静】一曲先收煞了别宴的草草收场,同时渲染了离别顷刻到来时"两意徘徊"的哀怨。接下去【要孩儿】、【五煞】、【四煞】、【三煞】、【二煞】五支曲子,进一步从两方面刻画了莺莺的内心情感:一方面,再次细致入微地展现了她伤心欲绝的情态,以及对张生的无比体贴、反复叮咛。近在眼前的亲人,马上就要远去千里之外,劳燕分飞,洒不尽的伤心之泪,说不尽的叮咛话语。路途遥遥,征程辛苦,要调理饮食,注意寒暖,荒村野店,雨露风霜,要早睡迟起,保重身体,因为"鞍马秋风里,最难调护,最要扶持"。想到"笑吟吟一处来",而今将"哭啼啼独自归",往日的温馨,今后的凄凉,泪水之多,如注入黄河,黄河亦将泛滥;悲恨之重,重得把高耸的三峰都压低了。这忧愁向谁倾诉?这相思只能独自承受。真是"眼中流血,心内成灰"。另一方面,更有一层深深的忧虑与离愁别恨纠结在一起:"你休忧文齐福不齐,我只怕你停妻再娶妻。休要一春鱼雁无消息！我这里青鸾有信频须寄，你却休金榜无名誓不归。此一节，君须记：若见了那异乡花草，再休似此处栖迟！"这种忧虑，是古代常有的身荣弃妻的悲剧在莺莺心灵上的投影，是她美好的爱情理想与当时社会现实的矛盾的反映。这不仅仅属于莺莺个人，在当时具有普遍意义。别离终于来临，张生带着莺莺的千叮咛、万嘱咐，上马走了。莺莺目送着张生渐行渐远的身影，愁绪万端，不忍速归。【一煞】和【收尾】两支曲子，便刻画了莺莺这种怅惘情境和依依之情，恰好与【端正好】前后相应，使"长亭送别"这折戏留下了境界悠远、意味无穷的余韵。

《西厢记》曲词委婉华美，富有诗意，其中"长亭送别"的曲词最为人所称道。明代朱权《太和正音谱》写道："王实甫之词，如花间美人，铺叙委婉，深得骚人之趣。"

字句疏解

1.（夫人、长老上云）今日送张生赴京，就十里长亭，安排下筵席。我和长老先行，不见张生小姐来到。（旦、末、红同上）（旦云）今日送张生上朝取应。早是离人伤感，况值那暮秋天气，好烦恼人也呵！"悲欢聚散一杯酒，南北东西万里程。"：长老，普救寺住持法本。十里长亭，古代驿路上设置的供休息和送别之亭，五里一短亭，十里一长亭。旦，杂剧中女角色的统称，有各类名目，此指正旦（女主角），扮演崔莺莺。末，杂剧中男角色的统称，有各类名目，此指正末（男主角），扮演张生。红，红娘。上朝取应，进京应试。早是，原已是。况值，何况又遇上。

2.【端正好】碧云天，黄花地，西风紧，北雁南飞。晓来谁染霜林醉？总是离人泪：碧云天黄花地，句本范仲淹《苏幕遮》词："碧云天，黄叶地，秋色连波，波上寒烟翠。"黄花，指菊花。

3.【滚绣球】恨相见得迟，怨归去得疾。柳丝长玉骢难系，恨不倩疏林挂住斜晖。马儿迍迍的行，车儿快快的随，却告了相思回避，破题儿又早别离。听得道一声去也，松了金钏；遥望见十里长亭，减了玉肌。此恨谁知：玉骢（cōng），马名，即玉花骢，一种青白色的骏马。倩（qìng），请，央求。迍（tún）迍，行动迟缓貌。却，恰、才。破题，唐宋诗赋中开头几句点破题意，叫破题，元曲中用于比喻开端、起始。钏，臂环，今称手镯。恨，遗憾。

4.【叨叨令】见安排着车儿、马儿，不由人熬熬煎煎的气；有甚么心情花儿、靥儿，打扮得娇娇滴滴的媚；准备着被儿、枕儿，则索昏昏沉沉的睡；从今后衫儿、袖儿，都揾做重重叠叠的泪。兀的不闷杀人也么哥！兀的不闷杀人也么哥！久已后书儿、信儿，索与我恓恓惶惶的寄：靥（yè），古代女子在面部点贴的妆饰。则索，只要、只能。揾（wèn），擦拭。兀的不，这岂不；兀的，发语词。也么哥，语尾助词，有声无义。久已后，今后。索，须要。恓（xī）恓惶惶，匆忙不安貌，此指急急忙忙。

5.（做到科，见夫人科）（夫人云）张生和长老坐，小姐这壁坐，红娘将酒来。张生,你向前来,是自家亲眷,不要回避。俺今日将莺莺与你,到京师休辱末了俺孩儿,挣揣一个状元回来者。(末云)小生托夫人余荫,凭着胸中之才,视官如拾芥耳。(洁云)夫人主见不差,张生不是落后的人:科,元杂剧中表示动作、表情及舞台效果的术语。这壁,这边。将,拿。辱末,辱没。争揣:争得、夺得。拾芥,喻轻而易举;芥,小草。洁,元杂剧称僧人为洁郎,简称洁;此指上面出场的长老。

6.【脱布衫】下西风黄叶纷飞,染寒烟衰草萋迷。酒席上斜签着坐地,蹙愁眉死临侵地:斜签着坐地,偏斜着身子坐着。死临侵地:死呆呆地;临侵,憔悴无力。

7.【小梁州】我见他阁泪汪汪不敢垂,恐怕人知。猛然见了把头低,长吁气,推整素罗衣:阁泪,含泪;阁同"搁",支撑、忍住。推,推托,此指假装。

8.【幺篇】虽然久后成佳配,奈时间怎不悲啼。意似痴,心如醉,昨宵今日,清减了小腰围:奈,挨、熬。清减,消瘦,此作动词。

9.【上小楼】合欢未已,离愁相继。想着俺前暮私情,昨夜成亲,今日别离。我谂知这几日相思滋味,却原来比别离情更增十倍:谂知,深知,深切体会到;谂,通"审",详细知道。

10.【幺篇】年少呵轻远别,情薄呵易弃掷。全不想腿儿相挨,脸儿相偎,手儿相携。你与俺崔相国做女婿,妻荣夫贵,但得一个并头莲,煞强如状元及第:弃掷,本指抛弃,此指撇下莺莺而远离。妻荣夫贵,本指妻子因夫贵而尊荣,这里反其义而用之,谓夫因妻而贵,不必再去求取功名了。煞强如,远胜过;煞表示极甚。

11.【满庭芳】供食太急,须臾对面,顷刻别离。若不是酒席间子母每当回避,有心待与他举案齐眉。虽然是厮守得一时半刻,也合着俺夫妻每共桌而食。眼底空留意,寻思起就里,险化做望夫石:每,同"们"。待,要。合,应该。着(zhuó),教、让。眼底空留意,只能徒然地隔桌相视、眉眼传情。就里,内中情由。

12.【朝天子】暖溶溶玉醅,白泠泠似水,多半是相思泪。眼面前茶饭怕不待要吃,恨塞满愁肠胃。蜗角虚名,蝇头微利,拆鸳鸯在两下里。一个这壁,一个那壁,一递一声长吁气:玉醅(pēi),美酒。白泠泠,清澈貌。蜗角虚名、蝇头微利:微不足道的浮名与利益,如蜗角、蝇头之细微。苏轼《满庭芳》:"蜗角虚名,蝇头微利。"一递一声,一声接一声,相互交错。

13.(夫人云)辆起车儿,俺先回去,小姐随后和红娘来。(下)(末辞洁科)(洁云)此一行别无话儿,贫僧准备买登科录看,做亲的茶饭少不得贫僧的。先生在意,鞍马上保重者!"从今经忏无心礼,专听春雷第一声":辆,驾。登科录,登载录取进士姓名的名册。做亲的茶饭,结婚喜酒。经忏,指佛经。礼,念经拜佛。春雷第一声,指科举中第的消息。

14.(旦云)张生,此一行得官不得官,疾便回来。(末云)小生这一去白夺一个状元,正是"青霄有路终须到,金榜无名誓不归"。(旦云)君行别无所谓,口占一绝,为君送行:"弃掷今何在,当时且自亲。还将旧来意,怜取眼前人。"(末云)小姐之意差矣,张珙更敢怜谁?谨赓一绝,以剖寸心:"人生长远别,孰与最关亲?不遇知音者,谁怜长叹人":疾,快,迅速。白,平白、随便。口占,不打草稿,随口成文叫口占。"弃掷"四句,此诗见元稹《会真记》,是莺莺被张生抛弃后所作;怜,爱;眼前人,新的情人。赓(gēng),续作。剖,表白。长,常。孰与,与谁。知音者,知莺莺。长叹人,张生自指。

15.【耍孩儿】淋漓襟袖啼红泪,比司马青衫更湿。伯劳东去燕西飞,未登程先问归期。虽然眼底人千里,且尽生前酒一杯。未饮心先醉,眼中流血,心内成灰:红泪,《拾遗记》:"薛灵芸选入宫时,别父母,以玉唾壶承泪,壶即红色。"司马青衫,白居易《琵琶行》:"坐中泣下谁最多,江州司马青衫湿。"伯劳,鸟名。古乐府诗:"东飞伯劳西飞燕",劳燕分飞比喻人的离散。

16.【五煞】到京师服水土,趁程途节饮食,顺时自保揣身体。荒村雨露宜眠早,野店风霜要起迟! 鞍马秋风里,最难调护,最要扶持:趁程途,赶路。顺时,顺应时令。揣,囊揣的省词,柔弱、软弱之意。

17.【四煞】这忧愁诉与谁? 相思只自知,老天不管人憔悴。泪添九曲黄河溢,恨压三峰华岳低。到晚来闷把西楼倚,见了些夕阳古道,衰柳长堤:"泪添"二句,上句以水喻愁之多,下句以山喻愁之重。华岳三峰,即西岳华山的莲花峰、毛女峰、松桧峰。

18.【二煞】你休忧"文齐福不齐",我则怕你"停妻再娶妻"。休要"一春鱼雁无消息"! 我这里青鸾有信频须寄,你却休"金榜无名誓不归"。此一节君须记:若见了那异乡花草,再休似此处栖迟:文齐福不齐,有文才而无考中的福分。停妻再娶妻,重婚。鱼雁,书信;全句出秦观《鹧鸪天》。青鸾,鸟名,西王母的信使。花草,指女子。栖迟,留连,迷恋不去。

思考讨论题

通过作品中的唱词分析崔莺莺的心理变化。

扩展阅读

1.张生俄以文调及期,又当西去。当去之夕,不复自言其情,愁叹于崔氏之侧。崔已阴知将诀矣,恭貌怡声,徐谓张曰:"始乱之,终弃之,固其宜矣,愚不敢恨。必也君乱之,君终之,君之惠也;则殁身之誓,其有终矣,又何必深感于此行"……张曰:"大凡天之所命尤物也,不妖其身,必妖于人。使崔氏子遇合富贵,乘宠娇,不为云为雨,则为蛟为螭,吾不知其所变化矣。昔殷之辛、周之幽,据百万之国,其势甚厚。然而一女子败之,溃其众,屠其身,至今为天下僇笑。予之德不足以胜妖孽,是用忍情。"于时坐者皆为深叹。后岁余,崔已委身于人,张亦有所娶。适经所居,乃因其夫言于崔,求以外兄见。夫语之,而崔终不为出。张怨念之诚,动于颜色。崔知之,潜赋一章,词曰:"自从消瘦减容光,万转千回懒下床。不为旁人羞不起,为郎憔悴却羞郎。"竟不之见。后数日,张生将行,又赋一章以谢绝云:"弃置今何道,当时且自亲。还将旧时意,怜取眼前人。"自是绝不复知矣。时人多许张为善补过者。

——[唐代]元 稹《莺莺传》节选

2.填词除杂剧不论,止论全本,其文字之佳,音律之妙,未有过于此《西厢》者。

——[清代]李 渔《闲情偶寄》

明清概述

明代从太祖朱元璋洪武元年(1368)开国,到思宗朱由检崇祯十七年(1644)自缢,前后共计 277 年。明代文化的发展,大致可分为明代前期和明代中后期两个阶段。明代前期指明初到嘉靖之前,明代中后期则为嘉靖(1522—1566)到明末。

明代初年,朱元璋为稳定、恢复社会经济,采取了传统的"重农抑商"政策。在政治上极力强化君主独裁,废除了中国延续一千多年历史的宰相制度和七百多年的三省(中书、门下、尚书)制度,将军政大权独揽于一身。到永乐和宣德年间又建立内阁制度,进一步巩固和发展了中央集权制。还设立锦衣卫和东厂、西厂,实行恐怖的特务统治。在思想文化方面,则大力提倡程朱理学,实行了八股取士的制度,对文人施行严厉的高压政策,大量制造文字狱。在这种社会背景下,思想文化界呈现了一派沉闷压抑的气氛。

至明代中期,抑商政策有所松动,工商势力重新活跃,商业经济逐步繁荣,城市不断发展兴旺,市民阶层迅速扩大,市民的生存、生活状态,市民的文化需求,市民的生活观念和生活风尚不仅极大地影响了整个社会经济的发展,也明显地影响到思想文化、社会心理、习俗、好尚的变化。在政治上,由于皇权的高度集中,逐步导致以皇帝为中心的统治集团的腐化堕落和朝政的腐败,进而导致宦官的专权和党争的加剧。于是政治思想的高压趋向失控,思想文化界开始活跃起来,其最重要的现象就是王学的兴起和王学左派的张扬。弘治、正德年间,思想家王守仁发展了宋代陆九渊的"心学",认为"心者,天地万物之主也","心外无理,心外无事,心外无物"(《传习录》);提出"我心之良知,无有不自知者"。王学打破了程朱理学在思想、学术上的僵化统治,冲击了圣经贤传的神圣地位,有利于人的自我意识的觉醒。自此之后,心学亦称王学,流布天下,在嘉靖、万历期间形成了多种派别。其中的泰州学派,亦称王学左派,更加具有离经叛道的倾向,主张"凡事只依本心而行",他们肯定人欲的合理要求,追求个性的自然发展,强调"百姓日用即道"(王艮《王心斋先生遗集》卷一《语录》),"穿衣吃饭,即是人伦物理"(李贽《焚书》卷一《答邓石阳》)。本来王阳明的心学所强调的"本心"是远离情欲、只存天理之心,"此心纯是天理","去人欲,存天理,方是工夫"。(《传习录》上)如此看来,心学同理学本来并不是全然对立的。但心学理论发展的惯性力量却冲决了原本设定的天理堤岸,一些思想家、文学家纷纷张扬起不顾天理而但求世俗爱好的个人的情欲,将"情"与"理"相对立,提出了"情有者理必无,理有者情必无"(汤显祖《寄达观》)的命题。这样,心学与当时流行的禅宗思想相结合，为复苏人性、张扬个性的思潮创造了气氛，启发了思路，提供了理论武器，导致了明代中后期思想、学术、文化、文学的一场波澜壮阔的巨大变化。但这一潮流也引发了另一种倾向：理性精神的减弱，学风的空疏肤浅和文风的浅俗滑易；到了明末，随着时势的变易、危机的加剧，它便走向退潮，代之而起的是经世致用的实学思潮。

经济、政治、思想文化领域的重要变化，使明代中后期的文学发生了大幅度的变革。明代文学发展的总体趋势和格局是雅文学的相对滞后和俗文学的繁荣兴盛。在中国文学的传统观念中，以诗文为代表的雅文学向来位处正宗，而小说、戏曲等俗文学则被视为鄙野之言，甚至是淫邪之辞。从明代中叶起，许多文人学者开始从理论上肯定俗文学，形成了为小说、戏曲、民间歌谣等俗文学争得地位的舆论高潮，这和当时经济、社会、文化等诸多因素结合在一起，大大促进了各类通俗文学创作的繁荣，也促进了雅文学的通俗化。一是文学新内容、新形象的滋生。市民的形象，市民的生活，市民的情趣，成为诗文、小说、戏曲中越来越重要的内容，尤其是小说和戏曲更为广泛而深刻地表现了市井生活，塑造了众多商人和作坊主的形象。二为审美趣味的转变。在作品内容市民化的同时，人们的艺术趣味也趋向世俗化，时兴着一种"世俗之趣"。三是个性和人欲的张扬。在心学影响下，兴起了一股高扬个性和肯定人欲的思潮，这在诗文领域内激荡起一种与传统文学观念相对抗的"性灵"说，强调"独抒性灵，不拘格套"，突出个性和人欲的表露；在小说、戏曲中，人格独立、个性张扬的人物形象陆续亮相，特别是出现了一批争取恋爱自由、婚姻自主的青年男女形象。这些都有力地冲击了封建礼教，促进了文学向着个性化、世俗化的方向发展。四为文学的商业化。城市工商业的发展，文人的市民化，文学的市民化受众群的膨胀，不可避免地使文学创作商品化。文人为谋生而写作，书肆为牟利而刊行，这对文学的传播和普及有巨大的推动作用，但也使一些文艺作品难免沦为金钱的附庸。这场文学变革的主要标志：于小说便是《三国志通俗演义》、《水浒传》的刊刻和风行；《西游记》和《金瓶梅词话》的写定和问世；章回体通俗小说的编著热潮和以"三言"、"二拍"为代表的白话短篇小说的繁荣。于戏曲则是传奇体制的定型和传奇创作的繁盛，戏曲创作被推向了继元杂剧之后的又一高峰。在诗文方面更是出现了多元探索的潮流，形成了流派林立的局面。

在明代文学中，小说的勃兴最为引人注目，特别是中国古代长篇小说主要的、甚至是唯一的体裁——章回小说的发展和定型，是明代对中国文学做出的最为宝贵的贡献。章回小说是在宋元讲史等话本的基础上发展而成的。它的特色是分章叙事，分回标目，每回故事相对独立，段落整齐，但又前后勾连、首尾相接，将全书构成统一的整体。写定于元末明初的《三国志通俗演义》和《水浒传》是历史演义与英雄传奇最早也最成功的作品，神怪小说以产生于明代中叶的《西游记》最为优秀，问世于万历年间的《金瓶梅词话》是世情小说开山之作。以上"四大奇书"展示了明代长篇小说艺术发展的历程。明代中后期的拟话本(白话短篇小说)在宋元"小说"话本的基础上也出现了一个鼎盛的局面,代表性作品是冯梦龙辑录、整理、加工、创作的《喻世明言》、《警世通言》、《醒世恒言》,凌濛初创作的《初刻拍案惊奇》、《二刻拍案惊奇》,合称为"三言二拍"。

明代戏曲由杂剧、传奇两大部类构成,其发展的基本趋势是杂剧的衰落,传奇的兴盛。明代传奇的代表作家是万历时期的汤显祖,他的四部传奇作品《牡丹亭》、《紫钗记》、《南柯记》、《邯郸记》合称"临川四梦",其中《牡丹亭》是整个戏曲史上的颠峰之作。

明末崇祯十七年(1644),清王朝大举入关,定鼎北京,到宣统三年(1911)清朝被推翻,共统治中国 268 年。清王朝在政治制度上悉依明制,在思想上强化文化专制,利用汉族的儒家思想控制社会,尊孔崇儒是基本国策,在具体实施上则独尊程朱理学,使之成为官方哲学。科举考试沿用明代的八股取士制度。对文人施行笼络与高压并举的政策:一方面诏开博学鸿词科,吸收学者名流进入朝廷;大规模编修书籍,如《明史》、《康熙字典》、《渊鉴类函》、《佩文韵府》、《古今图书集成》、《全唐诗》、《四库全书》等。另一方面则大肆禁毁书籍,屡兴文字狱,起初是为了消除反清意识、异端思想,到后来则望文生义、捕风捉影,案件之繁、株连之广、惩治之酷,空前而不绝后,尤以雍正、乾隆二朝为最。严酷的文化专制政策使"人情望风觇景,畏避太甚,见鳝而以为蛇,遇鼠而以为虎,消刚正之气,长柔媚之风"。(李祖陶《与杨蓉诸明府书》)这深刻地影响了当时的学术风气,于"乾嘉汉学"的形成发展关系甚巨。乾嘉汉学导源于清初学术鼻祖顾炎武,但在文化专制政策和文字狱的威慑下,他们只承袭了清初学者注重实证的治学方法,却丢掉了经世致用的学术精神,虽在文字、音韵、训诂、金石、地理等学术方面做出了卓越贡献,但缺乏思想理论的建树,是一大历史遗憾。

由于明清之际社会大动荡的震撼,清初出现了黄宗羲、王夫之、顾炎武等几位著名的启蒙思想家,他们的共同点是反对宋明理学空谈心性的虚浮学风,提倡经世致用的实学,在各自的学术方面作出了卓异的贡献,提出了许多具有启蒙意义的新思想。他们在批判明代心学的同时,却接过李卓吾的"人必有私"的命题,肯定私欲的合理性,并以此为基点将"欲"、"理"统一起来。王夫之说:"人欲之各得,即天理之大同。"(《读四书大全说》卷四)黄宗羲也说:"天理正从人欲中见,人欲恰好处即天理也。向无人欲,则亦并无天理之可言矣。"(《陈乾初先生墓志铭》)在这里,"人欲"成了基础,"天理"变为"人欲之各得"的社会理想。黄宗羲又据此激烈批判封建君主专制制度,谓君主是强"使天下之人不敢自私,不敢自利,以我之大私为天下之大公",不惜"屠毒天下之肝脑,离散天下之子女,以博我一人之产业"。(《明夷待访录·原君》)这样,理欲之辨就由李卓吾的个性解放精神延伸为社会解放的理想,由思想领域的反传统拓展为对社会制度方面的批判、探讨。清初学者的思想奠定了整个清代思想学术的基础,对晚清的改良运动也产生过不小的影响。

　　清朝是中国古典文学的集大成时代,其面貌比以往各代都格外繁富。一方面是元明以来新兴的小说、戏曲依然蓬勃发展,另一方面是元明以来已呈弱势的诗、古文,已经衰落的词、骈文,在入清之后又重得振兴。过去盛行一时的各类文体、各种类型、各种作法和各种风格的文学样式都得到了承袭,都拥有众多的作者和大量的作品,而且都取得了不俗的成就,有的甚至达到了极盛的顶峰,可说是"包罗万象而兼有以前各代的特点"(郭绍虞《中国文学批评史》)。小说是清代文学中成就最辉煌的部分。吴敬梓的《儒林外史》、曹雪芹的《红楼梦》两部文学巨著代表着古代小说史上的最大辉煌。蒲松龄的《聊斋志异》"以传奇法而以志怪"(鲁迅《志怪小说史略》),以雅致的文言写花妖狐魅的故事,达到了文言小说的顶峰。清初戏曲创作保持了明末的旺盛势头。康熙后期洪昇的《长生殿》和孔尚任的《桃花扇》,创造了古代戏曲的最后辉煌。《长生殿》写唐明皇与杨贵妃的爱情故事;《桃花扇》以名士侯方域与秦淮名妓李香君的悲欢离合为线索,铺演南明弘光王朝的兴亡始末。两部剧作的题材虽然有别,却都表现着深沉的历史反思,也都采取了以男女离合之情写国家兴亡之感的结构模式,作者对情爱是尊重的,却又和国家兴亡扭结一处,把国家兴亡摆在了个人情爱之上。

刘基《卖柑者言》

杭有卖果者,善藏柑,涉寒暑不溃。出之烨然,玉质而金色。置于市,贾十倍,人争鬻之。予贸得其一,剖之,如有烟扑口鼻,视其中,干若败絮。予怪而问之曰:"若所市于人者,将以实笾豆、奉祭祀、供宾客乎,将炫外以惑愚瞽也?甚矣哉,为欺也!"

卖者笑曰:"吾业是有年矣,吾赖是以食吾躯。吾售之,人取之,未尝有言,而独不足子所乎?世之为欺者不寡矣,而独我也乎?吾子未之思也:今夫佩虎符、坐皋比者,洸洸乎干城之具也,果能授孙、吴之略耶?峨大冠、拖长绅者,昂昂乎庙堂之器也,果能建伊、皋之业耶?盗起而不知御,民困而不知救,吏奸而不知禁,法斁而不知理,坐糜廪粟而不知耻。观其坐高堂,骑大马,醉醇醴而饫肥鲜者,孰不巍巍乎可畏,赫赫乎可象也?又何往而不金玉其外,败絮其中也哉?今子是之不察,而以察吾柑!"

予默默无以应。退而思其言,类东方生滑稽之流。岂其愤世疾邪者耶?而托于柑以讽耶?

(《刘基集》浙江古籍出版社,1999)

作品简介

刘基(1311—1375)字伯温,元末明初人。元至正二十年(1360)后协助朱元璋建立明王朝,是开国功臣之一,官至御史中丞兼太史令。军事家、政治家、文学家,通经史,晓天文,精兵法,与宋濂、叶琛、章溢合称浙东四大名士,被后人比作诸葛武侯。刘基与宋濂、高启并称"明初诗文三大家",诗文兼擅。其散文最突出的部分是讽刺小品,多以寓言的体裁行世,这主要体现在他的寓言集《郁离子》中。《郁离子》是继柳宗元之后我国寓言的第一部集大成之作。据史载,此书是刘基元末"遭时变更"之作,因深感元末社会的腐朽,"弃官还青田,著《郁离子》以见志。"书中多数篇幅都是对元末社会腐朽本质、统治者昏庸的深刻揭露。《卖柑者言》虽不是《郁离子》之中的文章,但其寓言性质和讽刺特质却是完全一样的。

导读指要

《卖柑者言》是一篇著名的寓言体讽刺散文。其主旨就是借市场的行骗来讽刺官场的行骗,即借卖柑者的欺骗行径来揭露朝廷文臣武将的骗子面目,借柑子内里"干若败絮"外表却"玉质而金色"的惑人假象来抨击达官贵人"金玉其外,败絮其中"的腐朽本质,从而表达对元朝统治集团的认识,抒发作者强烈的愤世嫉俗之情。全文由三个部分组成。第一部分以简洁的笔墨引出故事。先写卖柑者藏柑技术之高超,以"不溃"、"烨然"、"玉质而金色"正面渲染,之后以虽价钱"十倍"却"人争鬻"

反衬之；继而一转，点明是骗局，"干若败絮"与前文形成尖锐对比；再顺理成章地引出质问和指责，突出"为欺"这个全文的核心。"为欺"是全篇的文眼，正是它才引出卖柑者的大段反驳，并成为贯通全文、凝聚灵魂的龙睛。第二部分是卖柑者的答辩与反驳，层层引入，步步加深："业是有年"、"赖是食躯"不能成"为欺"的理由，却说得振振有词、理直气壮；"吾售之，人取之，未尝有言"是强词夺理，"不独吾欺"也是强言狡辩，自愿购买、他人行欺并不能成为行欺有理的依据，却把话题引到了"为欺者不寡"的门坎前；然后临门一脚，破门而入，直击全文的核心，以三大组整齐而又错落的排比句式，毫不含糊、气势雄辩地揭露出那些高居于朝堂之上的威风凛凛、器宇轩昂的文臣武将才是"金玉其外，败絮其中"的大骗子；最后"今子是之不察，而以察吾柑"的强烈反诘，则以小贩与大官骗局的巨大反差，反衬出前文"甚矣哉为欺也"的指责是多么苍白无力，只拍蚊蝇不打老虎的行为是多么滑稽可笑。这一部分是全文的重心，在小贩的诙谐谈笑中凸显了元朝统治集团的腐朽本质和巨大危害。第三部分是文章的结尾，系点晴之笔，以选择性的疑问句式对小贩的真实身份和目的作出推测，委婉点明本文的讽喻性质，婉而多讽，深具回环含蓄之妙。

《卖柑者言》一文最基本的表现手段是以寓言的形式表达主题，用比喻的方法讽刺世事。全文的主题是要对朝廷吏治的总体状况、官僚队伍的整体性质作出一个否定性的判断，可这是一个极为严峻而宏大的题目，很难下手。如果采用逻辑论证的方法，当然有可能做到深刻，但能否找到一个强有力的逻辑支点将是极大的难题，即使做到了，也难免枯燥的毛病。如果采用列举事实的方法，当然可能避免枯燥而做到具体生动，但一则见仁见智，难有定论，二则官员众多，难以一一具数，你能举出十个贪官，他也能举出十个清官，如何能够证明多数官员是贪腐或无能者？但此文却将所要表达的重大主题非常巧妙地融于一个卖水果的寓言故事之中，通过寓言的逐步展开，渐次把作品的主题——元末的吏治、官场内部已完全朽烂这一尖锐认知，非常明显地凸现在读者面前，既避免了逻辑的难题和枯燥，又规避了举例的有限和琐碎，使文章具有了非常具体生动、典型鲜明的文学性。

字句疏解

1.杭有卖果者，善藏柑，涉寒暑不溃。出之烨然，玉质而金色：杭，杭州。藏，储存。涉，经过、经历。寒暑，冬夏，此指一年。溃，溃烂、腐败。烨(yè)然，光彩鲜明的样子。玉质而金色，质地如玉，颜色似金。

2.置于市，贾十倍，人争鬻之：贾(jià)，同"价"，价格。鬻(yù)，卖，亦可解作买，此为后者。

3.予贸得其一，剖之，如有烟扑口鼻，视其中，干若败絮：贸，买卖，此指购买。败絮，破败的棉絮。

4.若所市于人者，将以实笾豆、奉祭祀、供宾客乎，将炫外以惑愚瞽也？甚矣哉，为欺也：若，你。市，卖。将……将，表选择，是这样呢，还是那样呢？实，填满、装满。笾（biān）豆：古代的两种礼器，供祭祀和宴会用，笾为竹器，豆为木、陶或铜器。炫外，炫耀外表。惑，迷惑、欺骗。愚，傻子。瞽（gǔ），瞎子。甚矣哉为欺也，实施的欺诈行为太过分了。

5.吾业是有年矣，吾赖是以食吾躯。吾售之，人取之，未尝有言，而独不足子所乎？世之为欺者不寡矣，而独我也乎：业是，以此为职业。赖，依赖、依靠。食（sì），供养、养活。躯，身体。不足子所，不能满足您的需求。寡，少。

6.吾子未之思也：今夫佩虎符、坐皋比者，洸洸乎干城之具也，果能授孙、吴之略耶：未之思，没有思考过这些现象。虎符，虎形兵符，古代调兵用的凭证。皋比（gāopí），虎皮，将帅座椅铺虎皮以示威严。洸（guāng）洸：威武的样子。干城之具：捍卫国家的将才；干城，盾牌和城墙，以之御外敌，喻捍卫国家；具，才具、才能，此指有才能的人。《诗经·周南·兔罝》："赳赳武夫，公侯干城。"孙、吴，古代著名军事家孙武和吴起。略，谋略。

7.峨大冠、拖长绅者，昂昂乎庙堂之器也，果能建伊、皋之业耶：峨大冠，戴着高高的帽子；峨，高，此作动词。拖，下垂。绅，腰带，古代士大夫束在外衣腰间并垂下一部分作为装饰的大带子。昂昂：气度高贵不凡的样子。庙堂：朝廷。器：才能，此指有才能的人。伊、皋，伊指伊尹，商汤的大臣；皋指皋陶（gāoyáo），相传是舜的大臣；二人均为古代著名政治家。业：功业。

8.盗起而不知御，民困而不知救，吏奸而不知禁，法斁而不知理，坐糜廪粟而不知耻：御，抵御。斁（dù），败坏。理，整顿。坐，徒然。糜：通"靡"，浪费。廪（lǐn）粟：指国库里的粮食；廪，米仓。

9.观其坐高堂，骑大马，醉醇醴而饫肥鲜者，孰不巍巍乎可畏，赫赫乎可象也？又何往而不金玉其外，败絮其中也哉：醇醴（chúnlǐ），美酒。饫（yù），饱食。肥鲜，指肥美新鲜的食物。巍巍，高大的样子。畏，敬畏。赫赫，显赫威武的样子。象，效法、学习。

10.今子是之不察，而以察吾柑：是之不察，不察是之，不追究这些；察，分辨。

11.予默默无以应。退而思其言，类东方生滑稽之流：东方生，指东方朔，汉武帝时人，性诙谐，善讽谏。滑稽（gǔjī），古代的一种流酒器，能"转注吐酒，终日不已"，喻指能言善辩、言辞幽默、善于讽谏的人。

12.其愤世疾邪者耶？而托于柑以讽耶：岂，是不是。愤世疾邪，愤慨世事，嫉恨邪恶。而，抑，或者，还是，表选择。托，假托。讽，讥刺。

思考讨论题

总结概括本文的创作主旨，并试加具体分析。

扩展阅读

1.庄子之楚,见空髑髅,髐然有形,撽以马捶,因而问之曰:"夫子贪生失理,而为此乎? 将子有亡国之事、斧钺之诛,而为此乎? 将子有不善之行、愧遗父母妻子之丑,而为此乎? 将子有冻馁之患,而为此乎? 将子之春秋故及此乎?"于是语卒,援髑髅,枕而卧。夜半,髑髅见梦曰:"子之谈者似辩士。视子所言,皆生人之累也,死则无此矣。子欲闻死之说乎?"庄子曰:"然。"髑髅曰:"死,无君于上,无臣于下,亦无四时之事,从然以天地为春秋,虽南面王乐不能过也。"庄子不信,曰:"吾使司命复生子形,为子骨肉肌肤,反子父母妻子闾里知识,子欲之乎?"髑髅深矉蹙额曰:"吾安能弃南面王乐而复为人间之劳乎!"

——《庄子·至乐》

2.蝜蝂者,善负小虫也。行遇物,辄持取,卬其首负之。背愈重,虽困剧不止也。其背甚涩,物积因不散,卒踬仆不能起。人或怜之,为去其负。苟能行,又持取如故。又好上高,极其力不已,至坠地死。今世之嗜取者,遇货不避,以厚其室,不知为己累也,唯恐其不积。及其怠而踬也,黜弃之,迁徙之,亦以病矣。苟能起,又不艾。日思高其位,大其禄,而贪取滋甚,以近于危坠。观前之死亡者,曾不知戒。虽其形魁然大者也,其名人也,而智则小虫也。亦足哀夫!

——[唐代]柳宗元《蝜蝂传》

3.楚有养狙以为生者,楚人谓之狙公。旦日,必部分众狙于庭,使老狙率以之山中,求草木之实,赋什一以自奉。或不给,则加鞭箠焉。众狙皆畏苦之,弗敢违也。一日,有小狙谓众狙曰:"山之果,公所树与?"曰:"否也,天生也。"曰:"非公不得而取与?"曰:"否也,皆得而取也。"曰:"然则吾何假于彼而为之役乎?"言未既,众狙皆寤。其夕,相与俟狙公之寝,破栅毁柙,取其积,相携而入于林中不复归。狙公卒馁而死。郁离子曰:"世有以术使民而无道揆者,其如狙公乎! 惟其昏而未觉也。一旦有开之,其术穷矣"。

——[明代]刘 基《郁离子》

汤显祖《牡丹亭·惊梦》

【绕池游】(旦上)梦回莺啭,乱煞年光遍。人立小庭深院。(贴)炷尽沉烟,抛残绣线,恁今春关情似去年?

【乌夜啼】(旦)晓来望断梅关,宿妆残。(贴)你侧着宜春髻子,恰凭栏。(旦)翦不断,理还乱,闷无端。(贴)已分付催花莺燕借春看。(旦)春香,可曾叫人扫除花径?(贴)分付了。(旦)取镜台衣服来。(贴取镜台衣服上)"云髻罢梳还对镜,罗衣欲换更添香。"镜台衣服在此。

【步步娇】袅晴丝吹来闲庭院,摇漾春如线。停半晌,整花钿,没揣菱花,偷人半面,迤逗的彩云偏。(行介)步香闺怎便把全身现!

(贴)今日穿插的好。

【醉扶归】(旦)你道翠生生出落的裙衫儿茜,艳晶晶花簪八宝填,可知我常一生儿爱好是天然。恰三春好处无人见。不堤防沉鱼落雁鸟惊喧,则怕的羞花闭月花愁颤。

(贴)早茶时了,请行。(行介)你看:"画廊金粉半零星,池馆苍苔一片青。
踏草怕泥新绣袜,惜花疼煞小金铃。"(旦)不到园林,怎知春色如许!

【皂罗袍】原来姹紫嫣红开遍,似这般都付与断井颓垣。良辰美景奈何天,赏心乐事谁家院?恁般景致,我老爷和奶奶再不提起!(合)朝飞暮卷,云霞翠轩;雨丝风片,烟波画船——锦屏人忒看的这韶光贱!

(贴)是花都放了,那牡丹还早。

【好姐姐】(旦)遍青山啼红了杜鹃,荼縻外烟丝醉软。春香啊,牡丹虽好,他春归怎占的先!(贴)成对儿莺燕啊!(合)闲凝眄,生生燕语明如翦,呖呖莺歌溜的圆。

(旦)去罢。(贴)这园子委是观之不足也。(旦)提他怎的!

【隔尾】观之不足由他缱,便赏遍了十二亭台是枉然。到不如兴尽回家闲过遣。

(作到介)(贴)"开我西阁门,展我东阁床。瓶插映山紫,炉添沉水香。"小姐,你歇息片时,俺瞧老夫人去也。(下)(旦叹介)"默地游春转,小试宜春面。"春啊!得和你两留连,春去如何遣?咳!恁般天气,好困人也。春香那里?(作左右瞧介)(又低首沉吟介)天呵,春色恼人,信有之乎!常观诗词乐府,古之女子,因春感情,遇秋成恨,诚不谬矣。吾今年已二八,未逢折桂之夫;忽慕春情,怎得蟾宫之客?昔日韩夫人得遇于郎,张生偶逢崔氏,曾有《题红记》、《崔徽传》二书。此佳人才子,前以密约偷期,后皆得成秦晋。(长叹介)吾生于宦族,长在名门。年已及笄,不得早成佳配,诚为虚度青春,光阴如过隙耳。(泪介)可惜妾身颜色如花,岂料命如一叶乎!

(徐朔方、杨笑梅校注《牡丹亭》人民文学出版社,1963)

作品简介

汤显祖(1550—1616)字义仍,号海若、若士、清远道人,临川(今江西抚州市临川区)人。出身书香门第,幼年即以文名,十四岁中秀才,二十一岁中举人,后因不肯趋附首辅张居正而屡试不第,三十四岁方中进士,先后任南京太常寺博士、詹事府主簿和礼部祠祭司主事。四十二岁因上《论辅臣科臣疏》贬为广东徐闻县典史,后移任浙江遂昌知县,有政绩,四十九岁弃官归里,潜心于戏剧及诗文创作。汤显祖是明代著名文学家,尤以伟大戏剧家的声誉名扬中外。他的四部传奇作品:《牡丹亭》(又称《还魂记》)、《紫钗记》、《邯郸记》、《南柯记》,合称《玉茗堂四种曲》,俗谓

"临川四梦",而以《牡丹亭》为最。此剧不仅是汤显祖的得意之作,也代表了明代传奇艺术的最高成就,奠定了他在中国戏曲史上与关汉卿、王实甫并驾齐驱的地位。

《牡丹亭》全剧共五十五出,《惊梦》是《牡丹亭》第十出,由【绕池游】和【山坡羊】两套曲子组成,习惯上称为"游园"、"惊梦"两个部分。此处所选为"游园"部分,由六支唱曲加宾白构成。

导读指要

《牡丹亭》故事梗概为:南宋时,南安府太守杜宝年方十六的独生女儿丽娘,才貌端妍,因读《诗经·关雎》牵动情思。一日,在丫鬟春香引领下偷偷游览后花园,大好春光触动情怀,使她发现了自己的青春美丽,引发了青春被误、年华虚度的伤感与幽怨。伤怀回屋后倦卧于床,梦见一位手持柳枝的儒雅书生,便与他在后花园牡丹亭畔幽会成欢。美梦正酣时,被母亲进来惊醒。母亲去后,欲再续美梦而未成,第二天又去花园重寻梦境,酸楚失望而归。自此相思成疾,一病不起,医巫罔效,于是自画形容,并题诗于上,便溘然而逝。临终前要求母亲葬她于花园梅树之下,并嘱丫环春香将其自画像藏于太湖石底以待书生。杜宝在原花园中修建"梅花庵观"以奉女,升任离去。三年后,梦中书生柳梦梅赴京应试,寄居梅花庵观中,拾得杜丽娘自画像,发现画中人就是他梦中佳人。(柳梦梅亦曾做梦与一佳人幽会)杜丽娘魂游后园,与之再度幽会。接着柳梦梅掘墓开棺,杜丽娘起死回生,二人结为夫妻,悄然前往临安。柳梦梅在临安应试后,受杜丽娘之托,往扬州送家信传报还魂喜讯,而杜丽娘塾师陈最良已经向杜宝告发了柳梦梅盗墓之罪,于是杜宝囚禁柳梦梅。恰好朝廷放榜,柳梦梅高中状元,寻到宰相杜宝堂上,见柳梦梅正被吊打。杜宝得知真相,认为事涉妖异,拒不承认女儿婚事。纠纷闹到皇帝面前,经全力廷辨,皇帝感慨于杜、柳旷世奇缘而裁决,二人方得终成眷属。

作品对杜丽娘的刻画是从第七出《闺塾》起始,第十出《惊梦》展开的。幽居深闺的少女由读《诗经·关雎》而触动青春情怀,读到第一章"窈窕淑女,君子好逑","悄然废书而叹曰:'圣人之情,尽见于此矣。今古同怀,岂不然乎?'"她感叹:"关了的雎鸠,尚然有洲渚之兴,可以人而不如鸟乎!"陪读丫鬟春香无意中发现了主仆俩从来不知道的杜府后花园,二人便准备背着老爷、太太去偷偷游览。"游园"部分就从这里正式展开,它是一个动态的抒情过程:【绕池游】一曲丽娘自唱一早醒来,盈耳一片婉转莺啼,便感到满世界都是撩人春光,而自己却只能困居于"小庭深院",难得一舒情怀。春香则从侧面描述了小姐意绪烦乱的情态:沉香已烧尽熄灭,刺绣活没有做完就随意抛在一边,这是由于春光牵动情怀,春情浓似往年。这就表明缭乱的春光不仅唤醒了春梦,也唤醒了春情,使丽娘春心烦乱,春情难遣。此曲揭开了游园的序幕,为整个游园奠定了幽怨、惆怅的伤春情调。到上场诗【乌夜啼】中进一步自我描摹:丽娘一早醒来便带着残妆,久久地凭栏眺望,满心都是一种"剪不断、理还乱"、说不清、道不明的没来由的烦闷。接着的宾白便引出准备游园的话题。【步步娇】一曲表现丽娘梳妆时的情态:对镜理妆,突然发现袅袅的晴丝被春风吹到了寂寞深院,在空中忽忽悠悠,使人觉得整个春天就像根细线一样摇摇荡荡,牵人情怀,摇人心旌。楞了半天,才开始整理头上的首饰,没想到那菱花镜却把她半边容颜偷偷地照去,害得其急忙躲闪,把卷好的发髻也弄偏了。此处惟妙惟肖地刻画出了一位少女天真娇羞的神态和含情脉脉的微妙心理,看到镜子里的自己,都羞答答地赶忙躲闪,是不是从镜中偷窥到了自己内心春情荡漾的秘密?句中不说人偷照镜子,却说镜子"偷人半面",造语极为生动活泼。梳妆结束后,在闺房内走了一圈,心想镜子照了都害羞,怎么好意思把自己的整个身子都抛露到外面去呢?这是丽娘当时一种害羞、犹豫的心情。【醉扶归】一曲,借丫鬟"今日穿插的好"一句的话头,顺势把自己大大夸耀了一番:你只说这大红裙衫显得非常鲜艳,八宝花簪亮晶晶光彩耀眼,你可知丽娘一生爱美这是天性使然!自己的容颜恰好似美丽的春光无人看见,如果冷不防走出去,只怕是会沉鱼落雁,让鸟儿们惊奇地喧叫;闭月羞花,叫花朵儿害愁地发颤。这里主人公发现了自己的美丽,充满了自信。句中"一生儿爱好是天然",这是杜丽娘形象中核心内容的一个方面,是一位被禁锢在深闺密院的少女呼喊出的顺应天性、追求幸福的心声,是对"存天理灭人欲"的理学教条的一种挑战。接下来的过场诗是对游览过程中所见情景的概括性描述:画廊彩绘剥落,池馆遍布苍苔,地上一片泥泞,与这种颓败景象形成鲜明对比的则是满园鲜花怒放、璀璨夺目,这引起了丽娘"不到园林,怎知春色如许"的强烈感慨,感叹这大好春色自己竟无缘见到,由此激起心中巨大波澜,下面唱曲的情调便为之一变。【皂罗袍】是《牡丹亭》中最著名的唱曲。前两句用高度凝练的语言"姹紫嫣红"和"断井颓垣"来描绘百花的娇艳和园林的残破,形成强烈对比,用"却原来"和"似这般"、"都付与"这些衬字突出她无比的惊讶、感叹和惋惜。春光是这样迷人,庭院竟如此荒废——"好花不得其主"的怨叹中寄寓着"美人不得其主"的感伤。接下来二句抒发无限哀怨,三春"良辰"、百花"美景",却是无奈时光;愉悦心情、快乐情事,落在谁家庭院?这是对自己处境、命运的感叹和不满。空有美丽青春,却无愉快幸福,于是发出公开埋怨:"恁般景致,我老爷和奶奶再不提起!"随后四句则飞出眼前实景,进入理想境界,画栋雕梁、珠帘卷雨的楼阁,云霞缭绕、碧瓦耀翠的亭台,和煦春风裹着蒙蒙细雨,浩淼烟波荡漾美丽画船,在这广阔美景中必可追寻到赏心乐事。然而现实却不可能如此,所以最后一句从最高潮跌入谷底,幽居华堂的长辈全然漠视春光,必然将我禁锁于深闺。这支唱曲是杜丽娘的情绪由喜而悲、由叹而怨的转折点,哀怨缠绵,情意深远,素来为人称道,《红楼梦》中的林黛玉也曾为之动情。【好姐姐】一曲中,丽娘借杜鹃、荼蘼来吟唱各色花种都应时而开,赶上了大好春光,而牡丹尽管有花中之王的美誉,可等它开时春天已过,还怎么能占花中第一呢?这是"以花喻人",以寄青春被误的幽怨。随后借着丫鬟"成对儿莺燕啊"的话头,吟唱自己只能空空地、白白地看着"成对儿莺燕"双双快语、婉转歌唱。这是"以鸟衬人",反衬形单影只的孤独。至此,丽娘的游园已由起初的兴奋变为极度的伤怀,所以不愿再游,故引出最后一曲【隔尾】,进一步吟唱失望惆怅之情,以"兴尽回家闲过遣"收束。之后的宾白对游园作了总结,"春色恼人",牵动情怀,让人想起了诸多佳人才子以密约偷期而终结良缘的故事,感叹自己"颜色如花"却"不得早成佳配","诚为虚度青春",表达了对爱情的热切渴望,成为下文梦中幽会的直接引子。

《牡丹亭》是一部优美绝伦的"诗剧",而"游园惊梦"是其中最富诗意的部分,它的唱曲受到历久不衰的赞赏,究其原委,一是极富文采。二是人物心理的刻画曲折入微。三是景物描绘和心理刻画融汇无间,这最典型地体现在"游园"的六支曲子之中。

字句疏解

1.【绕池游】(旦上)梦回莺啭,乱煞年光遍。人立小庭深院。(贴)炷尽沉烟,抛残绣线,恁今春关情似去年:绕池游,曲牌名。后面均相同。旦,"正旦"的简称,南戏系统中的女主角,此扮杜丽娘。梦回,梦醒。啭(zhuàn),宛转发声,很好听地叫。乱煞年光遍,使人眼花缭乱的春光到处都是;乱煞,极为缭乱;年光,即春光。贴,"贴旦"的简称,女配角,此扮杜丽娘的侍女春香。炷,焚烧。沉烟,沉香燃烧的烟,此指沉香。恁今春关情似去年,为什么今年的春情浓似去年呢;恁(rèn),怎么的省文,为什么;关情,牵动情怀。

2.【乌夜啼】(旦)晓来望断梅关,宿妆残。(贴)你侧着宜春髻子,恰凭栏。(旦)翦不断,理还乱,闷无端。(贴)已分付催花莺燕借春看。(旦)春香,可曾叫人扫除花径?(贴)分付了。(旦)取镜台衣服来。(贴取镜台衣服上)"云髻罢梳还对镜,罗衣欲换更添香。"镜台衣服在此:乌夜啼,词牌名,此处以词作上场诗。梅关,今江西大庾岭,宋代起在此设梅关,在杜丽娘所居之南安府以南,此为虚指。宿妆,隔夜的残妆。侧,歪。宜春髻子,饰有宜春彩燕的发髻;古时立春日,妇女剪纸为燕形,上贴"宜春"二字戴之。翦不断,理还乱,李煜词《乌夜啼》中的句子;翦,同"剪"。分付,同"吩咐"。云髻罢梳还对镜,罗衣欲换更添香:唐代薛逢《宫词》中的句子,此作上场诗。

3.【步步娇】(旦)袅晴丝吹来闲庭院,摇漾春如线。停半晌,整花钿。没揣菱花,偷人半面,迤逗的彩云偏。(行介)步香闺怎便把全身现:袅(niǎo),细长柔弱貌。晴丝:游丝,虫类所吐,多春天晴日飘荡于空中。摇漾:摇摆荡漾。花钿:妇女插戴的嵌有金花珠宝的首饰。没揣:不料。菱花:镜子。偷人半面,偷偷地照去了半个脸。迤(tuō)逗:挑逗、招惹、害。彩云:指漂亮的发髻。行介,介是剧本中对动作、表情、效果的舞台提示,行介就是要求演员在舞台上走一圈。

4.(贴)今日穿插的好:穿插,穿戴、打扮。

5.【醉扶归】(旦)你道翠生生出落的裙衫儿茜,艳晶晶花簪八宝填,可知我常一生儿爱好是天然。恰三春好处无人见。不提防沉鱼落雁鸟惊喧,则怕的羞花闭月花愁颤:翠生生,形容色彩鲜艳。出落,显得。茜(qiàn),大红色。艳晶晶:光彩夺目。花簪八宝填,镶嵌有多种珍宝的簪子;填,镶嵌。爱好(hào),爱美。三春好处:喻自己的年轻美貌。天然,天生如此。三春好处,比喻自己的青春美丽。

6.(贴)早茶时了,请行。(行介)你看:"画廊金粉半零星,池馆苍苔一片青。踏草怕泥新绣袜,惜花疼煞小金铃。"(旦)不到园林,怎知春色如许:"惜花"句,《开元天宝遗事》:"天宝初,宁王至春时,于后园中纴红丝为绳,密缀金铃,系于花梢之上。每有鸟鹊翔集,则令园吏掣铃索以惊之。盖惜花之故也。"此句意为因惜花驱鸟而频频扯铃,使小金铃痛得要命。以上四句为过场诗,借以介绍游览花园过程中所见景象。

7.【皂罗袍】原来姹紫嫣红开遍,似这般都付与断井颓垣。良辰美景奈何天,赏心乐事谁家院!恁般景致,我老爷和奶奶再不提起。(合)朝飞暮卷,云霞翠轩;雨丝风片,烟波画船——锦屏人忒看的这韶光贱:姹(chà)紫嫣(yān)红,指各色各样美丽娇艳的鲜花;姹,美丽;嫣,娇艳。奈何天,指无可奈何的时光。谢灵运《拟魏太子邺中集诗序》:"天下良辰、美景、赏心、乐事,四者难并。"谁家:哪一家。恁般,这般。老爷和奶奶,指自己的父母。朝飞暮卷,是王勃《滕王阁诗》"画栋朝飞南浦云,珠帘暮卷西山雨"的省文。锦屏人,幽居深闺、不能领略自然美景的人,暗指自己的父母。忒(tè):太。韶光:即春光。

8.(贴)是花都放了,那牡丹还早:是,凡是、所有的。

9.【好姐姐】(旦)遍青山啼红了杜鹃,荼蘼外烟丝醉软。春香啊,牡丹虽好,他春归怎占的先!(贴)成对儿莺燕啊。(合)闲凝眄,生生燕语明如翦,呖呖莺歌溜的圆:啼红了杜鹃,开满了红色的杜鹃花;此处套用杜鹃啼血的典故。荼蘼(mí),花名,属蔷薇科,花朵白色,此指荼蘼架。烟丝,即游丝。"牡丹"二句,意为牡丹虽美,但它开花太迟,怎能占春花中第一呢?暗喻美好青春被耽误的幽怨和伤感;皮日休咏牡丹诗有"独占人间第一春"之句。闲,空,有"徒然"之意。凝眄(miǎn),注视、凝视。生生,活生生,形容鸣叫声的活泼清脆。明,明快。翦,同"剪"。呖呖,形容莺声清脆流利。溜的圆:叫得婉转圆润。

10.(旦)去罢。(贴)这园子委是观之不足也。(旦)提他怎的:委是,的确是、实在是。观之不足,看不够。

11.【隔尾】观之不足由他缱,便赏遍了十二亭台是枉然。到不如兴尽回家闲过遣:缱(qiǎn),留恋。十二,虚指,即所有。过遣,排遣。

12.(作到介)(贴)"开我西阁门,展我东阁床。瓶插映山紫,炉添沉水香。"小姐,你歇息片时,俺瞧老夫人去也:映山紫,杜鹃花的一种。沉水香,即沉香。此处四句为下场诗,前二句套用《木兰诗》。

13.(旦叹介)"默地游春转,小试宜春面。"春啊!得和你两留连,春去如何遣?

咳！恁般天气，好困人也。春香那里？（作左右瞧介）（又低首沉吟介）天呵，春色恼人，信有之乎！常观诗词乐府，古之女子，因春感情，遇秋成恨，诚不谬矣！宜春面，指新妆。恁般，这般。信，确实。

14.吾今年已二八，未逢折桂之夫；忽慕春情，怎得蟾宫之客？昔日韩夫人得遇于郎，张生偶逢崔氏，曾有《题红记》《崔徽传》二书。此佳人才子，前以密约偷期，后皆得成秦晋：折桂，指科举登第。蟾宫之客，意同"折桂之夫"；蟾宫即月宫，月中有桂。韩夫人得遇于郎，唐传奇有《流红记》，记唐僖宗时，官女韩氏以红叶题诗，从御沟中流出，被于祐拾到，于祐也以红叶题诗，投入沟水上流，寄给韩氏，后二人结为夫妻。张生偶逢崔氏，指张生与崔莺莺的故事。《题红记》，汤显祖友人王骥德曾根据《流红记》作戏《题红记》。《崔徽传》，即《崔徽记》，唐传奇作品，写妓女崔徽同裴敬中的爱情故事。得成秦晋，结成婚姻。

15.（长叹介）吾生于宦族，长在名门。年已及笄，不得早成佳配，诚为虚度青春，光阴如过隙耳。（泪介）可惜妾身颜色如花，岂料命如一叶乎：宦族，官宦家庭。及笄，古代女子满15岁结发，用笄贯之，表示成年，到了结婚年龄。光阴如过隙，比喻光阴迅速，就像骏马越过缝隙一般，典出《庄子》。

思考讨论题

讲述本段作品中人物情感的具体内容及其变化过程。

扩展阅读

1.天下女子有情，宁有如杜丽娘者乎！梦其人即病，病即弥连，至手画形容，传于世而后死。死三年矣，复能溟莫中求得其所梦者而生。如丽娘者，乃可谓之有情人耳。情不知所起，一往而深，生者可以死，死可以生。生而不可与死，死而不可复生者，皆非情之至也。梦中之情，何必非真，天下岂少梦中之人耶？必因荐枕而成亲，待挂冠而为密者，皆形骸之论也。传杜太守事者，仿佛晋武都守李仲文、广州守冯孝将儿女事。予稍为更而演之。至于杜守收考柳生，亦如汉睢阳王收考谈生也。嗟夫！人世之事，非人世所可尽。自非通人，恒以理相格耳。第云理之所必无，安知情之所必有邪！

——[明代]汤显祖《牡丹亭题词》

2.《牡丹亭》之杜丽娘，以一梦感情，生死不谕，亦已动人情致。而又写道院幽媾之凄艳，野店昏昏之潦草，无一不出乎人情之外，却无一不合乎人情之中。吾所谓脱窠臼者，盖欲一新词场之耳目也。即论旧制，元，明以来从无死后还魄之事。《玉箫女两世姻缘》，亦自投胎换身。自汤若士杜丽娘还魂后，顿使排场一新。且于冥间游魂冥誓一节，又添出许多妙文，是还魂一节，若士所独创也。

——[近代]吴 梅《顾曲麈谈》

3.白玉堂前一树梅,今朝忽见数花开。儿家门户重重闭,春色因何入得来。

——［唐代］蒋维翰《春女怨》

4.【山坡羊】没乱里春情难遣,蓦地里怀人幽怨。则为俺生小婵娟,拣名门一例、一例里神仙眷。甚良缘,把青春抛的远! 俺的睡情谁见? 则索因循腼腆。想幽梦谁边? 和春光暗流传。迁延,这衷怀那处言! 淹煎,泼残生,除问天! 身子困乏了,且自隐几而眠。〔睡介〕〔梦生介〕〔生持柳枝上〕"莺逢日暖歌声滑,人遇风情笑口开。一径落花随水入,今朝阮肇到天台。"小生顺路儿跟着杜小姐回来,怎生不见?〔回看介〕呀,小姐,小姐!〔旦作惊起介〕〔相见介〕〔生〕小生那一处不寻访小姐来,却在这里!〔旦作斜视不语介〕〔生〕恰好花园内,折取垂柳半枝。姐姐,你既淹通书史,可作诗以赏此柳枝乎?〔旦作惊喜,欲言又止介〕〔背想〕这生素昧平生,何因到此?〔生笑介〕小姐,咱爱杀你哩!【山桃红】则为你如花美眷,似水流年,是答儿闲寻遍。在幽闺自怜。小姐,和你那答儿讲话去。〔旦作含笑不行〕〔生作牵衣介〕〔旦低问〕那边去?〔生〕转过这芍药栏前,紧靠着湖山石边。〔旦低问〕秀才,去怎的?〔生低答〕和你把领扣松,衣带宽,袖梢儿揾着牙儿苫也,则待你忍耐温存一晌眠。〔旦作羞〕〔生前抱〕〔旦推介〕〔合〕是那处曾相见,相看俨然,早难道这好处相逢无一言?〔生强抱旦下〕〔末扮花神束发冠,红衣插花上〕"催花御史惜花天,检点春工又一年。蘸客伤心红雨下,勾人悬梦彩云边。"吾乃掌管南安府后花园花神是也。因杜知府小姐丽娘,与柳梦梅秀才,后日有姻缘之分。杜小姐游春感伤,致使柳秀才入梦。咱花神专掌惜玉怜香,竟来保护他,要他云雨十分欢幸也。【鲍老催】〔末〕单则是混阳蒸变,看他似虫儿般蠢动把风情扇。一般儿娇凝翠绽魂儿颤。这是景上缘,想内成,因中见。呀,淫邪展污了花台殿。咱待拈片落花儿惊醒他。〔向鬼门丢花介〕他梦酣春透了怎留连? 拈花闪碎的红如片。秀才才到的半梦儿;梦毕之时,好送杜小姐仍归香阁。吾神去也。〔下〕【山桃红】〔生、旦携手上〕〔生〕这一霎天留人便,草藉花眠。小姐可好?〔旦低头介〕〔生〕则把云鬟点,红松翠偏。小姐休忘了啊,见了你紧相偎,慢厮连,恨不得肉儿般团成片也,逗的个日下胭脂雨上鲜。〔旦〕秀才,你可去啊?〔合〕是那处曾相见,相看俨然,早难道这好处相逢无一言?〔生〕姐姐,你身子乏了,将息,将息。〔送旦依前作睡介〕〔轻拍旦介〕姐姐,俺去了。〔作回顾介〕姐姐,你可十分将息,我再来瞧你那。"行来春色三分雨,睡去巫山一片云。"〔下〕〔旦作惊醒,低叫介〕秀才,秀才,你去了也?〔又作痴睡介〕〔老旦上〕"夫婿坐黄堂,娇娃立绣窗。怪他裙衩上,花鸟绣双双。"孩儿,孩儿,你为甚瞌睡在此?〔旦作醒,叫秀才介〕咳也。〔老旦〕孩儿怎的来?〔旦作惊起介〕奶奶到此!〔老旦〕我儿,何不做些针指,或观玩书史,舒展情怀? 因何昼寝于此?〔旦〕孩儿适在花园中闲玩,忽值春暄恼人,故此回房。无可消遣,不觉困倦少息。有失迎接,望母亲恕儿之罪。〔老旦〕孩儿,这后花园中冷静,少去闲行。〔旦〕领母亲严命。〔老旦〕孩儿,学堂看书去。〔旦〕先生不在,且自消停。〔老旦叹介〕女孩儿长成,自有许多情态，且自由他。正是："宛转随儿女，辛勤做老娘。"〔下〕〔旦长叹介〕〔看老旦下介〕咳也，天那！今日杜丽娘有些侥幸也。偶到后花园中，百花开遍，睹景伤情。没兴而回，昼眠香阁。忽见一生，年可弱冠，丰姿俊妍。于园中折得柳丝一枝，笑对奴家说："姐姐既淹通书史，何不将柳枝题赏一篇？"那时待要应他一声，心中自忖，素昧平生，不知名姓，何得轻与交言。正如此想间，只见那生向前说了几句伤心话儿，将奴搂抱去牡丹亭畔，芍药阑边，共成云雨之欢。两情和合，真个是千般爱惜，万种温存。欢毕之时，又送我睡眠，几声"将息"。正待自送那生出门，忽值母亲来到，唤将醒来。我一身冷汗，乃南柯一梦。忙身参礼母亲，又被母亲絮了许多闲话。奴家口虽无言答应，心内思想梦中之事，何曾放怀。行坐不宁，自觉如有所失。娘呵，你教我学堂看书去，知他看那一种书消闷也？〔作掩泪介〕【绵搭絮】雨香云片，才到梦儿边。无奈高堂，唤醒纱窗睡不便。泼新鲜冷汗粘煎，闪的俺心悠步軃，意软鬌偏。不争多费尽神情，坐起谁忺？则待去眠。〔贴上〕"晚妆销粉印，春润费香篝。"小姐，薰了被窝睡罢。【尾声】〔旦〕困春心游赏倦，也不索香薰绣被眠。天呵，有心情那梦儿还去不远。春望逍遥出画堂，张说间梅遮柳不胜芳。罗隐可知刘阮逢人处？许浑回首东风一断肠。韦庄

——［明代］汤显祖《牡丹亭·惊梦》

冯梦龙《警世通言·杜十娘怒沉百宝箱》（节选）

再说李公子同杜十娘行至潞河，舍陆从舟，却好有瓜洲差使船转回之便，讲定船钱，包了舱口。比及下船时，李公子囊中并无分文馀剩。你道杜十娘把二十两银子与公子，如何就没了？公子在院中嫖得衣衫蓝缕，银子到手，未免在解库中取赎几件穿着，又制办了铺盖，剩来只勾轿马之费。

公子正当愁闷，十娘道："郎君勿忧，众姊妹合赠，必有所济。"乃取钥开箱。公子在傍，自觉惭愧，也不敢窥觑箱中虚实。只见十娘在箱里取出一个红绢袋来，掷于桌上道："郎君可开看之。"公子提在手中，觉得沉重。启而观之，皆是白银，计数整五十两。十娘仍将箱子下锁，亦不言箱中更有何物。但对公子道："承众姊妹高情，不惟途路不乏，即他日浮寓吴越间，亦可稍佐吾夫妻山水之费矣。"公子且惊且喜道："若不遇恩卿，我李甲流落他乡，死无葬身之地矣。此情此德，白头不敢忘也！"自此每谈及往事，公子必感激流涕。十娘亦曲意抚慰，一路无话。

不一日，行至瓜洲，大船停泊岸口。公子别雇了民船，安放行李。约明日侵晨，剪江而渡。其时仲冬中旬，月明如水，公子和十娘坐于舟首。公子道："自出都门，困守一舱之中，四顾有人，未得畅语。今日独据一舟，更无避忌。且已离塞北，初近江南，宜开怀畅饮，以舒向来抑郁之气，恩卿以为何如？"十娘道："妾久疏谈笑，亦有此心，郎君言及，足见同志耳。"公子乃携酒具于船首，与十娘铺毡并坐，传杯交盏。饮至半酣，公子执卮对十娘道："恩卿妙音，六院推首。某相遇之初，每闻绝调，辄不

禁神魂之飞动。心事多违,彼此郁郁,鸾鸣凤奏,久矣不闻。今清江明月,深夜无人,肯为我一歌否?"十娘兴亦勃发,遂开喉顿噪,取扇按拍,呜呜咽咽,歌出元人施君美《拜月亭》杂剧上"状元执盖与婵娟"一曲,名《小桃红》。真个:

声飞霄汉云皆驻,响入深泉鱼出游。

却说他舟有一少年,姓孙,名富,字善赉,徽州新安人氏。家资巨万,积祖扬州种盐。年方二十,也是南雍中朋友。生性风流,惯向青楼买笑,红粉追欢,若嘲风弄月,到是个轻薄的头儿。事有偶然,其夜亦泊舟瓜州渡口,独酌无聊。忽听得歌声嘹亮,风吟鸾吹,不足喻其美。起立船头,伫听半晌,方知声出邻舟。正欲相访,音响倏已寂然。乃遣仆者潜窥踪迹,访于舟人。但晓得是李相公雇的船,并不知歌者来历。孙富想道:"此歌者必非良家,怎生得他一见?"展转寻思,通宵不寐。挨至五更,忽闻江风大作。及晓,彤云密布,狂雪飞舞。怎见得,有诗为证:

千山云树灭,万径人踪绝。

扁舟蓑笠翁,独钓寒江雪。

因这风雪阻渡,舟不得开。孙富命艄公移船,泊于李家舟之傍。孙富貂帽狐裘,推窗假作看雪。值十娘梳洗方毕,纤纤玉手,揭起舟傍短帘,自泼盂中残水,粉容微露,却被孙富窥见了,果是国色天香。魂摇心荡,迎眸注目,等候再见一面,杳不可得。沉思久之,乃倚窗高吟高学士《梅花诗》二句道:

雪满山中高士卧,月明林下美人来。

李甲听得邻舟吟诗,舒头出舱,看是何人。只因这一看,正中了孙富之计。孙富吟诗,正要引李公子出头,他好乘机攀话。当下慌忙举手,就问:"老兄尊姓何讳?"李公子叙了姓名乡贯,少不得也问那孙富。孙富也叙过了,又叙了些太学中的闲话,渐渐亲热。孙富便道:"风雪阻舟,乃天遣与尊兄相会,实小弟之幸也。舟次无聊,欲同尊兄上岸,就酒肆中一酌,少领清诲,万望不拒。"公子道:"萍水相逢,何当厚扰?"孙富道:"说那里话!'四海之内,皆兄弟也。'"喝教艄公打跳,童儿张伞,迎接公子过船,就于船头作揖。然后让公子先行,自己随后,各各登跳上涯。行不数步,就有个酒楼。二人上楼,拣一副洁净座头,靠窗而坐。酒保列上酒肴。孙富举杯相劝,二人赏雪饮酒。先说些斯文中套话,渐渐引入花柳之事。二人都是过来之人,志同道合,说得入港,一发成相知了。

孙富屏去左右,低低问道:"昨夜尊舟清歌者何人也?"李甲正要卖弄在行,遂实说道:"此乃北京名姬杜十娘也。"孙富道:"既系曲中姊妹,何以归兄?"公子遂将初遇杜十娘,如何相好,后来如何要嫁,如何借银讨他,始末根由,备细述了一遍。孙富道:"兄携丽人而归,固是快事,但不知尊府中能相容否?"公子道:"贱室不足虑。所虑者,老父性严,尚费踌躇耳!"孙富将机就机,便问道:"既是尊大人未必相容,兄所携丽人,何处安顿?亦曾通知丽人,共作计较否?"公子攒眉而答道:"此事曾与小妾议之。"孙富欣然问道:"尊宠必有妙策。"公子道:"他意欲侨居苏杭,流连山水。

使小弟先回，求亲友宛转于家君之前，俟家君回嗔作喜，然后图归。高明以为何如？"孙富沉吟半晌，故作愀然之色，道："小弟乍会之间，交浅言深，诚恐见怪。"公子道："正赖高明指教，何必谦逊？"孙富道："尊大人位居方面，必严帷薄之嫌，平时既怪兄游非礼之地，今日岂容兄娶不节之人。况且贤亲贵友，谁不迎合尊大人之意者？兄枉去求他，必然相拒。就有个不识时务的进言于尊大人之前，见尊大人意思不允，他就转口了。兄进不能和睦家庭，退无词以回复尊宠。即使留连山水，亦非长久之计。万一资斧困竭，岂不进退两难！"公子自知手中只有五十金，此时费去大半，说到资斧困竭，进退两难，不觉点头道是。孙富又道："小弟还有句心腹之谈，兄肯俯听否？"公子道："承兄过爱，更求尽言。"孙富道："疏不间亲，还是莫说罢。"公子道："但说何妨。"孙富道："自古道'妇人水性无常'，况烟花之辈，少真多假。他既系六院名姝，相识定满天下；或者南边原有旧约，借兄之力，挈带而来，以为他适之地。"公子道："这个恐未必然。"孙富道："既不然，江南子弟，最工轻薄，兄留丽人独居，难保无逾墙钻穴之事；若挈之同归，愈增尊大人之怒。为兄之计，未有善策。况父子天伦，必不可绝。若为妾而触父，因妓而弃家，海内必以兄为浮浪不经之人。异日妻不以为夫，弟不以为兄，同袍不以为友，兄何以立于天地之间？兄今日不可不熟思也！"

公子闻言，茫然自失，移席问计："据高明之见，何以教我？"孙富道："仆有一计，于兄甚便。只恐兄溺枕席之爱，未必能行，使仆空费词说耳！"公子道："兄诚有良策，使弟再睹家园之乐，乃弟之恩人也，又何惮而不言耶？"孙富道："兄飘零岁馀，严亲怀怒，闺阁离心，设身以处兄之地，诚寝食不安之时也。然尊大人所以怒兄者，不过为迷花恋柳，挥金如土，异日必为弃家荡产之人，不堪承继家业耳！兄今日空手而归，正触其怒。兄倘能割衽席之爱，见机而作，仆愿以千金相赠。兄得千金，以报尊大人，只说在京授馆，并不曾浪费分毫，尊大人必然相信。从此家庭和睦，当无间言，须臾之间，转祸为福。兄请三思。仆非贪丽人之色，实为兄效忠于万一也！"

李甲原是没主意的人，本心惧怕老子，被孙富一席话，说透胸中之疑。起身作揖道："闻兄大教，顿开茅塞。但小妾千里相从，义难顿绝，容归与商之。得其心肯，当奉复耳。"孙富道："说话之间，宜放婉曲。彼既忠心为兄，必不忍使兄父子分离，定然玉成兄还乡之事矣。"二人饮了一回酒，风停雪止，天色已晚。孙富教家僮算还了酒钱，与公子携手下船。正是：

逢人且说三分话，未可全抛一片心。

却说杜十娘在舟中，摆设酒果，欲与公子小酌，竟日未回，挑灯以待。公子下船，十娘起迎。见公子颜色匆匆，似有不乐之意，乃满斟热酒劝之。公子摇首不饮，一言不发，竟自上床睡了。十娘心中不悦，乃收拾杯盘，为公子解衣就枕，问道："今日有何见闻，而怀抱郁郁如此？"公子叹息而已，终不启口。问了三四次，公子已睡去了。十娘委决不下，坐于床头而不能寐。到夜半，公子醒来，又叹一口气。十娘道："郎君有何难言之事,频频叹息?"公子拥被而起,欲言不语者几次,扑簌簌掉下泪来。十娘抱持公子于怀间,软言抚慰道："妾与郎君情好,已及二载,千辛万苦,历尽艰难,得有今日。然相从数千里,未曾哀戚;今将渡江,方图百年欢笑,如何反起悲伤? 必有其故。夫妇之间,死生相共,有事尽可商量,万勿讳也。"公子再四被逼不过,只得含泪而言道："仆天涯穷困,蒙恩卿不弃,委曲相从,诚乃莫大之德也。但反覆思之,老父位居方面,拘于礼法,况素性方严,恐添嗔怒,必加黜逐。你我流荡,将何底止? 夫妇之欢难保,父子之伦又绝。日间蒙新安孙友邀饮,为我筹及此事,寸心如割。"十娘大惊道："郎君意将如何?"公子道："仆事内之人,当局而迷。孙友为我画一计颇善,但恐恩卿不从耳!"十娘道："孙友者何人? 计如果善,何不可从?"公子道："孙友名富,新安盐商,少年风流之士也。夜间闻子清歌,因而问及。仆告以来历,并谈及难归之故,渠意欲以千金聘汝。我得千金,可藉口以见吾父母;而恩卿亦得所天。但情不能舍,是以悲泣。"说罢,泪如雨下。

十娘放开两手,冷笑一声道："为郎君画此计者,此人乃大英雄也! 郎君千金之资,既得恢复,而妾归他姓,又不致为行李之累,发乎情,止乎礼,诚两便之策也。那千金在那里?"公子收泪道："未得恩卿之诺,金尚留彼处,未曾过手。"十娘道："明早快快应承了他,不可挫过机会。但千金重事,须得兑足,交付郎君之手,妾始过舟,勿为贾竖子所欺。"

时已四鼓,十娘即起身挑灯梳洗道："今日之妆,乃迎新送旧,非比寻常。"于是脂粉香泽,用意修饰,花钿绣袄,极其华艳,香风拂拂,光采照人。装束方完,天色已晓。孙富差家童到船头候信。十娘微窥公子,欣欣似有喜色,乃催公子快去回话,及早兑足银子。公子亲到孙富船中,回复依允。孙富道："兑银易事,须得丽人妆台为信。"公子又回复了十娘,十娘即指描金文具道："可便抬去。"孙富喜甚,即将白银一千两,送到公子船中。

十娘亲自检看,足色足数,分毫无爽。乃手把船舷,以手招孙富。孙富一见,魂不附体。十娘启朱唇,开皓齿道："方才箱子可暂发来,内有李郎路引一纸,可检还之也。"孙富视十娘已为瓮中之鳖,即命家童送那描金文具,安放船头之上。十娘取钥开锁,内皆抽替小箱。十娘叫公子抽第一层来看,只见翠羽明珰、瑶簪宝珥,充牣于中,约值数百金。十娘遽投之江中。李甲与孙富及两船之人,无不惊诧。又命公子再抽一箱,乃玉箫金管;又抽一箱,尽古玉紫金玩器,约值数千金。十娘尽投之于水。舟中岸上之人,观者如堵。齐声道："可惜,可惜!"正不知什么缘故。最后又抽一箱,箱中复有一匣。开匣视之,夜明之珠,约有盈把。其他祖母绿、猫儿眼,诸般异宝,目所未睹,莫能定其价之多少。众人齐声喝采,喧声如雷。十娘又欲投之于江。李甲不觉大悔,抱持十娘恸哭,那孙富也来劝解。

十娘推开公子在一边,向孙富骂道："我与李郎备尝艰苦,不是容易到此;汝以奸淫之意,巧为谗说,一旦破人姻缘,断人恩爱,乃我之仇人。我死而有知,必当诉之神明,尚妄想枕席之欢乎!"又对李甲道:"妾风尘数年,私有所积,本为终身之计。自遇郎君,山盟海誓,白首不渝。前出都之际,假托众姊妹相赠,箱中韫藏百宝,不下万金。将润色郎君之装,归见父母,或怜妾有心,收佐中馈,得终委托,生死无憾。谁知郎君相信不深,惑于浮议,中道见弃,负妾一片真心。今日当众目之前,开箱出视,使郎君知区区千金,未为难事。妾椟中有玉,恨郎眼内无珠。命之不辰,风尘困瘁,甫得脱离,又遭弃捐。今众人各有耳目,共作证明,妾不负郎君,郎君自负妾耳!"于是众人聚观者,无不流涕,都唾骂李公子负心薄幸。公子又羞又苦,且悔且泣。方欲向十娘谢罪,十娘抱持宝匣,向江心一跳。众人急呼捞救。但见云暗江心,波涛滚滚,杳无踪影。可惜一个如花似玉的名姬,一旦葬于江鱼之腹!

三魂渺渺归水府,七魄悠悠入冥途。

当时旁观之人,皆咬牙切齿,争欲拳殴李甲和那孙富。慌得李、孙二人,手足无措,急叫开船,分途遁去。李甲在舟中,看了千金,转忆十娘,终日愧悔,郁成狂疾,终身不瘥。孙富自那日受惊得病,卧床月馀,终日见杜十娘在傍诟骂,奄奄而逝。人以为江中之报也。

……

后人评论此事,以为孙富谋夺美色,轻掷千金,固非良士;李甲不识杜十娘一片苦心,碌碌蠢才,无足道者。独谓十娘千古女侠,岂不能觅一佳侣,共跨秦楼之凤,乃错认李公子,明珠美玉,投于盲人,以致恩变为仇,万种恩情,化为流水,深可惜也!有诗叹云:

不会风流莫妄谈,单单情字费人参。

若将情字能参透,唤作风流也不惭。

(冯梦龙《警世通言》,人民文学出版社 1981)

作品简介

冯梦龙(1574—1646)字犹龙,号墨憨斋主人、顾曲散人、姑苏词奴等。南直隶苏州府长洲县(今江苏省苏州市)人。出身士大夫家庭,兄梦桂,弟梦熊,三人并称"吴下三冯"。冯梦龙有仕进之心,但屡试不第。崇祯三年(1630)举贡生,曾任丹徒训导、寿宁知县。清兵入关时,进行抗清宣传,后忧愤而死。冯梦龙是明代著名的通俗文学作家,对通俗文学的发展做出了巨大贡献。他非常重视民间文学,做过大量的搜集、辑编和出版工作。他编订的民歌《挂枝儿》、《山歌》影响很广;编订的三部白话短篇小说集《喻世明言》(初名《古今小说》)、《警世通言》、《醒世恒言》,合称"三言",是中国白话短篇小说的经典代表,影响巨大。另外还编有其它大量的文言小说、通俗小说和戏曲作品。一生在小说、戏曲、诗文的创作和辑录方面,成就斐然。

《杜十娘怒沉百宝箱》为冯氏所辑《警世通言》中的名篇,是中国古代文学史上最为杰出的短篇小说之一。据考证,该篇是冯梦龙根据同时代文人宋懋澄的《负情侬传》改编而成的,属于明代的"拟话本"。其内容是写京师名妓杜十娘为了赎身从良、追求真爱而托身于太学生李甲,后来又被李甲出卖,最终抱持百宝箱投江自杀的悲剧故事。此作在古代白话短篇小说中成就至高,影响深远,流传颇广,远及日欧,曾多次被改编成戏曲、电影等。有论者评曰:"即使列入世界优秀短篇小说之林,也决无逊色。"因原文太长,此处仅节录后半部分,并略有删节。

导读指要

《杜十娘怒沉百宝箱》的故事情节可归纳为:1、情好——纳粟入监,李杜相遇,两厢情好;2、从良——智定盟约,李甲借贷,十娘赠金,柳生筹款,十娘离院,别众启程;3、投江——途中开箱,夫妇夜宴,孙富邀饮,孙李交易,十娘应售,沉箱投江;4、尾声——孙李遭报,十娘酬柳;5、论赞。理解《杜十娘怒沉百宝箱》这篇小说,重点是理解杜十娘这一人物形象。杜十娘形象的性格特征可以用"情"、"智"、"烈"三个字加以概括。

所谓"情",就是对真挚爱情执着而全力的追求。这首先直接、明显地表现在对李甲的痴情相爱上。杜十娘对爱情的追求不仅是为了"从良",也不单纯表现为同李甲的爱。杜十娘性格中的"情"有着更厚重、更深刻的内容,她的自杀不是无路可走,而是一种主动选择。这足以说明,杜十娘所追求的不仅是要从良,不仅是得到一个具体的爱人,而是基于上述而又远高于上述的一个目标——至情。追求至情才是杜十娘性格中"情"这一层面的最核心、最重要、最深刻的内容。在这里,"至情"是远超于通常情爱的一种理念,一种理想境界。徐朔方先生曾在他校注的《牡丹亭》前言中说杜丽娘"并不是死于爱情的被摧残,而是死于对爱情的徒然的渴望"。套用他的话,可以说杜十娘并不是死于具体的爱人的丧失,而是死于至情理想的被摧残。杜十娘和《牡丹亭》中的杜丽娘一样,都是"至情"的化身,一个为情而可生可死,可死而可复生,一个为至情理想的破灭而毅然赴死。从这一点看,沉箱投江的举动正是杜十娘"情"的性格特征最集中、最突出、最强烈的表现,它是杜十娘全力追求至情而失败、而幻灭后的必然选择,它以极致化的方式显豁地表明,杜十娘才是真正的痴于情者——情非至,莫若死!可以说,十娘是一个理想主义者,当她发现自己倾力琢磨的美玉已经残破、断裂时,便不再苟求,不再修补,宁为玉碎,不为瓦全,以自己的生命为之殉葬,她才是为至情而生,为至情而死,以至情为生命依托的真风流。冯梦龙是晚明思想、文学主情浪潮的一名杰出代表,他同汤显祖一样,把"情"这一带有浓厚哲学色彩的理念置于文学创作的首位,以与程朱理学的"理"相对抗,歌颂出自天性的真情,鞭挞戕害真情的"天理"和一切世俗观念,只要是出自真情、至情,一切与之相悖的"理"、"俗"便都在他的扫荡之列。因此我们应该回归到作品的"至情"主题,摈弃那些隔靴搔痒的无稽之谈。杜十娘性格中的

"情"是深刻的、动人心魄、感人肺腑的,而不是肤浅的、平庸的,其最重要的原因在于,她对爱情的追求,是同她对自己命运的把控,对独立人格和人的尊严与价值的追求紧密结合在一起的,并且是深深植根于后者,以后者为基础的。因此,它有很大的社会内容的凝聚力,具有感人至深的力量,这也就远远超出了那些单纯局限于一男一女身上的"情"。

在小说中,杜十娘是一个遇事胸有主张,凡事深思熟虑,处事精明强干,做事深谋远虑的智慧型女子。机智老练、精明干练、冷静智慧这几方面的内容构成了杜十娘"智"的性格特征。

"烈"。这是杜十娘性格中最光辉、最撼人心魄、最感人至深的方面。当她获知被背叛被出卖之时,也正是其极度悲哀伤情之时,是理想、追求、命运被毁灭而绝望之时,但面对李甲时而"扑簌簌掉下泪来",时而"含泪而言",时而"泪如雨下"的表现,十娘却没有丝毫失态,没有一滴眼泪,表现出出人意表的冷静,只以冷笑冷语斥责李甲:"为郎君画此计者,此人乃大英雄也。郎君千金之资,既得恢复,而妾归他姓,又不致为行李之累,发乎情,止乎礼,诚两便之策也。"第二天一早,是她作为玩物被出卖,自己决心赴死的时刻,然而十娘并无丝毫哀愁悲戚之容,却刻意严妆,说"今日之妆,乃迎新送旧,非比寻常",把自己打扮得"光彩照人"。尽管被人视为贱类而任意买卖,但她却毫不低头,不以蓬头垢面来损坏自己的形象,而以光彩照人来宣示要强和尊严。以上表现,充分显示了杜十娘超人的冷静和刚强。即使是在最终的时刻,她也没有一丝失态,没有怨天尤人的呼号,没有声泪俱下的哭诉,却以超凡的镇静打开百宝箱,叫李甲一箱一箱地依次打开观看,然后又一一投之江中。当开到最后一箱,李甲"抱持十娘恸哭","那孙富也来劝解"之时,杜十娘仍毫不动摇,痛骂孙富"破人姻缘,断人恩爱"的无耻,痛斥李甲"眼内无珠"、负心捐弃的绝情,倾吐了对他们的极度仇恨、轻蔑,最终抱箱投江而亡,以此显示她不甘受辱的坚强人格。投江一笔,是全篇的点睛之墨,它使杜十娘的性格由痴情升华为至情,由刚强升华为刚烈,由突出的文学形象升华为文学典型。投江一举,极为强烈地凸显了杜十娘刚烈不屈的性格特征,她的死,死得慷慨悲壮,死得惊天动地,完全是一个英雄之死。按照常人的标准,十娘并不是非死不可,但却毫不犹豫地选择了死,这说明她并非常人。她虽是一位风尘下贱的妓女,但却有着对人间真情的热切渴望,有着对正常命运的执着追求,有着对人格尊严、人生价值的强烈意识。十娘的这些标准是远远超越常人的,当至情真爱遭到毁灭时,她便毫不委曲求全,一丝不甘受辱,以刚烈的死来维护自我的尊严和人格。十娘的刚烈之死,也是复仇之死,她以自己美丽生命的自我毁灭,向葬送自己爱情、幸福的毁灭者进行了悲壮的复仇,让他们人财两空,让他们身败名裂,让他们不得好死。这些就是杜十娘性格的超常之处,她是一位非同寻常的刚烈女子,柳遇春说她是"女中豪杰",作者说她是"千古女侠"。在中国文学中,刚烈和复仇是侠客的两大特质,杜十娘确实具备这样的特质,所以应该说她是一位生而追求爱情,死而快意恩仇的千古情侠。

字句疏解

1. 李公子同杜十娘行至潞河,舍陆从舟,却好有瓜洲差使船转回之便:潞河,一称"白河",为北运河的上游。瓜洲,镇名,在今江苏扬州市邗(hán)江区。差使船,给官府临时当差的船。

2. 未免在解库中取赎几件穿着:解库,典当铺。

3. 恩卿妙音,六院推首。某相遇之初,每闻绝调:六院,妓院的代称。绝调,绝妙的曲调。

4. 歌出元人施君美《拜月亭》杂剧上"状元执盏与婵娟"一曲,名《小桃红》:《拜月亭》杂剧,传为元代施惠(字君美)所作,《小桃红》是其中曲名,"状元执盏与婵娟"是该曲大意。

5. 种盐:制盐,因盐出自盐田,故称种盐。

6. 千山云树灭,万径人踪绝。扁舟蓑笠翁,独钓寒江雪:此为柳宗元《江雪》诗,但文字作了改动。

7. 高学士:指明初诗人高启,字季迪,号青丘子。

8. 打跳:把跳板铺起来;跳,船上的跳板。

9. 说得入港:指言语投合。

10. 尊大人位居方面,必严帷薄之嫌:位居方面,古时封疆大臣独当一面,称为方面官,李甲之父官居布政使,是一省最高长官,故称位居方面。必严帷薄之嫌,必定严肃地维持男女之间的礼防。帷,帐幔;薄,帘子;均为障隔内外之具。

11. 资斧:盘缠,旅费。

12. 逾墙钻穴之事:指偷情、幽会之事。《孟子·滕文公下》:"不待父母之命,媒妁之言,钻穴隙相窥,逾墙相从,则父母国人皆贱之。"

13. 13. 同袍不以为友:《诗经·秦风·无衣》:"岂曰无衣?与子同袍。"后世军人以同袍相称,此泛指朋友。

14. 枕席之爱:指夫妻之爱。

15. 间(jiàn)言:嫌隙之言。

16. 所天:丈夫。古时女子以丈夫为天。

17. 贾(gǔ)竖子:旧时对商人的贱称,犹市侩。

18. 路引:出行时所领的执照,此指国子监发给的回籍证。

19. 抽替:即抽屉。

20. 充牣:充满。

21. 祖母绿、猫儿眼:两种名贵的宝石。

22. 风尘:指妓女屈辱艰难的生活。

23.佐中馈:指做妾。进食于尊长叫馈,女子在家料理饮食之事,故称之为主中馈,引申为妻子的代称。佐中馈就是指辅佐妻子。

24.浮议:没有根据的议论。

25.妾椟(dú)中有玉,恨郎眼内无珠。命之不辰,风尘困瘁:椟中有玉,匣子里藏有珍宝美玉。命之不辰,犹言命不好;不辰,生不逢时。困瘁,困顿劳苦。

思考讨论题

说说你对杜十娘人物形象的理解。

扩展阅读

1.借男女之真情,发名教之伪药。

——[明代]冯梦龙《叙山歌》

2.大抵唐人选言,入于文心;宋人通俗,谐于里耳。天下之文心少而里耳多,则小说之资于选言者少,而资于通俗者多。试令说话人当场描写,可喜可愕,可悲可涕,可歌可舞;再欲捉刀,再欲下拜,再欲决脰,再欲捐金。怯者勇,淫者贞,薄者敦,顽钝者汗下。虽小诵《孝经》《论语》,其感人未必如是之捷且深也。噫!不通俗而能之乎?

——[明代]冯梦龙《古今小说序》

3.有所思,乃在大海南。何用问遗君,双珠玳瑁簪,用玉绍缭之。闻君有他心,拉杂摧烧之。摧烧之,当风扬其灰。从今以往,勿复相思。相思与君绝。鸡鸣狗吠,兄嫂当知之。妃呼豨,秋风肃肃晨风飔,东方须臾高知之。

——《乐府诗集·鼓吹曲辞·有所思》

顾炎武《精卫》

万事有不平,尔何空自苦;长将一寸身,衔木到终古?
我愿平东海,身沉心不改;大海无平期,我心无绝时。
呜呼!君不见西山衔木众鸟多,鹊来燕去自成窠。

(《顾亭林诗文集》卷四,中华书局,1983)

作品简介

顾炎武(1613—1682年),苏州府昆山(今江苏省昆山市)人。十四岁即参加复社反对宦官擅权的斗争。清兵南下后,在苏州、昆山、嘉定一带参与抗清战争,失败后,一直从事秘密抗清活动。顺治十三年(1656)只身北上,往来于山东、河北、山西、陕西一带,考察山川地理形势,联络各地遗民,力图恢复。一生律己很严,操行卓越,身处逆境而终无颓唐,显示了坚贞不屈的精神节操。顾炎武是明末清初著名的思想家、史学家、语言学家,被誉为清学"开山始祖",与黄宗羲、王夫之并称为明末清初"三大儒"。自幼注重实学,凡天文、地理、水土、兵、农、历代典章等无不熟究。终生强调"经世致用"、注重实践的学术思想,学识广博,著作宏富,开创了清代朴学风气。重要著作有《日知录》、《天下郡国利病书》、《肇域志》、《音学五书》、《亭林诗文集》等。

作为杰出的文学家,顾炎武在清初爱国诗人中成就是最高的。其诗歌创作的现实性、政治性十分强烈,带有明显的诗史色彩,格调苍凉沉郁、刚健古朴,接近杜甫。《精卫》一诗约作于顺治四年(1647),当时在福建建国的唐王已经被害,在绍兴监国的鲁王也已逃往海上,南明政权抗清复国的大势已去,但顾炎武仍不灰心,诗中借古代精卫填海的神话,以表达抗清到底的决心。

导读指要

《精卫》是一首非常平实质朴的诗,其最明显的特点就是对话加感叹的结构方式。前四句作者托言向精卫发问:世间总有不平之事,虽然遗憾却也无奈,你何必如此想不开,徒然地自讨苦吃呢? 一直坚持以自己那寸把长的身躯,永无止境地去衔木填海,这怎么可能成功呢? 这一层立意于劝告,强调一个"空"字,显出所为的希望渺茫,徒劳无功;同时强调精卫"一寸身"之小,以同沧海之大形成对比,从而显示事情的绝无可能。这种劝告从常理出发,说得入情入理,看似平直,却是一种巧妙的铺垫,成为下文的一个极好反衬。中间四句是精卫的回答:我的愿望就是填平东海,尽管我的身子已沉溺于大海,但我的心却不可改变;不到大海被填平的日子,我的心愿就没有断绝的时候! 诗人在这里强调的是一个"心",也就是一种精神。"心不改"、"无绝时"是一种至死不渝、死而不泯的顽强而坚定的意志,精卫并不因为大海难以填平而改变自己的意志。上文的劝说尽管入情入理,但它是常人、常情、常理,而精卫的思维却并不循此常道而行,它是从自己最大的心愿出发的,这样,上文的常理就更加反衬了精卫的"超常",诗人正是借精卫的这种超常回答表达了自己抗清到底的坚定信念。诗是表情的,不能用理来作为衡量标准,这种"不合理"的想法,正好强烈地突出了人物的情感。最后两句是诗人对以上问答所发的感慨。君不见在西山衔木的鸟儿非常众多,但那些飞来飞去的鹊、燕们忙忙碌碌地衔木又是为了什么呢? 都不过是为了给自己做一个舒适的鸟窝。这里尽管没有连及精卫,但实际是拿鹊燕的凡俗同精卫的超凡构成一种鲜明对比,再次以反衬的方式凸显精卫的胸怀大志和坚定不移,而鹊燕自然是暗喻那些贪图富贵、甘心事清和放弃斗争、只求安乐的人。全诗就是通过与精卫的问答以及所引发的感慨,来抒发对精卫的超凡精神的敬仰赞佩之情,借以表达自己对一种目标(抗清到底)、一种精神(至死不渝、死而不泯)的追求。诗作感情深沉,风格沉郁;语言质朴平实,似乎没有什么技巧,但结构却非常精巧,是"拙中藏巧",而问答方式和双层反衬则是最主要的巧之所在。

对"精卫填海"的故事,现代神话学研究有各种光怪陆离的阐释,但在中国传统文化中,精卫主要被理解为"执着"、"坚强"、"悲壮"、"矢志不渝"的精神象征。同时还把它视为复仇者的形象,女娃溺海而亡,便与大海结下了不解之深仇,化身为鸟,进行永不止息的填海复仇事业。精卫是渺小的,而东海是阔大的,这无疑是一种无望的复仇,但却是一种充满血性的复仇。据笔者粗略统计,自陶渊明《读山海经》将精卫故事采之入诗以至于明末,以"精卫"为题或为核心内容的诗作共有二十余首,总括其大旨,约略有三:一是赞扬精卫百折不摧的意志,此为多数。如陶渊明《读山海经》:"同物既无虑,化去不复悔。"最突出的是韩愈《学诸进士作精卫衔石填海》:"人皆讥造次,我独赏专精。岂计休无日,惟应尽此生。"还有元郭翼《精卫辞》:"精卫衔木石,之死心不移。蓬莱几清浅,会有扬尘时。眼中恨与海水平,鸟飞不惜翅羽垂。"元许恕《精卫词》:"心不转,海可竭。"明末朱鹤龄《精卫词》:"精诚自能开浩劫,仡仡力与天吴争。"二是感叹精卫的愿望不可能实现。如陶渊明:"徒设在昔心,良晨讵可待?"唐岑参《精卫》:"怨积徒有志,力微竟不成。西山木石尽,巨壑何时平?"唐王建《精卫词》:"高山未尽海未平,愿我身死子还生。"三是认为精卫之举并不明智,等待造物主沧海桑田的变化,自可实现让海水干涸的目的,这尤以宋人居多。如王安石《精卫》:"情知木石无云补,待见桑田几变更。"胡仲弓《精卫》:"衔石填海抑何愚,岂在朝朝与暮暮?精卫精卫汝不知,沧海终有陵谷时。"黎廷瑞《精卫行》:"劳形区区雏浩渺,志虽可尚难乎酬……精卫精卫,我亦劝汝归,沧海自有变作桑田时。"还有明胡奎《精卫操》:"嗟哉精卫尔勿伤,昨日麻姑过东海,蓬莱弱水又生桑。"与这些"精卫诗"相比,可以看出顾炎武此作的主旨当属第一类,其对精卫的赞扬是最高级别的,艺术表现也是最优秀的。

字句疏解

1. 精卫:《山海经·北山经》:"又北二百里,曰发鸠之山,其上多柘木。有鸟焉,其状如乌,文首、白喙、赤足,名曰精卫,其鸣自詨。是炎帝之少女,名曰女娃。女娃游于东海,溺而不返,故为精卫。常衔西山之木石,以堙于东海。"

2. 万事有不平,尔何空自苦;长将一寸身,衔木到终古:尔,指精卫。自苦,自己受苦、自讨苦吃。终古,永远;朱熹《楚辞集注》:"终古者,古之所终,谓来日之无穷也。"

3. 我愿平东海,身沉心不改;大海无平期,我心无绝时:平,填平。绝,断绝。

4. 呜呼!君不见西山衔木众鸟多,鹊来燕去自成窠:鹊、燕,比喻胸无大志,只关心个人利害的人。窠,巢穴。

思考讨论题

分析这首诗所表达的情感和精神。

扩展阅读

1. 精卫衔微木，将以填沧海。刑天舞干戚，猛志故常在。同物既无虑，化去不复悔。徒设在昔心，良晨讵可待？

——[东晋]陶渊明《读山海经》

2. 负剑出北门，乘桴适东溟。一鸟海上飞，云是帝女灵。玉颜溺水死，精卫空为名。怨积徒有志，力微竟不成。西山木石尽，巨壑何时平？

——[唐代]岑 参《精卫》

3. 鸟有偿冤者，终年抱寸诚。口衔山石细，心望海波平。渺渺功难见，区区命已轻。人皆讥造次，我独赏专精。岂计休无日，惟应尽此生。何惭刺客传，不着报雠名。

——[唐代]韩 愈《学诸进士作精卫衔石填海》

4. 精卫谁教尔填海？海边石子青磊磊。但得海水作枯池，海中鱼龙何所为？口穿岂为空衔石，山中草木无全枝。朝在树头暮海里，飞多羽折时堕水。高山未尽海未平，愿我身死子还生。

——[唐代]王 建《精卫词》

5. 帝子衔冤久未平，区区微意欲何成？情知木石无云补，待见桑田几变更。

——[宋代]王安石《精卫》

6. 微禽负大耻，劲气横紫冥。口衔海山石，意欲无沧溟。沧溟茫茫云正黑，涛山峨峨护龙国。假令借尔秦皇鞭，驱令石头填不得。布囊盛土塞江流，孙郎览表笑不休。劳形区区雏浩渺，志虽可尚难乎酬。蓬莱有人怜尔苦，劝尔休休早归去。精卫精卫我亦劝汝归，沧海自有变作桑田时。

——[宋代]黎廷瑞《精卫行》

朱彝尊《桂殿秋》

思往事，渡江干，青娥低映越山看。
共眠一舸听秋雨，小簟轻衾各自寒。

作品简介

朱彝尊(1629—1709)，字锡鬯，号竹垞，又号金风亭长。他博通经史，诗词并长，是《词综》的编纂者，又为清初三大词派之一的浙西派的代表。谭献说："锡鬯情深，其年笔重，固后人所难到"。《桂殿秋》是朱彝尊的代表作。况周颐的《蕙风词话》将其列为当朝第一。

导读指要

孤独可以说是人类的一种原始恐惧,可孤独又是人与生俱来的一个命运。人生来就存在于无数他人中间,可人生来又注定只能是他自己,这就意味着孤独。其实,孤独也是人的一种生命意识,就是尖锐地意识到自己作为一个个体的存在,意识到任何人也替代不了自己。孤独的时候人才会走向自己的内心,由此在孤独中获取力量,获取一种更深的生命指引。和直面死亡一样,甘守孤独大概也应该是人生的一项基本修炼吧。

朱彝尊的《桂殿秋》,寥寥四言,27 个字,勾画了一个凄婉场景,讲述了一段动人故事,抒发了一腔不舍痴情,揭示了一种无奈人生。朱彝尊与其妻妹冯寿常相恋,曾以一首排律《风怀二百韵》记叙他们的爱情故事。诗歌结集时,别人劝他删去此诗,他表示,宁作名教罪人,也决不删此诗。他还以冯寿常的字"静志"作为自己诗话和词集之名。一部《静志居琴趣》,多是以静志为对象的情词。冒广生云:"其实《静志居琴趣》一卷,皆《风怀》注脚也"。《桂殿秋》则是其中最出色的一首。

"思往事",是时间;"渡江干",是地点。"青娥低映越山看",象一幅特写,把那种神往之情,痴迷之情,不舍之情刻画得惟妙惟肖,同时,也隐约显露了他们那特殊的恋情和特定的处境。这是全词情绪的高峰。"共眠一舸听秋雨,小簟轻衾各自寒",既有现实的白描,又有心理感受的流泻。寒意来自秋风秋雨,来自"小簟轻衾",更来自人的内心。热恋情怀溶进了对人生的咀嚼和况味,情绪也由浓烈转入清冷。全词有情有境,更是有意有旨。

《桂殿秋》的内涵远不止于一段刻骨铭心的恋情,它在更广更深的层面上,揭示了人生际遇中的某种现实:尽管人们置身于相同或相近的境遇,面对着同样的秋风秋雨,却往往无法援手,无以为助;尽管相互间心存系念,心存爱意,甚至"共眠一舸",但从根本上讲,或者说在人生的根本问题上,每个人都只能孤立地面对自己的世界、自己的现实、自己的命运,只能是"小簟轻衾各自寒",谁也帮不了谁。

悲哀还远不止于此。人们脚踏同一个地球,头顶同一片蓝天,经历同样的生老病死,面对同样的一抔黄土,却往往不仅无法援手,甚至也无法做到真正的理解和沟通。人不可能孤立地生存。作为社会动物,相互间的交往、沟通和爱是人的本能需求。正因如此,上帝才把博爱作为自己高扬的旗帜。然而,每一个人又是一个独立的世界,他们可以相互接近、相互吸引,可以有宽容、理解、友情、亲情、爱情,但是,任何两个属人的世界都不可能真正地融为一体,任何两个独立的心灵都不可能达到完全的和谐、理解和沟通。如梭罗所说:"两条腿无论怎样努力也不可能使两颗心灵更加接近"。所以,就连李白那样的达人,也只能独自陶醉于"举杯邀明月,对影成三人";而金风亭长虽有宁作名教罪人的痴情与果绝,却也难免"小簟轻衾各自寒"的寂寞和悲哀。

看来,如同人以五尺之躯的有形个体却要追求无限,以不满百年的短暂生命却要追求永恒,以令上帝发笑的认识能力(西人有言:人一思考,上帝就发笑)却要穷究真理,以区区天地过客却要寻求生命的终极意义一样,对心灵沟通的执著也是人生中的又一个二律背反。然而,知其不可为而为乃人之本性。尽管绝对真理只是人的理性的虚拟性预设,人们却要通过相对真理的积累和修正,不屈不挠地向着绝对真理逼近;尽管终极意义只是人的意志的虚拟性预设,人们却决不肯停止对人生终极意义的不懈扣问;尽管心心相印只是人的情感的一厢情愿的虚拟性预设,人们也决不会放弃对理解、沟通和对爱的向往与追求。金风亭长虽无以突破"小簟轻衾各自寒"的人生困境,却始终不改"宁作名教罪人"的一往深情。从某种意义上讲,这种无助的挣扎,无望的追求,也正是人之为人的标示;人们只有在追求的过程之中,才能找到自己安身立命的根本。

李符说朱彝尊的词是"托旨遥深"。叶嘉莹先生在一篇词论中特别提到《桂殿秋》,并说:"一些优秀的好词,它内涵的丰富潜能可以使读者把那种个人世界感情的本质推广到世间人类的共同感情,使之产生某种更深远的哲理性的感发和联想。从而做出更为深广和更为超妙的诠释,而这也正是小词所独具的一种美感特质"。尽管前述的理解并不一定出自作者创作时的自觉,但这种理解无疑又是包含在文本及"人本"之内的潜在意蕴。文学作品的最后完成,在于在读者心中引起的感发和呼应。文学史上一句"说不尽的莎士比亚"道尽了莎翁无可争议的地位和贡献。潜在意蕴的丰富与深刻,也正显示了《桂殿秋》的独特价值。

字句疏解

1.桂殿秋:词牌名,取自唐李德裕送神迎神曲的"桂殿夜凉吹玉笙"句。单调,二十七字,平韵。

2.干,即岸,江边。

3.青娥:形容女子眉黛。越山:嘉兴地处吴越之交,故云。

4.舸:小船。

5.簟:竹席。衾:被子,轻衾即薄被。

扩展阅读

孤屿题诗处,中川激乱流。相看风色暮,未可缆轻舟。

——[清代]朱彝尊《孤屿》

夏完淳《别云间》

三年羁旅客,今日又南冠。

无限河山泪，谁言天地宽！

已知泉路近，欲别故乡难。

毅魄归来日，灵旗空际看。

（《夏完淳集笺校》上海古籍出版社，1991）

作品简介

夏完淳（1631—1647）字存古，松江府华亭县（今上海市松江区）人。天资聪颖早慧。父夏允彝、师陈子龙均为明末名士，曾共同组织"几社"，与张溥的"复社"相呼应，俱为东林党后劲。明亡后，夏完淳（时年15）随父、师起兵抗清。失败后仍继续从事抗清活动，后被清廷逮捕，拒绝洪承畴的劝降，慷慨就义，年仅17岁。临刑时立而不跪，神色不变。

夏完淳不仅是位少年英雄，还是一位成就卓著的文学家，存有诗词文赋超过四百篇。他的诗、赋、文，包括其政论文，都受到过不少名家的赞赏。郭沫若写夏完淳抗清的历史剧，就是以他被捕到殉节期间所作诗集《南冠草》命名的。《别云间》是作者遭清廷逮捕，在临别松江时所作的一首诀别诗，是其诗歌代表作之一。

导读指要

夏完淳只是一名少年，但他的这首《别云间》却写得非常成熟与老道。如果与同是少年名作的白居易的《赋得古原草送别》对比，这首诗有两个明显的特点：其一，篇幅很短但容量很大，一首五律区区四十字中，却凝聚了非常丰富厚重的社会内容，而且充满了慷慨悲凉的沧桑感；其二，四联八句的体制腾挪空间很小，却句句移步换形，写得起伏跌宕。

这首诗起篇平缓，首联以带有叙事意味的诗句概括并感叹自己的经历和命运，笔势自控而情感内敛，用看似平淡的句子包裹波澜激荡的内容。"三年羁旅客"，字面上只是说三年间漂泊在外、寄居异乡，但这并不是学子的游学、官吏的游宦，更不是广其见闻的漫游天下，其中包含着屡次起兵、屡次失败的艰苦卓绝的不屈抗争和惊心动魄的惨痛经历，包含着父、师先后殉节死难的惨烈悲剧。在这种剧烈变动时期，一个人三年时间所经历的社会生活内容，其浓度、强度、深度完全可能超过平常时期三十年甚至一生的经历，这一句诗中就凝聚了这种超强的社会生活内容。"今日又南冠"，语言看似淡然，只是慨叹自己又沦为楚囚的命运，仿佛早在预料之中，但其实背后包含着多少愤懑和不甘。他在策应满清苏松提督吴胜兆反正之举失败后，决定渡海加入明鲁王的军队，因而潜回云间，欲拜别母亲后即成行，不料却被清廷侦知逮捕，失之毫厘的遗憾和壮志未酬的不甘被硬硬压进"今日又南冠"这样一句平淡的诗句中。

颔联则一改首联的收敛，让压抑的情感喷涌而出。"无限河山泪，谁言天地宽!"面对国破家亡、山河破碎的时局,面对壮志未酬、身陷敌手的绝境,少年诗人心中无比的沉痛和悲愤化作倾天之泪倾泻而下。这泪非关功名利禄,非关恩怨情仇;这泪是河山崩坏之泪,是滔滔无尽之泪。此时此境,谁还能说天宽地阔?此天此地,何能再觅恢复之途?这一联情感激荡,笔势放纵,是一环悲愤的上扬。

颈联则再次下沉,成一低徊之势。"已知泉路近,欲别故乡难。"思绪从既往、从河山回到眼下、回到自身,万念萦回,百感交集。诗人清楚地知道,这次落入敌手,再无脱逃的可能。其实是生是死,全在一念之间,明朝旧官变身为清朝贰臣,高官得做、厚禄得享者比比皆是,谁说只有死路一条?"已知泉路近",只因不回头;若是肯回头,死生分两途。因此,"泉路"是少年诗人的自主选择,自小形成的节操观,父、师主动殉节的榜样,使他自被捕之始便抱定了必死的决心,故言"已知泉路近"。然而死别易而生离难,这次一别故乡,便成永诀。国破之恨、父死之仇,固然可以以一死酬之,但对母亲:"不得以身报母……菽水之养无一日焉。致慈君托迹于空门,生母寄生于别姓。一门漂泊,生不得相依,死不得相问……不孝之罪,上通于天……哀哀八口,何以为生?"(《狱中上母书》)对妻子:"上有双慈,下有一女,则上养下育,托之谁乎……茕茕一人,生理尽矣……吾累汝,吾误汝!复何言哉!"(《遗夫人书》)如此牵腹萦怀、依恋难舍之情,何以割断?故言"欲别故乡难"。这一联低徊往复,缠绵难断,语仅十字,内包千言,是全诗情感的低谷。

尾联则由低谷迅疾转头,昂然上扬,直冲霄汉,形成全诗的情感高潮。"毅魄归来日,灵旗空际看!"同样可以以一首诗来阐释此联的蕴含:"故乡难别终须别,生不可归死必归。异日化作鬼雄来,故乡空中看战旗。"诗人化用屈原《九歌·国殇》"身既死兮神以灵,魂魄毅兮为鬼雄"的典故,坚信抗清的战旗必将继续高扬,坚信恢复的大业必将有成,借以发出"二十年后,淳且与先文忠为北塞之举矣"(《狱中上母书》),化为厉鬼亦将战斗不息的誓言。从立意来看,陈毅元帅《梅岭三章》的"此去泉台招旧部,旌旗十万斩阎罗",与此联颇有相通之处。这一联写得激昂慷慨、悲壮豪迈,是全诗的灵魂所在。从历史发展的角度看,诗人的豪情当然只是一厢情愿,但这种豪迈浪漫的理想信念,这种百折不回、至死不渝、死而不泯的坚毅精神,却是万世永存的精神瑰宝。

这首诗传达的是中国古代社会传统知识分子忠孝节义的文化性格,作为一种社会文化形态,它已经成为过去,作为其中某些道德的具体内容,它可能已经过时,但蕴含于其中的那股感天动地的正气,那种坚定不移的人格,那种百折不摧的节操,应该成为中华民族精神财富的重要内容,永远继承并发扬下去。

字句疏解

1. 云间:上海市松江区,古称云间,是作者的家乡。1647 年(永历元年/顺治四年)他在这里被逮捕。

2.三年羁旅客,今日又南冠:三年,指作者自参加抗清活动到此时,远离家乡已有三个年头(1645——1647)。羁(jī)旅,旅居他乡。南冠,俘虏的代称,此作者自指。《左传·成公九年》:"晋侯观于军府,见钟仪,问之曰:'南冠而絷(zhí)者谁也?'有司对曰:'郑人所献楚囚也。'"杜预注:"南冠,楚冠也。"

3.已知泉路近,欲别故乡难:泉路,黄泉路,死路。

4.无限河山泪,谁言天地宽:唐孟郊《赠别崔纯亮》:"出门即有碍,谁谓天地宽?"意谓天地之大竟无容身之处。

5.毅魄归来日,灵旗空际看:毅魄,坚强不屈的魂魄。屈原《九歌·国殇》:"身既死兮神以灵,魂魄毅兮为鬼雄。"灵旗,战旗,这里指后继者的队伍。

思考讨论题

这首诗表达了诗人什么样的情感和精神?请试加分析。

扩展阅读

1.复楚情何极,亡秦气未平。雄风清角劲,落日大旗明。缟素酬家国,戈船决死生!胡笳千古恨,一片月临城。

——夏完淳《即事》

2.呜呼!家仇未报,匡功未成。赍志重泉,流恨千古。今生已矣,来世为期。万岁千秋,不销义魄;九天八表,永厉英魂。

——夏完淳《土室馀论》

3.在中国历史上有夏完淳存在,是一个奇迹。

——《郭沫若古典文学论文集》

蒲松龄《聊斋志异·婴宁》

王子服,莒之罗店人。早孤。绝惠,十四入泮。母最爱之,寻常不令游郊野。聘萧氏,未嫁而夭,故求凤未就也。会上元,有舅氏子吴生,邀同眺瞩。方至村外,舅家有仆来,招吴去。生见游女如云,乘兴独遨。有女郎携婢,拈梅花一枝,容华绝代,笑容可掬。生注目不移,竟忘顾忌。女过去数武,顾婢曰:"个儿郎目灼灼似贼!"遗花地上,笑语自去。生拾花怅然,神魂丧失,怏怏遂返。至家,藏花枕底,垂头而睡,不语亦不食。母忧之。醮禳益剧,肌革锐减。医师诊视,投剂发表,忽忽若迷。母抚问所由,默然不答。适吴生来,嘱密诘之。吴至榻前,生见之泪下。吴就榻慰解,渐致研诘。生具吐其实,且求谋画。吴笑曰:"君意亦复痴!此愿有何难遂?当代访之。徒步于野,必非世家。如其未字,事固谐矣;不然,捐以重赂,计必允遂。但得痊瘳,成事在我。"生闻之,不觉解颐。吴出告母,物色女子居里。而探访既穷,并无踪绪。母大忧,无所为计。然自吴去后,颜顿开,食亦略进。数日,吴复来，生问所谋。吴绐之曰："已得之矣！我以为谁何人，乃我姑氏女，即君姨妹行，今尚待聘。虽内戚有昏因之嫌，实告之，无不谐者。"生喜溢眉宇，问："居何里？"吴诡曰："西南山中，去此可三十余里。"生又付嘱再四，吴锐身自任而去。

　　生由此饮食渐加，日就平复。探视枕底，花虽枯，未便雕落，凝思把玩，如见其人。怪吴不至，折柬招之。吴支托不肯赴召。生恚怒，悒悒不欢。母虑其复病，急为议姻，略与商榷，辄摇首不愿，惟日盼吴。吴迄无耗，益怨恨之。转思三十里非遥，何必仰息他人？怀梅袖中，负气自往，而家人不知也。伶仃独步，无可问程，但望南山行去。约三十余里，乱山合沓，空翠爽肌，寂无人行，止有鸟道。遥望谷底丛花乱树中，隐隐有小里落。下山入村，见舍宇无多，皆茅屋，而意甚修雅。北向一家，门前皆丝柳，墙内桃杏尤繁，间以修竹，野鸟格磔其中。意其园亭，不敢遽入。回顾对户，有巨石滑洁，因据坐少憩。俄闻墙内有女子长呼："小荣！"其声娇细。方伫听间，一女郎由东而西，执杏花一朵，俯首自簪；举头见生，遂不复簪，含笑拈花而入。审视之，即上元途中所遇也。心骤喜，但念无以阶进。欲呼姨氏，顾从无还往，惧有讹误。门内无人可问，坐卧徘徊，自朝至于日昃，盈盈望断，并忘饥渴。时见女子露半面来窥，似讶其不去者。忽一老媪扶杖出，顾生曰："何处郎君，闻自辰刻便来，以至于今。意将何为？得勿饥耶？"生急起揖之，答云："将以盼亲。"媪聋聩不闻。又大言之。乃问："贵戚何姓？"生不能答。媪笑曰："奇哉！姓名尚自不知，何亲可探？我视郎君，亦书痴耳。不如从我来，啖以粗粝。家有短榻可卧。待明朝归，询知姓氏，再来探访不晚也。"生方腹馁思啖，又从此渐近丽人，大喜。从媪入，见门内白石砌路，夹道红花片片堕阶上；曲折而西，又启一关，豆棚花架满庭中。肃客入舍，粉壁光明如镜；窗外海棠枝朵，探入室中；裀藉几榻，罔不洁泽。甫坐，即有人自窗外隐约相窥。媪唤："小荣，可速作黍！"外有婢子嗫声而应。坐次，具展宗阀。媪曰："郎君外祖，莫姓吴否？"曰："然。"媪惊曰："是吾甥也！尊堂，我妹子。年来以家窭贫，又无三尺男，遂至音问梗塞。甥长成如许，尚不相识。"生曰："此来即为姨也，匆遽遂忘姓氏。"媪曰："老身秦姓，并无诞育；弱息仅存，亦为庶产。渠母改醮，遗我鞠养。颇亦不钝，但少教训，嬉不知愁。少顷，使来拜识。"未几，婢子具饭，雏尾盈握。媪劝餐已，婢来敛具。媪曰："唤宁姑来。"婢应去。良久，闻户外隐有笑声。媪又唤曰："婴宁！汝姨兄在此。"户外嗤嗤笑不已。婢推之以入，犹掩其口，笑不可遏。媪瞋目曰："有客在，咤咤叱叱，是何景象！"女忍笑而立，生揖之。媪曰："此王郎，汝姨子。一家尚不相识，可笑人也。"生问："妹子年几何矣？"媪未能解，生又言之，女复笑不可仰视。媪谓生曰："我言少教诲，此可见矣。年已十六，呆痴裁如婴儿。"生曰："小于甥一岁。"曰："阿甥已十七矣，得非庚午属马者耶？"生首应之。又问："甥妇阿谁？"答云："无之。"曰："如甥才貌，何十七岁犹未聘？婴宁亦无姑家，极相匹敌。惜有内亲之嫌。"生无语，目注婴宁，不遑他瞬。婢向女小语云："目灼灼贼腔未改。"女又大笑，顾婢曰："视碧桃开未。"遽起，以袖掩口，细碎连步而出。至门外，笑声始纵。媪亦起，唤婢襆被，为生安置。曰："阿甥来不易，宜留三五日，迟迟送汝归。如嫌幽闷，舍后有小园，可供消遣。有书可读。"次日，至舍后，果有园半亩，细草铺毡，杨花糁径。有草舍三楹，花木四合其所。穿花小步，闻树头苏苏有声，仰视，则婴宁在上，见生，狂笑欲堕。生曰："勿尔，堕矣！"女且下且笑，不能自止。方将及地，失手而堕，笑乃止。生扶之，阴捘其腕。女笑又作，倚树不能行，良久乃罢。生俟其笑歇，乃出袖中花示之。女接之，曰："枯矣！何留之？"曰："此上元妹子所遗，故存之。"问："存之何意？"曰："以示相爱不忘也。自上元相遇，凝思成疾，自分化为异物；不图得见颜色，幸垂怜悯！"女曰："此大细事！至戚何所靳惜？待兄行时，园中花，当唤老奴来，折一巨捆负送之。"生曰："妹子痴耶？""何便是痴？"曰："我非爱花，爱拈花之人耳。"女曰："葭莩之情，爱何待言。"生曰："我所谓爱，非瓜葛之爱，乃夫妻之爱。"女曰："有以异乎？"曰："夜共枕席耳。"女俯思良久，曰："我不惯与生人睡！"语未已，婢潜至。生惶恐，遁去。少时，会母所。母问何往，女答以"园中共话"。媪曰："饭熟已久，有何长言，周遮乃尔？"女曰："大哥欲我共寝。"言未已，生大窘，急目瞪之。女微笑而止。幸媪不闻，犹絮絮究诘。生急以他词掩之，因小语责女。女曰："适此语不应说耶？"生曰："此背人语。"女曰："背他人，岂得背老母？且寝处亦常事，何讳之？"生恨其痴，无术可以悟之。食方竟，家中人捉双卫来寻生。先是，母待生久不归，始疑。村中搜觅几遍，竟无踪兆。因往询吴。吴忆曩言，因教于西南山村行觅。凡历数村，始至于此。生出门，适相值。便入告媪，且请偕女同归。媪喜曰："我有志，匪伊朝夕，但残躯不能远涉。得甥携妹子去，识认阿姨，大好！"呼："婴宁！"宁笑至。媪曰："有何喜，笑辄不辍？若不笑，当为全人。"因怒之以目。乃曰："大哥欲同汝去，可便装束。"又饷家人酒食，始送之出。曰："姨家田产丰裕，能养冗人。到彼且勿归，小学诗礼，亦好事翁姑。即烦阿姨为汝择一良匹。"

二人遂发。至山坳回顾，犹依稀见媪倚门北望也。

抵家，母睹妹丽，惊问为谁。生以"姨女"对。母曰："前吴郎与儿言者，诈也。我未有姊，何以得甥？"问女，女曰："我非母出。父为秦氏，没时，儿在襁中，不能记忆。"母曰："我一姊适秦氏，良确，然殂谢已久，那得复存？"因审诘面庞志赘，一一符合。又疑曰："是矣！然亡已多年，何得复存？"疑虑间，吴生至，女避入室。吴询得故，惘然久之。忽曰："此女名婴宁耶？"生然之。吴亟称怪事。问所自知，吴曰："秦家姑去世后，姑丈鳏居，祟于狐，病瘵死。狐生女名婴宁，绷卧床上，家人皆见之。姑丈殁，狐犹时来。后求天师符粘壁间，狐遂携女去。将勿此耶？"彼此疑参，但闻室中吃吃，皆婴宁笑声。母曰："此女亦太憨生。"吴请面之。母入室，女犹浓笑不顾。母促令出，始极力忍笑，又面壁移时，方出。才一展拜，翻然遽入，放声大笑。满室妇女，为之粲然。吴请往觇其异，就便执柯。寻至村所，庐舍全无，山花零落而已。吴忆姑葬处仿佛不远，然坟垄湮没，莫可辨识，诧叹而返。母疑其为鬼。入告吴言，女略无骇意；又吊其无家，亦殊无悲意；孜孜憨笑而已。众莫之测。母令与少女同寝止，昧爽即来省问。操女红，精巧绝伦。但善笑，禁之亦不可止。然笑处嫣然，狂而不损其媚，人皆乐之。邻女少妇，争承迎之。母择吉将为合卺，而终恐为鬼物，窃于日中窥之，形影殊无少异。至日，使华妆行新妇礼，女笑极，不能俯仰，遂罢。生以其憨痴，恐漏泄房中隐事，而女殊密秘，不肯道一语。每值母忧怒，女至，一笑即解。奴婢小过，恐遭鞭楚，辄求诣母共话，罪婢投见，恒得免。而爱花成癖，物色遍戚党，窃典金钗，购佳种，数月，阶砌藩溷，无非花者。

庭后有木香一架，故邻西家，女每攀登其上，摘供簪玩。母时遇见，辄呵之，女卒不改。一日，西人子见之，凝注倾倒。女不避而笑。西人子谓女意已属，心益荡。女指墙底，笑而下。西人子谓示约处，大悦。及昏而往，女果在焉。就而淫之，则阴如锥刺，痛彻于心，大号而踣。细视，非女，则一枯木卧墙边，所接乃水淋窍也。邻父闻声，急奔研问，呻而不言。妻来，始以实告。爇火烛窍，见中有巨蝎，如小蟹然。翁碎木，捉杀之。负子至家，半夜寻卒。邻人讼生，讦发婴宁妖异。邑宰素仰生才，稔知其笃行士，谓邻翁讼诬，将杖责。生为乞免，逐释而出。母谓女曰："憨狂尔尔，早知过喜而伏忧也。邑令神明，幸不牵累；设鹘突官宰，必逮妇女质公堂，我儿何颜见戚里？"女正色，矢不复笑。母曰："人罔不笑，但须有时。"而女由是竟不复笑，虽故逗，亦终不笑；然竟日未尝有戚容。

一夕，对生零涕。异之。女哽咽曰："曩以相从日浅，言之恐致骇怪。今日察姑及郎，皆过爱无有异心，直告或无妨乎？妾本狐产。母临去，以妾托鬼母，相依十余年，始有今日。妾又无兄弟，所恃者惟君。老母岑寂山阿，无人怜而合厝之，九泉辄为悼恨。君倘不惜烦费，使地下人消此怨恫，庶养女者不忍溺弃。"生诺之，然虑坟冢迷于荒草。女但言："无虑。"刻日夫妻舆襦而往。女于荒烟错楚中，指示墓处，果得媪尸，肤革犹存。女抚哭哀痛。舁归，寻秦氏墓合葬焉。是夜，生梦媪来称谢，寤而述之。女曰："妾夜见之，嘱勿惊郎君耳。"生恨不邀留。女曰："彼鬼也。生人多，阳气胜，何能久居？"生问小荣。曰："是亦狐，最黠，狐母留以视妾。每摄饵相哺，故德之常不去心。昨问母，云已嫁之。"由是岁值寒食，夫妻登秦墓，拜扫无缺。女逾年生一子，在怀抱中，不畏生人，见人辄笑，亦大有母风云。

异史氏曰："观其孜孜憨笑，似全无心肝者；而墙下恶作剧，其黠孰甚焉！至凄恋鬼母，反笑为哭，我婴宁殆隐于笑者矣。窃闻山中有草，名'笑矣乎'，嗅之则笑不可止。房中植此一种，则合欢、忘忧，并无颜色矣；若解语花，正嫌其作态耳。"

（张友鹤《聊斋志异选》人民文学出版社，1978）

作品简介

蒲松龄（1640—1715）字留仙，一字剑臣，号柳泉居士，世称"聊斋先生"，淄川（今山东淄博市淄川区）人。早岁有文名，19岁时以县、府、道三个第一考取秀才，但此后一直屡试不第,72 岁始援例为贡生。31 岁时应江苏宝应县知县孙蕙之邀,做幕宾约一年。北归后,以到缙绅家设馆授徒为生,至 61 岁方撤帐归家。蒲松龄是清代著名文学家,其最杰出的作品是文言短篇小说集《聊斋志异》。此外还有诗、词、文、戏曲、俚曲、杂著多种,经后人搜集编定为《蒲松龄集》。

蒲松龄是古代短篇小说之王,《聊斋志异》是古代文言小说的顶峰之作,共有 500 多篇作品。它继承了“志怪”、“传奇”两大传统,创作出了一大批优秀之作,其内容多涉虚幻世界、花妖狐魅,但实则折射现实,是一部寄托孤愤、表现理想的著作。其中揭露官场黑暗、批判科场弊端的作品引人注目,而尤以描写女性的作品著称。《婴宁》堪为全书的压卷之作,其主人公在《聊斋志异》众多女性形象中最具魅力。

导读指要

《婴宁》这篇小说的故事情节可以归纳为:1、相思——王生,郊游,归病,诘病,绐生;2、觅女——入山,逢女,邀客,认亲,会女,共话,偕归;3、成婚——疑诘,成婚,花癖;4、恶戏——恶戏,绝笑;5 葬母;6、论赞。

解读《婴宁》的重点是理解婴宁这个人物形象。婴宁是一个非常美丽的少女,作品对其美丽的正面描写只有“容华绝代”四个字,而主要是用侧面虚写的方式,如王子服的一见钟情和相思成疾,以及整个故事的发展来渲染她的非凡美丽。婴宁的性格特点可以简要地概括为四个方面:一是嗜花。刚一上场即“拈梅花一枝”;第二次闪面,“执杏花一朵,俯首自簪”;且所居之处,处处是花,“墙内桃杏尤繁”,“夹道红花片片堕阶上”,“豆棚花架满庭中”,“窗外海棠枝朵探入室中”,“花木四合其所”。婚后,“而爱花成癖,物色遍戚党;窃典金钗,购佳种;数月,阶砌藩溷,无非花者”,还为摘花时常上树。自古以来,以花写美人,花与美人两相映衬,这是文学创作中的习见手法。蒲松龄极写婴宁爱花,,即以花映衬人物,花即为婴宁的象征,是美人爱美的自然表现。二是爱笑。第一次闪面,即“笑容可掬”,“笑语自去”。第二次露面,“含笑拈花自去”。山村会兄、园中相遇、会客、成婚等片段,则无处不笑。婴宁的笑就像林黛玉的哭一样,成为其最基本最突出的特点。林黛玉是泪的化身,而婴宁则是笑的化身。在西邻恶作剧之前,婴宁是无时不笑,无处不笑。见花笑,见人笑;对熟人笑,对生人也笑;嬉戏时笑,会客时也笑;坐着笑,站着笑,走着笑,从树上下来也“且笑且下”;甚至在举行婚礼时也“笑极不可俯仰”,致使婚礼也不能按正常程序进行下去。她的笑不分场合,不看对象,不论事情大小,无拘无束,肆意而笑,真是笑来笑去,笑进笑出,整天生活在笑声中。故而一提起《婴宁》,人们首先想到的是主人公无拘无束、没遮没拦的笑,至而成为中国古代文学中笑的典型。笑是性格的体现,显示着婴宁爽朗快乐、“嬉不知愁”的天性。三是痴憨。这一点比爱笑更显独特性。上元郊游,见到王子服死死盯着自己看时,婴宁却道:“个儿郎目灼灼似贼。"似乎不明白对方之所以"目灼灼似贼"是因为她的缘故,此处初现婴宁之痴憨。而重点是从园中共话一节及回答鬼母的询问中,可以看出婴宁道地的痴憨。她不明白爱花和爱人的关系,不懂得"瓜葛之爱"和"夫妻之爱"的区别,听到"夜共枕席"的解释后,要"俯思良久",然后才说:"我不惯与生人睡!"更要命的是把"大哥欲我共寝"这样的"背人语"当着他人之面说出,而且还不明白:"背他人,岂得背老母?且寝处亦常事,何讳之?"由此可见,婴宁对两性之爱、男女之情连一点概念、常识也没有,完全是个情窦未开的傻姑娘。但傻得真,傻得可爱,绝不是《红楼梦》中的傻大姐。四是狡黠。婴宁的傻是聪明的傻,极端痴憨的另一面则是极端的狡黠。墙下恶作剧是其狡黠集中而突出的表现,而且全文许多地方也都隐约显示了这种狡黠。在最后向丈夫哭诉身世,自揭身份谜底后,再回顾前面扑朔迷离的故事,其中一系列误会巧合,又似乎都在她的预知之中,并非"孜孜憨笑,全无心肝"者。

　　上述四个方面只是婴宁主要的行为特点。如果只停留在这些外在的行为特点上,那么这样的形象也并没有太大的意义,充其量不过是一个性格开朗、傻说傻笑的人物。但婴宁并不像文学作品中经常可以看到的天真近痴、不谙人事,或快言快语、类似于快嘴李翠莲式的人物。她之所以受到人们的热爱和赞赏,主要的是蕴含于这些外在特点之中的更为深入的性格内涵,以及作者贯注于其中的独特的审美理想。婴宁的嗜花、爱笑、痴憨反映了她的天真,但这并非不成熟的、孩子式的,或对社会、人生缺乏认知的天真。她的天真反映的是她的纯洁,亦源于她的纯洁,这种天真不是"天真幼稚",而是"天真纯洁"。这种纯洁又不是一般意义上的纯洁——没有受到邪恶、自私、世故等观念的影响。婴宁的纯洁,从某种意义上说是超越当世的一种纯洁,即没有受到社会礼俗熏染、影响的纯洁。任何社会都对其成员特别是女性的日常行为举止有着一定的规范,中国古代社会对妇女的行为举止有着极严格的约束和限制。"行莫回头,语莫掀唇,坐莫动膝,立莫摇裙,喜莫大笑,怒莫高声。""不登高,不临深,不苟訾,不苟笑。"(宋若莘《女论语》)这就是当时社会的礼俗,而婴宁却完全没有受到这一礼俗的熏染,她的攀树摘花,她的无处不在的笑声及挪揄式的评论言词,都是与这一礼俗大相径庭的。有许多主流论者把婴宁和《聊斋志异》中不少女性阐释为反封建礼教的形象,其实蒲松龄并不是一个反叛书生,婴宁也不是反叛者的形象。她的悖于礼俗不是与礼俗对抗,而是游于礼俗之外。所以,婴宁正是李卓吾所说的"从容于礼法之外"的形象,她不是当时社会的礼俗中人,而是超越于礼俗之外的人。由此可知,婴宁的纯洁是一种超尘脱俗的纯洁,但又不是名士故做清高的超尘脱俗,因为名士的超尘脱俗是专意修养出来的,是有意识地与世俗相对立,并非出于自然;也不是神仙道士不食人间烟火的超尘脱俗,因为神仙道士是脱离人间的,并不是人世社会的自然状态。婴宁却是一切出于自然,言笑举止放任,似乎不知世间还有礼俗,没有受过礼俗的规训,但又自然地懂得尊重和孝道。她的行为举止只是从人的最自然的本性出发,是天性的一种自然流露,没有掩饰,没有做作,但也没有李翠莲式的粗野和放肆,是一种不受礼俗约束的又最有人性、最合人情的自然之美,所以作者把她比作山中的"笑矣乎"。天真——纯洁——超尘脱俗——自然之美,这就是婴宁性格的深厚内涵,是她嗜花、爱笑、痴憨的外在特点的内在根基。通过这些外在性格特点和深厚性格内涵的完美融合,婴宁这一形象才获得了深厚感人的艺术生命,得到了读者的喜爱称赏。其最大的秉赋是自然美,是天性的自然美,是人性的自然美。她的美得于自然,顺应自然,是天赋之美,其中又蕴含着人类文化教养之美,是一种理想状态的美。婴宁是一朵山地野花,不加修剪雕琢却十分美丽,又美又野,又野又美。这个形象显然是高度诗化的形象,是一朵山花的化身。蒲松龄塑造了一批这种"从容于礼法之外"的自然美的女性形象,除婴宁之外,还有活泼顽皮的小翠(《小翠》),仙风翩然的翩翩(《翩翩》),诙谐犀利的狐娘子(《狐谐》),快语笑谑的芳云、绿云(《仙人岛》)等等。在中国古代文学史上,女性形象数量众多,根据其性格的主导面,可以大略分为贞女、情女、侠女、才女、悍妇、淫妇等六种类型。蒲松龄所塑造的以婴宁为代表的自然美女性,侧重点主要在于通过人物日常生活中言行举止的描写,凸显她们未受尘世礼俗熏染的自然天性,创造出了一类全新的、特出的女性形象,为中国文学女性形象的画廊增添了一个新的类型,成为中国小说史上的绝调。

　　婴宁并不是一个现实生活中的形象,而是一个被高度艺术化了的、充满浓郁诗意的少女形象,是作者理想化的产物。论说《聊斋志异》的学者,大都特别热衷于强调它的现实性,其实若单就描写女性的作品而言,小说所呈现的主要是一个理想世界,多数作品都是刻画作者心目中各式各样的理想化女性。在婴宁的身上,灌注了作者深厚而独特的审美理想,这就是对自然美的崇尚,对真纯个性的欣赏,对返璞归真的人性的向往。赵伯陶先生曾专门著文探讨对婴宁的命名,认为"婴宁"这一名字来源于《庄子·大宗师》中的"撄宁",而"撄宁"一词的含义是"扰乱中保持内心安宁";以"婴宁"为人物命名,是"凝聚有作者理想女性之内蕴",即"扰动外表下的内心安宁",实为的论。如果讲得更"文学化",更贴近作品、人物一些的话,可以理解为"纷繁个性下的纯静心灵"。在婴宁嗜花、爱笑、痴憨、狡黠等纷繁热烈甚至近于喧闹的个性表现下,其实是一颗真纯、宁静的心灵,她只是一种自然的状态,只追求一种自然的生活。蒲松龄特别喜欢读《庄子》,他并不能理解接受庄子"虚无"、"无为"的哲学思想,但对其崇尚自然的美学思想却欣然神会;女性的爱美、爱笑、真纯之美,天然就是男子所欣赏、喜爱、甚至梦寐以求的,而现实生活和社会礼俗对女性这一天性的压抑和戕害也是作者深切体验到的。这些审美理想和体验的凝聚升华,使作者创造出了婴宁这一自然美的女性典型。

字句疏解

　　1. 王子服,莒之罗店人。早孤。绝惠,十四入泮。母最爱之,寻常不令游郊野。

聘萧氏，未嫁而夭，故求凰未就也：莒（jǔ），地名，今山东莒县。早孤，很早就死了父亲。绝惠，绝顶聪明；惠通"慧"。入泮（pàn），进学，即成为县学生员，俗称考中秀才；泮，即泮官，指学校。聘：指订婚。夭：夭折，早死。求凰，求妻。未就，还没有成功。

2.会上元，有舅氏子吴生，邀同眺瞩。方至村外，舅家有仆来，招吴去。生见游女如云，乘兴独遨：会，值、恰逢。上元，农历正月十五，旧俗称上元节。眺瞩，登高望远，指郊游。遨，游逛。

3.有女郎携婢，拈梅花一枝，容华绝代，笑容可掬。生注目不移，竟忘顾忌。女过去数武，顾婢曰："个儿郎目灼灼似贼！"遗花地上，笑语自去：拈，很轻巧地拿着。笑容可掬，形容满脸的笑，好像可以用手捧起来。数武，几步；武，半步。顾，看。个：这个。儿郎，青年，小伙子。

4.生拾花怅然，神魂丧失，快快遂返。至家，藏花枕底，垂头而睡，不语亦不食。母忧之。醮禳益剧，肌革锐减。医师诊视，投剂发表，忽忽若迷：怅然，失意不乐貌。快快，闷闷不乐的神情。醮禳（jiào ráng），请道士祈福消灾；醮，道士设坛祭祀；禳，祈求消除灾祸。剧，加重。肌革锐减，身体迅速消瘦；肌革，肌肉和皮肤，指身体；锐，迅速。投剂发表，指吃药发散；发表，中医治病的方法之一。忽忽，迷糊、恍忽。

5.母抚问所由，默然不答。适吴生来，嘱密诘之。吴至榻前，生见之泪下。吴就榻慰解，渐致研诘。生具吐其实，且求谋画：抚问所由，安慰并询问致病的缘由。适，恰好。密诘，秘密盘问、打听。慰解，安慰劝解。研诘，仔细询问。具吐其实，把实话全部说出来了；具，全、都。

6.吴笑曰："君意亦复痴！此愿有何难遂？当代访之。徒步于野，必非世家。如其未字，事固谐矣；不然，拼以重赂，计必允遂。但得瘳，成事在我。"生闻之，不觉解颐：君意亦复痴，你的心思也太傻了。世家，指大户人家。字，女子许婚。谐，办成。拼（pān），舍弃、豁出去。重赂，厚礼。计，算来、估计。允，答应。遂，成功。瘳（chōu），病愈。解颐，开颜欢笑；颐，面颊。

7.吴出告母，物色女子居里。而探访既穷，并无踪绪。母大忧，无所为计。然自吴去后，颜顿开，食亦略进：物色，访求、寻找。居里，居住的乡里。踪绪，踪迹、头绪。

8.数日，吴复来，生问所谋。吴绐之曰："已得之矣！我以为谁何人，乃我姑氏女，即君姨妹行，今尚待聘。虽内戚有昏因之嫌，实告之，无不谐者。"：绐（dài），哄骗。内戚，母系的亲戚；姨表属近亲，有婚姻上的嫌忌。昏因，通"婚姻"。

9.生喜溢眉宇，问："居何里？"吴诡曰："西南山中，去此可三十余里。"生又付嘱再四，吴锐身自任而去：诡，谓说谎。付嘱，嘱咐。锐身自任，自告奋勇地承担；锐身，犹挺身；自任，自觉承担。

10.生由此饮食渐加，日就平复。探视枕底，花虽枯，未便雕落，凝思把玩，如见其人。怪吴不至,折柬招之。吴支托不肯赴召。生恚怒,悒悒不欢:平复,痊愈、复原。未便,还没有。折柬,裁纸写信。支托,支吾推托。恚(huì),恼怒、气愤。悒悒,忧郁、愁网。

11.母虑其复病,急为议姻。略与商榷,辄摇首不愿,惟日盼吴。吴迄无耗,益怨恨之:议姻,犹议婚。迄,终究。耗,音讯、消息。

12.转思三十里非遥,何必仰息他人?怀梅袖中,负气自往,而家人不知也。伶仃独步,无可问程,但望南山行去:仰息,仰人鼻息;仰,依赖;息,呼吸时进出的气;依赖别人呼出来的热气取暖,比喻依赖别人。负气,赌气。伶仃,孤独貌。

13.约三十余里,乱山合沓,空翠爽肌,寂无人行,止有鸟道。遥望谷底丛花乱树中,隐隐有小里落:合沓(tà),集聚重叠。止有,只有。鸟道;喻山路狭窄而险峻,只有飞鸟可过。里落,村落。

14.下山入村,见舍宇无多,皆茅屋,而意甚修雅。北向一家,门前皆丝柳,墙内桃杏尤繁,间以修竹,野鸟格磔其中:意,意境风格。修雅,整齐幽雅。间,夹杂。修,长。格磔(zhé),鸟鸣声。

15.意其园亭,不敢遽入。回顾对户,有巨石滑洁,因据坐少憩。俄闻墙内有女子长呼:“小荣!”其声娇细:意,以为。遽(jù)入,贸然进入;遽,仓促。憩(qì),休息。俄,一会儿。

16.方伫听间,一女郎由东而西,执杏花一朵,俯首自簪;举头见生,遂不复簪,含笑拈花而入。审视之,即上元途中所遇也:伫(zhù)听,谓凝神倾听。

17.心骤喜,但念无以阶进。欲呼姨氏,顾从无还往,惧有讹误。门内无人可问,坐卧徘徊,自朝至于日昃,盈盈望断,并忘饥渴。时见女子露半面来窥,似讶其不去者:阶进,踏着阶梯而入,指找到关系或理由进去。顾,但是。日昃(zè),太阳过午偏西。盈盈望断,犹望眼欲穿;盈盈,目光流转的样子。并忘,一并忘了。讶,惊异。

18.忽一老媪扶杖出,顾生曰:“何处郎君,闻自辰刻便来,以至于今。意将何为?得勿饥耶?”:媪(ǎo),对老年妇女的敬称。辰刻,上午七时至九时之间。得勿,莫非、是不是。

19.生急起揖之,答云:“将以盼亲。”媪聋聩不闻。又大言之。乃问:“贵戚何姓?”生不能答:盼亲,探亲。聋聩(kuì),耳聋。大言:大声说话。

20.媪笑曰:“奇哉!姓名尚自不知,何亲可探?我视郎君,亦书痴耳。不如从我来,啖以粗粝。家有短榻可卧。待明朝归,询知姓氏,再来探访不晚也。”生方腹馁思啖,又从此渐近丽人,大喜:书痴,书呆子。啖(dàn)以粗粝(lì),拿粗米淡饭给你吃;啖,吃;粗粝,糙米,泛指粗劣的食物。馁,饿。

21.从媪入,见门内白石砌路,夹道红花片片堕阶上;曲折而西,又启一关,豆棚花架满庭中;肃客入舍,粉壁光明如镜;窗外海棠枝朵,探入室中;裀藉几榻,罔不洁泽:关,门。肃客,迎进客人。裍藉(yīnjiè),坐卧的垫褥。罔,无。洁泽,干净而有光泽。

22.甫坐,即有人自窗外隐约相窥。媪唤:"小荣,可速作黍!"外有婢子嘎声而应:甫,刚。作黍,做饭。嘎(jiáo)声而应:高声答应。

23.坐次,具展宗阀。媪曰:"郎君外祖,莫姓吴否?"曰:"然。"媪惊曰:"是吾甥也!尊堂,我妹子。年来以家窭贫,又无三尺男,遂至音问梗塞。甥长成如许,尚不相识。":坐次,落坐以后;次,指某一事件正在进行的中间的时候。具展,指讲述;具,陈述;展,指展开谈话。宗阀,宗族家世。尊堂,对他人母亲的敬称。窭(jù),贫寒。三尺男,指童仆。音问,音讯。梗塞,阻塞不通。

24.生曰:"此来即为姨也,匆遽遂忘姓氏。"媪曰:"老身秦姓,并无诞育;弱息仅存,亦为庶产。渠母改醮,遗我鞠养。颇亦不钝,但少教训,嬉不知愁。少顷,使来拜识。":匆遽,匆忙急促。诞育,生育。弱息,对自己女儿的谦称,此指婴宁。庶产,妾生的。渠,第三人称代词,他、她。改醮,改嫁。遗我鞠养,留给我抚养。钝,愚笨。嬉,游戏。少顷,一会儿,片刻。

25.未几,婢子具饭,雏尾盈握。媪劝餐已,婢来敛具。媪曰:"唤宁姑来。"婢应去:未几,不久。具,备办好。雏尾盈握,形容菜肴中家禽肥大;盈握,满把。敛具,收拾餐具。

26.良久,闻户外隐有笑声。媪又唤曰:"婴宁!汝姨兄在此。"户外嗤嗤笑不已。婢推之以入,犹掩其口,笑不可遏:良久,很久。嗤嗤,象声词,此拟笑声。遏,阻止。

27.媪瞋目曰:"有客在,咤咤叱叱,是何景象!"女忍笑而立,生揖之。媪曰:"此王郎,汝姨子。一家尚不相识,可笑人也。":瞋(chēn)目,瞪大眼睛表示生气。咤(zhà)咤叱叱,嘻嘻哈哈。

28.生问:"妹子年几何矣?"媪未能解,生又言之,女复笑不可仰视。媪谓生曰:"我言少教诲,此可见矣。年已十六,呆痴裁如婴儿。":裁,通"才",仅仅。

29.生曰:"小于甥一岁。"曰:"阿甥已十七矣,得非庚午属马者耶?"生首应之。又问:"甥妇阿谁?"答云:"无之。"曰:"如甥才貌,何十七岁犹未聘?婴宁亦无姑家,极相匹敌。惜有内亲之嫌。":得非,莫非是。庚午属马者,庚午年生人,应属马。首应,点头应答。姑家,婆家,古代称公婆为"翁姑"。匹敌,般配。

30.生无语,目注婴宁,不遑他瞬。婢向女小语云:"目灼灼贼腔未改。"女又大笑,顾婢曰:"视碧桃开未。"遽起,以袖掩口,细碎连步而出。至门外,笑声始纵:不遑他瞬,顾不上往别处看一眼;瞬,视、看。细碎连步,迈着很小的步子,一步接一步走得很快。

31.媪亦起,唤婢襆被,为生安置。曰:"阿甥来不易,宜留三五日,迟迟送汝归。如嫌幽闷,舍后有小园,可供消遣。有书可读。":襆(fú)被,用包袱裹束衣被,此指铺设被褥。迟迟，慢慢地。

32. 次日，至舍后，果有园半亩，细草铺毡，杨花糁径。有草舍三楹，花木四合其所：糁(sǎn)，散布、散落。楹，古代计算房屋的单位，一列或一间为一楹。四合其所，四面包围着这个地方。

33. 穿花小步，闻树头苏苏有声，仰视，则婴宁在上，见生，狂笑欲堕。生曰："勿尔，堕矣!"女且下且笑，不能自止。方将及地，失手而堕，笑乃止。生扶之，阴捘其腕。女笑又作，倚树不能行，良久乃罢：苏苏，象声词。阴，暗中、暗地里。捘(zùn)按、捏。

34. 生俟其笑歇，乃出袖中花示之。女接之，曰："枯矣! 何留之?"曰："此上元妹子所遗，故存之。"问："存之何意?"曰："以示相爱不忘也。自上元相遇，凝思成疾，自分化为异物；不图得见颜色，幸垂怜悯!"俟，等。分(fèn)，料想。化为异物，死亡的婉称；异物，鬼物，指死去的人。不图，不料、没想到。幸，希望。垂，赐予。

35. 女曰："此大细事! 至戚何所靳惜? 待兄行时，园中花，当唤老奴来，折一巨捆负送之。"生曰："妹子痴耶?""何便是痴?"曰："我非爱花，爱拈花之人耳。"：此大细事，这么大点的小事。至戚，至亲。靳惜，吝惜、舍不得。

36. 女曰："葭莩之情，爱何待言。"生曰："我所谓爱，非瓜葛之爱，乃夫妻之爱。"女曰："有以异乎?"曰："夜共枕席耳。"女俯思良久，曰："我不惯与生人睡!"：葭莩(jiāfú)之情，亲戚情谊；葭莩，芦苇里粘附的薄膜，代指亲戚。瓜葛之爱，亲戚之间的爱；瓜和葛皆蔓生植物，比喻辗转相连的亲戚关系或社会关系。

37. 语未已，婢潜至。生惶恐，遁去。少时，会母所。母问何往，女答以"园中共话"。媪曰："饭熟已久，有何长言，周遮乃尔?"周遮，啰嗦多话。乃尔，犹言如此。

38. 女曰："大哥欲我共寝。"言未已，生大窘，急目瞪之。女微笑而止。幸媪不闻，犹絮絮究诘。生急以他词掩之，因小语责女。女曰："适此语不应说耶?"生曰："此背人语。"女曰："背他人，岂得背老母? 且寝处亦常事，何讳之?"生恨其痴，无术可以悟之：窘，窘迫、尴尬。絮絮，话多不断貌。究诘，追究查问。掩，掩饰、遮盖。适，刚才。

39. 食方竟，家中人捉双卫来寻生。先是，母待生久不归，始疑。村中搜觅几遍，竟无踪兆。因往询吴。吴忆曩言，因教于西南山村行觅。凡历数村，始至于此。生出门，适相值。便入告媪，且请偕女同归：竟，完毕。捉，牵。双卫，两头毛驴；卫，驴的代称。几(jī)，几乎、差一点。踪兆，踪影。曩(nǎng)，从前的、过去的。适相值，正好碰上。偕，共同、在一起。

40. 媪喜曰："我有志，匪伊朝夕，但残躯不能远涉。得甥携妹子去，识认阿姨，大好!"：志，心意、意向。匪伊朝夕，不止一朝一夕了；匪，非、不是；伊，语助词。

41. 呼："婴宁!"宁笑至。媪曰："有何喜，笑辄不辍? 若不笑，当为全人。"因怒之以目。乃曰："大哥欲同汝去，可便装束。"又饷家人酒食，始送之出：辍(chuò)，停止。装束,整理行装。饷,同"飨",用酒食招待人。

42.曰:"姨家田产丰裕,能养冗人。到彼且勿归,小学诗礼,亦好事翁姑。即烦阿姨为汝择一良匹。"二人遂发。至山坳回顾,犹依稀见媪倚门北望也:冗人,多余的人。小学诗礼,稍微学点诗书礼仪。事,服侍。翁姑,公婆。良匹,好配偶,好对象。

43.抵家,母睹姝丽,惊问为谁。生以"姨女"对。母曰:"前吴郎与儿言者,诈也。我未有姊,何以得甥?"问女,女曰:"我非母出。父为秦氏,没时,儿在襁中,不能记忆。":姝丽,美女。襁,襁褓,婴儿的被子。

44.母曰:"我一姊适秦氏,良确。然殂谢已久,那得复存?"因审诘面庞志赘,一一符合。又疑曰:"是矣!然亡已多年,何得复存?":适,出嫁、嫁给。良确,很确实。殂(cú)谢:死亡、去世。审诘,详细询问。志赘,指人身体上的特征或标记;志,同"痣",皮肤上的有色斑点;赘,赘疣、瘊子。

45.疑虑间,吴生至,女避入室。吴询得故,惘然久之。忽曰:"此女名婴宁耶?"生然之。吴亟称怪事:惘然,疑惑不解貌。亟(qì)称,连连说;亟,屡次。

46.问所自知,吴曰:"秦家姑去世后,姑丈鳏居,祟于狐,病瘵死。狐生女名婴宁,绷卧床上,家人皆见之。姑丈殁,狐犹时来。后求天师符粘壁间,狐遂携女去。将勿此耶?":鳏(guān)居,男子独身无妻室。祟于狐,被狐狸精所迷。病瘵死,害虚症而死;病,生病;瘵,瘦弱。绷,婴儿的包被,此作动词。天师,道士。将勿,莫非、是不是。

47.彼此疑参,但闻室中吃吃,皆婴宁笑声。母曰:"此女亦太憨生。"吴请面之。母入室,女犹浓笑不顾。母促令出,始极力忍笑,又面壁移时,方出。才一展拜,翻然遽入,放声大笑。满室妇女,为之粲然:疑参,疑惑猜测。太憨(hān)生,过于娇痴;憨,痴;生,语助词。粲然,笑貌。

48.吴请往觇其异,就便执柯。寻至村所,庐舍全无,山花零落而已。吴忆姑葬处仿佛不远,然坟垄湮没,莫可辨识,诧叹而返:觇(chān),暗中察看。执柯,做媒。《诗经·豳风·伐柯》:"伐柯如何?匪斧不克;取妻如何?匪媒不得。"后以"执柯"指作媒。坟垄,坟墓。湮(yān)没,埋没。

49.母疑其为鬼。入告吴言,女略无骇意;又吊其无家,亦殊无悲意;孜孜憨笑而已。众莫之测:略无,全无、毫无。吊,慰问。殊,非常、根本。孜孜憨笑,憨笑不停;孜孜,不停歇貌。

50.母令与少女同寝止,昧爽即来省问。操女红,精巧绝伦。但善笑,禁之亦不可止。然笑处嫣然,狂而不损其媚,人皆乐之。邻女少妇,争承迎之:昧爽,天刚亮。省(xǐng)问,问安。女红(gōng),指纺织、刺绣、缝纫等事。嫣然,娇媚的笑态。承迎,欢迎、接待。

51.母择吉将为合卺,而终恐为鬼物,窃于日中窥之,形影殊无少异。至日,使华妆行新妇礼,女笑极,不能俯仰,遂罢:合卺(jǐn),结婚时男女同杯饮酒之礼,后泛指结婚。窃于日中窥之,暗暗在太阳下察看;旧说鬼没有影子,所以在太阳下面察看有没有影子即可辨别人鬼。殊无少异,一点差别也没有。俯仰,此指新婚拜堂的礼仪。

52.生以其憨痴,恐漏泄房中隐事,而女殊密秘,不肯道一语。每值母忧怒,女至,一笑即解。奴婢小过,恐遭鞭楚,辄求诣母共话,罪婢投见,恒得免:鞭楚,鞭子和刑杖,引申为鞭打。诣母,到母亲那里去。恒,常常。

53.而爱花成癖,物色遍戚党,窃典金钗,购佳种,数月,阶砌藩溷,无非花者:物色,访求、寻找。戚党,亲族。阶砌藩溷(hùn),庭阶篱笆厕所等处;藩,篱笆;溷:厕所。

54.庭后有木香一架,故邻西家,女每攀登其上,摘供簪玩。母时遇见,辄呵之,女卒不改。呵,怒责。卒,终究。

55.一日,西人子见之,凝注倾倒。女不避而笑。西人子谓女意已属,心益荡。女指墙底,笑而下:西人子,指西邻家的儿子。倾倒,爱慕。谓女意已属,认为婴宁对他已经有意。

56.西人子谓示约处,大悦。及昏而往,女果在焉。就而淫之,则阴如锥刺,痛彻于心,大号而踣。细视,非女,则一枯木卧墙边,所接乃水淋窍也。谓,以为。踣(bó),仆倒。

57.邻父闻声,急奔研问,呻而不言。妻来,始以实告。爇火烛窍,见中有巨蝎,如小蟹然。翁碎木,捉杀之。负子至家,半夜寻卒:研问,盘问,仔细询问。爇(ruò)火,点起灯火;爇,点燃。寻卒,随即就死了。

58.邻人讼生,讦发婴宁妖异。邑宰素仰生才,稔知其笃行士,谓邻翁讼诬,将杖责之。生为乞免,逐释而出:讼(sòng),控告。讦(jié)发,告发;讦,揭发别人的隐私或攻击别人的短处。邑宰,县令。仰,敬慕。稔(rěn),熟悉。笃行,品行纯厚。

59.母谓女曰:"憨狂尔尔,早知过喜而伏忧也。邑令神明,幸不牵累;设鹘突官宰,必逮妇女质公堂,我儿何颜见戚里?":尔尔,如此。鹘(hú)突:糊涂。

60.女正色,矢不复笑。母曰:"人罔不笑,但须有时。"而女由是竟不复笑,虽故逗,亦终不笑;然竟日未尝有戚容:矢,发誓。罔,没有。戚容,忧伤的容色。

61.一夕,对生零涕。异之。女哽咽曰:"曩以相从日浅,言之恐致骇怪。今日察姑及郎,皆过爱无有异心,直告或无妨乎?妾本狐产。母临去,以妾托鬼母,相依十余年,始有今日。妾又无兄弟,所恃者惟君。老母岑寂山阿,无人怜而合厝之,九泉辄为悼恨。君倘不惜烦费,使地下人消此怨恫,庶养女者不忍溺弃。":零涕,流泪。曩(nǎng),以往、从前。恃(shì),依赖。岑寂,寂寞、孤寂。山阿,山坳。合厝(cuò),合葬。悼恨,哀伤遗憾。烦费,大量耗费。怨恫(tōng),同"怨痛";恫,悲痛、伤心。庶,但愿、或许,表希望之词。溺,淹死。

62.生诺之，然虑坟冢迷于荒草。女但言："无虑。"刻日夫妻舆榇而往。女于荒烟错楚中，指示墓处，果得妪尸，肤革犹存。女抚哭哀痛。舁归，寻秦氏墓合葬焉：刻日，订好日舆榇(chèn)：用车子装着棺材。荒烟，荒野的烟雾，指荒凉的地方。错楚，杂乱的灌木丛。舁(yú)，抬，此指装载。

63.是夜，生梦妪来称谢，寤而述之。女曰："妾夜见之，嘱勿惊郎君耳。"生恨不邀留。寤，睡醒。

64.女曰："彼鬼也。生人多，阳气胜，何能久居?"生问小荣。曰："是亦狐，最黠，狐母留以视妾。每摄饵相哺，故德之常不去心。昨问母，云已嫁之。"黠(xiá)，聪慧，机敏。视，看视、照顾。摄饵，摄取食物。相哺，喂养。德，感激。

65.由是岁值寒食，夫妻登秦墓，拜扫无缺。女逾年生一子，在怀抱中，不畏生人，见人辄笑，亦大有母风云：由是，从此。寒食，寒食节，在清明的前一两日；在这一日禁烟火，只吃冷食，所以叫做"寒食节"，是扫墓祭祀的日子。母风，母亲的作风。

66.异史氏曰："观其孜孜憨笑，似全无心肝者；而墙下恶作剧，其黠孰甚焉！至凄恋鬼母，反笑为哭，我婴宁殆隐于笑者矣。窃闻山中有草，名'笑矣乎'，嗅之则笑不可止。房中植此一种，则合欢、忘忧，并无颜色矣；若解语花，正嫌其作态耳。"：异史氏，作者蒲松龄的自称。全无心肝，谓毫无心计。殆隐于笑者，大概是以笑隐藏真相的人。笑矣乎，笑菌的别名，是一种误食后使人发笑不止的野生菌蕈，有毒；这里是一种文学想象，并非实指。合欢，即夜合花。忘忧，萱草的别名。传说合欢、忘忧这两种花可使人欢乐而忘记忧愁。解语花，会说话的花；据五代王仁裕《开元天宝遗事》，唐玄宗称杨贵妃为"解语花"，后来用以比喻聪明的美女。作态，矫揉造作，不自然。

思考讨论题

谈谈你对婴宁性格特征和性格内涵的理解。

扩展阅读

1.姑妄言之姑听之，豆棚瓜架雨如丝。料应厌作人间语，爱听秋坟鬼唱诗。

——[清代]王士禛《聊斋志异》题诗

2.其事多涉于神怪，其体仿历代志传，其论赞或触时感事，而以劝以惩，其文往往刻镂物情，曲尽世态，冥会幽探，思入风云；其义足以动天地、泣鬼神，俾畸人滞魄，山魈野魅，各出其情状而无所遁隐。

——[清代]蒲立德《聊斋志异跋》

3.《聊斋志异》虽亦如当时同类之书，不外记神仙狐鬼精魅故事，然描写委曲，叙次井然，用传奇法，而以志怪。变幻之状，如在目前；又或易调改弦，别叙畸人异行,出于幻域,顿入人间;偶叙琐闻,亦多简洁,故读者耳目,为之一新……明末志怪群书,大抵简略,又多荒怪,诞而不情。《聊斋志异》独于详尽之外,示以平常,使花妖狐魅多具人情,和易可亲,忘为异类,而又偶见鹘突,知复非人。

——[现代]鲁迅《中国小说史略》

方苞《左忠毅公逸事》

先君子尝言,乡先辈左忠毅公视学京畿,一日,风雪严寒,从数骑出,微行,入古寺。庑下一生伏案卧,文方成草;公阅毕,即解貂覆生,为掩户。叩之寺僧,则史公可法也。及试,吏呼名至史公,公瞿然注视,呈卷,即面署第一。召入,使拜夫人,曰:"吾诸儿碌碌,他日继吾志者,惟此生耳!"

及左公下厂狱,史朝夕狱门外。逆阉防伺甚严,虽家仆不得近。久之,闻左公被炮烙,旦夕且死;持五十金,涕泣谋于禁卒,卒感焉。一日使史更敝衣草屦,背筐,手长镵,为除不洁者,引入,微指左公处。则席地倚墙而坐,面额焦烂不可辨,左膝以下,筋骨尽脱矣。史前跪,抱公膝而呜咽。公辨其声而目不可开,乃奋臂以指拨眦,目光如炬,怒曰:"庸奴!此何地也?而汝来前!国家之事,糜烂至此。老夫已矣,汝复轻身而昧大义,天下事谁可支拄者?不速去!无俟奸人构陷!吾今即扑杀汝!"因摸地上刑械,作投击势。史噤不敢发声,趋而出。后常流涕述其事以语人,曰:"吾师肺肝,皆铁石所铸造也!"

崇祯末,流贼张献忠出没蕲、黄、潜、桐间。史公以凤庐道奉檄守御。每有警,辄数月不就寝,使壮士更休,而自坐幄幕外。择健卒十人,令二人蹲踞而背倚之;漏鼓移,则番代。每寒夜起立,振衣裳,甲上冰霜迸落,铿然有声。或劝以少休,公曰:"吾上恐负朝廷,下恐愧吾师也。"

史公治兵,往来桐城,必躬造左公第,候太公、太母起居,拜夫人于堂上。余宗老涂山,左公甥也,与先君子善,谓狱中语,乃亲得之于史公云。

(《方苞集》上海古籍出版社,2009)

作品简介

方苞(1668—1749)字灵皋,江南桐城(今安徽省桐城市)人,清代著名散文家,桐城派散文的创始人,与刘大櫆、姚鼐合称"桐城三祖",对清代散文的发展有很大影响。

《左忠毅公逸事》是方苞散文的著名代表作,其内容是记述明末名臣左光斗的逸事。左光斗(1575年—1625年),字遗直,桐城人,东林党重要成员。他在地方官任上即很有政绩,任御史时巡视京城,因追治假印假官而名震京师。因大宦官魏忠贤擅权乱政,天启四年(1624)左副都御史杨涟上疏弹劾魏忠贤"二十四大奸恶",左光斗参与其事,并自己拟疏参劾魏忠贤"三十二斩罪",遭阉党嫉恨报复,于天启五年被诬陷入狱,惨遭杀害。南明弘光时平反,谥"忠毅",故世称"左忠毅公"。"逸事"是指散失沦没而世人不大知道的事迹,多指未经史书记载的琐事。刘知几《史通·杂述》有云:"逸事者,皆前史所遗,后人所记,求诸异说,为益实多。

导读指要

写历史人物的散文最主要的有两类,一类是人物传记,一类是人物逸事。阅读这种作品首先要搞清它们各自的文体特点。人物传记在写作上要求点、面、线的结合,所谓"点"就是要记述传主经历中的若干重要事件和细节;所谓"面"就是要反映传主一生经历或功业的几个重要方面;所谓"线"就是要贯串传主的一生(通常是由生到卒),这三方面的内容要融为一个整体。而人物逸事一般来说只写"点"就可以了,而且这个"点"的内容通常都是细节。搞清了这一点,就会明白人物逸事的写作宗旨本来就是写人物的有关细节,进而通过这些细节中的人物语言、动作、行为来表现人物的"某些"(而不是全部)特点。因此再喋喋不休地去谈这些"写作特点",就像写一个人却大谈他有四肢五官一样,实在是不得要领,也是不必要的。《左忠毅公逸事》作为人物逸事的典范之作,其最突出特点的在于选材的精当和叙事角度的别致,而尤以后者更著。

写作的第一个关口是选材,选材是否适当取决于主题表现的需要,而选材是否精当则更取决于表现主题的角度的选择。《左忠毅公逸事》旨在表现左光斗不计生死、竭忠谋国的可贵品质,这一主题所涉及的范围还是较宽的,可供取用的材料也应该较多,但作者只选择了左光斗视学和史可法探监这两个细节来写,这就把选材的范围、表现的角度缩到了非常细小、非常集中的一点:"人才",即从左光斗如何对待人才这一点上来表现其不计生死、竭忠谋国的品质。此文更杰出的特点是它的叙事角度的选择。文章的表现对象是左光斗,却以史可法贯串全篇首尾,宾反客为主,成为一以贯之的线索人物,而传主左光斗却只占了其中的两个点。在三家村先生看来,这似乎是跑了题,其实这正是文章最高明的地方。尽管左光斗只占全文的两个点,但他却是篇中所有文字的终极指向,是文章的核心所在,而史可法只是一个陪衬。写史可法治兵、候府都是为了陪衬左光斗,笔墨虽落在史可法,而笔锋所向却在左光斗。这种以陪衬人物串线,以核心人物居中的"通篇陪衬"写法,使文章既非常集中又上下贯通,还避免了过多着墨于主人公的次要方面而造成行文的分散,收到了举重若轻的艺术效果。《聊斋志异》中许多描写女性的篇章,就是采用这种以次要人物串线,主人公只居其中若干点的写法,取得了极大的成功。

字句疏解

1. 先君子尝言,乡先辈左忠毅公视学京畿,一日,风雪严寒,从数骑出,微行,入古寺:先君子,即"先父",作者对已过世的父亲方仲舒的称呼。乡先辈,同乡的前辈；因左光斗也是桐城人，故称。左忠毅公，左光斗(1575年—1625年)，字遗直，桐城人，东林党重要成员，担任过内阁大臣，因对抗大宦官魏忠贤被下狱杀害，南明弘光时平反，谥"忠毅"。视学，任"提督学政"；提督学政是明代主管一省教育科举的官员，但两京分别派御史担任，称"提学御史"；左光斗天启元年巡按直隶兼提督学政，主持顺天府院试，擢史可法为第一。京畿：国都及其附近的地方，此指直隶。从数骑，几个骑马的随从跟着。微行，皇帝、高官隐藏身份改装出行。

2. 庑下一生伏案卧，文方成草；公阅毕，即解貂覆生，为掩户。叩之寺僧，则史公可法也：

3. 庑，厢房。解貂覆生：脱下貂皮裘盖在书生身上。掩户，关门。叩，问。史可法，字宪之，祥符(今河南开封市)人。崇祯进士，南明时任兵部尚书大学士，清军入关时镇守扬州，1645年4月25日城破，殉难。

4. 及试，吏呼名至史公，公瞿然注视，呈卷，即面署第一。召入，使拜夫人，曰："吾诸儿碌碌，他日继吾志者，惟此生耳！"：瞿(jù)然，惊视的样子。面署第一，当面批署为第一名。碌碌，平庸无能。

5. 及左公下厂狱，史朝夕狱门外。逆阉防伺甚严，虽家仆不得近：厂狱，明代特务机关东厂所设的监狱。逆阉，对弄权宦官的蔑称，此指魏忠贤。防伺，防范看守。

6. 久之，闻左公被炮烙，旦夕且死；持五十金，涕泣谋于禁卒，卒感焉：被，遭受。炮烙(páoluò)，用烧红的铁来炙烧犯人的一种酷刑。旦夕，即早与晚，比喻短时间内。禁卒，牢房看守。

7. 一日使史更敝衣草屦，背筐，手长镵，为除不洁者，引入，微指左公处。则席地倚墙而坐，面额焦烂不可辨，左膝以下，筋骨尽脱矣：更，换。敝衣，破衣服。草屦(jù)，草鞋。手，持、拿着。镵(chán)，古代的一种犁头，装上弯曲的长柄，用以掘土，叫长镵。筋骨尽脱，肌肉与骨头都分离了。

8. 史前跪，抱公膝而呜咽。公辨其声而目不可开，乃奋臂以指拨眥，目光如炬：眥(zì)，眼眶。怒曰："庸奴！此何地也？而汝来前！国家之事，糜烂至此。老夫已矣，汝复轻身而昧大义，天下事谁可支拄者？不速去！无俟奸人构陷！吾今即扑杀汝！"：已矣，完了。昧大义，不明重大事理；昧，愚昧、昏乱。支拄(zhǔ)，支撑。俟(sì)，等待。构陷：制造罪名加以陷害。扑杀，击杀、打死。以上句子都是断续的、不连贯的语气。

9. 因摸地上刑械，作投击势。史噤不敢发声，趋而出。后常流涕述其事以语人，曰："吾师肺肝，皆铁石所铸造也！"：噤，闭口，不说话。趋，快走。语，告诉。

10. 崇祯末，流贼张献忠出没蕲、黄、潜、桐间。史公以凤庐道奉檄守御：崇祯，明思宗年号(1628—1644)。张献忠(1606—1647)，明末农民起义军首领。1644年在成都称帝，号大西，1646年战死。蕲(qi)、黄、潜、桐，今湖北蕲春县、黄冈县，安徽潜山县、桐城县一带。以凤庐道，以凤阳、庐州兵备道身份；明制于各省重要地方设整饬兵备的道员，称为兵备道。奉檄，奉命；檄，古代官府用以征召或声讨的文书。

11. 每有警，辄数月不就寝，使壮士更休，而自坐幄幕外。择健卒十人，令二人蹲踞而背倚之；漏鼓移，则番代：警，紧急情况。壮士，指军士。更休，轮换休息。幄(wò)幕，帐幕。二人蹲踞而背倚之，两个人背靠背蹲踞在地上；这是一种处警放哨的方式。漏鼓移，指过一个更次；漏，古时用滴水计时的器具；鼓，打更的鼓。番代，轮换代替。

12. 每寒夜起立，振衣裳，甲上冰霜迸落，铿然有声。或劝以少休，公曰："吾上恐负朝廷，下恐愧吾师也。"：迸(bèng)落，散落。少，稍微。

13. 史公治兵，往来桐城，必躬造左公第，候太公、太母起居，拜夫人于堂上：躬，亲自。造，往、到。第，府第，住宅。候起居，请安、问好。太公、太母，指左光斗的父母。夫人，指左光斗的妻子。

14. 余宗老涂山，左公甥也，与先君子善，谓狱中语，乃亲得之于史公云：宗老，同一宗族的老前辈。涂山，方苞族祖父的号，名文。甥，女婿；方文为左光斗之女婿。善，关系友好。

思考讨论题

谈谈你对文中所表现的左光斗的精神和品格的理解。

扩展阅读

1. 汝昨叫史大哥来，我心甚不快。他作他的事，何必来看我？此时何时，此地何地？祸出不测，窥伺者眈眈。从今后勿让他来，添我闷恼。千万！言之勿忘！

——[明代]左光斗《寄长子国柱书》

2. 夫道有是非，而技有美恶。诗文皆技也，技之精者必近道，故诗文美者命意必善。文字者犹人之言语也；有气以充之，则观其文也，虽百世而后如立其人而与言于此；无气则积字焉而已。意与气相御而为辞，然后有声音节奏高下抗坠之度，反复进退之态，采色之华。故声色之美因乎意与气而时变者也。是安得有定法哉！

——[清代]姚鼐《惜抱轩文集》六《答翁学士书》

吴敬梓《儒林外史》(范进中举)

范进进学回家，母亲、妻子俱各欢喜。正待烧锅做饭，只见他丈人胡屠户，手里拿着一副大肠和一瓶酒，走了进来。范进向他作揖，坐下。胡屠户道："我自倒运，把个女儿嫁与你这现世宝，历年以来，不知累了我多少。如今不知因我积了甚么德，带挈你中了个相公，我所以带个酒来贺你。"范进唯唯连声，叫浑家把肠子煮了，烫起酒来，在茅草棚下坐着。母亲自和媳妇在厨下做饭。胡屠户又吩咐女婿道：

"你如今既中了相公，凡事要立起个体统来。比如我这行事里，都是些正经有脸面的人，又是你的长亲，你怎敢在我们跟前装大？若是家门口这些做田的，扒粪的，不过是平头百姓，你若同他拱手作揖，平起平坐，这就是坏了学校规矩，连我脸上都无光了。你是个烂忠厚没用的人，所以这些话我不得不教导你，免得惹人笑话。"范进道："岳父见教的是。"胡屠户又道："亲家母也来这里坐着吃饭。老人家每日小菜饭，想也难过。我女孩儿也吃些。自从进了你家门，这十几年，不知猪油可曾吃过两三回哩！可怜！可怜！"说罢，婆媳两个都来坐着吃了饭。吃到日西时分，胡屠户吃的醺醺的。这里母子两个，千恩万谢。屠户横披了衣服，腆着肚子去了。次日，范进少不得拜拜乡邻。魏好古又约了一班同案的朋友，彼此来往。因是乡试年，做了几个文会。不觉到六月尽间，这些同案的人约范进去乡试。范进因没有盘费，走去同丈人商议，被胡屠户一口啐在脸上，骂了一个狗血喷头，道："不要失了你的时了！你自己只觉得中了一个相公，就'癞蛤蟆想吃起天鹅肉'来！我听见人说，就是中相公时，也不是你的文章，还是宗师看见你老，不过意，舍与你的。如今痴心就想中起老爷来！这些中老爷的都是天上的'文曲星'！你不看见城里张府上那些老爷，都有万贯家私，一个个方面大耳？像你这尖嘴猴腮，也该撒抛尿自己照照！不三不四，就想天鹅屁吃！趁早收了这心，明年在我们行事里替你寻一个馆，每年寻几两银子，养活你那老不死的老娘和你老婆是正经！你问我借盘缠，我一天杀一个猪还赚不得钱把银子，都把与你去丢在水里，叫我一家老小嗑西北风！"

一顿夹七夹八，骂的范进摸不着门。辞了丈人回来，自心里想："宗师说我火候已到，自古无场外的举人，如不进去考他一考，如何甘心？"因向几个同案商议，瞒着丈人，到城里乡试。出了场，即便回家。家里已是饿了两三天。被胡屠户知道，又骂了一顿。

到出榜那日，家里没有早饭的米，母亲吩咐范进道："我有一只生蛋的母鸡，你快拿集上去卖了，买几升米来煮餐粥吃，我已是饿的两眼都看不见了。"范进慌忙抱了鸡，走出门去。才去不到两个时候，只听得一片声的锣响，三匹马闯将来。那三个人下了马，把马拴在茅草棚上，一片声叫道："快请范老爷出来，恭喜高中了！"母亲不知是甚事，吓得躲在屋里；听见中了，方敢伸出头来，说道："诸位请坐，小儿方才出去了。"那些报录人道："原来是老太太。"大家簇拥着要喜钱。正在吵闹，又是几匹马，二报、三报到了，挤了一屋的人，茅草棚地下都坐满了。邻居都来了，挤着看。老太太没奈何，只得央及一个邻居去寻他儿子。

那邻居飞奔到集上，一地里寻不见；直寻到集东头，见范进抱着鸡，手里插个草标，一步一踱的，东张西望，在那里寻人买。邻居道："范相公，快些回去！你恭喜中了举人，报喜人挤了一屋里。"范进当是哄他，只装不听见，低着头往前走。邻居见他不理，走上来，就要夺他手里的鸡。范进道："你夺我的鸡怎的？你又不买。"邻居道："你中了举了，叫你家去打发报子哩。"范进道："高邻，你晓得我今日没有米，要卖这鸡去救命，为甚么拿这话来混我？我又不同你顽，你自回去罢，莫误了我卖鸡。"邻居见他不信，劈手把鸡夺了，掼在地下，一把拉了回来。报录人见了道："好了，新贵人回来了。"正要拥着他说话，范进三两步走进屋里来，见中间报帖已经升挂起来，上写道："捷报贵府老爷范讳高中广东乡试第七名亚元。京报连登黄甲。"

范进不看便罢，看了一遍，又念一遍，自己把两手拍了一下，笑了一声，道："噫！好了！我中了！"说着，往后一跤跌倒，牙关咬紧，不省人事。老太太慌了，慌将几口开水灌了过来。他爬将起来，又拍着手大笑道："噫！好！我中了！"笑着，不由分说，就往门外飞跑，把报录人和邻居都吓了一跳。走出大门不多路，一脚踹在塘里，挣起来，头发都跌散了，两手黄泥，淋淋漓漓一身的水。众人拉他不住，拍着笑着，一直走到集上去。众人大眼望小眼，一齐道："原来新贵人欢喜疯了。"老太太哭道："怎生这样苦命的事！中了一个甚么举人，就得了这个拙病！这一疯了，几时才得好？"娘子胡氏道："早上好好出去，怎的就得了这样的病！却是如何是好？"众邻居劝道："老太太不要心慌。我们而今且派两个人跟定了范老爷。这里众人家里拿些鸡蛋酒米，且管待了报子上的老爹们，再为商酌。"

当下众邻居有拿鸡蛋来的，有拿白酒来的，也有背了斗米来的，也有捉两只鸡来的。娘子哭哭啼啼，在厨下收拾齐了，拿在草棚下。邻居又搬些桌凳，请报录的坐着吃酒，商议他这疯了，如何是好。报录的内中有一个人道："在下倒有一个主意，不知可以行得行不得？"众人问："如何主意？"那人道："范老爷平日可有最怕的人？他只因欢喜狠了，痰涌上来，迷了心窍。如今只消他怕的这个人来打他一个嘴巴，说：'这报录的话都是哄你，你并不曾中。'他吃这一吓，把痰吐了出来，就明白了。"众邻都拍手道："这个主意好得紧，妙得紧！范老爷怕的，莫过于肉案子上胡老爹。好了！快寻胡老爹来。他想是还不知道，在集上卖肉哩。"又一个人道："在集上卖肉，他倒好知道了；他从五更鼓就往东头集上迎猪，还不曾回来。快些迎着去寻他。"

一个人飞奔去迎，走到半路，遇着胡屠户来，后面跟着一个烧汤的二汉，提着七八斤肉，四五千钱，正来贺喜。进门见了老太太，老太太大哭着告诉了一番。胡屠户诧异道："难道这等没福？"外边人一片声请胡老爹说话。胡屠户把肉和钱交与女儿，走了出来。众人如此这般，同他商议。胡屠户作难道："虽然是我女婿，如今却做了老爷，就是天上的星宿。天上的星宿是打不得的！我听得斋公们说：打了天上的星宿，阎王就要拿去打一百铁棍，发在十八层地狱，永不得翻身。我却是不敢做这样的事！"邻居内一个尖酸人说道："罢么！胡老爹，你每日杀猪的营生，白刀子进去，红刀子出来，阎王也不知叫判官在簿子上记了你几千条铁棍；就是添上这一百棍，也打甚么要紧？只恐把铁棍子打完了，也算不到这笔帐上来。或者你救好了女婿的病，阎王叙功，从地狱里把你提上第十七层来，也不可知。"报录的人道："不要只管讲笑话。胡老爹，这个事须是这般，你没奈何，权变一权变。"屠户被众人局不

五、明清概述

355

过，只得连斟两碗酒喝了，壮一壮胆，把方才这些小心收起，将平日的凶恶样子拿出来，卷一卷那油晃晃的衣袖，走上集去。众邻居五六个都跟着走。老太太赶出来叫道："亲家，你只可吓他一吓，却不要把他打伤了！"众邻居道："这自然，何消吩咐。"说着，一直去了。

来到集上，见范进正在一个庙门口站着，散着头发，满脸污泥，鞋都跑掉了一只，兀自拍着掌，口里叫道："中了！中了！"胡屠户凶神似的走到跟前，说道："该死的畜生！你中了甚么？"一个嘴巴打将去。众人和邻居见这模样，忍不住的笑。不想胡屠户虽然大着胆子打了一下，心里到底还是怕的，那手早颤起来，不敢打到第二下。范进因这一个嘴巴，却也打晕了，昏倒于地。众邻居一齐上前，替他抹胸口，捶背心，舞了半日，渐渐喘息过来，眼睛明亮，不疯了。众人扶起，借庙门口一个外科郎中的板凳上坐着。胡屠户站在一边，不觉那只手隐隐的疼将起来；自己看时，把个巴掌仰着，再也弯不过来。自己心里懊恼道："果然天上'文曲星'是打不得的，而今菩萨计较起来了。"想一想，更疼的狠了，连忙问郎中讨了个膏药贴着。

范进看了众人，说道："我怎么坐在这里？"又道："我这半日，昏昏沉沉，如在梦里一般。"众邻居道："老爷，恭喜高中了。适才欢喜的有些引动了痰，方才吐出几口痰来，好了。快请回家去打发报录人。"范进说道："是了。我也记得是中的第七名。"范进一面自绾了头发，一面问郎中借了一盆水洗洗脸。一个邻居早把那一只鞋寻了来，替他穿上。见丈人在跟前，恐怕又要来骂。胡屠户上前道："贤婿老爷，方才不是我敢大胆，是你老太太的主意，央我来劝你的。"邻居内一个人道："胡老爹方才这个嘴巴打的亲切，少顷范老爷洗脸，还要洗下半盆猪油来！"又一个道："老爹，你这手明日杀不得猪了。"胡屠户道："我那里还杀猪！有我这贤婿，还怕后半世靠不着也怎的？我每常说，我的这个贤婿，才学又高，品貌又好，就是城里头那张府、周府这些老爷，也没有我女婿这样一个体面的相貌。你们不知道，得罪你们说，我小老这一双眼睛，却是认得人的。想着先年，我小女在家里长到三十多岁，多少有钱的富户要和我结亲，我自己觉得女儿像有些福气的，毕竟要嫁与个老爷，今日果然不错！"说罢，哈哈大笑。众人都笑起来。看着范进洗了脸，郎中又拿茶来吃了，一同回家。范举人先走，屠户和邻居跟在后面。屠户见女婿衣裳后襟滚皱了许多，一路低着头替他扯了几十回。

到了家门，屠户高声叫道："老爷回府了！"老太太迎着出来，见儿子不疯，喜从天降。众人问报录的，已是家里把屠户送来的几千钱打发他们去了。范进拜了母亲，也拜谢丈人。胡屠户再三不安道："些须几个钱，不够你赏人。"范进又谢了邻居。正待坐下，早看见一个体面的管家，手里拿着一个大红全帖，飞跑了进来："张老爷来拜新中的范老爷。"说毕，轿子已是到了门口。胡屠户忙躲进女儿房里，不敢出来。邻居各自散了。

范进迎了出去，只见那张乡绅下了轿进来，头戴纱帽，身穿葵花色圆领，金带、皂靴。他是举人出身,做过一任知县的,别号静斋,同范进让了进来,到堂屋内平磕了头,分宾主坐下。张乡绅先攀谈道:"世先生同在桑梓,一向有失亲近。"范进道:"晚生久仰老先生,只是无缘,不曾拜会。"张乡绅道:"适才看见题名录,贵房师高要县汤公,就是先祖的门生,我和你是亲切的世弟兄。"范进道:"晚生侥幸,实是有愧。却幸得出老先生门下,可为欣喜。"张乡绅四面将眼睛望了一望,说道:"世先生果是清贫。"随在跟的家人手里拿过一封银子来,说道:"弟却也无以为敬,谨具贺仪五十两,世先生权且收着。这华居其实住不得,将来当事拜往,俱不甚便。弟有空房一所,就在东门大街上,三进三间,虽不轩敞,也还干净,就送与世先生;搬到那里去住,早晚也好请教些。"范进再三推辞,张乡绅急了,道:"你我年谊世好,就如至亲骨肉一般;若要如此,就是见外了。"范进方才把银子收下,作揖谢了。又说了一会,打躬作别。胡屠户直等他上了轿,才敢走出堂屋来。

范进即将这银子交与浑家打开看,一封一封雪白的细丝锭子,即便包了两锭,叫胡屠户进来,递与他道:"方才费老爹的心,拿了五千钱来。这六两多银子,老爹拿了去。"屠户把银子攥在手里紧紧的,把拳头伸过来,道:"这个,你且收着。我原是贺你的,怎好又拿了回去?"范进道:"眼见得我这里还有这几两银子,若用完了,再来问老爹讨用。"屠户连忙把拳头缩了回去,往腰里揣,口里说道:"也罢,你而今相与了这个张老爷,何愁没有银子用?他家里的银子,说起来比皇帝家还多些哩!他家就是我卖肉的主顾,一年就是无事,肉也要用四五千斤,银子何足为奇!"又转回头来望着女儿,说道:"我早上拿了钱来,你那该死行瘟的兄弟还不肯,我说:'姑老爷今非昔比,少不得有人把银子送上门来给他用,只怕姑老爷还不稀罕。'今日果不其然!如今拿了银子家去,骂这死砍头短命的奴才!"说了一会,千恩万谢,低着头,笑迷迷的去了。

作品简介

吴敬梓(1701—1754 年),字敏轩,号粒民,安徽省全椒人。清朝最伟大的小说家之一。著有《文木山房诗文集》十二卷(今存四卷)、《文木山房诗说》七卷(今存四十三则)、小说《儒林外史》。《范进中举》节选自《儒林外史》中第三回《周学道校士拔真才 胡屠户行凶闹捷报》。

导读指要

中国的封建社会绵延几千年。到了明清时代,封建专制日趋酷烈,对知识分子的钳制更是登峰造极。当时科举考试以八股文为主,残酷地摧残知识分子的独立人格和自由意识。曾是选拔英才的科举制度,堕落成了禁锢知识分子思想自由和创造精神的枷锁。范进中举发疯,就像现代小说中的黑色荒诞一样,暴露了封建专制的黑暗和对人性的残害。主人公范进是个士人,他一直生活在穷困之中,又一直不停地应试,考了二十多次,到五十四岁才中了个秀才。本文写他接着参加乡试又中了举人一事,文中运用夸张的手法生动地描绘了他喜极而疯的情形。

全文可以分为两部分。第一部分(1—2段),范进中举前穷困的生活和卑微的地位。第二部分(3第—12段)范进中举后喜极而疯及其社会的地位的显著变化。作者生动地刻画了这个为功名利禄而神魂颠倒的科举制度的殉道者的形象。范进将自己的青春乃至人生都押在了科举这座"独木桥"上。一旦中举,34年的折磨摧残,34年的忍辱偷生,34年的辛酸苦辣,都在"疯"中爆发出来。文中通过范进由屡试不第到一朝中举后的不同境况、际遇、表现,深刻地揭示了封建科举制度对知识分子的毒害,也生动地刻画封建社会的世态炎凉。

字句疏解

1.进学:进了县学。

2.相公:古时对秀才的称呼。

3.唯唯连声:连连答应。唯唯,答应的声音。

4.浑家:妻子。

5.体统:规矩。

6.行事:行业。

7.长亲:长辈。

8.平头百姓:普通百姓。

9.见教:指教。

10.腆着:挺着。

11.同案:同考取秀才叫做同案。

12.盘费:旅费。

13.啐:唾。

14.舍与:施舍给,赏给。

15.老爷:这里是对举人的称呼。

16.万贯家私:大量的家财。

17.火候:这里指写文章的功夫。

18.摸门不着:摸不着门路,意思是不知从何说起。

19.央:恳求。

20.一地里:一路上。

21.道是:以为是。

22.草标:在集市上卖东西,把一根草插在出卖的物品上或拿在手里,作为标志,这草就叫做"草标"。

23.高邻:对邻居的尊称。

24. 顽:同"玩"。

25. 劈手:形容手的动作异常迅速。

26. 拙病:倒霉的病。

27. 二汉:佣工,伙计。

28. 尖酸:说话尖刻。

29. 局不过:碍于情面,虽然自己不愿意,也只好屈从。

30. 何消:哪用得着。

31. 兀自:只管。

32. 先年:先前。

33. 些须:很少。

34. 桑梓:家乡。

35. 华居:对对方住宅的客气说法。

36. 轩敞:宽敞。

37. 细丝锭子:铸有细条纹的银块。

38. 相与:结交。

39. 该死行瘟的:该生瘟病死的。

40. 现世宝:丢脸的家伙。

41. 带挈:提携。

42. 乡试年:科举制度的一种。

43. 文会:旧时读书人为了准备应试,在一起写文章、互相观摩的集会。

44. 宗师:对一省总管教育的学官的称呼。

45. 抛:通常写作"泡"。

46. 馆:这里指教书的地方。

47. 把与:拿给。

思考讨论题

比较范进中举前后截然不同的境遇,分析封建科举制度对知识分子的毒害。

扩展阅读

安徽的第一大文豪,不是方苞,不是刘大櫆,也不是姚鼐,是全椒的吴敬梓。

——胡适《吴敬梓传》

曹雪芹《红楼梦》(诉肺腑心迷活宝玉)

说宝玉见那麒麟,心中甚是欢喜,便伸手来拿,笑道:"亏你拣着了。你是那里拣的?"史湘云笑道:"幸而是这个,明儿倘或把印也丢了,难道也就罢了不成?"宝玉笑道："倒是丢了印平常，若丢了这个，我就该死了。"袭人斟了茶来与史湘云吃，一面笑道："大姑娘听见前儿你大喜了。"史湘云红了脸，吃茶不答。袭人道："这会子又害臊了。你还记得十年前，咱们在西边暖阁住着，晚上你同我说的话儿？那会子不害臊，这会子怎么又害臊了？"史湘云笑道："你还说呢。那会子咱们那么好。后来我们太太没了，我家去住了一程子，怎么就把你派了跟二哥哥，我来了，你就不像先待我了。"袭人笑道："你还说呢。先姐姐长姐姐短哄着我替你梳头洗脸，作这个弄那个，如今大了，就拿出小姐的款来。你既拿小姐的款，我怎敢亲近呢？"史湘云道："阿弥陀佛，冤枉冤哉！我要这样，就立刻死了。你瞧瞧，这么大热天，我来了，必定赶来先瞧瞧你。不信你问问缕儿，我在家时时刻刻那一回不念你几声。"话未了，忙的袭人和宝玉都劝道："顽话你又认真了。还是这么性急。"史湘云道："你不说你的话噎人，倒说人性急。"一面说，一面打开手帕子，将戒指递与袭人。袭人感谢不尽，因笑道："你前儿送你姐姐们的，我已得了，今儿你亲自又送来，可见是没忘了我。只这个就试出你来了。戒指儿能值多少，可见你心真。"史湘云道："是谁给你的？"袭人道："是宝姑娘给我的。"湘云笑道："我只当是林姐姐给你的，原来是宝钗姐姐给了你。我天天在家里想着，这些姐姐们再没一个比宝姐姐好的。可惜我们不是一个娘养的。我但凡有这么个亲姐姐，就是没了父母，也是没妨碍的。"说着，眼睛圈儿就红了。宝玉道："罢，罢，罢！不用提这个话。"史湘云道："提这个便怎么？我知道你的心病，恐怕你的林妹妹听见，又怪嗔我赞了宝姐姐。可是为这个不是？"袭人在旁嗤的一笑，说道："云姑娘，你如今大了，越发心直口快了。"宝玉笑道："我说你们这几个人难说话，果然不错。"史湘云道："好哥哥，你不必说话教我恶心。只会在我们跟前说话，见了你林妹妹，又不知怎么了。"

袭人道："且别说顽话，正有一件事还要求你呢。"史湘云便问"什么事？"袭人道："有一双鞋，抠了垫心子。我这两日身上不好，不得做，你可有工夫替我做做？"史湘云笑道："这又奇了，你家放着这些巧人不算，还有什么针线上的，裁剪上的，怎么教我做起来？你的活计叫谁做，谁好意思不做呢？"袭人笑道："你又糊涂了。你难道不知道，我们这屋里的针线，是不要那些针线上的人做的。"史湘云听了，便知是宝玉的鞋了，因笑道："既这么说，我就替你做了罢。只是一件，你的我才作，别人的我可不能。"袭人笑道："又来了，我是个什么，就烦你做鞋了。实告诉你，可不是我的。你别管是谁的，横竖我领情就是了。"史湘云道："论理，你的东西也不知烦我做了多少了，今儿我倒不做了的原故，你必定也知道。"袭人道："倒也不知道。"史湘云冷笑道："前儿我听见把我做的扇套子拿着和人家比，赌气又铰了。我早就听见了，你还瞒我。这会子又叫我做，我成了你们的奴才了。"宝玉忙笑道："前儿的那事，本不知是你做的。"袭人也笑道："他本不知是你做的。是我哄他的话，说是新近外头有个会做活的女孩子，说紮的出奇的花，我叫他拿了一个扇套子试试看好不好。他就信了，拿出去给这个瞧给那个看的。不知怎么又惹恼了林姑娘，铰了两段。回来他还叫赶着做去，我才说了是你作的，他后悔的什么似的。"史湘云道："越发奇了。林姑娘他也犯不上生气，他既会剪，就叫他做。"袭人道："他可不作呢。饶这么着，老太太还怕他劳碌着了。大夫又说好生静养才好，谁还烦他做？旧年好一年的工夫，做了个香袋儿，今年半年，还没拿针线呢。"

正说着，有人来回说："兴隆街的大爷来了，老爷叫二爷出去会。"宝玉听了，便知是贾雨村来了，心中好不自在。袭人忙去拿衣服。宝玉一面蹬着靴子，一面抱怨道："有老爷和他坐着就罢了，回回定要见我。"史湘云一边摇着扇子，笑道："自然你能会宾接客，老爷才叫你出去呢。"宝玉道："那里是老爷，都是他自己要请我去见的。"湘云笑道："主雅客来勤，自然你有些警他的好处，他才只要会你。"宝玉道："罢，罢，我也不敢称雅，俗中又俗的一个俗人，并不愿同这些人往来。"湘云笑道："还是这个情性不改。如今大了，你就不愿读书去考举人进士的，也该常常的会会这些为官做宰的人们，谈谈讲讲些仕途经济的学问，也好将来应酬世务，日后也有个朋友。没见你成年家只在我们队里搅些什么！"宝玉听了道："姑娘请别的姊妹屋里坐坐，我这里仔细污了你知经济学问的。"袭人道："云姑娘快别说这话。上回也是宝姑娘也说过一回，他也不管人脸上过的去过不去，他就咳了一声，拿起脚来走了。这里宝姑娘的话也没说完，见他走了，登时羞的脸通红，说又不是，不说又不是。幸而是宝姑娘，那要是林姑娘，不知又闹到怎么样，哭的怎么样呢。提起这个话来，真真的宝姑娘叫人敬重，自己讪了一会子去了。我倒过不去，只当他恼了。谁知过后还是照旧一样，真真有涵养，心地宽大。谁知这一个反倒同他生分了。那林姑娘见你赌气不理他，你得赔多少不是呢。"宝玉道："林姑娘从来说过这些混帐话不曾？若他也说过这些混帐话，我早和他生分了。"袭人和湘云都点头笑道："这原是混帐话。"

原来林黛玉知道史湘云在这里，宝玉又赶来，一定说麒麟的原故。因此心下忖度着，近日宝玉弄来的外传野史，多半才子佳人都因小巧玩物上撮合，或有鸳鸯，或有凤凰，或玉环金珮，或鲛帕鸾绦，皆由小物而遂终身。今忽见宝玉亦有麒麟，便恐借此生隙，同史湘云也做出那些风流佳事来。因而悄悄走来，见机行事，以察二人之意。不想刚走来，正听见史湘云说经济一事，宝玉又说："林妹妹不说这样混帐话，若说这话，我也和他生分了。"林黛玉听了这话，不觉又喜又惊，又悲又叹。所喜者，果然自己眼力不错，素日认他是个知己，果然是个知己；所惊者，他在人前一片私心称扬于我，其亲热厚密，竟不避嫌疑；所叹者，你既为我之知己，自然我亦可为你之知己矣，既你我为知己，则又何必有金玉之论哉；既有金玉之论，亦该你我有之，则又何必来一宝钗哉！所悲者，父母早逝，虽有铭心刻骨之言，无人为我主张。况近日每觉神思恍惚，病已渐成，医者更云气弱血亏，恐致劳怯之症。你我虽为知己，但恐自不能久待；你纵为我知己，奈我薄命何！想到此间，不禁滚下泪来。待进去相见，自觉无味，便一面拭泪，一面抽身回去了。

这里宝玉忙忙的穿了衣裳出来,忽见林黛玉在前面慢慢的走着,似有拭泪之状,便忙赶上来,笑道:"妹妹往那里去?怎么又哭了?又是谁得罪了你?"林黛玉回头见是宝玉,便勉强笑道:"好好的,我何曾哭了。"宝玉笑道:"你瞧瞧,眼睛上的泪珠儿未干,还撒谎呢。"一面说,一面禁不住抬起手来替他拭泪。林黛玉忙向后退了几步,说道:"你又要死了!作什么这么动手动脚的!"宝玉笑道:"说话忘了情,不觉的动了手,也就顾不的死活。"林黛玉道:"你死了倒不值什么,只是丢下了什么金,又是什么麒麟,可怎么样呢?"一句话又把宝玉说急了,赶上来问道:"你还说这话,到底是咒我还是气我呢?"林黛玉见问,方想起前日的事来,遂自悔自己又说造次了,忙笑道:"你别着急,我原说错了。这有什么的,筋都暴起来,急的一脸汗。"一面说,一面禁不住近前伸手替他拭面上的汗。宝玉瞅了半天,方说道"你放心"三个字。林黛玉听了,怔了半天,方说道:"我有什么不放心的?我不明白这话。你倒说说怎么放心不放心?"宝玉叹了一口气,问道:"你果不明白这话?难道我素日在你身上的心都用错了?连你的意思若体贴不着,就难怪你天天为我生气了。"林黛玉道:"果然我不明白放心不放心的话。"宝玉点头叹道:"好妹妹,你别哄我。果然不明白这话,不但我素日之意白用了,且连你素日待我之意也都辜负了。你皆因总是不放心的原故,才弄了一身病。但凡宽慰些,这病也不得一日重似一日。"林黛玉听了这话,如轰雷掣电,细细思之,竟比自己肺腑中掏出来的还觉恳切,竟有万句言语,满心要说,只是半个字也不能吐,却怔怔的望着他。此时宝玉心中也有万句言语,不知从那一句上说起,却也怔怔的望着黛玉。两个人怔了半天,林黛玉只咳了一声,两眼不觉滚下泪来,回身便要走。宝玉忙上前拉住,说道:"好妹妹,且略站住,我说一句话再走。"林黛玉一面拭泪,一面将手推开,说道:"有什么可说的。你的话我早知道了!"口里说着,却头也不回竟去了。

宝玉站着,只管发起呆来。原来方才出来慌忙,不曾带得扇子,袭人怕他热,忙拿了扇子赶来送与他,忽抬头见了林黛玉和他站着。一时黛玉走了,他还站着不动,因而赶上来说道:"你也不带了扇子去,亏我看见,赶了送来。"宝玉出了神,见袭人和他说话,并未看出是何人来,便一把拉住,说道:"好妹妹,我的这心事,从来也不敢说,今儿我大胆说出来,死也甘心!我为你也弄了一身的病在这里,又不敢告诉人,只好掩着。只等你的病好了,只怕我的病才得好呢。睡里梦里也忘不了你!"袭人听了这话,吓得魄消魂散,只叫"神天菩萨,坑死我了!"便推他道:"这是那里的话!敢是中了邪?还不快去?"宝玉一时醒过来,方知是袭人送扇子来,羞的满面紫涨,夺了扇子,便忙忙的抽身跑了。

这里袭人见他去了,自思方才之言,一定是因黛玉而起,如此看来,将来难免不才之事,令人可惊可畏。想到此间,也不觉怔怔的滴下泪来,心下暗度如何处治方免此丑祸。正裁疑间,忽有宝钗从那边走来,笑道:"大毒日头地下,出什么神呢?"袭人见问,忙笑道:"那边两个雀儿打架,倒也好玩,我就看住了。"宝钗道:"宝兄弟这会子穿了衣服,忙忙的那去了? 我才看见走过去,倒要叫住问他呢。他如今说话越发没了经纬,我故此没叫他了,由他过去罢。"袭人道:"老爷叫他出去。"宝钗听了,忙道:嗳哟! 这么黄天暑热的,叫他做什么! 别是想起什么来生了气,叫出去教训一场。"袭人笑道:"不是这个,想是有客要会。"宝钗笑道:"这个客也没意思,这么热天,不在家里凉快,还跑些什么!"袭人笑道:"倒是你说说罢。"

宝钗因而问道:"云丫头在你们家做什么呢?"袭人笑道:"才说了一会子闲话。你瞧,我前儿粘的那双鞋,明儿叫他做去。"宝钗听见这话,便两边回头,看无人来往,便笑道:"你这么个明白人,怎么一时半刻的就不会体谅人情。我近来看着云丫头神情,再风里言风里语的听起来,那云丫头在家里竟一点儿作不得主。他们家嫌费用大,竟不用那些针线上的人,差不多的东西多是他们娘儿们动手。为什么这几次他来了,他和我说话儿,见没人在跟前,他就说家里累的很。我再问他两句家常过日子的话,他就连眼圈儿都红了,口里含含糊糊待说不说的。想其形景来,自然从小儿没爹娘的苦。我看着他,也不觉的伤起心来。"袭人见说这话,将手一拍,说:"是了,是了。怪道上月我烦他打十根蝴蝶结子,过了那些日子才打发人送来,还说'打的粗,且在别处能着使罢,要匀净的,等明儿来住着再好生打罢'。如今听宝姑娘这话,想来我们烦他他不好推辞,不知他在家里怎么三更半夜的做呢。可是我也糊涂了,早知这样,我也不烦他了。"宝钗道:"上次他就告诉我,在家里做活做到三更天,若是替别人做一点半点,他家的那些奶奶太太们还不受用呢。"袭人道:"偏生我们那个牛心左性的小爷,凭着小的大的活计,一概不要家里这些活计上的人作。我又弄不开这些。"宝钗笑道:"你理他呢! 只管叫人做去,只说是你做的就是了。"袭人笑道:"那里哄的信他,他才是认得出来呢。说不得我只好慢慢的累去罢了。"宝钗笑道:'你不必忙,我替你作些如何?"袭人笑道:"当真的这样,就是我的福了。晚上我亲自送过来。"

一句话未了,忽见一个老婆子忙忙走来,说道:"这是那里说起! 金钏儿姑娘好好的投井死了!"袭人唬了一跳,忙问"那个金钏儿?"老婆子道:"那里还有两个金钏儿呢? 就是太太屋里的。前儿不知为什么撵他出去,在家里哭天哭地的,也都不理会他,谁知找他不见了。刚才打水的人在那东南角上井里打水,见一个尸首,赶着叫人打捞起来,谁知是他。他们家里还只管乱着要救活,那里中用了!"宝钗道:"这也奇了。"袭人听说,点头赞叹,想素日同气之情,不觉流下泪来。宝钗听见这话,忙向王夫人处来道安慰。这里袭人回去不提。

却说宝钗来至王夫人处,只见鸦雀无闻,独有王夫人在里间房内坐着垂泪。宝钗便不好提这事,只得一旁坐了。王夫人便问:"你从那里来?"宝钗道:"从园里来。"王夫人道:"你从园里来,可见你宝兄弟?"宝钗道:"才倒看见了。他穿了衣服出去了,不知那里去。"王夫人点头哭道:"你可知道一桩奇事? 金钏儿忽然投井死了!"宝钗见说,道:"怎么好好的投井? 这也奇了。"王夫人道:"原是前儿他把我一

五、明清概述

件东西弄坏了，我一时生气，打了他几下，撵了他下去。我只说气他两天，还叫他上来，谁知他这么气性大，就投井死了。岂不是我的罪过。"宝钗叹道："姨娘是慈善人，固然这么想。据我看来，他并不是赌气投井。多半他下去住着，或是在井跟前憨顽，失了脚掉下去的。他在上头拘束惯了，这一出去，自然要到各处去顽顽逛逛，岂有这样大气的理！纵然有这样大气，也不过是个糊涂人，也不为可惜。"王夫人点头叹道："这话虽然如此说，到底我心不安。"宝钗叹道："姨娘也不必念念于兹，十分过不去，不过多赏他几两银子发送他，也就尽主仆之情了。"王夫人道："刚才我赏了他娘五十两银子，原要还把你妹妹们的新衣服拿两套给他妆裹。谁知凤丫头说可巧都没什么新做的衣服，只有你林妹妹作生日的两套。我想你林妹妹那个孩子素日是个有心的，况且他也三灾八难的，既说了给他过生日，这会子又给人妆裹去，岂不忌讳。因为这样，我现叫裁缝赶两套给他。要是别的丫头，赏他几两银子就完了，只是金钏儿虽然是个丫头，素日在我跟前比我的女儿也差不多。"口里说着，不觉泪下。宝钗忙道："姨娘这会子又何用叫裁缝赶去，我前儿倒做了两套，拿来给他岂不省事。况且他活着的时候也穿过我的旧衣服，身量又相对。"王夫人道："虽然这样，难道你不忌讳？"宝钗笑道："姨娘放心，我从来不计较这些。"一面说，一面起身就走。王夫人忙叫了两个人来跟宝姑娘去。

一时宝钗取了衣服回来，只见宝玉在王夫人旁边坐着垂泪。王夫人正才说他，因宝钗来了，却掩了口不说了。宝钗见此光景，察言观色，早知觉了八分，于是将衣服交割明白。王夫人将他母亲叫来拿了去。再看下回便知。

作品简介

曹雪芹(约1715—约1763)，名沾，字梦阮，号雪芹，又号芹溪、芹圃。出身清代内务府正白旗包衣世家，是江宁织造曹寅之孙，曹頫之子(一说曹颙之子)。雍正六年(1728)，曹家因亏空获罪被抄家，曹雪芹随家人迁回北京老宅。后移居北京西郊，靠卖字画和朋友救济为生，。《红楼梦》就是曹雪芹破产倾家之后在贫困之中创作的。创作年代在乾隆初年到乾隆三十年左右。《红楼梦》早期仅有前八十回抄本流传，八十回后原稿佚失。原名《石头记》。程伟元邀请高鹗协同整理出版百二十回全本，定名《红楼梦》。亦有版本作《金玉缘》、《脂砚斋重评石头记》。

《红楼梦》是中国古典四大名著之首，小说以贾、史、王、薛四大家族的兴衰为背景，以贾府的家庭琐事、闺阁闲情为脉络，以贾宝玉、林黛玉、薛宝钗的爱情婚姻故事为主线，通过家族悲剧、女儿悲剧及主人公的人生悲剧，揭示了封建末世大厦将倾的时代特征。

导读指要

《红楼梦》是一部内涵丰厚的作品，作者将贾宝玉和一群身份、地位不同的少女放在大观园这个既是诗化的、又是真实的小说世界里,来展示她们的青春生命和美的被毁灭的悲剧。作品极为深刻之处在于,并没有把这个悲剧完全归于恶人的残暴,而是揭示出更多的悲剧是封建伦理关系中的"通常之道德、通常之人情、通常之境遇"所造成的,是几千年积淀而凝固下来的正统文化的深层结构所造成的。小说描绘了上至皇宫、下及乡村的广阔历史画面,广泛而深刻地反映了封建末世复杂深刻的矛盾冲突,显示了封建贵族的本质特征和必然衰败的历史命运。

"诉肺腑心迷活宝玉"描写宝玉和湘云在房中谈话时,贾雨村想来见见宝玉,宝玉不想见他,湘云就劝他也该认识这些"仕途"上的人,结果被宝玉以"林妹妹不说这些混帐话"顶了回去,颇觉无趣。这一切恰好被廊下的黛玉听到,不觉心中感动。宝玉出门时碰见了她,便急于表明自己的心迹,结果两人怔怔对望了半天,黛玉拭泪而去,宝玉却还把前来送扇子的袭人当成了黛玉,诉说自己所看法,吓得袭人魄消魂散。宝玉清醒过来,这才羞得满面紫涨,夺了扇子便抽身跑了。小说在揭露封建社会后期的种种黑暗和罪恶,对腐朽的封建统治阶级和行将崩溃的封建制度进行有力批判的同时,表达了贵族叛逆者新的朦胧的理想。在我国文学史上,还没有一部作品能把爱情的悲剧写得像《红楼梦》那样富有激动人心的力量;也没有一部作品能像它那样把爱情悲剧的社会根源揭示得如此全面、深刻。

思考讨论题

宝玉说的"林妹妹不说这些混帐话"是指什么?反映了怎样的思想倾向?

扩展阅读

1. 浮生着甚苦奔忙,盛席华筵终散场。悲喜千般同幻渺,古今一梦尽荒唐。谩言红袖啼痕重,更有情痴抱恨长。字字看来皆是血,十年辛苦不寻常。

——[清代]脂砚斋《红楼梦旨义》

2.《红楼梦》,哲学的也,宇宙的也,文学的也。此《红楼梦》之所以大背于吾国人之精神,而其价值亦即存乎此。

——[近代]王国维《红楼梦评论》

3. 至于说到《红楼梦》的价值,可是在中国底小说中实在是不可多得的。其要点在敢于如实描写,并无讳饰,和从前的小说叙好人完全是好,坏人完全是坏的,大不相同,所以其中所叙的人物,都是真的人物。总之自有《红楼梦》出来以后,传统的思想和写法都打破了。——它那文章的旖旎和缠绵,倒是还在其次的事。

——[近代]鲁迅《中国小说史略》

梁启超《少年中国说》

日本人之称我中国也,一则曰老大帝国,再则曰老大帝国。是语也,盖袭译欧西人之言也。呜呼！我中国其果老大矣乎？梁启超曰：恶！是何言！是何言！吾心目中有一少年中国在！

欲言国之老少，请先言人之老少。老年人常思既往，少年人常思将来。惟思既往也，故生留恋心；惟思将来也，故生希望心。惟留恋也，故保守；惟希望也，故进取。惟保守也，故永旧；惟进取也，故日新。惟思既往也，事事皆其所已经者，故惟知照例；惟思将来也，事事皆其所未经者，故常敢破格。老年人常多忧虑，少年人常好行乐。惟多忧也，故灰心；惟行乐也，故盛气。惟灰心也，故怯懦；惟盛气也，故豪壮。惟怯懦也，故苟且；惟豪壮也，故冒险。惟苟且也，故能灭世界；惟冒险也，故能造世界。老年人常厌事，少年人常喜事。惟厌事也，故常觉一切事无可为者；惟好事也，故常觉一切事无不可为者。老年人如夕照，少年人如朝阳；老年人如瘠牛，少年人如乳虎。老年人如僧，少年人如侠。老年人如字典，少年人如戏文。老年人如鸦片烟，少年人如泼兰地酒。老年人如别行星之陨石，少年人如大洋海之珊瑚岛。老年人如埃及沙漠之金字塔，少年人如西比利亚之铁路；老年人如秋后之柳，少年人如春前之草。老年人如死海之潴为泽，少年人如长江之初发源。此老年与少年性格不同之大略也。任公曰：人固有之，国亦宜然。

梁启超曰：伤哉，老大也！浔阳江头琵琶妇，当明月绕船，枫叶瑟瑟，衾寒于铁，似梦非梦之时，追想洛阳尘中春花秋月之佳趣。西宫南内，白发宫娥，一灯如穗，三五对坐，谈开元、天宝间遗事，谱《霓裳羽衣曲》。青门种瓜人，左对孺人，顾弄孺子，忆侯门似海珠履杂遝之盛事。拿破仑之流于厄蔑，阿刺飞之幽于锡兰，与三两监守吏，或过访之好事者，道当年短刀匹马驰骋中原，席卷欧洲，血战海楼，一声叱咤，万国震恐之丰功伟烈，初而拍案，继而抚髀，终而揽镜。呜呼，面皱齿尽，白发盈把，颓然老矣！若是者，舍幽郁之外无心事，舍悲惨之外无天地，舍颓唐之外无日月，舍叹息之外无音声，舍待死之外无事业。美人豪杰且然，而况寻常碌碌者耶？生平亲友，皆在墟墓；起居饮食，待命于人。今日且过，遑知他日？今年且过，遑恤明年？普天下灰心短气之事，未有甚于老大者。于此人也，而欲望以擎云之手段，回天之事功，挟山超海之意气，能乎不能？

呜呼！我中国其果老大矣乎？立乎今日以指畴昔，唐虞三代，若何之郅治；秦皇汉武，若何之雄杰；汉唐来之文学，若何之隆盛；康乾间之武功，若何之炬赫。历史家所铺叙，词章家所讴歌，何一非我国民少年时代良辰美景、赏心乐事之陈迹哉！而今颓然老矣！昨日割五城，明日割十城，处处雀鼠尽，夜夜鸡犬惊。十八省之土地财产，已为人怀中之肉；四百兆之父兄子弟，已为人注籍之奴，岂所谓"老大嫁作商人妇"者耶？呜呼！凭君莫话当年事，憔悴韶光不忍看！楚囚相对，戢戢顾影，人命危浅，朝不虑夕。国为待死之国，一国之民为待死之民。万事付之奈何，一切凭人作弄，亦何足怪！

任公曰：我中国其果老大矣乎？是今日全地球之一大问题也。如其老大也，则是中国为过去之国，即地球上昔本有此国，而今渐渐灭，他日之命运殆将尽也。如其非老大也，则是中国为未来之国，即地球上昔未现此国，而今渐发达，他日之前程且方长也。欲断今日之中国为老大耶？为少年耶？则不可不先明"国"字之意义。夫国也者，何物也？有土地，有人民，以居于其土地之人民，而治其所居之土地之事，自制法律而自守之；有主权，有服从，人人皆主权者，人人皆服从者。夫如是，斯谓之完全成立之国，地球上之有完全成立之国也，自百年以来也。完全成立者，壮年之事也。未能完全成立而渐进于完全成立者，少年之事也。故吾得一言以断之曰：欧洲列邦在今日为壮年国，而我中国在今日为少年国。

夫古昔之中国者，虽有国之名，而未成国之形也。或为家族之国，或为酋长之国，或为诸侯封建之国，或为一王专制之国。虽种类不一，要之，其于国家之体质也，有其一部而缺其一部。正如婴儿自胚胎以迄成童，其身体之一二官支，先行长成，此外则全体虽粗具，然未能得其用也。故唐虞以前为胚胎时代，殷周之际为乳哺时代，由孔子而来至于今为童子时代。逐渐发达，而今乃始将入成童以上少年之界焉。其长成所以若是之迟者，则历代之民贼有窒其生机者也。譬犹童年多病，转类老态，或且疑其死期之将至焉，而不知皆由未完成未成立也。非过去之谓，而未来之谓也。

且我中国畴昔，岂尝有国家哉？不过有朝廷耳！我黄帝子孙，聚族而居，立于此地球之上者既数千年，而问其国之为何名，则无有也。夫所谓唐、虞、夏、商、周、秦、汉、魏、晋、宋、齐、梁、陈、隋、唐、宋、元、明、清者，则皆朝名耳。朝也者，一家之私产也。国也者，人民之公产也。朝有朝之老少，国有国之老少。朝与国既异物，则不能以朝之老少而指为国之老少明矣。文、武、成、康，周朝之少年时代也。幽、厉、桓、赧，则其老年时代也。高、文、景、武，汉朝之少年时代也。元、平、桓、灵，则其老年时代也。自余历朝，莫不有之。凡此者谓为一朝廷之老也则可，谓为一国之老也则不可。一朝廷之老且死，犹一人之老且死也，于吾所谓中国者何与焉。然则，吾中国者，前此尚未出现于世界，而今乃始萌芽云尔。天地大矣，前途辽矣。美哉我少年中国乎！

玛志尼者，意大利三杰之魁也。以国事被罪，逃窜异邦。乃创立一会，名曰"少年意大利"。举国志士，云涌雾集以应之。卒乃光复旧物，使意大利为欧洲之一雄邦。夫意大利者，欧洲之第一老大国也。自罗马亡后，土地隶于教皇，政权归于奥国，殆所谓老而濒于死者矣。而得一玛志尼，且能举全国而少年之，况我中国之实为少年时代者耶！堂堂四百余州之国土，凛凛四百余兆之国民，岂遂无一玛志尼其人者！

龚自珍氏之集有诗一章，题曰《能令公少年行》。吾尝爱读之，而有味乎其用意之所存。我国民而自谓其国之老大也，斯果老大矣；我国民而自知其国之少年也，斯乃少年矣。西谚有之曰："有三岁之翁，有百岁之童。"然则，国之老少，又无定形，而实随国民之心力以为消长者也。吾见乎玛志尼之能令国少年也,吾又见乎我国之官吏士民能令国老大也。吾为此惧!夫以如此壮丽浓郁翩翩绝世之少年中国,而使欧西日本人谓我为老大者,何也?则以握国权者皆老朽之人也。非哦几十年八股,非写几十年白折,非当几十年差,非揑几十年俸,非递几十年手本,非唱几十年喏,非磕几十年头,非请几十年安,则必不能得一官、进一职。其内任卿贰以上,外任监司以上者,百人之中,其五官不备者,殆九十六七人也。非眼盲则耳聋,非手颤则足跛,否则半身不遂也。彼其一身饮食步履视听言语,尚且不能自了,须三四人左右扶之捉之,乃能度日,于此而乃欲责之以国事,是何异立无数木偶而使治天下也!且彼辈者,自其少壮之时既已不知亚细亚、欧罗巴为何处地方,汉祖唐宗是那朝皇帝,犹嫌其顽钝腐败之未臻其极,又必搓磨之,陶冶之,待其脑髓已涸,血管已塞,气息奄奄,与鬼为邻之时,然后将我二万里山河,四万万人命,一举而畀于其手。呜呼!老大帝国,诚哉其老大也!而彼辈者,积其数十年之八股、白折、当差、揑俸、手本、唱喏、磕头、请安,千辛万苦,千苦万辛,乃始得此红顶花翎之服色,中堂大人之名号,乃出其全副精神,竭其毕生力量,以保持之。如彼乞儿拾金一锭,虽轰雷盘旋其顶上,而两手犹紧抱其荷包,他事非所顾也,非所知也,非所闻也。于此而告之以亡国也,瓜分也,彼乌从而听之,乌从而信之!即使果亡矣,果分矣,而吾今年七十矣,八十矣,但求其一两年内,洋人不来,强盗不起,我已快活过了一世矣!若不得已,则割三头两省之土地奉申贺敬,以换我几个衙门;卖三几百万之人民作仆为奴,以赎我一条老命,有何不可?有何难办?呜呼!今之所谓老后、老臣、老将、老吏者,其修身齐家治国平天下之手段,皆具于是矣。西风一夜催人老,凋尽朱颜白尽头。使走无常当医生,携催命符以祝寿,嗟乎痛哉!以此为国,是安得不老且死,且吾恐其未及岁而殇也。

任公曰:造成今日之老大中国者,则中国老朽之冤业也。制出将来之少年中国者,则中国少年之责任也。彼老朽者何足道,彼与此世界作别之日不远矣,而我少年乃新来而与世界为缘。如僦屋者然,彼明日将迁居他方,而我今日始入此室处。将迁居者,不爱护其窗栊,不洁治其庭庑,俗人恒情,亦何足怪!若我少年者,前程浩浩,后顾茫茫。中国而为牛为马为奴为隶,则烹脔鞭棰之惨酷,惟我少年当之。中国如称霸宇内,主盟地球,则指挥顾盼之尊荣,惟我少年享之。于彼气息奄奄与鬼为邻者何与焉?彼而漠然置之,犹可言也。我而漠然置之,不可言也。使举国之少年而果为少年也,则吾中国为未来之国,其进步未可量也。使举国之少年而亦为老大也,则吾中国为过去之国,其渐亡可翘足而待也。故今日之责任,不在他人,而全在我少年。少年智则国智,少年富则国富;少年强则国强,少年独立则国独立;少年自由则国自由;少年进步则国进步;少年胜于欧洲,则国胜于欧洲;少年雄于地球,则国雄于地球。红日初升,其道大光。河出伏流,一泻汪洋。潜龙腾渊,鳞爪飞扬。乳虎啸谷,百兽震惶。鹰隼试翼,风尘翕张。奇花初胎,矞矞皇皇。干将发硎,有作其芒。天戴其苍,地履其黄。纵有千古,横有八荒。前途似海,来日方长。美哉我少年中国,与天不老! 壮哉我中国少年,与国无疆!

"三十功名尘与土,八千里路云和月。莫等闲,白了少年头,空悲切。"此岳武穆《满江红》词句也,作者自六岁时即口受记忆,至今喜诵之不衰。自今以往,弃"哀时客"之名,更自名曰"少年中国之少年"。

(梁启超,饮冰室合集　中华书局　1989)

作品简介

梁启超(1873—1929),号任公,又号饮冰室主人等,近代中国启蒙思想家、政治家、教育家,史学家和文学家,戊戌变法领袖之一。1895 年协助康有为发动在京应试举人联名请愿,"公车上书",1898 年参加变法维新,失败后逃亡日本。梁启超在哲学、文学、史学、经学、法学、伦理学、宗教学等领域均有建树。

《少年中国说》是梁启超发表在《清议报》上的一篇著名的政论文,作者站在资产阶级改良派的立场上,对封建古老的中国与他心目中的少年中国作了鲜明的对比,呼吁人们肩负起建设少年中国的重任,表达了渴望祖国繁荣富强和积极进取的精神。作者把此文视为自己"开文章之新体,激民所之暗潮"的代表作。

导读指要

《少年中国说》是梁启超的代表作之一。作者站在资产阶级改良派的立场上,在文中将封建古老的中国与他心目中的少年中国作了鲜明的对比,极力赞扬少年勇于改革的精神,鼓励人们肩负起建设少年中国的重任,表达了要求祖国繁荣富强的愿望和积极进取的精神。被公认为梁启超著作中思想意义最积极,情感色彩最激越的篇章。作者本人也把它视为自己"开文章之新体,激民所之暗潮"的代表作。

《少年中国说》开篇以驳斥西方列强和日本帝国对"我中国"的侮辱性的称呼"老大帝国"入笔,引出梁启超远大而美好的政治理想——"少年中国"。作家以开阔的视野、博大的心胸,抚今追昔,在历数唐虞郅治、秦汉雄杰、汉唐隆盛、康乾武功的基础上,笔锋一转而至感慨万千:畴昔已随岁月流转为陈迹,"而今颓然老矣"! 风雨飘摇、山河破碎、人命危浅、朝不虑夕,乃国为待死之国,民为待死之民。继之,又深刻指出了造成国势衰微的根源:制度的因袭、官员的守旧。进而指出创造少年中国的力量在于"中国少年"——富有创新精神和爱国志向的一代民族新人。他揭示了中国老朽与中国少年对于民族和时代的迥然不同,在鲜明、冷峻的对照中,指出"今日之责任,不在他人,而全在我少年"! 在此基础上,他以激昂饱满的笔触描绘了一幅中国少年奋发有为而少年中国豪迈崛起的画面:美哉我中国,与天不老;壮哉我中国少年,与国无疆!《少年中国说》讴歌了祖国未来的英姿及其光辉灿烂的前程,对肩负着建设少年中国重任的年轻一代寄予无限期望。

字句疏解

1. 欧西人：泛指西方英、法、美、等国的人。

2. 恶(wū)：表示感叹的助词，犹"唉"，这里有反对的意思。

3. 金字塔：古代埃及王墓，以石筑成，底面为四方形，侧面作三角形之方尖塔，望之状如"金"字，故译名"金字塔"。金字塔与下句"西伯利亚铁路"对举，取其古雅而无实用意。

4. 死海：湖名，一名咸海。因水中含盐量高，鱼类不生，故名。在约旦、以色列和巴勒斯坦间。潴(zhū)：聚积的水流。

5. "浔阳"六句：用白居易《琵琶行》诗所写的故事。琵琶妇原是长安歌女(此处误为洛阳歌女)，老大嫁作商人妇。商人离她经商而去。在浔阳江头的夜晚，枫叶瑟瑟，她回想往事，有不胜零落之感。浔阳江，在今九江市北，长江流经九江市的一段。

6. "西宫"六句：就白居易《长恨歌》所咏唐玄宗与杨贵妃事，用元稹《行宫》"白头宫女在，闲坐说玄宗"诗意，谓安史之乱后，白头宫人忆及当年事，倍感凄凉。西宫，唐太极宫；南内，唐兴庆宫。李隆基自四川返京后，先居兴庆宫，后迁西宫。霓裳羽衣曲，本名《婆罗门》，源出印度，开元中传入中国。传说李隆基梦游月宫，听诸仙奏曲，默记其调，醒后令乐工谱成。南内：唐代的兴庆宫，在皇城东南，故称南内。

7. "青门"四句：用汉初邵平故事。邵平在秦末为东陵侯。秦亡后，在长安东门外种瓜为生。(见《三辅黄图》)此句谓邵平回想当年的繁华，颇为感伤。青门，汉长安东门。孺人，古代大夫之妻称孺人，明、清两代七品官的妻子封孺人。珠履，用珠子装饰的鞋。杂遝(tà踏)，杂乱。

8. 拿破仑：即拿破仑一世。法国资产阶级政治家、军事家。他于1804年为法国皇帝，曾称霸欧洲。1814年各国联军攻破巴黎，拿破仑被流放于厄尔巴岛。厄蔑：即厄尔巴岛，在意大利半岛和法国科西嘉岛之间。⑩阿剌飞：指埃及民族解放运动领袖阿拉比，曾率众推翻英、法殖民统治。1882年，英国侵略军进攻埃及，阿拉比领导军队抗击，战败被流放于锡兰。

9. 伟烈：丰功伟绩。烈，功绩。贾谊《过秦论》："及至始皇，奋六世之馀烈，振长策而御宇内。"

10. 抚髀(bì)：《三国志·蜀志·先主传》裴注引《九州春秋》："备住荆州数年，尝于(刘)表坐起至厕，见髀里肉生，慨然流涕。还坐，表怪问备，备曰：'吾常身不离鞍，髀肉皆消；今不复骑，髀里肉生。日月若驰，老将至矣，而功业不建，是以悲耳！'"髀，大腿。

11. 幽郁：深沉的忧郁。

12. 拏云：上干云霄之意。李贺《致酒行》诗："少年心事当拏云。"

13. 回天：使天地倒转，喻改变局势。

14.挟山超海:喻英雄壮举。《孟子·梁惠王上》:"挟泰山以超北海。"

15.唐虞三代:指唐尧、虞舜和夏、商、周三代。

16.郅(zhì)治:至治,把国家治理得太平强盛。郅,极,至。

17.十八省:清初全国共分十八个省。光绪末年增至二十三省,但人们习惯上仍称十八省。

18.四百兆:即四亿,当时中国有四亿人口。

19.注籍之奴:注入户籍的奴隶。这里指失去自由的人。

20.老大嫁作商人妇:白居易《琵琶行》中的诗句。

21.楚囚相对:喻遇到强敌,窘迫无计。《晋书·王导传》载,晋元帝时,国家动乱,中州人士纷纷避乱江左。"过江人士,每至暇日,相要出新亭饮宴。周顗中坐而叹曰:'风景不殊,举目有江河之异。'皆相视流涕。惟(王)导愀然变色曰:'当共戮力王室,克复神州,何至作楚囚相对泣邪?'"

22.澌亡:灭亡。澌,尽。

23.官支:五官、四肢。

24.文、武、成、康:周朝初年的几代帝王,指周之文王、武王、成王、康王。周文王奠定了灭商的基础,周武王灭商建立周朝,成王、康王把国家治理得非常强盛,史称"成康之治",所以下句将其比作周朝的少年时代。

25.幽、厉、桓、赧:指周幽王、厉王、桓王、赧(nǎn)王。幽王宠褒姒,废申后,申侯联合犬戎攻周,幽王被杀,西周灭亡。周厉王暴虐,被流放于彘(今山西霍县)。周桓王时,东周王室衰落。周赧王死后不久,东周灭亡。

26.高、文、景、武:指汉初四代皇帝,即汉高祖、文帝、景帝、武帝。汉高祖灭秦、楚,建立汉王朝。文帝、景帝发展生产,国家强盛,史称"文景之治"。武帝重武功,国力强盛。

27.元、平、桓、灵:汉元帝、平帝、桓帝、灵帝。汉元帝时,西汉开始衰落;汉平帝死后不久,王莽篡国,西汉灭亡。桓帝、灵帝是东汉末年的两代帝王,其执政期间外戚、宦官专权,政治黑暗,为东汉灭亡种下了祸根。

28.玛志尼(1805—1872):意大利爱国者。罗马帝国灭亡后,意大利受奥地利帝国奴役,玛志尼创立"少年意大利党",创办《少年意大利报》,发动和组织资产阶级革命,完成意大利的独立统一事业。他与同时的加里波的、喀富尔并称"意大利三杰"。下文"旧物",指国家原有的基业。

29.罗马亡后:罗马帝国曾跨欧亚两洲,后分裂为二。西罗马亡于476年,东罗马亡于1453年。下文"土地隶于教皇,政权归于奥国",是指1815年后,意大利分为几个邦国,其中罗马教皇国势力甚大,都受奥地利的控制。

30.《能令公少年行》:龚自珍抒怀之诗,收入《定庵全集》,原意是说一个人不追求名利,放宽胸怀,就能长葆青春。这里取其长葆青春意。

31.白折:清代科举应试的试卷之一。殿试取中进士后,还要进行朝考,以分别授予官职。朝考用白折,即用工整的楷书写在白纸制的折子上。

32.手本:明清官场中下级晋见上级时用的名帖。

33.唱诺(rě):古代的一种礼节。对人打恭作揖,口中出声,叫唱喏。诺,当作"喏"。下文"请安",系清代问候的礼节,男子打千,即右膝微跪,隆重时,双膝跪地,呼"请某某安"。

34.卿贰:卿是朝廷各部的长官,贰指副职。

35.监司:清代通称各省布政使、按察使及各道道员为监司。

36.五官不备:指五官功能不全。

37.搓磨:磋磨,切磋琢磨。原是精益求精意,这里指磨去棱角、锋芒。

38.红顶花翎:大官的帽饰。清代官员帽顶上顶珠的颜色、质料,标志着官阶的品级,一品官用红宝石顶珠。花翎,用孔雀翎做的帽饰,以翎眼多者为贵,五品以上用花翎,六品以下用蓝翎。

39.中堂大人:清代大学士相当于宰相,尊称中堂大人。

40.乌:何,哪里。

41.三头两省:闽奥方言,三两个省。

42.走无常:迷信说法,阴司用活人为鬼役,摄取后死者的魂。充当这种鬼差者,称走无常。

43.僦(jiù)屋:租赁房屋。

44.庭庑(wǔ):庭院走廊。

45.脔(luán):切成小块的肉,这里用作动词,宰割之意。箠:棍杖。这里用作动词,捶打之意。

46.其道大光:语出《周易·益》:"自上下下,其道大光。"光,广大,发扬。

47.喬喬皇皇:光明盛大的样子。《太玄经·交》:"物登明堂,喬喬(yù)皇皇。"

48.干将发硎,有作其芒:意思是宝剑刚磨出来,锋刃大放光芒。干将,原是铸剑师的名字,这里指宝剑。硎,磨刀石

思考讨论题

历史地分析梁启超的政治主张。

扩展阅读

1.革命者,天演之公例也。革命者,世界之公理也。革命者,争存争亡过渡时代之要义也。革命者,顺乎天,而应乎人者也。革命者,去腐败而存良善者也。革命者,由野蛮而进文明者也。革命者,除奴隶而为主人者也。……革命! 革命! 得之则生,不得则死,毋退步,毋中立,毋徘徊。

2.长梦千年何日醒,睡乡谁遣警钟鸣？腥风血雨难为我,好个江山忍送人！万丈风潮大逼人,腥膻满地血如糜;一腔无限同舟痛,献与同胞侧耳听。

——[近代]陈天华《警世钟》

3.九州生气恃风雷,万马齐喑究可哀。我劝天公重抖擞,不拘一格降人才。

——[近代]龚自珍《己亥杂诗·九州生气恃风雷》

五、明清概述

373